高校土木工程专业规划教材

混凝土结构基本原理

周建民　李　杰　周振毅　编著

中国建筑工业出版社

图书在版编目（CIP）数据

混凝土结构基本原理/周建民等编著. —北京：中国建筑
工业出版社，2013.10
高校土木工程专业规划教材
ISBN 978-7-112-15971-0

Ⅰ.①混… Ⅱ.①周… Ⅲ.①混凝土结构-高等学校-教材
Ⅳ.①TU37

中国版本图书馆 CIP 数据核字（2013）第 239980 号

　　本教材在结合《混凝土结构设计规范》GB 50010—2010 规定和要求
的同时，以对比方式给出了公路桥梁工程设计规范的相关规定，方便选取
学习参考。内容编排方式与熟知的材料力学、结构力学课程教材内容较为
一致，有利于对混凝土结构性能分析和设计的总体认识和理解。本书先介
绍钢筋混凝土结构分析和设计的基础，然后依次叙述在弯、剪、压、拉、
扭等受力状态下混凝土构件性能和设计方法，最后阐述正常使用状态性能
分析和验算，预应力混凝土结构性能分析和设计方法。

　　本教材不仅适合普通高等院校土木工程类专业本科生使用，还可作为
网络教育、继续教育土木工程专业教材，同时可作为广大工程技术人员学
习和进修的参考书。

　　责任编辑：王　梅　杨　允
　　责任设计：张　虹
　　责任校对：张　颖　党　蕾

高校土木工程专业规划教材
混凝土结构基本原理
周建民　李　杰　周振毅　编著
*
中国建筑工业出版社出版、发行（北京西郊百万庄）
各地新华书店、建筑书店经销
北京红光制版公司制版
北京建筑工业印刷厂印刷
*
开本：787×1092 毫米　1/16　印张：22　字数：535 千字
2014 年 1 月第一版　　2014 年 8 月第二次印刷
定价：**45.00 元**
ISBN 978-7-112-15971-0
（24656）

前　　言

　　混凝土结构是现代建筑和工程建设中应用最广泛的一种结构。混凝土结构基本原理和设计也是土木工程专业一门重要的专业基础课程。为初学这门课程的学生，以及有兴趣了解和掌握这方面知识的工程人员提供一本通俗易懂，既讲清混凝土结构的基本原理，又能结合工程实际应用的教材是我多年的愿望，也是写作此教材的目的。

　　本教材在内容选取和编写方面有以下主要特点：

　　（1）先介绍钢筋混凝土结构分析和设计的基础，然后依次叙述在弯、剪、压、拉、扭等受力状态下，混凝土构件性能和设计方法，最后阐述正常使用状态性能分析和验算，预应力混凝土结构性能分析和设计方法。这种内容编排方式与熟知的材料力学、结构力学课程教材内容较为一致，同时也有利于学习者对混凝土结构性能分析和设计有总体认识和理解。

　　（2）在构件性能分析和设计各章叙述中作者有意强调混凝土构件基本原理和设计之间差异，先介绍构件受力性能和分析方法，然后分别给出不同行业设计规范的规定和公式。我们希望读者能更多关注对混凝土构件的受力机理、性能的认识，掌握其一般的分析方法和原理。因为只要读者具备了这些基础，对于设计规范规定和公式的理解是并不困难的。

　　（3）以课程知识的实际应用为重点，精简一些复杂的推导，突出重点，浓缩课程学习有效时间。对于一些课程学习难点和重点采用提示、思考和理解等形式予以学习指导，同时也便于满足不同学习层次读者的需求。

　　（4）基于课程复杂性和实践性的特征，教材在每章各个学习阶段都安排了大量的例题，旨在通过"边学边练"方式帮助读者巩固所学知识。另外，为了便于自学，教材每章都给出了教学目标、重点和难点、本章小结、思考题和习题。

　　（5）教材不仅重点介绍了我国建筑工程设计规范规定和要求，同时还以对比方式给出了公路桥梁工程设计规范的相关规定。作者希望借此能让读者认识到两者规范的异同点，能成为一个"大土木"的工程师，改变以往我国专业人员知识面过于狭窄的不利局面。当然，如读者仅需了解某个行业规范规定，也可直接选取相关内容，不影响学习的系统性和连贯性。

　　基于上述特点，本教材与现有国内教材相比，是一本新颖的教材，它不仅适合普通高等院校土木类本科生使用，也可作为网络教育、继续教育土木工程专业自学教材，同时可作为广大工程技术人员学习和进修的参考书。

本书由周建民主编和统稿，我的两位同事，李杰副教授和周振毅副教授也参加了编写工作。具体编写分工如下：第1、2、6、7、9、10章由周建民编写，第3章由李杰编写，第4、5章由周振毅、周建民（公路桥梁部分）编写，第8章由李杰、周建民（公路桥梁部分）编写。本书很多插图和例题计算都由我的研究生陈阳、蒲师钰、司远、徐苗苗、吴辉等协助完成，另外，同济大学也将此教材作为继续与网络教育研究与奖励项目予以支持，对此我们一并表示衷心的谢意。限于作者的能力和水平，教材中一定还存在不少缺点甚至错误，恳请提出批评和建议，以便及时改正。

周建民

2013年8月于同济大学

目　　录

第1章 绪 论

本章讲述了钢筋混凝土结构的一般概念、优缺点、钢筋与混凝土共同工作的基础。这些概念能启发以后的学习,如学过以后各章再重新学习这章,则会对这些概念有更深的认识和体会。另外,本章还简略介绍了课程的内容、特点和学习方法以便后续各章的学习。

教学目标

1. 理解配筋的作用与要求;2. 了解混凝土结构的主要优缺点。

重点和难点

1. 钢筋混凝土的概念;2. 钢筋和混凝土共同工作的基础。

1.1 混凝土结构的定义与分类

定义:混凝土结构——以混凝土为主要材料制成的结构。

分类:混凝土结构分为素混凝土结构、钢筋混凝土结构、钢管混凝土结构、钢骨混凝土结构、纤维混凝土结构和预应力混凝土结构等。其中以配置受力的普通钢筋、钢筋网片或钢筋骨架的钢筋混凝土结构和配置预应力钢筋的预应力混凝土结构在工程中应用最为广泛。不配置钢筋或只配置少量构造钢筋的混凝土结构称为素混凝土结构,它主要用于以受压为主的基础、柱墩和一些非承重结构,实际应用范围有限;由配置受力用的钢骨、钢管、纤维制成的混凝土结构分别称为钢骨混凝土结构、钢管混凝土结构和纤维混凝土结构,目前在实际工程中也得到了一定的应用,主要用在超高层混凝土结构或特殊用途的混凝土结构。本教材主要讲述配筋方式为钢筋的钢筋混凝土结构和预应力混凝土结构构件的材料性能、受力性能、设计原则、计算方法和构造措施等内容。

1.2 混凝土结构的一般概念

现代社会中的建筑或工程构筑物按其建造材料不同可以分为砌体结构、木结构、钢结构、素混凝土结构和钢筋混凝土结构,在宏观上前四种为单一材料的结构,而钢筋混凝土结构则是一种有机的复合材料结构。众所周知,砌体和木材易于就地取材、施工工艺简单,是最古老的原始建筑材料,但砌体结构自重大、抗拉强度低、抗震性能差、故很难用于现代高层建筑或大跨度结构。而木结构材质轻且强度较大,但材料性能各向异性,且易燃、易裂、易翘曲、易腐蚀,在实际使用中也有很大的局限性。钢材是近代发明的建筑材料,具有强度高、重量轻、质地均匀、受力性能好等诸多优点,因而钢结构在现代建筑和构筑物建设中已得到越来越广泛的使用。混凝土是由石子、砂、水泥、水按一定的配合比配制,并在硬化后会形成类似石头般的材料,其优点是抗压性能好、耐久性好,并具有很好的可模性,能满足建筑上对构件外形的任何要求。但它也和天然石头一样是一种脆性材料，抗拉强度仅为抗压强度的十分之一左右，不能很好地用于受拉构件，或截面部分受拉的受弯构件（梁、板）、偏压构件（柱子）。19 世纪中叶随着欧洲工业革命的掀起需要建造大量在结构方案上与古代建筑有本质差别的工厂和构筑物，采用石头、木材甚至素混凝土材料已无法满足要求，另外钢材由于不防火、易锈蚀、造价高，钢结构在当时也难以成为可以广泛实际应用的结构形式。在当时发明一种新型的建筑材料已成为一个迫切的社会需求，为此科学家和工程技术人员都进行了不懈的努力。法国人兰博（LAMBOT）在1850 年巴黎博览会上展示了一艘用水泥砂抹浆涂铁丝网两边作为船壳的小船，应该说是现代钢筋混凝土思想的萌芽，它揭示了可以把两种不同性能的材料有机地复合在一起，充分发挥各自的长处。在以后人们又不断申请了关于钢筋混凝土的容器、板、桥梁等专利，

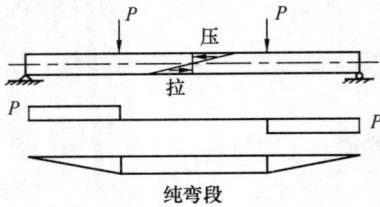

图 1-1　弹性材料简支梁 A 的内力图

但其本质都是建立在利用钢筋高抗拉强度来加强混凝土抗拉性能，或理解为弥补混凝土抗拉性能差的不足。在英语中钢筋混凝土的单词为 reinforced concrete 而不用 steel concrete 是有道理的，因为钢筋混凝土的本质就是被加强的混凝土。为了更好理解钢筋混凝土的本质，现在我们来观察图 1-1、图 1-2 所示的三根简支梁在集中力作用下的受力性能。第一根 A 梁为弹性材料的梁，其内力分布如图 1-1 所示，截面应力和梁的变形都可以由材料力学分析方法得到。第二根 B 梁为素混凝土的梁，第三根 C 梁为受拉区下侧配置钢筋的钢筋混凝土梁，其受力性能如图 1-2 所示。

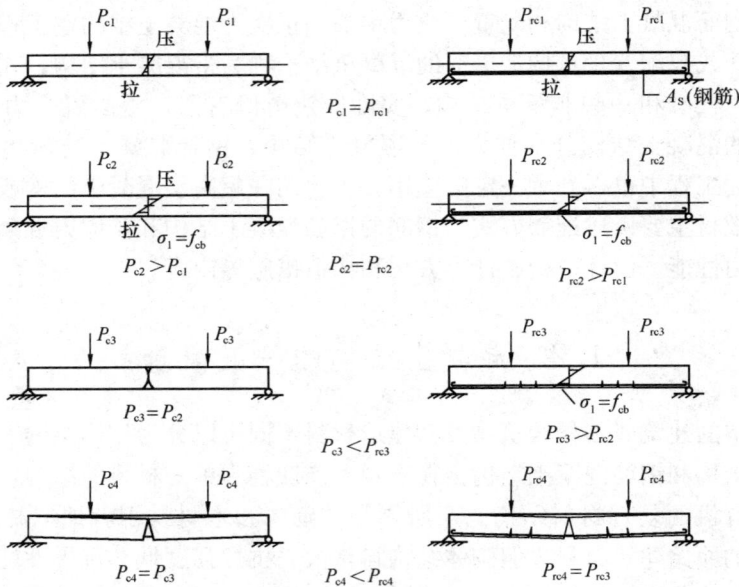

图 1-2　素混凝土梁 B 和钢筋混凝土梁 C 的内力图

　　素混凝土 B 梁在荷载作用下其截面上面受压、下面受拉，当受拉区边缘应力达到混凝土极限抗拉强度，产生裂缝，并在混凝土抗压强度远没有达到充分利用前发生破坏。梁的承载力由混凝土抗拉强度决定，因而素混凝土梁的破坏是脆性的，其承载能力是很低的。如果设想在受拉区用比混凝土抗拉强度高得多的钢筋来代替，即形成钢筋混凝土 C

2

梁，其情况就会得到很大的改善，能大幅度提高构件的承载力。下面来观察一下钢筋混凝土 C 梁在荷载作用下的性能。假定在受拉区配置钢筋为软钢，且配筋量合理。在加载初期钢筋混凝土 C 梁的受力性能同素混凝土梁。即在较低荷载作用下在受拉边缘混凝土开裂。但在混凝土开裂后因拉区钢筋存在，钢筋混凝土 C 梁并没有像素混凝土 B 梁发生脆性破坏，可以继续加载。随着荷载的加大，受拉区钢筋应力不断增加，压区混凝土变形不断加大，中性轴位置不断升高。当受拉钢筋应力达到屈服强度，梁的挠度和裂缝宽度将迅速增大，最终截面上边缘混凝土压应变到达混凝土极限压应变时梁发生破坏。显然配筋后的梁承载能力得到很大的提高。试验表明：在使用荷载（大致为破坏荷载的 70%）作用下，钢筋应力不超过 250～300MPa，裂缝宽度和变形一般都在人们和使用可接受范围。在钢筋混凝土结构中混凝土强度和钢筋抗拉强度高的优点都能得到充分发挥。近年来，世界发达国家都趋于节省钢筋（节能减排）而大量使用高强度钢筋（600MPa 以上）。因为钢筋材料价格随强度提高增长比较慢，所以高强钢筋的推广使用是有很大的经济价值的。配置高强钢筋的混凝土梁工作性能与前述钢筋混凝土梁没有本质上差别，但其承载能力提高很多，注意到这种梁在承载能力破坏之前的变形和裂缝宽度增长很快，会超过正常使用的要求。因此，过高强度的钢筋在实际钢筋混凝土结构使用中受到了限制。

1.3 钢筋和混凝土共同工作的基础

钢筋和混凝土只有保证一起共同工作，才能发挥钢筋的加强作用。试验表明：从共同工作角度来讲钢筋是混凝土的理想伙伴。因为：（1）混凝土和钢筋之间有良好的粘结力；（2）钢筋和混凝土具有相接近的热膨胀系数〔钢筋为 12×10^{-6}，混凝土为（7～15）$\times 10^{-6}$〕，在温度变化时两种材料不会产生过大的温度变形差，导致粘结力的破坏；（3）满足一定要求的混凝土能对钢筋的锈蚀、高温、机械损伤等起到可靠的保护作用。

1.4 钢筋混凝土的优缺点

钢筋混凝土结构耐久性、高机械强度、在地震和其他动力作用下具有较好的抗力、能建造合理形式的结构，与钢结构和木结构相比其维修成本低廉、对气候作用有较好的抵抗力，并可以使用当地的材料等都是钢筋混凝土得到广泛使用的原因，从耗能上来讲，钢筋混凝土结构要比钢结构和砌体结构低得多。当然，钢筋混凝土也存在一些缺点，如自重大、隔热性和隔声性差、改建和加固不易，在强度达到前需要一定的养护时间、由于收缩、徐变、温度、荷载等作用会产生开裂现象。应该指出，上述很多缺点是可以采用一些措施和方法予以避免的，例如采用多孔和加气混凝土来降低混凝土的密度，蒸汽养护、真空加工等专门生产工艺来减少养护时间，采用预应力提高抗裂度。

1.5 钢筋混凝土结构的分类

按施工方法划分钢筋混凝土结构分为现浇、装配、装配整体式三种结构。
所谓现浇钢筋混凝土结构就是指在现场原位支模并整体浇筑而成的结构。其施工流程为：在现场搭建模板、钢筋骨架安装于模板内、然后浇筑混凝土、在混凝土达到一定强度后拆除模板。现浇结构通常费劳动力，需要较多模板和脚手架，而且在冬季施工需要采取专门的措施。装配式钢筋混凝土结构先在工厂预制构件，然后运到现场施工。由于采用工厂预制和机械式装配，这种建筑方式可以工业化。其优点可以保证现代化制造工艺、合理的结构形式，同时也可在冬季作业。其形成劳动量是现浇混凝土结构的 1/3～1/4。对于各种工业厂房来说其结构构件形式少，常用标准图，故采用装配式钢筋混凝土结构特别适用。装配整体式钢筋混凝土结构是指由预制混凝土构件或部件通过钢筋、连接件或施加预应力加以连接，并在连接部位浇筑混凝土而形成整体受力的混凝土结构。近年来随着施工技术的进步，现浇钢筋混凝土结构在很大程度上又提出工业化，例如广泛采用可以多次使用的可拆装模板，由专业工厂生产混凝土和成型钢筋运输至施工现场。因此，现浇混凝土结构或构件在有些情况（如高层房屋核心筒、基础等）要比装配式混凝土结构更经济。

1.6 混凝土结构的发展简史

混凝土结构发展历史至今已有 152 年，可分为三个阶段：

1. 第一阶段（1850～1920）

材料特点：强度低。

应用范围：楼板、梁、柱（中小型）。

计算方法：采用弹性理论，允许应力设计方法。

2. 第二阶段（1920～1945）

材料特点：强度不断提高，1928 年法国弗雷西奈设计预应力混凝土结构。

应用范围：向中大型结构发展。

计算方法：格沃兹捷夫在 20 世纪 40 年代提出极限状态方法，并在 1955 年首先在苏联规范上采用。

3. 第三阶段（1945 年～至今）

材料特点：向高强高性能发展，新型混凝土复合材料结构的产生。

应用范围：大量使用，已应用到超高层、大跨度、特长跨海隧道，高耸结构等特大型工程。

计算方法：电子计算机技术应用推动了钢筋混凝土理论研究，设计方法已发展为以概率理论为基础的极限状态设计方法，三维混凝土结构非线性分析，抗震、抗风等动力计算。

混凝土结构在土木工程中得到广泛应用，在高层建筑和多层框架中大多采用混凝土结构；在铁路、公路、城市建设中也大量采用混凝土结构的立交桥、高架桥、地铁隧道；电视塔、水塔、水池、烟囱等构筑物中也普遍使用钢筋混凝土和预应力混凝土结构。下面列举一些具有代表性的混凝土结构。

目前，世界上最高的建筑是迪拜高度为 828m 的哈利法塔，我国在建的上海中心大厦高度为 632m（结构高度 580m），采用钢筋混凝土核心筒-外框架结构。加拿大多伦多的预应力混凝土电视塔高达 549m，我国最高的电视塔为东方明珠电视塔，高 415.2m，主体结构为混凝土结构。世界上最高的混凝土重力坝是瑞士狄克桑斯大坝，坝高 285m，坝顶宽

225m，坝长 695m。举世闻名的我国长江三峡水利工程的混凝土大坝高 186m，坝体混凝土用量为 1527 万 m³。

1.7 钢筋混凝土结构的发展方向

由于生产混凝土用的粗、细骨料的原材料是取之不尽的，钢筋用量又相对较低，材料结构和使用性能优良，故钢筋混凝土将是一种长期被广泛应用的建筑材料。钢筋混凝土的发展或完善主要在以下几方面：（1）聚合物高强混凝土的应用；（2）研究更合理的结构形式（如薄壁空间结构）；（3）高效预应力混凝土结构的应用；（4）新的施工方法和工艺应用；（5）采用高度工厂预制化的结构。特别应注意，在农村建筑推广钢筋混凝土结构的应用，要研制相应的结构方案和施工工艺。

1.8 主 要 内 容

以图 1-3 所示的多层钢筋混凝土框架结构为例，建筑结构的构件包括：柱、梁、楼板、楼梯、基础等。

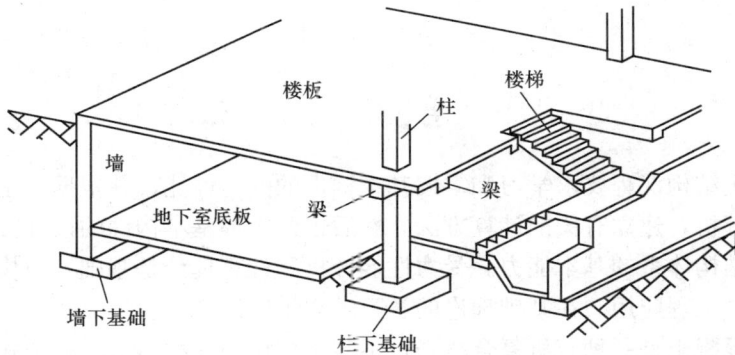

图 1-3 多层钢筋混凝土框架结构的构件组成

在材料力学中已知基本受力形态为压、弯、剪、拉、扭，但在实际结构中构件的受力一般都不是简单受力，而是基本受力形态的复合。例如，图 1-3 所示结构中的楼板、框架梁是受弯构件，主要承受弯矩，同时还承受剪力；边框架梁除受弯、受剪外还承受扭矩，属于弯、剪、扭构件；框架柱是受压构件，主要承受压力，同时还受弯、受剪；边框架柱还是双向受压弯构件。复合受力情况分析比较复杂，从工程分析角度一般假定在计算时能够忽略某些次要的内力，或者在主要受力形态性能分析时用间接方法来考虑其影响，这样就能着重于钢筋混凝土在基本受力下的性能研究，使整个分析得到极大的简化。本课程主要的内容是钢筋混凝土截面在压、弯、剪、拉、扭基本受力形态下的基本性能分析，给出受弯构件、受压构件、受扭构件和受拉构件等基本构件的设计方法。

值得指出的是，在钢筋混凝土中钢筋主要起加强和改善的作用，因而这里的钢筋应该从广义上去理解，即其他各种材料只要具有这种加强作用功能是完全可以替代钢筋的，引申出不同形式的钢筋混凝土结构。例如为了大幅度加强构件强度和刚度可以用型钢与混凝

5

土进行有机组合形成型钢混凝土结构。根据侧向约束下混凝土抗压性能提高原理，还可以在钢管中浇筑混凝土形成钢管混凝土结构。在市政工程中为了改善混凝土的抗裂、抗冲击、抗磨等性能，经常在混凝土中掺入各种纤维（如钢纤维、合成纤维和碳纤维等）形成纤维混凝土结构。近年来为了解决钢筋锈蚀问题又提出用纤维增强塑料（Fiber Reinforced Polymer）FRP 来代替钢筋，形成 FRP 混凝土结构。上述结构在宏观上都归纳为钢筋混凝土结构，但其各自材料性能和受力行为差异很大，需要有专门的分析理论和设计方法。本书只阐述最基本的，也就是配置钢筋形式的钢筋混凝土结构分析和设计方法（注：为了区别其他形式的钢筋混凝土结构，有的书籍也把它称为普通钢筋混凝土结构），至于读者想了解其余形式的钢筋混凝土结构可以参考相应的书籍。

《钢筋混凝土结构》课程内容可分为两大部分：第一部分为基本概念、基本构件的受力性能分析和按规范方法的钢筋混凝土构件设计；第二部分为按规范方法的钢筋混凝土结构设计。本教材为第一部分，也称为钢筋混凝土结构的基本原理。

本教材编写依据的主要设计规范是我国 2011 实施的《混凝土结构设计规范》GB 50010—2010（以下简称为《混凝土设计规范》）、《公路钢筋混凝土及预应力混凝土桥涵设计规范》（以下简称为《公路桥规范》）、《建筑结构荷载规范》GB 50010—2010（以下简称为《荷载规范》）和《工程结构可靠性设计统一标准》GB 50153—2008（以下简称为《统一标准》）。

1.9 学 习 方 法

钢筋混凝土结构课程要求学习和掌握基本构件的受力性能，并根据一定的理论对各种受力性能进行分析，建立有关的计算方法，然后依此掌握基本构件的设计方法，并具备设计各种混凝土结构体系的基本能力。受力性能分析和计算理论是基础，而构件和结构设计则是基础理论的工程应用。在基础理论的学习过程中应注意：

（1）钢筋混凝土是一种有机复合材料，不能直接用弹性材料力学的公式，但材料力学依据材料的本构方程、变形的几何方程和力的平衡方程来求解问题的方法是适用于钢筋混凝土材料的。

（2）由于钢筋混凝土是钢筋和混凝土两种材料的有机复合，故构件的基本受力性能不但取决于钢筋和混凝土本身材料的力学性能，而且还与两种材料的配比（数量和强度，最简单的配比即为配筋率）密切相关，当配比超过一定界限时，受力性能会产生质的变化，这与单一材料构件是有明显差异的。

（3）由于材料性能的差异和复杂性，钢筋混凝土构件的受力性能远比单一材料构件来的复杂，在很多情况是无法用理论方法来解决，而是要依赖试验分析来帮助确定理论方法中难以确定的参数，有时甚至通过试验结果给出计算经验公式。可以说，钢筋混凝土结构是一门试验色彩很浓的课程，因而在学习中要特别重视和参与试验研究的整个过程，掌握有关的试验方法，善于对试验中规律性的现象进行总结，从而对其受力性能有正确的认识和判断，便于掌握计算理论和公式的适用范围和条件。

本课程是一门学习难度比较大的专业课，在制定学习方法时建议考虑以下几点：

（1）涉及材料力学、高等数学、结构力学、建筑学、建筑施工方面多种知识基础知识要扎实，学会分析归纳，善于抓主要矛盾。

（2）实践性

除计算外，还需要熟悉构造要求，配筋技巧，以及实用估算。

（3）尽快"入门"

对于简支梁正截面计算是一个"入门"，如果能尽快"入门"，也就是能对钢筋混凝土结构基本分析和计算有一个较为正确的初步认识。这样跨过此"门槛"后，后面章节学习就相对容易。

（4）既要遵守规范，又要能动分析

规范是行业的国家标准和法规，必须认真执行，因此对规范有关计算规定和方法的背景以及适用范围都应熟悉，并熟练掌握、应用。但对于规范尚未考虑的问题也应能认真、科学分析，发挥自己的能动性。

本 章 小 结

本章主要介绍了钢筋混凝土的基本概念和优缺点，应该充分认识到钢筋混凝土是钢筋和混凝土两者有机结合的产物，保证它们共同工作基础是：（1）钢筋和混凝土具有相接近的热膨胀系数；（2）钢筋和混凝土之间有足够的粘结力；（3）混凝土对钢筋有保护作用。

思 考 题

1. 什么是钢筋混凝土结构？配筋的主要作用是什么？
2. 钢筋混凝土结构有哪些特点？
3. 钢筋和混凝土共同工作基础是什么？
4. 本课程主要内容包括哪些？学习应注意哪些特点？

第2章 钢筋混凝土结构分析和设计的基础

本章主要介绍结构设计的一些常用的基本概念，并结合钢筋混凝土简支梁的试验结果初步分析了整体工作、带裂缝工作和破坏三个阶段的应力应变状态分析的特点，指出线弹性材料力学方法是无法适用于混凝土结构全过程的性能分析，需要基于一定数量试验数据、并通过机理和统计分析，提出专门的钢筋混凝土结构分析方法。对钢筋混凝土结构设计方法的演变历史做了概述，重点阐述了基于概率的极限状态设计准则和实用设计表达式。本章中有关作用的分类、组合、标准值、分项系数，强度设计值、标准值、各种设计准则对应的实用设计表达式、钢筋混凝土结构性能分析和计算的基本方法和耐久性设计基本概念等内容十分重要、将贯穿以后各个章节，所以要求读者认真领会并予以掌握。

教学目标

1. 结构设计的基本概念；2. 钢筋混凝土结构受力的基本特点；3. 极限状态设计方法。

重点和难点

结构上的作用和作用效应、结构的抗力、钢筋混凝土梁受力工作的三个阶段、极限状态设计准则及实用设计表达式。

2.1 结构设计的一些基本概念

2.1.1 结构和结构构件

结构是指能承受作用并具有适当刚度的由各连接部件有机组合而成的系统，是房屋建筑结构和桥涵结构中的承重骨架，结构构件是在受力上可以区分出来的部件，如柱、梁、板、桩等。一般把结构中的承重构件及其共同工作的方式称为结构体系。

2.1.2 结构上的作用

作用是指在结构上的集中力或分布力和引起结构外加变形或约束变形的原因。直接作用为结构上的集中力或分布荷载，如结构构件的自重、楼面或桥面上的人群和物品、风压和雪压等，习惯上称为荷载。间接作用为结构的外加变形或约束变形，如不均匀沉降、温度变化、焊接变形等。间接作用通常与结构的特性和本身有关。作用可按不同划分标准进行分类，如按时间变异的分类、按空间位置变异的分类、按结构的反应分类和按有无限值分类。按时间变异来区分作用是最常用的分类。作用按时间的分类可划分为永久作用、可变作用、偶然作用和地震作用。

1. 永久作用

永久作用指在设计使用基准期内其量值不随时间变化，或变化与平均值相比可忽略不计的作用。它的量值在整个设计基准期内基本保持不变。结构中的永久作用包括：结构构件自重、墙体自重、桥面铺装、楼面上固定设备的重量、预应力等。

2. 可变作用

可变作用是指在设计使用基准期内其量值随时间变化，且变化与平均值相比不可忽略不计的作用。可变作用的特点是其值随时间变异性必须在设计中予以考虑。结构中可变作用包括：楼面活荷载（持久性活荷载和临时性生活荷载）、屋面活荷载、汽车荷载、人群荷载、风荷载、雪荷载、吊车荷载等。

【注释】 设计使用基准期是确定可变作用设计取值所考虑的时间范围，具体含义见本章 2.1.9。

3. 偶然作用

偶然作用是指在设计使用基准期内不一定出现，但一旦出现其量值很大，且持续期很短的作用。它的出现带有偶然性。结构中的偶然作用包括交通工具撞击、火灾、爆炸等。

4. 地震作用

强烈的地震会使大量建筑物和构筑物倒塌，造成人民生命、财产的巨大损失，所以在有要求地震设防地区的结构设计时必须对地震作用进行认真的考虑。地震作用与偶然作用有相似之处，如地震出现也具有偶然性，持续时间也较短。但地震作用与本身结构特性性质有关，另外地震是一种自然现象，可以通过数据收集和统计分析，对地震作用相关参数进行确定。这些是与偶然作用不同的。

2.1.3 荷载作用效应 S

荷载作用效应 S 一般同荷载值 Q 呈线性关系，即荷载作用效应 S 可用荷载值 Q 乘以荷载效应系数 C 方式表示。例如图 2-1 所示计算跨度为 l_0 的简支梁在均布荷载 q 作用下内力和挠度，以及支座反力都是作用效应，它们都可以用下式表示为荷载值与相应的荷载效应系数乘积。

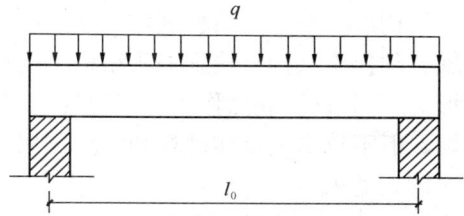

图 2-1 承受均布荷载的简支梁

$$M_{跨中} = \frac{1}{8}ql_0^2 = C_{弯矩}q, C_{弯矩} = \frac{1}{8}l_0^2 \text{——梁跨中弯矩效应系数;}$$

$$V_{支座} = \frac{1}{2}ql_0 = C_{剪力}q, C_{剪力} = \frac{1}{2}l_0 \text{——梁支座剪力效应系数;}$$

$$f_{跨中挠度} = \frac{5}{384EI}ql_0^4 = C_{弯度}q, C_{弯度} = \frac{5}{384EI}l_0^4 \text{——梁跨中挠度效应系数;}$$

$$R_{支座} = \frac{1}{2}ql_0 = C_{反力}q, C_{反力} = \frac{1}{2}l_0 \text{——梁支座反力效应系数。}$$

2.1.4 结构设计准则

所谓设计准则就是结构设计时应该遵守的基本原则，是对所设计结构的安全性、适用性、耐久性和经济性一种综合平衡的考虑。在理想情况下，符合最优设计准则的结构就意味着在安全性、耐久性和使用性能上能够得到足够的保证，并在经济上也相当合理的，也就是通常所认为的最优化设计方案。实际上，要一下子制定出这种最优设计准则几乎是不可能的，只有随着国家或部门的技术经济条件和科学研究水平提高，逐步修订或完善原有设计准则，使设计的结构性能更好和更经济。

2.1.5　结构设计规范

结构设计规范是设计人员的设计依据，也是设计准则的具体体现。设计规范反映了当时当地的技术经济水平、规范制定者的政策导向，是一种带有约束性或法律性的技术文件。因此，不同国家、不同部门或组织，都可根据各自的情况，编制适用于一定范围的设计规范。例如，我国为统一房屋建筑、铁路、公路、港口、水利水电等各类工程结构设计的基本原则、基本要求和基本方法，使结构符合可持续发展的要求，2008 年颁布了《工程结构可靠性设计统一标准》。房屋建筑结构采用《荷载规范》、《混凝土结构设计规范》，公路桥隧结构有交通部颁发的《公路桥涵设计规范》，铁路桥隧结构采用《铁路桥涵钢筋混凝土和预应力混凝土结构设计规范》 TB 10002.3—2005（以下简称《铁路桥涵设计规范》）。在国外，美国主要采用由美国混凝土协会颁布的 ACI318—05 规范，欧洲国家大部分采用欧洲混凝土结构设计规范（EN）或欧洲混凝土结构模式规范（CEB-FIP MC），俄罗斯有自己国家的混凝土和钢筋混凝土结构设计规范（СНиП）。

2.1.6　结构的功能要求

任何工程结构的设计必须要符合安全可靠、适用耐久、经济合理的要求。具体到钢筋混凝土结构，在预定的使用期限内应该满足下列各项预定功能要求：

（1）安全性

结构的安全性是指在规定的期限内，在正常施工和正常使用情况下，结构能承受可能出现各种作用（指直接施加于结构上的荷载及间接施加于结构的引起结构外加变形或约束变形的原因）；在偶然作用（如罕遇地震、撞击等）发生时及发生后，结构可以发生局部损坏，但不致出现整体破坏和连续倒塌，仍能保持必需的整体稳定性。

（2）适用性

结构的适用性是指在正常使用情况下，结构具有良好的工作性能，结构或结构构件不发生过大的变形、裂缝宽度或振动。

（3）耐久性

结构的耐久性是指结构在正常维护情况下，即使材料性能会随时间变化，但结构仍能满足设计的预定功能要求。在正常维护情况下，结构应该具有足够的耐久性。

2.1.7　结构的安全等级

在工程结构设计时，应根据结构破坏后果的严重性，即危及人的生命、造成经济损失、对社会或环境产生影响等，采用不同的安全等级。我国《统一标准》把结构的安全等级划分为三级，其中房屋建筑结构和公路桥涵结构的安全等级划分见表 2-1。铁路桥涵结构的安全等级为一级。

房屋建筑结构和公路桥涵结构的安全等级　　　　　　　　　　表 2-1

安全等级	破坏后果	房屋建筑结构示例	公路桥涵结构示例
一级	很严重：对人的生命、经济、社会或环境影响很大	大型的公共建筑等	特大桥、大桥、中桥、重要小桥
二级	严重：对人的生命、经济、社会或环境影响较大	普通的住宅和办公楼等	小桥、重要涵洞、重要挡土墙
三级	不严重：对人的生命、经济、社会或环境影响较小	小型或临时性储存建筑等	涵洞、挡土墙、防撞护栏

2.1.8 设计使用年限

设计规定的结构或结构构件不需进行大修即可按预定目的使用的年限称为设计使用年限。设计使用年限是设计规定的一个时段，在这一规定时段内，结构只需进行正常的维护而不需进行大修就能按预定目的使用，并完成预定的功能，即可理解为工程结构在正常使用和维护条件下所应达到的最小使用年限，如达不到这个年限则意味着在设计、施工、使用与维护的某一或某些环节上出现了非正常情况，应查找原因。这里所谓"正常维护"包括必要的检测、防护及维修。我国房屋建筑结构和公路桥涵结构设计使用年限可按表 2-2 和表 2-3 中结构类别确定，铁路桥涵结构设计使用年限定为 100 年。

房屋建筑结构的设计使用年限		表 2-2
类别	设计使用年限（年）	示例
1	5	临时性建筑结构
2	25	易于替换的结构构件
3	50	普通房屋和构筑物
4	100	标志性建筑和特别重要的建筑结构

公路桥涵结构的设计使用年限		表 2-3
类别	设计使用年限（年）	示例
1	30	小桥、涵洞
2	50	中桥、重要小桥
3	100	特大桥、大桥、重要中桥

2.1.9 设计基准期

设计基准期是为确定可变作用等的取值而选用的时间参数，注意它不一定等于设计使用年限。当设计需要采用不同的设计基准期时，必须相应确定在不同的设计基准期内最大作用的概率分布及其统计参数。我国的房屋建筑结构的设计基准期为 50 年，公路桥涵结构和铁路桥涵结构的设计基准期均为 100 年。

2.1.10 设计状况

所谓设计状况就是设计时考虑的、代表一定时段结构本身以及所受作用的实际情况。在工程结构设计时，对不同的设计状况，应采用相应的结构体系、可靠度水平、基本变量和作用组合等。这里结构本身情况是指结构在施工、维修阶段，还是处于正常使用阶段。结构所受作用的实际情况可理解为对结构上作用的持续时间进行考虑，因为作用时间与设计使用年限相比是经常出现的，还是短暂或者偶尔才会有的，这些造成的后果是不相同的。显然对经常性的作用控制要比较严格。另外，各种设计状况出现的频率或概率是不同的，其产生后果也各不相等，对结构的要求上也不一致。例如结构的建筑目的就是在使用，它不但要满足承载能力极限状态的要求，而且还要保证在正常使用极限规定的范围内，因而持久设计状况对每一个结构都必须考虑的，对于火灾、爆炸、撞击等偶然作用来说，其特点是发生突然，具有偶然性，且往往会造成人民的财产重大损失，此时设计目的主要是防止结构的倒塌，使用性能就可以不作为控制。工程设计时应区分下列四种情况：

（1）持久设计状况，适用于结构使用时的正常情况；

（2）短暂设计状况，适用于结构出现的临时情况，包括结构施工和维修的情况；

（3）偶然设计状况，适用于结构出现的异常情况，包括结构遭受火灾、爆炸、撞击等；

（4）地震设计状况，适用于结构遭受地震时的情况，在抗震设防地区必须考虑地震设计状况。

在工程结构设计时，对上述不同的设计状况，应采用相应的结构体系、可靠度水平、基本变量和作用组合。对上述四种设计状况应分别考虑下列极限状态的设计：

（1）对四种设计状况，均应进行承载能力极限状态设计；

（2）对持久设计状况，尚应进行正常使用极限状态设计；

（3）对偶然设计状况，可不进行正常使用极限状态设计；

（4）对短暂设计状况和地震设计状况，可根据需要进行正常使用极限状态设计。

【思考与提示】 要注意地震设计状况与偶然设计状况的差别。地震实际上也是一种偶然作用，但地震发生一般具有区域性。根据现有地震工程学的研究已能给出相应的地震区和设防烈度，在设计时可以根据当地的设防烈度进行抗震设计，有的区域可以不考虑抗震设计情况。而偶然设计状况主要依据建筑和结构所处的工作环境或周围环境条件，并按不同的设防要求进行设计。后者的发生比地震少、更不易设防，目前一般只对特别重要的建筑物和结构，如核反应容器、桥墩、化工厂等考虑偶然设计状况。

2.1.11　作用组合（荷载组合）

当结构同时承受一种以上作用影响时，为验证某一极限状态的结构可靠度而采用的一组作用值称为作用组合，它可理解为保证结构的可靠性而对同时出现的各种作用组合作出的一种规定。我国《统一标准》规定了 6 种作用组合：永久作用和可变作用的组合称为基本组合；永久作用、可变作用和一个偶然作用的组合称为偶然组合；永久作用、可变作用和一个地震作用的组合称为地震组合；永久作用标准值和可变作用标准值的组合称为标准组合；永久作用标准值、第一大可变作用频遇值和其余可变作用准永久值的组合称为频遇组合；永久作用标准值和可变作用准永久值的组合称为准永久组合。前三种作用组合用于承载能力极限状态设计，后三种作用组合用于正常使用极限状态设计。在具体设计时可根据下述规定确定相应的作用组合：

（1）持久设计状况或短暂设计状况的承载能力极限状态设计——基本组合；

（2）偶然设计状况的承载能力极限状态设计——偶然组合；

（3）地震设计状况的承载能力极限状态设计——地震组合；

（4）不可逆正常使用极限状态设计——标准组合；

（5）可逆正常使用极限状态设计——频遇组合；

（6）长期效应为决定性因素的正常使用极限状态设计——准永久组合。

2.1.12　结构重要性系数

结构的重要性系数主要反映了对不同安全等级的结构采取不同安全储备的设计思想，结构愈重要，对应的安全储备也愈高。如定义安全等级二级的结构重要性系数 γ_0 为 1。对于安全等级为一级或三级的结构，在安全等级二级的基础上进行适当调整后，γ_0 可取 1.1 或 0.9。

【注释】 房屋建筑结构重要性系数 γ_0 要按设计状况和安全等级考虑。对持久设计状况和短暂设计状况：安全等级为一级时取 1.1；二级时取 1.0；三级时取 0.9。对偶然设计状况和地震设计状况：不管安全等级，均为 1.0。公路桥涵结构重要性系数 γ_0：安全等级为一级时取 1.1；二级时取 1.0；三级时取 0.9。铁路桥涵结构没有分安全等级，故没有重要性系数。

2.2 线弹性结构分析和设计的方法

线弹性体材料的结构受力性能可以直接根据经典的材料力学公式进行计算和分析。结构分析采用的基本方程有三个，分别为平衡方程、几何方程和物理方程，结构受力性能分析所有问题都可以通过这三个基本方程联合求解来解决。我们仍然以图 2-1 所示的简支梁为例来说明线弹性结构分析和设计的基本方法。

我们知道平衡方程就是确定外荷载与结构任意截面的内力之间的关系，是通过静力（或动力）平衡条件来实现。几何方程反映位移和变形之间的协调关系，物理方程表示材料的应力和应变关系。现假设图 2-1 所示的简支梁由线弹性材料制作，故由材料力学得到以下三个基本方程：

平衡方程
$$M = \frac{qx(l - 0.5x)}{2} \tag{2-1}$$

几何方程
$$\varepsilon = y \times k = \frac{y}{r} \tag{2-2}$$

物理方程
$$\sigma = E\varepsilon \tag{2-3}$$

式中，σ、ε 为横截面上应力、应变；k、r 为横截面的曲率和曲率半径。

注意，由截面应力与内力平衡还可得到以下方程

$$M = \int \sigma \times y \times \mathrm{d}A \tag{2-4}$$

将式（2-2）、式（2-3）代入上式，可得到补充的等效物理方程为

$$\frac{M}{EI} = k \tag{2-5}$$

其中，$I = \int y^2 \times \mathrm{d}A$，称为截面的惯性矩。

【注释】 上述几何方程（2-2）是由应变服从平截面假定推出，物理方程（2-3）由线弹性材料的虎克定律依据得到。

由方程（2-1）、（2-2）、（2-3）、（2-5）可以在已知 M 的情况下选择合适截面来满足承载能力的要求，反之在截面几何尺寸已知的条件下可以核算承载能力是否能满足要求。工程结构设计人员通常把前者称为截面设计（结构设计）问题，后者称为截面复核（结构验算）。现以截面设计问题为例说明其具体的设计方法。由方程（2-1）、（2-2）、（2-3）和（2-5）可得到：

$$M_{\max} = \frac{1}{8}ql^2$$

$$\varepsilon_{\max} = y_{\max}k$$

$$\sigma_{\max} = E\varepsilon_{\max}$$

$$\kappa = \frac{M_{\max}}{EI}$$

联立上述方程，可得

$$\sigma_{\max} = \frac{M_{\max}}{I}y_{\max} = \frac{M_{\max}}{W}$$

式中 W 为截面受拉边缘的弹性抵抗矩。

若材料允许应力为 $[\sigma]$，则该梁强度设计公式为

$$\sigma_{\max} = \frac{M_{\max}}{W} \leqslant [\sigma] \tag{2-6}$$

有时结构还需满足变形要求，由材料力学知该梁跨中最大变形 $f_{\max} = \dfrac{M_{\max} l^2}{48EI}$，设允许变形为 $[f]$，故相应的设计控制公式为

$$\frac{M_{\max} l^2}{48EI} \leqslant [f] \tag{2-7}$$

2.3 钢筋混凝土结构受力性能的特点

2.3.1 钢筋混凝土结构的受力特点

在第一章已经说明钢筋混凝土是一种有机结合的复合材料，混凝土和钢筋的应力-应变关系都是随应力加大会产生塑性变形使曲线变化，但两者差别很大。所以它与理想弹性体差得很远。试验表明，只有在受力很小时，钢筋混凝土才能视为弹性体材料。在正常使用荷载作用下混凝土一般进入弹塑性变形阶段，其应力-应变关系呈明显的非线性，并且还与时间相关。另外由于部分截面混凝土受拉区的开裂，材料力学中关于连续介质和平截面假定已不可能成立。这表明试图用前面所述的线弹性结构理论分析方法对钢筋混凝土结构性能分析在理论上是不可行的、也是完全不合理的，钢筋混凝土结构受力性能分析需要采用理论和经验相结合的方法，即根据材料力学或弹性力学方法大致确定应力应变状态和相应主要影响因素，然后通过一定数量的试验结果寻找性能变化的规律和破坏形态，通过机理和统计分析，提出计算模型或方法。钢筋混凝土梁在荷载作用下产生的裂缝与梁中心线有可能正交，也有可能是斜交，前者称为垂直裂缝，后者称为斜裂缝（见图 2-2）。垂直裂缝是截面受拉正应力超过混凝土抗拉强度导致，而斜裂缝是截面主拉应力超过混凝土抗拉强度引起的。梁截面中内力既有弯矩又有剪力，故产生斜裂缝，只有在纯弯段才出现垂直裂缝。试验表明，钢筋混凝土梁不是沿斜裂缝发生破坏，就是沿垂直裂缝破坏，前者称为斜截面破坏，后者称为正截面破坏。

图 2-2　钢筋混凝土梁的破坏形态

（a）正截面破坏；（b）斜截面破坏

【思考与提示】　按材料力学解，梁开裂方向可由单元主拉应力方向确定，但无法进一步求得开裂后的应力应变，因为裂缝出现导致材料力学关于连续介质和平截面基本假定无法成立，当然相应公式也不能再适用。根据梁发生正截面破坏时拉区混凝土由于裂缝存在实际发挥作用相当有限的试验结果，我们不妨粗略地建立一种最简单的计算方法，即假设

平截面假定成立，并进一步假定在开裂后可以忽略整个梁截面受拉区混凝土的作用，即可把截面看成由压区混凝土和受拉钢筋（把钢筋折算成相应混凝土面积）组成的截面，这样可以用材料力学公式来计算应力和应变。但是这里要注意，忽略梁所有截面受拉区混凝土这个假定并不合理，另外混凝土压区在应力较高时其本构关系已呈非线性，与线弹性本构关系明显不符，这些都会导致计算结果与实际有较大偏差。比较合理的计算方法是，根据与实际比较接近的混凝土和钢筋应力分布来计算。

2.3.2　钢筋混凝土结构受力工作的三个阶段

混凝土抗拉性差抗压性好，以及混凝土和钢筋两者材料性能的不同，这些都使钢筋混凝土梁与线弹性材料梁受力性能有明显差异，而且这种差异是随着荷载级别提高会不断加大。下面以配筋量适当的钢筋混凝土梁在荷载作用下的正截面上应力应变状态变化过程为例简要说明钢筋混凝土结构受力性能的一般特点。试验表明，钢筋混凝土梁的应力应变状态与弹性材料梁有本质差别，应力应变状态按作用荷载大小可以分为三个工作阶段（图2-3）：

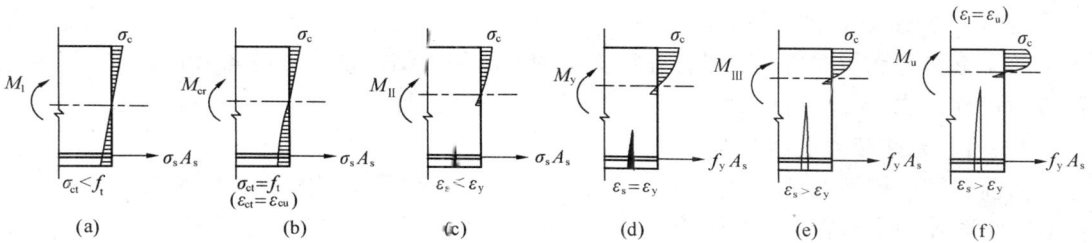

图 2-3　配筋量适当的钢筋混凝土梁的三个工作阶段
(a) Ⅰ阶段；(b) Ⅰ$_a$状态；(c) Ⅱ阶段；(d) Ⅱ$_a$状态；(e) Ⅲ阶段；(f) Ⅲ$_a$状态

1. 第一阶段（整体工作阶段）

在加载较小时，钢筋的应力和混凝土应力都处于弹性范围，可以按材料力学公式直接求得。截面上混凝土应力分布呈线性，钢筋的拉应力为同一位置处混凝土拉应力乘以钢筋弹性模量与混凝土弹性模量比值。随荷载继续增加，拉区混凝土应力分布由三角形逐渐变为曲线，应力趋向相等。当截面边缘的应变达到混凝土抗拉极限应变时，梁将开裂。这个阶段末的应力应变状态作为截面开裂计算的依据（图2-3b）。

2. 第二阶段（带裂缝工作阶段）

在第一阶段末进一步加载，在梁的最弱截面会产生裂缝，导致在钢筋混凝土梁应力应变状态发生明显的变化。首先，在开裂截面上，拉区混凝土作用减弱会使钢筋拉应力有明显提高，同时压区混凝土也会出现较大的非线性，压应力图形更趋于弯曲（图2-3c）。钢筋受拉屈服标志第二阶段结束（图2-3d）。该阶段也就是结构处于的正常使用阶段，需要对裂缝宽度和挠度进行验算。

3. 第三阶段（破坏阶段）

第三阶段是破坏阶段。试验结果表明，破坏的形式主要取决于配置的受拉钢筋数量和性质。如果钢筋配筋量比较合适，最后梁的破坏形式为：受拉钢筋首先屈服，随着钢筋塑性变形加大，裂缝不断延伸、宽度增加，混凝土压区应力也不断提高，最终混凝土压坏（图2-3e、f）。由于在破坏之前具有较大的变形等破坏预兆，所以称为延性破坏。当钢筋配置得过多或者延伸率过小，在钢筋没有达到屈服之前压区混凝土由于应力过大发生破坏，此时钢筋应力比较小，相应的变形和裂缝宽度度比较小，因而破坏没有明显的预兆，具有突然性，这种破坏称为脆性破坏。显然，从结构设计角度，脆性破坏是要避免的。第三阶段是截面承载能力计算的基础。

【思考与提示】 如果配筋量过少，破坏形式是否会变化呢？可以设想，配筋过少的梁一开裂，其钢筋应力因混凝土退出工作会有突增，迅速达到屈服产生很大变形，此时虽然混凝土没压坏，但因变形过大已无法继续承担荷载作用。另外要注意，破坏形式虽然同配筋量密切相关，但钢筋本身要延性好也是必须的，否则屈服至破坏变形过小仍然没有明显的破坏预兆。这些问题将在第 3 章中予以详细讨论。

2.4　钢筋混凝土结构的设计准则

钢筋混凝土结构的设计准则是随技术经济水平提高以及人类对钢筋混凝土受力性能的认识进步在不断改进，它反映了人们在经济合理前提下为了提高钢筋混凝土结构可靠性而做出的不懈努力和所取得的成果。在历史上钢筋混凝土结构设计中最常用的设计准则为允许应力设计方法、破坏阶段荷载设计方法和极限状态设计方法。

2.4.1　允许应力设计准则

由前述知，钢筋混凝土梁截面的应力应变状态是与外部作用的荷载大小有关，只有当荷载较小时才能按材料力学方法求解。实际上，沿梁长方向的截面内力一般是不等的，即整根梁是无法用一种应力应变状态进行描述和表征的。钢筋混凝土结构材料非线性和裂缝等固有特点尽管在 20 世纪初就被人们认识，但限于当时的科学水平而无法建立能考虑这些特点的理论基础，只能把它作为弹性材料，用材料力学方法进行计算，即采用所谓的允许应力设计准则。允许应力设计准则规定：在计算应力时可把混凝土、钢筋视为弹性材料，在规定的最大使用荷载作用下，结构构件截面中各点的计算应力 σ 不得超过材料的允许应力 $[\sigma]$。允许应力设计准则采用的基本假定为：

(1) 材料的本构关系都服从虎克定理；

(2) 截面应变服从平截面假定；

(3) 忽略拉区混凝土的作用。

在具体计算时需要采用换算截面代替实际截面，即把钢筋截面面积按强度等效为相应的混凝土面积，形成只有单一弹性材料的截面。这样就可用材料力学公式求得在使用荷载作用下混凝土和钢筋的最大应力值 σ_{max}。从结构设计安全角度，必须要求该应力 σ_{max} 不能超过允许应力 $[\sigma]$。所谓允许应力可取材料强度 R 除以安全系数 K，即 $[\sigma] = \dfrac{R}{K}$。允许应力设计方法的设计表达式为：

$$\sigma_{max} \leqslant [\sigma] \tag{2-8}$$

上述表达式的优点是可以直接采用材料力学公式，缺点是没有考虑钢筋混凝土结构固有的受力特性，无法得到混凝土和钢筋的实际应力应变状态，而且由此计算得到的承载能力无法用试验予以验证。应注意，按允许应力设计准则计算的应力是最大使用荷载作用下的应力，只是正常使用状态的最大应力，它要小于非正常使用状态的最大应力。其次，在计算中没有考虑混凝土和钢筋的塑性变形能力，无法得到结构的极限强度。再者，允许应力 [σ] 确定本身带有很大的经验性。显然，允许应力设计准则对钢筋混凝土结构受力特点反映以及结构作用和结构抗力的变异性的考虑都是不尽合理和充分的。尽管在少数国家的规范对某些结构或者部分构件还保留采用这种设计方法，但大多数国家都已用更科学和更合理的设计方法来代替它。

2.4.2 破坏阶段设计准则

针对允许应力设计准则的缺陷，苏联科学家经过广泛努力提出了能考虑钢筋混凝土材料非线性特点的破坏阶段设计准则。该设计准则是基于前述钢筋混凝土结构第三阶段的应力应变状态，并假定钢筋和混凝土应力都达到极限值。与允许应力设计准则中混凝土和钢筋应力是由作用在截面上外力计算得到的不同，在破坏阶段设计准则中是由截面中试验得到的应力来确定构件能承担的破坏荷载。该方法对所有截面采用同一安全系数，所以梁能够承担的最大允许荷载为试验得到的破坏荷载除以安全系数得到。以钢筋混凝土受弯构件为例，其计算表达式为

$$M \leqslant \frac{M_u}{K} \tag{2-9}$$

式中，M 为最大使用荷载产生的截面弯矩，M_u 为截面所能承担的极限弯矩，K 为安全系数。这种方法能较好地反映钢筋混凝土构件的实际工作性能，而且能计算出极限承载能力，并可用试验验证。采用单一安全系数能清晰给出安全储备的概念，有时也把此方法称为单系数设计方法。破坏阶段设计准则尽管比允许应力设计准则有了很大进步，但其只能确定破坏荷载，对正常使用性能仍然无法进行评价。众所周知，随着科学技术发展，混凝土和钢筋的强度性能将不断提高，这样构件的截面势必会减小，相应的刚度降低使结构的变形和裂缝宽度加大。过大的变形会直接影响正常使用，而过大的裂缝宽度也会影响外观，甚至会加快钢筋的锈蚀，这对高强钢筋是非常不利的。另外，在实际结构中作用和抗力都有较大的变异性，需要考虑两者联合概率分布，才能对安全性进行合理评定。采用单一的安全系数，而且主要是依据经验确定的，显然很难对结构安全性进行正确度量。从满足结构功能要求角度上讲，破坏阶段设计准则和允许应力设计准则一样，只保证了结构的安全性能，不能直接对结构使用性能进行相应的计算和控制，因此也不是理想的钢筋混凝土结构设计准则。

2.4.3 极限状态设计准则

极限状态设计准则是苏联国际知名钢筋混凝土和结构力学学者格沃兹捷夫在 20 世纪 30 年代提出来，苏联也是第一个采用极限状态设计方法的国家。所谓极限状态是一种特定的状态，在达到该状态后结构无法进一步承受作用，否则会丧失承载能力或产生过大的不允许的变形或局部破坏。

极限状态分为两类，第一类为承载能力极限状态，第二类为正常使用极限状态。承载能力极限状态是为了防止结构材料破坏（进行强度计算）、结构形状的失稳（进行柱子的纵向弯曲计算）、结构位置的失稳（进行倾覆或滑动计算），以及疲劳破坏（进行疲劳强度计算）。

正常使用状态是为了控制过大的变形、防止开裂或限制裂缝宽度的过大的开展。显然承载能力极限状态设计是最基本的，而使用状态设计是在满足极限状态设计前提下对结构

的使用性能和质量提出具体要求。也就是说，从满足承载能力设计要求来讲，任何结构都是相同的，但从使用状态设计方面，可以从满足结构实际使用情况提出相应的规定。

当结构或结构的构件出现下列状态之一时，应认为超过了承载能力极限状态：

（1）结构构件或连接因超过材料强度而破坏，或因过度变形而不适用于继续承载；

（2）整个结构或其一部分作为刚体失去平衡；

（3）结构转变为机动体系；

（4）结构或结构构件丧失稳定；

（5）结构因局部破坏而发生连续倒塌；

（6）地基丧失承载力而破坏；

（7）结构或结构构件的疲劳破坏。

当结构或结构的构件出现下列状态之一时，应认为超过了正常使用极限状态：

（1）影响正常使用或外观的变形；

（2）影响正常使用或耐久性能的局部破坏；

（3）影响正常使用的振动；

（4）影响正常使用的其他特定状态。

2.4.4 极限状态设计方法

由于在极限状态设计方法中很容易引入概率理论来考虑作用效应和结构抗力方面的不确定性，因而也称为基于概率理论的极限状态设计方法。根据考虑结构作用和结构抗力变异性程度不等又把极限状态设计方法分为半概率、近似概率和全概率的设计方法。

如果我们用符号 S 代表结构的作用效应，R 代表结构的抗力，不管何种极限状态都应满足下列方程：

$$S \leqslant R \tag{2-10}$$

其中 S 既可以为内力，也可为变形、抗裂度和裂缝宽度等，R 是与作用效应一一对应的，即截面的承载能力、变形和裂缝宽度限制值等。人类的生活经验和工程实际表明，作用在结构上的荷载、材料强度、截面尺寸等对设计者来说都是事先无法确定的量，即上述公式中的 S、R 都是变化量，称为随机变量，它的数值是不确定的，只有用概率论方法找出其变化的客观规律性，对其作出科学的评定。我们定义功能函数 $Z=R-S$，显然有：

$Z<0$ 表示结构失效；

$Z=0$ 表示结构处于极限状态；

$Z>0$ 表示结构可靠。

注意到，由于 S、R 是随机变量，故 Z 必然也是随机变量。结构安全可靠（$Z \geqslant 0$）是一个随机事件，它发生的可能性用有一定保证率的概率 P_s 来度量。如果能已知结构上各种作用结构材料强度和截面几何尺寸等变化规律，即概率分布函数和平均值、变异系数等统计特征值，在理论上是能够通过一定的数学手段得到功能函数 Z 的概率分布函数和平均值、变异系数等统计特征值，这样就可以用下式计算相应的失效概率 P_f。

$$P_f = P(z \leqslant 0) = P(S-R \leqslant 0) = \int_{-\infty}^{0} f(z)\mathrm{d}z \tag{2-11}$$

相应地可靠概率 $P_s=1-P_f$

图 2-4 为 S 和 R 的概率密度曲线，当作用效应分布的上尾部分与结构抗力分布的下尾

部分相重合，就表明可能出现结构抗力小于作用效应的情形，导致结构失效。

根据上述基于概率理论的极限状态设计方法，其基本的设计表达式为

$$P_s \geqslant [P] \qquad (2\text{-}12)$$

上式中 $[P]$ 为规定的结构设计目标可靠概率值。这种方法也称为全概率设计方法。

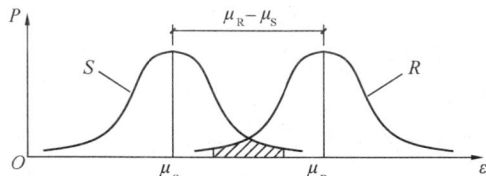

图 2-4　作用效应和抗力的概率密度曲线

目前由于该方法在基础统计数据的收集、概率分布的确定，以及结构体系可靠度的计算分析等都还不成熟，尚不能用到具体工程设计。在实际设计中一般做法是近似或部分应用概率论，对概率分布和统计特征做一些方便计算的人为假定，得到能被工程设计人员接受的实用设计表达式。

【注释】　通过收集到各参数的统计规律，对一些简单的情况通过计算可以得到功能函数 Z 的概率分布函数，计算得到相应的可靠概率。但是，即使对一个简单受力构件而言其计算也是比较复杂的，很难在工程设计中推广。设计人员往往习惯于"安全系数"概念，为此国际上通常采用多系数表达方法，其基本思路是：根据近似概率理论的极限状态设计方法先求得现有规范在各种简单受力情况的可靠概率，综合分析后得到目标可靠概率。然后由目标可靠概率通过分离系数和优化理论得到相应的分项系数实用设计表达式。按此分项系数实用设计表达式求得的可靠概率等于目标可靠概率。既避免了烦琐的计算，又间接地达到了相应的可靠概率。公式中的分项系数可以简单理解为要达到设计规定的目标可靠概率而采用的"安全系数"。

为了保证在正常使用期间内一次也不超过规定的极限状态的可能性足够小，就必须需要考虑以下情况：（1）荷载作用的变异性；（2）材料强度的变异性；（3）房屋和构筑物的重要性；（4）在计算模式中无法直接反映的、与材料和结构工作性能相关的特点。极限状态设计方法的实质就是要使作用效应超过抗力这种失效情况发生的可能性足够小。从图2-3 上所示的作用效应和抗力两者图形的相对位置直观分析不难发现，如果荷载作用效应取一个足够合理大的值时，它还不大于结构抗力一个足够合理小的值，这个结构应该被认为是足够安全的，同时在经济上也是合理的。这种定值比较方法就是工程设计人员习惯采用的实用设计表达式。在引入结构重要性系数 γ_0 后，一般实用设计表达式为

$$\gamma_0 S_d \leqslant R_d \qquad (2\text{-}13)$$

式中，S_d 为结构作用效应的计算值，R_d 为结构抗力效应的计算值。应该注意式（2-13）与式（2-10）之间有本质上的差别，式（2-13）是作用效应和结构抗力的 2 个定值的比较，而式（2-10）中的结构作用效应 S 和结构抗力都是随机变量 R ，即 $S \leqslant R$ 是一个随机事件，它的成立对应于某一个概率，即结构的可靠概率。现在要保证式（2-10）和式（2-13）的可靠概率相等，首先用可靠度计算方法求得式（2-10）的可靠 p_{s1} ，然后规定 S_d 是各种荷载作用基本代表值产生效应的之和，R_d 是各种材料强度基本代表值与相关几何特征值乘积的之和，并对每种荷载作用基本代表值前乘上一系列荷载分项系数，对各种材料强度基本代表值除以一个材料分项系数。将上述规定的 S_d 和 R_d 代入式（2-13），并计算其相应的可靠概率 p_{s2} 。若 $p_{s1} = p_{s2}$ ，表明式（2-13）能与式（2-10）的可靠度基本接近，否则要进一步调整荷载分项系数和材料分项系数的取值。分项系数的具体确定通常采用下

列原则：（1）选定安全等级为二级的代表性结构或结构构件；（2）在各项荷载标准值和材料强度标准值已给定的条件下，对各类构件在各种常遇的荷载效应组合下，用不同的分项系数值，采用基于可靠度的极限状态设计方法分别计算其所具有的可靠指标，然后可以根据所计算的可靠指标与规定的目标可靠指标之间在总体上差异最小的原则，从中选定所谓最佳的一组分项系数作为设计表达式中的分项系数。分项系数在具体形式上，又可以分为永久作用分项系数；可变作用的分项系数、组合系数、准永久值系数、频遇值系数；材料强度分项系数。这些分项系数反映了结构构件所受作用和抗力变异性的统计特征，是基于结构可靠度分析并经优选确定的，所以它们起着相当于设计可靠指标的作用。因而，有时也可把作用分项系数和材料分项系数理解为分项安全系数，当然它与允许应力设计准则、破坏阶段设计准则的安全系数在概念上是有所不同的。

【注释】 混凝土结构设计既要有足够的可靠性（即符合安全性、使用性和耐久性这三方面的要求），又应该在经济上是合理的，安全性与经济性矛盾的协调或解决是通过先进和合理的设计准则予以反映。基于概率分析的极限状态设计准则是比较先进的，具有广泛适用性，也已被国际上普遍接受，但并不能由此认为其他设计准则是落后的，或不能在设计中使用的。实际上，不同设计准则的存在有其一定的合理性，在没有足够的试验数据支持或缺乏研究时采用传统的安全系数可能更有说服力。很多规范在主体采用极限状态设计准则前提下对于构件部分性能分析和设计仍采用传统的允许应力设计准则或破坏阶段设计准则。如现行的《混凝土结构设计规范》和《公路桥涵设计规范》已经都是基于极限状态设计准则的，但对混凝土结构的疲劳验算还仍然采用过去的允许应力设计准则。《铁路桥涵设计规范》对钢筋混凝土结构的承载能力采用允许应力设计准则，对预应力混凝土结构则采取破坏阶段设计准则。

2.5 作用变异性分析和代表值确定

在设计使用期限内，作用在结构上的荷载无论是恒载还是活载对设计人员来说都是不确定的，需要事先掌握它的变化规律，即概率分布模型。荷载的概率分布模型可以通过图2-5所示的概率密度曲线来建立。对于每一种特定荷载，如恒载、楼面活载、风荷载，以及地震作用在理论上都可以根据大量实际调查数据（或称为样本数据）进行统计分析得到其概率密度分布曲线。应该指出，目前对很多荷载作用还没有有足够多的统计数据，还难以给出符合实际情况的概率分布，因此往往沿用或参照传统的习惯取值。

【注释】 根据我国房屋建筑的大量调查数据统计分析，恒载的变化服从正态分布，民用房屋的楼面活载一般分为持久性活载和临时性活载，它们的随机性还与时间相关，即需要用随机过程的概率模型来描述。作为一种简化处理方案，一般把这种随机过程转换为设计基准期内的最大荷载随机变量。根据分析，最大荷载随机变量服从极值Ⅰ型分布，它与正态分布不同，是一种偏态概率分布。关于详细的荷载分布资料可见参考书。

1. 荷载标准值

图2-5中，概率密度曲线的两个纵坐标 Q_i 和 Q_j 围成的曲线面积代表荷载 Q 值为 $Q_i<Q<Q_j$ 的出现概率。在设计中经常采用荷载标准值 Q_k，它偏保守地在概率密度曲线大于平均值的位置处选定，荷载大于 Q_k 的出现概率等于 Q_k 右侧的面积。Q_k 定得越高，超

越 Q_k 的概率越小，如假定超越概率为 5%（保证概率为 95%），可反推其相应的 Q_k 值。我国现行《荷载规范》规定的荷载标准值，一部分荷载采用前面所述的与保证率对应的分位值，而另一部分荷载因缺乏足够统计数据，采用凭经验、观察和判断的所谓传统习惯值。例如，对于自重荷载，其标准值取截面设计尺寸乘以材料重度平

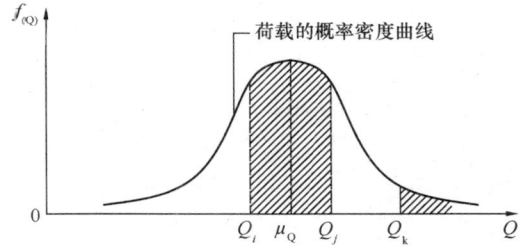

图 2-5　荷载标准值取值的概率含义

均值，相当于概率分布的平均值；对于办公楼楼面活载标准值取值大体上等于设计基准期内平均值加 3.16 倍标准差，其保证率要大于 95%。由于一般情况下荷载都不会超过荷载标准值 Q_k，故有的规范把荷载标准值 Q_k 称为在正常使用情况下可能出现的荷载最大值。荷载标准值 Q_k 是最基本的代表值，出于各种需要在实际设计中采用的荷载值可能会有比标准值 Q_k 偏大或偏小，为此在规范设计公式中通常还要引入荷载其他代表值，它等于荷载折算系数乘以荷载标准值 Q_k。

2. 荷载设计值

在承载能力极限状态设计时需要引入荷载设计值，它等于 $\gamma \cdot Q_k$。荷载折算系数 γ 一般称为荷载分项系数，γ 一般大于等于 1，但在特殊情况下也可能小于 1。例如我国《荷载规范》规定，当永久荷载效应对结构不利时，对由可变荷载效应控制的组合，恒载分项系数 $\gamma_G = 1.2$；对由永久荷载效应控制的组合，恒载分项系数 $\gamma_G = 1.35$；当永久荷载效应对结构有利时，一般情况 $\gamma_G = 1.0$；对结构的倾覆、滑移或漂浮等验算时，应取 $\gamma_G = 0.9$。一般情况可变荷载的分项系数为 $\gamma_s = 1.4$；对于标准值大于或等于 $4kN/m^2$ 的工业建筑楼盖的活载，应取 $\gamma_s = 1.3$。

3. 可变荷载的准永久值

对于正常使用极限状态设计，考虑到正常使用极限状态的失效后果要比承载能力极限状态小，其安全储备也应相应小一些，故此时恒载和可变荷载可直接取荷载标准值。但对于正常使用极限状态按长期效应组合设计时，考虑到可变荷载时有时无，即使出现也是也有大有小，因此比较合理的取值应该按荷载超过此值的累计时间 $T_x (= \sum t_i)$ 与整个设计基准期 T 比值 $\lambda_x = \dfrac{T_x}{T}$ 来考虑（图 2-6）。例如我国《荷载规范》规定对楼面活荷载、风荷载和雪荷载按超过此值的累计时间占整个设计基准期 50%，即 $\lambda_x = 0.5$。可变荷载的准永久值 $\psi_q Q_k$ 可以理解为是对荷载标准值 Q_k 的一种折减，折算系数 ψ_q 称为准永久值系数，我国《荷载规范》规定对住宅、办公楼楼面活荷载的 $\psi_q = 0.4$，对风荷载 $\psi_q = 0$。

4. 可变荷载的频遇值

对于正常使用极限状态设计，考虑到有些作用在设计基准期内被超越的总时间占设计基准期的比率较小，即指结构上较频繁出现的，且量值较大的荷载取值。其取值也按荷载超过此值的累计时间占整个设计基准期比值 $\lambda_x = \dfrac{T_x}{T}$ 来确定（图 2-6），国际上一般把该比例取为 5%。可变荷载的频遇值 $\psi_f Q_k$，也应理解为对荷载标准值 Q_k 的折减，折算系数 ψ_f 称为频遇值系数。与准永久值相比，频遇值是对荷载标准值的一种较小的折减，它是时而

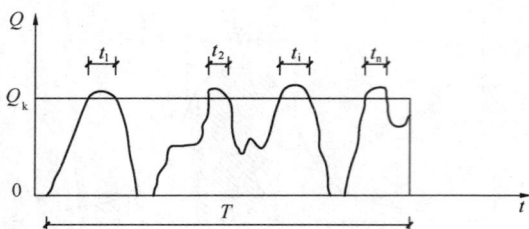

图 2-6 可变荷载准永久值和频遇值的确定原则

出现的略小于标准值的较大荷载值。而准永久值则是经常出现的、接近永久作用的荷载值。《荷载规范》规定对住宅、办公楼楼面活荷载的 $\psi_f = 0.5$，对风荷载 $\psi_q = 0.4$。

5. 可变荷载的组合值

实际房屋和结构物会同时承受各种作用，当有两种或两种以上的可变作用时，考虑到同时达到其单独出现时可能达到的最大值概率比较小，因此除主导作用采用标准值外，其他伴随作用都应该比标准值要小，即对标准值 Q_k 乘以组合系数 ψ_c 予以折减，$\psi_c Q_k$ 称为组合值。《荷载规范》规定对住宅、办公楼楼面活荷载的 $\psi_c = 0.7$，对风荷载 $\psi_c = 0.6$。针对每一种设计状况，设计要考虑的作用效应当然应该是最不利的，但哪些可变作用有可能组合在一起，同时组合后又会对结构产生最不利的效应，这就是最不利作用组合问题。在具体设计时可按 2.1.11 节内容，根据不同的设计状况采用相应的最不利作用组合。

【思考与提示】 可变作用的标准值、准永久值、频遇值、组合值在概念上有何区别？标准值是概率意义上的、正常使用阶段的最大作用值；准永久值表示此作用值在设计基准期内是经常出现的，反映作用的持久性；频遇值是代表在某种条件下不被超越的作用水平或频率，强调作用超越频率限制性；组合值是强调可变伴随作用最大值与主导作用最大值同时相遇的可能性。显然，标准值最大，组合值其次，频遇值第三，准永久值最小。

2.6　抗力变异性分析和代表值

2.6.1　钢筋混凝土结构抗力变异性分析

在设计使用期限内结构上的抗力与结构的作用一样对设计人员来说也是不确定的，需要事先了解它的变化规律，即掌握抗力的变异性。结构的抗力主要取决于组成结构构件的抗力，而构件的抗力又是由构件若干关键截面的抗力决定，因而结构抗力变异性可以通过构件截面抗力的变异性分析得到。产生抗力变异性的主要原因可归结为三方面：（1）截面几何特征的变异性；（2）材料性能的变异性；（3）计算模式的变异性。由于制作和施工过程中存在偏差，故截面的高度、宽度等几何尺寸实际上也存在一定的变异性。即实际的结构尺寸与设计预期的存在变异。在承载能力计算时由于采用的基本假定近似性、甚至不合理性等使设计抗力与实际抗力存在的差异性称为抗力的变异性。材料性能的变异性是指材料本身差异，以及在制作工艺和环境条件不同时表现出来的在性能上的差异。混凝土由于材料不均匀性、试验条件不同，即使同一组混凝土试块压出来的强度也各不相同，实际结构中的混凝土强度还受施工、养护、周围环境等影响。图 2-7 为某预制厂的一批混凝土试块强度的直方图，试块总数为 889，纵坐标为频率或频数，横坐标为试块的实际测试强度，曲线代表试块强度的理论概率密度分布，经检验该批试块混凝土强度分布服从正态分布。图 2-8 为一批直径为 25mm 的 HRB335 钢筋试件屈服强度的统计资料，试件总数为 1646，纵坐标为频率或频数，横坐标为钢筋试件的抗拉屈服强度实测值，曲线代表钢筋屈

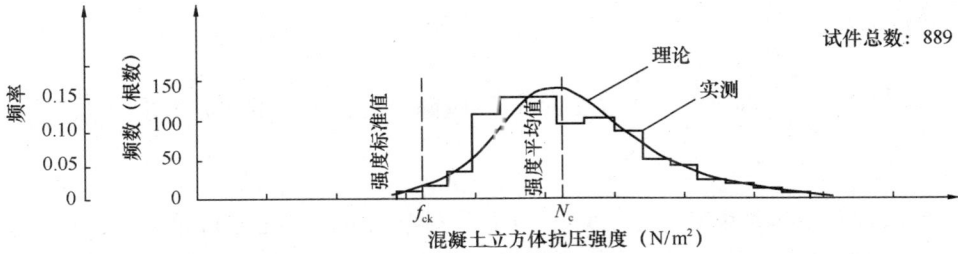

图 2-7　混凝土强度的概率密度曲线

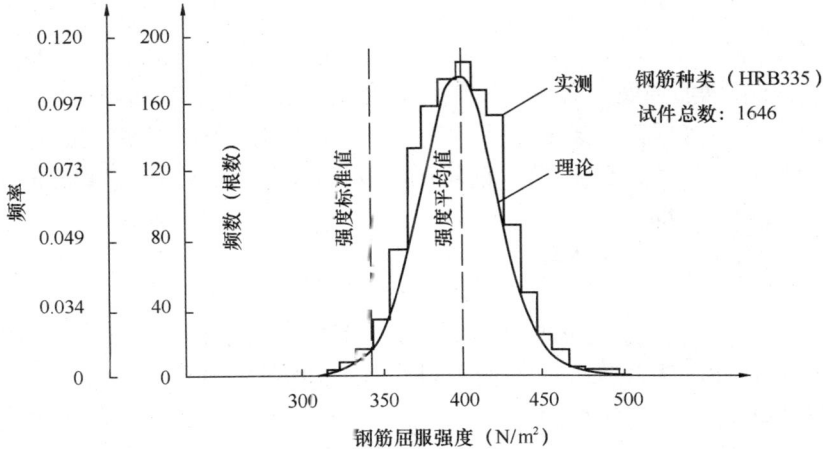

图 2-8　钢筋强度的概率密度曲线

服强度的理论概率密度分布，经检验这批钢筋试件强度分布也服从正态分布。大量统计资料表明，建筑用的钢筋和混凝土强度随机性或变异性一般都服从正态概率分布。在钢筋混凝土结构抗力变异性分析中钢筋和混凝土材料强度性能变异性是最主要的，故下面主要讨论钢筋和混凝土强度的取值。

2.6.2　材料强度代表值

为了保证结构的可靠性，材料强度取值也同作用取值一样必须考虑强度变异性的影响。在结构设计时，材料强度代表值包括标准值和设计值。与荷载代表值概念类似，材料强度标准值也是一个与保证率对应的特征值，只不过是一个低分位值，见图 2-9 所示。材料强度标准值也可认为是正常使用期间概率意义上材料

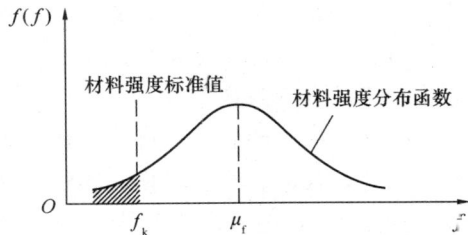

图 2-9　材料强度标准值的概率含义

强度的最小值。强度设计值等于标准值除以材料强度分项系数，材料强度分项系数大于1，所以强度设计值要比标准值要小，具有更大的保证率，一般用于承载能力极限状态计算。下面具体介绍混凝土和钢筋强度代表值的取值。

1. 混凝土强度标准值和设计值

设图 2-7 混凝土抗压强度概率分布曲线的平均值为 μ_c 和方差为 σ_c。为了与国际标准统一，混凝土强度标准值的保证率统一取为 95%。按概率统计理论，与此保证率对应的混

凝土强度标准值 f_{ck} 应等于平均值减 1.645 倍方差，即

$$f_{ck} = \mu_c - 1.645\sigma_c \qquad (2\text{-}14)$$

混凝土强度设计值 f_c 等于混凝土强度标准值 f_{ck} 除以混凝土强度的分项系数 γ_c，即

$$f_c = \frac{f_{ck}}{\gamma_c} \qquad (2\text{-}15)$$

式中混凝土强度的分项系数 γ_c 也可理解为材料安全系数，它是通过钢筋混凝土轴心受压构件设计表达式的可靠性指标与目标可靠指标具有最佳的一致性原则来确定，具体取值见各规范规定。

2. 钢筋强度标准值和设计值

按国家相关标准规定，钢筋的强度标准值应同生产厂家的检验标准一致，其保证率都在 95% 以上。热轧钢筋强度定义为其屈服点，余热处理钢筋取其屈服点的 0.9 倍，这是因为该钢筋经闪光对焊后接头强度有所下降。对于无明显屈服点钢筋的强度定义为条件屈服强度，取极限抗拉强度的 0.85 倍。钢筋强度设计值 f_s 等于钢筋强度标准值 f_{sk} 除以钢筋强度的分项系数 γ_s，即

$$f_s = \frac{f_{sk}}{\gamma_s} \qquad (2\text{-}16)$$

式中钢筋强度的分项系数 γ_s 也可理解为材料安全系数，对于普通钢筋该系数是通过钢筋混凝土轴心受拉构件设计表达式的可靠性指标与目标可靠指标具有最佳的一致性原则来确定。对于无明显屈服点的钢丝和钢绞线，由于统计资料不足，其分项系数 γ_s 主要按以往经验确定。钢筋强度的分项系数 γ_s 取值由具体规范规定。

【思考与提示】 对结构抗力的变异性考虑在结构设计中主要反映在对材料强度的取值上，要注意材料强度标准值是对材料强度本身变异性在安全上的考虑，由于历史原因其保证率的大小各规范也可不一样，如果有的材料强度统计数据不足或历史原因，也可按经验取名义值。总之，各规范在材料强度标准值的取值是可以不同的。材料强度设计值主要对整个设计方法安全性的考虑，它需要与计算模式，荷载取值等变异性综合分析得到，由于规范在荷载作用取值、采用计算公式都有各自的规定，因而材料强度设计值也必然是不一样的。材料基本强度分为抗拉、抗压，其变异性的分析是否要分别进行？混凝土一般假定立方体抗压强度（强度等级）的变异性可以代表其余强度的变异性，即只需有立方体抗压强度（强度等级）的统计资料。钢筋假定抗拉强度和抗压强度相同，仅需要收集和分析抗拉强度的统计数据。应该指出，在钢筋抗压强度设计值 f_s' 一般不是材料本身的抗压强度 f_{s0}'，而是一种名义值，它规定以受压区混凝土达到极限破坏时，受压钢筋应变 ε_s' 为 0.2% 时的应力值，其设计值 f_s' 为 $E_s\varepsilon_s'$ 和 f_{s0}' 两者较小值。混凝土和钢筋强度标准值和设计值一般在各规范附录中都给出，在计算和设计时可直接采用。

3. 不同极限状态时材料强度的取值

为了反映承载能力极限状态的可靠度要比正常使用极限状态更高，在材料强度取值上要作以下规定：按承载能力极限状态设计时采用材料强度设计值，在正常使用极限状态设计时则要采用材料强度标准值。由于材料强度设计值要比标准值更小，这样使结构安全储备更有保障。因此，在承载能力极限状态分析时，抗力计算采用的材料强度应为设计值；对正常使用极限状态验算时，抗力和非内力作用效应计算中采用的材料强度都应为标

准值。

2.7 钢筋混凝土结构性能分析的基本方法

结构的作用效应和抗力也称为结构的性能，对于钢筋混凝土结构来说，具有实际意义的主要性能为：结构的承载能力、裂缝宽度和变形。钢筋混凝土构件基本性能分析也就是要按实际破坏状态确定拉、压、剪、弯、扭等简单受力构件的承载能力或强度、变形和裂缝宽度的计算方法，并进一步考虑复合受力状态的影响。从这个角度上讲，钢筋混凝土结构分析和计算的基本原理可分为两大部分，第一部分是钢筋混凝土构件的承载能力分析和计算，第二部分为钢筋混凝土构件裂缝、变形等正常使用性能等计算和验算。

2.7.1 钢筋混凝土抗力分析和计算的基本方法

在钢筋混凝土构件承载能力分析和计算时一般采用以下基本假设：

（1）力的平衡定理。任意截面上的内力，如弯矩、剪力、轴力、扭矩，与外部作用在该截面上产生的效应应该平衡；

（2）钢筋和混凝土之间完全粘结，不发生相对滑移，即相同位置处的钢筋和混凝土应变相同；

（3）截面应变分布服从平截面假定，即构件截面在加载前是平面，在荷载作用下继续保持为平面；

（4）忽略截面混凝土受拉区的作用；

（5）钢筋和混凝土的应力应变关系已知，并能反映非弹性和其他强度特征。

根据这五个基本假设可以对一些简单的情况受力性能进行分析，由于钢筋和混凝土两者共同工作的复杂性，很难用解析的方法作理论分析。另一方面，过于复杂的计算程序也无法满足工程设计人员的实用需求。因此，在实际计算时需要结合广泛和持续的试验结果来确定或优化相关的计算模型和参数，提出半理论半经验的、简单实用的设计计算公式。

钢筋混凝土结构抗力的计算要按承载能力极限状态和正常使用极限状态分别讨论。对于承载能力极限状态的抗力，若按允许应力设计准则其等于材料强度标准值除以安全系数；若按破坏阶段设计准则其等于截面能承受的极限内力值除以安全系数；若按极限状态设计准则其等于结构的承载能力设计值。除了允许应力设计准则外，实际上都需要给出截面承载能力分析模式和计算方法。这种计算方法与经典的材料力学方法有本质区别，它不是纯理论的解析推导，而是需要通过试验研究和理论分析相结合方法得到半理论半经验的计算公式。针对拉、压、弯、剪、扭五种基本受力情况，可以对钢筋混凝土构件进行相应的试验，得到相关的破坏形态。钢筋混凝土构件的破坏不仅同截面尺寸和材料强度相关，而且还与裂缝发展、配筋、构造方式等密切联系，所以钢筋混凝土结构抗力的确定往往都是需要通过一定数量试验研究给出相应的破坏形态分析，得到主要的影响因素，然后基于力学理论提出有关破坏模式或计算模型。因此，试验分析是建立钢筋混凝土结构抗力计算方法的重要基础，这一点在钢筋混凝土出现不久就被人们认识。钢筋混凝土构件的试验证实：混凝土变形的非线性和受拉区的裂缝对应力应变状态会产生重要影响，同时基于材料线弹性假设的材料力学公式是不能适用的。钢筋混凝土计算理论或称为钢筋混凝土力学需要建立在试验数据和力学原理基础上，并要根据前述钢筋混凝土结构在荷载作用下三个不同阶段下实际应力应变状态给出相应的计算公式，钢筋混凝土力学本身的发展也依赖于试验技术发展和试验数据的积累。

钢筋混凝土基本构件的性能不仅依赖于钢筋和混凝土两种组合材料本身的性能，更取决于两种材料的相互关系和布置方式，如不同的配筋用量和方式（例如纵向或横向配筋，直线或曲线预应力配筋，超筋截面或少筋截面）和材料指标相对比值（例如强度比、弹性模量比）变化都会使钢筋混凝土构件强度和使用性能产生很大幅度的影响，因此对材料性能、配筋、构造方式等进行相应的规定或设计是钢筋混凝土结构设计中必不可少的重要一环。

【思考与提示】　（1）钢筋混凝土结构计算和设计与材料力学和结构力学有何联系和区别？钢筋混凝土结构的内力作用效应计算一般采用材料力学和结构力学计算方法，但变形和裂缝等作用效应要采用考虑钢筋混凝土结构开裂特点的计算方法。材料力学方法只能对钢筋混凝土构件非开裂阶段即第一受力阶段的受力性能进行分析，对第二阶段的正常使用性能和第三阶段的承载能力或强度计算是不适用的，因而需要建立能把试验研究和力学分析相结合并能充分反映钢筋混凝土结构特点的方法或理论。与材料力学中对构件的拉伸、压缩、弯曲、剪切和扭转的受力性能分析一样，我们也要分别对钢筋混凝土构件抗压、抗拉、抗弯、抗剪和抗扭的承载能力进行计算，只不过前者是一种以应力或应变为对象的解析分析，而后者是要基于试验研究结果的、以内力为对象的半理论半经验分析。（2）实际结构都是复杂受力的，在承载能力或强度计算时如何考虑这个问题？在材料力学中由于材料线弹性可以有应力或应变简单的叠加，并根据合适的材料强度理论来判断结构的承载能力。对于钢筋混凝土结构由于钢筋和混凝土两者性能明显不同，混凝土在受力不大时就会产生非弹性变形，再加上裂缝存在，因此在承载能力或强度计算时如何考虑不同内力的影响是相当困难的。一般不同形式的内力对承载能力或强度的影响也称为承载能力或强度相关性问题。例如钢筋混凝土梁中的内力除了弯矩外一般还有剪力的存在，剪力对梁截面抗弯承载能力会产生影响，反之弯矩可能也会影响梁截面抗剪承载能力的计算。关于钢筋混凝土构件承载能力或强度相关性考虑和分析一般也是建立在试验研究分析基础上，往往通过对试验得到承载能力或强度相关性规律采取相当简化后提出近似计算公式或配筋构造做法。（3）对于钢筋混凝土结构正常使用极限状态的抗力概念应如何理解？钢筋混凝土构件承载能力极限状态的抗力对应的是截面承载能力或强度，它是材料强度、材料分项系数和截面几何特征的函数，这一点很容易理解。正常使用极限状态的抗力与承载能力极限状态的抗力概念不同，它是对结构使用性能和耐久性能的一种限制，限制值主要受主观因素和外部环境或使用条件的影响（如挠度过大使人们产生不安全感，甚至影响结构的正常使用；裂缝宽度过大影响外观，严重的会使结构耐久性降低），一般都是基于经验给出的一个确定性控制值。

2.7.2　钢筋混凝土结构作用效应分析和计算的基本方法

1. 承载能力极限状态作用效应的计算值

前述承载能力极限状态一旦失效，其产生后果要比正常使用极限状态失效严重得多，因此两者的代表值可以不一样，即前者取设计值，后者取标准值，设计值要比标准值更"大"一些，让结构的安全储备可以更大一些。因此，在承载能力极限状态设计时，作用效应的计算值由各项荷载设计值叠加得到。在考虑不同可变作用组合系数后，用于承载能力极限状态荷载作用效应的计算值 S 可表示为

$$S = \sum_{i=1}^{n} S_{Gid} + \sum_{j=1}^{m} \psi_{Qj} S_{Qjd} = \sum_{i=1}^{n} \gamma_{Gi} S_{Gik} + \sum_{j=1}^{m} \gamma_{Qj} \psi_{Qj} S_{Qjk} \qquad (2-17)$$

式中 S_{Gik}，S_{Gid} 分别是第 i 个永久作用标准值和设计值效应；S_{Qjk}，S_{Qjd} 分别是第 j 个可变作用标准值效应和设计值效应；ψ_{Qj} 是考虑第 j 个可变作用与其他可变作用组合的折减系数，γ_{Gi} 是第 i 个永久作用的分项系数，γ_{Qj} 是第 j 个永久作用的分项系数。规范对 ψ_{Qj}、γ_{Gi}、γ_{Gi}、γ_{Qj} 都有相应的取值规定。

2. 正常使用极限状态作用效应的计算值

对于正常使用极限状态，因为荷载标准值是名义的使用阶段最大荷载，因此只要考虑活载满载或多个活载共同相遇的可能性比较小需要一定的折减，就可把荷载标准值的效应叠加得到正常使用状态的荷载效应计算值 S，即

$$S = \sum_{i=1}^{m} S_{Gik} + \sum_{j}^{n} \psi_{Qj} S_{Qjk} \qquad (2-18)$$

式中 S_{Gik} 是第 i 个永久作用标准值效应；S_{Qjk} 是第 j 个可变作用标准值效应；ψ_{Qj} 是考虑第 j 个可变作用在设计基准期内的变异性或与其他可变作用组合的折减系数，规范根据不同荷载组合情况可以取为准永久值系数，频遇值系数，组合系数。

3. 钢筋混凝土结构作用效应分析的基本方法

前述，钢筋混凝土结构的设计归结为作用组合效应和相应抗力的计算，下面我们来分析钢筋混凝土结构作用效应的计算特点。承载能力极限状态设计对应的作用效应是内力（弯矩、轴力、剪力和扭矩），对于静定钢筋混凝土结构或构件，内力计算同截面几何特征无关，可直接采用材料力学计算公式。但对于超静定钢筋混凝土结构而言，在未开裂前可按弹性结构分析，在混凝土开裂后截面刚度会降低，并沿构件长度方向截面刚度分布不均匀，产生结构内力重分布。因此，从严格意义上讲，在考虑开裂后正常使用状态的超静定钢筋混凝土结构内力要按变刚度有限元模型进行计算，但出于简便和实用，目前大多数规范还是规定按弹性结构分析内力（结构力学中弹性有限元方法，适合于手算的位移法、力法、混合法，以及迭代法等近似计算方法），只对截面刚度统一乘以小于 1 的折减系数以考虑此影响。在钢筋混凝土结构极限承载能力分析时，要根据截面塑性变形大小，采用塑性力学方法进行求解。本教材讨论钢筋混凝土构件的设计基本原理，所以对于承载能力极限状态设计只要采用材料力学公式。我们现在再来讨论正常使用极限状态设计的情况。在开裂前，钢筋混凝土构件的变形按材料力学公式计算，但开裂后，由于构件的刚度分布会变得不均匀，此时的变形和裂缝展开的宽度等都无法按材料力学方法计算，或者说只有建立新的计算方法才能予以解决。钢筋混凝土结构与正常使用极限状态相关的作用效应分析和计算是我们所要阐述的钢筋混凝土结构基本计算原理的重要组成部分。

【思考与提示】 钢筋混凝土构件正常使用极限状态的作用效应计算与材料力学有何联系和区别？材料力学只有构件的变形计算，而钢筋混凝土构件除了变形还需要计算裂缝宽度。在材料力学中构件截面刚度是一个固定值，不随外界作用变化，而钢筋混凝土构件随外界作用增大部分截面会开裂，截面刚度会不断降低。对于等截面梁在材料力学里是一个

等刚度梁，而钢筋混凝土梁只有未开裂时是等刚度梁，开裂以后为变刚度梁。因此钢筋混凝土构件变形计算的实质就是开裂后构件有关截面刚度的计算。钢筋混凝土构件开裂以后截面的刚度与裂缝分布规律和展开宽度密切相关，裂缝和刚度的分析和计算是钢筋混凝土计算理论的重要组成部分，得到研究者长期重视。这方面的计算同样也是首先基于试验研究结果，确定相关重要影响因素，提出半理论半经验或纯经验的设计计算方法。

2.8 不同设计准则的实用设计表达式

由前面所述，不管是允许应力设计准则、破坏荷载设计准则和极限状态设计准则，最终用于设计时表达式都是一种简单的定值比较，即作用效应计算值要小于等于抗力计算值。

$$S_c \leqslant R_c \tag{2-19}$$

不同的设计准则当然反映了技术经济水平和人们认识的程度，但也不能片面认为早些时候提出的设计准则一定不好，需要视实际情况而定。例如对于主要承受动力作用的铁路桥梁设计，鉴于研究不够，出于安全往往继承传统的允许应力设计准则或破坏荷载设计准则。另外，即使在同一本规范由于习惯或研究数据不足，也会出现对不同的设计状况采用不同的设计准则。为了便于读者对不同设计准则的设计表达式比较和进一步理解，下面分别介绍这三种设计准则对应的实用设计表达式和在具体规范的应用。

2.8.1 允许应力设计准则的实用设计表达式

$$\sigma \leqslant [\sigma] \tag{2-20}$$

式中　σ——在荷载作用标准值下，按材料力学方法得到的材料（如混凝土，钢筋等）计算应力（如正应力，剪应力等）；

$[\sigma]$——材料的允许应力（如混凝土的允许正应力和剪应力、钢筋的允许正应力）。

我国《铁路桥涵设计规范》的钢筋混凝土结构采用了上述允许应力设计准则的实用设计表达式。钢筋和混凝土的允许应力如表 2-4 所示。

混凝土的允许应力　　　　　　　　　　表 2-4

序号	应力种类	符号	混凝土强度等级						
			600	500	400	300	250	200	150
1	中心受力	$[\sigma_c]$	17	14	11	8.5	7.0	5.5	4.0
2	弯曲受压及偏心受压	$[\sigma_b]$	21.0	17.5	14	10.5	9.0	7.0	5.5
3	有箍筋及斜筋时的主拉应力	$[\sigma_{tp-1}]$	3.05	2.70	2.35	1.9	1.7	1.45	1.2
4	无箍筋及斜筋时的主拉应力	$[\sigma_{tp-2}]$	1.13	1.00	0.87	0.7	0.63	0.53	0.43
5	梁部分长度中全同混凝土承受的主拉应力	$[\sigma_{tp-3}]$	0.57	0.50	0.43	0.35	0.32	0.27	0.22
6	纯剪应力	$[\tau_c]$	1.7	1.5	1.3	1.05	0.95	0.8	0.65

2.8.2 破坏阶段设计准则的实用设计表达式

$$KS \leqslant R_u \tag{2-21}$$

式中　S——由作用标准值产生的截面内力值；

　　　R_u——与内力 S 对应的截面极限承载力；

　　　K——考虑结构的工作性能、破坏特征、荷载的性质，以及施工质量等综合影响的安全系数。

我国《铁路桥涵钢筋混凝土和预应力混凝土结构设计规范》TB 10002.3—2005 规定预应力混凝土结构构件截面强度采用了上述破坏阶段设计准则的实用设计表达式。构件在预加力、运输、安装和运营阶段的破坏强度安全系数不应低于表 2-5 所列的数值。

安　全　系　数

表 2-5

安全系数类别		符号	安全系数		
			主力	主力＋附加力	安装荷载
强度安全系数	纵向钢筋达到抗拉计算强度，受压区混凝土达到抗压极限强度	K	2.0	1.8	1.8
	非预应力筋达到计算强度	K_1	1.8	1.6	1.5
	混凝土主拉应力达到抗拉极限强度	K_2	2.0	1.8	1.8
抗裂安全系数		K_f	1.2	1.2	1.1

2.8.3　极限状态设计准则的实用设计表达式

由前述可以通过荷载作用代表值和材料强度代表值把极限状态设计方法转化为定值的分项系数实用设计表达式。在设计时要考虑不同的设计状况，对规定的极限状态进行设计。

1. 承载能力极限状态实用设计表达式

结构或结构构件（包括基础等）的破坏或过度变形的承载能力极限状态设计，应符合下式要求：

$$\gamma_0 S_d \leqslant R_d \tag{2-22}$$

式中　γ_0——结构重要性系数；

　　　S_d——作用组合的效应（如轴力、弯矩、剪力）设计值；

　　　R_d——结构或构件的抗力设计值。

作用组合的效应（如轴力、弯矩、剪力）设计值 S_d 应根据不同的设计状况，采用下列不同的作用组合。

（1）对持久设计状况和短暂设计状况，应采用作用的基本组合。

当作用与作用效应按线性关系考虑时，基本组合的效应设计值可按下式计算：

$$S_d = \sum_{i \geqslant 1} \gamma_{Gi} S_{Gik} + \gamma_P S_P + \gamma_{Q1} \gamma_{L1} S_{Q1k} + \sum_{j>1} \gamma_{Qj} \psi_{cj} \gamma_{Lj} S_{Qjk} \tag{2-23}$$

式中　S_{Gik}——第 i 个永久作用标准值的效应；

　　　S_P——预应力作用有关代表值的效应；

　　　S_{Q1k}——第 1 个可变作用（主导可变作用）标准值的效应；

　　　S_{Qjk}——第 j 个可变作用标准值的效应；

　　　γ_{Gi}——第 i 个永久作用的分项系数，应按有关规范规定采用；

　　　γ_P——预应力作用的分项系数，应按有关规范规定采用；

29

γ_{Q1} ——第一个可变作用（主导可变作用）的分项系数，应按有关规范规定采用；

γ_{L1}, γ_{Lj} ——第一个和第 j 个考虑结构设计使用年限的荷载调整系数，应按有关规范规定采用；

ψ_{cj} ——第 j 个可变作用的组合系数，应按有关规范规定采用。

（2）对偶然设计状况，应采用作用的偶然组合。

当作用与作用效应按线性关系考虑时，偶然组合的效应设计值可按下式计算：

$$S_d = \sum_{i \geqslant 1} S_{Gik} + S_P + S_{A_d} + (\psi_{f1} \text{ 或 } \psi_{q1}) S_{Q1k} + \sum_{j > 1} S_{Qjk} \tag{2-24}$$

式中　S_{A_d} ——偶然作用设计值的效应。

（3）对地震设计状况，应采用作用的地震组合。

地震组合的效应设计值，宜根据重现期为 475 年的地震作用（基本烈度）确定。当作用与作用效应按线性关系考虑时，地震组合的效应设计值可按下式计算：

$$S_d = \sum_{i \geqslant 1} S_{Gik} + S_P + \gamma_1 S_{Ek} + \sum_{j > 1} \psi_{Qj} S_{Qjk} \tag{2-25}$$

式中　S_{Ek} ——重现期为 475 年的地震作用（基本烈度）标准值效应；

γ_1 ——地震作用重要性系数，应按有关的抗震设计规范的规定采用。

2. 正常使用极限状态实用设计表达式

结构或结构构件按正常使用极限状态设计时，应符合下式要求：

$$S_d \leqslant C \tag{2-26}$$

式中　S_d ——作用组合的效应（如变形、应力、裂缝宽度、自振频率等）计算值；

C ——设计对变形、应力、裂缝宽度、自振频率等规定的相应限值，应按有关的设计规范的规定采用。

按正常使用极限状态设计时，S_d 也应根据不同情况采用作用的标准组合、频遇组合或准永久组合。

（1）标准组合

当作用与作用效应按线性关系考虑时，标准组合的效应计算值 S_d 可按下式计算：

$$S_d = \sum_{i \geqslant 1} S_{Gik} + S_P + S_{Q1k} + \sum_{j > 1} \psi_{cj} S_{Qjk} \tag{2-27}$$

（2）频遇组合

当作用与作用效应按线性关系考虑时，频遇组合的效应计算值 S_d 可按下式计算：

$$S_d = \sum_{i \geqslant 1} S_{Gik} + S_P + \psi_{f1} S_{Q1k} + \sum_{j > 1} \psi_{qj} S_{Qjk} \tag{2-28}$$

（3）准永久组合

当作用与作用效应按线性关系考虑时，准永久组合的效应计算值 S_d 可按下式计算：

$$S_d = \sum_{i \geqslant 1} S_{Gik} + S_P + \sum_{j > 1} \psi_{qj} S_{Qjk} \tag{2-29}$$

在上述荷载组合考虑时应注意：一般标准组合宜用于不可逆正常使用极限状态；频遇组合宜用于可逆正常使用极限状态；准永久组合宜用在当长期效应是决定性因素时的正常使用极限状态。当产生超越正常使用极限状态的作用卸除后，该超越状态能恢复到原初始状态的称为可逆正常使用极限状态，否则为不可逆正常使用极限状态。而准永久组合是对长期作用效应下使用性能会劣化状况的验算。这里应该注意，原始状态不仅指构件本身，还包括对之相联系的构件。例如钢筋混凝土梁的弹性挠度一般是可逆的，但如梁下面有隔墙，梁的弹性挠度会使隔墙损害，则仍认为是其属于不可逆正常使用极限状态。钢筋混凝土梁开裂后的挠度、裂缝宽度等都是不可逆的，且在长期作用下都会增大，故钢筋混凝土梁挠度和裂缝宽度既要进行标准组合效应计算，又要按准永久组合效应计算。

【思考与提示】 在前面指出，按允许应力设计方法和破坏阶段设计方法是无法进行正常使用性能设计，那么在采用这些设计准则的规范中是否不需要对结构正常使用性能的控制？答案当然是否定的。随着轻质高强材料的使用，以及结构跨度的增加，结构设计往往是受到正常使用性能要求的控制，因而在这些规范中都增加了与极限状态设计方法中的正常使用极限状态实用设计表达式类似的公式对正常使用性能进行相应的验算。从这个角度讲，极限状态设计准则的思想实际上已被现有规范全部或部分接受了。

2.8.4 《混凝土结构设计规范》的设计表达式

1. 承载能力极限状态设计表达式

对持久设计状况和短暂设计状况，当用内力形式表达时，结构构件应采用下列承载能力极限状态设计表达式

$$\gamma_0 S \leqslant R$$
$$R = R(f_c, f_s, a_k, \cdots)/\gamma_{Rd} \tag{2-30}$$

其中组合作用效应的设计值 S，按下式中最不利值确定：

（1）由可变荷载效应控制的组合

$$S_d = \gamma_G S_{Gk} + \gamma_{Q1} S_{Q1k} + \gamma_L \sum_{i=2}^{n} \gamma_{Q_j} \psi_{cj} S_{Q_{jk}} \tag{2-31}$$

（2）由永久荷载效应控制的组合

$$S_d = \gamma_G S_{Gk} + \gamma_L \sum_{i=1}^{n} \gamma_{Q_j} \psi_{cj} S_{Q_{jk}} \tag{2-32}$$

式中永久作用分项系数 γ_{G_i}、可变作用分项系数 γ_{Q_i}，和考虑结构设计使用年限的荷载调整系数 γ_L 取值见表 2-6。

适用情况 作用分项系数	当作用效应对承载能力不利时		当作用效应对 承载能力有利时
	对式（2-31）	对式（2-32）	
γ_{Gi}	1.2	1.35	$\leqslant 1.0$
γ_{Qi}	1.4		0
结构设计使用年限（年）	γ_L		
5	0.9		
50	1.0		
100	1.1		

分项系数、荷载调整系数的取值　　　　　　　　表 2-6

注：对标准值大于 4kN/m² 的工业房屋结构的活载 $\gamma_{Qi} = 1.3$。

2. 正常使用极限状态设计表达式

设计表达式为式（2-23），即

$$S_d \leqslant C$$

式中 S_d 为作用组合的效应设计值,应根据不同情况采用作用的标准组合、频遇组合或准永久组合。

(1) 标准组合

当作用与作用效应按线性关系考虑时,标准组合的效应计算值 S_d 可按下式计算:

$$S_d = S_{Gk} + S_{Q_{1k}} + \sum_{j>2} \psi_{cj} S_{Q_{jk}} \tag{2-33}$$

(2) 频遇组合

当作用与作用效应按线性关系考虑时,频遇组合的效应设计值可按下式计算:

$$S_d = S_{Gk} + \psi_{f1} S_{Q1k} + \sum_{i=2} \psi_{qi} S_{qik} \tag{2-34}$$

(3) 准永久组合

$$S_d = S_{Gk} + \sum_{j \geqslant 1} \psi_{qj} S_{Q_{jk}} \tag{2-35}$$

上面公式中可变作用的组合值系数 ψ_{cj}、频遇值系数 ψ_{fj} 和准永久值系数 ψ_{qj} 取值如表 2-7 所示。

组合值系数 ψ_{cj}、频遇值系数 ψ_{fj} 和准永久值系数 ψ_{qj} 取值　　　　表 2-7

编　号	作用类别	组合值系数 ψ_{cj}	频遇值系数 ψ_{fj}	准永久值系数 ψ_{qj}
1	一般住宅和办公楼的楼面活载	0.7	0.5	0.4
2	风荷载	0.6	0.4	0

2.8.5 《公路桥涵设计规范》的设计表达式

1. 承载能力设计表达式

按《公路桥涵设计规范》进行承载能力设计时,对持久设计状况和短暂设计状况取作用的基本组合,对偶然设计状况采用作用的偶然组合。其设计表达式为

$$\gamma_0 S \leqslant R$$
$$R = R(f_{cd}, f_{sd}, a_k) \tag{2-36}$$

式中　γ_0——结构重要性系数,安全等级为一级时取 1.1;二级时取 1.0;三级时取 0.9;

　　　R——结构构件的抗力,是混凝土强度设计值 f_{cd}、钢筋强度设计值 f_{sd} 和截面几何特征值的函数,由规范给出计算公式;

　　　S——组合的作用效应设计值,按下列规定考虑:

(1) 基本组合

当作用与作用效应按线性关系考虑时,基本组合的效应设计值可按下式计算:

$$S_d = \sum_{i \geqslant 1} \gamma_{Gi} S_{Gik} + \gamma_{Q1} S_{Q1k} + \psi_c \sum_{j>1} \gamma_{Qj} S_{Qjk} \tag{2-37}$$

式中　S_{Gik}——第 i 个永久作用标准值的效应;

　　　S_{Q1k}——第 1 个可变作用(主导可变作用)标准值的效应;

　　　S_{Qjk}——第 j 个可变作用标准值的效应;

　　　γ_{Gi}——第 i 个永久作用分项系数,按表 2-8 取值;

　　　γ_{Q1}——汽车荷载效应(含汽车冲击力、离心力)的分项系数,取 $\gamma_{Qj} = 1.4$。当某个可变作用在效应组合中其值超过汽车荷载效应时,则该作用取代汽车荷载,其分项系数为 1.4;在计算人行道板和人行道栏杆的局部荷载,

其分项系数也取 1.4；

γ_{Qj} ——除汽车荷载效应（含汽车冲击力、离心力）、风荷载外的其他第 j 个可变作用效应的分项系数，取 $\gamma_{Qj}=1.4$，但风荷载的分项系数取 $\gamma_{Qj}=1.1$；

ψ_c ——除汽车荷载效应（含汽车冲击力、离心力）外的其他可变作用效应的组合系数，当永久作用与汽车荷载和人群荷载（或其他一种可变作用）组合时，人群荷载（或其他一种可变作用）的组合系数取 $\psi_c=0.8$；当除汽车荷载效应（含汽车冲击力、离心力）外尚有两种、三种和多于等于四种其他可变作用参与组合时，其组合系数分别取 $\psi_c=0.70$、0.60 或 0.50。

永久作用效应的分项系数 表 2-8

编号	作用类别		永久作用效应分项系数	
			对结构承载能力不利时	对结构承载能力有利时
1	混凝土和圬工结构重力（包括结构附加重力）		1.2	1.0
	钢结构重力（包括结构附加重力）		1.1 或 1.2	
2	预加力		1.2	1.0
3	土的重力		1.2	1.0
4	混凝土的收缩及徐变作用		1.0	1.0
5	土侧压力		1.4	1.0
6	水的浮力		1.0	1.0
7	基础变位作用	混凝土和圬工结构	0.5	0.5
		钢结构	1.0	1.0

注：本表编号 1 中，当钢桥采用钢桥面板时永久作用效应分项系数取 1.1；当采用混凝土桥面板时，取 1.2。

（2）偶然组合

当作用与效应按线性关系考虑时，偶然组合的效应设计值可按下式计算：

$$S_d = \sum_{i\geqslant 1} S_{Gik} + S_{Ad} + (\psi_{f1} \text{ 或 } \psi_{q1})S_{Q1k} + \sum_{j>1} \psi_{qj}S_{Qjk} \qquad (2\text{-}38)$$

式中 S_{Ad} ——偶然作用设计值的效应；

ψ_f, ψ_q ——分别为可变作用的频遇值系数和准永久值系数，取值见表 2-9。

频遇值系数和准永久值系数的取值表 表 2-9

编号	作用类别	频遇值系数 ψ_f	准永久值系数 ψ_q
1	汽车荷载	0.70	0.40
2	人群荷载	1.0	0.40
3	风荷载	0.75	0.75
4	温度梯度作用	0.80	0.80
5	其他作用	1.0	1.0

2. 使用极限状态设计表达式

同《混凝土结构设计规范》的设计表达式，即

$$S_d \leqslant C \tag{2-39}$$

式中 S_d 为作用组合的效应设计值，应根据不同情况采用作用的频遇组合或准永久组合。

（1）频遇组合

当作用效应按线性关系考虑时，频遇组合的效应设计值可按下式计算：

$$S_d = \sum_{i \geqslant 1} S_{Gik} + \sum_{j \geqslant 1} \psi_{fj} S_{Qjk} \tag{2-40}$$

（2）准永久组合

$$S_d = \sum_{i \geqslant 1} S_{Gik} + \sum_{j \geqslant 1} \psi_{qj} S_{Qjk} \tag{2-41}$$

【注释】 在《公路桥涵设计规范》中把频遇组合称为作用（或荷载）短期作用效应组合，把准永久组合称为作用（或荷载）长期作用效应组合。

【例 2-1】 某简支梁计算跨度为 6m，承受永久荷载为 2kN/m，人群活荷载为 1kN/m，设计使用年限 50 年。现分别按我国《荷载规范》和《公路桥涵设计通用规范》JTGD 60—2004 求：

（1）用于承载能力极限状态设计的梁跨中弯矩的基本组合值；

（2）用于承载能力极限状态设计的梁跨中弯矩的标准组合值、频遇组合值和准永久组合值。

解：（1）按《荷载规范》计算

1）作用分项系数取值

永久作用效应对承载能力不利，而且永久作用效应为主，由表 2-6、表 2-7 可得，$\gamma_{Gi}=1.35$，$\gamma_Q = 1.4$，$\gamma_L = 1.0$，$\psi_{cj}=0.7$，$\psi_{fj}=0.5$，$\psi_{qj}=0.4$。

2）梁跨中弯矩的基本组合值

$$M_j = \gamma_G \times \frac{gl^2}{8} + \gamma_L \gamma_Q \frac{ql^2}{8} = 1.35 \times \frac{2 \times 6^2}{8} + 1 \times 1.4 \times \frac{1 \times 6^2}{8} = 18.45 \text{kN} \cdot \text{m}$$

3）梁跨中弯矩的标准组合值、频遇组合值和准永久组合值

$$M_b = \frac{gl^2}{8} + \frac{ql^2}{8} = \frac{2 \times 6^2}{8} + \frac{1 \times 6^2}{8} = 13.5 \text{kN} \cdot \text{m}$$

$$M_p = \frac{gl^2}{8} + \psi_f \frac{ql^2}{8} = \frac{2 \times 6^2}{8} + 0.5 \times \frac{1 \times 6^2}{8} = 11.25 \text{kN} \cdot \text{m}$$

$$M_q = \frac{gl^2}{8} + \psi_q \frac{ql^2}{8} = \frac{2 \times 6^2}{8} + 0.4 \times \frac{1 \times 6^2}{8} = 10.8 \text{kN} \cdot \text{m}$$

（2）《公路桥涵设计通用规范》JTGD 60—2004 计算

1）作用分项系数取值

永久作用效应对承载能力不利，而且永久作用效应为主，由表 2-8、表 2-9 可得，$\gamma_{Gi}=1.2$，$\gamma_Q = 1.4$，$\psi_{fj}=1.0$，$\psi_{qj}=0.4$。

2）梁跨中弯矩的基本组合值

$$M_j = \gamma_G \times \frac{gl^2}{8} + \gamma_L \gamma_Q \frac{ql^2}{8} = 1.2 \times \frac{2 \times 6^2}{8} + 1 \times 1.4 \times \frac{1 \times 6^2}{8} = 17.1 \text{kN} \cdot \text{m}$$

3）梁跨中弯矩的频遇组合值和准永久组合值

$$M_{\mathrm{f}} = \frac{gl^2}{8} + \psi_{\mathrm{f}}\frac{ql^2}{8} = \frac{2 \times 6^2}{8} + 1 \times \frac{1 \times 6^2}{8} = 13.5\mathrm{kN \cdot m}$$

$$M_{\mathrm{q}} = \frac{gl^2}{8} + \psi_{\mathrm{q}}\frac{ql^2}{8} = \frac{2 \times 6^2}{8} + 0.4 \times \frac{1 \times 6^2}{8} = 10.8\mathrm{kN \cdot m}$$

【注释】 上述算例表明，在作用效应设计值计算时要按相应规范取作用分项系数，即使对同一类型荷载在不同用途结构的设计时取值也可能不一样，分项系数的实质是考虑结构设计的可靠度，因而不同规范采用不同的分项系数也是很自然的。

2.9 混凝土结构耐久性设计的基本概念

作为结构设计的基本要求，除了满足安全性和使用性外，还必须满足耐久性要求。耐久性属于正常使用极限状态设计范畴。耐久性失效的主要标志为：混凝土损伤（裂缝、破碎、酥裂、磨损、融蚀等）；钢筋的锈蚀、脆化、疲劳、应力腐蚀；以及钢筋与混凝土粘结锚固作用的削弱。耐久性失效的后果在短期直接影响结构的外观和使用性能，在长期则会降低结构的安全性，成为发生事故的隐患，严重影响结构的使用寿命。混凝土结构与其他材料的结构相比是一种具有较好耐久性的结构，但如设计不当、施工质量低劣或正常维护不到位仍然会产生很严重的耐久性问题。影响混凝土结构耐久性的因素十分复杂，但主要可以分为以下 5 个方面：

(1) 混凝土结构材料的耐久性能；

(2) 混凝土结构的设计和施工质量；

(3) 混凝土结构所处的环境条件；

(4) 混凝土结构的防护技术措施；

(5) 混凝土结构的设计使用年限。

其中 (1) 和 (2) 是决定耐久性的内因，也是最主要的影响因素，(3)、(4)、(5) 是影响耐久性的外因。耐久性极限状态设计与变形和裂缝宽度等正常使用性能极限状态设计一样，关键在于作用效应的计算。但正常使用性能主要考虑外部荷载的作用效应，而耐久性设计时的作用是外部环境影响。环境影响可以是机械的、物理的，也可能是化学的或生物的，其对结构产生的效应主要是有可能使材料性能会随时间发生不同程度的退化，影响结构的安全性和使用性能。环境影响的效应不但同时间相关，而且与材料本身密切相关，因此环境影响需要根据材料特点，按其抗侵蚀性的程度进行考虑。在理论上，耐久性设计当然也可采用前述的极限状态设计表达式，但考虑到影响耐久性因素众多，且环境影响很难用定量方法表示，故目前一般采用定性的宏观设计方法。所谓定性的宏观设计方法就是按不同环境条件对环境影响进行分类，针对混凝土结构所处的环境类别和设计使用年限规定混凝土材料的耐久性基本要求，确定钢筋的混凝土保护层厚度和相应的耐久性技术措施，并提出结构使用阶段的检测与维护要求。

《混凝土结构设计规范》把建筑结构环境分为五类七个类别，如表 2-10 所示。其中前三类是最常遇的，后两类是用于特殊情况的。《公路桥涵设计规范》根据公路桥梁的使用情况，把桥梁结构使用环境分为 4 类，见表 2-11。在设计时需要根据实际情况来确定适当的环境类别。

建筑混凝土结构的环境类别 表 2-10

环境类别	环 境 条 件
一	室内干燥环境；无侵蚀性静水浸没环境
二 a	室内潮湿环境；非严寒和非寒冷地区的露天环境；非严寒和非寒冷地区与无侵蚀性的水或土壤直接接触的环境
二 b	干湿交替环境；水位频繁变动环境；严寒和寒冷地区的露天环境；严寒和寒冷地区的冰冻线以上与无侵蚀性的水或土壤直接接触的环境
三 a	严寒和寒冷地区冬季水位变动区环境；受除冰盐影响环境；海风环境
三 b	盐渍土环境；受除冰盐作用环境；海岸环境
四	海水环境
五	受人为或自然的侵蚀性物质影响的环境

公路桥梁混凝土结构的环境类别 表 2-11

环境类别	环 境 条 件
一	温暖或寒冷地区的大气环境、无侵蚀性的水或土壤直接接触的环境
二	严寒地区的大气环境、使用除冰盐环境、滨海环境
三	海水环境
四	受侵蚀性物质影响的环境

本 章 小 结

本章内容主要是对钢筋混凝土基本构件分析和设计的基本原则和方法做了阐述，重点对各种设计准则、实用设计表达式，以及钢筋混凝土结构性能分析和计算（或者验算）的一般方法等一系列共性问题分析和讨论，旨在帮助读者从统一的角度来学习这门课程。在这里"分析"是指根据一定数量的试验数据，研究承载能力和使用性能的变化规律，并通过机理和统计分析，建立物理和数学模型，最终用试验或工程实践予以验证的过程，它是对结构性能的内在本质的认识，具有客观性和共性的特点。"设计"和"验算"包含具体的计算公式和设计方法，以及材料及构造上规定要求，它与设计规范密切联系，具有个性的特点。不同规范可能在计算公式表达形式上、材料强度取值和构造上做法存在差异是很自然的，因而切不可把规范个别条款或公式与其他规范进行简单的比较或单独地运用，应记住所设计的钢筋混凝土结构可靠性是建立在计算公式、设计方法和构造要求等整个系统上的。在以后章节中我们将按截面配筋方式、性能分析、计算公式、设计或验算方法和构造要求这样的依次顺序阐述钢筋混凝土基本构件的分析和计算，读者应特别注意关于性能分析和得到的结论是钢筋混凝土结构的基本原理，并不随规范的修订而变化，而计算公式、设计方法和构造要求等实际上是规范要求的具体体现，反映实际性能的变化规律或特点，因而各规范在总体上是比较相近的，可能的差异主要在具体的控制手段、公式的形式或有关系数的取值。

思 考 题

2.1 什么是结构上的作用？荷载属于哪种作用？作用效应与荷载效应有什么区别？

2.2　荷载按随时间的变异分为几类？荷载有哪些代表值？在结构设计中，如何应用荷载代表值？

2.3　什么是结构抗力？影响结构抗力的主要因素有哪些？

2.4　什么是材料强度标准值和材料强度设计值？从概率意义来看，它们是如何取值的？

2.5　结构的预定功能要求？什么是结构的可靠度？

2.6　什么是结构的极限状态？极限状态分为几类？各有什么标志和限值？

2.7　什么是结构设计准则？简述其演变历史。

2.8　什么是基于概率的极限状态设计准则？其主要特点是什么？

2.9　说明承载能力极限状态设计表达式中各符号的意义？

2.10　对正常使用极限状态，如何根据不同的设计要求确定荷载效应组合值？

2.11　解释下列名称：安全等级，设计状况，设计基准期，设计使用年限，目标可靠概率。

2.12　试分析桥涵工程与建筑工程结构在设计方法、分项系数、荷载和材料强度取值等方面的异同点。

2.13　钢筋混凝土结构的抗力计算有何特点？

2.14　钢筋混凝土结构的作用效应计算与弹性结构有何区别？

2.15　何谓混凝土结构的耐久性？现有的耐久性设计采用何种方法？

第3章 钢筋与混凝土的力学性能

本章主要介绍了钢筋分类、钢筋应力-应变曲线、物理力学指标和加工制作方法。论述了混凝土各种强度名称的定义和试验方法、在不同受力条件下应力-应变曲线的特点、不同模量含义及混凝土收缩徐变特征。分析了钢筋和混凝土之间粘结力的成因、机理、破坏模式及影响因素。引入了锚固长度、钢筋连接接头等概念和取值规定。

教学目标

1. 熟悉和掌握混凝土和钢筋的主要力学指标、性能和工程应用；2. 理解混凝土单轴向受压的应力-应变曲线及其应用；3. 理解钢筋与混凝土粘结的重要性和机理；4. 掌握钢筋锚固长度的计算方法。了解钢筋连接方式。

重点和难点

1. 混凝土应力-应变关系；2. 混凝土单轴及多轴强度指标；3. 混凝土徐变；4. 钢筋应力-应变关系及力学性能；5. 锚固与粘结机理。

3.1 钢筋的物理力学性能

3.1.1 钢筋的种类

混凝土结构中使用的线材可分为钢筋、钢丝和钢绞线。其外形见图 3-1。

3.1.1.1 钢筋

钢筋可分为热轧钢筋、冷加工钢筋、热处理钢筋和预应力螺纹钢筋。

(1) 热轧钢筋是由低碳钢、普通低合金钢或细晶粒钢在高温状态下轧制而成。热轧钢筋根据其强度的高低分为四个级别，每个级别又有一个或多个牌号。Ⅰ级钢筋为 HPB300 级（符号Φ）；Ⅱ级钢筋包括 HRB335 级（符号Φ）和 HRBF335 级（符号ΦF）；Ⅲ级钢筋包括 HRB400 级（符号Φ）、HRBF400 级（符号ΦF）和 RRB400 级（符号ΦR）；Ⅵ级钢筋包括 HRB500 级（符号Φ）和 HRBF500 级（符号ΦF）。其中 HPB 表示热轧光面钢筋（Hot-rolled Plain Bars），其公称直径范围 6mm 至 22mm。HRB 表示热轧带肋钢筋（Hot-rolled Ribbed Bars），HRBF 表示细晶粒热轧带肋钢筋（Hot-rolled Ribbed Bars of Fine Crains），RRB 表示余热处理的带肋钢筋（Remained Heat Ribbed Steel Bar），它们的公称直径为 6~50mm，钢筋横截面积均可按公称直径计算。细晶粒钢筋是在热轧过程中通过控轧和控冷工艺形成细粒晶而制成，其强度提高、变形能力较好、节约合金资源，故作为国家推广的钢筋品种。余热处理钢筋是由轧制的钢筋经高温淬水、余热回温处理后得到的，其强度提高，但可焊性、机械连接性能及施工适应性稍差，可在对延性及加工性要求不高的构件中使用，如基础、大体积混凝土、楼板、墙体以及次要的中小结构构件中。

【注释】 钢筋牌号后的数字代表钢筋强度的标准值，单位为"MPa"。如 HRBF400 级中的 400 代表钢筋强度的标准值为 400MPa。

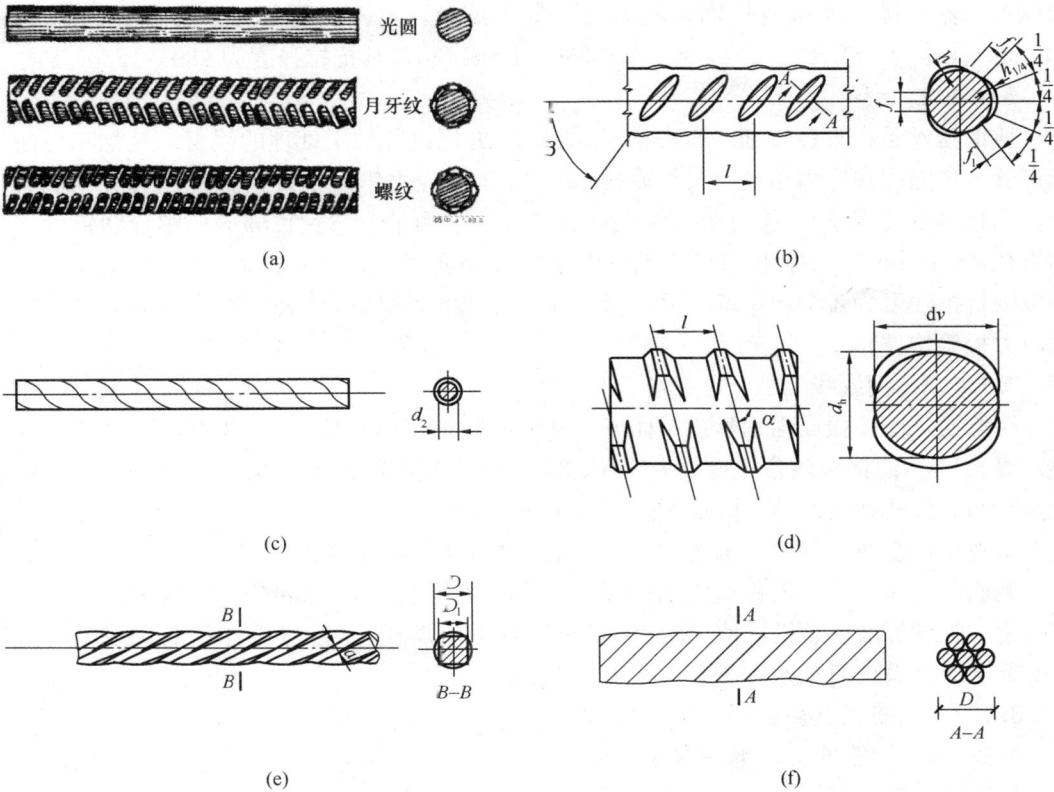

图 3-1 常用钢筋、钢丝和钢绞线的外形

(a) 光圆钢筋和月牙纹、螺纹变形钢筋；(b) 冷轧带肋钢筋；(c) 冷轧扭钢筋；
(d) 预应力螺纹钢筋；(e) 螺旋肋钢丝；(f) 钢绞线

（2）冷加工钢筋是将某些热轧光面钢筋（称为母材）经冷拉、冷拔、冷轧或冷扭等工艺进行再加工而得到的直径较细的光面或变形钢筋，有冷拉钢筋、冷轧带肋钢筋和冷轧扭钢筋等。冷轧钢筋牌号由字母 CRB 和钢筋抗拉强度最小值构成，分别为 CRB550、CRB600、CRB800 和 CRB970 四种。CRB550 可用于普通钢筋混凝土，公称直径为 4～12mm；后三种限用于预应力混凝土，公称直径为 4mm、5mm、6mm。冷轧扭钢筋截面形状有三种，分别为近似矩形（Ⅰ型）、近似正方形（Ⅱ型）和近似圆形（Ⅲ型）。代号为 CTB550、CTB650，标志直径（即加工前原母材的公称直径）为 5.6～12mm。抗拉强度大于 550MPa。

冷加工后钢筋强度提高，塑性（伸长率）降低，因此冷加工钢筋主要用于对延性要求不高的板类构件，或作为非受力构造钢筋。由于冷加工钢筋的性能受母材和冷加工工艺影响较大，《规范》中未列入冷加工钢筋，工程应用时可按相关的冷加工钢筋技术标准执行。

（3）热处理钢筋是将特定强度的热轧钢筋经过热处理后得到比原钢筋强度更高同时延伸率降低不是很多的钢筋。其公称直径有 6mm、8.2mm、10mm，屈服强度大于 1323MPa，主要用于预应力混凝土结构。

（4）预应力螺纹钢筋（又称精轧螺纹粗钢筋）是通过热轧、轧后余热处理或热处理等工艺生产的带有不连续的外螺纹的直条钢筋，该钢筋在任意截面处均可用带匹配形状的内螺纹连接器或锚具连接或锚固，不需要再加工螺丝，也不需要焊接。公称直径为 18～50mm，代号为 PSB785、PSB830、PSB930、PSB1080，其抗拉强度为 980～1230MPa。

3.1.1.2 钢丝

所谓钢丝是指直径较细（通常小于 12mm）并经过冷加工处理的线材。按加工方法钢丝可分为中强度预应力钢丝（又称冷拉钢丝）、消除应力钢丝（按松弛性能又分为低松弛钢丝和普通松弛钢丝）。按外形可分为光圆钢丝（公称直径 3～12mm）、螺旋肋钢丝（公称直径 4～10mm）。中强度预应力钢丝的极限抗拉强度为 800～1270MPa。消除应力钢丝的极限抗拉强度为 1470～1860MPa。上述钢丝横截面积均可按公称直径计算。主要用于预应力板等构件。

3.1.1.3 钢绞线

钢绞线是由多根高强钢丝扭结而成，常用的有 1×7（7 股）、1×3（3 股）和 1×2（2 股）等。1×7 的钢绞线公称直径为 9.5～21.6mm。钢绞线的截面面积不能直接用公称直径按圆面积公式计算。其极限抗拉强度为 1570～1960MPa。

钢丝、钢绞线和预应力螺纹钢筋主要用于预应力混凝土结构。

钢筋的公称直径、公称截面面积及理论重量见附表 2-1，《混凝土结构设计规范》规定的钢筋强度标准值、设计值见附表 3-7～附表 3-10，《公路桥隧设计规范》规定的钢筋强度标准值、设计值见附表 3-17～附表 3-20。

3.1.2 钢筋强度和变形

3.1.2.1 钢筋的应力-应变关系

根据钢筋单调受拉时应力-应变关系特点的不同，钢筋分为有明显流幅和无明显流幅两种，如图 3-2、图 3-3 所示，习惯上也分别称为软钢和硬钢。

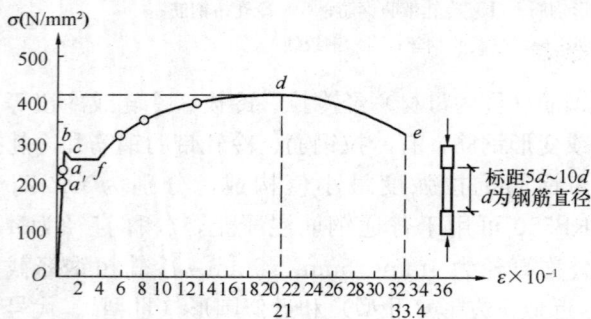

图 3-2 软钢应力-应变曲线   图 3-3 硬钢应力-应变曲线

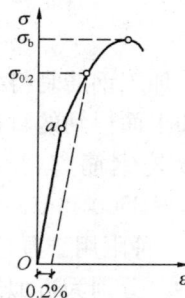

（1）有明显流幅钢筋

有明显流幅钢筋拉伸时的典型应力-应变曲线如图 3-2 所示。图中 a' 点以前，应力应变按线性增加，a' 点称为比例极限，a' 点至 a 点时应力应变出现非线性但无塑性变形，a 点称为弹性极限，通常 a' 与 a 点很接近。b 点称为屈服上限，当应力超过 b 点后，钢筋即进入塑性阶段，随之应力下降到 c 点（称为屈服下限），c 点以后钢筋开始塑性流动，应力不变而应变增加很快，曲线近似为一水平段，称为流幅或屈服台阶。屈服上限不太稳定，受加载速度、钢筋截面形式和表面光洁度的影响而波动，屈服下限则比较稳定，通常以屈服下限 c 点的应力作为屈服强度。当钢筋的塑性流动到达 f 点以后，应力又随应变的增加而

40

曲线增大，至 d 点时应力达到最大值，d 点的应力称为钢筋的极限抗拉强度，fd 段称为强化段。d 点以后，在试件的薄弱位置出现颈缩现象，变形增加迅速，钢筋断面缩小，应力降低，直至 e 点被拉断。

钢筋受压时在达到屈服强度之前与受拉时的应力-应变规律相同，其屈服强度值与受拉时也基本相同。当应力到达屈服强度后，由于试件发生明显的横向塑性变形，截面面积增大，不会发生材料破坏，因此难以得到明显的极限抗压强度。

有明显流幅的钢筋有两个强度指标：一个是对应于 c 点的屈服强度，另一个是对应于 d 点的极限抗拉强度。因为当构件某一截面的钢筋应力达到屈服强度后，即使荷载不变钢筋也会产生持续的塑性变形，使构件的变形和裂缝宽度显著增大以致无法使用，因此一般结构计算中不考虑钢筋的强化段而取屈服强度作为设计强度的依据。而极限抗拉强度是实际破坏时钢筋的应力，主要用于表示构件的实际破坏承载能力。钢筋的强屈比（极限抗拉强度与屈服强度的比值）表示钢筋距离破断的储备，在抗震结构中考虑到受拉钢筋可能进入强化阶段，要求强屈比不小于 1.25。

（2）无明显流幅钢筋

无明显流幅钢筋拉伸的典型应力-应变曲线如图 3-3 所示。在应力未超过 a 点时，钢筋仍具有理想的弹性性质，a 点的应力称为比例极限，其值约为极限抗拉强度的 0.65 倍。超过 a 点后应力-应变关系为非线性，没有明显的屈服点。达到极限抗拉强度 σ_b 后，钢筋很快被拉断，破坏时呈脆性。

对无明显流幅的钢筋，在国家有关钢筋标准中，一般取 0.002 残余应变所对应的应力 $\sigma_{0.2}$ 作为条件屈服强度。实际应用中，可取极限抗拉强度 σ_b 的 85% 作为条件屈服强度。

（3）钢筋应力-应变关系的理论模型

试验得到的钢筋应力-应变关系曲线不便直接应用于混凝土构件的理论计算而需加简化。图 3-4 所示为常用的钢筋应力-应变关系理论模型。

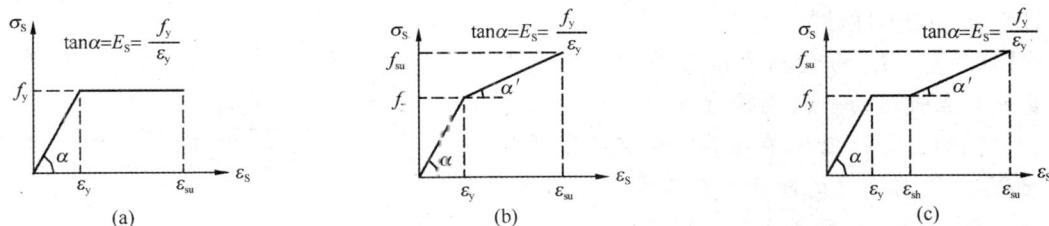

图 3-4　钢筋应力-应变关系理论模型
（a）双直线；（b）双斜线；（c）三折线

《混凝土结构设计规范》采用理想弹塑性的双直线模型表达式：

当　$\varepsilon_s \leqslant \varepsilon_y$ 时：$\sigma_s = E_s \varepsilon_s$ ⸺⸺⸺⸺⸺⸺⸺⸺⸺⸺⸺（3-1）

当　$\varepsilon_y < \varepsilon_s \leqslant \varepsilon_{su}$ 时：$\sigma_s = f_y$

式中　σ_s——钢筋应变为 ε_s 时的钢筋应力；

　　　E_s——钢筋的弹性模量，见附表 3-1；

　　　f_y——钢筋抗拉强度；

　　　ε_y——钢筋的屈服应变，$\varepsilon_y = \dfrac{f_s}{E_s}$；

ε_{su}——钢筋的极限应变，受拉时的钢筋的极限拉应变取为 0.01。

【注释】 材料有弹性、塑性和黏性三种受力性能。弹性性能表示一旦作用力撤除后，材料的变形完全恢复。塑性性能表示即使作用力撤除后，材料的变形不能完全恢复，留有残余变形。黏性性能表示即便作用力维持不变，变形仍持续增长，即变形和时间有关。

3.1.2.2 钢筋的伸长率

钢筋除了要有足够的强度外，还应具备一定的塑性变形能力。伸长率是反映钢筋塑性性能的一个指标。钢筋伸长率愈大，表示其塑性性能愈好，在拉断前会有明显预兆，不会发生突然的脆性破坏。因此，《混凝土结构设计规范》除了规定钢筋的强度指标外，还对断后伸长率和最大力下的总伸长率做了规定。

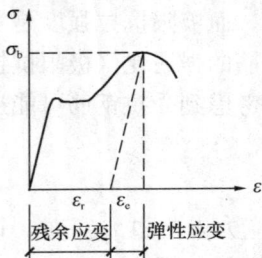

图 3-5 钢筋最大力下的总伸长率

（1）最大力下的总伸长率（简称均匀伸长率）

如图 3-5 所示，钢筋在达到最大应力 σ_b 时的变形包括塑性残余变形 ε_r 和弹性变形 ε_e 两部分，最大力下的总伸长率 δ_{gt} 可用下式表示：

$$\delta_{gt} = (L - L_0)/L_0 + \sigma_b/E_s \qquad (3-2)$$

式中　L_0 ——试验前的原始标距（不包含颈缩区）；

L ——试验后量测标记之间的距离；

σ_b ——钢筋的最大拉应力（即极限抗拉强度）；

E_s ——钢筋的弹性模量。

式（3-2）中的第一项反映了钢筋的塑性残余变形，第二项反映了钢筋在最大拉应力下的弹性变形。

钢筋最大力下的总伸长率 δ_{gt} 不受断口-颈缩区域局部变形的影响，反映了钢筋拉断前达到最大力（极限强度）时的均匀应变，既能反映钢筋的残余变形，又能反映钢筋的弹性变形，量测结果受原始标距 L_0 的影响较小，因此，《混凝土结构设计规范》采用 δ_{gt} 来统一评定钢筋的塑性性能。

【注释】 δ_{gt} 的量测方法可参照图 3-6 进行。在离断裂点较远的一侧选择 Y 和 V 两个标记，两个标之间的原始标距 L_0 在试验前至少应为 100mm；标记 Y 或 V 与夹具的距离不应小于 20mm 或钢筋公称直径 d 两者中的较大值，标记 Y 或 V 与断裂点之间的距离不应小于 50mm 和 $2d$。钢筋拉断后量测标记之间的距离为 L，并求出钢筋拉断时的最大拉应力 σ_b，然后按式（3-2）计算 δ_{gt}。

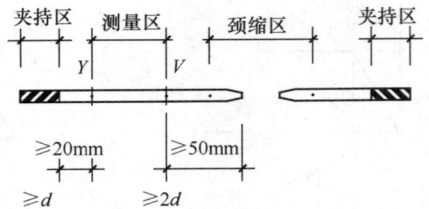

图 3-6 最大力下的总伸长率的测量

（2）断后伸长率（简称伸长率）

在钢筋标准中还有一个评定钢筋的塑性性能的指标为断后伸长率（简称伸长率），其定义为钢筋拉断后的伸长值与原长的比，按下式计算：

$$\delta = \frac{l - l_0}{l_0} \times 100\% \qquad (3-3)$$

式中　δ ——断后伸长率（%）；

l ——标准试件断裂后的标距长度；

l_0——标准试件拉伸前的标距长度，一般可取 $l_0 = 5d$（d 为钢筋直径）或 $l_0 = 10d$，相应的断后伸长率表示为 δ_5 或 δ_{10}；对预应力钢丝也有取 $l_0 = 100\text{mm}$ 的，断后伸长率表示为 δ_{100}。

断后伸长率只能反映钢筋残余变形的大小，其中还包含断口颈缩区域的局部变形。这一方面使得不同量测标距长度 l_0 得到的结果不一致，对同一钢筋，当 l_0 取值较小时得到的 δ 值较大，而当 l_0 取值较大时得到的 δ 值则较小；另一方面断后伸长率忽略了钢筋的弹性变形，不能反映钢筋受力时的总体变形能力。此外，量测钢筋拉断后的标距长度 l 时，需将拉断的两段钢筋对合后再量测，也容易产生人为误差。由于 δ 包括了断口颈缩区域的局部变形，因此 δ 值总是大于 δ_{gt}。综上所述，用钢筋最大力下的总伸长率 δ_{gt} 来表示钢筋的变形能力较为合理。δ_{gt} 限值见附表3-2。

3.1.2.3　钢筋的冷弯性能

钢筋的冷弯性能是检验钢筋韧性、内部质量和可加工性的重要指标，其现场检验方法是将直径为 d 的钢筋绕直径为 D 的弯芯进行弯折（图 3-7），在达到规定冷弯角度 α 时，钢筋不发生裂纹、断裂或起层现象。冷弯性能也是评价钢筋塑性的指标，弯芯的直径 D 越小，弯折角越大，说明钢筋的塑性越好。

3.1.2.4　钢筋冷加工和热处理

钢筋冷加工是通过冷拉、冷拔、冷轧或冷轧扭的加工方法来提高热轧钢筋的屈服强度。

冷拉是用超过屈服强度的应力拉伸热轧钢筋的加工方法。拉伸控制方式有双控和单控，双控是同时控制应力和冷拉率，单控则为控制其一。图 3-8 所示为冷拉时效硬化现象，张拉应力超过屈服平台 K 点后，放松钢筋卸载到应力为零再重新张拉，则应力-应变曲线重回 K 点并沿原来路径发展，如停留一段时间再张拉时，新的屈服点可以提高到 K' 点。由此可见冷拉后抗拉屈服强度提高但塑性变形能力减小。

冷拔是用强力将热轧钢筋拔过孔径小于其直径的特制硬质合金拔丝模的加工方法，见图 3-9。冷拔后钢筋产生塑性变形直径变细，强度提高很多但塑性变形能力降低。

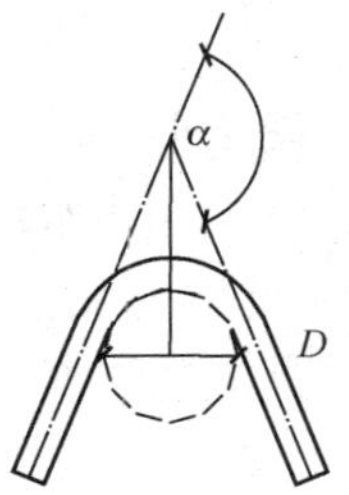

图 3-7　钢筋的冷弯 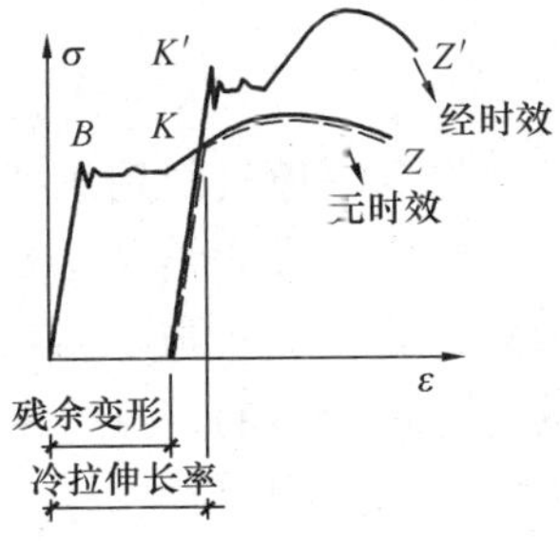　　图 3-8　钢筋冷拉后应力-应变 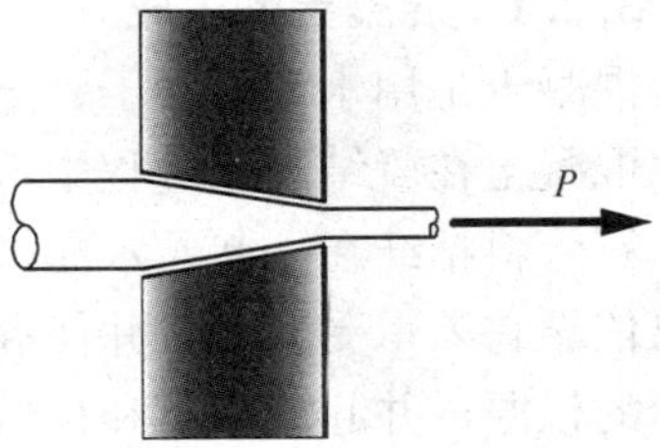　　图 3-9　钢筋的冷拔

冷轧是将热轧圆盘钢筋经专用冷轧机乳压后使钢筋表面形成沿长度方向均匀分布的三面或两面横肋的加工方法。冷轧后钢筋直径变细，屈服强度提高，塑性变形降低。

冷扭是将热轧圆盘钢筋经专用冷轧扭机冷扭成连续螺旋状钢筋的加工方法。在冷扭前先要进行冷轧，冷扭后钢筋屈服强度提高，塑性变形降低。

钢筋热处理是将特定强度的热轧钢筋通过加热、淬火和回火等调质工艺处理的加工方法。经热处理后，钢筋强度明显提高而塑性降低不多。

3.1.2.5 钢筋力学性能的检验指标

对有明显流幅的钢筋，其检验指标为屈服强度、极限抗拉强度、均匀伸长率和冷弯性能四项。对无明显流幅的钢筋，其检验指标则为极限抗拉强度、均匀伸长率和冷弯性能三项。

3.1.3 钢筋的疲劳

承受重复、周期性的动荷载作用时，经过一定次数后，在最大应力远小于屈服强度情况下，钢筋会产生脆性破坏，这种破坏现象称之为疲劳破坏。吊车梁、桥面板、轨枕等承受重复荷载的混凝土构件，在正常使用期间会由于疲劳而发生破坏。钢筋的疲劳破坏与一次循环应力中最大应力 $\sigma_{s,max}^f$ 和最小应力 $\sigma_{s,min}^f$ 的差值 $\Delta\sigma^f = \sigma_{s,max}^f - \sigma_{s,min}^f$ 有关，称 $\Delta\sigma^f$ 为疲劳应力幅。钢筋的疲劳强度是指在某一规定的应力幅内，经受一定次数（我国规定为 200 万次）循环荷载后发生疲劳破坏的最大应力值。通常认为，在外力作用下钢筋发生疲劳断裂是由于钢筋内部和外表面的缺陷引起应力集中，钢筋中晶粒发生滑移，产生疲劳裂纹，

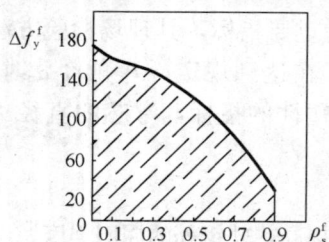

图 3-10 普通钢筋 Δf_y^f-ρ_s^f 曲线

最后断裂。影响钢筋疲劳强度的因素很多，如疲劳应力幅、最小应力值的大小、钢筋外表面几何形状、钢筋直径、钢筋强度和加载频率等。《混凝土结构设计规范》规定了不同等级钢筋的疲劳应力幅限值 Δf_y^f，并规定该值与截面同一层钢筋最小应力与最大应力的比值 $\rho_s^f = \dfrac{\sigma_{s,min}^f}{\sigma_{s,max}^f}$ 有关，称 ρ_s^f 为疲劳应力比值，具体取值见附表 3-7 和附表 3-8。图 3-10 表示疲劳应力比值与疲劳应力幅限值的关系曲线，在阴影区内表示不会发生疲劳破坏。当钢筋疲劳应力幅相同时，最小应力越大，越容易发生疲劳破坏；当疲劳应力比值不变时，最小应力越大，也越易发生疲劳破坏。对预应力钢筋，当应力比大于 0.9 时，可不进行疲劳强度验算。

3.2 混凝土的物理力学性能

3.2.1 混凝土的组成

混凝土是用水泥、砂子、石子以及外加剂等原材料用水拌合经养护硬化形成的人工石材。混凝土在凝结硬化过程中，水化反应形成的水泥结晶体和水泥凝胶体组成的水泥石把砂、石骨料粘结在一起。水泥结晶体和砂、石骨料组成了混凝土中错综复杂的弹性骨架，主要依靠它来承受外力，并使混凝土具有弹性变形的特点。水泥凝胶体是混凝土产生塑性变形的根源，并起着调整和扩散混凝土应力的作用。

水泥、砂子、石子和水的配合比例取决于混凝土的强度、稠度和密实度要求。水灰比对混凝土强度有很大影响，水灰比小混凝土强度大；水泥强度高混凝土强度大；砂过细混凝土强度小且水泥用量增加；骨料质地坚硬、级配合理则混凝土强度大。此外，混凝土的性能还取决于搅拌质量、浇筑密实和养护条件等。

3.2.2 混凝土受力分析的微裂缝理论

在混凝土凝结初期，由于水泥胶块的收缩、泌水、骨料下沉等原因，在粗骨料与水泥胶块的接触面上会形成微裂缝，或称界面粘结裂缝（图 3-11），它是混凝土内最薄弱的环节。混凝土在受荷前存在的微裂缝在荷载作用下将继续发展，对混凝土的强度和变形产生

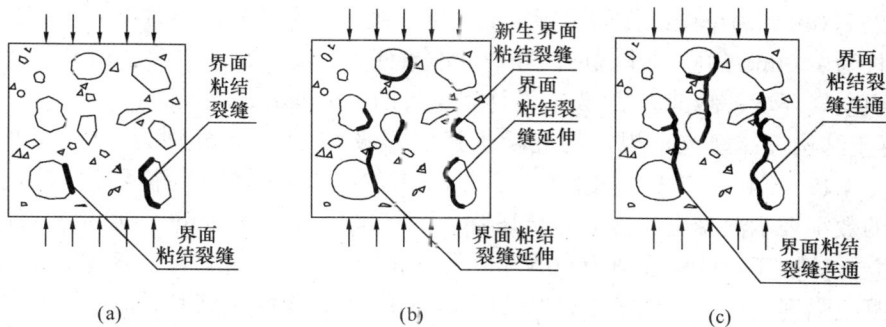

图 3-11　混凝土微裂缝发展过程

重要影响。

在荷载作用下混凝土应力 σ_c 从零增加至极限应力 $\sigma_{c,max}$，混凝土内部的微裂缝将不断增多和扩展，其整个过程大致可分为三个阶段。下面以普通强度等级混凝土为例进行说明。

（1）微裂缝相对稳定阶段（$\sigma_c/\sigma_{c,max} \leqslant 0.4$）

在此阶段微裂缝比较少，而且相对稳定，混凝土的宏观变形性能无明显变化，即使荷载的多次重复或者持续时间较长，微裂缝也不会有很大变化，残余变形很小，如图 3-11（a）所示。

（2）微裂缝稳定发展阶段（$0.4 < \sigma_c/\sigma_{c,max} \leqslant 0.8$）

应力增大一方面使原有微裂缝产生应力集中，裂缝开始延伸，宽度增加，另一方面也会产生一些新的微裂缝。在这阶段混凝土内部微裂缝发展较多，宏观变形增长较大。但该阶段微裂缝发展是稳定的，即当应力不继续增加时，裂缝就不会再延伸发展。因此，在这阶段即使荷载长期作用，也只表现为混凝土变形的逐渐增大，但不会过早破坏，如图 3-11（b）所示。

（3）微裂缝贯通阶段（$\sigma_c/\sigma_{c,max} > 0.8$）

在应力达到较高水平时，混凝土内部的微裂缝会逐个贯通，形成大致平行于压力方向的连续裂缝，或称纵向劈裂裂缝。在这阶段即使应力增量很小，甚至不增加应力，其裂缝也会发展，并且不再保持稳定状态，导致较大的宏观变形。纵向劈裂裂缝将试件分割成若干个小柱体，导致最终破坏强度要比峰值应力明显降低。

【思考与提示】　为什么普通强度等级混凝土要远低于粗骨料本身的强度？因为微裂缝一般只发生在水泥砂浆中，因此混凝土的强度和变形性能在很大程度上是取决于水泥砂浆的质量和密实性。从微裂缝贯通阶段是不稳定状态能否解释一下混凝土长期强度应该如何确定？

3.2.3　混凝土强度

混凝土强度定义为混凝土所能承受的某种极限应力。宏观受力现象多表现为混凝土压碎或拉裂，直接剪切破坏的很少。因此从混凝土结构受力分析和设计计算的角度出发，需要了解如何确定混凝土的抗压强度及抗拉强度，以及用不同方式测定的混凝土强度指标之间的相互关系。

3.2.3.1　混凝土立方体抗压强度

混凝土立方体抗压强度（简称立方体强度）是衡量混凝土强度的基本指标，用 f_{cu} 表示。《混凝土结构设计规范》采用在"标准条件"下测得的具有 95% 保证率的立方体抗压强度值（以 N/mm² 为单位）作为混凝土的强度等级。所谓"标准条件"是指按标准方法制作的边长为 150mm 的立方体试件；养护标准条件为温度（20±3）℃、相对湿度在 90% 以上的潮湿空气环境；龄期为 28 天或设计规定龄期；标准的试验方法。

《混凝土结构设计规范》规定的混凝土强度等级有 14 级，分别为 C15、C20、C25、C30、C35、C40、C45、C50、C55、C60、C65、C70、C75 和 C80。符号"C"代表混凝土，后面的数字表示混凝土的立方体抗压强度的标准值（以 N/mm² 为单位），如 C60 表示混凝土立方体抗压强度标准值为 60N/mm²。《混凝土结构设计规范》规定，钢筋混凝土结构的混凝土强度等级不应低于 C20，采用 400MPa 及以上的钢筋时，混凝土强度等级不应低于 C25；承受重复荷载的钢筋混凝土构件，混凝土强度等级不应低于 C30；预应力混凝土结构的混凝土强度等级不宜低于 C40，且不应低于 C30。

【注释】 ①有关强度标准值、设计值的概念参见第 2 章。②混凝土强度除了与材料本身相关外，还与试件尺寸、形式，周围环境条件，养护时间和试验方法等有关，《规范》给出的混凝土强度等级是一种特定条件下具有规定保证率的混凝土强度特征值，是混凝土强度的主要检验指标。

混凝土抗压强度测定与立方体试件的尺寸有密切关系。试验结果表明尺寸越大，测得的强度越低。根据对比试验结果，相对于边长 150mm 的标准立方体试件，采用边长为 200mm 时的换算系数为 1.05，采用边长为 100mm 时的换算系数为 0.95。有的国家采用直径为 150mm、高度为 300mm 的圆柱体试件作为标准试件。对同一种混凝土，其圆柱体抗压强度与边长 150mm 的标准立方体试件抗压强度之比为 0.79～0.81。

混凝土抗压强度测定与试验方法有关。在一般情况下，试件受压时上下表面与试验机承压板之间将产生阻止试件向外横向变形的摩擦阻力，像两道套箍一样将试件上下两端箍住，从而延缓裂缝的发展，提高了试件的抗压强度；破坏时试件中部剥落，形成两个对顶的角锥形破坏面，如图 3-12（a）所示。如果在试件的上下表面涂一些润滑剂，试验时摩擦阻力就大大减小，试件将沿着平行力的作用方向产生几条裂缝而破坏，所测得的抗压强度较低，其破坏形状如图 3-12（b）所示。我国规定的标准试验方法是不涂润滑剂的。

加载速度对混凝土立方体抗压强度也有影响，加载速度越快，测得的强度越高。通常规定的加载速度为：混凝土强度等级低于 C30 时，取每秒钟 0.3～0.5N/mm²；混凝土强度等级高于或等于 C30 时，取每秒钟 0.5～0.8N/mm²。

混凝土立方体抗压强度与养护时的温度、湿度和龄期等因素有关。如图 3-13 所示，混凝土立方体抗压强度随混凝土的龄期逐渐增长，初期增长较快，以后逐渐缓慢，增长过程要延续十几年；在潮湿环境中增长较快，而在干燥环境中增长较慢，甚至还有所下降。

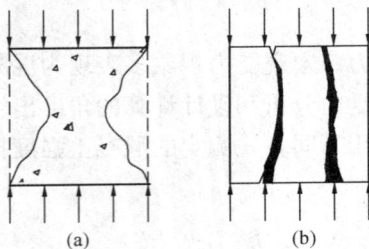

图 3-12　混凝土立方体抗压破坏

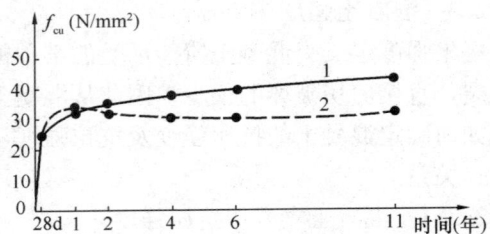

图 3-13　混凝土立方体强度随龄期变化
1—潮湿环境；2—干燥环境

3.2.3.2　混凝土轴心抗压强度

以混凝土棱柱体试件测得的抗压强度称为混凝土的轴心抗压强度，也称棱柱体抗压强度，用 f_c 表示。由于实际构件一般不是立方体而是棱柱体，故棱柱体试件的抗压强度能更好地反映混凝土构件的实际受力状况。

因为棱柱体的高度 h 比宽度 b 大，试验机压板与试件之间的摩擦力对试件中部横向变形的约束较小，故混凝土轴心抗压强度比立方体抗压强度低。高宽比 h/b 越大，测得的强度越低，但当高宽比达到一定值后，这种影响就不明显了。试验表明，当高宽比 h/b 大于 3 时，其抗压强度变化很小。建筑工程设计规范规定以 $150\mathrm{mm}\times150\mathrm{mm}\times300\mathrm{mm}$ 的棱柱体作为混凝土轴心抗压强度试验的标准试件。图 3-14 所示为混凝土棱柱体抗压试验和试件破坏的情况。

图 3-15 所示为我国所做的混凝土轴心抗压强度与立方体抗压强度对比试验的结果，可以看出，试验值 f_c^0 和 f_{cu}^0 大致呈线性关系。考虑实际结构构件混凝土与试件在尺寸、制作、养护和受力方面的差异，《混凝土结构设计规范》采用的混凝土轴心抗压强度标准值 f_{ck} 与立方体抗压强度标准值 $f_{cu,k}$ 之间的换算关系为：

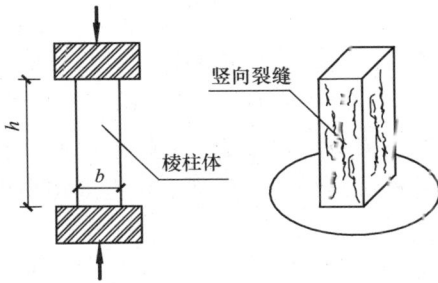

图 3-14　混凝土棱柱体抗压破坏

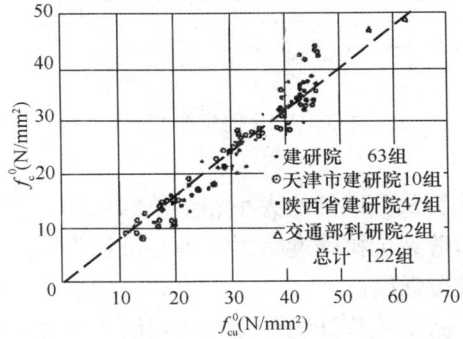

图 3-15　立方体抗压强度与轴心抗压强度的关系

$$f_{ck} = 0.88\alpha_{c1}\alpha_{c2}f_{cu,k} \qquad (3\text{-}4)$$

式中　α_{c1}——混凝土轴心抗压强度与立方体抗压强度的比值，当混凝土强度等级不大于 C50 时，$\alpha_{c1}=0.76$；当混凝土强度等级为 C80 时，$\alpha_{c1}=0.82$；当混凝土强度等级为中间值时，按线性变化插值；

　　　　α_{c2}——混凝土的脆性系数，当混凝土强度等级不大于 C40 时，$\alpha_{c2}=1.0$；当混凝土强度等级为 C80 时，$\alpha_{c2}=0.87$；当混凝土强度等级为中间值时，按线性变化插值；

　　　　0.88——考虑结构中混凝土的实际强度与立方体试件混凝土强度差异等因素的修正系数。

3.2.3.3　混凝土的抗拉强度

混凝土抗拉强度是计算混凝土构件开裂、裂缝宽度以及受剪、受扭、受冲切等承载力的重要指标。混凝土抗拉强度很低，一般只有立方体强度的 $1/18\sim1/10$。混凝土轴心抗拉强度随其立方体抗压强度单调增加，但增长幅度逐渐减缓。

测定混凝土抗拉强度的试验方法通常有两种：一种是直接拉伸试验，如图 3-16 所示，试件尺寸为 100mm×100mm×500mm，两端预埋钢筋，钢筋位于试件的轴线上，对试件施加拉力使其均匀受拉，试件破坏时的平均拉应力即为混凝土的抗拉强度，称为轴心抗拉强度 f_t，这种试验对试件尺寸及钢筋位置要求很严；另一种为间接测试方法，称为劈裂试验，如图 3-17 所示，对圆柱体或立方体试件施加线荷载，试件破坏时，在破裂面上产生与该面垂直且基本均匀分布的拉应力。根据弹性理论，试件劈裂破坏时，混凝土抗拉强度（劈裂抗拉强度）$f_{t,s}$ 可按下式计算：

$$f_{t,s} = \frac{2F}{\pi dl} \tag{3-5}$$

式中　F——劈裂破坏荷载；
　　　d——圆柱体的直径或立方体的边长；
　　　l——圆柱体的长度或立方体的边长。

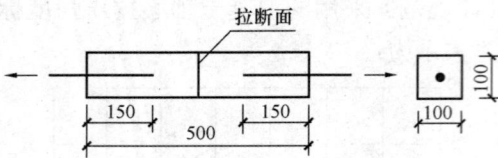

图 3-16　直接拉伸试验

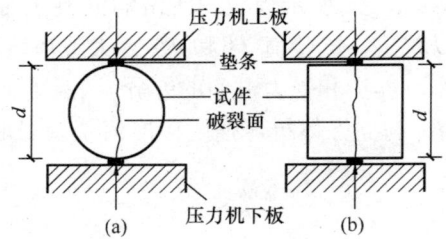

图 3-17　劈裂试验
（a）圆柱体；（b）立方体

劈裂试验试件的大小和垫条的尺寸、刚度都对试验结果有一定影响。我国的一些试验结果为劈裂抗拉强度略大于轴心抗拉强度，而国外的一些试验结果为劈裂抗拉强度略小于轴心抗拉强度。

根据试验数据统计分析得到混凝土轴心抗拉强度标准值 f_{tk} 与立方体抗拉强度标准值 $f_{cu,k}$ 之间的换算关系为：

$$f_{tk} = 0.88 \times 0.395 f_{cu,k}^{0.55} (1 - 1.645\delta)^{0.45} \alpha_{c2} \tag{3-6}$$

式中 0.88 的意义和 α_{c2} 的取值与式（3-3）相同，δ 为试验结果的变异系数。

3.2.3.4　混凝土在复合应力作用下的强度

实际混凝土构件如梁、柱、墙通常受到轴力、弯矩、剪力及扭矩的共同作用，大多处于双向或三向复合应力状态，因此探讨复合应力状态下混凝土的强度和变形性能意义重大。

（1）混凝土的双向受力强度

在混凝土单元体两个互相垂直的平面上，作用有法向应力 σ_1 和 σ_2，第三个平面上应力为零，混凝土在双向应力状态下强度的变化曲线如图 3-18 所示。

双向受压时（图 3-18 中第一象限），一向的抗压强度随另一向压应力的增大而增大，双向抗压强度比单向抗压强度最多增加约 27%。

双向受拉时（图 3-18 中第三象限），一个方向的抗拉强度受另一方向拉应力的影响不明显，其抗拉强

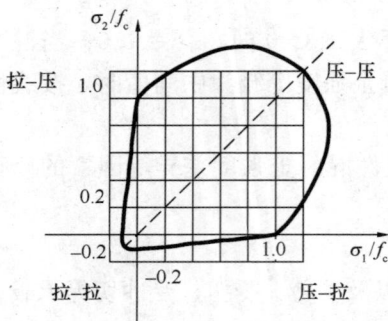

图 3-18　混凝土在双向应力
状态下的强度曲线

度接近于单向抗拉强度。

一向受拉另一向受压时（图 3-18 中第二、四象限），抗压强度随拉应力的增大而降低，同样抗拉强度也随压应力的增大而降低，其抗压或抗拉强度均不超过相应的单轴强度。

（2）混凝土在正应力和剪应力共同作用下的强度

图 3-19 所示为混凝土在正应力和剪应力共同作用下的强度变化曲线。从图可知：混凝土的抗剪强度随拉应力的增大而减小；当压应力小于（0.5～0.7）f_c 时，抗剪强度随压应力的增大而增大；当压应力大于（0.5～0.7）f_c 时，由于混凝土内裂缝的明显发展，抗剪强度反而随压应力的增大而减小；由于剪应力的存在，其抗压强度和抗拉强度均低于相应的单轴强度。

（3）混凝土的三向受压强度

混凝土三向受压时，一向抗压强度随另两向压应力的增加而增大，同时混凝土抗压极限变形能力增加尤为显著。图 3-20 所示为圆柱体混凝土试件三向受压时的试验结果，由于周围的压应力限制了混凝土内部微裂缝的发展，故混凝土的纵向抗压强度和变形能力均明显提高。由试验结果得到的经验公式为：

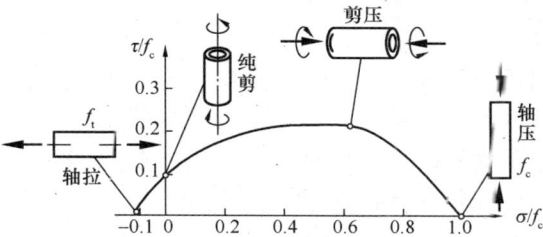

图 3-19　混凝土在正、剪应力共同作用下的强度曲线

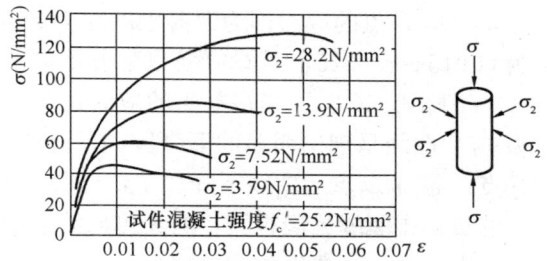

图 3-20　三向受压试验

$$f'_{cc} = f'_c + k\sigma_2 \tag{3-7}$$

式中　　f'_{cc}——在等侧向压应力 σ_2 作用下混凝土圆柱体抗压强度；

f'_c——无侧向压应力时混凝土圆柱体抗压强度；

k——侧向压应力系数，根据试验结果取 $k=4.5～7.0$，平均值为 5.6，当侧向压应力较低时得到的系数值较高。

3.2.4　混凝土变形

混凝土的变形可分为直接受力变形和间接体积变形，前者包括一次短期加荷的变形、荷载长期作用下的变形和多次重复荷载作用下的变形等；后者为混凝土由于收缩或温度变化产生的变形。受力变形又可划分为卸载后可恢复的弹性变形和卸载后不能恢复的塑性变形。

3.2.4.1　混凝土在一次短期加荷时的变形性能

（1）混凝土受压应力-应变曲线

混凝土的应力-应变关系又称本构关系，是混凝土力学性能的一个重要方面，图 3-21 所示即为实测的混凝土棱柱体在一次短期加荷下典型的应力-应变全曲线。由图可见，应力-应变曲线分为上升段和下降段两个部分。

上升段（0C）：上升段又可分为三个阶段。第一阶段 0A 为准弹性阶段，混凝土应力

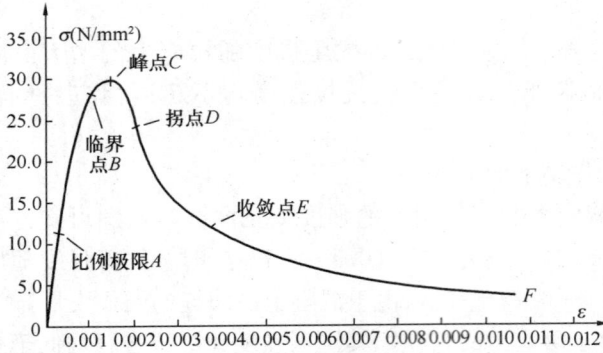

图 3-21　混凝土棱柱体应力-应变曲线

从零增加到 $\sigma = (0.3 \sim 0.4) f_c$，应力-应变关系接近于直线，$A$ 点称为比例极限，混凝土变形主要是骨料和水泥石结晶体受压后的弹性变形，而水泥凝胶体的黏性流动和已存在于混凝土内部的初始微裂缝没有明显影响。第二阶段 AB 为裂缝稳定扩展阶段，随着荷载的增大压应力逐渐提高，混凝土逐渐表现出明显的非弹性性质，应变增长速度超过应力增长速度，应力-应变曲线逐渐弯曲，混凝土内原有的微裂缝开始扩展，并产生新的裂缝，但裂缝的发展仍能保持稳定，即应力不增加，裂缝也不继续发展，B 点为临界点（混凝土应力 $\sigma = 0.8 f_c$），其应力可作为混凝土长期受压强度的依据。第三阶段 BC 为裂缝不稳定扩展阶段，随着荷载的进一步增加，曲线明显弯曲，裂缝发展很快并相互贯通，进入不稳定状态，直至峰值 C 点，峰值 C 点的应力即为混凝土的轴心抗压强度 f_c，相应的应变称为峰值应变 ε_0，其值为 $0.015 \sim 0.0025$，对 C50 及以下混凝土通常取 $\varepsilon_0 = 0.002$。

下降段（CF）：当混凝土的应力达到 f_c 以后，裂缝迅速发展，承载力开始下降，应力-应变曲线呈现出明显的下降段。下降段曲线开始为凸曲线，随后变为凹曲线，D 点为拐点；超过 D 点后曲线下降加快，至 E 点曲率最大，E 点称为收敛点；超过 E 点后，试件的贯通主裂缝已经很宽，对无侧向约束的混凝土已失去结构意义。混凝土达到极限强度后，在应力下降幅度相同的情况下，变形能力大的混凝土延性要好。

影响应力-应变曲线的因素有混凝土的强度、加荷速度、横向约束以及纵向钢筋的配筋率等。不同强度等级混凝土的应力-应变曲线如图 3-22 所示。可以看出，随着混凝土强度的提高，上升段曲线的直线部分增大，峰值应变 ε_0 也有所增大；但混凝土强度越高，曲线下降段越陡，延性也越差。图 3-23 所示为相同强度的混凝土在不同加荷速率下的应力-应变曲线。可以看出，随着加荷速度的降低，峰值应力逐渐减小，峰值应变增大，下降段变得更平缓，延性改善。

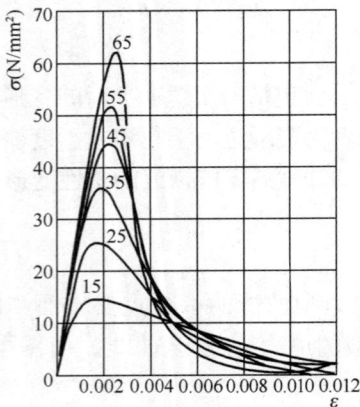

图 3-22　不同强度混凝土的应力-应变曲线

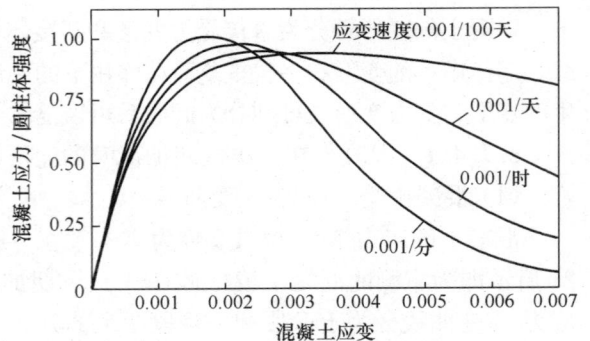

图 3-23　不同应变速率下混凝土的应力-应变曲线

50

横向约束可明显提高混凝土强度和变形能力。采用密排螺旋箍筋或矩形箍筋来约束混凝土，可改善混凝土的受力性能。图 3-24 所示为配有密排螺旋筋圆形短柱和密排箍筋矩形短柱的受压应力-应变曲线，可以看出，在混凝土轴向压力很小时，箍筋几乎不受力，混凝土基本不受约束；当混凝土应力达到临界应力时，混凝土内裂缝引起体积膨胀，使箍筋受拉，而箍筋反过来约束混凝土的横向膨胀，使混凝土处于三向受压状态，从而使混凝土的受力性能得到改善。从图中还可看出，螺旋箍筋能很好地提高混凝土的强度和变形能力；矩形箍筋能较好地提高混凝土变形能力，但强度提高的效果不明显。这是因为箍筋是方形的，仅能使角部和核心区的混凝土受到约束。

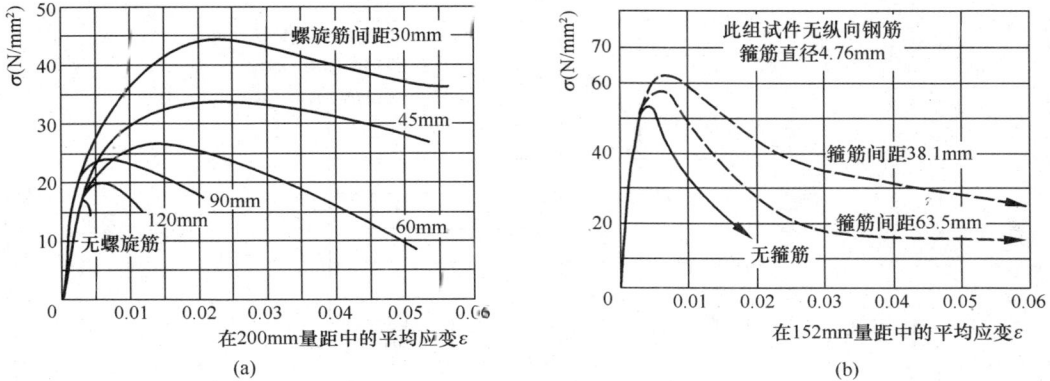

图 3-24 混凝土的应力-应变曲线
（a）螺旋箍筋约束短柱；（b）矩形箍筋约束短柱

【思考与提示】 横向约束提高混凝土的强度和变形能力，与双向或三向受压情况下混凝土抗压强度提高的概念是一致的；它可以从混凝土破坏的微裂缝机理上予以解释，因为侧向受压实际效果即为"约束混凝土"的横向变形，限制或延缓微裂缝的开展，从而提高混凝土的强度。"约束混凝土"不但能提高混凝土的强度，而且还能提高混凝土的变形，因此"约束混凝土"概念在工程中得到广泛应用，如螺旋箍筋柱、后张法预应力锚具下局部受压区域配置的钢筋网或螺旋筋、钢管混凝土等。

试验表明，混凝土内配有纵向钢筋时也可使混凝土的变形能力有一定提高。图 3-25 所示为不同纵筋配筋率（箍筋间距较大，仅用于固定纵筋位置）的混凝土试件的受压应力-应变曲线。可以看出，随着纵筋配筋率的增大，混凝土的峰值应力变化不大，但峰值应变有较明显增大，这是由于钢筋和混凝土之间有很好的粘结，当混凝土应力接近或达到峰值时，纵筋起到一定的卸载和约束作用。

（2）混凝土应力-应变理论模型

《混凝土结构设计规范》采用的混凝土单轴应力-应变理论模型为抛物线加水平直线（图 3-26）：

当 $\varepsilon_c \leqslant \varepsilon_0$ 时
$$\sigma_c = f_c \left[1 - \left(1 - \frac{\varepsilon_c}{\varepsilon_0} \right)^n \right] \tag{3-8}$$

当 $\varepsilon_0 < \varepsilon_c \leqslant \varepsilon_{cu}$ 时
$$\sigma_c = f_c \tag{3-9}$$

$$n = 2 - \frac{1}{60}(f_{cu,k} - 50) \tag{3-10}$$

$$\varepsilon_0 = 0.002 + 0.5(f_{cu,k} - 50) \times 10^{-5} \tag{3-11}$$

$$\varepsilon_{cu} = 0.0033 - (f_{cu,k} - 50) \times 10^{-5} \tag{3-12}$$

式中　σ_c ——混凝土压应变为 ε_c 时的混凝土压应力；

　　　f_c ——混凝土轴心抗压强度设计值，按附表 3-10 采用；

　　　ε_0 ——混凝土压应力达到 f_c 时的混凝土压应变，当计算值小于 0.002 时，取 0.002；

　　　ε_{cu} ——正截面的混凝土极限压应变，当处于非均匀受压且按公式（3-12）计算的值大于 0.0033 时，取为 0.0033；当处于轴心受压时取为 0.002；

　　　$f_{cu,k}$ ——混凝土立方体抗压强度标准值；

　　　n ——系数，当计算值大于 2.0 时，取为 2.0。

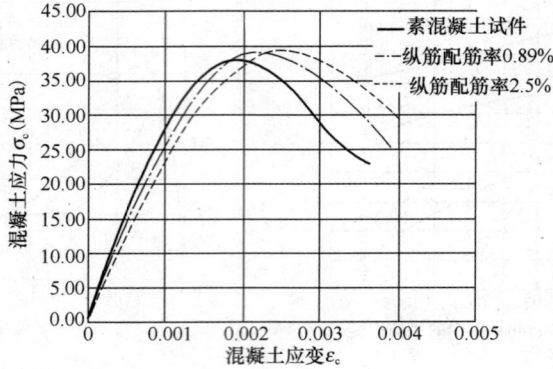

图 3-25　纵向配筋率对混凝土应力-应变曲线影响

（3）混凝土受压时纵向应变与横向应变的关系

混凝土试件在一次短期加荷时，除了产生纵向压应变外，还将在横向产生膨胀应变。横向应变与纵向应变的比值称横向变形系数 ν_c，又称为泊松比。不同应力下横向变形系数 ν_c 的变化如图 3-27 所示。可以看出，当应力值小于 $0.5f_c$ 时，横向变形系数基本保持为常数；当应力值超过 $0.5f_c$ 以后，横向变形系数逐渐增大，应力越高，增大的速度越快，表明试件内部的微裂缝迅速发展。材料处于弹性阶段时，混凝土的横向变形系数 ν_c 可取为 0.2。

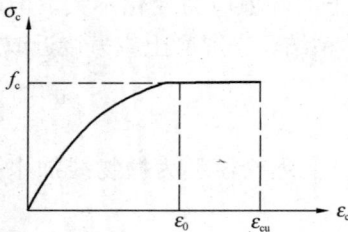

图 3-26　混凝土单轴应力-应变理论模型

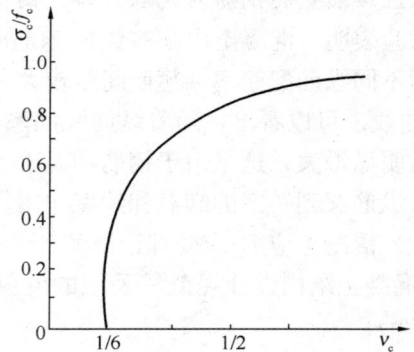

图 3-27　横向变形系数

（4）混凝土的三种模量

与弹性材料不同，混凝土的应力-应变关系是一条曲线，因而描述材料刚度特征的变形模量，即单位应变所需的应力，它不是常数，而是随着混凝土的应力变化而变化。混凝

52

土的变形模量有三种表示方法：

①混凝土的弹性模量（原点模量）E_c

如图 3-28 所示，在混凝土应力-应变曲线的原点作切线，该切线的斜率即为弹性模量，又称为原点模量，用 E_c 表示：

$$E_c = \frac{\sigma_c}{\varepsilon_{ce}} = \tan \alpha_0 \tag{3-13}$$

式中　α_0——混凝土应力-应变曲线在原点处的切线与横坐标的夹角。

②混凝土的切线模量 E_c''

在混凝土应力-应变曲线上某一应力值为 σ_c 处作切线，该切线的斜率即为相应于应力 σ_c 时混凝土的切线模量，用 E_c'' 表示：

$$E_c'' = \tan \alpha \tag{3-14}$$

式中　α——混凝土应力-应变曲线上应力为 σ_c 处切线与横坐标的夹角。

可以看出，混凝土的切线模量是一个变值，它随着混凝土应力的增大而减小。

③混凝土的割线模量（变形模量）E_c'

连接图 3-28 中原点 O 至曲线上应力为 σ_c 处作的割线，割线的斜率称为混凝土在 σ_c 处的割线模量或变形模量，用 E_c' 表示：

$$E_c' = \frac{\sigma_c}{\varepsilon_c} = \tan \alpha_1 \tag{3-15}$$

式中　α_1——混凝土应力-应变曲线上应力为 σ_c 处割线与横坐标的夹角。

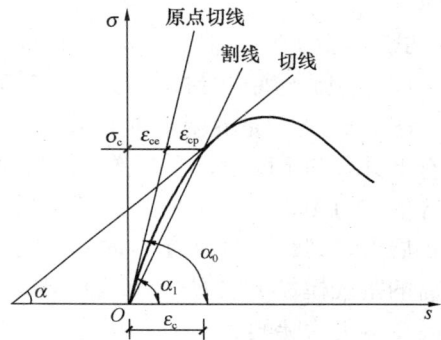

图 3-28　混凝土变形模量的表示方法

可以看出，式（3-16）中总变形 ε_c 包含了混凝土弹性变形 ε_{ce} 和塑性变形 ε_{cp} 两部分，因此混凝土的割线模量也是变值，也随着混凝土应力的增大而减小。比较式（3-13）和式（3-16）可以得到：

$$E_c' = \frac{\sigma_c}{\varepsilon_c} = \frac{\sigma_c}{\varepsilon_{ce} + \varepsilon_{cp}} = \frac{\varepsilon_{ce}}{\varepsilon_{ce} + \varepsilon_{cp}} \frac{\sigma_c}{\varepsilon_{ce}} = \nu E_c \tag{3-16}$$

式中　ν——混凝土受压时的弹性系数，为混凝土弹性应变与总应变之比，其值随混凝土应力的增大而减小。当 $\sigma_c < 0.3 f_c$ 时，混凝土基本处于弹性阶段，可取 $\nu = 1$；当 $\sigma_c = 0.5 f_c$ 时，可取 $\nu = 0.8 \sim 0.9$；当 $\sigma_c = 0.8 f_c$ 时，可取 $\nu = 0.4 \sim 0.7$。

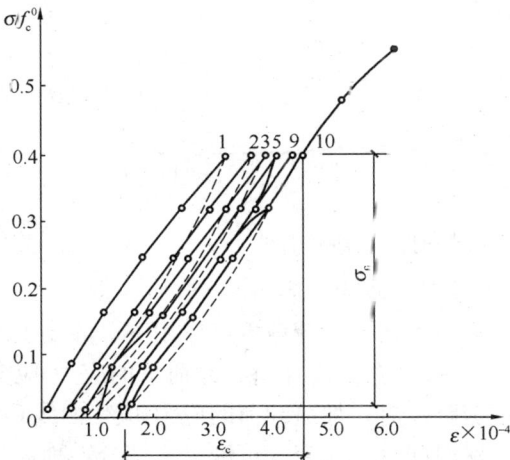

图 3-29　混凝土弹性模量测定方法

由以上分析可以看出，混凝土的割线模量是随应力的大小变化而变化的，当混凝土处于弹性阶段时，其割线模量和弹性模量近似相等。我国规范中给出的混凝土

弹性模量 E_c 是按下述方法测定的：如图 3-29 所示，将棱柱体试件加荷至应力 $0.4f_c$，反复加荷 5～10 次，由于混凝土为非弹性性质，每次卸荷为零时，变形不能完全恢复，存在有残余变形；但随荷载重复次数的增加，残余变形逐渐减小，重复 5～10 次后，变形已基本趋于稳定，应力-应变曲线接近于直线，该直线的斜率即作为弹性模量的取值。根据试验结果，混凝土弹性模量与混凝土立方体强度 f_{cu} 之间的关系可用下式表示：

$$E_c = \frac{10^5}{2.2 + \dfrac{34.7}{f_{cu}}} \ (\text{N/mm}^2) . \tag{3-17}$$

式中　f_{cu} 的单位应取 N/mm²。

【注释】　由图 3-29 可知 $\alpha \leqslant \alpha_1 \leqslant \alpha_0$，故混凝土的三个模量之间关系为：$E_c'' \leqslant E_c' \leqslant E_c$。混凝土的剪切模量 G_c，可根据抗压试验测定的弹性模量 E_c 和泊松比 ν_c 按下式确定：

$$G_c = \frac{E_c}{2(1+\nu_c)} \tag{3-18}$$

式（3-18）中若取 $\nu = 0.2$，则 $G_c = 0.416E_c$，我国规范近似取 $G_c = 0.4E_c$。

(5) 混凝土轴向受拉时的应力-应变关系

图 3-30 所示是混凝土轴心受拉应力-应变曲线，由图可见，曲线形状与受压时相似，也有上升段和下降段，受拉弹性模量和受压弹性模量相同。加载初期应力与应变成正比，至峰值应力 40%～50% 时达比例极限，76%～83% 时曲线出现拐点，表明裂缝进入不稳定扩展点，到达峰值应力 f_t 时的应变很小，只有 75×10^{-6}～115×10^{-6}，相应于抗拉强度 f_t 时的割线模量可取 $E_c' = 0.5 E_c$ 即取弹性系数 $\nu = 0.5$。曲线的下降段随着混凝土强度的提高变得更为陡峭。

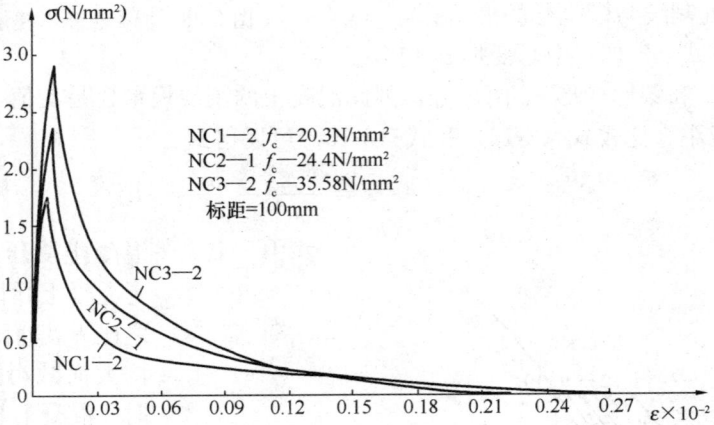

图 3-30　不同强度混凝土受拉时应力-应变曲线

3.2.4.2　混凝土在荷载重复作用下的变形性能（疲劳变形）

混凝土在荷载重复作用下引起的破坏称为疲劳破坏。在荷载重复作用下，混凝土的变形性能有重要的变化。图 3-31 所示为混凝土受压柱体在一次加荷、卸荷下的应力-应变曲线，当一次短期加荷的应力不超过混凝土的疲劳强度时，加荷卸荷的应力-应变曲线 OAB' 形成一个环状，在产生瞬时恢复应变后经过一段时间，其应变又可恢复一部分，称为弹性后效，剩下的是不能恢复的残余应变。

混凝土柱体在多次重复荷载作用下的应力-应变曲线如图 3-32 所示。当加荷应力 σ_1 小于混凝土的疲劳强度 f_c^f 时，其一次加荷卸荷应力-应变曲线形成一个环状，经过多次重复后，环状曲线逐渐密合成一直线。如果再选择一个较高的加荷应力 σ_2，但 σ_2 仍小于混凝土的疲劳强度 f_c^f 时，经过多次重复后，应力-应变环状曲线仍能密合成一直线。如果选择一个高于混凝土疲劳强度 f_c^f 的加荷应力 σ_3，开始时混凝土的应力-应变曲线凸向应力轴，在重复加载过程中逐渐变化为凸向应变轴，不能形成封闭环，最后混凝土试件因严重开裂或变形太大而破坏，这种因荷载重复作用而引起的混凝土破坏称为混凝土的疲劳破坏。混凝土能承受荷载多次重复作用而不发生疲劳破坏的最大应力限值称为混凝土的疲劳强度 f_c^f。混凝土疲劳具有脆性性质，破坏前无明显预兆。

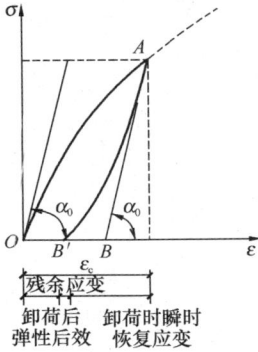

图 3-31　混凝土一次加卸载应力-应变曲线

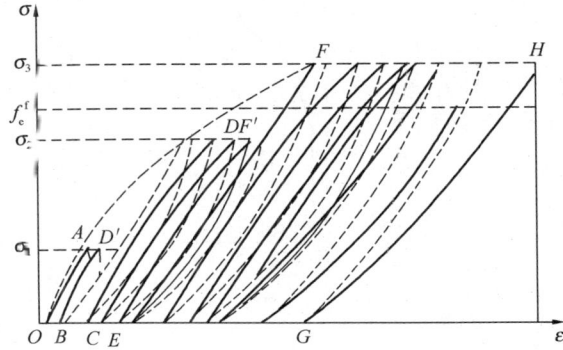

图 3-32　混凝土多次重复加荷的应力-应变曲线

从图 3-32 可以看出，施加荷载时的应力大小是影响应力-应变曲线变化的关键因素，即混凝土的疲劳强度与荷载重复作用时应力变化的幅度有关。在相同的重复次数下，疲劳强度随着疲劳应力比值 ρ_c^f 的增大而增大。疲劳应力比值 ρ_c^f 按下式计算：

$$\rho_c^f = \frac{\sigma_{c,min}^f}{\sigma_{c,max}^f} \tag{3-19}$$

式中　$\sigma_{c,min}^f$、$\sigma_{c,max}^f$——截面同一纤维上混凝土的最小、最大应力。

受压疲劳和受拉疲劳时，混凝土疲劳抗压强度设计值 f_c^f、疲劳抗拉强度设计值 f_t^f 分别按下式计算：

$$f_c^f = \gamma_\rho f_c \qquad f_t^f = \gamma_\rho f_t \tag{3-20}$$

式中　γ_ρ——疲劳强度修正系数，分别按附表 3-7、附表 3-8 查得。

拉压交变疲劳时，疲劳强度修正系数 $\gamma_\rho = 0.6$。直接承受疲劳荷载的混凝土构件，当采用蒸汽养护时，养护温度不宜高于 60℃，因为养护温度过高，混凝土容易产生初始裂缝，疲劳强度会降低。

3.2.4.3　荷载长期作用下混凝土的变形性能——徐变

混凝土在长期荷载作用下，应力保持不变但应变随时间而增长的现象称为徐变。图 3-33 所示为 100mm×100mm×400mm 棱柱体试件在相对湿度 65%、温度 20℃条件下，

施加压应力 $\sigma_c = 0.5f_c$ 后保持外荷载不变，应变随时间变化关系的曲线。图中 ε_{ce} 为加荷时产生的瞬时弹性应变，ε_{cr} 为随时间而增长的应变，即混凝土的徐变。从图中可以看出，前 4 个月徐变增长较快，6 个月左右时可达最终徐变的 $70\%\sim80\%$，以后增长逐渐缓慢，两年时间的徐变为瞬时弹性应变的 $2\sim4$ 倍。若在两年后的 B 点卸荷时，其瞬时恢复应变为 ε'_{ce}；经过一段时间（约 20 天），试件还将恢复一部分应变 ε''_{ce}，这种现象称为弹性后效。其值仅为徐变变形的 1/12 左右。最后很大部分应变不可恢复，称为残余应变 ε'_{cr}。

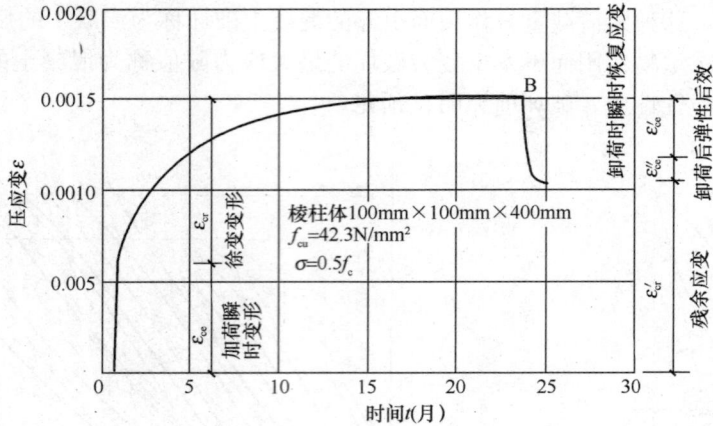

图 3-33　混凝土的徐变

混凝土产生徐变的原因通常可以归结为：一是混凝土结硬后，骨料之间的水泥浆一部分变为完全弹性的结晶体，其他则成为填充在结晶体间的凝胶体而具有黏性性质。水泥石在承载瞬间结晶体与凝胶体共同受力。随着时间的推移，凝胶体由于黏性流动而逐渐卸载给结晶体，结晶体承担更多外力并产生弹性变形，从而使混凝土徐变增加。二是混凝土内部的微裂缝在荷载长期作用下持续延伸和扩展的结果。应力较小时，徐变以第一个原因为主，黏性流动的增长将逐渐趋于稳定；应力较大时，徐变以第二个原因为主，应力集中引起的微裂缝开展将随应力的增加而急剧发展。弹性后效是由混凝土中粗骨料受压时的弹性变形逐渐恢复引起的。影响混凝土徐变的因素很多，主要分为应力大小、内在因素和环境影响。

（1）应力大小

施加的应力越大，徐变就越大。图 3-34 所示为不同 σ_c/f_c 比值的条件下徐变随时间增长的变化曲线。从图中可以看出，当 $\sigma_c/f_c \leqslant 0.5$ 时，曲线接近等间距分布，即徐变值与应力的大小成正比，这种徐变称为线性徐变，通常线性徐变在两年后趋于稳定，其渐近线与时间轴平行；当应力为 $\sigma_c/f_c = 0.5\sim0.8$ 时，徐变的增长较应力增长快，这种徐变称为非线性徐变；当应力 $\sigma_c/f_c > 0.8$ 时，这种非线性徐变往往是不收敛的，最终将导致混凝土的破坏，如图 3-35 所示。

（2）内在因素

内在因素主要是指混凝土的组成与配合比。水泥用量越大，水泥凝胶体越多，水胶比越高，徐变就越大。要减小徐变，就应尽量减少水泥用量，减少水胶比，增加骨料用量及刚度。

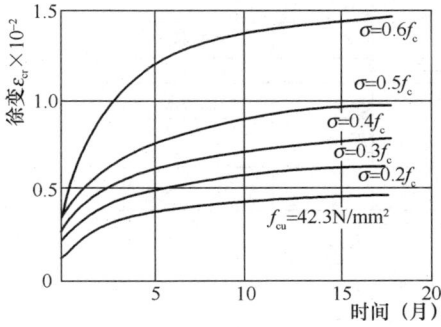

图 3-34 压应力与徐变的关系

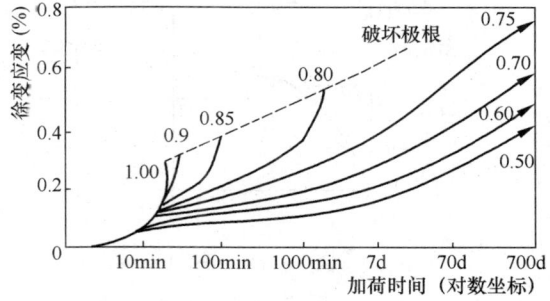

图 3-35 不同应力比值的徐变时间曲线

（3）环境影响

环境影响主要是指混凝土的养护条件以及使用条件下的温度和湿度影响。养护的温度越高，湿度越大，水泥水化作用越充分，徐变就越小，采用蒸汽养护可使徐变减少 20%～35%；试件受荷后，环境温度越低、湿度越大，徐变就越小；体表比（构件体积与表面积的比值）越大，构件内水分不易丢失，则徐变越小。

此外，混凝土的龄期对徐变也有影响，在同样的应力水平下，加荷龄期越早，混凝土硬化越不充分，徐变就越大。

【注释】 混凝土的徐变是一个重要材料特性，对钢筋混凝土构件的受力性能有双重影响。对受长期荷载作用的受弯构件由于受压区混凝土的徐变，可使挠度增大 2～3 倍或更多；对长细比较大的偏心受压构件，由于徐变会使附加偏心距逐渐增大，降低构件的承载力；在钢筋混凝土构件中徐变会使截面引起应力重分布；在预应力混凝土构件中徐变还将引起预应力损失。相反，对于拉应力状态下的钢筋混凝土构件，由于受拉徐变会使混凝土产生附加压应力，故可延缓收缩裂缝的出现。

3.2.4.4 混凝土的收缩、膨胀

混凝土在凝结硬化过程中，体积会发生变化，在空气中硬化时体积会收缩，在水中硬化时体积会膨胀。一般来说，膨胀对结构是有利的，所以在工程实际中一般可不予考虑。

图 3-36 为混凝土实际测试得到的收缩曲线，它是一种随时间增长而增长的变形，凝结硬化初期收缩变形发展较快，两周可完成全部收缩的 25%，一个月约可完成 50%，三个月后增长逐渐缓慢，一般两年后趋于稳定，最终收缩应变一般为（2～5）$\times 10^{-4}$。

引起混凝土收缩的原因，在硬化初期主要是水泥石在水化凝固结硬过程中产生的体积变形，后期主要是混凝土内自由水分蒸发而引起的干缩。

影响收缩的重要因素包括：混凝土的组成、配合比、浇筑情况、养护条件、使用环境的温度和湿度、构件的体表比等。水泥用量越多，水胶比越大，收缩就越大。骨料级配好、密度大、弹性模量高、粒径大，收缩就小。施工振捣越密实，收缩越小。高温蒸养可加快水化作用，减少混凝土中的自由水分，因而可使收缩减少。使用环境的温度越高，相对湿度越低，收缩就越大。体表比较小的构件如工形、箱形薄壁构件，收缩量较大，而且发展也较快。处于饱和湿度下或在水中的混凝土不仅不会收缩，反而会产生体积膨胀。

在钢筋混凝土结构中，混凝土有收缩，而钢筋没有这种特性，因此在钢筋周围的混凝土就会处于不同程度的约束状态，从而使混凝土产生收缩拉应力。由于混凝土收缩应变最

57

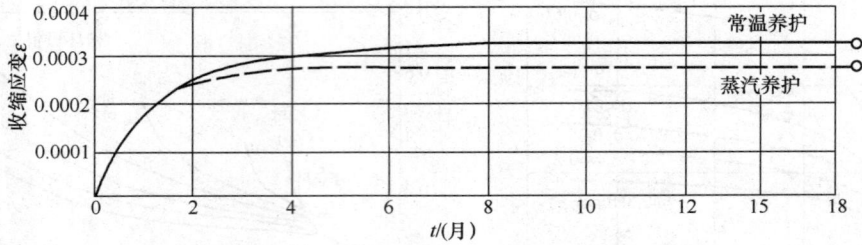

试件尺寸100mm×100mm×400mm，f_{cu}=42.3N/mm²
水灰比=0.45,525硅酸盐水泥
恒温(20±1)℃,恒温(65±5)℃

图 3-36　混凝土收缩曲线

终值可达到（2～5）×10⁻⁴，超过混凝土开裂时拉应变极限值（0.5～2.7）×10⁻⁴，因此混凝土结构在受到钢筋或其他约束下，混凝土收缩值过大很容易导致开裂，需要在设计和施工中采取必要的技术措施予以防止。另外，在预应力混凝土结构中，混凝土的收缩直接加大预应力的损失。对跨度变化比较敏感的超静定结构（如拱等），混凝土的收缩还将产生不利于结构的内力。

3.2.4.5　混凝土的热工系数

混凝土的热工系数包括导热系数和比热容。

导热系数定义：稳态条件下，1m 厚物体，两侧表面温差为 1℃，1 小时内通过 1 平方米面积传递的热量（kJ），是表征物质热传导性质的物理量。该系数与材料的厚度无关。混凝土导热系数 λ＝10.6kJ/（m·h·℃）。

比热容又称比热容量，简称比热，即是单位质量物体改变单位温度时吸收或释放的热量，为表示物质热性质的物理量，通常用符号 c 表示。混凝土的比热容 c＝0.96kJ/（kg·℃）。

3.3　钢筋与混凝土的相互作用——粘结

3.3.1　粘结的作用与分类

钢筋和混凝土共同工作的基础是两者之间必须存在粘结力。粘结应力定义为钢筋和周围混凝土接触面上的切向应力。通过粘结应力使钢筋和混凝土协调变形，传递相互间的应力。

如图 3-37 所示简支梁，假设钢筋涂满油脂使其与混凝土间无法传递切向应力，梁受力弯曲后，钢筋仅随梁弯曲并保持长度 l 不变，仅作为一根钢棒在单独抗弯，对梁抗弯几乎无任何作用。如果钢筋和混凝土之间有粘结应力使两者变形协调，则钢筋产生拉应力，因此可抵抗外荷载的作用。

钢筋和混凝土之间的粘结应力按其受力特征可分为锚固粘结应力和局部粘结应力。

（1）锚固粘结应力

如图 3-38 所示悬臂梁，为了保证 1-1 截面处钢筋应力达到屈服强度，受拉钢筋必须伸入支座一段锚固长度，以便通过这段长度上粘结应力的积累，使钢筋中建立起所需的拉力；对于在跨中截断的钢筋必须有一段延伸长度才能确保在 1-1 截面钢筋应力充分发挥。注意锚固长度和延伸长度不同，锚固段内如 2-2 截面已不再承受外力，而延伸段内如 3-3 截面仍有外弯矩 M_3 作用，故延伸长度应大于锚固长度。

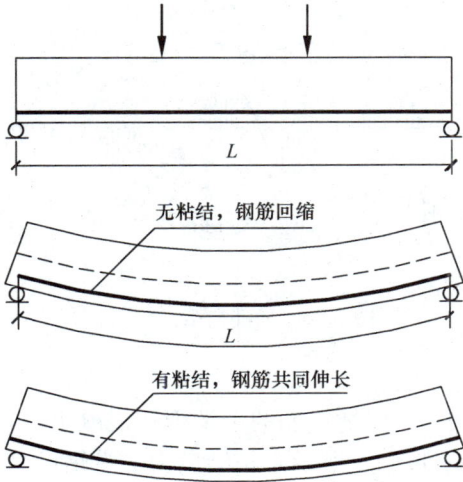

图 3-37　粘结的作用

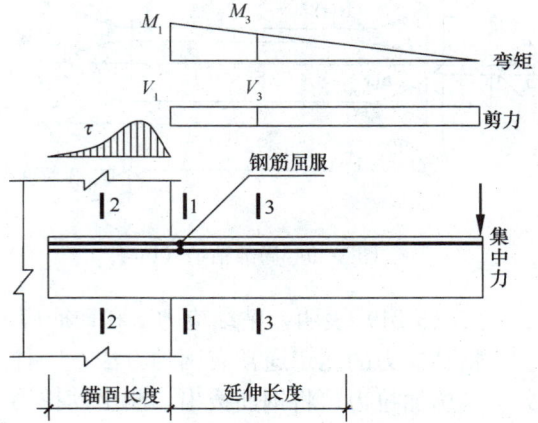

图 3-38　锚固粘结

（2）局部粘结应力

如图 3-39 所示轴心受拉构件，设钢筋截面面积为 A_s，混凝土截面面积为 A_c，在构件端部，全部轴力由钢筋承担，故钢筋应力为 $\sigma_{s0} = N/A_s$，相应的应变为 $\varepsilon_{s0} = \sigma_{s0}/E_s$，而混凝土不受力，故应力 $\sigma_{c0} = 0$，$\varepsilon_{c0} = 0$。钢筋和混凝土间的应变差导致两者之间产生相对滑移，从而产生粘结应力 τ，通过 τ 将钢筋的拉力逐渐向混凝土传递。随着距端部距离的增大，钢筋应力 σ_s 和应变 ε_s 减小，混凝土应力 σ_c 和应变 ε_c 增大，两者的应变差逐渐减小，直到距端部 b 或 c 点处钢筋和混凝土应变相同，两者间无相对滑移，粘结应力 τ 消失。注意到受力前端部截面位于 a 点处，受拉力后端部钢筋截面位于 a_s 处，而端部混凝土截面位于 a_c 处，两者之间位移差即为相对滑移，这也表明在端部区段 ab（cd）内应变协调的平截面假定是不存在的。

增加轴力 N 使 σ_s 和 σ_c 均增大，当 σ_c 增大到等于混凝土抗拉强度 f_{tk} 时，在构件抗拉最弱的截面上将出现裂缝如图 3-40 所示，开裂截面混凝土退出工作，拉力 N 全部由钢筋承受，钢筋应力增大到 σ_{s0}，因此开裂截面可视为端部截面，开裂截面两侧将产生反向粘结应力，这种粘结应力称为局部粘结应力。粘结应力使钢筋应力发生变化，钢筋应力变化的幅度反映了裂缝间混凝土参加工作的程度。

由图 3-40 中钢筋微段 $\mathrm{d}x$ 上内力的平衡可求得：

$$\tau = \frac{\mathrm{d}\sigma_s}{\mathrm{d}x}\frac{A_s}{\pi d} = \frac{d}{4}\frac{\mathrm{d}\sigma_s}{\mathrm{d}x} \tag{3-21}$$

式中　τ——微段 $\mathrm{d}x$ 上的平均粘结应力，即钢筋表面上的剪应力；

　　　A_s——钢筋的截面面积；

　　　d——钢筋直径。

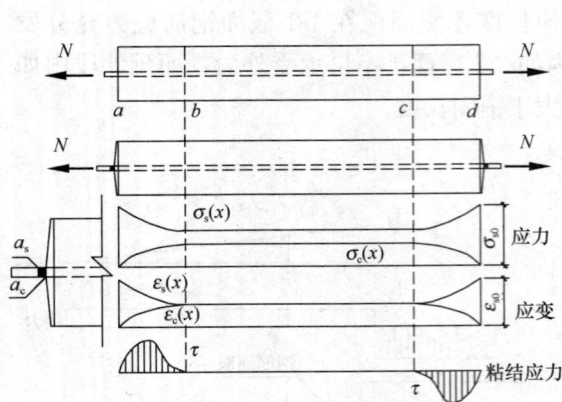

图 3-39 局部粘结（1）

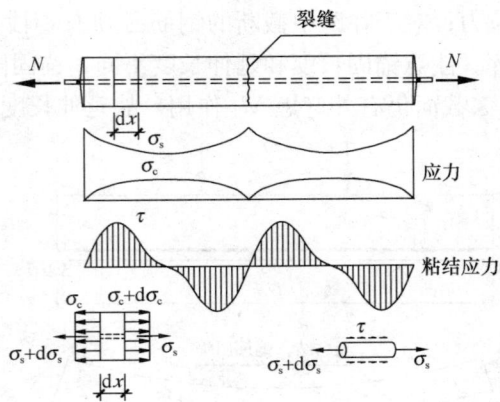

图 3-40 局部粘结（2）

式（3-21）表明，粘结应力 τ 和钢筋应力变化率成正比。

粘结应力的测定通常有两种方法：一种是拔出试验，即把钢筋的一端埋在混凝土内，另一端施加拉力，将钢筋拔出，测出其拉力，如图 3-41（a）所示。粘结应力 τ 沿钢筋呈曲线分布，最大粘结应力产生在离加载端某一距离处。钢筋埋入混凝土的长度 l_{ab} 越长，则拔出力越大；但如果 l_{ab} 太长，靠近钢筋末端处的粘结应力就会很小或等于零。因此，为了保证钢筋在混凝土中有可靠的锚固，钢筋应有足够的锚固长度，但无须太长。另一种是梁式试验，可以考虑弯矩 M_1 和剪力 V_1 的影响，如图 3-41（b）所示。

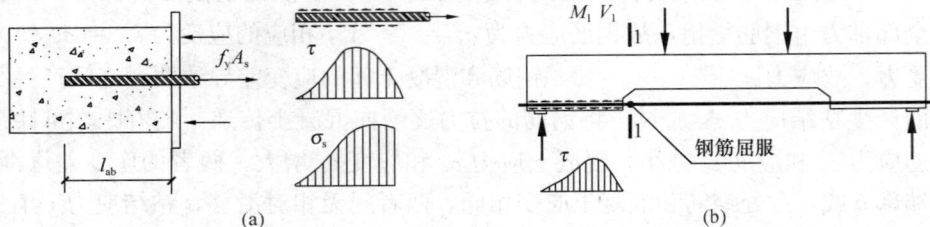

图 3-41 粘结应力试验方法
（a）拔出试验；（b）梁式试验

3.3.2 粘结机理和粘结破坏形态

（1）粘结机理

光圆钢筋与变形钢筋粘结机理不同。光圆钢筋与混凝土的粘结由三部分组成：①钢筋和混凝土接触面上的化学胶着力，由于浇筑时水泥浆体向钢筋表面氧化层的渗透和养护过程中水泥晶体的生长和硬化，因此使水泥胶体和钢筋表面产生吸附胶着作用。化学胶着力只能在钢筋和混凝土界面处于原生状态时才起作用，一旦发生滑移，它就失去作用；②钢筋与混凝土之间的摩阻力，由于混凝土凝结时收缩，使钢筋和混凝土接触面上产生正应力。摩阻力的大小取决于垂直摩擦面上的压应力和摩擦系数；③钢筋与混凝土之间的机械咬合力。对光面钢筋，是指表面粗糙不平产生的咬合应力。

变形钢筋与混凝土的粘结也由三部分组成，第一、二部分同光圆钢筋，第三部分机械咬合作用与光圆钢筋不同，变形钢筋表面凸出的肋与嵌入肋间的混凝土形成了有效的机械咬合，是变形钢筋与混凝土粘结作用的主要来源。图 3-42 所示为变形钢筋与混凝土的相互作用，钢筋横肋对混凝土的斜向挤压力不仅产生沿钢筋表面的轴向分力，而且产生沿钢筋直径方向的径向分力。当荷载增加时，因斜向挤压作用，肋顶前方的混凝土将发生斜向开裂形成内裂缝，而径向分力将使钢筋周围的混凝土产生环向拉应力，形成径向裂缝。

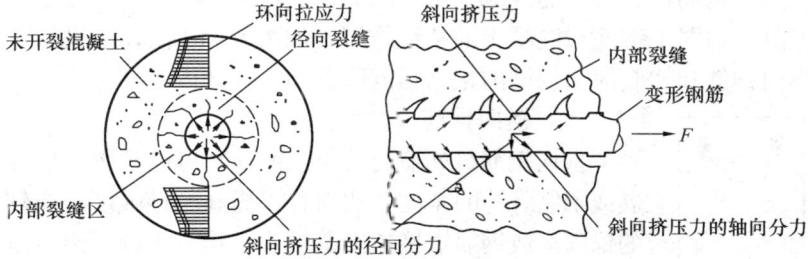

图 3-42 变形钢筋与混凝土粘结作用

（2）粘结破坏形态

光圆钢筋受拉时产生相对滑移，同时由于泊松效应使得受拉钢筋直径减小，两种影响叠加导致胶着力、摩擦力和机械咬合力很快消失，钢筋从混凝土中拔出，发生剪切或拔出破坏。变形钢筋受拉时的径向力产生劈裂裂缝，导致粘结失效产生劈裂破坏；当混凝土强度较低时，变形钢筋有可能被整体拔出，发生刮出式的破坏。

3.3.3 影响粘结强度的主要因素

影响钢筋与混凝土粘结强度的主要因素有混凝土强度、保护层厚度和钢筋净距、钢筋表面形状、钢筋浇筑位置、横向配筋及侧向压力等。

（1）混凝土强度

变形钢筋和光面钢筋的粘结强度均随混凝土强度的提高而提高，粘结强度 τ_u 与混凝土的抗拉强度 f_t 大致成正比关系。

（2）保护层厚度和钢筋净距

混凝土保护层厚度和钢筋净距对粘结强度也有重要影响。对于高强度的变形钢筋，当混凝土保护层厚度较小时，外围混凝土可能发生劈裂而使粘结强度降低；当钢筋之间净距过小时，将可能出现水平劈裂而导致整个保护层崩落，从而使粘结强度显著降低，如图3-43 所示。

（3）钢筋表面形状

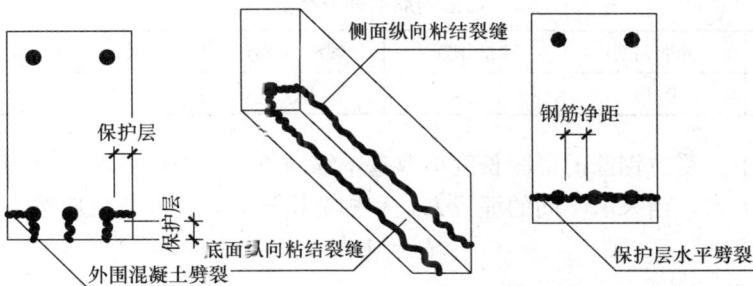

图 3-43 保护层厚度和钢筋间距的影响

变形钢筋的粘结力比光面钢筋高，钢筋表面的轻微锈蚀能增加粘结强度。但变形钢筋的外形变化对粘结强度的影响不明显。

（4）钢筋浇筑位置

粘结强度与浇筑混凝土时钢筋所处的位置有关。对于如梁高较高、混凝土浇筑深度过大的"顶部"水平钢筋，其底面的混凝土由于水分、气泡的逸出和骨料泌水下沉，与钢筋间形成了空隙层，削弱了钢筋与混凝土的粘结作用，如图 3-44 所示。"顶部"水平钢筋的粘结强度比横向钢筋和"底部"钢筋的粘结强度降低 20%～30%。

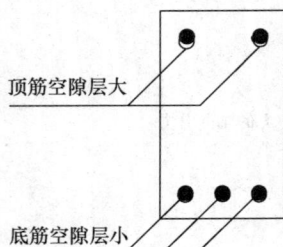

图 3-44　浇筑位置的影响

（5）横向钢筋

横向钢筋（如箍筋或焊接网片）可以延缓径向劈裂裂缝的发展或限制裂缝的宽度，从而可以提高粘结强度。在较大直径钢筋的锚固区或钢筋搭接长度范围内，均应设置一定数量的箍筋，当一排并列的钢筋根数较多时，应设置一定数量的附加箍筋以防止保护层的劈裂崩落。

（6）侧向压力

当钢筋的锚固区作用有侧向压应力时，混凝土横向变形受到制约，增强了钢筋与混凝土之间的摩阻作用，使粘结强度提高。因此在直接支承的支座处，如梁的简支端，考虑支座压力的有利影响，伸入支座的钢筋锚固长度可适当减少。

3.3.4　钢筋的锚固长度

为了保证钢筋与混凝土之间的可靠粘结，钢筋必须有一定的锚固长度。通常把纵向受拉钢筋的锚固长度作为钢筋的基本锚固长度 l_{ab}，它与钢筋强度、混凝土强度、钢筋直径及外形有关，《混凝土结构设计规范》规定按下式计算：

$$l_{ab} = \alpha \frac{f_y}{f_t} d \tag{3-22}$$

式中　f_y——钢筋抗拉强度设计值；

　　　f_t——混凝土轴心抗拉强度设计值，当混凝土的强度等级高于 C60 时，按 C60 取值；

　　　d——锚固钢筋的直径；

　　　α——锚固钢筋的外形系数，按表 3-1 取用。

锚固钢筋的外形系数　　　　　　　　　　　　　　　　表 3-1

钢筋类型	光面钢筋	带肋钢筋	螺旋肋钢丝	三股钢绞线	七股钢绞线
α	0.16	0.14	0.13	0.16	0.17

一般情况下，受拉钢筋的锚固长度可取基本锚固长度。考虑各种影响钢筋与混凝土粘结锚固强度的因素，当采取不同的埋置方式和构造措施时，锚固长度应按下列公式计算：

$$l_a = \zeta_a l_{ab} \tag{3-23}$$

式中　l_a——受拉钢筋的锚固长度；

　　　ζ_a——锚固长度修正系数，按下面规定取用，当多于一项时，可以连乘计算。经修正的锚固长度不应小于基本锚固长度的 0.6 倍且不小于 200mm。

纵向受拉普通钢筋的锚固长度修正系数 ζ_a 应根据钢筋的锚固条件按下列规定取用:

(1) 当带肋钢筋的公称直径大于 25 mm 时取 1.10;

(2) 对环氧涂层带肋钢筋取 1.25;

(3) 施工过程中易受扰动的钢筋取 1.10;

(4) 锚固区保护层厚度为 $3d$ 时修正系数可取 0.80,保护层厚度为 $5d$ 时修正系数可取 0.70,中间按内插法取值(此处 d 为锚固钢筋的直径);

(5) 当纵向受拉普通钢筋末端采用钢筋弯钩或机械锚固措施时,包括弯钩或锚固端头在内的锚固长度(投影长度)可取为基本锚固长度 l_{ab} 的 0.6 倍。钢筋弯钩和机械锚固的形式和技术要求应符合表 3-2 及图 3-45 的规定。

钢筋弯钩和机械锚固的形式和技术要求　　　　　　　　　　表 3-2

锚固形式	技术要求
90°弯钩	末端 90°弯钩,弯后直段长度 12d
135°弯钩	末端 135°弯钩,弯后直段长度 5d
一侧贴焊锚筋	末端一侧贴焊长 5d 同直径钢筋,焊缝满足强度要求
两侧贴焊锚筋	末端两侧贴焊长 3d 同直径钢筋,焊缝满足强度要求
焊端锚板	末端与厚度 d 的锚板穿孔塞焊,焊缝满足强度要求
螺栓锚头	末端旋入螺栓锚头,螺纹长度满足强度要求

注: 1. 螺栓锚头和焊接锚板的承压净面积应不小于锚固钢筋截面面积的 4 倍;
　　2. 螺栓锚头产品的规格、尺寸应满足螺纹连接的要求,并应符合相关标准的要求;
　　3. 螺栓锚头和焊接锚板的净间距不宜小于 4d,否则应考虑群锚效应对锚固的不利影响;
　　4. 截面角部的弯钩和一侧贴焊锚筋的布筋方向宜向截面内侧偏置。

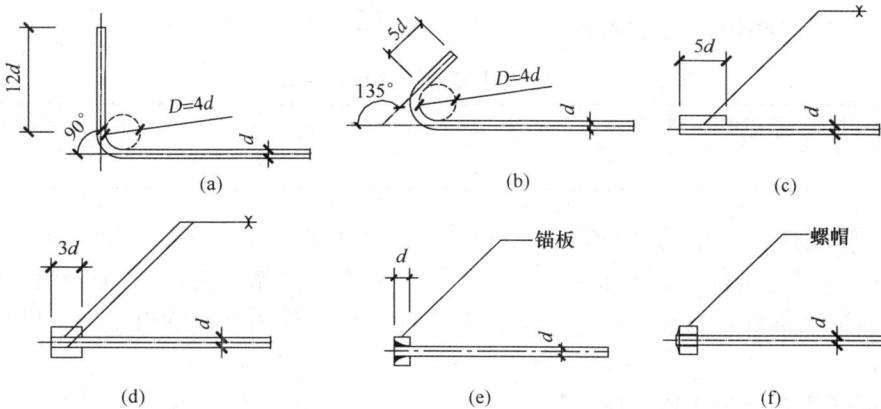

图 3-45　钢筋机械锚固的形式及构造要求

(a) 90°弯折;(b) 135°弯钩;(c) 一侧贴焊锚筋;(d) 两侧贴焊锚筋;
(e) 穿孔塞焊锚板;(f) 螺栓锚头

当锚固钢筋保护层厚度不大于 $5d$ 时,锚固长度范围内应配置构造钢筋(箍筋或横向钢筋),其直径不应小于 $d/4$,(对于梁、柱、斜撑等构件)间距不应大于 $5d$,对于板、墙等平面构件间距不应大于 $10d$,且均不大于 100 mm(此处 d 为锚固钢筋的直径)。

混凝土结构中的纵向受压钢筋,当计算中充分利用钢筋的抗压强度时,受压钢筋的锚固长度应不小于相应受拉锚固长度的 0.7 倍。

3.3.5 钢筋的连接

由于运输要求，工厂生产的钢筋除小直径按盘圆供应外，一般长度为 10m 左右，因此使用时钢筋长度不够或设置施工缝时，需将两根钢筋进行连接。钢筋的连接主要有绑扎接头、焊接接头和机械连接接头三种方式。

（1）绑扎接头

绑扎接头是将两根钢筋搭接一定长度并用铁丝绑扎，通过重叠钢筋之间的混凝土将一根钢筋的拉力传递给另一根钢筋的一种钢筋连接方式，重叠钢筋的长度称为钢筋搭接长度。为了保证接头处传递力的可靠性，必须要有足够的搭接长度。另外，规范对绑扎接头的应用范围、接头位置和搭接长度都有严格的规定。

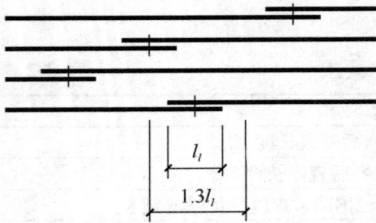

图 3-46 同一连接区段内纵向
受拉钢筋绑扎搭接接头

连接区段的长度为 1.3 倍搭接长度，凡搭接接头中点位于该连接区段长度内的搭接接头均属于同一连接区段（图 3-46）。同一连接区段内纵向受力钢筋搭接接头面积百分率为该区段内有搭接接头的纵向受力钢筋与全部纵向受力钢筋截面面积的比值。当直径不同的钢筋搭接时，按直径较小的钢筋计算。

纵向受拉钢筋绑扎搭接接头的搭接长度，《混凝土结构设计规范》规定应依照位于同一连接区段内的钢筋搭接接头面积百分率按下式计算，且不应小于 300mm。

$$l_l = \zeta_l l_a \tag{3-24}$$

式中　l_l ——纵向受拉钢筋搭接长度；

　　　ζ_l ——纵向受拉钢筋搭接长度修正系数，按表 3-3 取用。当纵向搭接钢筋接头面积百分率为表中数值的中间值时，可线性插值。

纵向受拉钢筋搭接长度修正系数　　　　　　　　　　　表 3-3

纵向搭接钢筋接头面积百分率（%）	25	50	100
ζ_l	1.2	1.4	1.6

位于同一连接区段内的纵向受拉钢筋搭接接头面积百分率：对梁、板和墙类构件不宜大于 25%，对柱类构件不宜大于 50%。当工程中确有必要增大受拉钢筋搭接接头面积百分率时，对梁类构件，不宜大于 50%；对板、墙、柱及预制构件的拼接处，可根据实际情况放宽。

当纵向受压钢筋采用搭接连接时，其受压搭接长度取 $0.7l_l$，且不应小于 200mm。绑扎搭接时，受拉钢筋直径不宜大于 25mm，受压钢筋直径不宜大于 28mm。

（2）焊接接头

焊接接头是钢筋混凝土结构中最为常用的钢筋连接方式。钢筋焊接一般采用闪光接触对焊和电弧搭接焊。闪光接触对焊是将两根钢筋安放成对接形式，利用电阻热使接触点金属熔化，并迅速施加预压力完成的一种压焊方法。对焊接头质量高，加工简单。钢筋电弧焊是以焊条作为一极，钢筋为另一极，利用电弧热进行焊接的一种熔焊方法。电弧焊具体分为搭接焊和帮条焊。纵向受力钢筋的焊接接头应相互错开。焊接接头连接区段长度规定为 35d 且不小于 500mm，d 为连接钢筋的较小直径。位于同一连接区段内的钢筋接头面积百分率不宜大于 50%，对于预制构件拼接处，也可根据实际情况降低要求。纵向受压钢筋接头面积百分率可不受限制。同一根钢筋不得多于两个接头。

（3）机械连接接头

钢筋的机械连接接头是近年来被广泛应用的钢筋连接新技术。机械连接接头与绑扎接头和焊接接头相比具有性能可靠、连接速度长、环境影响小等明显优点。在工程中钢筋机械连接接头主要形式为套筒挤压接头和墩粗直螺纹接头两种。所谓套筒挤压接头就是将两根需连接的钢筋用套筒作为连接体，使用挤压设备沿套筒径向挤压，依靠套筒变形使套筒与两根钢筋形成一个整体。而墩粗直螺纹接头是预先将钢筋的连接端进行墩粗，并加工成圆柱螺纹，再用带丝扣的连接套筒使两根钢筋形成连接。纵向受力钢筋采用机械连接时，其连接区段的长度为 $35d$。位于同一连接区段内的钢筋接头面积百分率不宜大于 50%；机械连接接头宜相互错开。

对于板、墙、柱及预制构件拼接处，可根据实际情况放宽。直接承受动力荷载时，同一连接区段内的钢筋接头面积百分率不应大于 50%。

【思考与提示】 轴心受拉、小偏心受拉构件的纵向受拉钢筋不得采用绑扎搭接。需进行疲劳验算的构件，其纵向受拉钢筋不得采用绑扎搭接接头，也不宜采用焊接接头。

3.3.6 钢筋与混凝土的适配性要求

钢筋和混凝土结合在一起共同工作，承受外部直接和间接作用，故此要求两者在强度、变形能力上互相适应，满足施工操作和使用过程的需要。

（1）钢筋的强度与混凝土的适配性

钢筋的屈服强度（或条件屈服强度）是设计计算时的主要依据。高强混凝土需要高强钢筋与之匹配。采用高强度钢筋可以节约钢材，减少资源和能源的消耗。在钢筋混凝土结构中提倡应用 HRB400、HRB500 延性好的热轧钢筋，限制并逐步淘汰 HRB335 钢筋。在预应力混凝土结构中推广应用高强预应力钢丝、钢绞线和预应力螺纹钢筋，限制并逐步淘汰强度较低、延性和粘结较差的钢丝如刻痕钢丝。地震作用下，混凝土构件内的钢筋应力有可能达到钢筋的极限抗拉强度。有较高要求的抗震结构适合采用牌号中带"E"的热轧带肋钢筋如 HRB400E、HRBF400E、HRB500E、HRBF500E，其抗拉强度、屈服强度、强度设计值以及弹性模量的取值除与不带"E"的同牌号热轧带肋钢筋相同外，钢筋的抗拉强度实测值与屈服强度实测值的比值不应小于 1.25；钢筋屈服强度实测值与屈服强度标准值的比值不应大于 1.30。

（2）钢筋的塑性

钢筋需有一定的塑性，以便钢筋在断裂前有足够的变形，构件能产生较大的挠度或较宽的裂缝，给出明显的破坏预兆。《混凝土结构设计规范》对钢筋的伸长率和冷弯性能均有明确规定。有较高要求的抗震结构适合采用牌号中带"E"的热轧带肋钢筋，其钢筋最大拉力下的总伸长率实测值不应小于 9%。

（3）钢筋的可焊性

可焊性是评定钢筋焊接后的接头性能的指标。要求在一定的工艺条件下，钢筋焊接后不产生裂纹及过大的变形，保证焊接后的接头性能良好。

（4）钢筋的耐火性

热轧钢筋的耐火性最好，冷轧钢筋次之，预应力钢筋最差。增加混凝土保护层厚度可以提高构件的耐火极限。

（5）钢筋与混凝土的粘结力

钢筋与混凝土之间良好的粘结力是保证两者共同工作的前提。钢筋表面的形状是影响粘结力的重要因素，带肋钢筋粘结力比光圆钢筋好，环氧树脂涂层钢筋粘结强度就有所降低。

本 章 小 结

1. 线材分为钢筋、钢丝和钢绞线。钢筋分为热轧钢筋、冷加工钢筋、热处理钢筋和预应力螺纹钢筋。

2. 钢筋分为有明显流幅和无明显流幅两种。有明显流幅的钢筋有两个强度指标：屈服强度和极限抗拉强度；无明显流幅钢筋一般取 0.002 残余应变所对应的应力 $\sigma_{0.2}$ 作为条件屈服强度。钢筋应力-应变关系的理论模型有双直线、双斜线、三折线。伸长率是反映钢筋塑性性能的一个指标。有两种方法衡量：最大力下的总伸长率和断后伸长率。钢筋力学性能的检验指标对有明显流幅的钢筋为屈服强度、极限抗拉强度、伸长率和冷弯性能四项；对无明显流幅的钢筋为极限抗拉强度、伸长率和冷弯性能三项。

3. 钢筋加工方法分为冷拉、冷拔、冷轧或冷轧扭。冷拉后抗拉屈服强度提高；冷拔后抗拉、抗压屈服强度均提高。冷拉、冷拔后塑性变形能力都降低。

4. 界面粘结裂缝是混凝土内的初始缺陷，对混凝土的强度和变形都产生不利影响。从受力到破坏微裂缝经历三个阶段即相对稳定阶段、稳定发展阶段和贯通阶段。

5. f_{cu} 称为混凝土立方体抗压强度；f_c 称为混凝土轴心抗压强度，也称棱柱体抗压强度；f_t 称为混凝土抗拉强度。f_{cu} 是衡量混凝土强度的基本指标；f_c 更真实地反映混凝土构件的实际受力状况，是混凝土本构关系中采用的指标；f_t 是计算混凝土构件开裂、裂缝宽度以及受剪、受扭、受冲切等承载力的重要指标。

6. 双向受压时一向的抗压强度随另一向压应力的增大而增大；双向受拉时，一个方向的抗拉强度受另一方向拉应力的影响不明显，其抗拉强度接近于单向抗拉强度；一向受拉另一向受压时，抗压（拉）强度随拉（压）应力的增大而降低，其抗压或抗拉强度均不超过相应的单轴强度。混凝土的抗剪强度随拉应力的增大而减小，随压应力的增大先增后减，剪应力使抗压强度和抗拉强度均低于相应的单轴强度。

7. 混凝土的应力-应变曲线是混凝土力学性能的重要方面。曲线分为上升段和下降段两个部分，对应 A、B、C、D、E 共 5 个特征点，峰值应力及其对应的应变和混凝土的极限压应变是重要的指标。影响应力-应变曲线的因素有混凝土的强度、加荷速度、横向约束以及纵向钢筋的配筋率等。横向约束使混凝土处于三向受压状态，能有效提高混凝土的强度和变形能力。混凝土单轴应力-应变理论模型为抛物线加水平直线。

8. 混凝土的三种模量为：弹性模量（原点模量）E_c、切线模量 E_c''、割线模量（变形模量）E_c'。

9. 混凝土在长期荷载作用下，应力保持不变但应变随时间而增长的现象称为徐变。徐变分为线性徐变和非线性徐变。影响混凝土徐变的主要因素为应力大小、内在因素和环境作用。

10. 粘结应力定义为钢筋和周围混凝土接触面上的切向应力。钢筋和混凝土共同工作的基础是两者之间存在粘结力。粘结力由三部分组成：化学胶着力、摩阻力、机械咬合力。按粘结受力特征可分为锚固粘结应力和局部粘结应力。光圆钢筋发生拔出破坏；变形钢筋发生劈裂破坏，当混凝土强度较低时，变形钢筋有可能发生刮出破坏。

11. 公路桥涵混凝土结构采用的混凝土和钢筋同建筑工程是相同的，但鉴于结构的使用环境、目标可靠度指标，以及工程经验等不同，其采用的混凝土强度设计值和标准值是不同的，这点在具体工程设计时必须引起注意。

思 考 题

3.1 软钢和硬钢的应力-应变曲线有何特点？两者强度取值有何不同？理论模型有哪几种？

3.2 钢筋的力学指标有哪些？

3.3 钢筋形式有哪些？钢筋冷加工如何进行？对钢筋的力学性能有何影响？

3.4 混凝土轴心受压应力-应变曲线有何特点？受哪些因素影响？理论模型如何构成？

3.5 混凝土强度指标有哪些？试写出其名称并比较其大小。

3.6 混凝土在复合应力状态下的强度有哪些特点？

3.7 混凝土变形模量有哪几种？如何确定弹性模量？

3.8 何为混凝土疲劳破坏？如何确定混凝土疲劳强度？

3.9 已知 HRB335 钢筋，疲劳应力比 ρ_s^f =0.7。试求①允许的最大应力 $\sigma_{s,max}^f$ 和最小应力 $\sigma_{s,min}^f$；②若 $\sigma_{s,max}^f$ =280MPa，ρ_s^f =0.7，是否会发生疲劳破坏？③如 $\sigma_{s,min}^f$ =165MPa，ρ_s^f =0.7，是否会发生疲劳破坏？④如 $\sigma_{s,max}^f$ =257MPa，如 $\sigma_{s,min}^f$ =154MPa，是否会发生疲劳破坏？

3.10 何为混凝土徐变？影响因素有哪些？徐变如何改变混凝土轴压构件内力？如何减小徐变？

3.11 钢筋与混凝土之间的粘结力由哪几部分构成？影响粘结力的因素有哪些？

3.12 粘结破坏的主要形式有哪些？为何会产生粘结裂缝？粘结裂缝如何分布？

3.13 钢筋基本锚固长度 l_{ab} 与哪些因素有关？锚固长度 l_a 如何计算？修正系数 ζ_a 如何取值？

3.14 钢筋搭接长度 l_l 如何计算？搭接接头连接区段的长度如何取值？何谓搭接接头面积百分率？受压搭接长度如何取值？

3.15 分别画出 C30、C50、C80 的混凝土应力-应变理论曲线，总结强度、变形的变化特点。

习 题

3.1 在拔出试验中测得钢筋与混凝土间的平均粘结强度 τ_u =4.16MPa，已知钢筋直径 d，屈服强度 f_y =360MPa，求其基本锚固长度 l_{ab}。

3.2 承受水平力 P 作用的水平柱如图 3-48 所示，采用 C30 混凝土，HRB400 级钢筋。左侧拉筋直径 22mm，右侧压筋直径 20mm，求（1）纵筋在基础里的锚固长度 l_a、l_a'；（2）求纵筋在±0.000 以上的搭接长度 l_l、l_l'。

3.3 已知钢筋搭接如图 3-49 所示，混凝土强度等级为 C30，f_t =1.43MPa，钢筋为 HRB400，直径为 18mm、20mm、25mm，f_y =360MPa，试求搭接长度 l_l（注：锚固长度取平均值）。

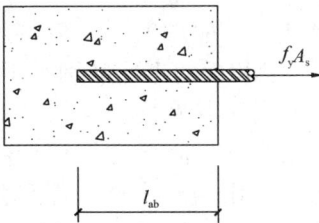

图 3-47 习题 3.1 图   图 3-48 习题 3.2 图   图 3-49 习题 3.3 图

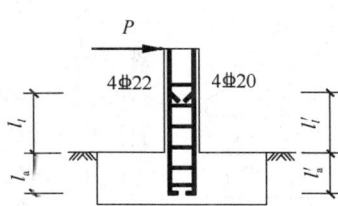

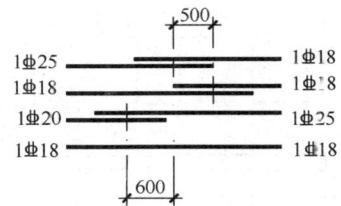

第4章 钢筋混凝土受弯构件正截面承载力分析和设计

本章讲述钢筋混凝土受弯构件正截面受弯承载力分析、计算和构造要求，主要内容：

（1）基于钢筋混凝土梁的受弯试验研究，讨论钢筋混凝土受弯构件的配筋设计原理。描述受弯构件的适筋破坏、少筋破坏与超筋破坏的破坏现象，说明混凝土与钢筋的力学性能对钢筋混凝土受弯构件的受力阶段、应力分布与破坏特征的影响，以及截面配筋率的大小对截面破坏形态的影响。

（2）在试验研究的基础上，讨论根据理论分析建立受弯构件正截面受弯承载力 M_u 的计算公式。分别讨论了单筋矩形截面、两类 T 形截面与双筋截面的正截面受弯承载力的计算公式与适用条件，以及相关的配筋构造问题。

（3）讨论钢筋混凝土受弯构件正截面受弯承载力按承载能力极限状态设计（即 $M \leqslant M_u$）的方法。

本章是钢筋混凝土基本构件性能分析和计算的第一部分，涉及的重要概念和分析方法在以后学习中会被不断地反复运用，因而学好本章是顺利学习后续章节的重要保证。

教学目标

1. 深刻理解适筋梁正截面受弯破坏全过程的三阶段受力特征；

2. 熟练掌握单筋矩形截面、双筋矩形截面和 T 形截面受弯构件的正截面受弯承载力的计算方法；

3. 熟悉有关梁截面内纵向钢筋的选择和布置的构造做法。

重点和难点

1. 受弯构件的正截面受力性能、破坏形态与配筋原理；

2. 正截面受弯承载力的截面应力计算图形与计算公式；

3. 纵向受拉钢筋配筋率对梁正截面破坏形态的影响与 $\xi \leqslant \xi_b$ 的设计控制意义；

4. 单筋矩形、双筋矩形及 T 形截面受弯构件正截面受弯承载力的设计方法。

4.1 概　　述

受弯构件是指截面上主要承受由荷载引起的弯矩和剪力作用而轴力可以忽略的构件，在土木工程中得到广泛应用的梁、板就是典型的受弯构件。梁和板的主要区别在于：梁的截面高度一般大于其宽度，而板的截面高度要远小于其宽度，因此在板设计时一般可不考虑剪力的作用。建筑工程和公路桥涵工程中常采用梁、板的截面形状如图 4-1 和图 4-2 所示。虽然在不同的使用场

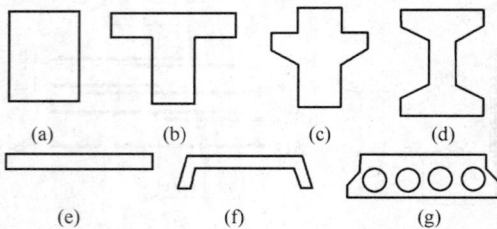

图 4-1　建筑工程中的受弯构件截面

合，构件的截面形状有矩形、T形、I字形、槽形等各种不同的截面形状，但其都具有相同的受力特征。

图4-3所示钢筋混凝土梁，在荷载作用下，截面的上部受压、下部受拉。由于混凝土抗压能力较强，抗拉能力很差，故在梁的受拉一侧需配置纵向受力钢筋承受拉力。为避免钢筋混凝土梁的正截面破坏，纵向受力钢筋的配置量需通过正截面受弯承载力计算确定，且为了增加力臂，提高抗弯承载力，纵向受力钢筋应靠近截面受拉边缘处设置。这里，正截面破坏是

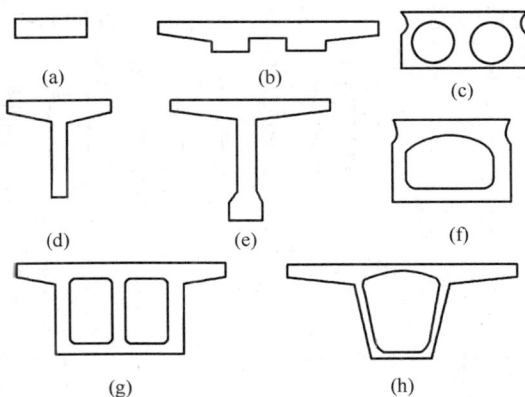

图4-2 公路桥涵工程中的受弯构件截面

指构件在弯矩作用下发生的沿竖向裂缝截面的破坏，即构件的破坏截面与其纵轴线垂直（正交）；正截面受弯承载力，是指正截面破坏发生时构件截面能够承受的极限弯矩值，当按承载能力极限状态设计时此值用 M_u 表示。

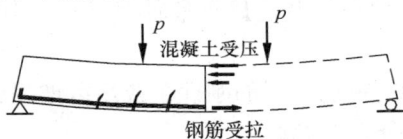

图4-3 钢筋混凝土梁正截面受力示意

一般而言，受弯构件在荷载作用下，同时承受弯矩和剪力。在弯矩和剪力的共同作用下，受弯构件也可能出现沿斜截面破坏，即构件的破坏截面倾斜于构件的纵轴线。有关受弯构件的斜截面承载力问题见第5章讨论。

在土木工程中，钢筋混凝土受弯构件有着广泛的应用，本章讨论的基于正截面受弯性能的承载力计算方法，以及梁板配筋设计原理及相关构造，适用于其他各类受弯构件。

4.1.1 梁、板构件的钢筋骨架组成及其作用

钢筋混凝土梁、板构件的钢筋骨架由不同规格、形状、尺寸的钢筋通过绑扎或焊接而成。

4.1.1.1 板

图4-4示两对边支承于墙上的钢筋混凝土板，通常配置下述钢筋：

（1）纵向受力钢筋：在板的受拉区沿其纵向跨度方向布置，用以承受由弯矩引起的拉力。板的纵向受力钢筋用量由受弯承载力设计确定；

（2）分布钢筋：在纵向受力钢筋的内侧沿垂直于纵向受力钢筋的方向布置，与纵向受力钢筋绑扎形成钢筋网片。当为单向板受力时，其作用是分散及传递荷载给纵向受力钢筋，承担由混凝土收缩及温度变化在垂直板跨方向

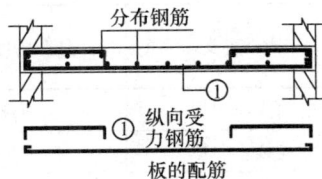

图4-4 板配筋

产生的拉应力，并在施工中固定纵向受力钢筋的位置。板的分布钢筋用量一般由构造要求确定。

4.1.1.2 梁

如图4-5所示，钢筋混凝土梁中，通常配置下述钢筋：

（1）纵向受力钢筋：沿梁纵向跨度方向布置在受拉区，承受由弯矩引起的拉力；有时

也在梁的受压区同时布置，与混凝土共同承担由弯矩引起的压力。

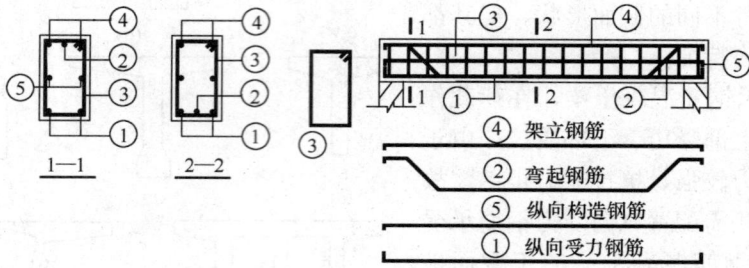

图 4-5 梁配筋

（2）弯起钢筋：由纵筋弯起形成，其未弯起时位于梁底的水平段可承受梁跨中的正弯矩引起的拉力，其弯起后的顶部水平段当有效锚固时可承受支座处由负弯矩引起的拉力，其斜段部分承受梁中由剪力引起的拉力。

（3）架立钢筋：和纵筋平行设置在梁的受压区，一般为直线形，起架立和构造作用。用以固定箍筋位置，并能承受梁内因混凝土收缩或因温度变化所产生的内应力。

（4）箍筋：承受由梁内剪力引起的拉力，联系梁内的受拉及受压纵筋使其共同工作，能固定纵筋位置，便于浇捣混凝土。

（5）纵向构造钢筋：设置在梁的侧面。用以增加梁内钢筋骨架的刚性，或用以增强梁的抗扭能力，并承受侧向因混凝土收缩或因温度变化可能产生的内应力。

4.1.2 配筋构造

4.1.2.1 板

钢筋混凝土板的截面厚度 h，可按表 4-1 所列厚度/跨度比（h/l）假定，再根据设计计算确定。板厚除满足各项功能要求外，还应满足最小板厚尺寸的相关规定。钢筋混凝土板厚尺寸的级差模数为 10mm。

钢筋混凝土板的受力钢筋与分布钢筋的配置要求见图 4-6。

（1）板的厚度

钢筋混凝土板的截面尺寸   表 4-1

构件种类	厚度/跨度（h/l）	现浇钢筋混凝土板最小板厚（mm）
简支单向板	≥1/30	民用建筑楼板：60mm；工业建筑楼板：70mm；屋面板：60mm
连续单向板	≥1/40	
四边简支双向板	≥1/40	80mm
四边连续双向板	≥1/50	
悬臂板	≥1/12	悬臂长度 l≤500mm 板：60mm；悬臂长度 l=1200mm 板：100mm

公路桥涵工程规定

公路桥涵工程中，钢筋混凝土板的厚度是根据跨径内最大弯矩和构造要求确定。为了保证施工质量，规定的板最小厚度：行车道板的跨间厚度不应小于 120mm，悬臂端厚度不应小于100mm；人行道板的厚度，现浇的不应小于80mm，预制的不应小于60mm；空心板梁的底板和顶板厚度，均不应小于80mm。

（2）受力钢筋

板内受力钢筋通常采用HPB300、HRB335、HRBF335钢筋。

常用直径：8～14mm；

间距s：为合理负担内力，板厚h不大于150mm时，s不宜大于200mm。板厚h大于150mm时，s不宜大于1.5h，且s不宜大于250mm；考虑到施工方便，保证混凝土的密实性，s不宜小于70mm。

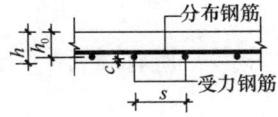

图4-6　板配筋构造

（3）分布钢筋

单位宽度上的分布钢筋截面积不宜小于单位宽度上的受力钢筋截面积的0.15%，且不宜小于该方向的板截面积的0.15%；间距不宜大于250mm，直径不宜小于6mm。

公路桥涵工程规定

行车道板内主钢筋直径不宜小于10mm，人行道板内的主钢筋直径不宜小于8mm，板内主钢筋直径不应大于200mm。行车道板内分布钢筋的直径不应小于8mm，间距不应大于250mm，截面面积不宜小于设置分布钢筋板的截面面积的0.1%。

4.1.2.2　梁

钢筋混凝土梁的截面尺寸，可按表4-2所列的高度/跨度比（h/l）、高度/宽度比（h/b）假定，再根据承载力设计要求确定。有关梁中钢筋的布置要求见图4-7。

（1）梁截面尺寸

钢筋混凝土梁的截面尺寸　　　　　　　　　　　　　　　　表 4-2

构件种类	梁高度/跨度 （h/l）	备　　注
单跨简支梁	≥1/12～1/10	梁高宽比（h/b）一般取1.5～3.0
多跨连续次梁	≥1/18～1/12	
多跨连续主梁	≥1/14～1/10	
悬臂梁	≥1/6～1/5	

公路桥涵工程规定

公路桥涵工程的梁大多用T形梁、简支梁，其梁高与跨径之比为1/10～1/20。T形梁的腹板宽度与配筋方式有关：当采用焊接骨架配筋时，腹板宽度不应小于140mm，一般取160～220mm。

（2）纵向受力钢筋

梁内纵向受力钢筋宜采用HRB400、HRB500、HRBF400、HRBF500钢筋，也可采用HPB300、HRB335、HRBF335、RRB400钢筋。

常用直径d：10～25mm；当梁高h不小于300mm时，d不应小于10mm；当梁高h小于300mm时，d不应小于8mm。

（3）架立钢筋

直径：梁跨l小于4m时，直径d不宜小于8mm；当梁跨l为4～6m时，直径d不应小于10mm；当梁跨l大于6m时，直径d不宜小于12mm。

（4）侧向构造钢筋

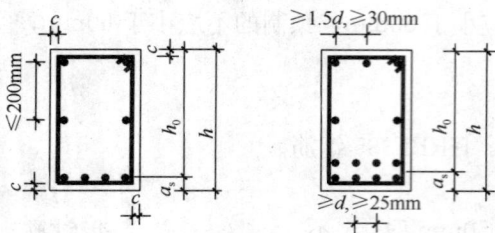

图 4-7 钢筋布置与保护层、净间距控制要求

当梁的腹板高度 h_w 不小于 450mm 时，在梁的两个侧面应沿高度布置纵向构造钢筋。每侧纵向构造钢筋（不包括梁上、下部的受力钢筋及架立钢筋）的截面积不应小于腹板截面面积 bh_w 的 0.1%，且其间距不宜大于 200mm。腹板高度 h_w 取法：对矩形截面，取有效高度 h_0；对 T 形截面，取有效高度减去翼缘高度；对 I 形截面，取腹板净高。

图 4-7 中，截面有效高度 h_0，是指自受拉钢筋合力点至截面受压区边缘的距离，即 $h_0 = h - a_s$；a_s 表示受拉钢筋合力点至受拉侧混凝土表面的距离。

【思考与提示】 梁的纵向受力钢筋可以采用单根钢筋，也可采用束筋（并筋），在公路桥涵工程中还可采用竖向不留空隙的焊接钢筋骨架。采用单根钢筋时，为了方便浇灌混凝土，钢筋层数不宜多于 3 层，上、下层钢筋的排列应注意对齐；采用束筋（并筋）方式时，组成束筋的单根钢筋直径不应大于 28mm，根数不应多于三根；采用焊接钢筋骨架时，焊接骨架的钢筋层数不应多于六层，单根钢筋直径不应大于 32mm。

4.1.3 混凝土保护层

混凝土保护层，是指构件中钢筋外边缘至构件表面范围的混凝土，其作用是保护钢筋，防止钢筋锈蚀，保证钢筋与混凝土的粘结性能与耐久性要求，并能可靠地锚固钢筋，使其能与混凝土共同工作。

所谓混凝土保护层厚度，是指构件中钢筋外边缘至构件表面的垂直距离，用 c 表示。混凝土构件的保护层厚度与环境类别和混凝土强度等级有关。《混凝土结构设计规范》要求：为了混凝土能有效地握裹钢筋，构件中受力钢筋的保护层厚度不应小于钢筋的公称直径；设计使用年限为 50 年的混凝土结构，最外层钢筋的混凝土保护层厚度 c 应符合表 4-3 的规定；设计使用年限为 100 年的混凝土结构，c 的取值不应小于表 4-3 中数值的 1.4 倍。值得注意的是，为了满足结构的耐久性设计要求，《混凝土结构设计规范》规定的混凝土保护层厚度是以最外层钢筋（包括箍筋、构造筋、分布筋等）的外缘起计算至混凝土表面的距离。

建筑工程混凝土保护层的最小厚度 c（mm）　　　　　　　　　　表 4-3

环境类别	板、墙、壳	梁、柱、杆
一	15	20
二 a	20	25
二 b	25	35
三 a	30	40
三 b	40	50

注：1. 混凝土强度等级不大于 C25 时，表中混凝土保护层厚度数值应增加 5mm；

    2. 钢筋混凝土基础宜设置混凝土垫层，基础中钢筋的混凝土保护层厚度应从垫层顶面算起，且不应小于 40mm。

公路桥涵工程规定

公路桥涵工程中构件的钢筋最小混凝土保护层厚度见表 4-4。

环境类别	基础、桩基承台（主筋）	墩台身、梁、板（主筋）	人行道构件、栏杆（主筋）	护栏等行车道构件	箍筋	防收缩、温度、分布等表层钢筋
一	40	30	20	20	20	15
二	50	40	25	25	25	20
三、四	60	45	35	30	35	25

注：对于环氧树脂涂层钢筋，可采用环境类别一取用；保护层厚度大于 50mm 时，应在保护层内设置钢筋网片。

4.2　单筋矩形截面梁正截面受弯性能

钢筋混凝土矩形截面梁，其受拉区按计算配置纵向受拉钢筋，受压区按构造配置架立钢筋，按照这种配筋方式形成的截面称为单筋矩形截面。由于钢筋与混凝土的材料力学性能上的差异，钢筋混凝土梁有着与单一材料构件不同的受力特性，故有必要先通过加载试验，认识钢筋混凝土梁受力和变形的过程及其特点，以期建立分析受弯构件正截面受力性能的理论与方法。

下面，介绍钢筋混凝土单筋矩形截面梁的试验研究。

4.2.1　受弯破坏试验研究

试验梁的受弯破坏试验装置如图 4-8 所示。试验梁为简支梁，采用对称加载方式，将集中荷载位于梁跨的三分一点处施加，在梁跨中的三分之一长区段上形成了纯弯的受力状态，即只有弯矩，没有剪力。为在梁的纯弯段形成理想的单筋截面，故仅在其下部配置纵向受力钢筋，上部不放架立筋。梁的配筋构造见图示，截面图上的 A_s 表示纵向受力钢筋的截面积。加载试验时，通过布置在梁中部的应变计、挠度计，分别量测弯矩作用下的梁截面纵向应变分布与挠度变化。

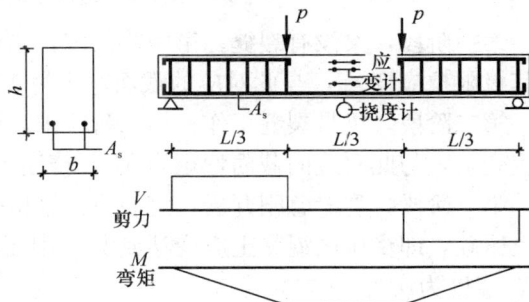

图 4-8　试验梁的受弯破坏试验

由试验得到的梁弯矩-挠度曲线，显示出钢筋混凝土梁的受弯破坏的过程与特征；由试验得到的梁截面纵向应变分布图，可显示出钢筋混凝土梁截面应力的分布规律。根据试验梁纯弯段的混凝土开裂、压碎以及纵筋应力变化的特点，可认识与了解钢筋混凝土受弯构件正截面破坏的机理。

试验梁的荷载分级施加，直至破坏发生。试验梁的破坏形态因其截面纵向受力钢筋截面积 A_s 配置的多少而不同，可分为三种，即适筋破坏、超筋破坏与少筋破坏。

4.2.1.1　适筋破坏形态

若试验梁配置的纵筋量 A_s 合适，加载后在不大的荷载下，梁的受拉区先出现裂缝；其后，随着荷载的逐级施加，纵向受力钢筋达到受拉屈服，梁产生显著的挠曲变形和较宽的裂缝；继续加载，试验梁最终因其受压区混凝土压碎而丧失承载力。

破坏前，试验梁的纵筋受拉屈服，裂缝扩展、挠度增加，有明显的破坏预兆。具有这种破坏特征的梁，称之为适筋梁。

（1）适筋梁的弯矩-挠度曲线

图 4-9 为适筋梁的弯矩-挠度曲线。由图可见，当荷载较小时，试验梁的挠度随荷载的增加，基本上成比例。逐级施加的荷载，使受拉区的混凝土先开裂，其后又使受拉纵筋屈服，在荷载-挠度曲线上形成了两个明显的折点。由此，适筋梁的受力破坏过程表现出开裂、屈服、压坏的三阶段受力特征。

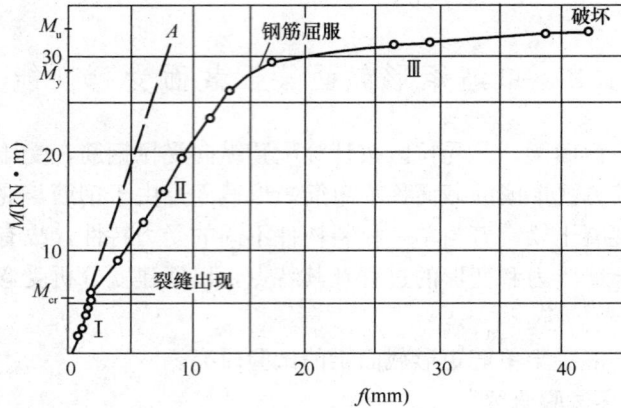

图 4-9　适筋梁的弯矩-挠度曲线

第一阶段，梁没有裂缝；第一阶段末，梁即将出现裂缝，即受拉边缘的混凝土应变达到其极限拉应变 ε_{cr}，与此对应的截面弯矩为 M_{cr}，挠度为 f_{cr}。

第二阶段，梁带裂缝工作；第二阶段末，梁纵筋受拉屈服，即受拉纵筋应变达到其屈服应变 ε_y，与此对应的截面弯矩为 M_y，挠度为 f_y。

第三阶段，裂缝急剧开展，钢筋应力维持受拉屈服强度不变；第三阶段末，受压区混凝土压碎，即受压区混凝土应变达到其极限压应变 ε_{cu}，梁破坏，与此对应的截面弯矩为 M_u，挠度为 f_u。

（2）适筋梁的截面应变与应力分布

试验梁在加载的各个阶段的截面应变与应力分布见图 4-10 所示。图中的 Ⅰ、Ⅱ、Ⅲ，顺次表示第一阶段、第二阶段与第三阶段，而图中的 Ⅰa、Ⅱa、Ⅲa，顺次表示第一阶段末、第二阶段末与第三阶段末。

在荷载作用下，试验梁的截面上部受压缩短，下部受拉伸长。基于试验梁截面平均应变的量测数据表明，沿截面高度上各点的应变大小与其距中性轴的距离成正比，即符合平面应变的分布规律。如图 4-10 所示，试验梁在各受力阶段时截面上各测点的应变用线相连，形成上下两个三角形，表现出截面上应变按直线分布的特点；且随着荷载的增加，各点的应变增大，受压区高度减小，截面中和轴的位置上移，但截面应变图仍为上下两个三角形，不过，上下两个三角图形并不相同。

在试验梁受力的各个阶段，其截面受力满足静力平衡条件，即受拉区的钢筋与混凝土承担的拉力等于受压区的混凝土承担的压力，由此拉力与压力形成的抵抗力矩等于各阶段的外荷载引起的截面弯矩。试验梁在不同受力阶段的截面应力状态不仅有应力数值上的变

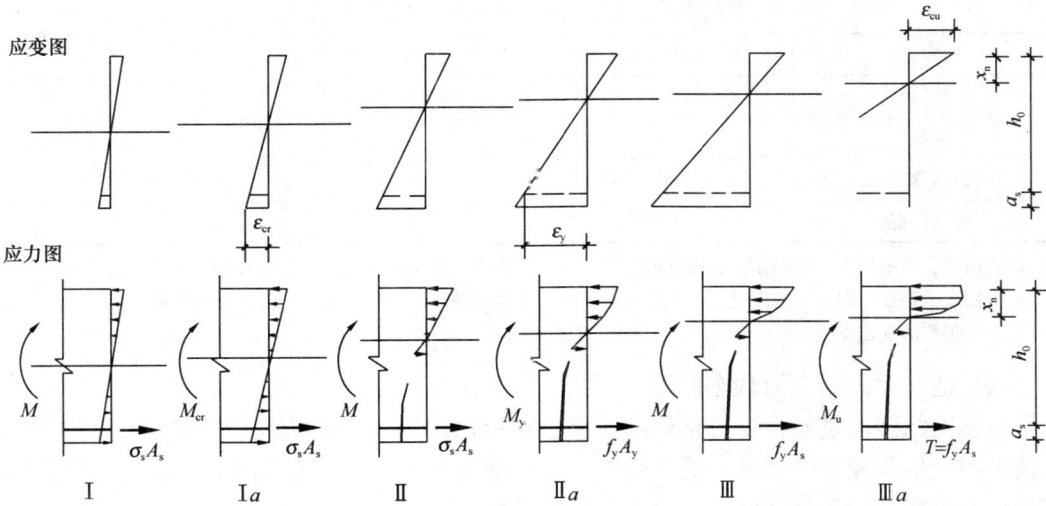

图 4-10　钢筋混凝土适筋梁受力破坏三个阶段的截面应变与应力分布

化，而且应力分布图形也有性质上的改变。无论是截面压区的混凝土应力，或是截面拉区的纵筋应力，与截面弯矩均不成比例变化关系，呈非线性分布。

　　应该指出的是，试验并没有直接测得试验梁的截面应力。上述有关试验梁在各个受力阶段的截面应力分布特点，是根据试验测得的应变，按钢筋和混凝土材料的应力-应变关系曲线推定的。

　　（3）适筋梁的各阶段的受力特点

　　从加载至破坏，适筋梁各阶段的主要受力特点与各阶段点的主要受力特征分别见表4-5、表4-6。

钢筋混凝土适筋梁受力破坏三阶段的受力特点　　　　表 4-5

受力阶段	第一阶段（Ⅰ）	第二阶段（Ⅱ）	第三阶段（Ⅲ）
主要特点	未开裂	带裂缝工作	破坏
外观特征	无裂缝，挠度小	有裂缝，挠度不很明显	裂缝宽，挠度很明显
弯矩-挠度曲线	大致成直线	曲线，斜率趋减小	近乎成平直线
截面抗弯刚度	可认为是常数	随 M 增下降	急剧下降
受压区高度	可认为是常数	随 M 增减小	近一步减小
压区混凝土应力分布	三角形	曲线	较丰满曲线
压区混凝土应力峰值	在压区边缘	在压区边缘	破坏时不在压区边缘
拉区混凝土应力分布	直线趋向丰满曲线 峰值不在拉区边缘	大部分退出工作	绝大部分退出工作
受拉纵筋应力 σ_s	$\sigma_s<20\sim30\text{N/mm}^2$	$20\sim30\text{N/mm}^2<\sigma_s<f_y$	屈服 $\sigma_s=f_y$ 拉力 $T=f_yA_s$

　　注：A_s 为纵向受拉钢筋面积，f_y 为钢筋的受拉屈服强度。

阶段点	第一阶段末（Ⅰa）	第二阶段末（Ⅱa）	第三阶段末（Ⅲa）
特征	受拉区混凝土开裂	受拉区钢筋屈服	受压区混凝土压坏
荷载	P_{cr}	P_y	P_u
截面弯矩	M_{cr}	M_y	M_u
截面应变	$\varepsilon_c = \varepsilon_{cr} = \varepsilon_{tu}$	$\varepsilon_s = \varepsilon_y$	$\varepsilon_c = \varepsilon_{cu}$

注：荷载、弯矩用 P、M 表示，其脚标的英文字母分别说明对应的开裂、屈服及压坏的各受力阶段点；ε_c、ε_s 分别表示钢筋、混凝土的应变，ε_{cr} 表示混凝土开裂时的应变，ε_{tu}、ε_{cu} 分别表示混凝土的极限拉、压应变值，ε_y 是钢筋的受拉屈服应变，f_y 表示钢筋的受拉屈服强度。

（4）适筋梁截面应力状态的设计意义

适筋梁的破坏是始自受拉钢筋的屈服。在钢筋屈服以后，构件产生显著的塑性变形，有较大的变形和较宽的裂缝，最终因其受压区混凝土压碎而丧失承载力。适筋梁在破坏前有明显的预兆，属于延性破坏，故为设计所采用。

适筋梁在不同阶段的截面应力分布状态各异，从设计的角度而言，各有其特定的设计意义：

1）第一阶段末（Ⅰa）截面应力状态：作为截面抗裂承载力计算依据；

2）第二阶段（Ⅱ）截面应力状态：作为构件裂缝与挠度验算依据；

3）第三阶段末（Ⅲa）截面应力状态：作为截面抗弯承载力计算依据。

应该注意的是，适筋梁表现出开裂-屈服-压坏的破坏特征，是基于其配筋量的合适。所谓合适，是指当梁截面的混凝土压碎时，其配有的纵向受拉钢筋能达到屈服强度。由此可见，在截面配筋量的一定范围内，适筋梁的正截面受弯承载力 M_u 随配筋量的增加而增加。但是，若超出了这个范围，截面配筋量过少或过多，则会导致截面破坏形态的变化，前者会引起少筋破坏，后者会造成超筋破坏。

4.2.1.2 少筋破坏形态

试验表明，试验梁当裂缝出现以后，其裂缝截面处的混凝土不再承受拉力。为了维持截面的力矩平衡，原由混凝土承受的那部分拉力当由受拉纵筋来承受。因此，截面开裂前后，纵筋的拉应力会有一个突变。若梁纵筋配置过少，则一旦开裂，其应力骤增，截面中的受拉钢筋不足于承受此时的拉力，以致达到屈服，甚至拉断，导致截面破坏。这种破坏称之为少筋破坏。

少筋破坏是由梁截面的抗裂能力控制的，梁截面的开裂弯矩 M_{cr} 决定其正截面受弯承载力 M_u 的大小，而 M_{cr} 的大小主要取决于混凝土的抗拉性能。由于少筋梁在破坏前没有明显的预兆，属于脆性破坏，设计时不予采用。

4.2.1.3 超筋破坏形态

试验表明，若梁纵筋配置过多，虽然这对提高梁的开裂弯矩 M_{cr} 影响不大，梁依然会开裂，但当开裂以后，由于裂缝截面处受拉钢筋应力较小，梁的变形小，裂缝不宽。随着荷载的增加，当梁因其受压区混凝土压碎而出现破坏时，截面上的受拉钢筋尚未屈服（$\sigma_s < f_y$）。这种破坏称之为超筋破坏。

超筋破坏是由于纵向受拉钢筋的过量配置，其破坏始于混凝土被压碎。梁的正截面受弯承载力 M_u 的大小，主要取决于混凝土的抗压性能。由于超筋梁在破坏前没有明显预兆，属于脆性破坏，设计时不予采用。

4.2.1.4 破坏形态比较

图 4-11 为适筋梁、少筋梁与超筋梁的破坏形态与弯矩-挠度曲线。适筋梁、少筋梁与超筋梁的破坏形态比较见表 4-7。

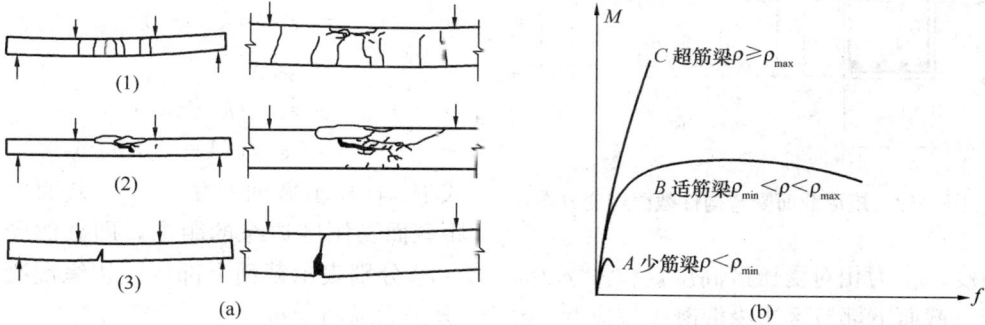

图 4-11 适筋梁、少筋梁与超筋梁
（a）破坏形态；（b）截面配筋率 ρ 与弯矩-挠度曲线

少筋梁、适筋梁、超筋梁破坏形态比较 表 4-7

破坏形态	少筋梁	适筋梁	超筋梁
拉、压力平衡	$C > T$	$C = T(= f_y A_s)$	$C < T(= f_y A_s)$
破坏时钢筋应力	$\geq f_y$	$= f_y$	$< f_y$
承载力破坏特征	$M_y < M_{cr}(= M_u)$	$M_{cr} \leq M_y \leq M_u$	$M_{cr} < M_u(< M_y)$
破坏特征	一裂即坏	开裂-屈服-压坏	开裂-压坏（不屈服）
破坏性质	脆性	延性	脆性
设计应用	不予采用	采用	不予采用

4.2.1.5 破坏形态与截面配筋率 ρ

配筋率 ρ 是反映截面配筋量的指标：$\rho = A_s/bh_0$。配筋率的大小决定了构件受弯破坏形态特征，即有少筋破坏、适筋破坏与超筋破坏之分。为避免少筋破坏，梁截面配筋率应不小于最小配筋率的要求，即 $\rho \geq \rho_{min}$；为避免超筋破坏，梁截面配筋率应不大于最大配筋率的要求，即 $\rho \leq \rho_{max}$；当梁的设计配筋率满足条件，即 $\rho_{min} \leq \rho \leq \rho_{max}$ 时，可能出现的破坏（超载时）即为适筋破坏，具有延性性质。

适筋梁截面配筋率 ρ 的合理取值范围，需要在认识了解少筋梁与超筋梁的破坏形态的基础上，予以确定。

4.2.2 正截面受弯性能分析

钢筋混凝土受弯构件的计算理论是在试验的基础之上形成的。以下基于受弯试验研究，讨论钢筋混凝土梁的正截面受弯性能。

4.2.2.1 基本假定

1. 变形协调的平截面假定

如前所述，试验梁量测的截面平均应变分布图形表明，梁在受力的各个阶段其截面高度上各点沿梁纵向的应变与其距中性轴的距离成正比，即截面应变服从平截面假定（图

4-12)。这是正截面受弯性能分析的基本假定，即有

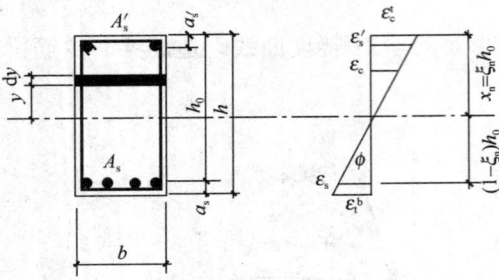

图 4-12　矩形截面受弯构件截面应变分布

$$\begin{aligned}
\phi &= \varepsilon_c^t / x_n \\
&= \varepsilon_c^t / (\xi_n h_0) \\
&= \varepsilon_s' / (x_n - a_s') \\
&= \varepsilon_t^b / (h - x_n) \\
&= \varepsilon_c / y \\
&= \varepsilon_s / (h_0 - x_n) \\
&= \varepsilon_s / [(1 - \xi_n) h_0] \quad\quad (4\text{-}1)
\end{aligned}$$

式中，φ 表示截面曲率；x_n 为截面中和轴距截面受压区边缘的距离，即截面受压区的高度；ξ_n 为相对受压区高度，$\xi_n = x_n/h_0$；ε_c^t、ε_t^b 分别表示截面上部压区边缘混凝土压应变、截面下部拉区边缘混凝土拉应变；ε_s、ε_s' 分别为纵向受拉、受压钢筋应变。

2. 材料 σ-ε 关系的假定

当根据截面的应变分布确定截面的应力分布时，需要知道材料的应力与应变关系。图 4-13 为钢筋混凝土材料的常用计算模型曲线。

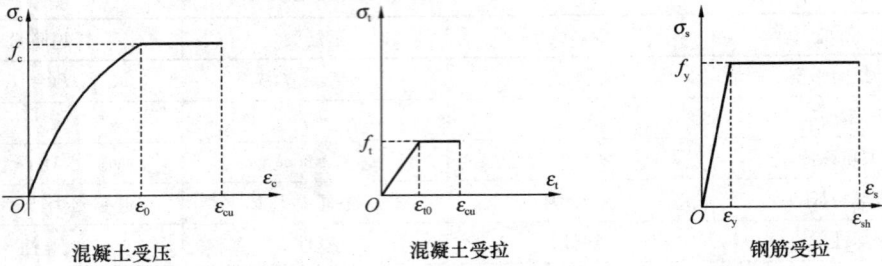

图 4-13　钢筋混凝土材料的常用计算模型曲线

有关模型的具体描述见本书第 3 章。根据以下分析讨论的需要，此处强调图示计算模型曲线是由一个分段函数式 $\sigma(\varepsilon)$ 表达，各个受力阶段下的截面应力状态可由 $\sigma(\varepsilon)$ 表出。例如，根据图示混凝土受压时的应力 - 应变关系曲线 $\sigma(\varepsilon)$ 可知，当截面混凝土受压区边缘的应变 $\varepsilon \leqslant \varepsilon_0$ 时，其混凝土压应力沿其受压区高度上的分布按曲线表示；若截面混凝土受压边缘的应变 $\varepsilon_0 < \varepsilon \leqslant \varepsilon_{cu}$ 时，则其截面受压区的应力分布与混凝土受压时的应力 - 应变关系曲线图形相似，即位于 $0 < \varepsilon \leqslant \varepsilon_0$ 部分的按曲线表示，位于 $\varepsilon_0 < \varepsilon \leqslant \varepsilon_{cu}$ 部分的按平直线表示。

4.2.2.2　受弯构件截面受力分析基本方法（M-φ）

在第 2 章已经指出，钢筋混凝土结构的受力性能分析通过建立静力平衡、物理和几何等三个基本方程进行联合求解。

钢筋混凝土单筋受弯截面受力分析的基本方程如下。

（1）静力平衡方程：$\Sigma N = 0$，$\Sigma M = 0$；

（2）几何方程：采用由平截面假定的截面应变分布，见式（4-1）；

（3）物理方程：钢筋、混凝土等材料的本构关系，如钢筋采用式（3-1），混凝土采用式（3-8）表示的计算模型。

按截面静力平衡条件，根据轴向力平衡条件 $\Sigma N=0$，有

$$C = T_c + T_s \tag{4-2a}$$

式中，C、T_c 分别表示混凝土承受的压应力、拉应力的合力，T_s 为钢筋承受的拉力。

$$C = \int_0^{x_n} \sigma(\varepsilon) \, b \mathrm{d}y$$

$$T_c = \int_C^{x_t} \sigma_t(\varepsilon) \, b \, \mathrm{d}y$$

$$T_s = \sigma_s(\varepsilon) A_s \tag{4-2b}$$

式中，x_n 为截面中和轴距截面受压区边缘的距离，即截面受压区的高度；x_t 为截面受拉区的高度，$x_t = h - x_n$。

根据力矩平衡条件 $\Sigma M=0$（对截面中和轴取矩），有

$$M = C(x_n - y_c) + T_c y_t + T_s(h_0 - x_n) \tag{4-3}$$

式中，y_c 为混凝土压应力的合力 C 的作用位置相对截面受压边缘的距离，y_t 为混凝土拉应力的合力 T_c 的作用位置相对中和轴的距离，y_c、y_t 按下式确定：

$$y_c = \int_C^{x_n} \sigma(\varepsilon) \, b(x_n - y) \, \mathrm{d}y / C \tag{4-4a}$$

$$y_t = \int_0^{x_t} \sigma_t(\varepsilon) \, by \, \mathrm{d}y \, / \, T_c \tag{4-4b}$$

据此，根据钢筋混凝土适筋梁的开裂、屈服、压坏的三阶段受力特征，不难写出各个阶段的平衡方程。根据采用的应力表达式不同，可应用于梁从开裂到破坏的各个阶段的应力分析。

下面，仅以破坏时的截面受力状态为例，写出相应的截面极限弯矩 M_u 的表达式。

4.2.2.3 截面极限弯矩 M_u

当截面受压区边缘的应变 ε_c^t 达到混凝土材料的极限压应变 ε_{cu} 时，截面破坏，此时的截面受压区高度 $x_n = x_{nu}$，相应的截面极限弯矩用 M_u 表示（图 4-14）。

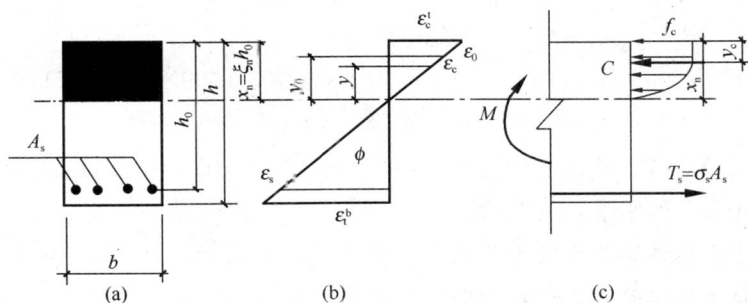

图 4-14 截面极限弯矩 M_u 的计算图形
(a) 截面；(b) 应变分布；(c) 应力分布

根据 $\Sigma N=0$，考虑到此时受拉区混凝土已经开裂，退出工作，令 $T_c=0$，按式 (4-2a)，有

$$C = T_s$$

$$\int_0^{x_{nu}} \sigma(\varepsilon) \, b \, \mathrm{d}y = \sigma_s(\varepsilon) A_s \tag{4-5}$$

相应地，根据 $\Sigma M = 0$（对中和轴取矩），有

$$M_u = C(x_{nu} - y_c) + T_s(h_0 - x_{nu})$$

$$= (x_{nu} - y_c) \int_0^{x_{nu}} \sigma(\varepsilon) b \, dy + \sigma_s(\varepsilon) A_s(h_0 - x_{nu}) \tag{4-6}$$

按前所述，将上式中混凝土压应力 $\sigma(\varepsilon)$、钢筋应力 $\sigma_s(\varepsilon)$，按各自材料的计算模型表出，并引入平截面假定，即变形协调条件：

$$\varphi = \varepsilon_c^t / x_n = \varepsilon_{cu} / x_{nu}$$

$$= \varepsilon_s / (h_0 - x_n) = \varepsilon_s / (h_0 - x_{nu}) \tag{4-7}$$

代入式（4-5）、式（4-6）求解，可得截面极限弯矩 M_u 的表达式。

按《混凝土结构设计规范》给出的材料理论模型，并假定不考虑混凝土的抗拉强度，可以推导得到适筋梁正截面受弯极限承载力 M_u 表达式为

$$0.798 f_c b x_{nu} = f_y A_s \tag{4-8}$$

$$M_u = f_c b x_{nu}(h_0 - 0.412 x_{nu})$$

$$= f_y A_s(h_0 - 0.412 x_{nu}) \tag{4-9}$$

【例题 4-1】 一钢筋混凝土单筋矩形截面梁，$b \times h = 200\text{mm} \times 450\text{mm}$，截面配筋见图 4-15。采用 C25 混凝土，纵向受拉钢筋采用 HRB400，$A_s = 603\text{mm}^2$（3 Φ 16）。箍筋直径 $d_v = 8\text{mm}$。一类环境，$h_0 = 409\text{mm}$。

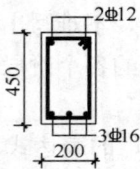

要求：已知该梁为适筋梁，按单筋截面确定该梁的截面抗弯承载力 M_u。

【解】 C25 混凝土（$f_c = 11.9\text{N/mm}^2$，$f_t = 1.27\text{N/mm}^2$），HRB400 钢筋（$f_y = 360\text{N/mm}^2$）。

图 4-15 【例题 4.1】梁配筋

由式（4-8），$x_{nu} = \dfrac{f_y A_s}{0.798 f_c b}$

$$= \frac{360 \times 603}{0.798 \times 11.9 \times 200} = 114.29\text{mm}$$

$$M_u = f_y A_s (h_0 - 0.412 x_{nu})$$

$$= 360 \times 603 \times (409 - 0.412 \times 114.29)$$

$$= 78.56 \times 10^6 = 78.56\text{kN} \cdot \text{m}$$

【思考与提示】 （1）截面有效高度 $h_0 = h - a_s = h - (c + d_v + d/2) = 450 - (25 + 8 + 16/2) = 409\text{mm}$。参见【例题 4-3】。

（2）本例为已知该梁为适筋梁，确定该梁的截面抗弯承载力 M_u。所谓适筋梁，是指截面受压区混凝土压坏时，其受拉钢筋已经屈服。相关适筋梁的验证条件见下面讨论。

4.2.3 正截面受弯承载力计算公式

为简化截面受弯承载力 M_u 的计算，结构设计规范一般采用等效矩形应力图替代实际的混凝土压应力图形。以下分别介绍《混凝土结构设计规范》和《公路桥涵设计规范》的正截面受弯承载力计算公式。

4.2.3.1 等效矩形应力图

图 4-16（a）为适筋梁第三阶段末（III_a）截面应力分布图示，假设试验梁受压区混凝土的实际应力图按曲线分布，受拉纵筋应力用屈服强度表示。同图 4-10 所示试验梁的 III_a

状态下截面应力图比较，略去了受拉区的混凝土应力，因为近中性轴处存在的混凝土拉应力对截面受弯承载力的影响是不大的。

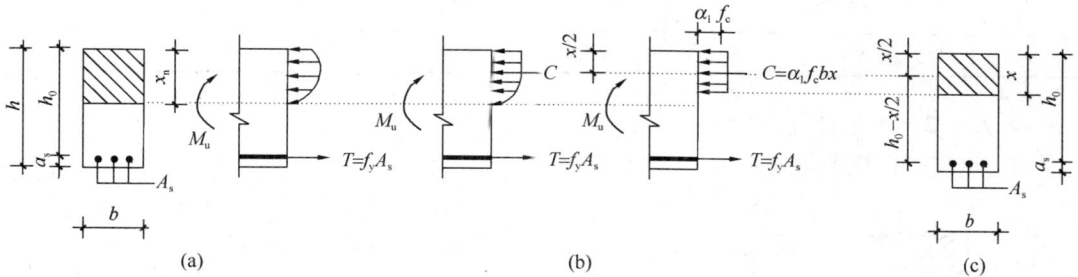

图 4-16　等效矩形应力图
(a) 试验应力分布；(b) 应力计算模型；(c) 等效矩形应力

用矩形应力图替代实际的混凝土压应力图形的等效原则是：

(1) 合力大小不变。实际应力图形的合力与等效矩形应力图形的合力数值相等；

(2) 合力位置不变。两种应力图形的合力位置不变。

按等效原则将图 4-16 (a) 的实际混凝土压应力图形，用图 4-16 (c) 的等效矩形压应力图形替代。为此，按《混凝土结构设计规范》有关截面承载力计算的基本假定，采用规定的受压混凝土 $\sigma\varepsilon$ 关系曲线，即用图 4-16 (b) 计算模型应力分布曲线表出图 4-16 (a) 的实际混凝土压应力分布。

这样，就压应力分布图形的转换而言，图 4-16 (a) 与图 4-16 (c) 的等效转换，变为图 4-16 (b) 与图 4-16 (c) 的等效转换，可表述如下。

按等效原则 (1)，合力大小不变。月 C 表示受压区混凝土压应力的合力，则有

$$C_{图(b)} = \int_0^{x_r} \sigma(\varepsilon)\, b\, \mathrm{d}y = C_{图(c)} = \alpha_1 f_c b x \tag{4-10}$$

按等效原则 (2)，合力位置不变。用 y_c 表示受压区混凝土压应力的合力位置，则有

$$y_{c图(b)} = x_n - \int_0^{x_n} \sigma(\varepsilon)\, b x_n - y)\, \mathrm{d}y \,/\, C_{图(b)} = y_{c图(c)} = x/2 \tag{4-11}$$

理论上，由于 $\sigma(\varepsilon)$ 有确定的表达式，积分求解并不困难。不过，应当注意区分的是，图 4-16 (b) 中的 x_n 与图 4-16 (c) 中的 x 的不同。x_n 是指按应变平截面假定所确定的截面中和轴高度，可理解为实际的截面受压区高度，在 x_n 范围内混凝土压应力按采用的 $\sigma(\varepsilon)$ 曲线分布；x 是指为按等效矩形应力图形计算的受压区高度，在 x 范围内混凝土压应力按等值 $\alpha_1 f_c$ 分布。

此处，不作进一步的推导，仅将等效转换的结果表述如下：等效矩形应力图形的应力值取为 $\alpha_1 f_c$，受压区高度 x 取为 $\beta_1 x_n$，即 $x = \beta_1 x_n$。系数 α_1 是按矩形应力图的混凝土应力值与混凝土轴心受压强度设计值 f_c 的比值，系数 β_1 为矩形应力图的混凝土受压区高度 x 与中和轴高度 x_n 的比值，二者由《混凝土结构设计规范》规定的取值见表 4-8。

由表 4-8 可见，对 C50 及 C50 以下的中低强度混凝土，$\alpha_1 = 1.0$，$\beta_1 = 0.80$；对 C50～C80 的高强混凝土，系数 α_1 与 β_1 的取值随强度的提高而顺次减小。

	≤C50	C55	C60	C65	C70	C75	C80
α_1	1.0	0.99	0.98	0.97	0.96	0.95	0.94
β_1	0.8	0.79	0.78	0.77	0.76	0.75	0.74

4.2.3.2　规范计算公式

1. 建筑工程规范规定

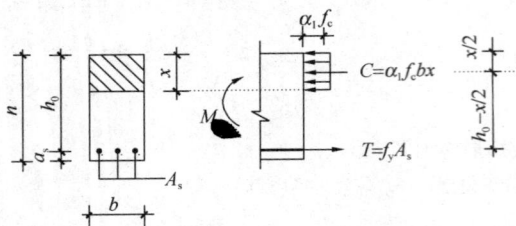

图 4-17　单筋矩形截面受弯承载力计算图形

按正截面承载力计算基本假定，并引入混凝土等效矩形压应力分布图形，可绘出单筋矩形截面受弯承载力 M_u 的计算图形如图 4-17 所示，相应的基本计算公式如下所述。

由截面力的平衡条件，$\Sigma N = 0$：

$$\alpha_1 f_c b x = f_y A_s \tag{4-12a}$$

由截面力矩平衡条件，$\Sigma M = 0$：

$$M_u = \alpha_1 f_c b x (h_0 - x/2) \tag{4-12b}$$

或

$$M_u = f_y A_s (h_0 - x/2) \tag{4-12c}$$

式中　b，h——矩形截面的宽度、高度；

　　　x——混凝土受压区高度；

　　　f_c——混凝土轴心受压强度设计值，见附表 3-2；

　　　f_y——钢筋受拉强度设计值，见附表 3-9；

　　　A_s——受拉钢筋的截面面积；

　　　M_u——截面抗弯承载力设计值。

【思考与提示】　上述有关截面受弯承载力的三个式子中，只有两个是独立的。例如，式（4-12c）可视作将式（4-12a）代入式（4-12b）表出。

2. 公路桥涵工程规定

钢筋混凝土受弯构件单筋矩形截面受弯承载力的设计表达式为

$$\alpha_1 f_{cd} b x = f_{sd} A_s \tag{4-13a}$$

$$\gamma_0 M_d \leqslant f_{cd} b x (h_0 - x/2) = f_y A_s (h_0 - x/2) \tag{4-13b}$$

式中　γ_0——桥涵结构的重要性系数；对安全等级为一级的桥（特大桥、较大桥），$\gamma_0 = 1.1$；对安全等级为二级的桥（大桥、中桥、重要小桥），$\gamma_0 = 1.0$；对安全等级为三级的桥（小桥、涵洞），$\gamma_0 = 0.9$；

　　　M_d——弯矩组合设计值；

　　　f_{cd}——混凝土轴心抗压强度设计值，见附表 3-15；

　　　f_{sd}——纵向钢筋的抗拉强度设计值，见附表 3-19；

　　　A_s——受拉区纵向钢筋的截面面积；

　　　b——矩形截面的宽度；

h_0——截面的有效高度 h_0，$h_0 = h - a_s$，h 是指截面全高，a_s 为从截面受拉边缘至纵向受力钢筋重心的距离，桥涵结构中混凝土保护层的厚度见表4-4；

x——截面受压区高度。

4.2.3.3 截面承载力计算公式的适用条件

（1）为防止出现超筋破坏，应控制截面配筋面积 $A_s \leqslant A_{smax} = \rho_{max} bh_0$，$\rho_{max}$ 是截面最大配筋率；

（2）为防止出现少筋破坏，应控制截面配筋面积 $A_s \geqslant A_{smin} = \rho_{min} bh$，$\rho_{min}$ 是截面最小配筋率。

有关适用条件的具体表达，见下面进一步的讨论。

4.2.4 正截面受弯承载力设计计算的相关问题

4.2.4.1 截面的有效高度 h_0

如前述，截面的有效高度 h_0，是指自受拉钢筋合力点至截面受压区边缘的距离；a_s 是指受拉钢筋合力点至受拉侧混凝土表面的距离。考虑到配筋的基本构造要求，钢筋按一层放置时，截面的有效高度按下式取用：

$$h_0 = h - a_s \tag{4-14}$$

$$a_s = c + d_v + d/2 \tag{4-15}$$

式中 c——结构构件的混凝土保护层，按《混凝土结构设计规范》规定取用；

d——纵向受力钢筋的直径；

d_v——箍筋的直径。

（1）板有效高度 h_0

实用上，一类环境下采用不小于 C30 强度等级混凝土的钢筋混凝土板，当其纵向受力钢筋按一层放置时，其截面有效高度 h_0，一般可按下式取值：

$$h_0 = h - a_s = h - 20mm$$

此值的确定基于如下的考虑：假定为一类环境下的钢筋混凝土板，保护层厚度 c 为 15mm，选用钢筋直径为 10mm（即取 $a_s = c + d_v + d/2 = 15 + 0 + 10/2 = 20mm$）。设计截面时，由于钢筋直径未知，$a_s$ 需预先估计。若按上述 h_0 值计算而实际选用的钢筋直径不为 10mm 时，由之产生的误差可予忽略。

（2）梁有效高度 h_0

同理，一类环境下采用不小于混凝土强度等级 C30 的钢筋混凝土梁，当其纵向受力钢筋按一层放置时，其截面有效高度 h_0，一般可按下式取值：

$$h_0 = h - a_s = h - 40mm$$

当纵向受力钢筋按二层放置时，其截面有效高度 h_0，一般可按下式取值：

$$h_0 = h - a_s = h - 60mm$$

一层放置时的 h_0 取值是基于如下的考虑：一类环境下保护层厚度 c 为 20mm，按假定选用的钢筋直径 d 为 20mm、箍筋直径 d_v 为 8mm 计算（$a_s = c + d_v + d/2 = 20 + 8 + 20/2 = 38mm$）后，为方便设计而取整得出。同理，设计截面时，若按上述 h_0 取值计算而实际选用的纵筋直径不为 20mm，或箍筋直径不为 8mm 时，由之产生的误差亦可忽略。

同样条件下，纵向受力钢筋按二层放置时的 h_0 取值，除基于与一层放置时同样的考虑外，还要考虑满足上、下两层钢筋间的净距控制的构造要求。

（3）影响 h_0 取值的因素

值得注意的是，h_0 的取值，与 a_s 相关；a_s 的取值，与保护层厚度、纵筋直径与层数、箍筋直径大小相关。设计规定的保护层厚度取值，在不同的环境类别下有所不同；即使是同一环境类别下，若采用的混凝土强度等级不大于 C25 时，构件的保护层厚度要较设计规定值增加 5mm。另外，当有充分依据并采取相关措施时，保护层厚度可适当减少。

应该说，按照设计结构的环境类别选择保护层的厚度是一个确定性的问题，与此不同的是，设计计算时预先假定的纵筋直径、箍筋直径，与依据计算结果的实际选配直径的不同在所难免，因此，h_0 的取值具有不确定性。当处理工程实际问题时，应根据具体问题分析作出选择。不过，考虑到诸多因素对截面有效高度 h_0 取值的影响程度，可以认为，按照上述方法假定的 h_0 值，对截面承载力设计可能产生的误差是可以接受的。

【思考与提示】（1）板的 $a_s = c + d/2$。按配筋构造，板的分布钢筋位于受拉纵筋的内侧。此处，混凝土保护层厚度 c，是指板受拉纵筋（$d=10$mm）的外边缘至板表面范围的混凝土厚度。

（2）当梁钢筋按一排放置时，$a_s = c + d_v + d/2$。按配筋构造，梁箍筋位于受拉纵筋的外侧。此处，混凝土保护层厚度 c，是指梁箍筋（$d=8$mm）的外边缘至梁表面范围的混凝土厚度。箍筋直径 d_v 取值对 a_s 取值影响不大。

（3）当梁纵筋（$d=20$mm）按二层放置时，较之一层放置，a_s 值增加 $20/2 + 25/2 = 22.5$ mm。

（4）以上梁、板的 a_s 值按既定纵筋直径（$d=20$mm、10mm）计算得出。实际设计时，由于选用的钢筋直径 d 并不确定，此时，可参考取用以上给出的 a_s 值，由之产生的误差设计时可忽略。

（5）若 a_s 已知，则截面有效高度取值可定。

4.2.4.2 截面配筋率 ρ 与 ρ_{min}、ρ_{max}

受弯构件的截面配筋率 ρ 是反映截面配筋量的指标。截面配筋量的大小决定受弯构件的截面破坏特征，即有适筋破坏、超筋破坏与少筋破坏之分。当设计的截面配筋量 $A_s < A_{smin} = \rho_{min}bh$ 时，截面为少筋破坏；当设计的截面配筋量 $A_s > A_{smax} = \rho_{max}bh_0$ 时，截面为超筋破坏；而当设计的截面配筋量 $A_s \geqslant A_{smin} = \rho_{min}bh$，且 $A_s \leqslant A_{smax} = \rho_{max}bh_0$ 时，可能出现的破坏（超载时）即为适筋破坏。需要说明的是，在规范公式中防止超筋破坏的限制要求，没有采用 $A_s \leqslant A_{smax} = \rho_{max}bh_0$ 表示，而是通过控制截面相对受压区高度，即采用 $\xi \leqslant \xi_b$ 表示。

4.2.4.3 界限破坏与界限相对受压区高度 ξ_b

这里讨论的界限破坏，是指截面适筋破坏与超筋破坏的界限。界限破坏的特征，是指构件正截面的受拉钢筋达到屈服应变 ε_y 的同时，其压区混凝土边缘纤维的应变也正好达到混凝土极限压应变 ε_{cu} 时所发生的破坏。

界限破坏，与截面的配筋率大小有关。对适筋梁而言，截面配筋率大者，其截面抗弯承载力大，破坏时受压区高度也大。按矩形压应力图形表示的截面受压区高度 x，以及按 $\xi = x/h_0$ 定义的相对受压区高度，二者与截面的配筋率有对应关系。

如前所述，为防止出现超筋破坏，截面配筋率应按 $\rho \leqslant \rho_{max}$ 控制。那么，根据力的平衡，对截面的受压区高度也应有限值控制。采用矩形压应力图形表达时，受压区高度限值

为 x_b，称为界限受压区高度。定义 $\xi_b = x_b / h_0$，称 ξ_b 为界限相对受压区高度。

如图 4-18 所示，当发生界限破坏时，此时对应的中和轴高度用 x_{nb} 表示，称其为界限中和轴高度。根据平截面假定，x_{nb} 可按下式确定：

$$\varepsilon_{cu} / x_{nb} = (\varepsilon_{cu} + \varepsilon_y) / h_0$$

$$x_{nb} / h_0 = \varepsilon_{cu} / (\varepsilon_{cu} + \varepsilon_y) \quad (4\text{-}16)$$

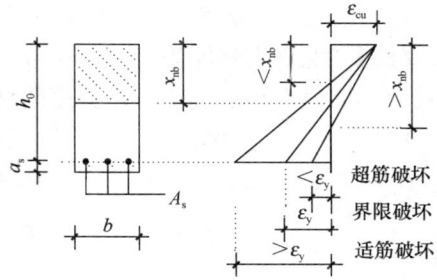

图 4-18 受压区高度与破坏形态

注意到适筋破坏与超筋破坏的特征，二者的共同点在于截面破坏的标志均为混凝土压坏，即截面受压边缘的混凝土达到其极限压应变值 ε_{cu}；二者的不同点在于当压区混凝土压坏时受拉钢筋是否达到屈服，即截面受拉钢筋的应变 ε_s 是否达到 ε_y。

可见，当受压边缘的混凝土达到 ε_{cu} 时，若截面的中和轴高度 $x_n \leqslant x_{nb}$，则有 $\varepsilon_s \geqslant \varepsilon_y$，表明受拉钢筋屈服，为适筋破坏；反之，若此时的截面中和轴高度 $x_n > x_{nb}$，则有 $\varepsilon_s < \varepsilon_y$，表明受拉钢筋没有屈服，为超筋破坏。

已如前述，受弯构件按矩形压应力图形表达的截面受压区高度 x，与其截面中和轴高度 x_n 有换算关系：$x = \beta_1 x_n$。同理，受弯构件的截面界限受压区高度 x_b，与其截面界限中和轴高度 x_{nb} 有换算关系：$x_b = \beta_1 x_{nb}$。

这样，可写出界限相对受压区高度 ξ_b 的表达式如下：

$$\begin{aligned}
\xi_b &= x_b / h_0 \\
&= \beta_1 x_{nb} / h_0 \\
&= \beta_1 \varepsilon_{cu} / (\varepsilon_{cu} + \varepsilon_y) \\
&= \beta_1 / (1 + \varepsilon_y / \varepsilon_{cu}) \quad (4\text{-}17)
\end{aligned}$$

当混凝土强度等级不超过 C50、配置普通钢筋时，按式（4-17）计算可得截面界限相对受压区高度见表 4-9。

建筑工程界限相对受压区高度 ξ_b 表 4-9

钢筋种类	HPB300	HRB335	HRB400	HRB500
f_y (N/mm²)	270	300	360	435
E_s (N/mm²)	2.1×10^5	2.0×10^5	2.0×10^5	2.0×10^5
$\varepsilon_y = f_y / E_s$	0.0013	0.0015	0.0018	0.0022
ξ_b	0.576	0.55	0.518	0.482

由此可认为：

当 $\xi \leqslant \xi_b$（即 $x \leqslant x_b$）时，$\varepsilon_s \geqslant \varepsilon_y$，表明受拉钢筋应力达到 f_y，为适筋破坏；

当 $\xi > \xi_b$（即 $x > x_b$）时，$\varepsilon_s < \varepsilon_y$，表明受拉钢筋应力未达 f_y，为超筋破坏。

相对受压区高度 ξ 反映的是构件截面实际配筋量，界限相对受压区高度 ξ_b 反映的是构件截面界限配筋量。当构件截面实际配筋量多于界限配筋量时，破坏时所配钢筋的强度不能充分利用（$\varepsilon_s < \varepsilon_y$，$\sigma_s < f_y$），适筋梁的设计可通过控制 $\xi \leqslant \xi_b$ 的条件实现。

【例题 4-2】 试确定采用不大于 C50 的混凝土制作的受弯构件，当采用下列钢筋时的截面界限相对受压区高度。

（1）HPB300 钢筋；（2）HRB335 钢筋；（3）HRB400 钢筋；（4）HRB500 钢筋。

【解】 混凝土强度等级≤C50：$\beta_1=0.8$，混凝土极限压应变 $\varepsilon_{cu}=0.0033$。按 ξ_b 的表达式，其取值大小取决于所用钢筋的材料性能指标 f_y 与 E_s。

（1）HPB300 钢筋

$$f_y = 270\text{N/mm}^2, E_s = 2.1\times10^5\text{N/mm}^2, \varepsilon_y = f_y/E_s = 270/2.1\times10^5 = 0.0013$$

$$\xi_b = 0.8\times0.0033/(0.0033+0.0013) = 0.576$$

（2）HRB335 钢筋

$$f_y = 300\text{N/mm}^2, E_s = 2.0\times10^5\text{N/mm}^2, \varepsilon_y = f_y/E_s = 300/2.0\times10^5 = 0.0015$$

$$\xi_b = 0.8\times0.0033/(0.0033+0.0015) = 0.55$$

（3）HRB400 钢筋

$$f_y = 360\text{N/mm}^2, E_s = 2.0\times10^5\text{N/mm}^2, \varepsilon_y = f_y/E_s = 360/2.0\times10^5 = 0.0018$$

$$\xi_b = 0.8\times0.0033/(0.0033+0.0018) = 0.518$$

（4）HRB500 钢筋

$$f_y = 435\text{N/mm}^2, E_s = 2.0\times10^5\text{N/mm}^2, \varepsilon_y = f_y/E_s = 300/2.0\times10^5 = 0.0022$$

$$\xi_b = 0.8\times0.0033/(0.0033+0.0022) = 0.482$$

【思考与提示】（1）本例采用的混凝土强度等级不大于 C50，β_1 取为 0.8，混凝土极限压应变 $\varepsilon_{cu}=0.0033$。

（2）若采用的混凝土强度等级为 C50～C80，β_1 取值按 0.8～0.74 内插确定，混凝土极限压应变 $\varepsilon_{cu}=0.0033-(f_{cu,k}-50)\times10^{-5}$。

【例题 4-3】 【例题 4-1】所示一钢筋混凝土单筋矩形截面梁，$b\times h=200\text{mm}\times450\text{mm}$，处室内正常环境。采用 C25 混凝土，纵向受拉钢筋采用 HRB400，$A_s=603\text{mm}^2$（3 Φ 16）。箍筋直径为 8 mm。

要求：试确定其截面受压区高度 x，界限受压区高度 x_b。

【解】 C25 混凝土（$f_c=11.9\text{N/mm}^2$，$f_t=1.43\text{N/mm}^2$）；按规范规定，一类环境下采用不小于 C30 的钢筋混凝土梁，保护层厚度 $c=20\text{mm}$。本例，混凝土强度等级为 C25，保护层厚度应按增加 5mm，取 $c=25\text{mm}$；HRB400 钢筋（$f_y=360\text{N/mm}^2$），$\xi_b=0.518$。

$$a_s = c+d_v+d/2 = 25+8+16/2 = 41\text{mm}$$

$$h_0 = h-a_s = 450-41 = 409\text{mm}$$

$$x = \frac{f_y A_s}{\alpha_1 f_c b} = \frac{360\times603}{1.0\times11.9\times200} = 91.21\text{mm}$$

$$x_b = \xi_b h_0 = 0.518\times409 = 212\text{mm}$$

【思考与提示】（1）本例根据已知配筋条件计算，有效高度取 $h_0=409\text{mm}$；若按前述计算式，可得 $h_0=h-a_s=450-40=410\text{mm}$，计入因混凝土强度等级偏低而增加的保护层厚度 5mm，有效高度 h_0 为 405mm；

（2）由表 4-9 可见，界限相对受压区高度 $\xi_b=0.518$，参见【例题 4-2】；

（3）本例 x（$=91.21$mm）$<x_b$（$=212$mm），说明此梁为适筋梁。

公路桥涵工程规定

公路桥涵工程的构件截面相对界限受压区高度 ξ_b 见表 4-10。

公路桥涵工程界限相对受压区高度 ξ_b 表 4-10

		C50 及以下	C55、C60	C65、C70	C75、C80
普通钢筋	R235	0.62	0.60	0.58	—
	HRB335	0.56	0.54	0.52	—
	HRB400、RL400	0.53	0.51	0.49	—
预应力钢筋	钢绞线、钢丝	0.40	0.38	0.36	0.35
	精螺纹钢筋	0.40	0.38	0.36	

4.2.4.4 适用条件 $A_s \leqslant \rho_{max}bh_0$ 及其关联表达式

为了防止超筋破坏，受弯构件正截面受弯承载力计算时必须满足适用条件 $A_s \leqslant \rho_{max}bh_0$，即 $\rho \leqslant \rho_{max}$，受拉钢筋的最大配筋率 ρ_{max} 可由界限相对受压区高度 ξ_b 表出。

由截面受弯承载力基本计算公式（4-12a）：

$$\alpha_1 f_c b\, x = f_y A_s$$

改写为

$$\frac{A_s}{bh_0} = \frac{\alpha_1 f_c x}{f_y h_0} = \alpha_1 f_c \xi / f_y \qquad (4\text{-}18)$$

即

$$\rho = \alpha_1 f_c \xi / f_y \qquad (4\text{-}19)$$

截面的配筋率 ρ 与其受压区高度 x 有关，也就是说，ρ 与截面的相对受压区高度 ξ 有关。

当截面为界限破坏时，有

$$\rho_{max} = \alpha_1 f_c \xi_b / f_y \qquad (4\text{-}20)$$

ξ_b 由式（4-17）确定，按上式可定 ρ_{max}。当 $\xi \leqslant \xi_b$，即 $x \leqslant x_b$，有 $\rho \leqslant \rho_{max}$；同理，当 $\rho \leqslant \rho_{max}$，即有 $\xi \leqslant \xi_b$ 与 $x \leqslant x_b$。这样，为避免出现超筋破坏，要求按 $\rho \leqslant \rho_{max}$ 的验算控制，也可通过按 $\xi \leqslant \xi_b$ 或 $x \leqslant x_b$ 的验算来实现。

再则，由截面受弯承载力基本计算公式（4-12b）：$M_u = \alpha_1 f_c b\, x\, (h_0 - x/2)$

改写为

$$M_u = \alpha_1 f_c b\, h_0{}^2 \xi(1 - \xi/2)$$

$$= \alpha_1 f_c b\, h_0{}^2 \alpha_s \qquad (4\text{-}21)$$

令 $\alpha_s = \xi(1 - \xi/2)$，称之为截面抵抗矩系数，其取值与 ξ 相关。

当 $\rho = \rho_{max}$ 时，即 $\xi = \xi_b$，有截面受弯承载力极限值 M_{umax}，即

$$M_{umax} = \alpha_1 f_c b\, x_b(h_0 - x_b/2)$$

$$= \alpha_1 f_c b\, h_0{}^2 \xi_b(1 - \xi_b/2) \qquad (4\text{-}22)$$

令 $\alpha_{sb} = \xi_b(1 - \xi_b/2)$，称之为界限截面抵抗矩系数值，其取值与 ξ_b 相关。则 M_{umax} 可写成

$$M_{umax} = \alpha_1 f_c b h_0{}^2 \alpha_{sb} \qquad (4\text{-}23)$$

这样，要求按 $\rho \leqslant \rho_{max}$ 的验算控制，也可通过按 $\alpha_s \leqslant \alpha_{sb}$ 或 $M \leqslant M_{umax}$ 的验算来实现。

综上所述，可将防止超筋破坏的适用条件及其关联表达式一并列出如下：

（1）$\rho \leqslant \rho_{max}$；

（2）$\xi \leqslant \xi_b$；

(3) $x \leqslant x_b = \xi_b h_0$;

(4) $\alpha_s \leqslant \alpha_{sb}$;

(5) $M \leqslant M_{umax}$。

不难理解，由于参数的关联性，上述诸项只是表达的形式不同而已。实际应用时，可根据计算方便，从中选择一项验算即可。

当混凝土强度等级不超过 C50、配置普通钢筋时，界限配筋率 ρ_{max} 及界限抵抗矩系数 α_{sb} 见表 4-11。

界限配筋率 ρ_{max} 及界限抵抗矩系数 α_{sb}（≤C50）　　　　　表 4-11

钢筋种类	HPB300	HRB335	HRB400、RRB400	HRB500
f_y（N/mm²）	270	300	360	435
ξ_b	0.576	0.550	0.518	0.482
ρ_{max}	0.213%f_c	0.183%f_c	0.144%f_c	0.111%f_c
α_{sb}	0.410	0.399	0.384	0.366

4.2.4.5　ρ_{min} 的确定

由试验研究可知，受弯构件的少筋破坏特征是一裂即坏，或者说是破坏时截面的极限弯矩 M_u 小于截面开裂弯矩（$M_u < M_{cr}$）。按试验梁的第一阶段末（Ⅰa）截面应力分布图示，拉区边缘的混凝土即将开裂，而受拉钢筋的应力不大，截面处于将裂未裂状态，对应的截面弯矩为 M_{cr}。开裂出现时，加载下的截面弯矩值不变（$= M_{cr}$），而截面的应力分布随即发生变化，拉区混凝土因开裂而不再受力，受拉钢筋因混凝土退出而应力突增。此时，受拉钢筋若配置过少，则待裂缝出现后，随即屈服，甚至进入强化阶段，截面的极限弯矩 M_u 不足于维持截面的开裂弯矩 M_{cr}，导致截面拉坏，即少筋破坏。

理论上，截面最小配筋 ρ_{min} 按 $M_u = M_{cr}$ 确定。M_{cr} 为钢筋混凝土梁的截面开裂弯矩，可按第一阶段末（Ⅰa）截面应力分布图计算确定；M_u 为钢筋混凝土梁的截面极限弯矩，可根据第三阶段末（Ⅲa）截面应力分布图计算确定，M_u 的解析表达即如式（4-9）所示，或由混凝土设计规范的正截面受弯承载力基本公式（4-12）表示。

《混凝土结构设计规范》规定，受弯构件受拉钢筋的最小配筋百分率 ρ_{min}，按 0.2% 和 $0.45 f_t/f_y$ 两值中的较大值取用，规范在规定此值时还考虑了收缩、温度等影响因素。

公路桥涵工程规定

《公路钢筋混凝土及预应力混凝土桥涵设计规范》规定，受弯构件受拉钢筋的最小配筋百分率 ρ_{min}，按 0.2% 和 $0.45 f_{td}/f_{sd}$ 两值中的较大值取用，

【思考与提示】　（1）按《混凝土结构设计规范》规定，矩形截面梁板按 $\rho \geqslant \rho_{min}$ 验算时，$\rho = A_s/bh$，ρ_{min} 为规范规定值；当截面配筋率按式 $\rho = \dfrac{A_s}{bh_0}$ 计算时，则验算条件为 $\rho \geqslant \rho_{min} h/h_0$。

（2）《混凝土结构设计规范》和《公路钢筋混凝土及预应力混凝土桥涵设计规范》在截面最小配筋率值计算时是有区别的，前者按 $\rho_{min} = \dfrac{A_{smin}}{bh}$ 给出，而后者按 $\rho_{min} = \dfrac{A_{smin}}{bh_0}$ 计算。但注意，在其余情况下配筋率的定义都是相同的，即 $\rho = A_s/bh_0$。

4.2.4.6　受弯承载力与配筋率之间的关系（M_u-ρ）

将截面配筋率表达式 $\rho = \dfrac{A_s}{bh_0}$ 代入截面受弯承载力基本计算公式，可写出 M_u 与 ρ 的关

系式如下：$M_u = f_y A_s (h_0 - x/2)$

$$= f_y \rho b h_0 \left(h_0 - \frac{\rho f_y}{2\alpha_1 f_c} h_0 \right)$$

$$= f_y \rho b h_0^2 \left(1 - \frac{\rho f_y}{2\alpha_1 f_c} \right) \tag{4-24}$$

上述方程反映的 M_u 与 ρ 变化规律如图 4-19 所示。考虑到截面承载力 M_u 计算公式的适用条件，可知：

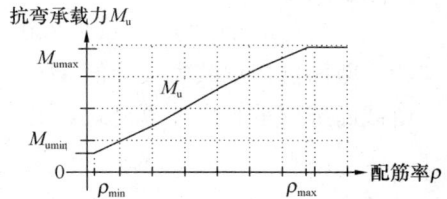

图 4-19　M_u-ρ

（1）当 $\rho_{min} h/h_0 \leqslant \rho \leqslant \rho_{max}$ 时，受弯承载力 M_u 随 ρ 增加而增大。当设计截面承载力时，可根据要求的 M_u 选择对应的 ρ；当复核截面承载力时，可根据已知的 ρ 确定 M_u。

（2）当 $\rho > \rho_{max}$ 时，因截面破坏时受拉钢筋达不到其受拉强度，故一般可认为，此时受弯承载力 M_u 不因 ρ 的增加而增大。当设计截面承载力时，若 M_u 大于与 ρ_{max} 对应的截面承载力 $M_{u\,max}$，说明应修改截面尺寸，或采用在截面的受压区增设受压钢筋的双筋截面设计。当复核截面承载力时，M_u 一般可按与 ρ_{max} 对应的截面承载力 M_{umax} 取值，并应注意，当超载时可能出现的超筋破坏特征。

（3）当 $\rho < \rho_{min} h/h_0$ 时，截面的受弯承载力 M_u 低于截面的开裂弯矩 M_{cr}。当设计截面承载力时，若 $\rho < \rho_{min}$，应按 ρ_{min} 配筋；当复核截面承载力时，若 $\rho < \rho_{min}$，则属少筋梁，工程上不能采用。

4.2.5　受弯承载力设计方法

由第 2 章极限状态设计表达式 $\gamma_0 S \leqslant R$，钢筋混凝土受弯构件单筋矩形截面受弯承载力的设计表达式为

$$\gamma_0 M \leqslant M_u$$

以下就截面受弯承载力复核与设计两方面的问题分别讨论。

4.2.5.1　截面承载力确定（截面复核）

【问题】　当截面的尺寸、截面配筋及材料强度为已知时，确定截面受弯承载力 M_u。

【分析】　根据单筋截面受弯承载力基本计算公式，M_u 可由式（4-12b）或式（4-12c）表出。按题示已知条件，确定 M_u 的问题在于先确定截面受压区高度 x。

【解法】　将已知各项参数代入基本计算公式（4-12a），求出受压区高度 x；在满足适用条件的前提下，可确定 M_u。应满足的适用条件：$\rho \leqslant \rho_{max}$ 或其关联表达式，$\rho \geqslant \rho_{min} h/h_0$。

【提示】　按基本计算公式（4-12b）或式（4-12c）表出的 M_u 是截面受弯承载力的设计值。验算适用条件时，可根据情况选择合适的表达式。

【例题 4-4】　一钢筋混凝土单筋矩形截面梁，$b \times h = 200\text{mm} \times 450\text{mm}$。采用 C25 混凝土，纵向受拉钢筋采用 HRB400，$A_s = 603\text{mm}^2$（3 Φ 16），$\gamma_0 = 1$。截面配筋图参见【例题 4-1】。

要求：按单筋截面确定该梁的截面抗弯承载力 M_u。

【解】　$h_0 = 409\text{mm}$（参见【例题 4-3】）。

C25 混凝土（$f_c = 11.9\text{N/mm}^2$，$f_t = 1.27\text{N/mm}^2$），HRB400 钢筋（$f_y = 360\text{N/mm}^2$），

$\xi_b = 0.518$。

(1) 截面配筋率验算

最小配筋率 $\rho_{min} = \max(0.2\%, 0.45f_t/f_y = 0.45 \times 1.27/360 = 0.158\%) = 0.2\%$

最大配筋率 $\rho_{max} = \alpha_1 \xi_b f_c/f_y = 1.0 \times 0.518 \times 11.9/360 = 1.71\%$

实际配筋率 $\rho = A_s/bh_0 = 603/200 \times 409 = 0.74\% < \rho_{max}$

$\qquad \rho = A_s/bh = 603/200 \times 450 = 0.67\% > \rho_{min}$，属适筋梁截面

(2) 截面抗弯承载力设计值 M_u

由截面抗弯承载力计算公式，受压区高度 x：

$$x = \frac{f_y A_s}{\alpha_1 f_c b}$$
$$= \frac{360 \times 603}{1.0 \times 11.9 \times 200}$$
$$= 91.21 \text{mm}$$

截面抗弯承载力 M_u：

$$M_u = f_y A_s (h_0 - x/2)$$
$$= 360 \times 603 \times (409 - 91.21/2)$$
$$= 78.89 \times 10^6 = 78.89 \text{kN} \cdot \text{m}$$

【思考与提示】 (1) 本例的适用条件也可采用 $x \leqslant x_b$ 验算之，即 $x_b = \xi_b h_0 = 0.518 \times 409 = 212 \text{mm}$，$x = 91.2 \text{mm} < x_b$；

(2) 同理，也可采用 $M_u \leqslant M_{umax}$ 验算之，即 $M_{umax} = 1.0 \times 11.9 \times 200 \times 409^2 \times 0.384 = 152.88 \text{kN} \cdot \text{m}$，$M_u = 78.89 \text{kN} \cdot \text{m} < M_{umax}$。

4.2.5.2 截面承载力设计（截面设计）

【问题】 当截面尺寸、材料强度及弯矩设计值 M 为已知时，确定纵向受拉钢筋截面积 A_s。

【分析】 根据单筋截面受弯承载力基本计算公式，按题示已知条件，未知数有两个，即 A_s 与 x。独立的基本公式（方程）数也是两个，故问题可解。令 $M_u = M$，联列基本计算公式，将已知各项参数代入，求出受压区高度 x；在满足适用条件的前提下，可确定 A_s。

计算时，由选择联列基本计算公式的不同，可分为方法 1 与方法 2。

【方法 1】 联列基本计算公式（4-12a）、（4-12b）的求解步骤

(1) 由式 $M = \alpha_1 f_c bx(h_0 - x/2)$，求得 x；

(2) 由式 $\alpha_1 f_c bx = f_y A_s$，求得 A_s；

(3) 验算适用条件。

【方法 2】 联列基本计算公式（4-12b）、（4-12c）的求解步骤

(1) 由式 $M = \alpha_1 f_c bx(h_0 - x/2)$，求得 x；

(2) 由式 $M = f_y A_s (h_0 - x/2)$，求得 A_s；

(3) 验算适用条件。

【提示 1】 方法 1 与方法 2 的求解步骤 (1) 相同，即由式 $M = \alpha_1 f_c bx(h_0 - x/2)$ 求解 x，其实就是求解 x 的一元二次方程。将基本计算公式 (2) 化成 $ax^2 + bx + c = 0$，可利

用求根公式：$x_{1,2} = \dfrac{-b \pm \sqrt{b^2 - 4ac}}{2a}$。

$$M/\alpha_1 f_c b = x(h_0 - x/2) = xh_0 - x^2/2$$

即

$$x^2 - 2h_0 x + 2M/\alpha_1 f_c b = 0$$

$$x_{1,2} = h_0 \pm h_0 \sqrt{1 - 2\frac{M}{\alpha_1 f_c b h_0^2}}$$

按其物理意义，$x \leqslant h_0$，则取

$$x = h_0 \left[1 - \sqrt{1 - 2\frac{M}{\alpha_1 f_c b h_0^2}} \right]$$

求得 x 后，按上述方法 1、2 各自的求解步骤（2）可确定 A_s。

【提示 2】 为使计算简化，下面，将求解 x 的过程参数化。

令 $\alpha_s = \dfrac{M}{\alpha_1 f_c b h_0^2}$，则

$$x = h_0(1 - \sqrt{1 - 2\alpha_s})$$

令 $\xi = x/h_0, x = \xi h_0$，则

$$\xi = 1 - \sqrt{1 - 2\alpha_s}$$

令 $\gamma_s = (1 - \xi/2)$，有

$$(h_0 - x/2) = h_0 \left(1 - \frac{x}{2h_0} \right)$$

$$= h_0(1 - \xi/2) = \gamma_s h_0$$

式中，α_s 为截面抵抗矩系数，ξ 为截面相对受压区高度，γ_s 为截面力矩臂系数。

显见，ξ、α_s、γ_s 三者互为函数关系：

$$\xi(\alpha_s) = 1 - \sqrt{1 - 2\alpha_s} \tag{4-25a}$$

$$\alpha_s(\xi) = \xi(1 - \xi/2) \tag{4-25b}$$

$$\gamma_s(\alpha_s) = (1 + \sqrt{1 - 2\alpha_s})/2 \tag{4-25c}$$

$$\gamma_s(\xi) = 1 - \xi/2 \tag{4-25d}$$

将方法 1 与方法 2 的求解公式改由 ξ、α_s、γ_s 表达，相应地，将求解步骤改写如下。
与之对应，防止超筋破坏的适用条件也按参数表达式验算，即 $\alpha_s \leqslant \alpha_{sb}$，或 $\xi \leqslant \xi_b$。

【方法 1】 （1）$\alpha_s = M/\alpha_1 f_c b h_0^2$

（2）$\xi = 1 - \sqrt{1 - 2\alpha_s}$

（3）$A_s = \alpha_1 f_c b x/f_y = \alpha_1 f_c b \xi h_0 / f_y$

（4）验算适用条件。

【方法 2】 （1）$\alpha_s = M/\alpha_1 f_c b h_0^2$

（2）$\gamma_s = (1 + \sqrt{1 - 2\alpha_s})/2$

（3）$A_s = \dfrac{M}{f_y \gamma_s h_0}$

（4）验算适用条件。

【思考与提示】 ξ、α_s、γ_s 的函数关系已编制成表，计算时可查表确定，故此法也称

为查表法。现在由于计算器的普及，人们一般习惯于直接按 ξ、α_s、γ_s 的函数关系式求值。

【例题 4-5】 一钢筋混凝土矩形截面简支楼盖梁，$b \times h = 200\text{mm} \times 450\text{mm}$，计算跨度 $l_0 = 5.2\text{m}$。梁上作用永久荷载标准值 $g_k = 12\text{kN/m}$；可变荷载标准值 $q_k = 14\text{kN/m}$。混凝土强度等级 C30。采用 HRB400 级钢筋。环境类别一类。

要求：按正截面承载力计算纵筋 A_s，绘截面配筋图。

【解】 C30 混凝土（$f_c = 14.3\text{N/mm}^2$，$f_t = 1.43\text{N/mm}$），HRB400（$f_y = 360\text{N/mm}^2$，$E_c = 2.0 \times 10^5\text{N/mm}^2$），$\alpha_{sb} = 0.384$。

（1）按正截面承载力计算受力钢筋 A_s

1）跨中截面的设计弯矩

可变荷载效应控制的组合

$$M = (\gamma_g g_k + \gamma_Q q_k) l^2/8 = (1.2 \times 12 + 1.4 \times 14) \times 5.2^2/8 = 114.92\text{kN} \cdot \text{m}$$

永久荷载效应控制的组合

$$M = (\gamma_g g_k + \psi_{c1} \gamma_{Q1} q_k) l^2/8 = (1.35 \times 12 + 0.7 \times 1.4 \times 14) \times 5.2^2/8 = 101.13\text{kN} \cdot \text{m}$$

最大弯矩设计值

$$M = \max(114.92, 101.13) = 114.92\text{kN} \cdot \text{m}$$

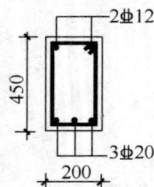

图 4-20 【例题 4-5】
截面配筋

2）配筋计算

$$h_0 = h - a_s = 450 - 40 = 410\text{mm}$$

$$\alpha_s = \frac{M}{\alpha_1 f_c b h_0^2}$$

$$= \frac{114.92 \times 10^6}{1.0 \times 14.3 \times 200 \times 410^2} = 0.239 < \alpha_{sb} = 0.384$$

$$\gamma_s = (1 + \sqrt{1 - 2\alpha_s})/2$$

$$= (1 + \sqrt{1 - 2 \times 0.239})/2 = 0.861$$

$$A_s = \frac{M}{f_y \gamma_s h_0} = \frac{114.92 \times 10^6}{360 \times 0.861 \times 410} = 904\text{mm}^2$$

选用 3 Φ 20（$A_s = 942\text{mm}^2$）

$$\rho_{min} = \max(0.2\%, 0.45 f_t/f_y = 0.45 \times 1.43/360 = 0.178\%)$$

$$= 0.2\%$$

$$\rho = \frac{A_s}{bh} = \frac{942}{200 \times 450} = 1.05\% > \rho_{min}$$

（2）截面配筋如图 4-20 所示。

【思考与提示】（1）本例取 $\alpha_{sb} = 0.384$，见表 4-11；适用条件按 $\alpha_s \leqslant \alpha_{sb}$ 验算，也可改由其他关联条件验算。

（2）图示截面配筋中的 2Φ12 为按构造配置的架立钢筋；箍筋系示意绘之，其具体配置须按斜截面受剪承载力设计确定。

【例题 4-6】

如图 4-21 所示建筑物楼面为预制钢筋混凝土梁板结构。板长 $L = 3\text{m}$，板宽 $b = 0.9\text{m}$，板厚 $h = 0.1\text{m}$；砖墙厚 240mm，板伸入墙体 1/2 墙厚；楼面梁跨 $L_1 = 6\text{m}$，截面尺寸 $b \times h =$

250mm×500mm。板面做法为 20mm 厚水泥砂浆（$\gamma=20\text{kN/m}^3$），板底为 20mm 厚石灰砂浆（$\gamma=17\text{kN/m}^3$）。使用活载为 2kN/m^2。采用 C25 混凝土，HPB300 钢筋。一类环境类别。

要求：（1）按正截面受弯承载力设计楼面板配筋；
（2）绘楼面板截面配筋图。

【解】 板长 $L=3\text{m}$，板伸入墙体 1/2 墙厚，搁置于梁面 1/2 梁宽。板计算跨度 l_0 一般可按支承中心间距离计，$l_0=3-0.12/2-（0.25/2）/2=2.878\text{m}$。

（1）材料指标

C25 混凝土（$f_c=11.9\text{N/mm}^2$，$f_t=1.27\text{N/mm}^2$），HPB300（$f_y=270\text{N/mm}^2$），$\xi_b=0.576$。

（2）荷载计算

水泥砂浆面层　$20\times0.02=0.4\text{kN/m}^2$
钢筋混凝土板　$25\times0.10=2.5\text{kN/m}^2$
板底石灰砂浆　$17\times0.02=0.34\text{kN/m}^2$
　　　　　　　$=3.24\text{kN/m}^2$

恒载　$g_k=3.24\times0.9=2.92\text{kN/m}$
活载　$q_k=2\times0.9=1.8\text{kN/m}$

（3）跨中截面的设计弯矩

可变荷载效应控制的组合

$$M=（\gamma_G g_k+\gamma_Q q_k）l_0^2/8$$
$$=（1.2\times2.92+1.4\times1.8）\times2.878^2/8=6.24\text{kN·m}$$

永久荷载效应控制的组合

$$M=（\gamma_G g_k+\psi_{c1}\gamma_{Q1}q_k）l_0^2/8$$
$$=（1.35\times2.92+0.7\times1.4\times1.8）\times2.878^2/8=5.91\text{kN·m}$$

最大弯矩设计值

$$M=\max（6.24,5.91）=6.24\text{kN·m}$$

（4）配筋计算

按前述，混凝土强度等级大于 C25 时，一类环境下的板保护层厚度按 $c=15\text{mm}$ 计，$a_s=20\text{mm}$。本例为 C25 混凝土，混凝土保护层厚度应增加 5mm，即 $a_s=25\text{mm}$。

$$h_0=h-a_s=100-25=75\text{mm}$$

$$\alpha_s=\frac{M}{\alpha_1 f_c b h_0^2}$$

$$=\frac{6.24\times10^6}{1.0\times11.9\times900\times75^2}=0.104<\alpha_{sb}=0.410$$

$$\gamma_s=（1+\sqrt{1-2\alpha_s}）/2$$

$$=（1+\sqrt{1-2\times0.104}）/2=0.945$$

$$A_s=\frac{M}{f_y\gamma_s h_0}$$

$$=\frac{6.24\times10^6}{270\times0.945\times75}=326\text{mm}^2$$

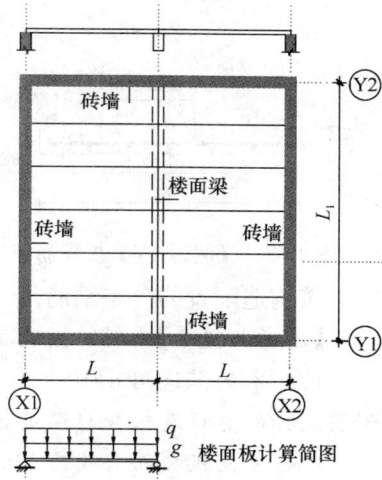

图 4-21　【例题 4-7】楼面

砖墙　楼面梁　砖墙　砖墙　砖墙　L_1　L　L　Y2　Y1　X1　X2　q　g　楼面板计算简图

选用 7φ8 （$A_s = 352\text{mm}^2 > 326\text{mm}^2$）

$$\rho_{min} = \max(0.2\%, 0.45 f_t / f_y = 0.45 \times 1.27/270 = 0.211\%) = 0.211\%$$

$$\rho = \frac{A_s}{bh} = \frac{352}{900 \times 100} = 0.391\% > \rho_{min}$$

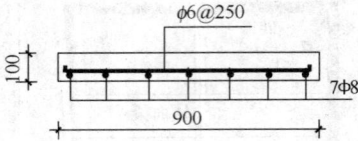

图 4-22　【例题 4-6】板配筋图

（5）绘截面配筋图

钢筋净间距 $= (b - 2c - 7d)/6$

$= (900 - 2 \times 20 - 7 \times 8)/6$

$= 134\text{mm} < s_{max} = 200\text{mm}$

实际选用 7φ8（满足要求），图 4-22 示 φ6@250 为按构造配置的分布钢筋。

【思考与提示】　（1）按混凝土保护层的定义，板的分布筋直径对 a_s 取值无影响。

（2）本例若选用 5φ10（$A_s = 393\text{mm}^2 > 326\text{mm}^2$），是否可行？当钢筋截面积一定时，配筋选择的直径及根数应满足相关的构造要求。

（3）本例板截面若改为 $b \times h = 900\text{mm} \times 80\text{mm}$，或采用 $b \times h = 900\text{mm} \times 120\text{mm}$，配筋量则相应变化。

【例题 4-7】　（公路桥涵工程）

处于 I 类环境下的一中型桥桥面梁，截面尺寸 $b \times h = 250\text{mm} \times 500\text{mm}$，跨中最大弯矩组合设计值 $M_d = 190\text{kN} \cdot \text{m}$，$\gamma_0 = 1.0$，采用 C30 混凝土和 HRB400 钢筋。

要求：按单筋截面确定纵向受力钢筋配置。

【解】　假定受力钢筋按一排布置，混凝土保护层厚 30mm，则

$$h_0 = h - a_s = 500 - 40 = 460\text{mm}$$

按附表，$f_{cd} = 13.8\text{N/mm}^2$；按附表，$f_{sd} = 330\text{N/mm}^2$；按表 4-10，$\xi_b = 0.53$。

$$\alpha_s = \frac{\gamma_0 M}{f_{cd} b h_0^2}$$

$$= \frac{1.0 \times 190 \times 10^6}{1.0 \times 13.8 \times 250 \times 460^2} = 0.260$$

$$\xi = 1 - \sqrt{1 - 2\alpha_s}$$

$$= 1 - \sqrt{1 - 2 \times 0.260} = 0.307 < \xi_b = 0.53$$

$$A_s = \frac{f_{cd} b \xi h_0}{f_{sd}}$$

$$= \frac{13.8 \times 250 \times 0.307 \times 460}{330}$$

$$= 1476\text{mm}^2$$

选用 4Φ22（$A_s = 1520\text{mm}^2 > 1476\text{mm}^2$）

$$\rho = \frac{A_s}{bh_0} = \frac{1520}{250 \times 460}$$

$$= 1.32\% > \rho_{min} = 0.2\%$$

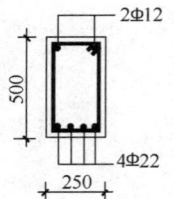

图 4-23　【例题 4-7】梁配筋图

绘截面配筋图（图 4-23）。

4.3 单筋 T 形截面梁正截面受弯承载力

本节讨论钢筋混凝土单筋 T 形截面梁受弯承载力的设计计算问题，其截面特征为 T 形且翼缘位于受压区，仅受拉区配有纵向受拉钢筋。

图 4-24 表示 T 形截面的形成。由前述单筋矩形截面受弯承载力的讨论可知，由于截面破坏前，拉区混凝土的大部分已开裂，不再承受拉力，故对破坏时截面能承受的极限弯矩，即对截面受弯承载力没有贡献。因此，为了节约材料，设计时可以把矩形截面受拉区的部分混凝土除去，只保留部分作为受压区

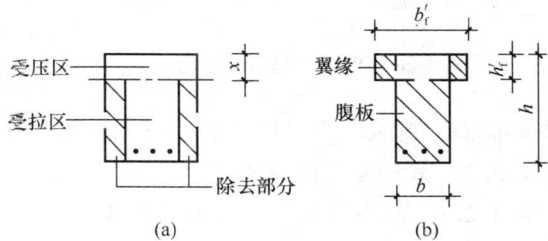

图 4-24 T 形截面形成

与受拉区的联系，并用以固定和保护受拉纵筋。如图 4-24 所示，T 形截面的凸出板面的部分称为腹板，板伸出腹板的部分称为翼缘。b'_f 表示包括腹板宽度 b 在内的受压翼缘宽度，h'_f 表示受压翼缘高度。

T 形截面的受弯构件在实际工程中有广泛的应用（图 4-25）。常见的现浇钢筋混凝土桥梁（楼盖和屋盖），其桥面板（楼板）与梁整体浇筑而形成 T 形梁；吊车梁采用 T 形截面设计，其较宽的翼缘也符合安装吊车轨道的需要。槽形板的板与肋结合形成的倒 L 形截面，可按 T 形截面设计。此外，箱形截面梁、多孔截面板形成的工字形截面以及 T 形截面为配筋需要设受拉翼缘而形成的工字形截面，由于当截面破坏时，其受拉翼缘的混凝土不参加受力，也作为 T 形截面设计。

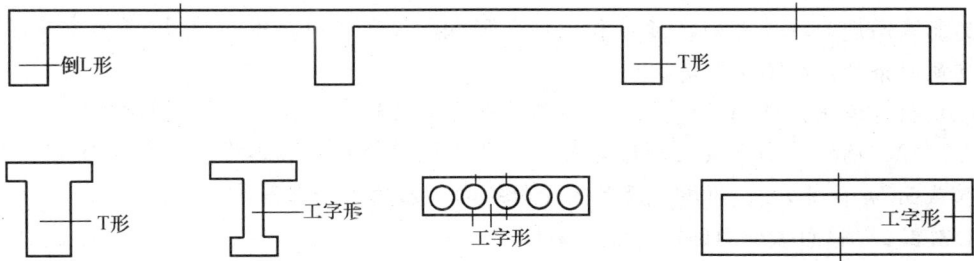

图 4-25 T 形与工字形截面

【思考与提示】 判断一个截面在计算其受弯承载力时是否按 T 形截面，不是看截面本身的形状，而是由其混凝土受压区的形状而定。从这个角度上讲，I、T、箱形和空心板梁，在承受正弯矩时，因其受压区的形状都是 T 形，故都可按 T 形截面计算。

4.3.1 两类 T 形截面

钢筋混凝土 T 形截面梁与矩形截面梁相比，除了截面形状不同外，试验表明的受力特点基本相同，具有类似的破坏过程与破坏特征，截面受弯承载力计算公式的形成方法也类同，采用了相同的计算假定。

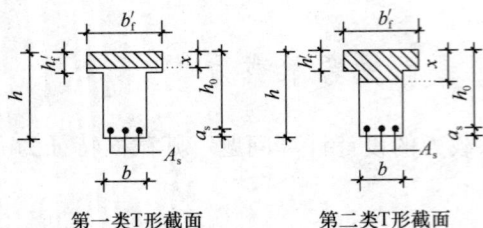

图 4-26　两类 T 形截面区分

T 形截面梁一般都设计成单筋。根据梁破坏时的截面受压区高度 x 与截面受压翼缘 h'_f 的相对位置，T 形截面可分为两类（图 4-26）：

当 $x \leqslant h'_f$ 时，为第一类 T 形截面；反之，当 $x > h'_f$ 时，为第二类 T 形截面。

下面分别讨论两类 T 形截面的承载力设计问题。由此得到的一般方法，也同样适用于 I 形截面、翼缘位于受压区的 L 形截面梁的受弯承载力设计。

4.3.2　第一类 T 形截面

4.3.2.1　基本计算公式与适用条件

（1）承载力计算图形

图 4-27 为第一类 T 形截面梁受弯承载力计算图形。

（2）基本计算公式

$$\Sigma N = 0 \qquad \alpha_1 f_c b'_f x = f_y A_s$$
$$(4\text{-}26\text{a})$$

$$\Sigma M = 0 \qquad M_u = \alpha_1 f_c b'_f \, x(h_0 - x/2)$$
$$(4\text{-}26\text{b})$$

（3）适用条件

1）$x \leqslant x_b = \xi_b h_0$；

2）$A_s \geqslant \rho_{min} bh$。

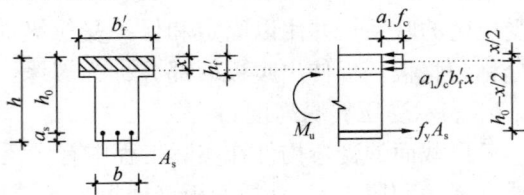

图 4-27　第一类 T 形截面梁受弯承载力计算图形

【思考与提示】　（1）与单筋矩形截面梁相同，设计第一类 T 形截面梁时也有两个适用条件。其中，验算适用条件 $x \leqslant x_b = \xi_b h_0$，是为了避免超筋破坏。由常用构件的截面高度与其翼缘高度的取值可知，当为第一类 T 形截面 $x \leqslant h'_f$ 时，截面的 A_s 不会太多，一般可以满足此条件，故不必验算。

（2）验算适用条件 $A_s \geqslant \rho_{min} bh$，是为了避免少筋破坏。如前所述，截面最小配筋 ρ_{min} 可按 $M_u \geqslant M_{cr}$ 确定。由于较之矩形截面，T 形截面增加的受压翼缘对开裂弯矩影响有限，故仍取截面 bh 计算，ρ_{min} 为规范规定的受拉纵向钢筋的最小配筋率。

4.3.2.2　截面承载力确定（截面复核）

【问题】　当截面尺寸、截面配筋、材料强度为已知时，确定截面受弯承载力 M_u。

【分析】　根据基本计算公式，按题示已知条件，确定 M_u 的问题在于先确定受压区高度 x。

【方法】　将作为已知条件的各项参数代入基本计算公式，可求出受压区高度 x；在满足适用条件的前提下，可确定 M_u。即

$$x = \frac{f_y A_s}{\alpha_1 f_c b'_f}$$

$$M_u = \alpha_1 f_c b'_f \, x(h_0 - x/2)$$

或

$$M_u = f_y A_s(h_0 - x/2)$$

【提示】　解法与单筋矩形截面相似，仅式中的 b 改为 b'_f 而已。按以上公式表达，求

得的 M_u 为截面受弯承载力的设计值。

4.3.2.3 截面承载力设计（截面设计）

【问题】 当截面尺寸、材料强度、荷载效应 M 为已知时，确定纵向受拉钢筋截面积 A_s。

【分析】 由于 $x \leqslant h'_f$，且不计受拉区混凝土对截面承载力的贡献，可将截面视作 $b'_f \times h$ 的矩形截面求解（图 4-28）。

【解法】 按查表法求解。令 $M_u = M$，将已知各项参数代入下列公式，在满足适用条件的前提下，可确定 A_s。

$$M = \alpha_1 f_c b'_f h_0{}^2 \alpha_s$$

$$M = f_y A_s h_0 \gamma_s$$

【提示】 求解过程与单筋矩形截面梁相似，仅式中的 b 改为 b'_f 而已。按承载能力极限状态要求设计时，M 为荷载效应设计值。

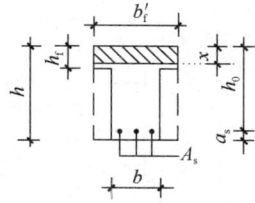

图 4-28 第一类 T 形截面（$b'_f \times h$）

4.3.3 第二类 T 形截面

4.3.3.1 基本计算公式与适用条件

（1）承载力计算图形

图 4-29 为第二类 T 形截面梁受弯承载力计算图形。

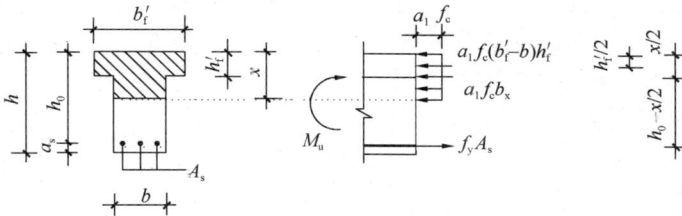

图 4-29 第二类 T 形截面梁受弯承载力计算图形

（2）基本计算公式

$$\Sigma N = 0 \qquad \alpha_1 f_c b x + \alpha_1 f_c (b'_f - b) h'_f = f_y A_s \tag{4-27a}$$

$$\Sigma M = 0 \qquad M_u = \alpha_1 f_c b x (h_0 - x/2) + \alpha_1 f_c (b'_f - b) h'_f (h_0 - h'_f/2) \tag{4-27b}$$

（3）适用条件

1）$x \leqslant x_b = \xi_b h_0$；

2）$A_s \geqslant \rho_{min} b h$。

【思考与提示】 同理，设计第二类 T 形截面梁时也有两个适用条件。其中，验算适用条件 $A_s \geqslant \rho_{min} b h$，是为了避免少筋破坏。当为第二类 T 形截面，即 $x > h'_f$ 时，截面的 A_s 不会太少，一般可以满足比条件，故不必验算。

4.3.3.2 截面受弯承载力构成特征、

为了认识第二类 T 形截面的受力特征，便于讨论其截面复核与设计的方法，故将基本计算公式按 $M_u = M_{u1} + M_{u2}$，$A_s = A_{s1} + A_{s2}$ 分解，改写如下，对应的截面计算图形见图 4-30。从图中易看出，第二类 T 形截面的受弯承载力构成特征。

97

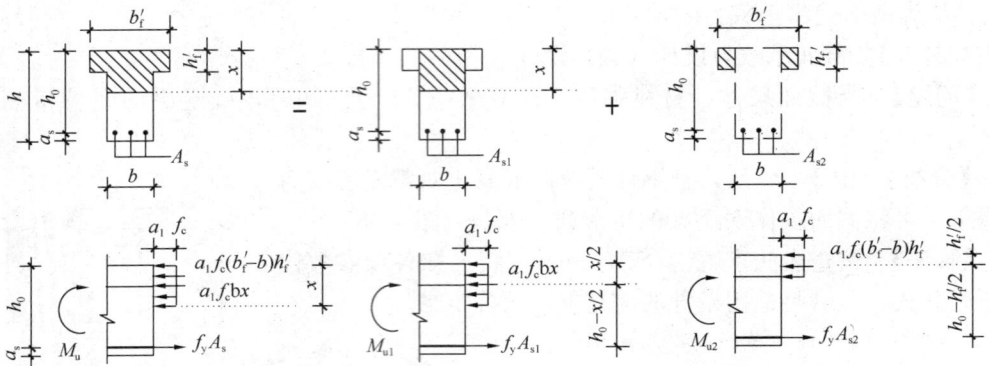

$C = C_1 + C_2$	$T = T_1 + T_2, A_s = A_{s1} + A_{s2}$	$C = T$	$M_u = M_{u1} + M_{u2}$
$C_1 = \alpha_1 f_c b\, x$	$T_1 = f_y A_{s1}$	$C_1 = T_1$	$M_{u1} = C_1 z_1 = C_1(h_0 - x/2) = T_1 z_1$
$C_2 = \alpha_1 f_c (b'_f - b) h'_f$	$T_2 = f_y A_{s2}$	$C_2 = T_2$	$M_{u2} = C_2 z_2 = C_2(h_0 - h'_f/2) = T_2 z_2$

图 4-30　第二类 T 形截面受弯承载力分解计算图形

下面，分别讨论第二类 T 形截面的受弯承载力复核与设计两方面的问题。

4.3.3.3　截面承载力确定（截面复核）

【问题】　当截面尺寸、截面配筋、材料强度为已知时，确定截面受弯承载力 M_u。

【分析】　根据截面受弯承载力基本计算公式及上述分解公式，确定 M_u 的问题在于先求出 M_{u1}、M_{u2}。将已知各项参数已知代入相应公式，在满足适用条件的前提下，可确定截面受弯承载力 M_u。

【解法】　（1）M_{u1}：$T = f_y A_s$，$C_2 = \alpha_1 f_c (b'_f - b) h'_f$，

$$x = \frac{T - C_2}{\alpha_1 f_c b}$$

$$M_{u1} = \alpha_1 f_c b\, x(h_0 - x/2);$$

（2）M_{u2}：$M_{u2} = \alpha_1 f_c (b'_f - b) h'_f (h_0 - h'_f/2)$；

（3）M_u：$M_u = M_{u1} + M_{u2}$。

【提示】　解法与单筋矩形截面相似，注意 M_u 的分解表达形式，及验算适用条件 $x \leqslant x_b$。

4.3.3.4　截面承载力设计（截面设计）

【问题】　当截面尺寸、材料强度、荷载效应 M 为已知时，确定纵向受拉钢筋截面积 A_s。

【分析】　按截面受弯承载力分解公式，$M = M_u = M_{u1} + M_{u2}$，$A_s = A_{s1} + A_{s2}$。因 $x > h'_f$，C_2 及 M_{u2} 可先求出；由 $C_2 = T_2$，定 A_{s2}；按 $M_{u1} = M - M_{u2}$，由 M_{u1} 求 A_{s1}；在满足适用条件的前提下，可得 $A_s = A_{s1} + A_{s2}$。

【解法】　（1）$A_{s2} = \alpha_1 f_c (b'_f - b) h'_f / f_y$

（2）$M_{u2} = C_2 z_2 = \alpha_1 f_c b'_f h'_f (h_0 - h'_f/2)$

（3）$M_{u1} = M - M_{u2}$，由 M_{u1} 求解 A_{s1}。当采用查表法时，有

$$M_{u1} = \alpha_1 f_c b h_0^2 \alpha_{s1}$$

$$M_{u1} = f_y A_{s1} h_0 \gamma_{s1}$$

(4)$A_s = A_{s1} + A_{s2}$。

【提示】 求 A_{s1} 时，求得 α_{s1} 后可查表或公式确定 γ_{s1}，验算适用条件 $\alpha_{s1} \leqslant \alpha_{sb}$。注意到，由 M_{u1} 求解 A_{s1} 的过程，其实就是单筋矩形截面受弯承载力的设计过程。

4.3.4 相关问题讨论

4.3.4.1 两类 T 形截面判别

如前所述，两类 T 形截面的区分是根据破坏时截面的受压区高度 x 与受压翼缘 h_f' 的相对位置。两类 T 形截面承载力的计算图形、公式不同，相应的计算步骤也不同。无论是截面承载力的设计还是复核，都需要先行判别 T 形截面的类型，即在第一类与第二类中做出区分。

如图 4-31 所示 T 形截面，受压区高度 $x = h_f'$，即位于分界位置，其截面的抗弯承载力 M_{ut} 按下式表示：

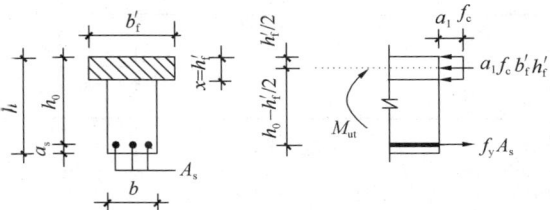

图 4-31　T 形梁的截面类型判别

$$M_{ut} = Cz = \alpha_1 f_c b_f' h_f' (h_0 - h_f'/2) \tag{4-28}$$

显然，M_{ut} 是两类 T 形截面承载力的分界值。若截面上的作用弯矩 M 小于 M_{ut} 时，有 $x > h_f'$，为第一类 T 形；若截面上的作用弯矩 M 大于 M_{ut} 时，有 $x > h_f'$，为第二类 T 形。当截面设计时，可根据截面作用弯矩 M 与 M_{ut} 的大小判别；当截面复核时，则根据截面受压区高度 x 与 h_f' 大小判别。两类 T 形截面的判别条件见表 4-12。

两类 T 形截面的判别条件　　　　　　　　　　　　　　　　表 4-12

界　限	$x = h_f'(C = \alpha_1 f_c b_f' h_f', T = f_y A_s)$	$M_{ut} = Cz = \alpha_1 f_c b_f' h_f' (h_0 - h_f'/2)$
第一类 T 形截面	$x \leqslant h_f'(T \leqslant C)$	$M \leqslant M_{ut}$
第二类 T 形截面	$x > h_f'(T > C)$	$M > M_{ut}$
使用场合	截面复核	截面设计

4.3.4.2 翼缘计算宽度 b_f'

以上讨论截面承载力时，认为在 b_f' 的范围内翼缘受力均匀，采用矩形应力图形分布，用 $\alpha_1 f_c$ 计算受压区的混凝土合力。实际上，T 形截面的梁试验研究表明，破坏时其翼缘截面的横向应力分布不均匀，距离腹板越远的翼缘应力越小。其分布规律主要

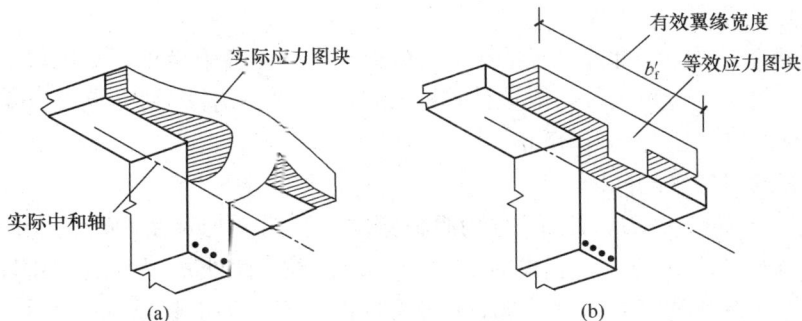

图 4-32　b_f' 范围内翼缘受力

取决于截面和梁跨度的相对尺寸以及荷载形式。如果翼缘宽度过大，有可能离腹板较远部分的翼缘压应力很小，故在设计时规定把翼缘限制在一定范围内，采用翼缘的计算宽度 b_f'。压应力在翼缘的计算宽度 b_f' 范围内是均匀的，在 b_f' 范围外为零。《混凝土结构设计规范》规定的梁受压区有效翼缘计算宽度 b_f'，应根据表 4-13 所列各种情况分别考虑后取其中的较小值。

受弯构件受压区有效翼缘计算宽度 b_f' 表 4-13

情 况		T 形、I 形截面		倒 L 形截面
		肋形梁（板）	独立梁	肋形梁（板）
1	按计算跨度 l_0 考虑	$l_0/3$	$l_0/3$	$l_0/6$
2	按梁（纵肋）净距 s_n 考虑	$b+s_n$	—	$b+s_n/2$
3 按翼缘高度 h_f' 考虑	$h_f'/h_0 \geqslant 0.1$	—	$b+12h_f'$	—
	$0.1 > h_f'/h_0 \geqslant 0.05$	$b+12h_f'$	$b+6h_f'$	$b+5h_f'$
	$h_f'/h_0 < 0.05$	$b+12h_f'$	b	$b+5h_f'$

注：1. 表中 b 为梁的腹板宽度；

    2. 肋形梁在梁跨内设有间距小于纵肋间距的横肋时，可不考虑表列情况 3 的规定；

    3. 加腋的 T 形、I 形和倒 L 形截面，当受压区加腋的高度 h_h 不小于 h_f' 且加腋的长度 b_h 不大于于 $3h_h$ 时，其翼缘计算宽度可按表中情况 3 的规定分别增加 $2b_h$（T 形、I 形截面）和 b_h（倒 L 形截面）；

    4. 独立梁受压区的翼缘板在荷载作用下经验算沿纵肋方向可能产生裂缝时，其计算宽度应取腹板宽度 b。

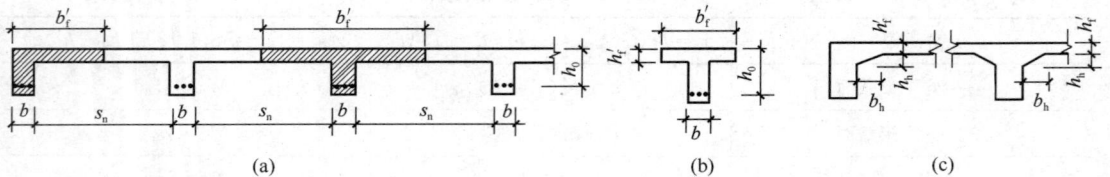

图 4-33 翼缘计算宽度 b_f'
（a）肋形梁；（b）独立梁；（c）加腋梁

公路桥涵工程规定

《公路桥涵设计规范》规定，T 形和 I 字形截面梁的翼缘有效宽度 b_f'，可取用下列三者中的较小值。

（1）对于简支梁，取计算跨径的 1/3。对于连续梁，各中跨正弯矩区段，取该计算跨径的 0.2 倍；边跨正弯矩区段，取该计算跨径的 0.27 倍；各中间支点负弯矩区段，取该支点相邻两计算跨径之和的 0.07 倍。

（2）相邻两梁的平均间距。

（3）$b_f' = b + 2b_h + 12h_f'$，此处，b 为腹板宽度，b_h 为承托长度，h_f' 为受压区翼缘悬出板的厚度；当 $b_h/h_h \geqslant 1/3$ 时，上式中 b_h 应以 $3h_h$ 代替，此处 h_h 为承托根部厚度。

外部翼缘的有效宽度取内梁翼缘的有效宽度的一半，加上腹板宽度的 1/2，再加上外侧悬臂板平均厚度的 6 倍。外梁翼缘的有效宽度不应大于内梁翼缘有效宽度。

【例题 4-8】 某建筑工程楼面采用现浇钢筋混凝土梁板结构，平面尺寸见图 4-34。截面尺寸：板厚 100mm；梁 L_a：250mm×600mm；梁 L_b：200mm×450mm；梁 L_c：250mm×500mm。采用 C25 混凝土。

要求：梁 L_a、梁 L_b 及梁 L_c 的有效翼缘计算宽度 b_f' 的取值。

【解】 （1）梁计算高度 l_0

计算高度 l_0 按各梁支承中心线之间距离。

（2）有效翼缘计算宽度 b_f'

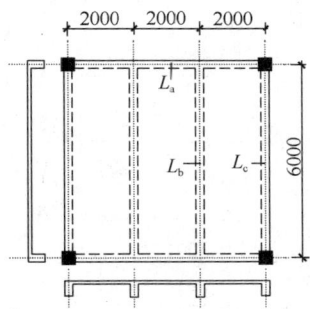

图 4-34 【例题 4-8】楼面结构

梁有效翼缘计算宽度 b_f' 计算 　　　　　　　表 4-14

	考虑情况	梁 L_a（倒 L 形）	梁 L_b（T 形）	梁 L_c（倒 L 形）
1	按 l_0	6m/6=1m	6m/3=2m	6m/6=1m
2	按 s_n	0.25+(6−0.25)/2=3.125m	0.2+(2−0.2)=2m	0.25+(2−0.2/2−0.25/2)/2=1.138m
3	按 h_f'	—（按表 4-13 注(2)）	—	—
	b_f'	1m	2m	1m

【思考与提示】 （1）本题所得梁 L_a、L_b 及 L_c 的有效翼缘计算宽度 b_f'，用于设计或复核梁下部受拉时的截面受弯承载力。

（2）本题板厚（h_f'=100mm），各梁 $h_f'/h_0 > 0.1$。

【例题 4-9】

一钢筋混凝土肋形楼盖梁，b=200mm，h=500 mm，b_f'=1000mm，h_f'=100mm。设计弯矩 M=120kN·m。采用 C30 混凝土，HRB400 钢筋。一类环境（室内干燥环境）。

要求：确定截面纵向受拉钢筋截面积。

【解】

C30 混凝土（f_c=14.3N/mm²，f_t=1.43N/mm²），HRB400（f_y=360N/mm²），ξ_b=0.518，α_{sb}=0.384。

（1）判别截面类型

设 h_0=$h-a_s$= 500−40= 460mm

$$M_{ut} =\alpha_1 f_c b_f' h_f' (h_0 - h_f'/2)$$
$$=1.0×14.3×1000×100(460−100/2) = 586.3kN·m$$
$$M = 120kN·m < M_{ut} \quad 为第一类 T 形截面$$

（2）确定 A_s

$$\alpha_s = \frac{M}{\alpha_1 f_c b_f' h_0^2}$$
$$= \frac{120×10^6}{1.0×14.3×1000×460^2}$$
$$= 0.040 < \alpha_{sb} = 0.384$$
$$\gamma_s = (1+\sqrt{1-2\alpha_s})/2 = (1+\sqrt{1-2×0.040})/2$$
$$= 0.980$$

$$A_s = \frac{M}{f_y \gamma_s h_0} = \frac{120 \times 10^6}{360 \times 0.980 \times 460}$$

$$= 739 \text{mm}^2$$

选用 3 Φ 18 （$A_s = 763 \text{mm}^2 > 739 \text{mm}^2$）

$$\rho_{min} = \max(0.2\%, 0.45 f_t/f_y = 0.45 \times 1.43/360 = 0.178\%) = 0.2\%$$

$$\rho = A_s / bh = 263/200 \times 500 = 0.763\% > \rho_{min}$$

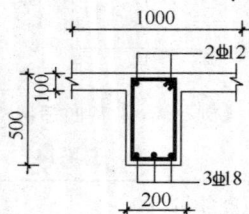

图 4-35 【例题 4-9】
梁配筋

截面配筋见图 4-35。

【思考与提示】 （1）截面配筋图示 2 Φ 12，为按构造要求配置的架立钢筋；图示箍筋配置按斜截面受剪承载力设计，见后讨论。

（2）本例是针对 T 形截面梁的受弯承载力的设计。实际工程中的 T 形截面梁设计，还应当包括翼缘板的设计。

【例题 4-10】 一钢筋混凝土 T 形截面梁，$b = 250\text{mm}$，$h = 800\text{mm}$，$b'_f = 600\text{mm}$，$h'_f = 100\text{mm}$。设计弯矩 $M = 620\text{kN} \cdot \text{m}$。采用 C30 混凝土，用 HRB400 钢筋。一类环境（室内干燥环境）。

要求：确定截面纵向受拉钢筋截面积。

【解】 C30 混凝土（$f_c = 14.3 \text{N/mm}^2$，$f_t = 1.43 \text{N/mm}^2$），HRB400（$f_y = 360 \text{N/mm}^2$），$\xi_b = 0.518$，$\alpha_{sb} = 0.384$。

（1）判别截面类型

设 $h_0 = h - 65 = 800 - 65 = 735\text{mm}$

$$M_{ut} = \alpha_1 f_c b'_f h'_f (h_0 - h'_f/2)$$

$$= 1.0 \times 14.3 \times 600 \times 100(735 - 100/2) = 587.7\text{kN} \cdot \text{m}$$

$$M_u = 620\text{kN} \cdot \text{m} > M_{ut} \text{ 为第二类 T 形截面}$$

（2）确定 M_{u2}，A_{s2}

$$M_{u2} = \alpha_1 f_c (b'_f - b) h'_f (h_0 - h'_f/2)$$

$$= 1.0 \times 14.3 \times (600 - 250) \times 100(735 - 100/2) = 342.8\text{kN} \cdot \text{m}$$

$$A_{s2} = \alpha_1 f_c (b'_f - b) h'_f / f_y$$

$$= 1.0 \times 14.3 \times (600 - 250) \times 100/360 = 1390\text{mm}^2$$

（3）确定 M_{u1}，A_{s1}

$$M_{u1} = M - M_{u2} = 620 - 342.8 = 277.2\text{kN} \cdot \text{m}$$

$$\alpha_{s1} = \frac{M_{u1}}{\alpha_1 f_c b h_0^2}$$

$$= \frac{277.2 \times 10^6}{1.0 \times 14.3 \times 250 \times 735^2}$$

$$= 0.144 < \alpha_{sb} = 0.384$$

$$\gamma_{s1} = (1 + \sqrt{1 - 2\alpha_s})/2$$

$$= (1 + \sqrt{1 - 2 \times 0.144})/2 = 0.922$$

$$A_{s1} = \frac{M_{u1}}{f_y \gamma_{s1} h_0}$$

$$= \frac{277.2 \times 10^6}{360 \times 0.922 \times 735} = 1136\text{mm}^2$$

（4）确定 A_s

$$A_s = A_{s1} + A_{s1} = 1390 + 1136 = 2526mm^2$$

选用 $4 \Phi 25 + 2 \Phi 20$（$A_s = 1962 + 628 = 2590mm^2 > 2526mm^2$）

（5）截面配筋见图 4-36。

【思考与提示】 截面配筋图示两侧的 $2 \Phi 12$，为按构造要求配置的侧向构造钢筋。

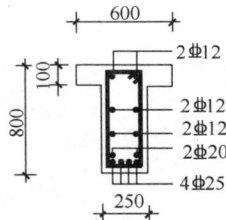

【例题 4-11】 按【例题 4-9】钢筋混凝土扔形楼盖梁选用的配筋，复核该梁的截面抗弯承载力 M_u。

图 4-36 【例题 4-10】梁配筋

【解】 （1）判别截面类型

实配 $3 \Phi 18$，$A_s = 763mm^2$，$\rho = A_s/bh = 763/250 \times 500 = 0.763\% > \rho_{min}$

$$x = \frac{f_y A_s}{\alpha_1 f_c b_f'} = \frac{360 \times 763}{1.0 \times 14.3 \times 1000}$$

$$= 19.21mm < h_f' = 100mm (< x_b) \quad \text{为第一类 T 形截面}$$

（2）抗弯承载力 M_u

设箍筋直径 $d_v = 8mm$

$$h_0 = h - a_s = h - (c + d_v + d/2) = h - (20 + 8 + 18/2) = 500 - 37 = 463mm$$

$$M_u = \alpha_1 f_c b_f' x (h_0 - x/2) = 1.0 \times 14.3 \times 1000 \times 19.21(463 - 19.21/2)$$

$$= 124.55 \times 10^6 = 124.55kN \cdot m$$

【例题 4-12】 （公路桥涵工程）一公路桥涵工程 T 形截面梁，截面尺寸见图 4-37，弯矩组合设计值 $M_d = 600kN \cdot m$，采用 C30 混凝土，HRB400 钢筋。结构重要性系数 $\gamma_0 = 1.0$。

要求：按截面抗弯承载力要求设计受拉纵筋。

【解】 按附表 3-15，$f_{cd} = 13.8N/mm^2$，$f_{td} = 1.39N/mm^2$；按附表 3-19，$f_{sd} = 330N/mm^2$；按表 4-10，$\xi_b = 0.53$。

梁有效翼缘宽度 $b_f' = b + 12h_f' = 300 - 12 \times 120 = 1740mm > 600mm$ 取 $b_f' = 600mm$。

（1）判别截面类型

按受拉纵筋布置成两排估算，$h_0 = h - a_s = 700 - 70 = 630mm$

$$M_{ut} = f_{cd} b_f' h_f' (h_0 - h_f'/2)$$

$$= 13.8 \times 600 \times 120(630 - 120/2) = 566.35kN \cdot m$$

$$\gamma_0 M_d = 600kN \cdot m > M_{ut} \quad \text{为第二类 T 形截面}$$

（2）确定 M_{u2}，A_{s2}

$$M_{u2} = f_{cd}(b_f' - b) h_f'(h_0 - h_f'/2)$$

$$= 13.8 \times (600 - 300) \times 120(630 - 120/2) = 283.18kN \cdot m$$

$$A_{s2} = f_{cd}(b_f' - b) h_f'/f_{sd}$$

$$= 13.8 \times (600 - 300) \times 120/330 = 1505mm^2$$

（3）确定 M_{u1}，A_{s1}

$$M_{u1} = \gamma_0 M_d - M_{u2} = 600 - 283.18 = 316.82 \text{kN} \cdot \text{m}$$

$$\alpha_{s1} = M_{u1} / \alpha_1 f_c b h_0^2$$

$$= 316.82 \times 10^6 / 13.8 \times 300 \times 630^2 = 0.193$$

$$\xi = 1 - (1 - 2\alpha_{s1})^{1/2}$$

$$= 1 - (1 - 2 \times 0.193)^{1/2} = 0.216 < \xi_b = 0.53$$

$$A_{s1} = f_{cd} b \xi h_0 / f_{sd}$$

$$= 13.8 \times 300 \times 0.216 \times 630 / 330 = 1707 \text{mm}^2$$

$$A_s = A_{s1} + A_{s2} = 1707 + 1505 = 3212 \text{mm}^2$$

选用 10 Φ 20 ($A_s = 3142\text{mm}^2$, $|3142 - 3212| / 3212 = 2.24\% < 5\%$);

按两排布置，每排按 5 根放置，保护层厚 30mm，钢筋外径 22.7mm，钢筋净间距以 30mm 计。

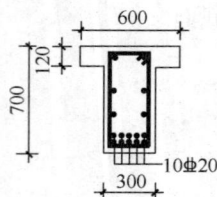

图 4-37 【例题 4-12】
梁配筋

最小截面宽度

$$b_{\min} = 30\text{mm} + 5 \times 22.7\text{mm} + 4 \times 30\text{mm} = 293.5\text{mm} < b = 300\text{mm}$$

受拉钢筋合力作用点距截面受拉边缘距离

$$a_s = 30\text{mm} + 22.7\text{mm} + 30\text{mm}/2 = 67.7\text{mm}$$

梁实际有效高度

$$h_0 = h - a_s = 700 - 67.7 = 632.30\text{mm} > 630\text{mm}$$

绘截面配筋图（图 4-37）。

4.4 双筋矩形截面梁正截面受弯承载力

在受弯构件截面的受压区与受拉区，都按计算配置纵向受拉钢筋 A_s' 和受压钢筋 A_s' 的截面称为双筋截面（图 4-38）。本节讨论钢筋混凝土双筋截面梁受弯承载力的设计计算问题。

一般而言，双筋截面的受拉钢筋配置不会少，故不会出现少筋破坏。试验分析结果表明，当双筋截面的受压区高度不大于 x_b 时，其受力破坏过程和破坏特征与单筋截面适筋梁类似，即经历受拉混凝土开裂、受拉钢筋屈服、受压混凝土压坏（达到受压极限变形）的受力破坏过程。截面破坏时，只要受压区有一定的高度，此时受压钢筋也能达到其受压设计强度。

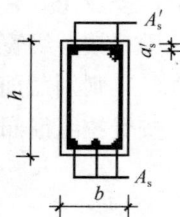

图 4-38 双筋截面

在截面的受压区配置受力钢筋，不仅能协助混凝土承受压力，而且有利于提高截面的延性。在截面尺寸与材料条件一定时，采用双筋截面可提高受弯截面的极限承载力。

双筋截面一般用于下列情况：

（1）当设计的构件所要承受的弯矩较大而其截面尺寸又受到限制不能放大，即按单筋截面设计不能满足 $x \leqslant x_b$ 的设计要求，出现了截面弯矩设计值高于单筋截面受弯承载力设计限值（$M > M_{umax}$）时；

（2）当设计构件的同一截面承受变号弯矩作用时，或由于构造的原因，截面的受压区已配置了可用于受压的钢筋时。

应该指出，为提高受弯截面的极限承载力而采用双筋截面是不经济的，应避免采用。但是，承受变号弯矩作用的双筋截面，不在此列。

【思考与提示】 图 4-39 示为一构件分别在 P_1、P_2 作用下的弯矩图及对应的受力钢筋配筋示意图。由图可见，与 P_1 作用下的弯矩图对应的受力钢筋 A_{s1} 位于截面上部，与 P_2 作用下的弯矩图对应的受力钢筋 A_{s2} 位于截面下部，此为构件的同一截面承受变号弯矩作用。当按双筋截面设计 A_{s1} 时，即可利用截面的 A_{s2} 作为受压钢筋；同理，按双筋截面设计 A_{s2} 时，则可利用截面的 A_{s1} 作为受压钢筋。

图 4-39 双筋截面——同一截面承受变号弯矩作用

4.4.1 基本计算公式与适用条件

1. 建筑工程规范规定

双筋矩形截面，与单筋矩形截面相比，除了多了受压钢筋 A_s' 外，受力特点基本相同，具有类似的受力破坏过程与破坏特征。因此，双筋截面受弯承载力计算公式的形式方法，与单筋矩形截面梁类同，采用了相同的计算假定。

（1）截面承载力计算图形

图 4-40 所示为双筋矩形截面受弯承载力计算图形。

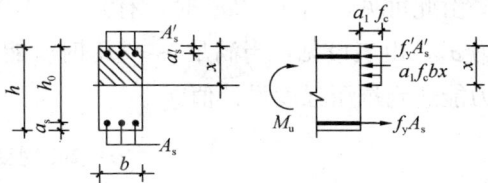

图 4-40 双筋矩形截面受弯承载力计算图形

（2）基本计算公式

由截面平衡条件，可得双筋矩形截面受弯承载力基本计算公式如下：

$$\Sigma N = 0 \qquad \alpha_1 f_c b\, x + f_y' A_s' = f_y A_s \tag{4-29a}$$

$$\Sigma M = 0 \qquad M_u = \alpha_1 f_c b\, x (h_0 - x/2) + f_y' A_s' (h_0 - a_s') \tag{4-29b}$$

式中 A_s'——受压区纵向钢筋的截面面积。

（3）适用条件

1）为了保证受压钢筋在破坏时能有足够的应变，使其应力能达到抗压强度设计值 f_y'，应控制截面受压区高度 x：

$$x \geqslant 2a_s' \tag{4-30a}$$

如果在设计中不考虑受压钢筋 A_s' 的作用，则 $x \geqslant 2a_s'$ 的条件就不必考虑。

2）为防止出现超筋破坏，应控制受压区高度 x：

$$x \leqslant x_b (x_b = \xi_b h_0) \tag{4-30b}$$

【思考与提示】 以上写出的双筋矩形截面受弯承载力基本计算公式中，假定截面破坏（即受压混凝土达极限压应变 ε_{cu} 时），受压钢筋 A_s' 能达到其受压设计强度 f_y'。但若截面的受压区高度 $x < 2a_s'$ 时，则上述假定并不成立。此时，受压钢筋 A_s' 的应力 σ_s' 应根据其所在位置处的应变确定。

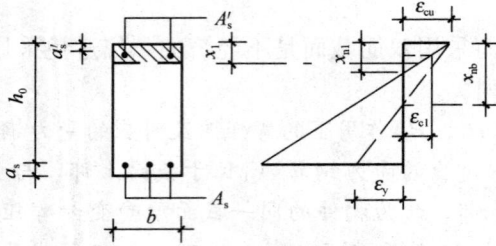

图 4-41　双筋矩形截面应变

如图 4-41 所示，受压钢筋 A_s' 的位置为 a_s'，应变为 ε_{cl}，应力为 $\sigma_s'(\varepsilon_{cl})$；$x_{nl}$、$x_1$ 分别表示截面的中和轴高度、受压区高度。

按平截面假定，注意到 $x=\beta_1 x_n$，$\varepsilon_{cu}=0.0033$，有

$$\varepsilon_{cl}/(x_{nl}-a_s')=\varepsilon_{cu}/x_{nl}$$
$$\varepsilon_{cl}=\varepsilon_{cu}(x_{nl}-a_s')/x_{nl}$$
$$=\varepsilon_{cu}(1-a_s'/x_{nl})$$
$$=\varepsilon_{cu}(1-\beta_1 a_s'/x_1)$$

$$\sigma_s'(\varepsilon_{cl})=E_s\,\varepsilon_{cu}(1-\beta_1 a_s'/x_1)$$

当 $x_1=2a_s'$ 时，有

$$\varepsilon_{cl}=\varepsilon_{cu}(1-\beta_1 a_s'/x_1)$$
$$=\varepsilon_{cu}(1-0.8a_s'/2a_s')$$
$$=0.6\varepsilon_{cu}$$
$$=0.6\times 0.0033=0.00198$$

由此可见，当 $x\geqslant 2a_s'$ 时，有 $\varepsilon_{cl}\geqslant 0.00198$。表 4-15 列出 $x=2a_s'$ 时受压钢筋 A_s' 的应力 σ_s'，由表可见，当满足 $x\geqslant 2a_s'$ 时就能保证受压钢筋在破坏时能有足够的应变，使其应力能达到抗压强度设计值 f_y'。

$x=2a_s'$ 时受压钢筋应力 σ_s'　　　　　　　　　　　　　　　表 4-15

钢筋种类	HPB300	HRB335	HRB400
ε_{cl}		0.00198	
E_s （N/mm²）	2.1×10^5	2.0×10^5	2.0×10^5
$\sigma_s(\varepsilon_{cl})$ （N/mm²）	416	396	396
f_y' （N/mm²）	270	300	360

2. 公路桥涵工程规定

钢筋混凝土受弯构件双筋矩形截面受弯承载力的设计表达式为

$$\Sigma N=0 \quad f_{cd}bx+f_{sd}'A_s'=f_{sd}A_s \tag{4-31a}$$

$$\Sigma M=0 \quad \gamma_0 M_d\leqslant f_{cd}b\,x(h_0-x/2)+f_{sd}'A_s'(h_0-a_s') \tag{4-31b}$$

式中　f_{sd}'——纵向钢筋的抗压强度设计值，见附表；

　　　A_s'——纵向受压钢筋的截面面积；

　　　a_s'——纵向受压钢筋合力点至受压区边缘的距离。

适用条件：$x\leqslant x_b=\xi_b h_0$；$x\geqslant 2a_s'$。

4.4.2　计算方法

为认识双筋矩形截面的受力特征，便于讨论其设计计算方法，根据如图 4-42 所示截面承载力计算图形，将基本计算公式按 $M_u=M_{u1}+M_{u2}$，$A_s=A_{s1}+A_{s2}$ 分解，改写如下。从中易于看出，在受力特点上，双筋矩形截面的受压钢筋对截面受弯承载力的贡献类似于第二类 T 形截面的外伸翼缘部分。

106

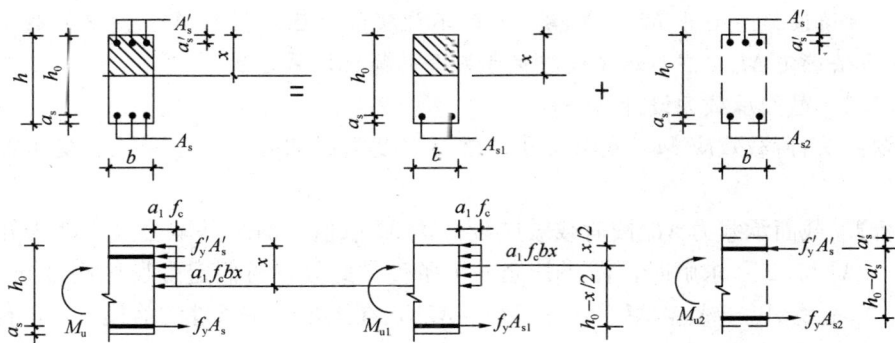

$C = C_1 + C_2$	$T = T_1 + T_2, A_s = A_{s1} + A_{s2}$	$C = T$	$M_u = M_{u1} + M_{u2}$
$C_1 = \alpha_1 f_c b\, x$	$T_1 = f_y A_{s1}$	$C_1 = T_1$	$M_{u1} = C_1 z_1 = C_1(h_0 - x/2) = T_1 z_1$
$C_2 = f_y' A_s'$	$T_2 = f_y A_{s2}$	$C_2 = T_2$	$M_{u2} = C_2 z_2 = C_2(h_0 - a_s') = T_2 z_2$

图 4-42　双筋矩形截面受弯承载力分解计算图形

下面，分别讨论截面受弯承载力的设计与复核方法。

4.4.2.1　截面承载力确定（截面复核）

【问题】　当截面尺寸、截面配筋、材料强度为已知时，确定截面受弯承载力 M_u。

【分析】　根据基本计算公式，按题示已知条件，确定 M_u 的问题在于先确定受压区高度 x。在满足适用条件的前提下，可得问题的解。

【解法】　1）求受压区高度：$C_1 = \alpha_1 f_c b\, x = T_1 = T - T_2$，$T = f_y A_s$，$T_2 = C_2 = f_y' A_s'$，

$$x = \frac{T - C_2}{\alpha_1 f_c b}$$

$$= \frac{f_y A_s - f_y' A_s'}{\alpha_1 f_c b}$$

2）若 $2a_s' \leqslant x \leqslant x_b$：

$$M_{u1} = C_1 z_1 = \alpha_1 f_c b\, x (h_0 - x/2)$$
$$M_{u2} = C_2 z_2 = f_y' A_s' (h_0 - a_s')$$
$$M_u = M_{u1} + M_{u2}$$

3）若 $x < 2a_s'$：

按 $x = 2a_s'$ 和 $A_s' = 0$ 两种情况分别求得 M_u，取两者中的 M_u 较大者为问题解。

① $x = 2a_s'$：$M_u = f_y A_s (h_0 - a_s')$

② $A_s' = 0$：$x = \dfrac{f_y A_s}{\alpha_1 f_c b}$

$$M_u = \alpha_1 f_c bx(h_0 - x/2) = f_y A_s(h_0 - x/2)$$

4）若 $x > x_b$：

令 $x = x_b$，$M_{u1} = C_1 z_1 = \alpha_1 f_c bx_b (h_0 - x_b/2)$

$$M_{u2} = C_2 z_2 = f_y' A_s' (h_0 - a_s')$$
$$M_u = M_{u1} + M_{u2}。$$

【思考与提示】　解法与第二类 T 形截面基本相似，仅二者的 C_2、z_2 的含义不同。按以上表达式，求得的 M_u 为截面受弯承载力的设计值。求解时应注意符合适用条件。当 x

$<2a'_s$ 时，所谓按 $A'_s=0$ 求 M_u，是指计算时不计实际上已配置的 A'_s，按单筋截面受弯承载力复核方法确定 M_u，显然这是一种偏于安全的简化计算方法。

4.4.2.2 截面承载力设计（一）

【问题】 当荷载效应 M、截面尺寸、材料强度为已知时，确定受拉、受压钢筋截面积 A_s，A'_s。

【分析】 截面承载力 M_u 按荷载效应设计值 M 取值。两个基本公式中有未知数为三个，即 x、A_s 与 A'_s。求解时，需要补充一个条件。此处，可假定受压区高度 x 为已知。按分解公式 $A_s=A_{s1}+A_{s2}$，$M=M_u=M_{u1}+M_{u2}$，在满足适用条件的前提下，可得问题的解。

【解法】 1）令 $x=x_b$，则 $\alpha_s=\alpha_{sb}$，$M_{u1}=\alpha_1 f_c bh_0^2 \alpha_{sb}$，$A_{s1}=\alpha_1 f_c b\xi_b h_0/f_y$

2）$M_{u2}=M-M_{u1}$，$A'_s=\dfrac{M_{u2}}{f'_y A'_s (h_0-a'_s)}$

3）$A_{s2}=f'_y A'_s/f_y$；

4）$A_s=A_{s1}+A_{s2}$。

【提示】 令 $x=x_b$，这是为了节约钢筋，充分发挥混凝土的抗压能力。应当指出，双筋截面可通过配置 A'_s 与相应的 A_{s2}，以提高截面的极限弯矩 M_{umax}，但应限制其提高的幅度。这是因为，过多地配置 A'_s 将使总的用钢量过大，钢筋排列过密，以致施工质量不易保证，而且也不经济。

4.4.2.3 截面承载力设计（二）

【问题】 当荷载效应 M、截面尺寸、材料强度以及受压钢筋截面积 A'_s 为已知时，确定纵向受拉钢筋截面积 A_s。

【分析】 截面承载力 M_u 按荷载效应设计值 M 取值。本题未知数为两个，即 x 与 A_s。由分解公式 $M=M_u=M_{u1}+M_{u2}$，因 A'_s 为已知，可先求出 M_{u2} 后求 M_{u1}，再由 M_{u1} 求出 A_{s1}，A_{s2} 则由 $T_2=C_2$ 条件确定。在满足适用条件的前提下，可得问题的解。

【解法】 1）$M_{u2}=C_2 z_2=f'_y A'_s (h_0-a'_s)$

2）$M_{u1}=M-M_{u2}$

$$\alpha_{s1}=\frac{M_{u1}}{\alpha_1 f_c bh_0^2}$$

$$\xi=1-\sqrt{1-2\alpha_{s1}}$$

$$x=\xi h_0$$

3）若 $2a'_s \leqslant x \leqslant x_b$，有

$$A_{s1}=\alpha_1 f_c bx/f_y,\quad A_{s2}=f'_y A'_s/f_y$$

则 $A_s=A_{s1}+A_{s2}$，即为问题的解。

4）若 $\alpha_{s1}>\alpha_{sb}$，即 $x>x_b$，说明已知的 A'_s 过小，则应按 A'_s 未知，用截面承载力设计（一）的方法重新计算 A'_s 与 A_s。

5）若 $x<2a'_s$，应按 $x=2a'_s$ 和 $A'_s=0$ 两种情况，分别求得 A_s，取 A_s 较小者为问题解。

① $x=2a'_s$：$A_s=\dfrac{M}{f_y(h_0-a'_s)}$；

②$A_s' = 0$：$\alpha_s = \dfrac{M}{\alpha_1 f_c bh_0^2}$，$A_s = \dfrac{M}{f_y \gamma_s h_0}$

【思考与提示】 求解 A_{s1} 时，当求出 α_{s1} 后也可查表或按公式确定 γ_{s1}，$A_{s1} = \dfrac{M_{u1}}{f_y \gamma_{s1} h_0}$。
当 $x < 2a_s'$ 时，注意应验算最小配筋率。

【例题 4-13】 图 4-43 所示为一钢筋混凝土矩形截面梁截面，$b \times h = 200\text{mm} \times 450\text{mm}$。
采用 C25 混凝土，HRB400 钢筋。$A_s = 603\text{mm}^2$（3 ⌀ 16）；纵向受压钢筋采用 HRB400，
$A_s' = 226\text{mm}^2$（2 ⌀ 12）。保护层厚度 $c = 25\text{mm}$；箍筋直径 $d_v = 8\text{mm}$。

要求：确定该梁的截面抗弯承载力 M_u。

【解】 C25 混凝土（$f_c = 11.9\ \text{N/mm}^2$，$f_t = 1.27\text{N/mm}^2$）；
HRB400 钢筋（$f_y = f_y' = 360\text{N/mm}^2$），$\xi_b = 0.518$。

（1）截面有效高度

$a_s = c + d_v + d/2 = 25 + 8 + 16/2 = 41\text{mm}$

$a_s' = c + d_v + d/2 = 25 + 8 + 12/2 = 39\text{mm}$

$h_0 = h - a_s = 450 - 41 = 409\text{mm}$

（2）截面抗弯承载力设计值 M_u

$$x = \frac{f_y A_s - f_y' A_s'}{\alpha_1 f_c b}$$

$$= \frac{360 \times 603 - 360 \times 226}{1.0 \times 11.9 \times 200}$$

$$= 67.03\text{mm} < 2a_s' = 2 \times 39 = 78\text{mm}$$

按 $x = 2a_s'$ 和 $A_s' = 0$ 两种情况分别求得 M_u，取较大者为问题解。

① $x = 2a_s'$：$M_u = f_y A_s (h_0 - a_s') = 360 \times 603 \times (409 - 39)$

$= 80.32 \times 10^6 = 80.32\text{kN} \cdot \text{m}$

② $A_s' = 0$　$x = \dfrac{f_y A_s}{\alpha_1 f_c b} = 360 \times 603/1.0 \times 11.9 \times 200$

$= 91.21\text{mm}$

$M_u = f_y A_s (h_0 - x/2) = 360 \times 603 \times (409 - 91.21/2)$

$= 78.89 \times 10^6 = 78.89\text{kN} \cdot \text{m}$

$M_u = \max(80.32, 78.89) = 80.32\text{kN} \cdot \text{m}$

（3）纵向受拉钢筋配筋率

$\rho_{min} = \max(0.2\%, 0.45\ f_t/f_y = 0.45 \times 1.27/360 = 0.159\%) = 0.2\%$

$\rho = A_s/bh = 603/200 \times 450 = 0.67\% > \rho_{min}$

【思考与提示】 本题讨论的双筋截面抗弯承载力可与【例题 4-1】的单筋截面抗弯承载力比较之。

【例题 4-14】 一钢筋混凝土矩形截面梁，$b \times h = 250 \times 450\text{mm}$。采用 C30 混凝土，钢筋用 HRB400。弯矩设计值 $M = 240\text{kN} \cdot \text{m}$。环境类别一类。

要求：确定截面配筋，绘截面配筋图。

【解】 C30 混凝土（$f_c = 14.3\text{N/mm}^2$，$f_t = 1.43\text{N/mm}^2$），HRB400（$f_y = f_y' = 360\text{N/mm}^2$），$\xi_b = 0.518$，$\alpha_{sb} = 0.384$。

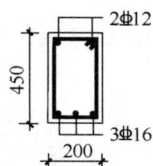

图 4-43 【例题 4-13】
梁配筋

环境类别一类，经试算取 $a_s = 60$mm，$h_0 = h - a_s = h - 60 = 450 - 60 = 390$mm。

（1）判别截面类型

$$\alpha_s = \frac{M}{\alpha_1 f_c b h_0^2}$$

$$= \frac{240 \times 10^6}{1.0 \times 14.3 \times 250 \times 390^2} = 0.441 > \alpha_{sb} = 0.384$$

需配置受压钢筋，按双筋截面设计。

（2）确定 M_{u1}，A_{s1}

$$M_{u1} = \alpha_{sb}\alpha_1 f_c b h_0^2$$

$$= 0.384 \times 1.0 \times 14.3 \times 250 \times 390^2 = 208.8 \text{kN} \cdot \text{m}$$

$$A_{s1} = \alpha_1 f_c \xi_b b h_0 / f'_y = 1.0 \times 14.3 \times 0.518 \times 250 \times 390 / 360 = 2006 \text{mm}^2$$

（3）确定 M_{u2}，A_{s2}

设 $a'_s = 40$mm

$$M_{u2} = M - M_{u1} = 240 - 208.8 = 31.2 \text{kN} \cdot \text{m}$$

$$A_{s2} = \frac{M_{u2}}{f_y(h_0 - a'_s)}$$

$$= \frac{31.2 \times 10^6}{360(390 - 40)} = 247 \text{mm}^2$$

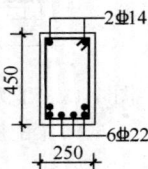

图 4-44　【例题 4-14】梁配筋

（4）确定 A_s，A'_s

$$A_s = A_{s1} + A_{s2} = 2006 + 247 = 2253 \text{mm}^2$$

选用 6 Φ 22（$A_s = 2280 \text{mm}^2 > 2253 \text{mm}^2$）

$$A'_s = f_y A_{s2} / f'_y = 360 \times 247 / 360 = 247 \text{mm}^2$$

选用 2 Φ 14（$A'_s = 307 \text{mm}^2 > 247 \text{mm}^2$）

（5）截面配筋图（图 4-44）

【例题 4-15】　某钢筋混凝土双筋矩形截面简支梁，截面尺寸为 $b \times h = 250 \text{mm} \times 500 \text{mm}$，采用 C30 混凝土，HRB400 钢筋。已配有 2 Φ 18 纵向受压钢筋。环境类别一类。承受弯矩设计值 $M = 180 \text{kN} \cdot \text{m}$。试求纵向受拉钢筋截面面积 A_s。

【解】　C30 混凝土（$f_c = 14.3 \text{N/mm}^2$，$f_t = 1.43 \text{N/mm}^2$）；HRB400 钢筋（$f_y = f'_y = 360 \text{N/mm}^2$），$\xi_b = 0.518$；2 Φ 18 纵向受压钢筋 $A'_s = 509 \text{mm}^2$；$a_s = a'_s = 40$mm。

（1）$h_0 = h - a_s = 500 - 40 = 460$mm

$$M_{u2} = f'_y A'_s (h_0 - a'_s) = 360 \times 509(460 - 40) = 76.96 \text{kN} \cdot \text{m}$$

$$M_{u1} = M - M_{u2} = 180 - 76.96 = 103.04 \text{kN} \cdot \text{m}$$

$$\alpha_{s1} = \frac{M_{u1}}{\alpha_1 f_c b h_0^2}$$

$$= \frac{103.04 \times 10^6}{1.0 \times 14.3 \times 250 \times 460^2} = 0.136$$

$$\xi = 1 - \sqrt{1 - 2\alpha_s} = 1 - \sqrt{1 - 2 \times 0.136} = 0.147 < \xi_b = 0.518$$

（2）因 $x = \xi h_0 = 0.147 \times 460 = 67.62 \text{mm} < 2a'_s = 2 \times 40 = 80$mm

先取 $x = 2a'_s = 2 \times 40 = 80$mm，按双筋截面计算：

$$A_s = \frac{M}{f_y(h_0 - a'_s)} = \frac{180 \times 10^6}{360(460 - 40)} = 1190\,\text{mm}^2$$

再不计已配 A'_s，按单筋截面计算：

$$\alpha_s = \frac{M_u}{\alpha_1 f_c b h_0^2}$$

$$= \frac{180 \times 10^6}{1.0 \times 14.3 \times 250 \times 460^2} = 0.238$$

$$\gamma_s = \frac{1 + \sqrt{1 - 2\alpha_s}}{2}$$

$$= (1 + \sqrt{1 - 2 \times 0.238})/2 = 0.862$$

$$A_s = \frac{M_u}{f_y \gamma_s h_0}$$

$$= 180 \times 10^6/(360 \times 0.862 \times 460) = 1261\,\text{mm}^2$$

（3）应取 $A_s = \min(1190, 1261)$

$$= 1190\,\text{mm}^2$$

选用 $4\,\Phi\,20$（$A_s = 1256\,\text{mm}^2 > 1190\,\text{mm}^2$）

$$\rho_{\min} = \max(0.2\%, 0.45 f_t/f_y = 0.45 \times 1.43/360 = 0.179\%)$$

$$= 0.2\%$$

$$A_s = 1256\,\text{mm}^2 > \rho_{\min} bh = 0.2\% \times 250 \times 500 = 250\,\text{mm}^2$$

图 4-45　【例题 4-15】

（4）截面配筋图（图 4-45）

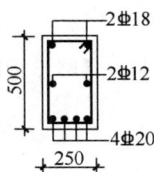

【例题 4-16】 （公路桥涵工程）

一公路桥涵工程矩形截面梁，截面尺寸 $b \times h = 250\,\text{mm} \times 600\,\text{mm}$，承受的弯矩组合设计值 $M_d = 400\,\text{kN·m}$，采用 C35 混凝土，HRB400 钢筋。结构重要性系数 $\gamma_0 = 1.0$。

要求：按截面抗弯承载力要求设计受拉纵筋。

【解】 按附表，$f_{cd} = 13.8\,\text{N/mm}^2$，$f_{td} = 1.39\,\text{N/mm}^2$；按附表，$f_{sd} = 330\,\text{N/mm}^2$；按表 4-10，$\xi_b = 0.53$。

按受拉纵筋布置成两排估算：$a_s = 70\,\text{mm}$，$h_0 = h - a_s = 600 - 70 = 530\,\text{mm}$

按受压纵筋布置成一排估算：$a'_s = 40\,\text{mm}$

（1）判别截面类型

$$x_b = \xi_b h_0 = 0.53 \times 530 = 280.9\,\text{mm}$$

$$M_{db} = f_{cd} b x_b (h_0 - x_b/2)$$

$$= 13.8 \times 250 \times 280.9(530 - 280.9/2) = 377.51\,\text{kN·m}$$

$$\gamma_0 M_d = 1.0 \times 400\,\text{kN·m} > M_{db} \qquad 按双筋截面设计$$

（2）确定 M_{u2}，A_{s2}

$$M_{u2} = M_{db} = 377.51\,\text{kN·m}$$

$$A_{s2} = f_{cd} b x_b / f_{sd}$$

$$= 13.8 \times 250 \times 280.9/330 = 2937\,\text{mm}^2$$

(3) 确定 M_{u1}, A'_s, A_{s1}

$$M_{u1} = \gamma_0 M_d - M_{u2} = 400 - 377.51 = 22.49 \text{kN} \cdot \text{m}$$

$$A'_s = M_{u1} / f_{sd}(h_0 - a'_s)$$

$$= 22.49 \times 10^6 / 330(530 - 40) = 139 \text{mm}^2$$

$$A_{s1} = A'_s f'_{sd} / f_{sd} = 139 \text{mm}^2$$

(4) 确定 A_s

$$A_s = A_{s1} + A_{s2} = 2937 + 139 = 3076 \text{mm}^2$$

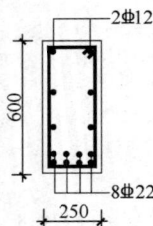

(5) 截面配筋图（图 4-46）

受压钢筋 A'_s：

选用 2 Φ 12（$A_s = 226 \text{mm}^2 > 139 \text{mm}^2$），外径 13.9mm，$a'_s$ = 30mm + 13.9mm/2 = 36.85mm。

受拉钢筋 A_s：

选用 8 Φ 22（$A_s = 3041 \text{mm}^2$，| 3041 − 3076 | /3076 = 1.13% < 5%），

图 4-46 【例题 4-16】梁配筋

两排布置，每排按 4 根放置，保护层厚 30mm，外径 25.1mm，钢筋净间距以 30mm 计；

最小截面宽度 $b_{min} = 2 \times 30 \text{mm} + 4 \times 251 \text{mm} + 3 \times 30 \text{mm} = 250.4 \text{mm}$，$b = 300 \text{mm}$

受拉钢筋合力作用点距截面受拉边缘距离 $a_s = 30 + 25.1 + 30/2 = 70.1 \text{mm}$

实际有效高度 $h_0 = h - a_s = 600 - 70.1 = 529.9 \text{mm}$，计算取 $h_0 = 530 \text{m}$

当构件按双筋截面设计承载力时，为使配置的受压钢筋能达到其抗压设计强度，即避免因受压钢筋受压屈曲外凸而导致的截面破坏，构件应配置封闭式箍筋，且所采用箍筋的直径与间距的设置等应符合构造要求，相关的规定见后叙述。

本 章 小 结

本章基于钢筋混凝土梁的受弯破坏的试验研究，讲述受弯构件正截面受弯承载力的配筋设计原理和方法。

1. 钢筋混凝土适筋梁的受力破坏过程分为三个阶段，具有受拉区混凝土开裂、受拉钢筋屈服与受压混凝土压坏的破坏特征，通过建立静力平衡、物理和几何等三个基本方程联合求解可分析其受力性能。

2. 随截面配筋率的变化，梁沿正截面可能发生的主要破坏形态有少筋破坏、适筋破坏和超筋破坏等。少筋破坏与超筋破坏是脆性破坏，适筋破坏是延性破坏。

3. 混凝土即将压坏的状态为梁正截面破坏的极限状态。适筋梁第三阶段末的截面受力特征是正截面受弯承载力计算的依据。在试验分析的基础上，引入基本假定与简化应力计算图形，建立相应的计算公式与适用条件，形成正截面受弯承载力设计方法。

4. 正截面受弯承载力设计包括计算与构造两个方面。计算公式与计算方法的形成是以满足一定的配筋构造要求为前提的，应重视对相关构造要求应用的认识。

5. 正截面受弯承载力的设计方法分截面设计与截面复核两类问题。单筋矩形截面、

两类 T 形截面与双筋截面的正截面受弯承载力设计在原理是相同的，在方法上也是相通的。

6.《公路桥涵规范》有关受弯构件正截面受弯承载力的计算公式、适用条件与《混凝土结构设计规范》的规定相似。但在计算指标的表达与取值上有所不同，另外，由于结构的特点，配筋构造要求上有明显的不同。

思 考 题

4.1 钢筋混凝土结构构件按以概率为基础的极限状态设计法设计，其设计表达式为 $S \leqslant R$。试分别以跨长为 l，承受均布恒载 g_k 与活载 q_k 的钢筋混凝土简支梁的截面抗弯承载力、截面抗剪承载力设计为例，说明对设计表达式的理解。

$$S = \gamma_G S_{Gk} + \gamma_{Q1} S_{Q1k} + \sum_{i=2} \gamma_{Qi} \psi_{ci} S_{Qik} ; R = R(f_{ck}/\gamma_c, f_{sk}/\gamma_s, a_k \cdots)$$

4.2 根据钢筋混凝土单筋矩形截面受弯构件的正截面抗弯承载力计算简图，由平衡条件得出基本计算公式：

$$\Sigma X = 0 \qquad f_y A_s = \alpha_1 f_c bx \qquad (1)$$
$$\Sigma M = 0 \qquad M_u = \alpha_1 f_c bx(h_0 - x/2) = f_y A_s(h_0 - x/2) \qquad (2)$$

其中，式（1）可改写成 $T=C$，式（2）可改写成 $M_u = C \times Z = T \times Z$。仿此，完成下表。

截面类型	$C(=C_1+C_2)$	$T(=T_1+T_2)$	(Z_1, Z_2)	$M_u(=M_{u1}+M_{u2})$	适用条件
单筋矩形	$\alpha_1 f_c bx$	$f_y A_s$	$h_0 - x/2$	$\alpha_1 f_c bx(h_0-x/2)$	$\xi \leqslant \xi_b, \rho \geqslant \rho_{min}$
双筋矩形					
第一类 T 形					
第二类 T 形					

4.3 四根钢筋混凝土梁截面如图 4-47 所示，下部受拉。若各梁的 $b, h(b'_f, h'_f$ 或 $b_f, h_f)$，α_1, f_c, f_y, A_s 均相同，且不计自重影响，试比较各梁的正截面抗弯承载力 M_u，按其大小顺序写出，并说明理由。

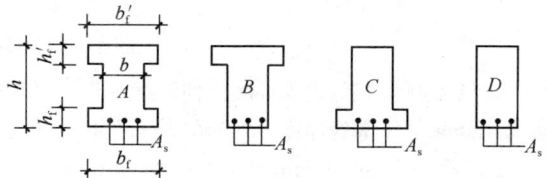

图 4-47 【思考题 4.3】图

4.4 钢筋混凝土适筋梁从加载至破坏，其截面受力破坏过程可分为三个阶段。试回答：作为截面抗裂承载力验算、裂缝与挠度验算、截面抗弯承载力计算依据的受力阶段(状态)。

	计算、验算内容	依据的截面应力状态
1	作为截面抗裂承载力计算依据	
2	作为构件裂缝与挠度验算依据	
3	作为截面抗弯承载力计算依据	

4.5 （1）何谓截面配筋率？截面的配筋量 A_s 对其正截面受弯承载力 M_u 有何影响？

（2）何谓少筋梁、超筋梁？为何实际工程中应避免采用？

（3）受弯构件的截面相对界限受压区高度 ξ_b 与截面的最大值配筋率 ρ_{max} 有何关系？

（4）按受弯承载力公式计算，何时须验算 $x \leqslant x_b$？何时需验算 $x \geqslant 2a'_s$？

（5）何谓配筋构造要求？配筋设计为何要满足构造要求？

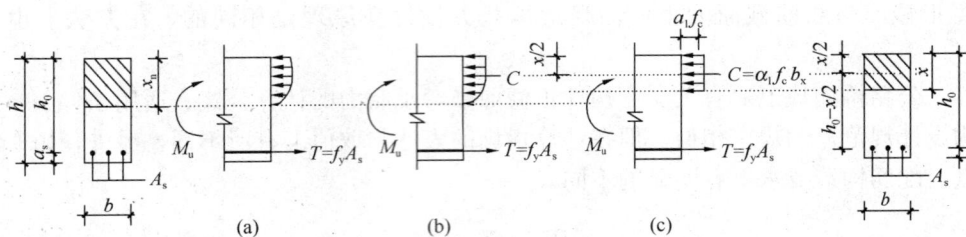

图 4-48 【思考题 4.5】图

(6) 如图 4-48（a）、（b）、（c）为与受弯构件正截面受弯承载力计算公式相关的应力图。

要求：（1）写出单筋矩形截面受弯构件正截面受弯承载力的基本计算公式；

（2）说明所写计算公式与图 4-48（a）、（b）、（c）的关联。

习 题

4.1 一钢筋混凝土伸臂梁，矩形截面 $b \times h = 250\text{mm} \times 450\text{mm}$，均布荷载设计值 $(g + q) =$（恒载＋活载）＝40（或 20、30、50、60，择其一计算之）(kN/m)，梁跨长 $L_1 = 2.5\text{m}$，$L = 6\text{m}$。墙厚 240mm。采用 C30 混凝土，纵筋为 HRB400，$a_s = 40\text{mm}$。

要求：（1）按单筋截面受弯承载力设计方法确定梁纵向受力钢筋及架立钢筋（A_{s1}, A_{s2}, A_{s3}, A_{s4}）的配置；

（2）分别绘出梁内跨及悬挑跨的截面配筋示意图。

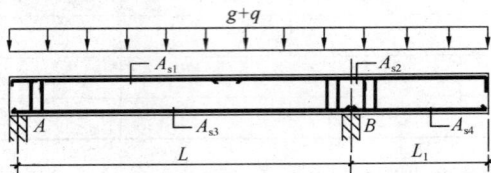

图 4-49 习题 4.1 图

4.2 【习题 4.1】的钢筋混凝土伸臂梁，若截面改为图 4-50 所示，$b \times h = 250\text{mm} \times 450\text{mm}$，上翼缘宽度为 450mm，上翼缘厚度 100mm，均布荷载设计值 $(g + q) = 30$（或 35、40、45、50，择其一计算之）(kN/m)，梁跨长 $L_1 = 2.5\text{m}$，$L = 6\text{m}$。墙厚 240mm。采用 C30 混凝土，纵筋为 HRB400，$a_s = 40\text{mm}$。

要求：（1）按单筋截面设计方法确定梁纵向受力钢筋及架立钢筋（A_{s1}, A_{s2}, A_{s3}, A_{s4})的配置；

（2）分别绘出梁内跨及悬挑跨的截面配筋示意图。

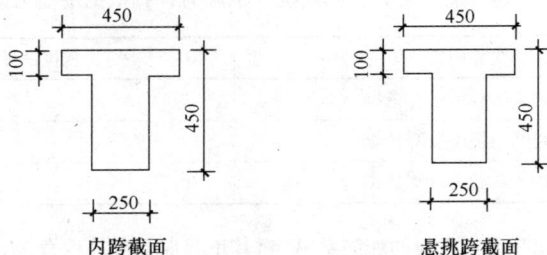

内跨截面   悬挑跨截面

图 4-50 习题 4.2 图

4.3 一钢筋混凝土伸臂梁，设计数据按【习题 4.1】。

要求：（1）由【习题 4.1】按单筋矩形梁受弯承载力设计的纵向受拉钢筋 A_{s3}，若计入受压区配置的 2

$\Phi 12$，求跨中截面受弯承载力 M_u。

（2）架立钢筋与受压钢筋的配筋构造要求有何不同？

4.4 一钢筋混凝土伸臂梁（同图 4-49），矩形截面 $b \times h = 250\text{mm} \times 450\text{mm}$，均布荷载设计值 $(g+q)$ $= 80(\text{kN/m})$，梁跨长 $L_1 = 2.5\text{m}$，$L = 6\text{m}$。墙厚 240mm。采用 C30 混凝土，纵筋为 HRB400，箍筋为 HPB300，$a_s = 60\text{mm}$。

要求：确定悬挑跨支座截面 A_{s2}、A_{s4} 的钢筋配置，绘截面配筋示意图。

4.5 一钢筋混凝土雨篷板（$\gamma = 25\text{kN/m}^3$），挑出墙面 $L = 0.8\text{m}$，板厚 $h = 100\text{mm}$。板面为 20mm 厚水泥砂浆（$\gamma = 20\text{kN/m}^3$），板底为 20mm 厚砂浆（$\gamma = 17\text{kN/m}^3$）。均布使用荷载标准值 2.0kN/m^2。环境类别二 a 类。取板宽 $b = 1.0\text{m}$ 计算（实际雨篷板宽度大于 1.0m），图 4-51 为计算简图。采用 C30 混凝土，受力筋及分布筋均为 HPB300。

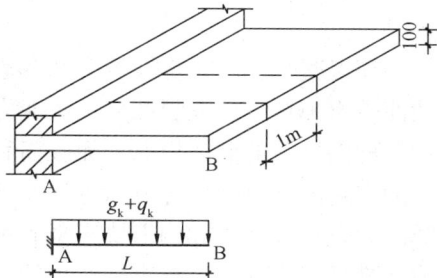

要求：（1）设计雨篷板的受力筋及分布筋；

（2）绘截面配筋示意图。

图 4-51 习题 4.5 图

4.6 一钢筋混凝土梁，梁跨 $L = 6\text{m}$，截面尺寸 $b \times h = 250 \times 500\text{mm}$。恒载标准值（包括自重）为 13.88kN/m，使用活载标准值为 6kN/m，一类环境类别（室内正常环境）。荷载分项系数 $\gamma_G = 1.2$，$\gamma_Q = 1.4$。采用 C25 混凝土，纵筋为 HRB400，箍筋为 HPB300。

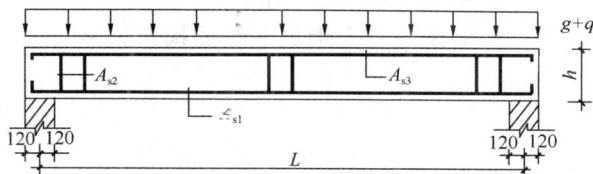

图 4-52 习题 4.6 图

要求：（1）设计梁的配筋 A_{s1}，A_{s3}；

（2）绘梁的横向截面配筋示意图。

4.7 某预制钢筋混凝土桥面空心板，截面形状尺寸如图 4-53 所示。采用 C40 混凝土，纵筋为 HRB400，$\gamma_0 = 1.0$，环境类别为 I 类，跨中最大组合弯矩设计值 $M_d = 600\text{kN·m}$。采用焊接钢筋骨架。

要求：（1）设计板的配筋；（2）绘板的截面配筋示意图。

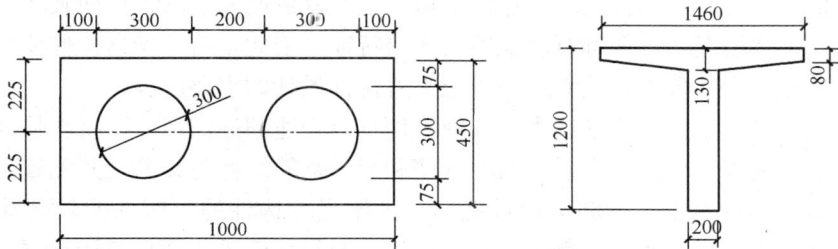

图 4-53 习题 4.7 图

4.8 一中型桥预制钢筋混凝土桥面 T 形梁，截面形状尺寸如图图 4-54 习题 4.7 图示，计算跨度 $l = 16\text{m}$。采用 C40 混凝土，纵筋为 HRB400，$\gamma_0 = 1.0$，环境类别为 I 类，跨中最大组合弯矩设计值 $M_d = 2100\text{kN·m}$。采用焊接钢筋骨架。

要求：（1）设计梁的纵向受力钢筋；（2）绘梁的截面配筋示意图。

第5章 钢筋混凝土受弯构件斜截面
受剪承载力分析和设计

钢筋混凝土受弯构件在剪力和弯矩的共同作用下可能沿斜裂缝发生斜截面受剪破坏或斜截面受弯破坏，保证斜截面承载能力是钢筋混凝土构件截面计算和设计的重要内容。本章对斜截面抗剪的破坏形态、无腹筋和有腹筋梁出现斜裂缝后受力状态、斜截面抗剪承载能力的影响因素以及计算方法等进行了介绍。在学习中要注意，工程设计中对斜截面抗剪承载能力是通过计算和构造要求来满足的，而斜截面抗弯承载能力则是通过要求纵向钢筋和箍筋满足相应的构造规定来实现的。

教学目标

1. 深刻理解受弯构件斜截面受剪的三种破坏形态及其防止对策；
2. 熟练掌握梁的斜截面受剪承载力计算方法；
3. 理解梁内纵向钢筋弯起和截断的构造要求；
4. 熟悉梁内各种钢筋，包括纵向受力钢筋、纵向构造钢筋、架立筋和箍筋等的构造要求。

重点及难点

(1) 受弯构件的斜截面受力性能、破坏形态与配筋原理；
(2) 钢筋混凝土受弯构件斜截面受剪承载力的设计公式、适用范围与计算步骤；
(3) 抵抗弯矩图的画法及有关斜截面受剪、受弯承载力的配筋构造要求。

5.1 概　　述

钢筋混凝土受弯构件的斜截面破坏，是指受弯构件在剪力与弯矩的共同作用下发生的沿斜裂缝截面的破坏。与构件在弯矩作用下沿竖直裂缝截面发生的正截面破坏不同，斜截面破坏主要由剪力引起，一般都具有脆性破坏的特征。因此，防止受弯构件在正截面受弯破坏前发生斜截面受剪破坏，是钢筋混凝土受弯构件设计的重要内容。

为了保证构件斜截面受剪承载力，应使构件具有合适的截面尺寸、材料强度，并必须配置箍筋，也可根据需要配置弯起钢筋。箍筋和弯起钢筋统称为腹筋，其配置量与配置方式应当通过构件斜截面受剪承载力设计确定。由于受弯构件的受剪性能较之受弯性能复杂，影响因素很多，现行我国混凝土结构设计规范的斜截面受剪承载力计算方法主要是依据试验研究结果形成的。为助于理解斜截面受剪承载力设计原理，有必要认识钢筋混凝土受弯构件的斜截面受力性能。

本章主要讨论钢筋混凝土受弯构件斜截面受剪承载力按承载能力极限状态设计（即 $V \leqslant V_u$）的方法。首先，基于试验研究讨论构件的斜截面受剪性能，包括对破坏形态及其影响因素的分析；其次，介绍按现行规范的斜截面受剪承载力计算公式与适用条件，并通过例题说明受弯构件斜截面受剪承载力设计计算的具体步骤；最后，结合规范为保证斜截面承载力的有关纵筋弯起、截断与锚固的构造要求，讨论了抵抗弯矩图的概念与做法。

5.1.1 斜裂缝及斜截面破坏形态

为了直观地认识钢筋混凝土受弯构件中斜裂缝的形成，以及按斜截面抗剪承载力要求设计配筋的基本思路，下面以图示无腹筋简支梁为例予以说明。需要注意的是：在实际工程中，除板与截面高度很小的梁外，一般均应采用有腹筋设计。

5.1.1.1 斜裂缝的形成

图 5-1 所示梁，在三分点处作用两个相等的集中荷载 P，其 CD 区段上，只有弯矩，没有剪力，即为纯弯段。弯矩使截面的上部受压、下部受拉，当截面拉应力大于混凝土的抗拉强度时，就会出现竖直裂缝，这在有关受弯构件正截面承载力的章节中已经讨论过。

图 5-1 所示梁的 AC 区段上，既有弯矩，又有剪力，即为剪弯段。若沿近支座 A 的截面 E 将梁截开，从图上可以看出，截面上除

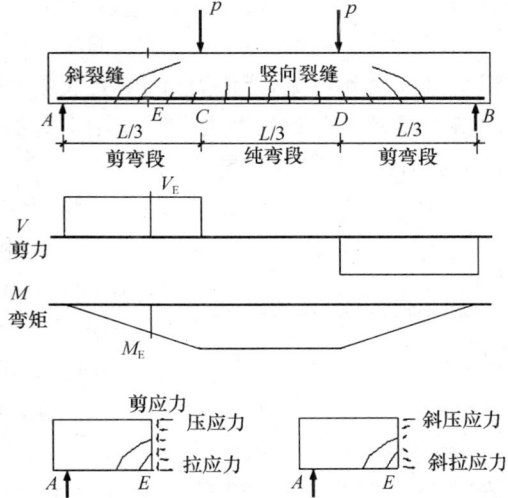

图 5-1 梁斜裂缝的形成

了承受弯矩 M_E 外，还承受剪力 V_E。弯矩 M_E 使截面 E 受到弯曲应力，上部受压、下部受拉。与此同时，剪力 V_E 使截面 E 受到剪应力，其作用方向沿截面向下。

当钢筋混凝土梁承受的荷载不大、裂缝尚未出现时，其受力分析一般可按匀质弹性梁。截面上任意点处的正应力 σ 与剪应力 τ（图 5-2），按式（5-1）计算：

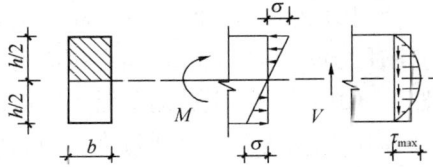

图 5-2 梁截面上的正应力 σ 与剪应力 τ

$$\sigma = \frac{My}{I}$$

$$\tau = \frac{Vs}{Ib} \qquad (5-1)$$

由 σ 与 τ 形成的该点的主拉应力 σ_{tp} 和主压应力 σ_{cp}，以及主拉应力的作用方向与梁轴线的夹角 α，可用材料力学公式（5-2）计算确定：

$$\sigma_{tp} = \sigma/2 + \sqrt{\sigma^2/4 + \tau^2} \qquad \sigma_{cp} = \sigma/2 - \sqrt{\sigma^2/4 + \tau^2} \qquad \tan 2\alpha = -2\tau/\sigma \qquad (5-2)$$

据此得出的梁在荷载作用下的主应力迹线（图 5-3），有助于认识梁的斜向开裂现象。如图 5-3 所示，实线表示主拉应力迹线，虚线表示主压应力迹线；由迹线走向表示的主应力方向，在中和轴处与梁轴成 45°角，在截面的上下边缘处与梁轴平行。图 5-3 所示 3 个单元体

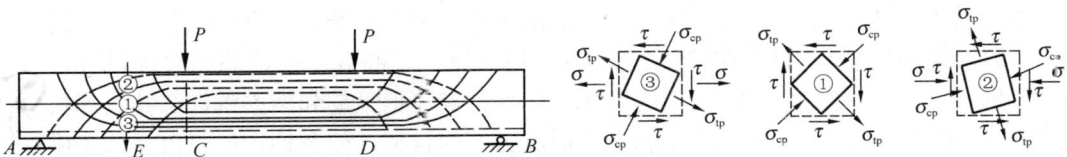

图 5-3 梁在荷载作用下的主应力迹线图

的应力状态，分别对应梁截面 E 上的①、②、③位置，示意表示该位置处 σ_{tp} 的方向。在①处，σ_{tp} 的方向与梁轴夹角 45°；在②、③处，σ_{tp} 的方向与梁轴夹角，分别为大于、小于 45°。

一般而言，在梁剪弯段上，不同截面承受的弯矩和剪力值是变化的；同一截面的弯曲应力 σ 与剪应力 τ 沿其截面高度上的大小分布也是变化的。因此，梁任意截面上任意点处形成的主拉应力大小不同，方向也不相同。

裂缝是由梁内的主拉应力超过混凝土抗拉强度而产生的，裂缝的方向与主拉应力的方向相垂直。由此可见，纯弯段的竖直裂缝是由弯矩引起的水平向主拉应力引起的，而剪弯段的斜裂缝是由弯矩与剪力共同作用引起的斜向主拉应力造成的，如图 5-1 所示。

5.1.1.2 弯剪裂缝与腹剪裂缝

梁截面上的主拉应力是弯曲应力与剪应力的组合效应，其大小与方向取决于截面的剪力与弯矩的相对值。由于梁在其不同截面位置处的剪力与弯矩的相对值有所不同，因此可能形成的斜裂缝形式也有所不同。主要有两种：弯剪裂缝与腹剪裂缝（图 5-4）。

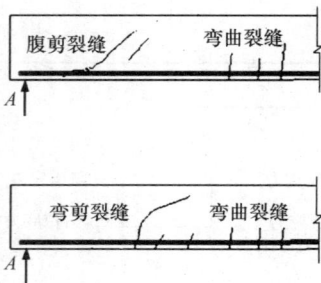

（1）弯剪裂缝

由已出现的弯曲裂缝延伸而成。当截面的剪力和弯矩均具有较大值时，正常设计的梁一般先出现由弯矩引起的垂直裂缝。由于纵向钢筋的存在，垂直裂缝的宽度和发展会受到制约，但当一条或多条这类裂缝上端的斜拉应力超图 5-4　弯剪裂缝与腹剪裂缝　过了混凝土抗拉强度时，裂缝将向上沿主压应力迹线斜向延伸发展。裂缝在截面的底部处宽度最大，呈底宽顶尖形。工程上，这种裂缝常见于梁近支座处的剪弯段。

（2）腹剪裂缝

当剪弯段截面上剪力较大而弯矩较小，以致弯曲应力可以忽略不计时，在截面中和轴处，主拉应力有最大值，其大小等于剪应力值，方向与梁轴成 45° 角。因此，当主拉应力大于混凝土抗拉强度时，将在近截面中和轴处形成腹剪裂缝，然后分别向上、向下沿主压应力迹线延伸发展。腹剪裂缝在截面中和轴处宽度最大，沿斜向向两端延伸，呈两端尖、中间大的细长枣形。工程上，这种裂缝主要发生在薄腹梁的支座附近或是连续梁的反弯点处。

5.1.1.3 斜截面破坏与配筋方式

梁因沿斜截面的承载力不足而产生的破坏称斜截面破坏。

在图 5-1 示钢筋混凝土梁的剪弯段，一旦斜裂缝出现，若梁内无有效配置的钢筋以阻止较大斜裂缝的形成，则将导致梁沿斜截面的破坏不可避免。已如前述，纵向钢筋的配置主要是为了承受弯矩引起的纵向拉力，对此处受弯剪引起的斜拉应力没有直接的抵抗作用。所以，钢筋混凝土梁必须配置专门的抗剪配筋。

为了防止梁沿斜裂缝破坏，可在垂直于斜裂缝（与斜拉应力平行）方向布置斜向钢筋，但由于斜向钢筋施工不便，所以通常采用竖直向配置箍筋来满足斜截面承载力的需要（图 5-5）。箍筋虽然并不与斜裂缝完全垂直，但其直径、肢数、个数等的合理设计，可有效限制斜裂缝的宽度，防止斜截面的破坏。此外，箍筋把纵筋和架立钢筋绑扎（焊接）在一起，将梁的受拉区与受压区联系起来，形成钢筋的骨架，使各种钢筋得以在施工中维持在正确的位置，所以，箍筋是梁内不可缺少的钢筋之一，钢筋混凝土梁宜采用箍筋作为承受剪力的钢筋。

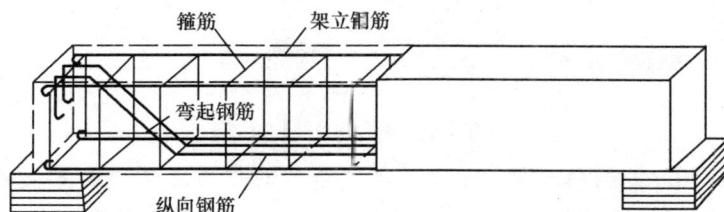

图 5-5 梁的配筋方式

只是在必要的场合，可补充采用少量的斜向钢筋。斜向钢筋可由梁内的部分纵向钢筋在其不需要承受弯曲拉力处弯起（形成弯起钢筋），或者另行单独配置。实际工程中，纵向钢筋的抗弯要求往往与其作为斜向钢筋的抗剪要求矛盾，且利用纵筋弯起所能节约的钢材较少，施工也不方便。作为设计的方法，在剪力不太大的一般梁中，可采用全部由竖向箍筋来满足抗剪要求。只有在梁承受较大剪力的必要部位处才考虑采用弯起钢筋承担受剪力，起补充增强的作用。有时，梁钢筋的弯起只是作为其附加的抗剪安全储备而已。

钢筋混凝土受弯构件的承载力设计，包含正截面受弯与斜截面受剪两个方面。由于构件的斜截面受剪破坏具有明显的脆性特征，设计必须防止此种破坏先于正截面受弯破坏发生。前一章已讨论了正截面受弯承载力的设计方法。本章讨论斜截面受剪承载力的设计方法，将基于与前一章相同的思路，先从斜截面受剪性能的分析研究着手，寻求建立斜截面受剪承载力的计算公式。

5.2 钢筋混凝土无腹筋梁斜截面受剪性能

为了解钢筋混凝土梁的斜截面受剪性能，先对无腹筋梁的受剪破坏形态讨论之。

5.2.1 无腹筋梁破坏形态

无腹筋梁的受剪破坏形态主要受剪跨比影响。

5.2.1.1 剪跨比概念

剪跨比 λ 是一个无量纲参数，其表达式为

$$\lambda = \frac{M}{Vh_0} \tag{5-3}$$

式中，M、V 分别为截面的弯矩、剪力；h_0 为截面的有效高度。

λ 的数值大小，反映了截面所承受的弯矩与剪力、或者说正应力与剪应力的相对比值，因而直接影响梁开裂时的裂缝形态。若 λ 小，表明受正应力为主，产生弯剪斜裂缝；若 λ 大，表明受剪应力为主，产生腹剪斜裂缝。

下面通过例题了解剪跨比的概念。

【例题 5-1】 求图 5-6 所示梁距支座 a 处截面的剪跨比。

【解】 $M = Pa$

$V = P$

$\lambda = \dfrac{M}{Vh_0} = \dfrac{Pa}{Pah_0} = \dfrac{a}{h_0}$

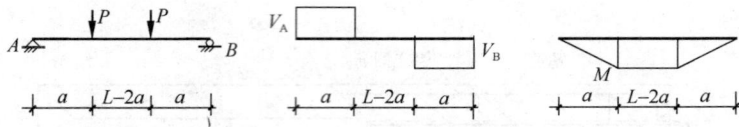

图 5-6 【例题 5-1】梁

【思考与提示】 本例所示梁，a 表示集中荷载的作用点到邻近支座的距离，a 值称为梁的剪跨。梁上集中荷载作用处计算截面的剪跨比 λ，等于其剪跨 a 与截面有效高度 h_0 的比值。

5.2.1.2 破坏形态

图 5-7 为钢筋混凝土无腹筋梁斜截面受剪破坏的主要破坏形态。

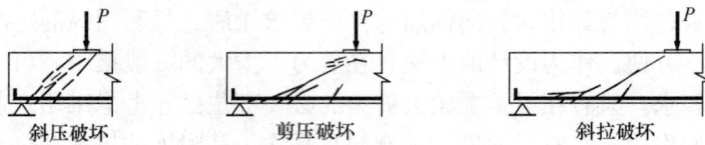

图 5-7 钢筋混凝土无腹筋梁斜截面受剪破坏形态

（1）斜压破坏（$\lambda < 1$）

当剪跨比 λ 较小时，先在荷载作用点与支座间的梁腹部出现若干条平行的斜裂缝（腹剪裂缝）；随荷载增加，梁腹被这些斜裂缝分割成若干个受压柱体，最后因柱体压碎而破坏。斜压破坏时的荷载很高，但变形很小。破坏取决于混凝土的抗压强度，属脆性破坏。

（2）剪压破坏（$1 < \lambda < 3$）

当剪跨比 λ 适中时，梁中出现斜裂缝后，随荷载增加，斜裂缝的条数增多、宽度增大，裂缝间的骨料咬合力下降；沿纵向钢筋的混凝土保护层有可能被劈裂，钢筋的销栓力也逐渐减弱。随荷载增加，斜裂缝中的某一条发展成为主要的斜裂缝，称之为临界斜裂缝，向荷载作用点缓慢发展，截面上部的剪压区高度逐渐减小。最后，剪压区的混凝土在剪、压应力的共同作用下，因达到其复合受力下的极限强度而丧失承载力。剪压破坏时的荷载较斜裂缝出现时的荷载明显为高，破坏有一定预兆，仍为脆性破坏。

（3）斜拉破坏（$\lambda > 3$）

当剪跨比 λ 较大时，梁中一旦出现斜裂缝，即很快形成临界斜裂缝，并迅速延伸到集中荷载作用点处，将梁在斜向拉裂成两部分，同时沿纵向钢筋产生劈裂裂缝，破坏随即发生。破坏的过程急速而突然，破坏前梁的变形很小，并往往只有一条斜裂缝。斜拉破坏时的荷载稍高于斜裂缝出现时的荷载。破坏取决于混凝土的抗拉强度，具有明显的脆性。

5.2.1.3 受力机制与破坏荷载

临近斜截面受剪破坏时，无腹筋梁的受力机制可由拉杆拱模型比拟。当作为拱拉杆的纵向钢筋有足够的强度与可靠的锚固时，荷载通过图 5-8 所示的斜裂缝上部的受压混凝土拱体传至支座。最终，混凝土拱体的破坏导致梁丧失承载力。

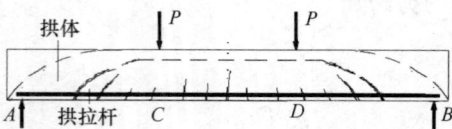

图 5-8 无腹筋梁的拱体受力机制

按此比拟，以上三种破坏形态的特征可描

述如下：斜拉破坏是拱体混凝土拉坏；剪压破坏是拱顶混凝土压坏；斜压破坏是拱体混凝土压坏。斜截面破坏形态不同，相应的破坏荷载也不同，即其斜截面受剪承载力的大小不同。如以 P_u 表示梁的斜截面破坏荷载，则斜压破坏时为最大，其次为剪压，最小是斜拉，即有 $P_{u斜拉} < P_{u剪压} < P_{u斜压}$。另外，不同破坏形态下的无腹筋梁承载力虽有不同，但梁破坏时的挠度都不大，且破坏后荷载急剧下降。这与适筋梁弯曲破坏的特征完全不同，表明无腹筋梁斜截面破坏的脆性特征，其中尤以斜拉破坏为甚。此外，无腹筋梁还有可能因纵向钢筋受拉屈服引起斜截面弯曲破坏、纵向钢筋两端锚固不足引起破坏（拱拉杆破坏）以及混凝土局部受压破坏。

图 5-9 所示为反映剪跨比 λ 对斜截面破坏形态及受剪承载力影响的试验曲线 $(V_u\text{-}\lambda)$；图 5-10 所示为反映梁在上述三种破坏形态下受力特点的荷载-挠度 $(P\text{-}f)$ 曲线。

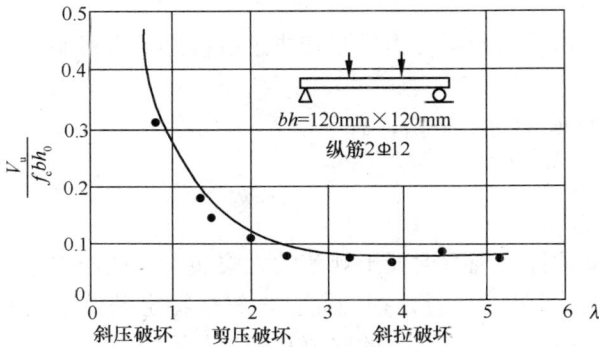

图 5-9 斜截面破坏形态与剪跨比

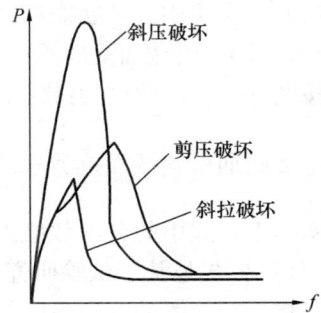

图 5-10 荷载-挠度 $(P\text{-}f)$ 曲线

5.2.2 无腹筋梁斜截面受剪性能

5.2.2.1 斜裂缝出现前的受力状态

在斜裂缝形成前，剪力 V 由梁的全截面承担。无腹筋梁在斜裂缝出现前的受力特点，可将其视为匀质弹性梁，按材料力学方法分析。

5.2.2.2 斜裂缝出现后的受力状态

梁斜裂缝出现后的受力状态见图 5-11 示。临界斜裂缝 ba 出现后，取梁支座至斜裂缝之间的脱离体来分析梁的受剪状态，b 为斜裂缝起始端，a 为斜裂缝末端，末端处的竖直截面为剪压区。

斜截面 ba 上抵抗剪力 V 的力主要由三部分组成：

（1）斜裂缝末端 a 的截面剪压区上的混凝土承担的剪力 V_c；

（2）斜裂缝两侧混凝土发生相对错动产生的骨料咬合力 V_a，其竖向分力为 V_{av}；

（3）纵向钢筋在与斜裂缝相交处的销栓力 V_d，即因斜裂缝两侧的上下错动而受到的剪力。

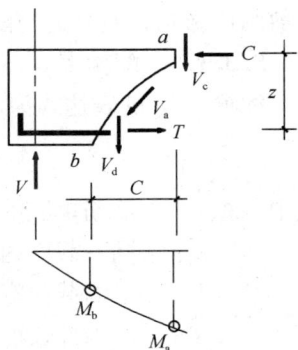

图 5-11 梁斜裂缝出现后受力状态

斜裂缝的形成，使梁的受力状态发生了明显变化：

（1）剪压区的混凝土应力增大。斜裂缝形成后，随斜裂缝宽度增大，骨料咬合力变

121

小；剪力主要由剪压区的混凝土承担，剪压区面积因斜裂缝的发展而减小，使混凝土的剪应力明显增大，同时，使混凝土的压应力大大增加。

（2）斜裂缝相交处的纵筋应力增大。斜裂缝形成前，斜裂缝起始端截面 b 的纵筋应力，与该截面的弯矩 M_b 成正比；斜裂缝形成后，则与斜裂缝末端处截面 a 的弯矩 M_a 成正比；$M_a > M_b$，随着斜裂缝的向加载点发展，截面 b 的纵筋应力接近于截面 a 的钢筋应力。由于斜向开裂后纵筋应力的突然增大，将导致粘结应力增大。此外，纵筋的销栓作用使纵筋周围的混凝土产生劈裂裂缝，削弱混凝土对纵筋的锚固作用。

（3）斜裂缝形成后，剪力 V 由纵筋销栓力 V_d、骨料咬合力 V_a 与剪压区上的混凝土剪力 V_c 承担。在只配纵向钢筋的梁内，纵筋抵抗剪力的销栓作用力是不大的。斜裂缝引起的混凝土沿纵筋的劈裂，降低了纵筋销栓力 V_d，并使斜裂缝宽度增大，骨料咬合力 V_a 减弱甚至消失，因之而随即发生破坏。

（4）由于梁中应力状态的变化，梁由原来的梁传力机制变成了拉杆拱传力机制。

5.2.2.3 斜截面受剪承载力

按图 5-11 示截面受力状态，由截面竖向力的平衡，有

$$V = V_c + V_{av} + V_d \tag{5-4}$$

即无腹筋梁斜截面抗剪承载力 V_u 可表示为

$$V_u = V_c + V_{av} + V_d \tag{5-5}$$

实际上，式中的各项数值很难定量估计。现行混凝土规范的无腹筋梁斜截面抗剪承载力 V_u 计算公式是基于试验研究给出的。另外，从设计控制而言，忽略特定条件下的有利因素，将无腹筋梁的开裂强度作为其斜截面抗剪承载力的取值基础，是可以接受的。

5.3 钢筋混凝土有腹筋梁斜截面受剪性能

5.3.1 破坏形态

试验表明，钢筋混凝土有腹筋梁的斜截面受剪破坏形态，与无腹筋梁类似，主要有三种，即斜拉破坏、剪压破坏和斜压破坏。由于腹筋的配置，梁斜截面的受剪破坏形态不仅受剪跨比影响，而且还与配箍率有关。合理的配置腹筋可以有效地提高梁的受剪承载力。

5.3.1.1 配箍率 ρ_{sv}

配箍率 ρ_{sv} 的表达式为

$$\rho_{sv} = \frac{nA_{sv1}}{bs} \tag{5-6}$$

式中 A_{sv1}——箍筋单肢的截面面积；

   n——同一截面内箍筋的肢数；一个箍筋的垂直部分的根数称之为肢数；

   b——梁的截面宽度；

   s——沿构件长度方向的箍筋间距。

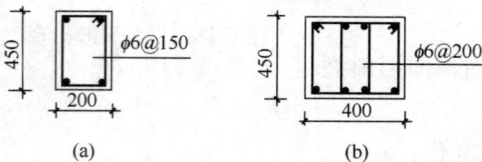

图 5-12 【例题 5-2】梁截面配筋图

下面先通过例题了解配箍率的概念。

【例题 5-2】 按图 5-12 所示梁截面配筋，求配箍率 ρ_{sv}。

【解】 图示（a）梁为双肢箍，$n=2$：

$\phi 6 @ 150$，$A_{sv1} = \pi d^2 / 4 = \pi 6^2 / 4 =$

28.3mm², $s=150$mm

$$\rho_{sv}=nA_{sv1}/bs=2\times28.3/200\times150=0.189\%$$

图 5-12（b）为四肢箍（又称复合箍），$n=4$：

$$\phi6@200,\ A_{sv1}=\pi d^2/4=\pi6^2/4=28.3mm^2,\ s=200mm$$

$$\rho_{sv}=\frac{nA_{sv1}}{bs}=\frac{4\times28.3}{400\times200}=0.142\%$$

5.3.1.2 破坏形态

（1）斜拉破坏

当配箍率太小，或箍筋间距过大且剪跨比 λ 较大时，易发生斜拉破坏。特征为剪压区混凝土拉坏，破坏时箍筋被拉断。

（2）剪压破坏

当配箍率适量，且剪跨比 λ 居中时，发生剪压破坏。特征为箍筋受拉屈服，剪压区混凝土压碎，斜截面承载力随配箍率及箍筋强度的增大而增大。

（3）斜压破坏

当配箍率过大，或剪跨比 λ 很小时，可能发生斜压破坏。特征为混凝土斜向柱体被压碎，但箍筋不屈服。

以上三种破坏形态的受力特点见表 5-1。

钢筋混凝土梁斜截面破坏形态　　　　　　　　表 5-1

破坏类型	斜　拉	剪　压	斜　压
构件特征	无腹筋梁：λ>3 有腹筋梁：配筋过少	无腹筋梁：1<λ<3 有腹筋梁：配筋适量	λ<1 时；或 λ 较大；腹筋过多、腹板过薄
破坏过程	弯曲裂缝一出现即形成临界斜裂缝	弯曲裂缝→斜裂缝→临界斜裂缝→剪压坏	腹剪斜裂缝分割梁腹形成短柱受压坏
影响承载力因素	混凝土复合受力下的抗拉强度	混凝土强度、截面尺寸、配箍率	混凝土强度、截面尺寸
箍筋受力特点	混凝土一开裂即屈服	屈服	不屈服
荷载	破坏荷载≈开裂荷载	破坏荷载>开裂荷载	破坏荷载>开裂荷载
破坏性质	脆性严重	脆性	脆性
破坏形态类比	少箍（筋）梁	适箍（筋）梁	超箍（筋）梁
设计要求	控制最小配箍率	计算控制配箍率	控制截面尺寸

影响钢筋混凝土有腹筋梁斜截面破坏形态的因素，除了以上提到的，还有梁上作用荷载的形式（集中荷载或均布荷载）与位置，梁的截面形式、混凝土强度以及纵筋配筋率等。其中，主要的可以归纳成两个因素：一是剪跨比大小；二是配箍率及腹筋配置情况。

5.3.1.3 受力机制与破坏荷载

斜裂缝出现以后，有腹筋梁的受力机制可由拱形桁架比拟（图 5-13）。此时，箍筋为竖向受拉腹杆，斜裂缝间的混凝土块体形成斜压腹杆，下部纵筋为下弦拉杆，图示混凝土拱体与上部纵筋为上弦压杆。箍筋将混凝土拱体传来的内力悬吊到受压弦杆，增加了混凝土拱体传递受压的作用，此外，斜裂缝间的混凝土骨料咬合作用通过拱作用直接将力传递到支座上。

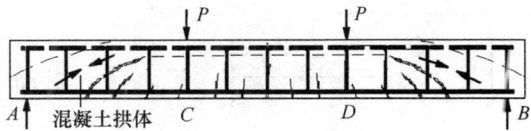

图 5-13　有腹筋梁的拱形桁架受力机制

按此比拟，以上三种破坏形态的特征描述如下：斜拉破坏是拱体混凝土拉坏，竖向腹杆拉断；剪压破坏是拱顶混凝土被压碎，竖向腹杆受拉屈服；斜压破坏是拱体混凝土压坏，竖向腹杆不屈服。箍筋的配置量对有腹筋梁的破坏形态与破坏荷载有明显的影响。当为剪压破坏时，所配箍筋的抗拉强度能得到有效发挥。同样，如以 V_u 表示梁的斜截面受剪承载力，则有 $V_{u斜拉} < V_{u剪压} < V_{u斜压}$。为了避免梁出现斜拉破坏或斜压破坏，应当对其配箍率有所限制，即规定取值的上限与下限。

5.3.2 有腹筋梁斜截面受剪性能

有腹筋梁当斜裂缝出现以前，梁中箍筋的应力很小，主要由混凝土传递剪力，箍筋的配置对梁斜向开裂荷载的大小没有影响。当斜裂缝出现以后，与斜裂缝相交的箍筋应力增大，箍筋发挥作用。

5.3.2.1 箍筋的作用

（1）斜裂缝出现后，箍筋直接承受斜裂缝截面处的部分剪力，使剪压区混凝土承担的剪力减小；

（2）箍筋能抑制斜裂缝的发展，增强斜裂缝顶端剪压区面积，使混凝土提供的抗剪力增大；

（3）箍筋限制了斜裂缝的宽度，提高斜裂缝间的混凝土骨料咬合作用；

（4）箍筋固定纵筋，约束了混凝土沿纵筋的撕裂裂缝发展，增强了裂缝处纵筋的销栓作用；

（5）箍筋参与了斜截面的受弯，使斜裂缝截面处纵筋应力的增量减小。

上述作用说明，箍筋对梁受剪承载力的影响是多方面的，但是定量地分析得到各种作用所占比例并不容易。

5.3.2.2 临界斜裂缝截面受力状态

为了得出钢筋混凝土梁斜截面受剪承载力 V_u，根据剪压破坏形态，采用图 5-14 所示梁沿临界斜裂缝 ab 破坏时形成的五边形块体 $Aahbg$，分析研究破坏时的受力状态。

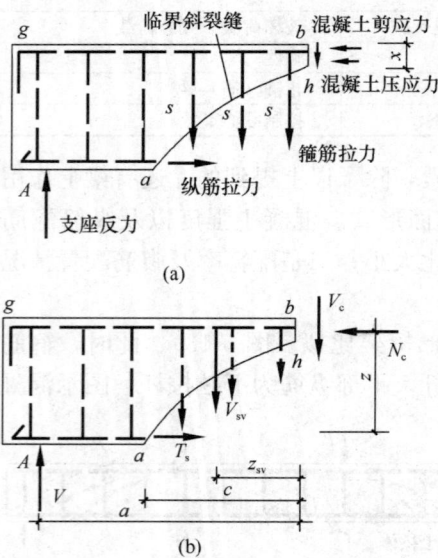

图 5-14 中，梁中性轴通过 h 点，hb 为混凝土的剪压区。破坏时作用在这个块体上的力，已如图 5-14（a）所示，为便于分析，改用图 5-14（b）表示。其中，V 为支座反力，T_s 为纵筋拉力，混凝土的剪应力与压应力的合力分别用 V_c 与 N_c 表示；与临界斜裂缝相交箍筋的合力用 V_{sv} 表示，其作用的位置离 b 点的水平距离为 z_{sv}。

需要说明的是，为了简化分析，图上斜裂缝处的骨料咬合力和纵筋销栓力未加表示，不过，临近破坏时二者的抗剪作用大都已由箍筋替代。

5.3.2.3 斜截面受剪承载力

由图 5-14，可写出破坏时五边形块体 $Aahbg$ 截面上力的平衡条件如下：

$$\Sigma X = 0 : T_s = N_c$$

$$\Sigma Y = 0 : V = V_c + V_{sv} = V_{cs}$$

图 5-14 梁沿临界斜裂缝破坏

$$\Sigma M = 0 : V_a = V_{sv} z_{sv} + T_s z \tag{5-7}$$

若直接按以上三式求解，比较复杂，解算困难。

我国混凝土结构设计规范采用理论与实际相结合的方法，主要考虑力的平衡条件 $\Sigma Y = 0$，同时引入了一些试验参数，建立了斜截面受剪承载力 V_u 的计算公式以及与此对应的计算方法。对力矩平衡条件 $\Sigma M = 0$ 所表达的斜截面受弯承载力要求，则通过满足规定的构造要求来实现。

由于影响钢筋混凝土受弯构件斜截面受剪破坏的因素众多，破坏形态复杂，对混凝土构件的受剪机理的认识尚不充分，目前尚不能形成一套完整的理论体系。大多数规范根据影响斜截面抗剪承载能力的主要因素，在理论上建立有一定依据的模式，而模式中有关参数则通过试验确定（半理论半经验公式）。国外各主要规范及国内各行业标准中斜截面承载力计算方法各异，计算模式也不尽相同。

5.4 斜截面受剪承载力规范计算公式

下面分别根据《混凝土结构设计规范》和《公路桥涵设计规范》，讨论受弯构件的斜截面受剪承载力计算公式，主要针对有腹筋梁讨论之。

5.4.1 影响斜截面受剪承载力的主要因素

（1）剪跨比和跨高比

对于承受集中荷载作用的梁而言，剪跨比是影响其斜截面受力性能的主要因素之一。试验表明，承受集中荷载作用梁的受剪承载力，随剪跨比的增大而降低。承受均布荷载作用梁的受剪承载力，主要受其跨高比 l_0/h（构件跨度与截面高度之比）影响，随跨高比的增大而降低。

（2）腹筋数量

如前所述，箍筋和弯起钢筋可以有效地提高斜截面的承载力。因此，当腹筋数量增多时，斜截面的承载力增大。

（3）混凝土强度等级

从斜截面剪切破坏的几种形态可知，斜拉破坏主要取决于混凝土的抗拉强度，剪压破坏和斜压破坏则主要取决于混凝土的抗压强度。因此，在其他条件相同时，斜截面受剪承载力随混凝土强度等级的提高而增大。

（4）纵筋配筋率

在其他条件相同时，纵向钢筋配筋率越大，斜截面受剪承载力也越大。因为纵筋配筋率越大，则破坏时的剪压区越大，从而提高了混凝土的抗剪能力；同时，纵筋可以抑制斜裂缝的开展，增大斜裂面间的骨料咬合作用；纵筋本身的横截面也能承受少量剪力（销栓力）。

（5）截面尺寸和形状

截面尺寸愈大，斜截面抗剪承载能力愈大。另外，试验表明，受压区翼缘的存在对提高斜截面承载力有一定的作用。因此，T 形截面梁与矩形截面梁相比，前者的斜截面承载力一般要高 10%～30%。

5.4.2 斜截面受剪承载力规范计算公式

我国混凝土结构设计规范的斜截面受剪承载力计算公式，是在试验结果与理论研究分析的基础上建立的。基于梁发生剪压破坏时斜截面受剪承载力由剪压区的混凝土、与斜裂缝相交的箍筋和弯起钢筋三项提供，斜截面受剪承载力 V_u 计算公式针对具体配筋方式采用相应的两项或三项相加的形式表达。

混凝土结构设计规范采用的斜截面受剪承载力的设计表达式为

$$\gamma_0 V \leqslant V_u \tag{5-8}$$

式中，V 为构件斜截面上的最大剪力设计值。

以下主要介绍《混凝土结构设计规范》的斜截面受剪承载力计算公式。为对有关公路桥涵工程结构设计有所了解，《公路桥涵设计规范》的相关内容另以"公路桥涵工程规定"列出。

5.4.2.1 建筑工程规范规定

1. 斜截面受剪承载力设计表达式

根据前述的计算图式与相应的平衡条件 $\Sigma Y = 0$，斜截面受剪承载力设计值 V_u 可表达如下。

(1) 仅配置箍筋的斜截面承载力（图 5-15a）

$$V_u = V_{cs} = V_c + V_{sv} \tag{5-9}$$

(2) 配置箍筋和弯起钢筋的斜截面承载力（图 5-15b）

$$V_u = V_{cs} + V_{sb} = V_c + V_s + V_{sb} \tag{5-10}$$

式中 V_{cs} ——构件斜截面上混凝土和箍筋的受剪承载力设计值；

       V_c ——剪压区混凝土提供的受剪承载力设计值；

       V_{sv} ——与斜裂缝相交箍筋提供的受剪承载力设计值；

       V_{sb} ——与斜裂缝相交弯起钢筋提供的受剪承载力设计值。

2. 仅配置箍筋的斜截面承载力 V_u

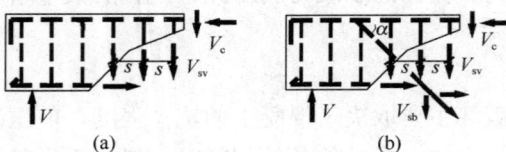

图 5-15   截面受剪承载力计算图式
(a) 仅配置箍筋；(b) 配置箍筋和弯起钢筋

矩形、T 形和 I 形截面一般梁的受弯构件，当仅配置箍筋时，其斜截面承载力按下式计算：

(1) 一般受弯构件

$$V_u = V_{cs} = V_c + V_{sv}$$
$$= \alpha_{cv} f_t b h_0 + f_{yv} A_{sv} h_0 / s$$
$$= 0.7 f_t b h_0 + f_{yv} n A_{sv1} h_0 / s \tag{5-11}$$

(2) 承受集中荷载为主的独立梁

集中荷载作用下（包括作用有多种荷载，其中集中荷载对支座截面或节点边缘产生的剪力值占总剪力的 75% 以上的情况）的独立梁（指不与楼板整体浇注的梁），其斜截面承载力计算按下式：

$$V_{cs} = \alpha_{cv} f_t b h_0 + f_{yv} n A_{sv1} h_0 / s$$
$$= 1.75 f_t b h_0 / (\lambda + 1.0) + f_{yv} n A_{sv1} h_0 / s \tag{5-12}$$

式中 λ ——计算截面剪跨比，可取 $\lambda = a/h_0$；a 为集中荷载点至支座或节点边缘的距离；

       当 $\lambda < 1.5$ 时，取 $\lambda = 1.5$；当 $\lambda > 3$ 时，取 $\lambda = 3$；

f_t——混凝土抗拉强度设计值（MPa），按附表 3-2 取；

f_{yv}——箍筋抗拉强度设计值（MPa），按附表 3-9 中 f_y 的数值取用；

A_{sv}——斜截面内配置在同一截面箍筋各肢总截面面积（mm²）；

s——斜截面内箍筋间距（mm）。

【思考与提示】 注意到承受集中荷载为主的受弯构件，当 $\lambda < 1.5$ 时，取 $\lambda = 1.5$，$\alpha_{cv} = 1.75/(\lambda + 1.0) = 1.75/(1.5 + 1.0) = 0.7$；当 $\lambda > 3$ 时，取 $\lambda = 3$，$\alpha_{cv} = 1.75/(3 + 1.0) = 0.44$。

5.4.2.2 公路桥涵工程规定

公路桥涵工程设计规范采用的斜截面受剪承载力设计表达式为

$$\gamma_0 V_d \leqslant V_u \tag{5-13}$$

式中，V_d 为构件斜截面受压端上的最大组合剪力设计值（kN）。对变高度（承托）的连续梁和悬臂梁，当该截面处于变高度梁段时，则考虑作用于截面的弯矩引起的附加剪力设计值。

斜截面受剪承载力 $V_u = V_{cs}$，按式（5-14）计算：

$$V_{cs} = a_1 a_2 a_3 \times 0.45 \times 10^{-3} bh_0 \sqrt{(2 + 0.6p) + \sqrt{f_{cu,k}} \rho_{sv} f_{sv}} \tag{5-14}$$

式中 a_1——异号弯矩影响系数，计算简支梁和连续梁近边支点梁段的抗剪承载力时，$a_1 = 1.0$，计算连续梁和悬臂梁近中间支点梁段的抗剪承载力时，$a_1 = 0.9$；

a_2——预应力提高系数，对钢筋混凝土受弯构件，$a_2 = 1.0$，对预应力混凝土受弯构件，$a_2 = 1.25$，但当由钢筋合力引起的截面弯矩与外弯矩的方向相同时，或对允许出现裂缝的预应力混凝土受弯构件，取 $a_2 = 1.0$；

a_3——受压翼缘的影响系数，取 $a_3 = 1.1$；

b——斜截面受压端正截面处，矩形截面宽度（mm），或 T 形和 I 形截面宽度（mm）；

h_0——斜截面受压端正截面的有效高度，自纵向受拉钢筋合力点至受压边缘的距离（mm）；

p——斜截面内纵向受拉钢筋的配筋率，$p = 100\rho$，$\rho = A_s/bh_0$，当 $p > 2.5$ 时，取 $P = 2.5$；

$f_{cu,k}$——边长为 150mm 的混凝土立方体抗压强度标准值（MPa），即混凝土强度等级；

ρ_{sv}——斜截面内箍筋配筋率，$\rho_{sv} = A_{sv}/s_v b$；

f_{sv}——箍筋抗拉强度设计值，按附表 3-19 取；

A_{sv}——斜截面内配置在同一截面箍筋各肢总截面面积（mm²）；

s_v——斜截面内箍筋间距（mm）。

【思考与提示】 在公路桥涵工程中，受弯构件的混凝土和箍筋能承受的剪力设计值 V_{cs}，不同于建筑工程中采用两项之和的表达方式，而是采用一项的表达方式；对承受集中荷载为主的受弯构件不作区别，其受剪承载力设计值 V_{cs} 用同一个公式计算。此外，公式表达的受剪承载力设计值 V_{cs} 的单位为 kN。

5.4.2.3 配置箍筋和弯起钢筋的斜截面承载力 V_u

矩形、T 形和 I 形截面一般梁的受弯构件，当箍筋和弯起钢筋并用时，其斜截面承载力计算按下式：

$$V_u = V_{cs} + V_{sb} = V_{cs} + 0.8 f_y A_{sb} \sin\alpha \tag{5-15}$$

127

式中，弯起钢筋与构件纵向轴线的夹角 α，一般取 $45°$，当梁截面高度大于 800mm 时可取 $60°$。

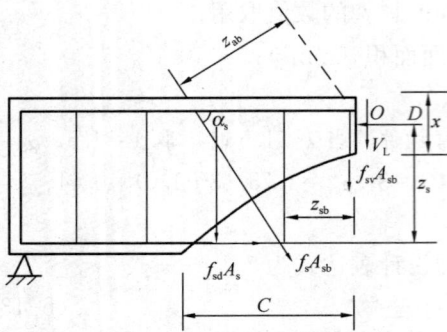

公路桥涵工程规定

如图 5-16 所示，当箍筋和弯起钢筋并用时，受弯构件的斜截面承载力按式（5-16）计算；V_{sb} 为与斜截面相交的普通弯起钢筋受剪承载力设计值，按式（5-17）计算。

$$V_u = V_{cs} + V_{sb} \qquad (5-16)$$

$$V_{sb} = 0.75 \times 10^{-3} f_{sd} \Sigma A_{sb} \sin\alpha_s \qquad (5-17)$$

式中　A_{sb}——斜截面内在同一弯起平面的普通弯起钢筋的截面面积（mm^2）；

　　　α_s——普通弯起钢筋的切线与水平线的夹角。

图 5-16　斜截面抗剪承载力验算简图

进行斜截面承载力计算时，斜截面水平投影长度 C（图 5-16）应按式（5-18）计算：

$$C = 0.6mh_0 \qquad (5-18)$$

式中　m——斜截面受压端正截面处的广义剪跨比，$m = \dfrac{M_d}{V_d h_0}$，当 $m > 3.0$ 时，取 $m = 3.0$；

　　　M_d——相应于最大剪力组合设计值的弯矩组合设计值。

若按式（5-18）算得的 C 值大于斜截面受压端至支座中心 $h/2$ 处的距离 x_u 时，取 $C = x_u$。

5.4.3　斜截面受剪承载力计算公式的适用条件

上面述及的斜截面承载力计算公式是针对剪压破坏建立的，按其要求计算配置腹筋，可以避免构件出现剪压破坏形态。由于剪压破坏的受剪承载力值变化范围较大，故设计时必须进行计算；而对于斜压破坏与斜拉破坏，可分别由满足截面限制条件及最小配箍率来避免。

5.4.3.1　上限值——截面尺寸控制条件

试验表明，当梁的截面尺寸过小、混凝土等级过低且箍筋配置过多时，梁可能形成斜压破坏形态。已如前述，其破坏特征是梁腹被一系列平行的斜裂缝分割成若干个斜向短柱，随后压碎破坏，而此时梁的箍筋尚未达到其设计强度。为了防止这种破坏，梁的截面尺寸不能做得太小，或者说梁的配箍率不应过大。规范规定，按下列条件验算控制：

当 $h_w/b \leqslant 4$ 时，取　　　　　　$V \leqslant 0.25\beta_c f_c b h_0$

当 $h_w/b \geqslant 6$ 时，取　　　　　　$V \leqslant 0.20\beta_c f_c b h_0$

当 $4 < h_w/b < 6$，按线性内插法确定，即取 $V \leqslant 0.025(14 - h_w/b)\beta_c f_c b h_0$　　（5-19）

式中　β_c——混凝土强度影响系数：当混凝土强度等级不超过 C50 时，取 $\beta_c = 1.0$；当混凝土强度等级为 C80 时，取 $\beta_c = 0.8$；其间按线性内插法确定；

　　　h_w——截面腹板高度。h_w 取法：对矩形截面，取有效高度 h_0；对 T 形截面，取有效高度减去翼缘高度；对 I 形截面，取腹板净高。

对截面尺寸控制条件，可以从三方面来认识，其一是防止构件截面发生斜压破坏，其二是控制构件斜截面受剪破坏的最大配箍率，其三是控制使用阶段可能发生的斜裂缝宽度。

公路桥涵工程规定

矩形、T 形截面和 I 形截面的受弯构件，其抗剪截面应符合下列要求：

$$\gamma_0 V_d \leqslant 0.51 \times 10^{-3} \sqrt{f_{cu,k}} bh_0 \text{(kN)} \tag{5-20}$$

5.4.3.2　下限值——构造配箍条件

若梁的剪力过小、截面尺寸过大，则按计算需要的箍筋可能很少，甚至完全不需要。但是试验表明，若箍筋配置过少，则一旦斜裂缝出现以后，混凝土承担的斜拉应力突然转交给箍筋，由于箍筋过少，致使其很快达到设计强度，甚至被拉断，使斜裂缝一下伸展到受压边缘，导致梁发生斜拉破坏。

为了防止发生斜拉破坏，规范规定：梁的抗剪配箍率 ρ_{sv} 应不小于最小配箍率 $\rho_{sv,min}$，即

$$\rho_{sv} = \frac{rA_{sv1}}{bs} > \rho_{sv,min} \tag{5-21}$$

规范规定，$\rho_{sv,min} = 0.24 f_t / f_{yv}$。

公路桥涵工程规定

R235 钢筋：$\rho_{sv,min} = 0.18\%$；HRB335 钢筋：$\rho_{sv,min} = 0.12\%$。

【思考与提示】　当满足上限条件，可防止斜压破坏发生；当满足下限条件，可防止斜拉破坏发生。而对常见的剪压破坏，其斜截面受剪承载力的大小与腹筋配置的多少有关，或者说，其腹筋配置的多少决定了斜截面受剪承载力的大小。此时，斜截面受剪承载力的合理设计应该通过计算来满足。

5.4.4　不需作受剪承载力计算的条件

当受弯构件的截面剪力设计值 V 符合式（5-22）要求时，构件的箍筋设计，不需要通过斜截面受剪承载力的计算，仅需按满足箍筋最大间距与最小直径等构造要求配置即可。

$$V \leqslant \alpha_{cv} f_t bh_0 \tag{5-22}$$

式中，一般情况下，$\alpha_{cv} = 0.7$；承受集中荷载为主的独立梁，$\alpha_{cv} = 1.75/(\lambda + 1.0)$。

当受弯构件的截面剪力设计值 $V > \alpha_{cv} f_t bh_0$ 时，则构件的箍筋设计，需要通过斜截面受剪承载力的计算确定。选配箍筋时，除满足有关箍筋最大间距与最小直径等构造要求外，还应满足 $\rho_{sv} \geqslant \rho_{sv,min}$。

梁中箍筋的最大间距与最小直径要求见表 5-2。

【思考与提示】　$V_c = \alpha_{cv} f_t bh_c$，是指无腹筋梁受剪承载力。当截面剪力设计值 $V \leqslant V_c$ 时，梁中不会出现斜裂缝；当截面剪力设计值 $V > V_c$ 时，梁中可能出现斜裂缝。两个条件对应着两种不同的截面受力状态，对应着不同的钢筋弯起、截断与锚固等构造要求。

公路桥涵工程规定

矩形、T 形和 I 形截面受弯构件，当符合下列条件时，可不进行斜截面抗剪承载力的验算，而仅按构造要求配置箍筋：

$$\gamma_0 V_d \leqslant \alpha_2 \times 0.5 \times 10^{-3} f_{td} bh_0 \text{(kN)} \tag{5-23}$$

对于板式受弯构件，上式右边计算值可乘以 1.25 的提高系数。

5.4.5　斜截面受剪承载力设计的计算截面

这里所谓的计算截面，是指需要进行斜截面受剪承载力计算的截面位置，在一般情况下即是指最可能发生斜截面受剪破坏的位置。工程中的构件，沿其跨度承受的剪力一般不

为常数，截面的尺寸也可能变化。当按 $V \leqslant V_u$ 作斜截面受剪承载力设计时，可根据要求的截面受剪承载力大小，合理地分段配置箍筋或弯起钢筋，分别设计计算。为避免发生如图 5-17 所示的斜截面受剪破坏，应对图示截面作斜截面受剪承载力计算，此时，计算截面位置及对应的剪力设计值 V 按下列规定采用。

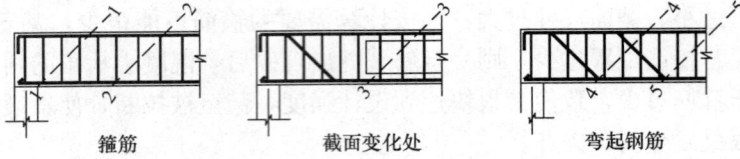

图 5-17　剪力设计值的计算截面

（1）支座边缘处的截面（图 5-17 中截面 1-1）

取支座边缘处的剪力设计值。设计若采用箍筋的数量与梁截面尺寸沿梁长不变，则只需按该截面的剪力值来确定箍筋用量。

（2）箍筋截面面积或间距改变处的截面（图 5-17 中截面 2-2）

若在梁中某个剪力较小的区段减小箍筋用量，则应取箍筋用量改变处截面的剪力设计值进行受剪承载力计算，以确定该区段的箍筋用量。

（3）截面尺寸改变处的截面（图 5-17 中截面 3-3）

截面的受剪承载力与截面尺寸大小有关。当截面尺寸有变化时，应取该处截面对应的剪力设计值，并按改变后的截面尺寸进行受剪承载力计算。

（4）受拉区弯起钢筋弯起点处的截面（图 5-17 中截面 4-4、5-5）

计算第一排（对支座而言）弯起钢筋时，取支座边缘处的剪力设计值；计算以后的每一排弯筋时，取前一排（对支座而言）弯起钢筋弯起点处的剪力设计值。

公路桥涵工程规定

计算受弯构件斜截面受剪承载力时，简支梁和连续梁近边支点梁段的计算位置按下列规定采用：

（1）距支座中心 $h/2$ 处截面（图 5-18 中截面 1-1）；

（2）受拉区弯起钢筋弯起点处的截面（图 5-18 中截面 2-2、3-3）；

（3）锚于受拉区的纵向钢筋开始不受力处截面（图 5-18 中截面 4-4）；

（4）箍筋截面面积或间距改变处的截面（图 5-18 中截面 5-5）；

（5）构件腹板宽度变化处的截面。

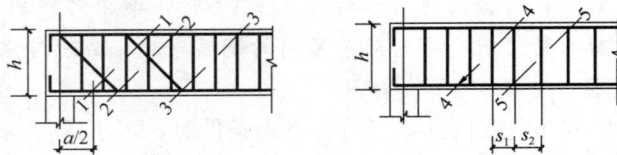

图 5-18　简支梁和连续梁近边支点梁段抗剪承载力计算位置

5.4.6　斜截面受弯承载力问题

受弯构件的弯剪区段内有时因受拉纵筋的弯起或截断，导致斜截面抗弯承载力不足而引起破坏。斜截面受弯承载力，可由满足有关纵筋弯起与截断的构造要求予以保证，一般不需计算。讨论见后。

5.4.7 配筋构造

为了控制使用荷载下可能出现的斜裂缝宽度，且保证有必要数量的箍筋穿越每一条斜裂缝，混凝土规范规定了箍筋最大间距 s_{max}、最小直径 d_{min} 的构造要求。设计箍筋时应符合 $s \leqslant s_{max}$，$d \geqslant d_{min}$ 的规定。

梁中箍筋的最大间距 s_{max} 与最小直径 d_{min} 表 5-2

梁高 h (mm)	最大间距 s_{max} (mm)		最小直径 d_{min} (mm)
	$V > 0.7 f_t b h_0$	$V \leqslant 0.7 f_t b h_0$	
$150 < h \leqslant 300$	150	200	6
$300 < h \leqslant 500$	200	300	6
$500 < h \leqslant 800$	250	350	6
> 800	300	400	8

注：配有受压纵筋 A'_s 时，$d_{min} \geqslant d/4$，d 为 A'_s 的最大直径。

5.5 斜截面受剪承载力计算方法

按极限状态设计表达式 $\gamma_0 S \leqslant R$，截面受剪承载力设计表达式可表达如下：

$$\gamma_0 V \leqslant V_u \tag{5-24}$$

设计要解决的问题有两类：

(1) 截面承载力确定，即截面复核问题；

(2) 截面承载力设计，即截面设计问题。

截面受剪承载力设计基本公式只有一个，但截面复核与截面设计问题的解决方法有所不同。特别是，截面设计要确定的参数不止一个。下面根据具体问题讨论解决方法。

5.5.1 截面承载力确定（截面复核）

【问题】 当截面尺寸、截面配筋、材料强度为已知时，确定斜截面受剪承载力 V_u。

【分析】 设计基本公式有一个，未知数也是一个，即 V_u 可解。

【方法】 将已知的各项参数代入基本计算公式，直接求 V_u；在满足适用条件与构造要求的前提下，可确定斜截面受剪承载力 V_u。

【提示】 满足适用条件，是指 $V_{umin} \leqslant V_u \leqslant V_{umax}$，即应控制在剪压破坏范围内；也可按配箍率验算适用条件 $\rho_{sv,min} \leqslant \rho_{sv} \leqslant \rho_{sv,max}$；满足构造要求，是指应符合 $s \leqslant s_{max}$，$d \geqslant d_{min}$ 等规定。

【例题 5-3】 一钢筋混凝土伸臂梁，$b \times h = 250mm \times 450mm$，$a_s = 40mm$；梁跨长 $L_1 = 2.5m$，$L = 6m$。采用 C30 混凝土，选用纵筋为 HRB400，配筋见图 5-19；箍筋为 HPB300，沿梁长配置 $\phi 8@200$。

要求：复核指定截面的受剪承载力：

(1) 悬臂段；(2) AB 段跨中区段；(3) AB 段距支座 h 区段。

【解】 C30 混凝土，$f_t = 1.43N/mm^2$，$f_c = 14.3N/mm^2$；HRB400 纵筋，$f_y = 360N/mm^2$，配筋见图 5-19；HPB300 箍筋，$f_y = 270N/mm^2$。$h_0 = h - a_s = 450 - 40 = 410mm$。

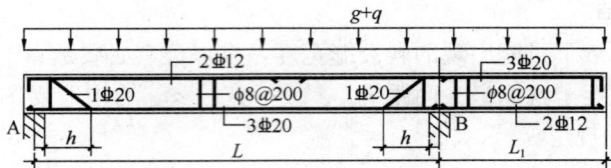

图 5-19　【例题 5-3】梁

(1) 悬臂段

$$V_u = V_{cs} = V_c + V_{sv}$$
$$= 0.7f_t bh_0 + f_{yv}nA_{sv1}h_0/s$$
$$= 0.7 \times 1.43 \times 250 \times 410 + 270 \times 2 \times 50.3 \times 410/200$$
$$= 102.6 \times 10^3 + 55.68 \times 10^3 = 158.28 \times 10^3 = 158.28\text{kN}$$

(2) AB 段跨中区段

$$V_u = 158.28\text{kN}$$

(3) AB 段距支座 h 区段

$$V_u = V_{cs} + V_{sb} = 0.7f_t bh_0 + f_{yv}A_{sv}h_0/s + 0.8f_y A_{sb}\sin\alpha$$
$$= 0.7 \times 1.43 \times 250 \times 410 + 270 \times 2 \times 50.3 \times 410/200 + 0.8 \times 360 \times 314 \times 0.707$$
$$= 158.28 + 63.94 = 222.22\text{kN}$$

(4) 适用条件与构造要求

$$h_w = h_0 = 410\text{mm} \qquad h_w/b = 410/250 = 1.64 < 4$$

$$V_u < V_{u,max} = 0.25\beta_c f_c bh_0 = 0.25 \times 1.0 \times 14.3 \times 250 \times 410 = 366.4\text{kN} \qquad 截面尺寸合适$$

$$d = 8\text{mm} \qquad \geqslant d_{min}(= 6\text{mm}); s = 200\text{mm} = s_{max}(= 200\text{mm})$$

$$\rho_{sv} = nA_{sv1}/bs = 2 \times 50.3/(250 \times 200) = 0.20\% > \rho_{sv,min}$$

$$\rho_{sv,min} = 0.24f_t/f_{yv} = 0.24 \times 1.43/270 = 0.127\%$$

满足适用条件与构造要求。

【思考与提示】 (1) 认识钢筋混凝土受弯构件斜截面破坏形态的特征,理解与 V_u 表达式对应的计算假定,理解 V_u 表达式对应的适用条件及其意义,理解 V_u 表达式中各项参数的意义;

(2) 了解有关 d_{min}, s_{max}, $\rho_{sv,min}$ 的取值规定。

5.5.2　截面承载力设计

讨论当截面的荷载效应 V、截面尺寸与材料强度为已知时,如何设计腹筋配置的问题。腹筋是箍筋与弯起钢筋的统称。《混凝土结构设计规范》建议优先配置箍筋。根据采用的配筋方式,截面承载力设计计算的步骤有所不同,但设计计算的依据是相同的,即按照斜截面受剪承载力设计基本公式:

$$V_u = V_c + V_{sv} + V_{sb} = V_{cs} + V_{sb}$$

设计的配筋方式有二,对应的设计公式:

(1) 当按仅配箍筋设计时: $V_u = V_c + V_{sv} = V_{cs}$

(2) 当按同时配箍筋与弯起钢筋设计时: $V_u = V_c + V_{sv} + V_{sb} = V_{cs} + V_{sb}$

【问题 1】 当截面的荷载效应 V、截面尺寸与材料强度为已知时,按仅配箍筋方式设计。

【分析】 设计基本公式有一个，未知数有三个，即 n，A_{sv1}，s，似不可解；但若将 (nA_{sv1}/s) 视为一项，则其值可由基本公式计算确定，问题可解。

【方法】 将已知的各项参数代入基本计算公式，直接求得 (nA_{sv1}/s) 后，根据配筋应满足的构造要求，再分别选定 n，A_{sv1}，s。

【提示】 应满足的适用条件，是指 $V_{smin} \leqslant V(=V_u) \leqslant V_{umax}$，即应控制在剪压破坏范围内。

【例题 5-4】 一钢筋混凝土矩形截面简支梁（图 5-20），$b \times h = 200\text{mm} \times 500\text{mm}$，支承情况见图示。梁净跨度 $l_n = 4.76\text{m}$。梁上作用均布荷载设计值 $(g+q) = 60\text{kN/m}$（已计入梁自重）。采用 C30 混凝土，箍筋用 HPB300，纵筋用 HRB400。按正截面承载力要求已配置 $5 \Phi 20$（$A_s = 1570\text{mm}^2$）。要求：

（1）按斜截面承载力要求，确定箍筋配置；

（2）绘梁配筋示意图。

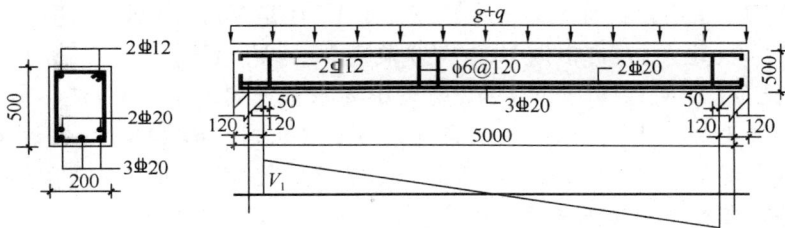

图 5-20 【例题 5-4】梁

【解】 C30 混凝土（$f_c = 14.3\text{N/mm}^2$，$f_t = 1.43\text{N/mm}^2$），HPB300（$f_y = 270\text{N/mm}^2$），HRB400（$f_y = f'_y = 360\text{N/mm}^2$），$\xi_b = 0.518$，$\alpha_{sb} = 0.384$。

$$h_0 = h - a_s = h - 60 = 500 - 60 = 440\text{mm}$$

（1）确定箍筋

1）支座边最大剪力设计值

$$V = ql_n/2 = 60 \times 4.76/2 = 142.8\text{kN}$$

2）验算截面尺寸及确定按计算配箍的条件

$h_w = h_0 = 440\text{mm}$ $\qquad$ $h_w/b = 440/200 = 2.2 < 4$

$0.25\beta_c f_c bh_0 = 0.25 \times 1.0 \times 14.3 \times 200 \times 440 = 314.6\text{kN} > V = 142.8\text{kN}$，截面尺寸合适

$0.7f_t bh_0 = 0.7 \times 1.43 \times 200 \times 440 = 88.09\text{kN} < V = 142.8\text{kN}$，需计算配箍

3）计算配箍

$$A_{sv}/s = nA_{sv1}/s = \frac{V - 0.7f_t bh_0}{f_{yv}h_0} = \frac{(142.8 - 88.09) \times 10^3}{270 \times 440}$$

$$= 0.461\text{mm}^2/\text{mm}$$

选双肢箍（$n=2$），$\phi 6$（$\geqslant d_{min} = 6\text{mm}$）：

$$s = nA_{sv1}/0.461 = 2 \times 28.3/0.461 = 123\text{mm}$$

取 $s = 120\text{mm}$（$< s_{max} = 200\text{mm}$）。

$$\rho_{sv} = nA_{sv1}/bs = 2 \times 28.3/200 \times 120 = 0.236\% > \rho_{sv,min}$$
$$\rho_{sv,min} = 0.24f_t/f_{yv} = 0.24 \times 1.43/270 = 0.127\%$$

（2）配筋图（见图 5-20）

【思考与提示】　本例箍筋若改为如下配筋方式设计（图 5-21），则图示区段长度 a 如何确定？

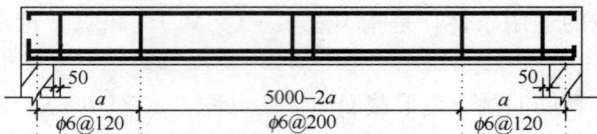

图 5-21　【例题 5-4】梁箍筋设计

【问题 2】　当截面的荷载效应 V、截面尺寸与材料强度为已知时，按同时配箍筋与弯起钢筋设计。

【分析】　设计基本公式有一个，涉及的未知数（项）有两个，即 V_{cs} 与 V_{sb}。设计时，可先选定其中的一个后，再确定另一个。按先定 V_{cs} 还是 V_{sb} 的不同，解法有所不同。

【方法 1】　先定 V_{cs}，再根据 $V(=V_u)$ 确定 $V_{sb}=V-V_{cs}$。

【思考与提示】　$V_{cs}=V_c+V_s$，V_s 的大小要根据选定的 n，A_{sv1} 及 s 确定，选择时，应满足配箍构造要求与计算公式的适用条件；当 V 不大时，n，A_{sv1}，s 可按构造要求选择后试算确定。求得 $V_{sb}=V-V_{cs}$ 后，按 $V_{sb}=0.8f_yA_{sb}\sin\alpha$ 求出 A_{sb}，选用时一般利用已配置的受拉纵筋，在不影响其正截面受弯承载力的前提下，将其弯起作为弯起钢筋。

【方法 2】　先定 V_{sb}，再根据 $V(=V_u)$ 确定 $V_{cs}=V-V_{sb}$。

【思考与提示】　按 $V_{sb}=0.8f_yA_{sb}\sin\alpha$，计算 $V_{cs}=V-V_{sb}$；求得 V_{cs} 后，(nA_{sv1}/s) 的确定方法如前所述的仅配箍筋设计斜截面承载力的方法。计算 V_{sb} 时，A_{sb} 一般利用可弯起的纵向受拉钢筋作为弯起钢筋。

【例题 5-5】　若【例题 5-4】的钢筋混凝土矩形截面简支梁，已配纵向受拉钢筋 5 ⊕ 20。斜截面承载力按采用配置箍筋和弯起筋的方案设计，并已设计选用 HPB300 箍筋 $\phi6$ @200 沿梁长放置（图 5-22）。

要求：确定弯起筋配置。

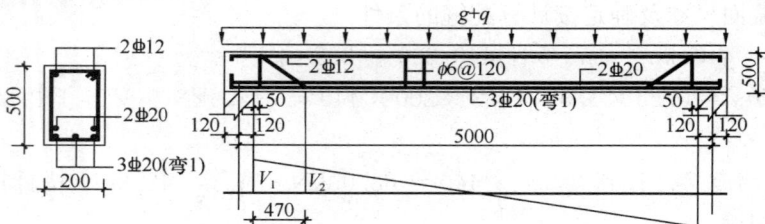

图 5-22　【例题 5-5】梁

【解】　配有箍筋和弯起筋的梁斜截面承载力计算按下式：
$$V \leqslant V_u = 0.7f_tbh_0 + f_{yv}A_{sv}h_0/s + 0.8f_yA_{sb}\sin\alpha$$
$$= V_c + V_s + V_{sb} = V_{cs} + V_{sb}$$

已配双肢箍（$n=2$），$\phi6$（$\geqslant d_{min}=6mm$），@200（$s=s_{max}=200mm$）。

$$\rho_{sv} = \frac{nA_{sv1}}{bs} = \frac{2 \times 28.3}{200 \times 200} = 0.142\%$$

$$\rho_{sv,min} = 0.24f_t/f_{yv} = 0.24 \times 1.43/270 = 0.127\%$$

（1）确定 V_{cs}

$$V_{cs} = V_c + V_{sv} = 0.7f_t bh_0 + f_{yv}nA_{sv1}h_0/s$$
$$= 0.7 \times 1.43 \times 200 \times 440 + 270 \times 2 \times 28.3 \times 440/200$$
$$= 88.09 + 33.62 = 121.71\text{kN}$$

（2）计算弯起筋

1）计算近支座处第一排弯起筋，设计剪力按支座边缘截面计算，弯起角 $\alpha = 45°$：

$$V_1 = ql_n/2 = 60 \times 4.64/2 = 142.8\text{kN}$$

$$A_{sb1} = \frac{V_1 - V_{cs}}{0.8f_y sin\alpha} = \frac{(142.8 - 121.71) \times 10^3}{0.8 \times 360 \times 0.707} = 104\text{mm}^2$$

弯起纵筋 1 $\underline{\Phi}$ 20（314mm² > A_{sb1}）

2）验算是否需要第二排弯起筋，确定第一排筋弯起点处的剪力，此处距支座边缘 a_1。

$$a_1 = 50 + (h_0 - a_s) = 50 + (460 - 40) = 470\text{mm}.$$

$$V_2 = V_1 - q \times a_1 = 142.8 - 60 \times 0.47 = 114.6\text{kN}$$

$$V_2 < V_{cs} = 121.71\text{kN}$$

故不需要第二排弯起筋。

【思考与提示】（1）本例利用正截面受弯纵筋为弯起钢筋，应符合相关要求。

（2）按 $V \leqslant V_u$ 设计，可采用 $V_u = V_c + V_{sv} = V_{cs}$ 设计，或 $V_u = V_{cs} + V_{sb}$ 设计。当梁荷载作用下的剪力如图 5-23 所示时，设计方法应作何选择？

1）均布荷载：$V = 0.5ql = 142.8\text{kN}$；

2）集中荷载：$V = 0.5P = 142.8\text{kN}$。

图 5-23 荷载作用下的剪力图

【例题 5-6】 一钢筋混凝土矩形截面简支梁，$b \times h = 200\text{mm} \times 500\text{mm}$，支承情况见图 5-24。梁净跨度 $l_n = 4.76\text{m}$。梁上作用均布荷载设计值 $(g+q) = 13\text{kN/m}$（已计入梁自重），集中荷载设计值 $P = 140\text{kN}$。采用 C30 混凝土，箍筋用 HPB300，纵筋用 HRB400。一类环境类别。按正截面承载力已配置纵筋 4 $\underline{\Phi}$ 18（$A_s = 1017\text{mm}^2$）。

要求：（1）按斜截面承载力要求，确定箍筋配置；

（2）绘梁的配筋示意图。

【解】 C30 混凝土（$f_c = 14.3\text{N/mm}^2$，$f_t = 1.43\text{N/mm}^2$），HPB300（$f_y = 270\text{N/mm}^2$），HRB400（$f_y = f'_y = 360\text{N/mm}^2$）。

$$h_0 = h - a_s = h - 40 = 500 - 40 = 460\text{mm}$$

（1）箍筋（A 支座边至集中载作用点区段）

1）A 支座边剪力设计值

$$R_A = P(l-a)/l + \frac{ql}{2}$$

135

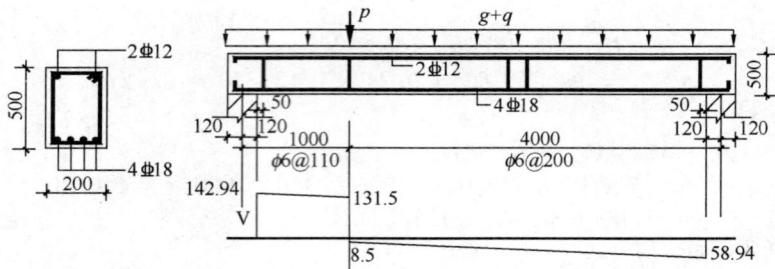

图 5-24　【例题 5-6】梁

$$= \frac{140(5-1)}{5} + \frac{1}{2} \times 13 \times 5 = 112 + 32.5 = 144.5\text{kN}$$

$$V_1 = R_A - q \times 0.12 = 144.5 - 13 \times 0.12 = 142.94\text{kN}$$

2）验算截面尺寸及确定按计算配箍的条件

$h_w = h_0 = 460\text{mm}$　　$h_w/b = 460/200 = 2.3 < 4$

$0.25\beta_c f_c b h_0 = 0.25 \times 1.0 \times 14.3 \times 200 \times 460 = 328.9\text{kN} > V = 142.94\text{kN}$ 截面尺寸合适

$V_{1集}/V_1 = 112/142.94 = 0.78 > 0.75$ 需要考虑剪跨比 λ 影响。

$\lambda = (a - 0.12)/h_0 = (1 - 0.12)/0.46 = 1.913 < 3$

$1.75 f_t b h_0/(\lambda + 1.0) = 1.75 \times 1.43 \times 200 \times 460/(1.913 + 1.0)$

$$= 79.04\text{kN} < V = 142.94\text{kN}$$ 需经计算配箍

3）箍筋设计 $(V \leqslant V_u = V_{cs} = V_c + V_{sv})$

$$A_{sv}/s = n A_{sv1}/s = \frac{V - \dfrac{1.75}{\lambda + 1.0} f_t b h_0}{f_{yv} h_0}$$

$$= \frac{(142.94 - 79.04) \times 10^3}{270 \times 460} = 0.514\text{mm}^2/\text{mm}$$

选双肢箍 $(n = 2)$，$\phi 6$ $(\geqslant d_{min} = 6\text{mm})$：

$$s = n A_{sv1}/0.514 = 2 \times 28.3/0.514 = 110\text{mm}，$$

取 $\phi 6@110$ $(< s_{max} = 200\text{mm})$。

$\rho_{sv} = n A_{sv1}/bs = 2 \times 28.3/200 \times 110 = 0.257\% > \rho_{sv,min}$

$\rho_{sv,min} = 0.24 f_t/f_{yv} = 0.24 \times 1.43/270 = 0.127\%$

（2）箍筋（B 支座边至集中载作用点区段）

取 $\phi 6@200$（计算略）。

（3）梁配筋见题图（图 5-24）。

【思考与提示】　本例若采用 $V_u = V_{cs} + V_{sb}$ 设计，通长 $\phi 6@200$，左区段先后弯起跨中正截面受弯钢筋 2Φ18，配筋图见图 5-25，是否可行？

【例题 5-7】　图 5-26 示预制钢筋混凝土楼面梁，楼面梁跨 $l_1 = 6\text{m}$，截面尺寸 $b \times h = 250\text{mm} \times 500\text{mm}$。恒载标准值为 13.88kN/m，使用活载标准值为 6kN/m，一类环境类别。支承墙厚 240mm。

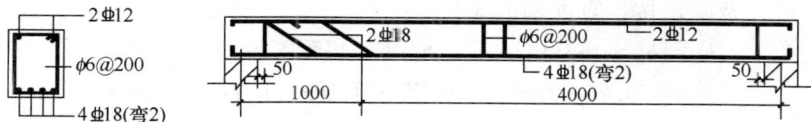

图 5-25　【例题 5-6】【思考与提示】

要求：（1）设计楼面梁配筋；（2）绘楼面梁截面配筋图。

【解】

（1）选用材料及截面尺寸

C25 混凝土（$f_c = 11.9\text{N/mm}^2$，$f_t = 1.27\text{N/mm}^2$），$c = 25\text{mm}$；HPB300（$f_r = 270\text{N/mm}^2$）；HRB400（$f_y = 360\text{N/mm}^2$），$\xi_b = 0.518$，$\alpha_{sb} = 0.384$。

$$h_0 = h - a_s = 500 - 45 = 455\text{mm}$$

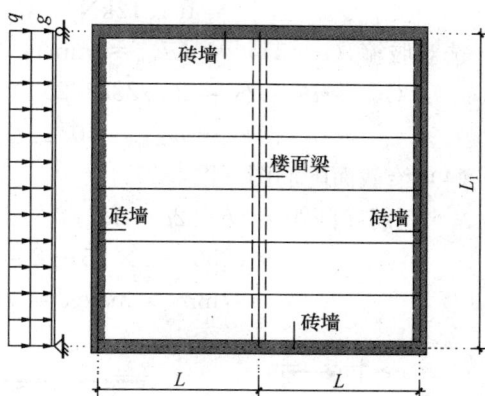

图 5-26　预制钢筋混凝土楼面梁

（2）纵筋计算

跨中截面的设计弯矩：

可变荷载效应控制的组合

$$M = (\gamma_G g_k + \gamma_Q q_k)l^2/8$$
$$= (1.2 \times 13.88 + 1.4 \times 6.0) \times 6^2/8 = 112.75\text{kN} \cdot \text{m}$$

永久荷载效应控制的组合

$$M = (\gamma_G g_k + \psi_{c1}\gamma_{Q1} q_k)l^2/8$$
$$= (1.35 \times 13.88 + 1.4 \times 0.7 \times 6.0) \times 6^2/8 = 110.78\text{kN} \cdot \text{m}$$

最大设计弯矩

$$M = \max(112.75, 110.78) = 112.75\text{kN} \cdot \text{m}$$
$$\alpha_s = \frac{M}{\alpha_1 f_c b h_0^2} = \frac{112.75 \times 10^6}{1.0 \times 11.9 \times 250 \times 455^2} = 0.183 < \alpha_{sb} = 0.384$$
$$\gamma_s = (1 + \sqrt{1 - 2\alpha_s})/2 = (1 + \sqrt{1 - 2 \times 0.183})/2 = 0.898$$
$$A_s = \frac{M}{f_y \gamma_s h_0} = \frac{112.75 \times 10^6}{360 \times 0.898 \times 455} = 766\text{mm}^2$$

选用 3 Φ 18（$A_s = 763\text{mm}^2$）

$$\rho_{\min} = \max(0.2\%, 0.45 f_t/f_y = 0.45 \times 1.27/300 = 0.191\%) = 0.2\%$$
$$\rho = A_s/bh = 763(250 \times 500) = 0.610\% > \rho_{\min}$$

（3）箍筋计算

支座截面的设计剪力：

可变荷载效应控制的组合

$$V = (\gamma_G g_k + \gamma_Q q_k)l_n/2 = (1.2 \times 13.88 + 1.4 \times 6.0) \times (6.0 - 0.24)/2 = 72.16\text{kN}$$

永久荷载效应控制的组合

$$V = (\gamma_G g_k + \psi_{c1}\gamma_{Q1} q_k)l_n/2 = (1.35 \times 13.88 + 1.4 \times 0.7 \times 6.0) \times (6 - 0.24)/2$$
$$= 70.90\text{kN}$$

$$V = \max(72.16, 70.90) = 72.16\text{kN}$$

137

验算截面尺寸及确定按计算配箍的条件

$$h_w = h_0 = 455\text{mm} \qquad h_w/b = 455/250 = 1.82 < 4$$

$$0.25\beta_c f_c b h_0 = 0.25 \times 1.0 \times 11.9 \times 250 \times 455$$

$$= 338.4\text{kN} \qquad > V = 72.16\text{kN} \quad \text{截面尺寸合适}$$

$$0.7 f_t b h_0 = 0.7 \times 1.27 \times 250 \times 455$$

$$= 101.12\text{kN} > V = 72.16\text{kN} \quad \text{构造配箍}$$

选双肢箍（$n=2$），$\phi 6$（$d_{min} = 6\text{mm}$）：取 $s = 200\text{mm}$（$s_{max} = 200\text{mm}$）

$$(\rho_{sv} = n A_{sv1}/bs = 2 \times 28.3/250 \times 200$$

$$= 0.113\% = \rho_{sv,min} = 0.24 f_t/f_{yv} = 0.24 \times 1.27/270 = 0.113\%)$$

（4）绘截面配筋图（图 5-27）

钢筋净间距 $= (b - 2c - 3d)/2$

$$= (250 - 2 \times 25 - 2 \times 6 - 3 \times 18)/2$$

$$= 67\text{mm} > \max(c = 25\text{mm}, d = 18\text{mm}) = 25\text{mm} \quad \text{满足要求。}$$

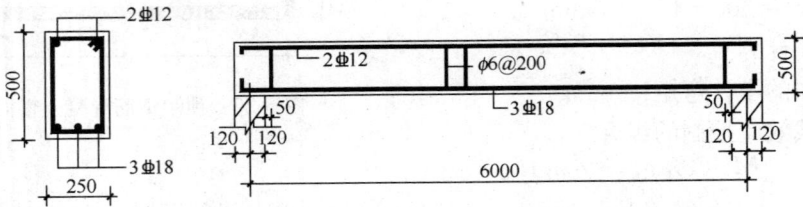

图 5-27　预制钢筋混凝土楼面梁配筋图

【思考与提示】　熟悉钢筋混凝土简支梁的配筋构造做法及配筋图表示方法。

5.6　钢筋混凝土梁配筋构造

从配筋设计而言，钢筋混凝土梁按正截面受弯承载力的设计，是指按 $M \leqslant M_u$ 要求设计梁的纵向受力钢筋截面积。设计时，梁截面弯矩设计值 M 按其同号区段的最大弯矩截面取值，这个截面即是控制截面；M_u 是正截面受弯承载力的设计值。同样，按斜截面受剪承载力设计要求，梁的腹筋设计应满足 $V \leqslant V_u$。当采用 $V_u = V_{cs} + V_{sb}$ 设计时，V_{sb} 一般是利用纵向受拉钢筋的弯起来提供。理论上，因为梁由荷载引起的弯矩分布沿其跨长是变化的，所以按梁受弯承载力设计要求的纵向受拉钢筋截面积沿其跨长也可以变化，这种变化可以通过纵筋的弯起或截断来实现；实践上，纵筋的弯起、截断或锚固受到配筋构造要求的制约。如果处置不当，就会影响梁的承载力。

钢筋混凝土梁的配筋构造是其配筋设计的基础，配筋构造的合理设计一般可采用绘制抵抗弯矩图的方法来解决。下面，先通过抵抗弯矩图的绘制方法的介绍，认识配筋构造的基本原理与相关要求；再讨论如何按照配筋构造要求绘制梁配筋详图的方法。

5.6.1　抵抗弯矩图

梁截面的抵抗弯矩，是指梁正截面的受弯承载力 M_u。梁的抵抗弯矩图（M_u 图），是表示梁按其实际的纵筋配置，所确定的正截面抗弯承载力 M_u 沿其跨长的分布图形。或者说，是按实际配置的纵筋画出的反映梁上各正截面所能抵抗的弯矩图。

当截面配置的纵筋截面积 A_s 已知时，截面抗弯承载力 M_u 可按下式计算：

$$M_u = f_y A_s (h_0 - x/2)$$

$$= f_y A_s \left(h_0 - \frac{f_y A_s}{2 \alpha_1 f_c b} \right) \quad (5\text{-}25)$$

当配有多根钢筋时，即 $A_s = \sum_i^n A_{si}$，有 $M_u = \sum_i^n M_{ui}$。为作图方便，假定截面的抗弯承载力与受拉钢筋截面积成正比，即截面中的任一根纵向受拉钢筋 A_{si} 所提供的截面抗弯承载力 M_{ui} 可近似按下式计算：

$$M_{ui} = M_u A_{si} / A_s \quad (5\text{-}26)$$

梁截面的纵筋配筋量若因弯起或截断而发生变化时，随之产生的截面受弯承载力变化可由上述计算公式确定，并在梁上对应截面位置处按其 M_u 值作相应表示，由此就形成了梁的抵抗弯矩图。

一般可认为，当梁在荷载作用下的设计弯矩图（M 图）已知时，为保证沿梁长的每个截面都满足 $M_u \geqslant M$ 的要求，设计的抵抗弯矩图（M_u 图）必须将 M 图包住，且 M_u 图与 M 图越接近，说明该梁的设计越经济。

5.6.1.1 绘法：简支梁的通长配筋与弯起配筋方式

下面，以承受均布荷载的钢筋混凝土简支梁为例，讨论抵抗弯矩图绘法。

荷载作用下的设计弯矩图（M 图）见图 5-28；控制截面（跨中截面 A）的截面抗弯承载力 M_u 按式（5-25）计算确定。在控制截面，各钢筋按其面积大小提供抵抗弯矩。为讨论方便，假定 $M_A = M_u$，M_u 由以①、②与③标记的 3 根等直径钢筋提供。这样，单根纵筋 A_{si} 提供的截面抗弯承载力按 $M_{ui} = M_u/3 = M_A/3$ 计，即等直径的 3 根钢筋各自提供了相同份额的截面抗弯承载力。

图中抵抗弯矩图的左、右部分，分别对应部分纵筋弯起与通长配筋的两种方式。

（1）部分纵筋弯起时的抵抗弯矩图

如图 5-28 的左半部分所示。通长布置的①、②号筋，在支座处符合锚固要求，为梁上任意正截面提供了 $2M_A/3$ 的抵抗弯矩。③号筋为弯起钢筋，在图示的 AC 段提供 $M_A/3$ 的抵抗弯矩，其值如 M_u 图中的竖距 AA_1 所示。由于③号筋在 C_1 点上弯，在 D_1 点与梁的中心线相交，在用斜直线连接 M_u 图上对应的 C、D 两点，

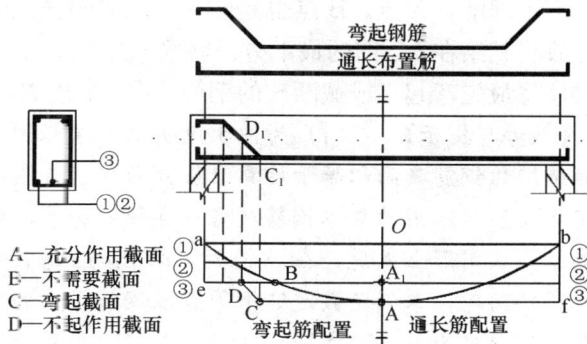

图 5-28 简支梁的抵抗弯矩图

表示其因弯起而逐步地脱离受拉区，随内力臂逐渐减小，能提供的抵抗弯矩也逐渐变小。过了 D_1 点后，③号筋进入受压区，对截面下部受拉区不再能提供抵抗弯矩，故在 M_u 图中不再出现。由于③筋的弯起，形成的 M_u 图为一台阶形 aoACDe。

（2）通长配筋时的抵抗弯矩图

如图 5-28 的右半部分所示。因为①、②与③号筋通长布置，并在支座处符合锚固要求，则梁上任意正截面都能抵抗同样大小的受弯承载力 M_u（$= M_A$），此弯矩的分布可用

一条在 A 点与荷载作用下的 M 图相切的水平线表示。由此形成的 M_u 图为一矩形 obfA。

5.6.1.2 相关概念：钢筋的充分利用截面、不需要截面、弯起截面、不起作用截面

已如前述，抵抗弯矩图是按配置的纵筋画出的反映梁上各正截面所能抵抗的弯矩图。两种配筋方式下的抵抗弯矩图（M_u 图）都能把设计弯矩图（M 图）包住，保证沿梁长的每个截面都满足 $M_u \geq M$ 的要求。

实际配筋设计时，需要通过绘制抵抗弯矩图来确定纵筋的弯起或截断的合理位置。由于弯起或截断是针对某一根（或几根）钢筋而言的，因此绘制时就有必要针对具体的纵筋，区分其充分利用截面、不需要截面、弯起截面及不起作用截面。以下，以图 5-28 所示③号筋为例说明之。

（1）③号筋的充分利用截面，指与图示 A 点对应的截面，即按正截面受弯承载力计算需要③筋的截面。在 A 点，截面设计弯矩为 M_A，需要①、②与③号筋提供抵抗弯矩，③号筋的抗弯承载力得到充分利用。A 点位置根据表示③号筋提供的抵抗弯矩的水平线与设计弯矩图的交点来确定。

（2）③号筋的不需要截面，指与图示 B 点对应的截面，即按正截面受弯承载力计算不需要③号筋的截面。在 B 点，截面设计弯矩为 $2M_A/3$，有①、②号筋提供抵抗弯矩，③号筋就成为不需要了。B 点位置亦根据表示③筋提供的抵抗弯矩的水平线与设计弯矩图的交点来确定。

（3）③号筋的弯起截面，指与图示 C_1 点对应的截面。在 C_1 点，③号筋开始向上弯起。

（4）③号筋的不起作用截面，指与图示 D_1 点对应的截面。在 D_1 点，③号筋与梁中心线相交，表示③号筋进入受压区，不再提供抵抗弯矩。此处近似认为，以梁截面高度 h 的中心线为界，上面的 $\frac{1}{2}h$ 区域为受压区，下面的 $\frac{1}{2}h$ 区域为受拉区。

不难理解，A 点、B 点也是①、②号筋的充分利用截面。另外，本例弯起的是③号筋，故将其绘在 M_u 图的最下方。就简支梁而言，当有多根钢筋需要弯起（或截断）时，顺次地将最先弯起（或截断）的钢筋画在 M_u 图的最下方。

【思考与提示】　（1）为便于说明抵抗弯矩图画法，本例假定 $M_A = M_u$，也就是说，实际选配的钢筋截面积等于计算配筋截面积。当然，这在工程设计中并不具有一般性。因为实际配筋与选用的具体钢筋规格（直径）有关，故实际配筋截面积与计算配筋截面积总有偏差。从图形上来说，在 A 点处，M 图与 M_u 图一般不会重合。

（2）同理，本例还假定 3 根等直径钢筋提供的 $M_u = M_A$。这样，单根纵筋 A_{s1} 提供的截面抗弯承载力按 $M_{u1} = M_u/3 = M_A/3$ 计。实际配筋时若选用不同根数、直径的钢筋搭配，此时 M_{ui} 应按 $M_{ui} = M_u A_{si}/A_s$ 计。

（3）本例③号筋的弯起位置 C_1，是根据梁支座截面的斜截面受剪承载力设计要求而定，相关要求见下面讨论。

5.6.2　纵筋弯起与截断

下面讨论如何根据设计弯矩图，通过绘抵抗弯矩图的方法，确定纵筋弯起或截断的合理位置。

5.6.2.1 斜截面抗弯承载力

梁沿斜截面还可能出现弯曲破坏，这是由于与斜裂缝相交的受拉纵筋屈服或滑移过

大，致使梁绕斜裂缝的末端转动，末端混凝土压碎而出现破坏。与斜截面弯曲破坏相应的承载力称为斜截面受弯承载力。如图 5-29 所示，当梁出现斜裂缝时，斜裂缝始端处截面 b 的设计弯矩小于斜裂缝末端处截面 a 的设计弯矩，即 $M_b \leqslant M_a$，因此，当按正截面受弯承载力设计配置的受拉纵筋既不弯起也不截断时，斜截面的受弯承载力并无问题。但若在截面 a 与截面 b 之间，将按正截面受弯承载力设计配置的部分受拉纵筋弯起，则有可能使得斜截面 ba 因受弯承载力不足出现斜截面弯曲破坏。

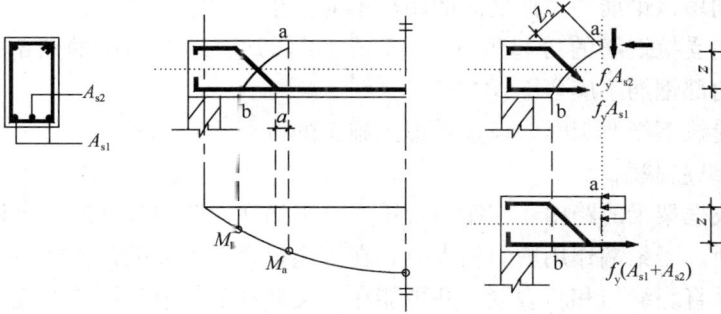

图 5-29　受弯构件正截面受弯与斜截面受弯承载力计算图

下面为讨论保证斜截面受弯承载力，纵筋弯起时应满足的构造要求，将图 5-29 所示受弯构件正截面受弯与斜截面受弯的承载力计算图式作一比较。

图 5-29 中，按正截面受弯承载力确定的纵向受拉钢筋面积为 $A_s (= A_{s1} + A_{s2})$，A_{s2} 为弯起的钢筋。注意到，当出现斜截面弯曲破坏时，受拉纵筋所承担的弯矩为斜裂缝末端处截面弯矩 M_a，而不是斜裂缝始端处截面弯矩 M_b。

正截面受弯承载力：
$$M_{u正} = f_y A_s z = f_y (A_{s1} + A_{s2}) z = f_y A_{s1} z + f_y A_{s2} z \tag{5-27}$$
斜截面受弯承载力：
$$M_{u斜} = f_y A_{s1} z + f_y A_{s2} z_2 \tag{5-28}$$
为满足斜截面受弯承载力的要求：
$$M_{u斜} \not< M_{u正}, 即 z_2 \not< z \tag{5-29}$$

实用上，为满足图 5-29 示截面的斜截面受弯承载力，不因 A_{s2} 的弯起而降低，则要求 $z_2 \geqslant z$，设计时采取控制水平距离 a 来实现，即 A_{s2} 的弯起位置应在 a 截面以外的距离 a 处。见下说明。

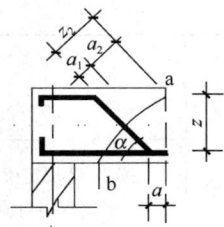

如图 5-30 所示：$z_2 = a_1 + a_2 = a\sin\alpha + z\cos\alpha \tag{5-30}$
由要求 $z_2 \geqslant z$，即
$$a\sin\alpha + z\cos\alpha \geqslant z \tag{5-31}$$
移项后，有

图 5-30　弯起位置

$$a \geqslant z(1 - \cos\alpha)/\sin\alpha \tag{5-32}$$

一般，弯起钢筋的弯起角度 α 为 45° 或 60°，近似取 $z = 0.9h_0$，则 $a \geqslant (0.37 \sim 0.52)h_0$。

《混凝土结构设计规范》取 $a \geqslant h_0/2$。

5.6.2.2　纵筋弯起

为了保证截面的承载力，纵向受拉钢筋的弯起设计应满足下列要求：

（1）保证正截面抗弯承载力。纵向受拉钢筋的弯起点应位于该钢筋的充分利用截面以外，使梁的抵抗弯矩图（M_u 图）将设计荷载作用下的弯矩图（M 图）包住。

（2）保证斜截面抗剪承载力。纵向受拉钢筋弯起的数量（直径、根数）与位置，由斜截面抗剪承载力计算确定。

（3）保证斜截面受弯承载力。纵向受拉钢筋的弯起点除满足（1）的要求外，弯起钢筋与梁中心线的交点还应位于按正截面受弯承载力计算不需要该钢筋的截面之外，且弯起点与计算充分利用该钢筋的截面之间的距离不应小于 $h_0/2$。

此外，纵向受拉钢筋的弯起角宜取 45°或 60°，梁底层钢筋中的角部钢筋不应弯起，顶层钢筋中的角部钢筋不应弯下。

设计纵向受拉钢筋弯起时，应该考虑到施工的方便性。

5.6.2.3 纵筋截断

在连续梁或框架梁的跨内，支座负弯矩受拉钢筋在向跨内延伸时，可根据弯矩图变化在适当部位截断。当梁端作用剪力较大时，在支座负弯矩钢筋的延伸区段范围内将形成由负弯矩引起的垂直裂缝与和斜裂缝，并可能在斜裂缝区前端沿该钢筋形成劈裂裂缝，使纵筋拉应力由于斜弯作用和粘结退化而增大，并使钢筋受拉范围向跨中扩展。因此，钢筋混凝土梁的支座负弯矩纵向受拉钢筋（梁上部钢筋）不宜在受拉区截断。

再则，考虑到纵筋截断后，往往会在该处出现过宽的裂缝。因此在跨中正弯矩区段，不宜将纵筋截断，一般将其弯起作为负弯矩区段的受拉纵筋或向两端直伸入支座。

为防止因截断过早引起弯剪裂缝而降低构件斜截面抗弯承载力及粘结锚固性能，纵向受力钢筋的实际截断位置应符合表 5-3 所列延伸长度 l_d、l_w 的要求。其中，l_d 是从要截断纵筋的充分利用截面向前延伸的长度，而 l_w 是从要截断纵筋的不需要截面向前延伸的长度。设计时，应取两者中较长的作为纵向受力钢筋的实际延伸长度，确定其设计截断点。

钢筋的延伸长度　　　　　　　　　表 5-3

截面受力条件	控制条件一	控制条件二
	从不需要截面延伸长度 l_w	从充分利用截面延伸长度 l_d
1　　　　$V \leqslant 0.7f_t bh_0$	$\geqslant 20d$	$\geqslant 1.2l_a$
2　　　　$V > 0.7f_t bh_0$	$\geqslant 20d$，且$\geqslant h_0$	$\geqslant 1.2l_a + h_0$
3　　按 1、2 规定确定的截断点仍处于负弯矩对应的受拉区内时	$\geqslant 20d$，且$\geqslant 1.3h_0$	$\geqslant 1.2l_a + 1.7h_0$

注：l_a 为受拉钢筋锚固长度，h_0 为截面有效高度。

控制条件一（从计算不需要该钢筋的截面伸出的长度）是为使该钢筋截断后，继续前伸能保证过截断点的斜截面具有足够的受弯承载力；

控制条件二（从充分利用截面向前伸出的长度）是为使负弯矩钢筋在梁顶特定的锚固条件下具有必要的锚固长度。

当负弯矩钢筋的根数较多需截断时，可分批截断：每次截断不应超过 2 根，以免在截断处因截面变化过大而引起应力集中。

以图 5-31 示梁负弯矩钢筋①号的截断为例，A 为其充分利用截面、B 为其不需要截面，a 为 A、B 截面间的水平距离。按上述要求，①号钢筋的截断位置 l_1 应满足条件：$l_1 \geqslant \max (a+l_w, l_d)$，即分别计算 $(a+l_w)$ 与 l_d 的长度后，l_1 取其中的大者。

5.6.3 配筋构造要求

5.6.3.1 钢筋在支座处的锚固

（1）简支端支座

简支梁近支座处，当出现斜裂缝时，斜裂缝处纵筋应力会增大，若没有有效的锚固，则梁的受弯承载力得不到保证（图 5-32）。为了避免纵筋被拔出而导致破坏，伸入梁支座范围的钢筋不应少于 2 根。由于支座处存在有效压应力的有力影响，粘结作用得到改善，故其锚固长度可适当减少。混凝土简支梁和连续梁的简支端的下部纵向钢筋，其伸入梁支座范围的锚固长度 l_{as} 应符合表 5-4 所列规定。

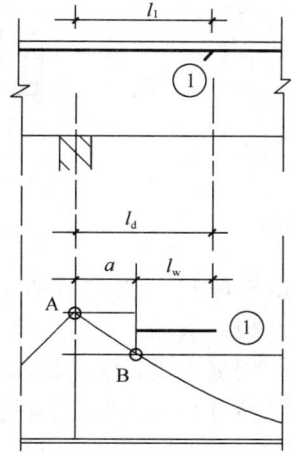

图 5-31 梁负弯矩钢筋
截断位置

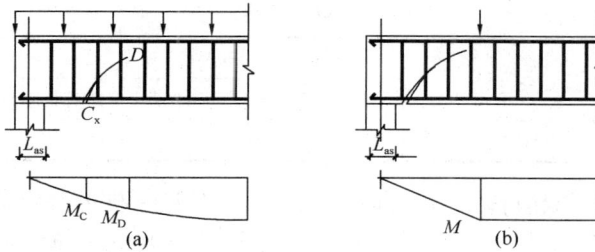

图 5-32 梁简支端纵筋受力状态

（a）均布荷载作用下；（b）集中荷载作用下

梁简支支座的钢筋锚固长度 l_{as} 表 5-4

锚固条件	光面钢筋	$V \leqslant 0.7 f_t b h_0$	$V > 0.7 f_t b h_0$
钢筋类型	光面钢筋（设置弯钩）	5d	15d
	带肋钢筋		12d
混凝土强度等级为 C25 及以下，距支座边 1.5h 范围内作用有集中荷载			15d

纵向受拉钢筋伸入支座的锚固长度 l_{as} 在梁底直线段长度不够时，可向上弯起，光面钢筋锚固长度的末端应设置弯钩；不符合上述要求时，应采取在钢筋上加焊锚固钢板或将钢筋端部焊接在梁端预埋件上等有效锚固措施（图 5-33）。

（2）中间支座

连续梁跨中承受弯矩的下部纵向钢筋，计算时不作为支座截面的受压钢筋时，其伸入中间支座的数量与锚固长度 l_{as}，可按 $V > 0.7 f_t b h_0$ 时简支端支座情况处理。

简支板或连续板的下部纵向受拉钢筋，一般应伸过支座中线，且锚固长度不应小于 5d。

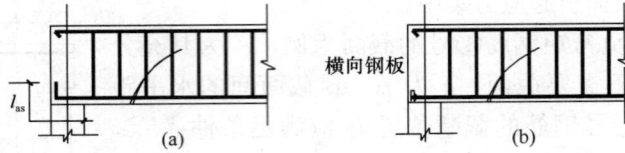

图 5-33　梁端钢筋锚固

(a) 纵筋端部锚固长度；(b) 纵筋端部锚固措施

5.6.3.2　配筋构造

(1) 箍筋

混凝土梁宜采用箍筋作为承受剪力的钢筋。

按计算不需要箍筋的梁，当截面高度 $h>300$mm 时，应沿梁全长设置箍筋；当截面高度 $h=150\sim300$mm 时，可仅在梁端各四分之一跨度范围内设置箍筋；但当在构件中部二分之一跨度范围内有集中荷载时，则应沿梁全长设置箍筋；梁的高度 $h<150$mm 时，可不设置箍筋。

梁中箍筋的最大间距与最小直径要求见表 5-2。当 $V>0.7f_t bh_0$ 时，应满足最小配箍率的要求。

梁构造配箍　　表 5-5

截面高度 h（mm）	$h<150$	$150{\leqslant}h{\leqslant}300$		$h>300$
		一般情况	中部 1/2 跨有集中荷载	
配箍要求	可不配箍	两端各 1/4 跨配箍	全长配箍	全长配箍

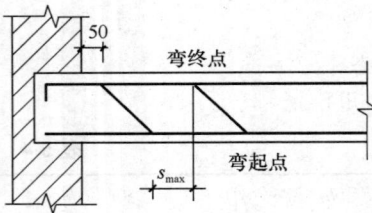

图 5-34　弯起钢筋最大间距

梁内箍筋一般采用双肢箍；当梁宽大于 400mm 时且一排内的纵向受压钢筋多于 3 根时，或当梁宽不大于 400mm 但一排内的纵向受压钢筋多于 4 根时，应设置复合箍筋；当梁宽很小时，也可设置单肢箍。

梁中纵向受力钢筋搭接长度范围内应配置箍筋，箍筋直径不小于搭接钢筋较大直径的 0.25 倍。当钢筋受拉时，箍筋间距不大于搭接钢筋较小直径的 5 倍，且不应大于 100mm；当钢筋受压时，箍筋间距不大于搭接钢筋较小直径的 10 倍，且不大于 200mm；当受压钢筋直径 $d>25$mm 时，尚应在搭接接头的两端面外 100mm 内，各设置两道箍筋。

(2) 弯起钢筋

纵筋的弯起应当满足前述的正截面、斜截面承载力要求。当采用弯起钢筋时，弯起角度宜取 45°或 60°；当弯起钢筋仅作为受剪钢筋，而不是伸入支座承受弯矩时，为保证其在斜截面处的强度发挥，其弯折终点外应留有平行于梁轴线方向的锚固长度，在受拉区不应小于 20d，在受压区不应小于 10d，d 为弯起钢筋的直径。

为了防止弯起钢筋间距过大可能出现不与斜裂缝相交，使弯起钢筋不起作用的情况，弯起钢筋的最大间距为前一排（对支座而言）的弯起点至后一排的弯终点的距离，不应大于表 5-2 所列箍筋最大间距 s_{max} 的规定。

当支座处剪力较大而又不能利用纵向受力钢筋弯起承担剪力时，可在支座两侧单独设置弯起钢筋如图 5-35（a）所示，这种配筋方式习惯称为"鸭筋"，其端部的锚固长度按弯起钢筋的要求确定。

弯起钢筋不应采用图 5-35（b）所示的习称为"浮筋"的配筋方式，这种配筋方式因其受拉区的水平段不大，难以防止可能发生的较大滑移而使斜裂缝有过大的开展，以及由于锚固不足也不能使弯起钢筋发挥其承载力。

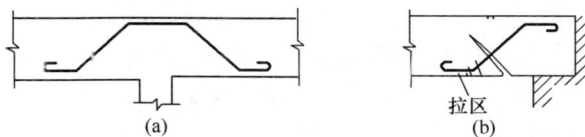

图 5-35　弯起钢筋配置方式
（a）可用弯筋单独配置方式："鸭筋"；
（b）不可用弯筋单独配置方式：浮筋

悬臂梁因全长受负弯矩作用，临界斜裂缝的倾角明显偏小，故不应将其上部配置的受拉纵筋截断，但可按弯矩图变化将配置的受拉纵筋分批向下弯折，并在梁的下方按相关规定锚固。这时，应有不少于两根的上部钢筋伸至悬臂梁外端，并向下弯折不小于 $12d$。

（3）架立钢筋、侧向构造钢筋与拉结筋

设置架立钢筋，是为固定箍筋并与受力钢筋连成骨架。

设置沿梁长方向布置的侧向构造钢筋（习称腰筋），是为控制当梁的截面尺寸较大时，梁侧可能因混凝土收缩和温度变化产生的竖向裂缝。

两根腰筋之间用直径 6～8mm 的拉筋联系，拉筋间距约为箍筋的 2 倍。

5.6.4　钢筋混凝土伸臂梁设计参考

【例题 5-8】　图 5-36 为一钢筋混凝土伸臂梁，$b \times h = 250mm \times 450mm$，梁跨长 $L_1 = 2.5m$，$L = 6m$。墙厚 240mm。承受均布荷载设计值 $q = 32kN/m$，设计弯矩图与剪力图见题图示。采用 C20 混凝土，纵筋为 HRB335 钢，箍筋为 HPB300 钢，一类环境。

【要求】　（1）计算（或按构造）确定梁配筋 A_{s1}、A_{s2}，A_{s3}，A_{s4}，A_{s5}，A_{s6}；

（2）绘抵抗弯矩图，确定梁纵筋的截断点与弯起点；

（3）按施工图绘制要求，绘梁的配筋图。

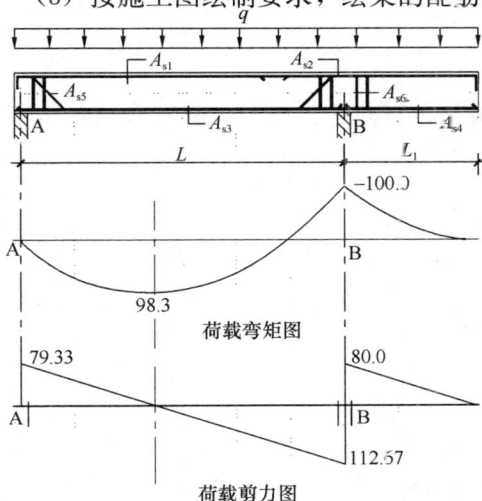

图 5-36　【例题 5-8】钢筋混凝土伸臂梁

【解】　（1）材料及截面尺寸

C20 混凝土（$f_c = 9.6N/mm^2$，$f_t = 1.1N/mm^2$），$c = 25mm$（一类环境），$a_s = 40mm$；

HRB335（$f_y = 300N/mm^2$），HPB300（$f_y = 270N/mm^2$）；$\xi_b = 0.55$，$\alpha_{sb} = 0.399$。

（2）按正截面受弯承载力配筋计算

控制截面为跨中截面与支座 B 截面，按 $M \leqslant M_u$（截面弯矩设计值≤正截面受弯承载力设计值）计算配筋。

1）弯矩

B 支座截面：

$M_B = qL_1^2/2 = 32 \times 2.5^2/2 = 100kN \cdot m$

跨中截面（最大弯矩截面）：

最大弯矩截面位置 x，按剪力为零处确

145

定，即 $V_A - qx = 0$，有

$$V_A = R_A = qL/2 - q(L_1^2/2)/L$$
$$= 32 \times 6/2 - 32(2.5^2/2)/6 = 79.33 \text{kN}$$
$$x = V_A/q = 79.33/32 = 2.48 \text{m}$$
$$M_{\text{中(max)}} = V_A x - qx^2/2$$
$$= 79.33 \times 2.48 - 32 \times 2.48^2/2 = 98.33 \text{kN} \cdot \text{m}$$

2）配筋

① B 支座截面的上部配筋 A_{s2}：按 $M_B = 100 \text{kN} \cdot \text{m}$ 计算。

$$h_0 = h - a_s = 450 - 40 = 410 \text{mm}$$
$$\alpha_s = \frac{M}{\alpha_1 f_c b h_0^2}$$
$$= \frac{100 \times 10^6}{1.0 \times 9.6 \times 250 \times 410^2}$$
$$= 0.248 < \alpha_{sb} = 0.399$$
$$\gamma_s = (1 + \sqrt{1 - 2\alpha_s})/2 = (1 + \sqrt{1 - 2 \times 0.248})/2$$
$$= 0.855$$
$$A_s = \frac{M}{f_y \gamma_s h_0}$$
$$= \frac{100 \times 10^6}{300 \times 0.855 \times 410}$$
$$= 951 \text{mm}^2$$

选用 3 Φ 20（$A_s = 942 \text{mm}^2$，略小于计算值 951mm²）

$$\rho_{\min} = \max(0.2\%, 0.45 f_t/f_y = 0.45 \times 1.1/300 = 0.165\%) = 0.2\%$$
$$\rho = \frac{A_s}{bh} = 942/(250 \times 450)$$
$$= 0.837\% > \rho_{\min}$$

② 跨中截面的下部配筋 A_{s3}：考虑到 $M_{\text{中(max)}}$ 与 M_B 数值相近，故采用与 A_{s2} 相同的配筋（3 Φ 20），不另计算。

（3）按斜截面受剪承载力配筋计算

控制截面为三个，即 A 支座、B 支座的左侧及右侧截面，按 $V \leqslant V_u$（截面剪力设计值 ≤ 斜截面受剪承载力设计值）计算配筋。

1）剪力

$$V_A = 79.33 \text{kN}$$
$$V_{B左} = qL - R_{左支} = 32 \times 6 - 79.33 = 112.67 \text{kN}$$
$$V_{B右} = qL_1 = 32 \times 2.5 = 80 \text{kN}$$

2）配筋

① 验算截面尺寸及确定按计算配箍的条件：

$h_w = h_0 = 410 \text{mm}$ $h_w/b = 410/250 = 1.64 < 4$

$0.25\beta_c f_c b h_0 = 0.25 \times 1.0 \times 9.6 \times 250 \times 410 = 246 \text{kN}$

$0.7 f_t b h_0 = 0.7 \times 1.1 \times 250 \times 410 = 78.93 \text{kN}$

三个控制截面的剪力设计值均小于 246kN，说明截面尺寸合适；此外，A 支座与 B

支座右侧截面的剪力设计值与 78.93kN 相近，可按构造配箍；B 支座的左侧截面的剪力设计值 $V_{B左}$ 大于 78.93kN，说明须按计算配箍。

② A 支座与 B 支座右侧截面配筋：

按构造配箍。选双肢箍 ($n=2$)，$\phi 6$ ($d_{min}=6$mm)；取 $s=200$mm ($s_{max}=200$mm)

$$\rho_{sv}=\frac{nA_{sv1}}{bs}=\frac{2\times 28.3}{250\times 200}$$
$$=0.113\% > \rho_{sv,min}=0.24f_t/f_{yv}=0.24\times 1.1/270=0.098\%$$

选配 $\phi 6@200$

③ B 支座的左侧截面配筋：

选配 $\phi 6@200$，则

$$V_u=V_{cs}=0.7f_tbh_0+f_{yv}nA_{sv1}h_0/s$$
$$=0.7\times 1.1\times 250\times 410+270\times 2\times 28.3\times 410/200$$
$$=78.93+31.33=110.26\text{kN} < V_{B左}=112.67\text{kN，不足；}$$

考虑利用跨中 $1\Phi 20$ 弯起，则

$$V_u=V_{cs}+V_{sb}=110.26\times 10^3+0.8f_yA_{sb}\sin\alpha$$
$$=110.26\times 10^3+0.8\times 300\times 314\times \sin 45°$$
$$=110.26\times 10^3+53.28\times 10^3=163.54\text{kN} > V_{B左}=112.67\text{kN，满足。}$$

（4）架立筋 A_{s1}，A_{s4}

按构造要求，均按 $2\Phi 12$ 配置。

（5）抵抗弯矩图

下面通过绘抵抗弯矩图（图 5-37），定出纵向钢筋的弯起与截断位置。由于本例支座与跨中截面的弯矩值相近、配筋相同，且采用等直径钢筋，故 $1\Phi 20$ 钢筋提供的抗弯承载力可按 100/3kN·m 计。

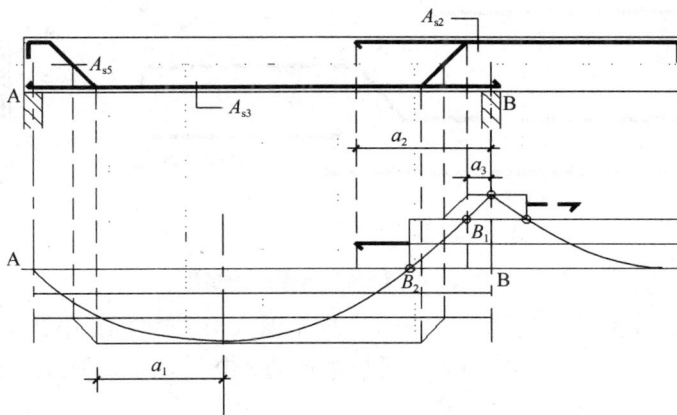

图 5-37　【例题 5-8】梁抵抗弯矩图

1）弯筋 A_{s5}，为跨中下部纵筋 A_{s3} 中的 $1\Phi 20$ 钢筋，在近 A、B 支座处弯起。

A 支座截面处，按斜截面受剪承载力计算不需要配置弯起钢筋，本例为构造弯起，以提高截面抗剪承载力的安全储备。A_{s5} 上部弯终点距左支座边缘为 50mm；下部弯起点距跨中最大弯矩截面（充分利用截面）距离为 a_1，$a_1=2480-120-50-(410-40)=$

1940mm，满足要求 $a_1 > 0.5h_0 = 0.5 \times 410 = 205$mm。

B 支座截面处，按斜截面受剪承载力计算需要配置弯起钢筋 1 Φ 20，上弯后成为支座承受负弯矩钢筋 A_{s2} 的一部分。也可理解为，按 $M(= -100\text{kN} \cdot \text{m}) \leqslant M_u$ 设计，计算所配 A_{s2} 筋为 3 Φ 20，其中的 1 Φ 20 须弯下充作 A_{s3} 筋。图示 a_3 表示从其充分作用点至其向下弯起点的距离，兼顾其抗剪的需要，取 $a_3 = (\text{墙厚}/2) + s_{max} = 120 + 200 = 320$mm；此筋的不需要截面（图示 B_1 点，该处截面设计弯矩值为 $2 \times 100/3\text{kN} \cdot \text{m}$）距 B 支座墙中心的距离为 x，按截面平衡条件（$2 \times 100/3 = 100 + 32x^2/2 - 112.67x$）计算得出，$x = 309$mm。满足要求：$a_3 > 0.5h_0 = 0.5 \times 410 = 205$mm，且不起作用截面在不需要截面之外（$a_3 > x$）。

2）B 支座负弯矩钢筋 A_{s2} 中的 2 根直钢筋（2 Φ 20），其截断点距墙中心的距离为 a_2，$a_2 = \max(309 + 1.2l_a + h_0 = 309 + 1.2 \times 763 + 410 = 1635\text{mm}, 1042 + \max(20d, h_0) = 1042 + 410 = 1452\text{mm})$，实取 $a_2 = 1650$mm；其中，309mm 为其充分作用截面距 B 支座墙中心的距离，1042mm 则为其不需要截面距 B 支座墙中心的距离 x（即图示反弯点位置 B_2，x 按截面平衡条件（$0 = 100 + 32x^2/2 - 112.67x$）计算得出）。受拉锚固长度 $l_a = \zeta_a \alpha f_y d/f_t = 1.0 \times 0.14 \times 300 \times 20/1.1 = 38.18 \times 20 = 763$mm。

（6）梁的配筋图

依据抵抗弯矩图，绘制的梁配筋图见图 5-38。

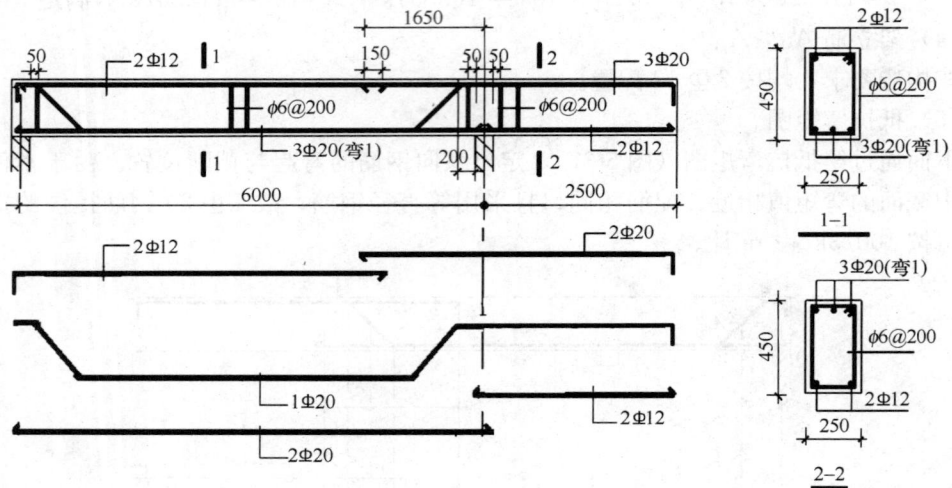

图 5-38 【例题 5-8】梁配筋图

内跨段的下部纵筋 3 Φ 20（A_{s3}），其中，向上弯入 A 支座的 1 Φ 20，其上部的水平锚固长度按 $10d$ 计（$= 10 \times 20 = 200$mm）；通长布置的 2 Φ 20，左右伸入 A、B 支座的锚固长度 l_{as} 按 $\geqslant 12d$ 计（$= 12 \times 20 = 240$mm）。

悬挑段的上部纵筋 3 Φ 20（A_{s2}）不应截断，本例将其一并伸至悬挑梁外端，并向下弯折 $12d$。作为配筋设计的一种方法，也可仅将其中的 2 Φ 20（位于截面两侧）伸至悬挑梁外端向下弯折 $12d$，而将另 1 Φ 20（即由内跨下部弯上、位于截面中间）在满足抵抗弯矩图相关要求后向下按 45°弯折锚入梁受压区 $10d$。

内跨段的上部架立钢筋 2 Φ 12（A_{s1}），左端锚入 A 支座 500mm（$> l_a = \zeta_a \alpha f_y d/f_t = 1.0 \times 0.14 \times 300 \times 12/1.1 = 458$mm，从支座边缘起算），右端与 2 Φ 20（A_{s2}）按构造搭接

150mm；悬挑段的下部架立钢筋 2 Φ 12（A_{s4}），左端伸入 B 支座150mm（$>l_{as}=12d=12\times12=144$mm）。

以上例题，除了介绍伸臂梁按正截面与斜截面的承载力要求设计配筋的过程，还说明了如何通过抵抗弯矩图确定纵筋的弯起、截断，以及绘制配筋图的方法。

绘制抵抗弯矩图，是一种图解的设计过程。对所设计的梁，按不同的配筋处理方式，在满足以上所列有关弯起、截断等构造要求的前提下，可得出不同的抵抗弯矩图。合理的配筋设计还应当考虑施工与经济性的要求。

实际工程中，构件的受力有规律可循，配筋也有常规方式可用。相应地，混凝土结构设计的国家建筑设计标准图集提供了构造详图，对各类结构中构件的钢筋弯起与截断位置有具体规定，设计时可予利用，以提高工作效率。另外，当设计者有了设计经验以后，一般也不必通过绘制抵抗弯矩图，即可按经验直接定出钢筋的弯起与截断位置。

【例题 5-9】 （公路桥涵工程）某中型公路桥梁工程，有一钢筋混凝土矩形截面简支梁，$b\times h=200$mm$\times500$mm，计算跨度 $l_0=4.8$m，全长 $l=5$m；处一般环境。跨中：弯矩设计值 $M_d=150$kN·m，剪力设计值 $V_d=0$；支点处剪力设计值 $V_d=125$kN。采用 C20 混凝土，纵筋采用 HRB335，箍筋采用 R235。

【要求】 （1）设计受拉纵向钢筋配置；
　　　　　（2）按仅配箍筋设计箍筋配置。

【解】 （1）计算数据

C20 混凝土（$f_{cd}=9.2$N/mm^2，$f_{td}=1.06$N/mm^2），HRB335（$f_{sd}=280$N/mm^2），$\xi_b=0.56$；

$\rho_{min}=0.15\%$（$>38f_{td}/f_{sd}=38\times1.06/280=0.144\%$）。R235（$f_{sv}=195$N/mm^2），$\rho_{sv,min}=0.18\%$。

采用绑扎钢筋骨架，纵筋一层通长布置，$a_s=45$mm

$$h_0=h-a_s=h-45=455\text{mm}$$

（2）设计受拉纵筋

$$\alpha_s=\frac{\gamma_0 M_d}{f_{cd}bh_0^2}=\frac{1.0\times150.0\times10^6}{9.2\times200\times455^2}$$
$$=0.393$$

$$\xi=1-\sqrt{1-2\alpha_s}=1-\sqrt{1-2\times0.393}=0.537<\xi_b=0.56$$

$$A_s=\frac{f_{cd}b\xi h_0}{f_{sd}}=9.2\times200\times0.537\times455/280=1606\text{mm}^2$$

选用 3 Φ 28（$A_s=1847$mm$^2>1606$mm^2）

$$a_s=30+30.5/2=45.25\text{mm}$$

$$h_0=h-a_s=500-45.25=454.75\text{mm}（与所取 }h_0=455\text{mm 相近）}$$

$$\rho=A_s/bh=1847/(200\times454.75)$$
$$=2.03\%>\rho_{min}=0.15\%$$

（3）设计受剪箍筋

1）距支座中心 $h/2(=500/2=250$mm）处截面剪力设计值

$$\gamma_0 V_d=125(4.8/2-0.5/2)/(4.8/2)=111.98\text{kN}=V_{cs}$$

2) 验算截面尺寸

按式 (5-20) $\gamma_0 V_d \leqslant 0.6 \times 10^{-3} f_{cu,k}^{1/2} bh_0$

$$0.6 \times 10^{-3} \sqrt{f_{cu,k}} bh_0 = 0.51 \times 10^{-3} \times \sqrt{20} \times 200 \times 454.75$$

$$= 207.43 > \gamma_0 V_d = 111.98 \text{kN} \quad \text{截面尺寸满足}$$

3) 验算是否计算配箍

按式 (5-23) $\gamma_0 V_d \leqslant \alpha_2 \times 0.5 \times 10^{-3} f_{td} bh_0$

$$\alpha_2 \times 0.5 \times 10^{-3} f_{td} bh_0 = 1.0 \times 0.5 \times 1.06 \times 200 \times 454.75$$

$$= 48.20 \text{kN} < \gamma_0 V_d = 111.98 \text{kN} \quad \text{计算配箍}$$

按式 (5-14) $\quad V_{cs} = \alpha_1 \alpha_2 \alpha_3 0.45 \times 10^{-3} bh_0 [(2+0.6p) + f_{cu,k}^{1/2} \rho_{sv} f_{sv}]^{1/2}$

$$\alpha_1 = 1.0, \alpha_2 = 1.0, \alpha_3 = 1.1, p = 100\rho = 2.03$$

$$V_{cs} = \alpha_1 \alpha_2 \alpha_3 0.45 \times 10^{-3} bh_0 p(2+0.6p) + \sqrt{f_{cu,k}} \rho_{sv} f_{sv}$$

$$V_{cs}/(\alpha_1 \alpha_2 \alpha_3 0.45 \times 10^{-3} bh_0) = 111.98/(1.0 \times 1.0 \times 1.1 \times 0.45 \times 10^{-3} \times 200 \times 454.75)$$

$$= 2.487$$

$$\rho_{sv} = [2.487^2 - (2+0.6p)]/(\sqrt{f_{cu,k}} \times f_{sv})$$

$$= [2.487^2 - (2+0.6 \times 2.03)]/(\sqrt{20} \times 195) = 0.0034 = 0.34\%$$

$$\text{选} \phi 8(> d/4 = 28/4, \geqslant 8\text{mm}), \text{双肢}(n=2), A_{sv} = 2 \times 50.3 = 100.6 \text{mm}^2$$

$$s_v = 100.6/(0.0034 \times 200) = 148 \text{mm}$$

按构造要求，在支座中心两侧相当于长度不小于梁高 $h=500$mm 范围内的梁段，箍筋间距 $s_v=100$mm，其余根据计算选用 $s_v=150$mm$<h/2=500/2=250$mm，满足构造要求，箍筋分三段配置，见图 5-39。

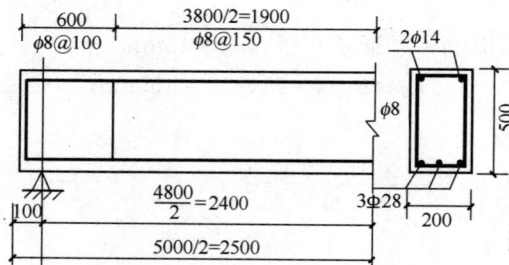

图 5-39 【例题 5-9】梁配筋图

本 章 小 结

1. 斜裂缝出现前，钢筋混凝土梁可视为匀质弹性材料梁，剪弯段的应力可用材料力学方法分析；斜裂缝的出现引起截面应力的重新分布，材料力学方法不再适用。

2. 随剪跨比和配箍率的变化，梁沿斜截面可能发生的主要破坏形态有斜拉破坏、剪压破坏和斜拉破坏等。斜拉破坏与斜压破坏都是脆性破坏，剪压破坏有一定的破坏预兆。

3. 影响斜截面受剪承载力的主要因素有剪跨比、高跨比、混凝土强度等级、配箍率及箍筋强度与纵筋配筋率等；计算公式是以主要参数为变量，以试验统计为基础，以满足可靠指标的试验偏下线为根据建立起来的。

4. 斜截面承载力包括斜截面受剪承载力与斜截面受弯承载力两方面。设计时不仅要满足计算要求，而且应采取必要的构造措施来保证。弯起钢筋的弯起位置、纵筋的截断位置以及有关纵筋的锚固要求、箍筋的构造要求等，在设计中应予以考虑与重视。

5. 公路桥规规定的受弯构件斜截面受剪承载力计算公式与《混凝土结构设计规范》的规定有较大差异。公路桥规的计算公式，是将混凝土和箍筋的抗力合并表述；不区分均布荷载与集中荷载下梁受剪承载力的差异；除考虑了混凝土和箍筋的抗剪作用外，还计入了纵向钢筋的销栓作用、受压翼缘对受剪承载力的提高以及剪跨比等的影响；计算时还需要确定斜截面水平投影长度。另外，两者关于公式上、下限的表述方法也明显不同。

6. 《公路桥涵设计规范》规定的受弯构件斜截面受剪承载力计算方法与《混凝土结构设计规范》的规定也有较大差异。计算斜截面的位置有一些不同；计算截面处剪力的取值原则不同（前者取斜截面末端处的剪力设计值，后者取斜截面始端处的剪力设计值）；混凝土和箍筋与弯起钢筋各自承担的剪力设计值的分配方法不同；纵向受拉钢筋在受拉区截断时的延伸长度以及弯起钢筋的弯起位置等有一些不同；箍筋的构造要求也有一些不同。

思 考 题

5.1 在荷载作用下的钢筋混凝土梁，为什么会出现斜裂缝？

5.2 描述钢筋混凝土梁斜截面受剪破坏的主要形态：斜拉、剪压与斜压，解释各种破坏形态的形成原因，并说明设计应如何应对。

5.3 解释斜截面受弯破坏现象，何以避免斜截面受弯破坏？试说明钢筋混凝土梁斜截面受弯承载力的设计方法。

5.4 根据钢筋混凝土斜截面受剪承载力的设计公式，说明影响承载力大小的主要因素。

5.5 说明抵抗弯矩图的作用及其绘制方法，并说明设计弯矩图与抵抗弯矩图的区分与关联。

5.6 何谓纵向受拉钢筋的充分利用截面、不需要截面、弯起截面、不起作用截面？

5.7 纵向受拉钢筋为何要截断？截断时为何要满足延伸长度的要求？如何满足？

5.8 纵向受拉钢筋为何要弯起？弯起时为何要满足弯起点与充分利用截面间距离不应小于 $h_0/2$？

习 题

5.1 一钢筋混凝土梁，梁跨长 $l=6m$。截面尺寸 $b \times h = 250mm \times 500mm$。梁上作用均布荷载。采用 C25 混凝土。箍筋为 HPB300，沿梁跨设置 $\phi 6@200$。一类环境类别。

【要求】 (1) 梁的截面抗剪承载力 V_u；(2) 梁能承受的均布荷载设计值 $(g+q)$。

5.2 一钢筋混凝土梁，梁跨 $L=5m$，截面尺寸 $b \times h = 250mm \times 500mm$。梁上作用均布荷载设计值（包括梁自重）为 70kN/m。一类环境类别（室内干燥环境）。采用 C30 混凝土，纵筋为 HRB400，箍筋为 HPB300。

【要求】 (1) 确定梁的纵向受力钢筋的直径与根数；

(2) 确定箍筋的直径、肢数与间距；

(3) 绘梁配筋示意图（纵向截面及横向截面）。

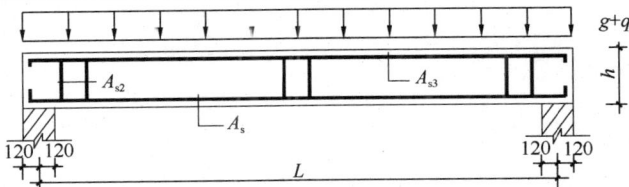

图 5-40 习题 5.2 图

5.3 一钢筋混凝 T 形截面梁，跨长 $L=6m$，截面尺寸如图 5-41 所示。承受集中设计值 $P=290kN$，均布荷载设计值 $q=20kN/m$，自重不另计。按一类环境类别（室内干燥环境）设计，采用 C30 混凝土，纵筋为 HRB400，箍筋为 HRB335。

【要求】 （1）设计梁的纵向受拉钢筋；

（2）设计梁的箍筋；

（3）绘梁的配筋示意图。

5.4 某钢筋混凝土单筋矩形截面悬臂梁，截面尺寸为 $b×h=250mm×450mm$（$a_s=40mm$）。图 5-42示均布荷载（$g+q$）作用下，支座截面处最大弯矩设计值为 $100kN \cdot m$，最大剪力设计值为 $80kN$。采用 C25 混凝土，HRB400 级纵向受拉钢筋，HPB300 箍筋。

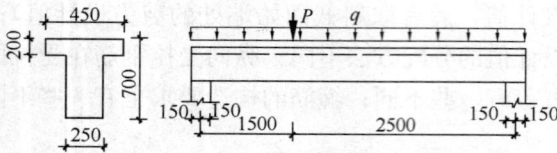

图 5-41 习题 5.3 图　　　　　　图 5-42 习题 5.4 图

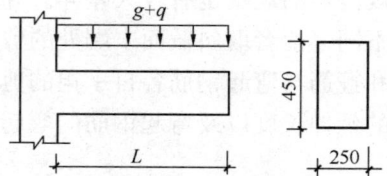

【要求】 （1）设计梁的纵向受拉钢筋；

（2）设计梁的箍筋；

（3）在题示梁横向、纵向截面上绘配筋示意图。

5.5 一钢筋混凝土伸臂梁，矩形截面 $b×h=250mm×450mm$，均布荷载设计值（$g+q$）＝40（或 20、30、50、60，择其一计算之）（kN/m），梁跨长 $L_1=2.5m$，$L=6m$。墙厚 240mm。采用 C30 混凝土，纵筋为 HRB400，箍筋为 HPB300，$a_s=40mm$。

【要求】 （1）按正截面与斜截面承载力要求，设计梁的配筋；

（2）根据抵抗弯矩图，确定纵筋的弯起、截断的数量与位置，绘图示梁的配筋施工图。

5.6 （公路桥涵工程）一中型公路桥梁工程中，有一钢筋混凝土矩形截面梁，$b×h=250mm×600mm$，计算跨度 $l_0=5.8m$，全长 $l=6m$，处一般环境。梁跨中弯矩设计值 $M_d=212kN \cdot m$，剪力设计值 $V_d=0$；支点剪力设计值 $V_d=150kN$。采用 C25 混凝土，主筋采用 HRB335，箍筋采用 R235。

图 5-43 习题 5.5 图

【要求】 （1）设计受拉纵向钢筋；（2）按仅配箍筋设计箍筋。

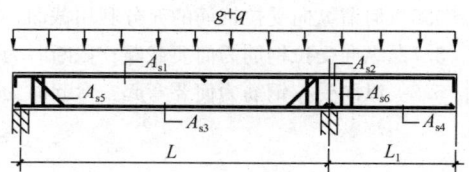

第6章　钢筋混凝土受压构件承载力的分析和设计

本章主要讲述轴心受压构件和偏心受压构件正截面受压承载力的计算以及截面的构造要求。此外，在轴心受压构件中，还讲述了"截面应力重分布"与螺旋箍筋柱的"间接配筋"等概念；在偏心受压构件中还讲述了 N_u-M_u 的关系曲线。偏心受压构件正截面的破坏形态有两种：受拉破坏（大偏心受压破坏）——受拉钢筋先屈服，而后受压混凝土被压碎，这种破坏属于延性破坏，与受弯构件的适筋截面的破坏形态相类似；受压破坏（小偏压受压破坏）——受压区混凝土先被压碎，距轴向力较远一侧的钢筋 A_s 可能受拉而不屈服，也有可能受压未屈服或屈服，这种破坏属脆性破坏，与受弯构件超筋截面的破坏形态有相似之处。

教学目标

1. 理解轴心受压螺旋筋柱间接配筋的原理；
2. 深刻理解偏心受压构件的破坏形态和矩形截面受压承载力的计算简图和基本计算公式；
3. 熟练掌握矩形截面对称配筋偏心受压构件的受压承载力计算；
4. 领会受压构件中纵向钢筋和箍筋的主要构造要求。

重点及难点

1. 偏心受压破坏形态；
2. 矩形截面不对称配筋计算公式；
3. P-δ 效应、不同端弯矩分布情况下二阶弯矩的考虑。

6.1　概　　述

以承受轴向压力为主的构件称为受压构件，房屋建筑结构中框架柱、剪力墙，桥隧工程中桥墩等都是典型的受压构件。作为传递竖向荷载的受压构件在结构中的作用要比受弯构件更为重要，因为竖向受力构件一旦破坏会对结构产生毁灭性的后果。受压构件按纵向压力作用位置的不同，区分为轴心受压和偏心受压两种类型。当纵向力 N 的作用线与构件轴线重合时，称为轴心受压（图 6-1a）；不重合时，称为偏心受压。当 N 的作用线与构件轴线在一个主轴方向不重合时，称为单向偏心受压（图 6-1b）；若两个主轴方向都不重合，称为双向偏心受压（图 6-1c）。另外，考虑到长细比（计算长度 l 与截面回转半径 i

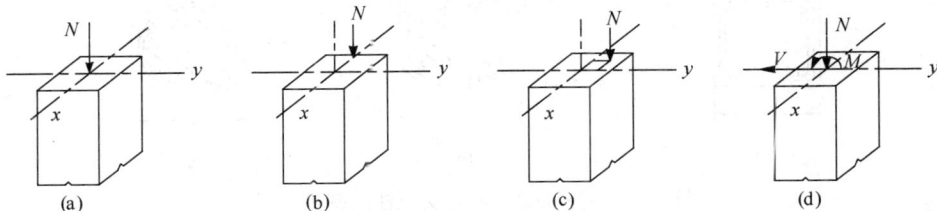

图 6-1　受压构件的类型

之比）不同会对钢筋混凝土受压构件破坏特征产生重要影响，又把钢筋混凝土受压构件区分为短柱（对一般截面，$l/i \leqslant 28$；矩形截面 $l/b \leqslant 8$，b 为截面宽度）和长柱两种。实际结构中的受压构件截面上除作用轴向压力 N 外，一般还有弯矩 M、剪力 V，通常也把这类构件称为偏心受压（或压弯）构件（图 6-1d）。

在实际结构中，由于混凝土质量不均匀，配筋不对称，施工和安装时误差等原因，总会存在一定初始偏心，故严格意义上说轴心受压构件并不存在。在工程上若构件截面弯矩、剪力等与其承受轴压力相比较小，一般可忽略弯矩、剪力，近似地按轴心受压构件分析和设计。例如，屋架的受压腹杆 AB（图 6-2a）、恒载较大的多跨多层房屋中间柱 CD（图 6-2b）、因实际存在的弯矩很小，工程上都近似按轴心受压构件计算。

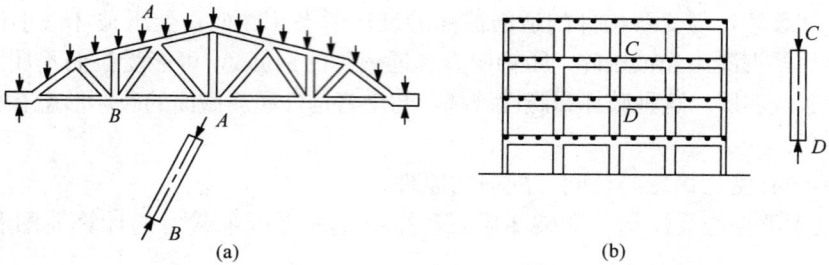

图 6-2　工程结构中的轴心受压构件

6.2　轴心受压构件的承载能力分析和设计

钢筋混凝土轴心受压构件按配置箍筋型式不同分为两种类型：一种是配有纵筋和普通箍筋（图 6-3a）的构件，称为普通箍筋柱；另一种是配有纵筋和螺旋式（图 6-3b）箍筋

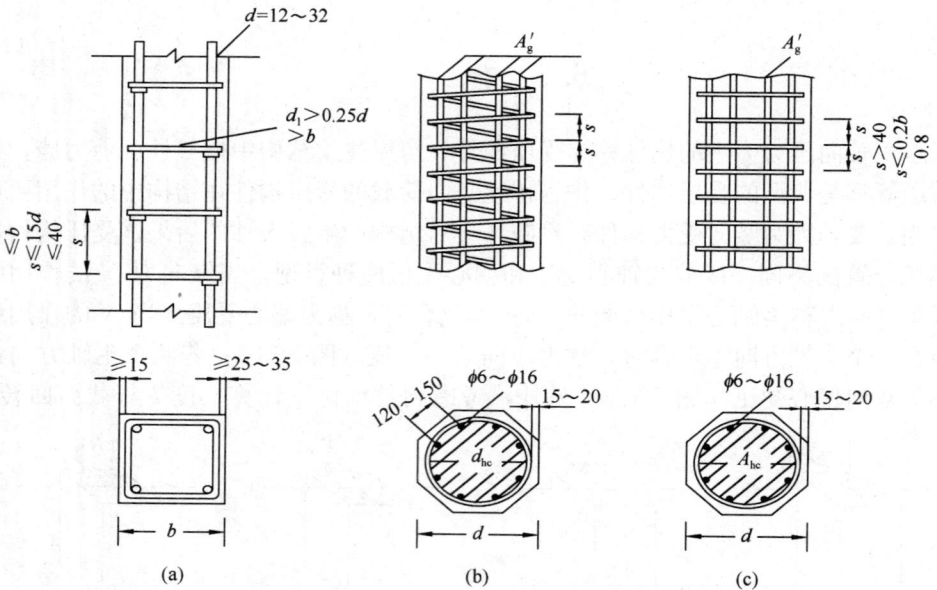

图 6-3　钢筋混凝土轴心受压柱的基本类型
（a）普通钢筋柱；（b）螺旋钢筋柱；（c）焊接环式柱

154

或焊接环式箍筋（图 6-3c）的构件，称为螺旋箍筋柱（也称为间接配筋柱）。

钢筋混凝土轴心受压构件的截面常做成方形、矩形、多边形、圆形和环形等形式（图 6-4）。选择何种形式，应根据结构用途、荷载大小及建筑的要求而定。

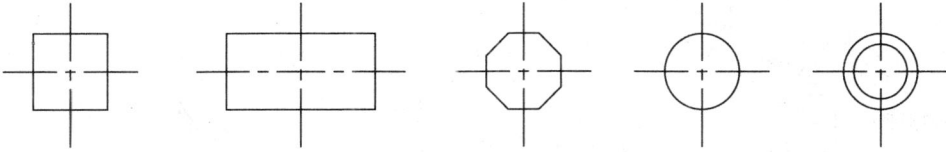

图 6-4　轴心受压柱常用截面

轴心受压柱中纵筋应沿截面四周对称布置，普通箍筋柱的水平箍筋应沿竖向间隔配置，螺旋箍筋柱的螺旋箍筋应连续均匀配置。纵筋的作用是：与混凝土一块共同参与承担外部压力，以减少构件的截面尺寸；承受可能产生的较小弯矩；防止构件突然脆性破坏，以增强构件的延性；以及减少混凝土的徐变变形。箍筋的作用是：与纵筋组成骨架，防止纵筋受力后屈曲，向外凸出。当采用螺旋箍筋时（或焊接环式）还能有效约束核心内的混凝土横向变形，明显提高构件的承载力和延性。

6.2.1　普通箍筋柱的承载力分析和设计

6.2.1.1　短柱的破坏形态和承载能力分析

1. 试验研究结果

如图 6-5 所示普通箍筋柱试件得到的试验结果为：

（1）截面应变分布服从平截面假定。

（2）随压力 N 不断增加构件受力进入非弹性阶段，由于混凝土塑性变形的增加，钢筋压应力增加得快，混凝土压应力增加得慢，即产生如图 6-5（d）所示的应力重分布现象。

（3）在临近破坏时，柱四周出现明显的纵向裂缝，箍筋间的纵向钢筋发生压曲外鼓，呈灯笼状（图 6-5c），以混凝土压碎而告破坏。

（4）破坏时混凝土极限压应变为 0.0025～0.0035。

2. 承载能力计算

由第二章钢筋混凝土承载能力基本分析方法知道，配有普通箍筋的钢筋混凝土轴心受压短柱承载能力分析可以通过解几何协调、物理关系、静力平衡三个基本方程来实现。在分析时偏于安全，一般假定构件达到破坏极限状态时混凝土极限压应变 $\varepsilon_{cmax} = 0.00205$。图 6-5（a）、（b）所示分别为钢筋混凝土轴心受压短柱的脱离体图和试件截面，下面给出达到破坏极限状态时几何协调、物理关系、静力平衡三个基本方程。

（1）几何协调方程

$$\varepsilon_s = \varepsilon_c = \varepsilon_{c,max} = 0.00205 \tag{6-1}$$

式中：ε_c、ε_s 分别为受压破坏时混凝土和钢筋的应变。

（2）物理方程

$$\sigma'_s = E_s \varepsilon_s, \quad \varepsilon_s \leqslant \frac{f'_{y,s}}{E_s}$$

$$\sigma'_s = f'_y, \quad \varepsilon_s > \frac{f'_{y,s}}{E_s}$$

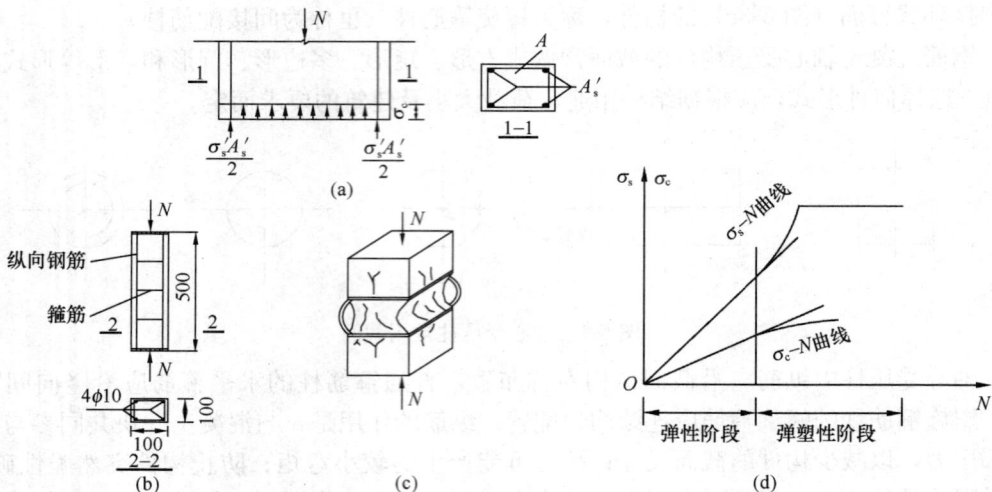

图 6-5 钢筋混凝土轴心短柱受力分析和破坏形态

（a）轴心受压构件脱离体图；（b）轴心受压短柱试件；（c）轴心受压短柱破坏形态；（d）荷载-应力曲线

$$\sigma_c = f_{c,s}, \quad \varepsilon_c = \varepsilon_{cmax} = 0.00205$$

式中：σ_c、σ'_s 分别为受压破坏时混凝土和钢筋的应力；$f_{c,s}$、$f_{y,s}$ 分别为混凝土和钢筋在轴心受压破坏时强度。

（3）静力平衡方程

由竖向合力为零得

$$N = \sigma_c A_c + \sigma'_s A'_s \qquad (6-2)$$

式中：N 为外荷载产生的构件轴力；A'_s、A_c 分别表示纵向钢筋和混凝土截面面积。

通过联合上述三个方程，可求得钢筋混凝土轴心受压短柱承载能力 N^s_u 计算公式为

$$N^s_u = f_c A_c + f'_y A'_s \qquad (6-3)$$

【注释】 此处假设 $\dfrac{f'_y s}{E_s} \leqslant 0.00205$，否则应取 $E_s = 0.00205$。

6.2.1.2 长柱的破坏形态和承载能力分析

1. 试验研究结果

当构件产生侧向挠度 y 时，构件的各个截面上将产生附加弯矩 $M_2 = Ny$。短柱因 y 值较小，附加弯矩 M_2 是可以忽略的，但对细长柱 y 值是较大的（图 6-6a），因此需要考虑 M_2 的影响。注意到，侧向挠度 y 随着荷载 N 增加而加大，呈一次线性关系，因此附加弯矩 M_2 与 N 就是二次方增长关系，也称为两次弯矩。图 6-6b 所示为长柱受压后的挠度图。试验表明：侧向挠度开始时与荷载成正比，当压力达到极限荷载的 60%～70% 时，侧向挠度急剧增长而破坏。破坏时受压一侧产生纵向裂缝，箍筋之间的纵向钢筋向外凸出，构件高度中部混凝土被压碎。另一侧混凝土则被拉裂，在构件高度中部产生一水平裂缝（图 6-6c）。钢筋混凝土轴心受压长柱的承载能力试验研究结果表明：长细比愈大，柱子承载能力降低愈多。

2. 承载能力计算

可采用稳定系数 φ 来考虑长柱承载力 N_{ul}，稳定系数 φ 定义为：

$$\varphi = \frac{N_{ul}}{N_{us}} < 1$$

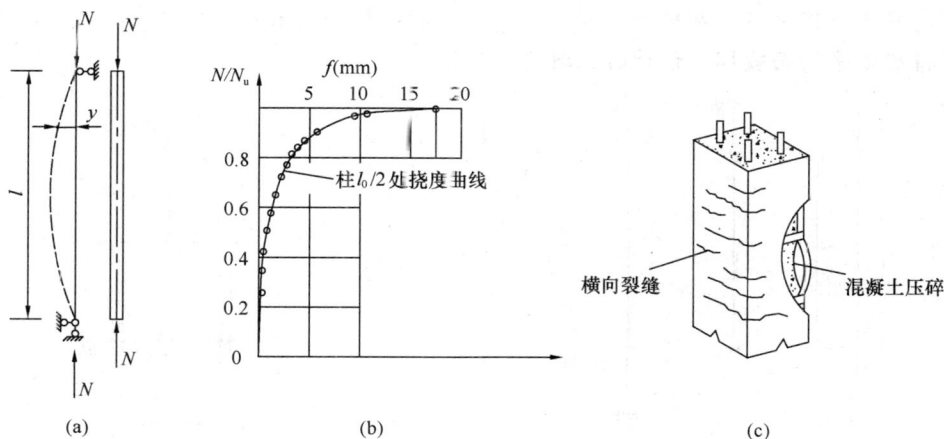

图 6-6　长柱的试件和破坏形态

(a) 长柱加载；(b) 长柱柱高中点挠度曲线；(c) 轴心受压长柱的破坏形态

故钢筋混凝土轴心受压长柱承载能力 N_u^l 计算公式为

$$N_u^l = \varphi N_u^s = \varphi(f_c A_c + f_y' A_s') \qquad (6-4)$$

上式中的稳定系数 φ 主要和构件的长细比 l_0/i 有关（l_0 为柱的计算长度，i 为截面最小回转半径），见表 6-1。

钢筋混凝土轴心受压构件的稳定系数 φ 　　表 6-1

l_0/b	l_0/d	l_0/i	φ	l_0/b	l_0/d	l_0/i	φ
$\leqslant 8$	$\leqslant 7$	$\leqslant 28$	1.0	30	26	104	0.52
10	8.5	35	0.98	32	28	111	0.48
12	10.5	42	0.95	34	29.5	118	0.44
14	12	48	0.92	36	31	125	0.40
16	14	55	0.87	38	33	132	0.36
18	15.5	62	0.81	40	34.5	139	0.32
20	17	69	0.75	42	36.5	146	0.29
22	19	76	0.70	44	38	153	0.26
24	21	83	0.65	46	40	160	0.23
26	22.5	90	0.60	48	41.5	167	0.21
28	24	97	0.56	50	43	174	0.19

注：l_0—构件计算长度；

　　b—矩形截面的短边尺寸；

　　d—圆形截面的直径；

　　i—截面的最小回转半径，$i = \sqrt{\dfrac{I}{A}}$。

构件的计算长度 l_0 与构件两端的支承情况有关，根据材料力学可按图 6-7 采用。实际结构中，构件的支承情况比上述理想的不动铰支承或固定端要复杂得多，因此规范针对具体情况对计算长度 l_0 取值都有相应的规定。

【思考与提示】　当轴心受压构件长细比超过一定数值后（如矩形截面 $l_0/b > 35$ 时），

构件可能发生失稳破坏，即轴力增大到一定程度后，构件尚未发生材料破坏之前，构件已不能保持稳定平衡而破坏。设计时应避免这种情况。

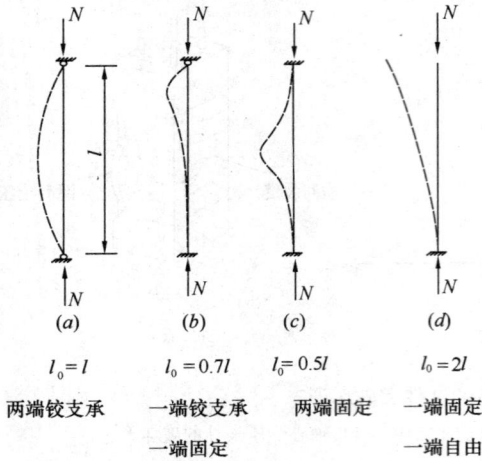

$l_0=l$	$l_0=0.7l$	$l_0=0.5l$	$l_0=2l$
(a)	*(b)*	*(c)*	*(d)*
两端铰支承	一端铰支承 一端固定	两端固定	一端固定 一端自由

图 6-7　柱的计算长度

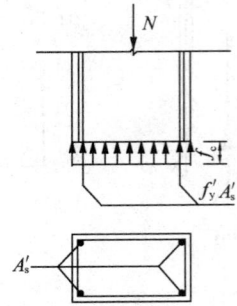

图 6-8　箍筋柱的计算图形

6.2.1.3　轴心受压构件截面承载力设计公式

1. 建筑工程规范规定

按上述分析，短柱和长柱都可以统一到如图 6-8 所示的计算图式，再考虑初始偏心的影响，以及在长期恒载作用下柱子的可靠度降低等因素，最终得到轴心受压构件截面承载力计算公式为

$$\gamma_0 N \leqslant 0.9\varphi(f_c A + f'_y A'_s) \tag{6-5}$$

式中　γ_0——建筑工程结构重要性系数；

　　　N——按《混凝土结构设计规范》规定计算的轴向压力设计值；

　　　φ——钢筋混凝土构件的稳定系数，查表 6-1；

　　0.9——考虑可靠性降低的折减系数；

　　　f_c——混凝土轴心抗压强度设计值，见附表 3-2；

　　　A——构件截面面积；

　　　f'_y——纵向受压钢筋的抗压强度设计值，见附表 3-9；

　　　A'_s——全部纵向钢筋的截面面积。

注意，当纵向钢筋配筋率大于 3% 时，式（6-5）中的 A 应用（$A-A'_s$）代替。

【提示】　上式中 f'_y 为钢筋受压强度设计值。由于构件的压应变控制在 0.00205 以内，破坏时钢筋的最大应力为 $\sigma_s = \varepsilon_{cmax} \cdot E_s = 0.00205 \times 2 \times 10^5 = 410\text{N/mm}^2$，对于 HPB300、HRB335、HRBF335、HRB400、HRBF400、RRB400 级钢筋已经能达到屈服强度，但对 HRB500、HRBF500 级钢筋并没有达到屈服强度，在计算 f'_y 时值只能取 $f'_y = 400\text{N/mm}^2$，因此在柱内采用高强度钢筋作受压筋时，不能充分发挥其高强作用，这是不经济的。

2. 公路桥隧规范规定

$$\gamma_0 N_d \leqslant 0.9\varphi(f_{cd} A + f'_{sd} A'_s) \tag{6-6}$$

式中 γ_0——桥梁结构重要性系数；

N_d——《公路桥梁规范》规定的轴向力组合设计值；

f_{cd}——混凝土轴心抗压强度设计值，见附表 3-15；

f'_{sd}——纵向受压钢筋的抗压强度设计值，见附表 3-19。

6.2.2 构造要求

1. 混凝土强度等级

轴心受压构件强度主要取决于混凝土强度，故一般采用 C25 或更高强度等级的混凝土。

2. 截面形式及尺寸

柱截面一般多采用方形或矩形截面，因其构造简单，施工方便。特殊情况下，可采用圆形或多边形。

柱截面尺寸主要根据内力大小，构件长度及构造等条件来确定。为防止构件长细比过大，承载力降低过多，柱的截面尺寸不宜过小。对于多层厂房，宜取 $h \geqslant l_0/25$ 和 $b \geqslant l_0/30$（b 为矩形截面短边，h 为长边）。对现浇钢筋混凝土柱的截面尺寸不宜小于 250mm × 100mm。此外，为施工支模方便，柱截面尺寸宜采用整数。在 $\rho' = \dfrac{A'_s}{A}$ 以下者宜取 50mm 的倍数，在 800mm 以上者，可取 300mm 的倍数。

3. 纵向钢筋

纵向钢筋一般采用 HRB335 及 HRB400 级钢筋，不宜采用高强度钢筋，因为构件破坏时钢筋应力最多只能达到 400N/mm²。纵向钢筋直径 d 不宜小于 12mm，通常在 12～32mm 范围内选用。柱中全部纵筋的配筋率 $\rho' = \dfrac{A'_s}{A}$ 不得超过 5%，根据钢筋强度级别的不同，最小配筋率可根据《规范》8.5.1 来确定，常用配筋率在 0.5%～2% 范围内。为了减少钢筋纵向弯曲，柱中宜选用根数较少且直径较粗的钢筋，根数不得少于 4 根，并且应为双数，沿截面四周均匀对称配置，以形成刚度较好的骨架。当构件直立浇筑时，为了保证混凝土浇筑方便和振捣密实，柱内纵筋的净间距不应小于 50mm；中距不应大于 300mm。对水平浇筑的预制柱，其纵向钢筋的最小净距可参照梁的规定采用。

4. 箍筋

在柱子中箍筋既可防止纵向钢筋发生压屈，增加柱的抗剪强度，同时在施工时又能固定纵向钢筋，另外还对混凝土受玉后的侧向膨胀起一定的约束作用。为了起到这些作用箍筋要做封闭式，如图 6-9 所示。箍筋间距 S 不应大于横截面短边尺寸 b，且不大于 400mm；同时在绑扎骨架中不应大于 15d，在焊接骨架中不应大于 20d（d 为纵向钢筋最小直径）。箍筋直径：采用热轧钢筋时，其直径不应小于 $d/4$，且不小于 6mm；采用冷拔低碳钢丝时，不应小于 $d/5$，且不应小于 5mm（d 为纵向钢筋的最大直径）。

当柱中全部纵向受力钢筋配筋率超过 3% 时，则箍筋直径不宜小于 8mm，且应焊成封闭环式，其间距不应大于 10d（d 为纵向钢筋的最小直径），且不应大于 200mm，以充分保证发挥高配筋率柱纵筋的抗玉强度。当柱子各边纵向钢筋多于 3 根时，应设置复合箍筋，其布置要求是使纵向钢筋至少每隔一根位于箍筋转角处（图 6-9c、e、g）。不允许采用内折角箍筋（图 6-10c），因为折角箍筋受力后有拉直趋势，其合力将使内折角处混凝土

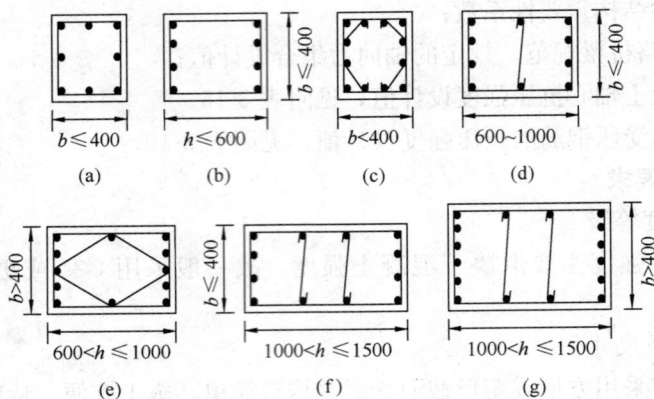

图 6-9　矩形柱的箍筋构造要求

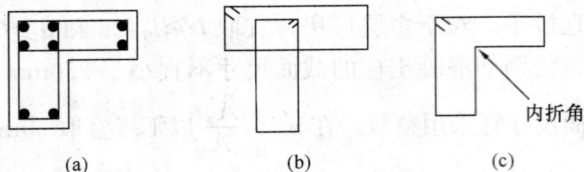

图 6-10　有缺口的柱截面箍筋

崩裂，应采用图 6-10（b）所示的双套箍型式。当柱子短边 $b \leqslant 400\text{mm}$ 时，而纵筋不多于 4 根时，可采用单个箍筋，不设附加箍筋（图 6-9a）。

柱内纵筋搭接长度范围内箍筋间距应加密，当搭接钢筋为受拉时，其箍筋间距不应大于 $5d$；当搭接钢筋为受压时，其箍筋间距不应大于 $10d$（d 为受力钢筋的最小直径）。

【注释】　上述仅给出了建筑工程轴心受压构件的相关构造要求，关于公路桥隧工程的构造要求具体见桥梁规范或参考书。

【例题 6-1】　某安全等级为二级的建筑工程轴心受压构件承受轴向压力设计值 $N=$ 1600kN，计算长度为 3.5m。混凝土强度等级 C35，纵筋为 HRB400，箍筋为 HPB300，$\gamma_0=1.0$。要求：设计柱截面尺寸及纵向钢筋截面面积。

【解】　1. 估算截面尺寸

假设 $\rho' \approx 0.01$（常用配筋率在 $0.5\% \sim 2\%$），$\varphi = 1$，由公式（6-5），得

$$A = \frac{N}{0.9\varphi(f_c + \rho' f'_y)} = \frac{1600000}{0.9 \times 1 \times (16.7 + 0.01 \times 360)} = 87575\text{mm}^2$$

正方形边长 $b = \sqrt{87575} = 296\text{mm}$

取柱截面尺寸为 300mm×300mm。

2. 求 A'_s

$$l_0/b = 3500/300 = 11.7$$

查表 6-1，得 $\varphi = 0.95$（与原设计 $\varphi = 1$ 相近，若相差较大，用逐次渐近法求）。代入公式（6-5），得

$$A'_s = \frac{\dfrac{N}{0.9\varphi} - f_c A}{f'_y} = \frac{\dfrac{1600000}{0.9 \times 0.95} - 16.7 \times 300 \times 300}{360} = 1023.2\text{mm}^2$$

$$\rho'_{min} = 0.55\% \quad A'_{s,min} = 0.55\% \times 300 \times 300 = 495\text{mm}^2 < 1023.2\text{mm}^2$$

故应选用 4 ⊈ 18（$A'_s = 1017\text{mm}^2$）

160

$$\rho' = \frac{A'_s}{A} = \frac{1017}{300 \times 300} = 1.13\% < 5\%$$

箍筋采用 $\phi6@200$。截面配筋图如图 6-11 所示。

【例题 6-2】 某中型桥梁处在一般环境中，其一根轴心受压柱的截面尺寸 $b \times h = 400\text{mm} \times 400\text{mm}$，柱长 5m，柱底固定，柱顶铰接，拟采用 C20 混凝土，纵向钢筋为 HRB335，箍筋为 HPB235，该柱承受纵向轴心压力设计值 $n_d = 2000\text{kN}$，求该柱纵向钢筋面积并配置箍筋。

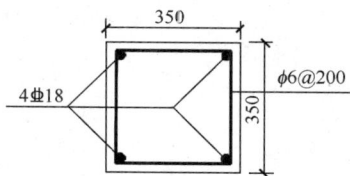

图 6-11　【例题 6-1】图

【解】 （1）查取相关数据

$$\gamma_0 = 1.0, f_{cd} = 9.2\text{N/mm}^2, f_{sd} = 280\text{N/mm}^2, \rho'_{\min} = 0.5\%$$

根据支承条件，$l_0 = 0.7l = 0.7 \times 5000 = 3500\text{mm}$

$\dfrac{l_0}{b} = \dfrac{3500}{400} = 8.75$，查附表得 $\varphi = 0.993$。

（2）求 A'_s

相关数据代入式（6-6），得

$$A'_s = \frac{\dfrac{N_d}{0.9\varphi} - f_{cd}A_s}{f'_{sd}} = \frac{\dfrac{2000 \times 10^3}{0.9 \times 0.993} - 9.2 \times 400 \times 400}{280}$$

$$= 2735.3\text{mm}^2$$

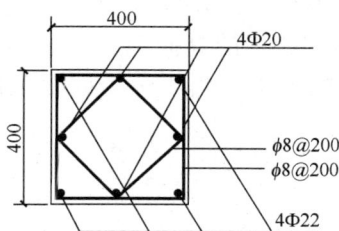

图 6-12　例题【6-2】图

（3）选配钢筋并验算配筋率

选 $4\Phi22 + 4\Phi20$，$A'_s = 2776\text{mm}^2$

相差 $\dfrac{2776 - 2735.3}{2735.3} \times 100\% = 1.48\% < 5\%$（可以）

纵向钢筋配筋率

$$\rho' = \frac{A'_s}{bh} = \frac{2776}{400 \times 400} = 1.74\% > \rho'_{\min}$$

$$= 0.5\% \text{ 满足要求。}$$

箍筋按构造要求设置，箍筋间距应满足

$s_v \leqslant 15d = 15 \times 16 = 240\text{mm}$ 及 400mm，取 $s_v = 200\text{mm}$

箍筋应做成封闭式，其直径 $\geqslant \dfrac{22}{7} = 5.5\text{mm}$ 及 8mm，取 8mm，另外非角筋离角筋中距 $>150\text{mm}$，应加设复合箍筋，配筋如图 6-12 所示。

6.2.3　配有纵筋和螺旋式（或焊接环式）间接钢筋轴心受压柱的承载力计算

当柱承受的轴向荷载较大时，采用一般箍筋柱难以满足要求，而截面尺寸又受到限制，即使提高混凝土强度和增加纵筋的数量，也难以满足要求，此时可采用图 6-13（b）螺旋筋柱以提高柱的承载力。

6.2.3.1　试验研究

图 6-13 为配有普通箍筋和螺旋式箍筋轴心受压短柱的荷载 N 和压应变 ε 的试验曲线。由图可知，当荷载到达受压极限荷载 N_u 后，两者受力和变形有明显不同。普通箍筋柱由于箍筋间距较大，不能有效约束混凝土受压时的横向变形，从而对提高柱的受

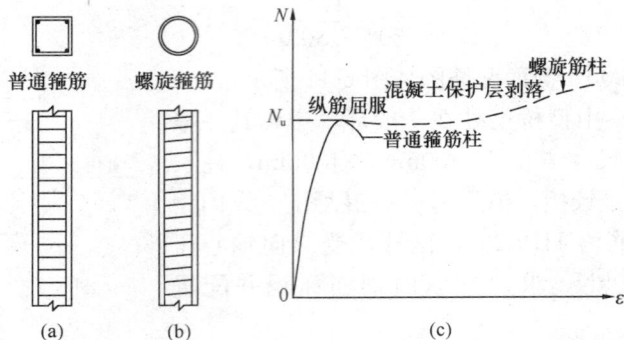

图 6-13　配有普通箍筋和螺旋式箍筋轴心受压短柱的荷载 N-ε 试验曲线

压承载力作用不大。对于沿柱高连续缠绕间距较密的螺旋箍筋柱，当纵筋屈服以后，螺旋箍筋外面的混凝土保护层开始剥落，从而混凝土受压面积减小，承载力略有下降。但由于螺旋箍筋箍住了核心混凝土，相当于套箍作用，阻止了核心混凝土的横向变形，使核心混凝土处于三向受压状态。由前面章节知，处于三向受压状态混凝土强度会明显提高，因而螺旋箍筋柱受压承载力会不断增加，试验曲线表现为逐渐回升趋势。螺旋箍筋中拉应力随荷载增加不断增大，直至螺旋箍筋达到屈服，不能再约束核心混凝土的横向变形时，混凝土被压碎，构件发生破坏。破坏时混凝土保护层已脱落，因此承载能力计算时混凝土截面面积只考虑核心部分的面积。由于螺旋筋或焊接环筋是通过侧向约束间接来承受柱子竖向压力的，所以这类钢筋也被称为间接钢筋。在计算间接钢筋提供的抗压承载能力时可以把螺旋筋截面面积折算成相当的纵向钢筋截面面积 A_{ss0}（或称为换算截面面积）。其折算原则为：一圈螺旋筋的体积相当于一个间距范围纵向钢筋的体积，即有

$$A_{ss0} = \frac{\pi d_{cor} \cdot A_{ss1}}{S} \tag{6-7}$$

式中　A_{ss1}——螺旋式或焊接环式单根间接筋的截面面积；

　　　S——沿构件轴线方向间接钢筋的间距；

　　　A_{ss0}——间接钢筋的换算截面面积；

　　　d_{cor}——构件的核心截面直径，即间接钢筋内表面之间的距离。

设间接钢筋的抗拉强度设计值为 f_y，则间距钢筋增加的抗压承载能力为 kf_yA_{ss0}，其中 k 为间接钢筋影响系数，取值与混凝土强度等级有关。

【注释】　螺旋筋使其包围的核心混凝土造成环向受压，形成套箍作用提高的抗压承载能力计算如下：

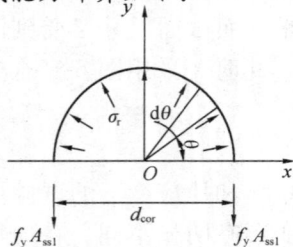

图 6-14　螺旋筋隔离体

混凝土圆柱体在侧向均匀压应力 σ_r 作用下的抗压强度 f 由第 3 章（3-7）式得

$$f = f_c + \beta\sigma_r \tag{6-8}$$

式中　f_c——混凝土单轴抗压强度；

　　　σ_r——柱的核心，混凝土受到的径向压应力值。

取二分之一圆周的螺旋筋隔离体如图 6-14 所示，由 y 方向上合力为零的条件得

$$\int_0^\pi S \cdot \sigma_r \sin\theta \cdot \frac{d_{cor}}{2} d\theta = 2f_y \cdot A_{ss1}$$

所以
$$\sigma_r = \frac{2f_y \cdot A_{ss1}}{S \cdot d_{cor}} = \frac{f_y A_{ss1} \pi d_{cor}}{2 \cdot \frac{\pi}{4} d_{cor}^2 \cdot S} = \frac{f_y A_{ss0}}{2A_{cor}} \qquad (6\text{-}9)$$

式中 A_{cor}——构件的核心截面面积，即间接钢筋内表面范围内的混凝土面积，$A_{cor} = \frac{1}{4}\pi d_{cor}^2$。

在侧向均匀受压下核心混凝土截面的抗压承载能力为
$$fA_{cor} = (f_c + \beta\sigma_r)A_{cor} = f_c A_{cor} + kf_y A_{ss0} \qquad (6\text{-}10)$$

其中，$k = \beta/2$。所以，由间接钢筋增加的抗压承载能力为 $kf_y A_{ss0}$。

6.2.3.2 截面承载力规范计算公式

与前面箍筋柱的承载能力相比，螺旋筋柱要增加一项间接钢筋的承载能力，即有三部分组成：核心混凝土承载能力 $f_c A_{cor}$；纵向钢筋承载能力 $f_y' A_s'$；间接钢筋承载能力 $kf_y A_{ss0}$。因此，由静力平衡条件得到的螺旋筋柱截面抗压承载能力计算公式为
$$N_u = f_c A_{cor} + kf_y A_{ss0} + f_y' A_s'$$

类似于箍筋柱，取可靠度降低系数 0.9，则得到螺旋筋轴向受压构件截面承载力计算公式为
$$N_u = 0.9(f_c A_{cor} + kf_y A_{ss0} + f_y' A_s') \qquad (6\text{-}11)$$

1. 建筑工程规范规定
$$N \leqslant 0.9(f_c A_{cor} + kf_y A_{ss0} + f_y' A_s') \qquad (6\text{-}12)$$

式中 N——按《混凝土结构设计规范》规定计算的轴向力组合设计值；

f_c——混凝土轴心抗压强度设计值，见附表 3-2；

f_y——间距钢筋的抗拉强度设计值，见附表 3-9；

f_y'——纵向受压钢筋的抗压强度设计值，见附表 3-9；

A_{cor}——构件的核心截面面积，取间接钢筋内表面范围内的混凝土截面面积；

k——间接钢筋影响系数，当混凝土强度等级不超过 C50 时，取 2.0，当混凝土强度等级为 C80 时，取 0.85，其间按线性内插法确定。

2. 公路桥隧规范规定
$$\gamma_0 N_d \leqslant 0.9(f_{cd} A_{cor} + kf_{sd} A_{s0} + f_y' A_s') \qquad (6\text{-}13)$$

式中 N_d——按《公路桥隧设计规范》规定计算的轴向力组合设计值；

f_{cd}——混凝土轴心抗压强度设计值，见附表 3-15；

f_{sd}——间距钢筋的抗拉强度设计值，见附表 3-19；

f_y'——纵向受压钢筋的抗压强度设计值，见附表 3-19。

在利用式（6-12）（或式 6-13）时，需要注意：

（1）为了保证在使用时混凝土保护层不至过早剥落，规定螺旋箍柱的受压承载力设计值不应比普通箍筋柱算得的大 50%。

（2）为了安全，凡属下列情况之一者，可不计间接筋的影响，即按式（6-5）（或式 6-6）计算构件的承载力。

1）对 $l_0/d > 12$ 的柱，因柱长细比较大，侧向弯曲变形过大，螺旋筋不能发挥作用。

也即认为，螺旋筋只提高强度，并不增加柱的稳定性。

2）因为式（6-12）（或式 6-13）只考虑混凝土的核心截面面积 A_{cor}，当外围混凝土较厚时，核心面积相对较小，这种情况下式（6-12）（或式 6-13）计算承载力可能会小于按式（6-5）（或式 6-6）计算的承载力。显然这是不合理的，此时应不考虑间接钢筋的作用。

3）当间接筋的换算面积 A_{ss0}（或 A_{s0}）小于纵筋全部截面面积的 25% 时，可以认为间接筋配置过少，套箍作用不明显，此时也应按普通箍筋柱考虑。

6.2.3.3 构造要求

配螺旋间接筋的柱常做成正多边形（六角或八角）或圆形。

纵筋的配筋率 ρ'（按核心截面面积计算）常采用 0.8%～2.0%，纵筋根数一般用 6～8 根，沿圆周边放置，其间距取 120～150mm（图 6-3），直径常采用 6～16mm。如计算中考虑间接筋的作用，则间接筋的间距 S（螺距）不应大于 80mm 及 $d_{cor}/5$，且不应小于 40mm。

其他构造要求与普通箍筋柱相同。

【例题 6-3】 某安全等级为二级的建筑工程圆形螺旋箍筋柱，承受轴向压力设计值 N = 1400kN，柱子计算长度 l_0 = 3.5m。混凝土强度等级为 C35。柱中纵筋及螺旋筋都采用 HRB400 级，求柱中配筋。

【解】 $f_c = 16.7 \text{N/mm}^2, \alpha = 1, f_y = f'_y = 360 \text{N/mm}^2$，$\gamma_0 = 1.0$

（1）求柱截面面积

先假定 $\rho' = \dfrac{A_s}{A_{cor}} = 1.5\%$，$\rho'_{ss0} = \dfrac{A_{ss0}}{A_{cor}} = 1.5\%$，代入式（6-12），得

$$1400000 = 0.9(16.7A_{cor} + 2 \times 1 \times 360 \times 0.015A_{cor} + 360 \times 0.015A_{cor})$$

解得 $A_{cor} = 47281.32 \text{mm}^2$

$$d_{cor} = \sqrt{\frac{4A_{cor}}{\pi}} = 245.42 \text{mm}$$

设保护层的厚度为 25mm，则 $d = 245.42 + 2 \times 25 = 295.42 \text{mm}$，取整数 $d = 300 \text{mm}$，则 $d_{cor} = 300 - 50 = 250 \text{mm}$，实际 $A_{cor} = \dfrac{\pi}{4}d_{cor}^2 = \dfrac{3.14 \times 250^2}{4} = 49062.50 \text{mm}^2$

（2）求纵筋截面面积 A'_s，和螺旋筋面积 A_{ss0}

$\dfrac{l_0}{d} = \dfrac{3500}{300} = 11.67 < 12$，可考虑螺旋箍筋的作用，先假定螺旋筋直径为 8mm，间距为 50mm（不大于 80mm 和 $\dfrac{d_{cor}}{5} = \dfrac{250}{5} = 50$ mm，且大于 40mm）。

$$A_{ss0} = \frac{\pi d_{cor} \cdot A_{ss1}}{S} = \frac{3.14 \times 250 \times \frac{1}{4}\pi \times 8^2}{50} = 788.77 \text{mm}^2$$

选配 $\phi 6@200$，$A_{ss0} = 719 \text{mm}^2$

代入式（6-12）得

$$A'_s = \frac{\dfrac{N}{0.9} - f_c A_{cor} - 2\alpha f_y A_{ss0}}{f'_y} = \frac{\dfrac{1400000}{0.9} - 16.7 \times 49062.50 - 2 \times 1 \times 360 \times 788.77}{360}$$

$$A'_s = 467.49 \text{mm}^2$$

选用 6 Φ 10（$A'_s = 471\text{mm}^2$），配筋率 $\rho' = \dfrac{A'_s}{\frac{1}{4}\pi d^2} =$

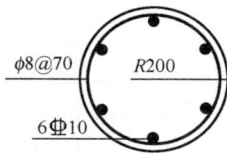

图 6-15 例题
【6-3】图

$$\dfrac{471}{\frac{1}{4} \times 3.14 \times 300^2} = 0.67\% > 0.55\%$$

（3）验算是否满足适用条件

① $\dfrac{A_{ss0}}{A'_s} = \dfrac{719}{471} = 1.53 > 25\%$

② $1.5 \times 0.9\varphi(f_c A + f'_y A'_s)$

$= 1.5 \times 0.9 \times 0.965 \times \left(16.7 \times \dfrac{1}{4} \times 3.14 \times 300^2 + 360 \times 471\right)$

$= 1757950 = 1758\text{kN} > 1400\text{kN}$

③ $0.9\varphi(f_c A + f'_y A'_s) = 1172\text{kN} < 1400\text{kN}$

故满足要求。截面配筋如图 6-15 所示。

6.3 偏心受压构件承载能力分析和设计

6.3.1 截面及配筋特点

偏心受压构件一般采用矩形截面，长边应沿弯矩作用方向布置，其长短边的比值 $\dfrac{h}{b}$

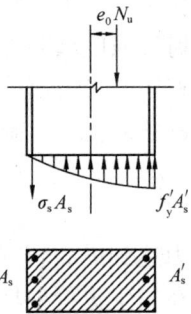

图 6-16 偏心受压构
件截面配筋示意

$= 1.5 \sim 3$。当截面尺寸较大时，为节约材料及减轻自重，尽量采用工字形和箱形截面。偏心受压构件的纵向受力钢筋集中布置在两个短边，其中受压较大的一边钢筋用 A'_s 表示，另一边钢筋用 A_s 表示（图 6-16）。

6.3.2 纵向弯曲的影响

与前述轴心受压构件一样，对于长细比较大的偏心受压构件也要考虑纵向弯曲的影响。偏心受压构件由于纵向弯曲（亦即产生侧向挠度），偏心距由 e_i 增加到 $e_0 + f$（图 6-17），在构件内产生附加弯矩。所谓附加弯矩也称为两阶效应，或者 P-δ 效应，在结构工程中 P-δ 效应一般定义为因纵向弯曲或者层间侧移使纵向力产生的附加内力。下面以图 6-18 所示两端铰接，作用相等偏心距 N 的"基本柱"为例分析 P-δ 效应。"基本柱"在纵向弯曲后中间截面的合成弯矩最大，等于

$$M_{sum} = N(e_i + a_f) = Ne_i + Na_f = M_1 + M_2 \tag{6-14}$$

式中，M_1 是由初始偏心距 e_i 产生的，称为初始弯矩；M_2 是由纵向弯曲变形 a_f 产生的附加弯矩，注意到 a_f 本身是压力 N 的一次函数，所以 M_2 是 N 的二阶弯矩。M_2 愈大，说明柱子的纵向弯曲影响愈大。因此，钢筋混凝土"基本柱"的承载能力不但与轴向压力 N 有关，而且还受初始偏心距 e_i（或初始弯矩 M_1）、纵向弯曲变形 a_f（或二阶弯矩 M_2）等影响。对于支承条件已知的柱子，在压力 N 作用下的纵向弯曲程度与柱子的长细比有密切关系，长细比愈大，纵向弯曲变形 a_f（或二阶弯矩 M_2）愈大。钢筋混凝土柱根据长细比，可分为短柱、中长柱、细长柱。下面仍以"基本柱"为例分析长细比对承载能力的影响。

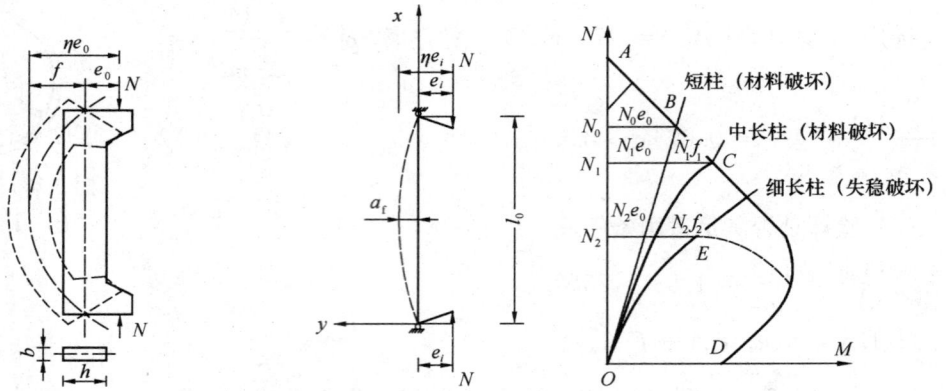

图 6-17　偏压构件的纵向弯曲　图 6-18　"基本柱"计算简图　图 6-19　柱的各种破坏

1. 短柱

当长细比很小（如矩形截面 $l_0/h \leqslant 5$）时，称为短柱。短柱纵向弯曲变形很小可忽略不计，各个截面只有初始弯矩 M_1，即弯矩与轴力呈线性关系。短柱的破坏是控制截面材料达到极限强度引起的。如图 6-19 所示 M-N 相关曲线中，短柱从加载到破坏的受力路线为直线 OB，直线与截面承载力（M-N 曲线）交点 B 表示发生材料破坏的承载能力。

2. 中长柱

当长细比在一定范围时（如矩形截面 $5 < l_0/h \leqslant 30$），即为中长柱。中长柱侧向挠度 f 大，相应的二阶弯矩 $M_2 = Nf$ 不可忽略。构件截面上的总弯矩 M_{sum} 由初始弯矩 M_1 和二阶弯矩 M_2 叠加得到，最终破坏是在 M_{sum}、N 作用下控制截面材料达到其强度极限而破坏，仍属材料破坏，在图 6-19 所示 M-N 相关曲线上，中长柱从加载到破坏的受力路线为曲线 OC，直线与截面承载力线（M-N 线）交点 C 点表示发生材料破坏的承载能力，显然要明显低于短柱的承载能力。

3. 细长柱

当长细比很大时（如矩形截面 $l_0/h > 30$），即为细长柱。此时偏心力达到最大值（即图 6-19 中 E 点），侧向挠度 f 突然剧增，构件会失去平衡而发生破坏。在发生失稳破坏时控制截面材料并没有达到破坏强度，其承载能力要比材料破坏时低得多。构件发生失稳破坏时的承载能力也称为临界荷载为 N_{cr}，它可按下面的欧拉公式计算得到：

$$N_{cr} = \frac{\pi^2 EA}{\lambda^2} \tag{6-15}$$

式中，$\lambda = L_0/i$ 为柱子的长细比。

【注释】　图 6-19 中，短柱（OB）、中长柱（OC）、细长柱（OE）初始偏心距 e_0 是相同的，但其破坏类型不同。短柱、中长柱为材料破坏，细长柱为失稳破坏。另外随着长细比的增大，其承载力 N 值将减小，即 $N_0 > N_1 > N_2$。

由上述"基本柱"承载能力分析表明，附加弯矩对偏心受压构件截面承载能力有重要影响，在设计时需要区分短、中长、细长柱，并分别予以考虑。所谓短柱就是指纵向弯曲变形较小，产生的二级弯矩可以忽略，其承载能力计算可不考虑纵向弯曲影响。中长柱是设计中常见的形式，其纵向弯曲变形不能忽略，承载能力计算要考虑二级弯矩。细长柱是指纵向弯曲变形较大，已达到屈曲变形状态，对应的稳定破坏承载能力要远低于材料破坏时的强度，而且破坏具有突然性。因此，对柱子有过大的长细比要加以限制，避免细长柱。

6.3.3 附加偏心距 e_a 和初始偏心距 e_i

当截面上既有作用的弯矩 M、又有轴向压力 N 时，此时可以等效为一个偏心压力 N 的作用，其偏心距 $e_0 = M/N$。实际工程中荷载作用位置的不确定性、混凝土质量不均匀性、施工偏差等都可能使实际偏心距增大，降低构件承载能力。为考虑偏心距偶然变化带来的不安全因素，引入附加偏心距 e_a，故初始偏心距 e_i 可表达为下式：

$$e_i = e_0 + e_a \tag{6-16}$$

【注释】 《混凝土结构设计规范》GB 50010—2010 规定，在偏心受压构件承载能力计算时，应考虑轴向压力在偏心方向的附加偏心距 e_a，取值应不小于 20mm 和偏心方向截面增大尺寸的 1/30 两者中的较大值。《公路混凝土桥隧规范》不考虑附加偏心距 e_a。

6.3.4 中长柱二阶弯矩效应的计算

前面指出，中长柱破坏虽属于材料破坏，但受纵向弯曲的不利影响，其承载力会有明显的降低。对两端铰接、偏心距相等的"基本柱"（图 6-18），由材料力学知，合成弯矩 M_{sum} 与初始弯矩 M_1 关系为

$$M_{sum} = M_1 \frac{1}{1 - N/N_{cr}} \tag{6-17}$$

式中 $1/(1 - N/N_{cr})$ 又称为弯矩增大系数，它反映了纵向弯曲使初始弯矩 M_1 增大的数值。由于 N_{cr} 与长细比 λ 呈反比，故合成弯矩随柱子长细比 λ 的增加而加大。

"基本柱"合成弯矩最大值 M_{sum} 可以表达为：

$$M_{sum} = N(a_f + e_i) = Ne_i\eta = M_1\eta \tag{6-18}$$

$$\eta = (1 + a_f/e_i) \tag{6-19}$$

式中，η 为"基本柱"的弯矩增大系数，也称为偏心距增大系数。它表明由纵向弯曲产生的弯矩增大效应可以看成偏心距 e_i 增大为 ηe_i 的结果。注意到，若轴向力 N 过高，合成弯矩也会明显增加，使截面承载能力降低太多，故设计规范一般规定柱子的设计轴压比不能太高。

【注释】 对于"基本柱"其两端截面的弯矩 M_1 是相等的，附加弯矩 M_2 最大值截面与 M_1 最大值截面一致，所以弯矩增大系数最大，是最不利的受力情况。实际柱子两端截面弯矩可能并不相等，甚至在水平作用下还会产生变号，因而附加弯矩最大值 M_{2max} 截面与初始弯矩最大值 M_{1max} 截面并不重合，合成后弯矩最大值 M_{sum} 与 M_{1max} 相比增大不多，甚至可能没有提高。

6.3.4.1 短柱长细比的限制值

1. 建筑工程规范规定

《混凝土结构设计规范》规定：弯矩作用平面内截面对称的偏心受压构件，当同一主轴方向的杆端弯矩比 M_1/M_2 不大于 0.9 且设计轴压比不大于 0.9 时，若构件长细比满足式（6-20）的要求，即认为是短柱，可不考虑该方向构件自身挠曲产生的附加弯矩影响；否则附加弯矩影响不可忽略，需按截面的两个主轴方向分别考虑构件自身挠曲产生的附加弯矩影响。

$$\frac{l_0}{i} \leqslant 34 - 12(M_1/M_2) \tag{6-20}$$

式中　M_1、M_2——分别为偏心受压构件两端截面按结构分析确定的对同一主轴的组合
　　　　　　　　弯矩设计值，绝对值较大端为 M_2，绝对值较小端为 M_1，当构件按
　　　　　　　　单曲率弯曲时，M_1/M_2 取正值，否则取负值；

　　　　l_0——构件的计算长度，可近似取偏心受压构件相应主轴方向上下支撑点
　　　　　　　　之间的距离；

　　　　i——偏心方向的截面回转半径。

【思考与提示】　按《混凝土结构设计规范》，只要满足 $M_1/M_2 > 0.9$ 或设计轴压比
大于 0.9，或 $\frac{l_0}{i} > 34 - 12(M_1/M_2)$ 中任一项，即需要考虑附加弯矩。

2. 公路桥隧规范规定

《公路桥梁规范》在短柱长细比限制值规定时没有考虑柱子两端弯矩情况和轴向力 N
大小影响，笼统规定：弯矩作用平面内截面对称的偏心受压构件，长细比满足下式的要
求，即认为是短柱，可不考虑该方向构件自身挠曲产生的附加弯矩影响。

$$\frac{l_0}{i} \leqslant 17.5 \tag{6-21}$$

6.3.4.2　纵向弯曲变形影响的考虑方式

在中长柱截面承载能力计算时必须要考虑由纵向弯曲变形引起初始弯矩 M_1 增大效
应，即实际采用的设计弯矩值 M 要比 M_1 大。可以认为，纵向弯曲变形影响主要体现在
内力效应弯矩值的增大。因此在实际设计时有两种考虑方式：一种是对初始弯矩乘以增大
系数，采用直接增大弯矩方式；另一种是将初始偏心距乘以增大系数，通过增大偏心距来
间接增大弯矩方式。后者具体做法为：先根据"基本柱"的支承情况分析得到增大系数，
再通过计算长度 l_0 考虑因柱子实际支承情况与"基本柱"不同引起的增大系数值变化。
下面介绍规范常用的 C_m-η_{ns}-l_0 法和 ηl_0 法。

1. C_m-η_{ns}-l_0 法（直接增大弯矩方式）

前述"基本柱"的弯矩增大系数为 η_{ns}，考虑纵向弯曲影响后的控制截面最大弯矩 M
可以由初始弯矩 M_0 乘以 η_{ns} 得到，即 $M = \eta_{ns}M_0$。实际柱子两端弯矩 M_1 和 M_2 可能并不
相等（此处假定 $M_1 \leqslant M_2$），纵向弯曲影响会有所降低，故可引入一个小于等于 1 的调节
系数 C_m 来考虑，即 $M = \eta_{ns}C_mM_2$。由于该方法中采用了 C_m、η_{ns}、l_0 等三个参数，故称为
C_m-η_{ns}-l_0 方法。

2. ηl_0 法（增大偏心距方式）

如果忽略柱子两端弯矩不等使纵向弯曲影响会有所减弱的有利影响，上述控制截面弯
矩设计值为 $M = \eta M_2$，因为 $M_2 = Ne_i$，故 $M = N\eta e_i$。这样，在设计时只需将初始偏心
距 e_i 放大到 ηe_i，即可考虑纵向弯曲的影响。由于在此方法中采用了 η、l_0 两个影响参数，
故称为 ηl_0 方法。

3. 设计规范考虑的方式

1) 建筑工程规范规定

《混凝土结构设计规范》采用了 C_m-η_{ns}-l_0 法，并规定，除排架结构柱以外的偏心受压

构件，在其偏心方向上考虑杆件自身挠曲影响的控制截面弯矩设计值可按如下公式计算：

$$M = C_m \eta_{ns} M_2 \tag{6-22}$$

$$C_m = 0.7 + 0.3 \frac{M_1}{M_2} \tag{6-23}$$

$$\eta_{ns} = 1 + \frac{1}{1300(M_2/N + e_a)/h_0} \left(\frac{l_0}{h}\right)^2 \zeta_c \tag{6-24}$$

$$\zeta_c = \frac{0.5 f_c A}{N} \tag{6-25}$$

当 $C_m \eta_{ns}$ 小于 1.0 时取 1.0；对剪力墙肢类及核心筒墙肢类构件，可取 $C_m \eta_{ns}$ 等于 1.0

式中　C_m——构件端截面偏心距调节系数，当小于 0.7 时取 0.7；

　　　η_{ns}——弯矩增大系数；

　　　N——与弯矩设计值 M_2 相应的轴向压力设计值；

　　　e_a——附加偏心距，《规范》规定，其值应取 20mm 和偏心方向截面最大尺寸的 1/30 两者中的较大值；

　　　ζ_c——截面曲率修正系数，当计算值大于 1.0 时取 1.0；

　　　h——截面高度；对环形截面，取外直径；对圆形截面，取直径；

　　　h_0——截面有效高度；对环形截面，取 $h_0 = r_2 + r_s$；对圆形截面，取 $h_0 = r + r_s$；此处 r、r_2 和 r_s 按《规范》相关规定进行计算；

　　　A——构件截面面积。

2）公路桥隧规范规定

《公路桥隧规范》采用了 ηl_0 法，规定：矩形、T 形、工字形和圆形截面偏心受压构件，其偏心距增大系数 η 按下式计算：

$$\eta = 1 + \frac{1}{1400 e_0/h_0} \left(\frac{l_0}{h}\right)^2 \zeta_1 \zeta_2 \tag{6-26}$$

$$\zeta_1 = 0.2 + 2.7 e_0/h_0 \leqslant 1$$

$$\zeta_2 = 1.15 - 0.01 L_0/h \leqslant 1$$

式中　ζ_1——荷载偏心率对截面曲率的影响系数；

　　　ζ_2——构件长细比对截面曲率的影响系数。

6.4　偏心受压构件承载能力的试验研究

偏心受压构件按相对偏心距（e_c/h）及配筋率 ρ 不同分为受拉破坏和受压破坏两种破坏类型。

6.4.1　受拉破坏（大偏心受压破坏）

相对偏心距较大，且受拉钢筋配置不太多的构件会发生受拉破坏（图 6-20a）。在偏心压力 N 作用下，构件截面分为受拉和受压两部分。随压力 N 增大，首先在截面受拉边缘区出现短的横向裂缝，继续增加压力 N，裂缝不断发展和加宽，裂缝截面处的拉力完全由钢筋承担；在更大压力 N 作用下，会形成一条明显的主裂缝，并使受拉钢筋屈服，主裂缝明显加宽并向受压一侧延伸，受压区高度不断缩小。最后，受压边缘混凝土达到极限压应变 ε_{cu}，出现纵向裂缝，受压区混凝土被压碎而导致破坏。这种破坏因钢筋已达到屈服，构件变形增大，裂缝显著开展，有明显的破坏预兆，具有塑性破坏特性。

显然，大偏心受压破坏的特征与第 4 章所述双筋受弯构件的破坏特征完全相同。即受拉钢筋首先达到屈服（f_y），然后受压区混凝土压碎而导致构件破坏。由于这种破坏是由受拉钢筋屈服破坏引起的，所以称为受拉破坏。另外，通常此破坏一般是在压力偏心距较大时才发生的，因而又称为大偏心受压破坏。

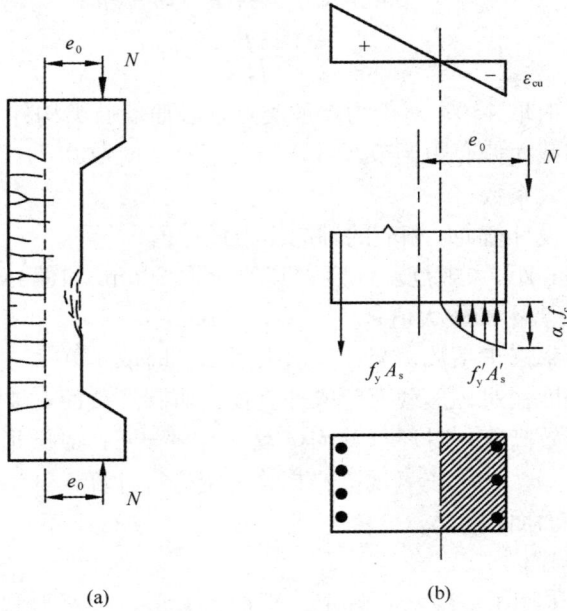

图 6-20　受拉破坏的特征

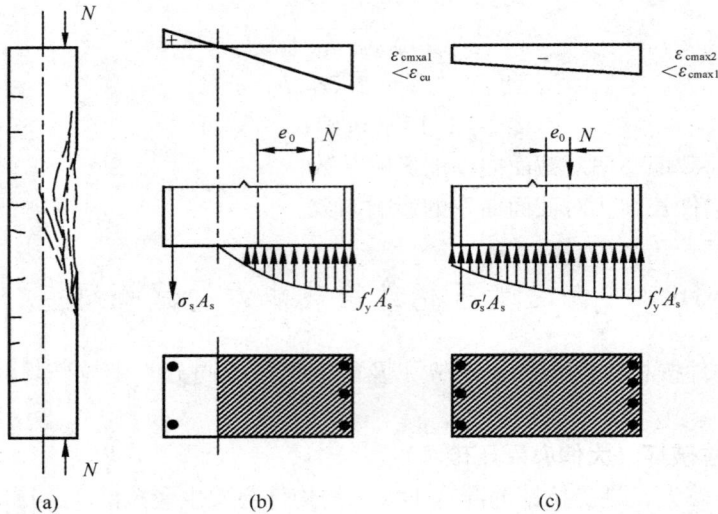

图 6-21　受压破坏的特征

6.4.2　受压破坏（小偏心受压破坏）

当荷载相对偏心距（e_0/h）较小，或虽相对偏心距较大但受拉钢筋配置过多时，构件将发生小偏心受压破坏（图 6-21a）。发生小偏心受压破坏的构件截面应力状态有两种情况。

170

第一种情况：当偏心距很小时，构件全截面受压（图 6-21c）。破坏时，边缘混凝土的压应变达到其极限压应变，混凝土被压碎，靠近轴向压力一侧的钢筋达到抗压强度（f'_y）。而远离轴向压力一侧的混凝土和受压钢筋均未达到其抗压强度。

第二种情况：当偏心距较小，或偏心距虽较大，而受拉钢筋配置过多时，构件截面大部分受压而小部分受拉（图 6-21b）。由于这种情况的中和轴距受拉钢筋很近，钢筋拉应力很小，达不到屈服。在受拉区相应的横向裂缝发展不显著，无明显主裂缝。构件破坏也是由受压区混凝土被压碎而引起的，而且压碎区域较大。上述二种破坏共同特征是由受压区混凝土被压碎引起的，因此称为受压破坏。由于此破坏一般是在压力偏心距较小时才发生的，因而又称为小偏心受压破坏。

在受压破坏时边缘混凝土的压应变达到其极限压应变，混凝土被压碎，靠近轴向压力一侧的钢筋达到抗压强度值（f'_y），而另一侧钢筋，不论受拉还是受压，均达不到屈服，破坏无明显预兆，具有脆性破坏性质。混凝土强度越高，破坏越突然。

6.4.3　大小偏心受压破坏的界限

对于大偏心受压破坏和小偏心受压破坏，理论上必然存在一种界限破坏状态：当受拉钢筋达到屈服应变 ε_s 时，受压区边缘混凝土同时达到极限压应变 ε_{cu}，这种特殊状态称为区分大小偏心受压的界限。

大小偏心受压之间的根本区别是：截面破坏时受拉钢筋是否屈服，即受拉钢筋的应变是否超过 ε_y，图 6-22 表示偏心受压构件的截面各种应变分布图。图中 ab、ac 表示大偏心受压截面应变状态，随着偏心距减小或受拉钢筋的增加，构件破坏时钢筋最大拉应变逐步减小。cd 表示为界限破坏的应变分布状态，即受拉钢筋达到屈服应变 ε_y，受压边缘混凝土也刚好达到极限压应变

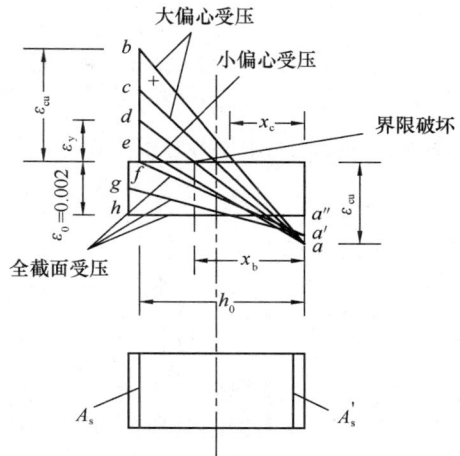

图 6-22　界限破坏状态

ε_{cu}。当偏心距进一步减小或受拉钢筋进一步增大时，则截面破坏将转入 ae 所示的受拉钢筋达不到屈服的小偏心受压状态。当进入全截面受压状态后，混凝土受压区较大的一侧边缘极限压应变将随着偏心距的减小而有所下降，其截面应变分布如 af、$a'g$。和水平线 $a''h$ 顺序所示变化。显然 $a''h$ 为轴心受压应变状态。上述偏心受压构件截面应变变化规律与适筋梁双筋受弯构件截面应变变化规律是相似的。因此，与受弯构件正截面承载力计算相同，可用界限相对受压区高度 ξ_b 来判别两种不同的破坏形态。即，当混凝土受压区相对高度 $\xi > \xi_b$ 时，截面属小偏心受压；当 $\xi < \xi_b$ 时，截面属大偏心受压；当 $\xi = \xi_b$ 时，截面处于界限状态。

6.5　矩形截面偏心受压构件正截面承载力计算

6.5.1　基本假设

偏心受压构件截面配筋和应力分布与双筋受弯构件是相似的，故偏心受压构件承载力

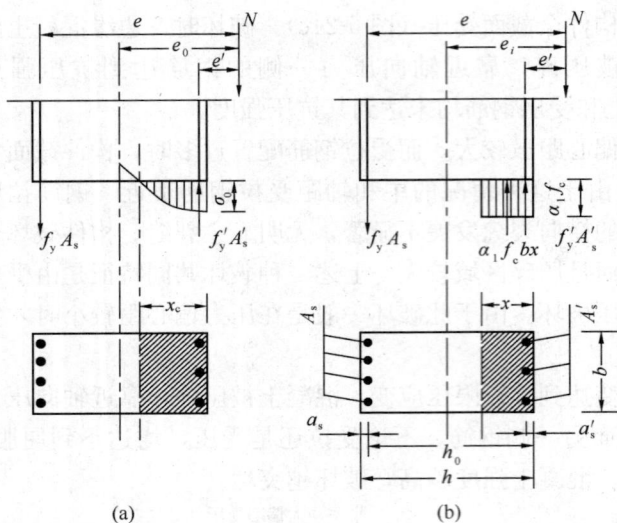

图 6-23　大偏心受压构件的截面计算
（a）应力分布图；（b）计算图式

计算也采用第 4 章的基本假设，即：

（1）截面应变分布满足平截面假设；

（2）不计混凝土的抗拉强度；

（3）受压区边缘混凝土达到极限压应变 ε_{cu}；

（4）混凝土压应力分布图为矩形，强度为 $\alpha_1 f_c$，矩形应力图的高度 x 等于按平截面确定的中性轴高度 x_c 乘以系数 β_1，即 $x = \beta_1 x_c$。

6.5.2　大偏心受压（$\xi \leqslant \xi_b$）

1. 基本公式

大偏心受压截面处于承载力极限状态的应力分布图和计算图式，如图 6-23 所示。由力和力矩平衡条件，分别可得矩形截面的计算公式如下：

$$N_{u1} = \alpha_1 f_c bx + f'_y A'_s - f_y A_s \tag{6-27}$$

或

$$N_{u1} = \alpha_1 f_c b\xi h_0 + f'_y A'_s - f_y A_s$$

$$M_{u1} = \alpha_1 f_c bx \left(h_0 - \frac{x}{2} \right) + f'_y A'_s (h_0 - a'_s) \tag{6-28}$$

或

$$M_{u1} = \alpha_1 f_c b h_0^2 \xi (1 - 0.5\xi) + f'_y A'_s (h_0 - a'_s)$$

式中　N_{u1} ——大偏心受压破坏的轴向抗压承载能力；

M_{u1} ——大偏心受压破坏时，对受拉钢筋合力点取矩得到的抗弯承载能力；

α_1 ——系数，对建筑工程当混凝土强度等级不超过 C50 时，α_1 取为 1.0，为 C80 时，α_1 取为 0.94，其间按线性内插法确定。对公路桥隧工程 α_1 取为 1.0。

2. 适用条件

（1）
$$\xi = \frac{x}{h_0} \leqslant \xi_b ; \tag{6-29}$$

（2）
$$x \geqslant 2a'_s \tag{6-30}$$

当 $x < 2a'_s$ 时，表明受压钢筋应力过小，达不到 f'_y，此时与第 3 章双筋梁类似，可取 $x = 2a'_s$。由于压区混凝土压应力的合力作用位置与受压钢筋的压力作用位置重合，故以此点起矩来计算抗弯承载能力 M_u，即

$$M_{u2} = f_y A_s (h_0 - a'_s) \tag{6-31}$$

式中　M_{u2} ——大偏心受压破坏时，当 $x < 2a'_s$ 时的抗弯承载能力。

6.5.3　小偏心受压（$\xi > \xi_b$）

在小偏心受压破坏时截面上应力分布可能有三种情形，第一种是截面分为受压和受拉两部分，靠近纵向压力作用一侧的混凝土先被压碎，远侧钢筋 A_s 受拉，但不屈服。第二种是全截面受压，靠近纵向压力作用一侧的混凝土先被压碎，远侧钢筋 A_s 受压，也没有屈服。第三种也是全截面受压，因实际形心与几何中心偏差较大，A_s 侧将受到较大压应

172

力，而 A'_s 侧压应力要小，因此 A_s 侧混凝土先被压碎，发生所谓反向破坏的情况。图 6-24 分别表示小偏心受压构件三种不同的应力分布情形。

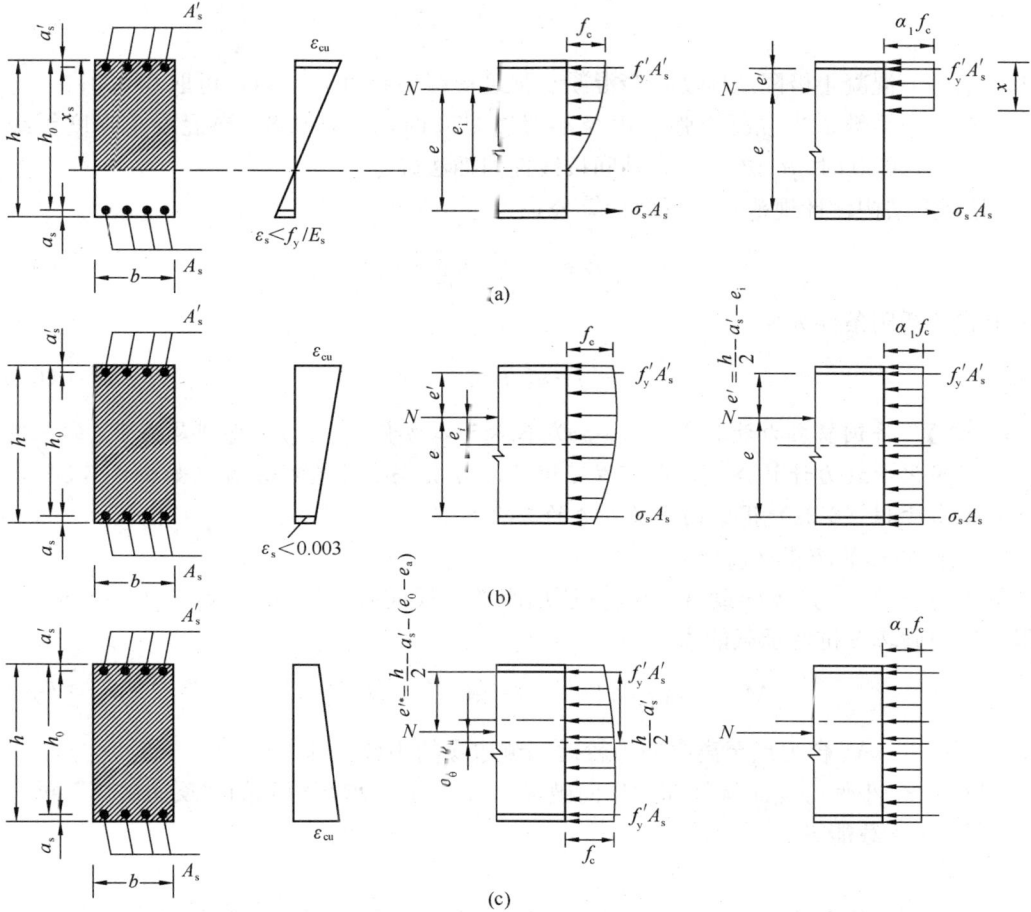

图 6-24　小偏心受压截面 3 种不同情形

1. 基本计算公式（情形图 6-24a、b）

由图 6-24（a）、（b），力和力矩平衡条件得

$$N_{u3} = \alpha_1 f_c bx + f'_y A'_s - \sigma_s A_s \tag{6-32a}$$

$$M_{u3} = \alpha_1 f_c bx \left(h_0 - \frac{x}{2}\right) + f'_y A'_s (h_0 - a'_s) \tag{6-32b}$$

式中　x ——受压区计算高度，当 $x > h$ 取 $x = h$；

　　　N_{u3} ——小偏心受压破坏时的抗压承载能力；

　　　M_{u3} ——小偏心受压破坏时，对受拉钢筋合力点取矩得到的抗弯承载能力；

　　　σ_s ——远离偏心力一侧纵向钢筋的应力，当为压应力时，σ_s 为负，当为拉应力时，σ_s 为正。

2. σ_s 的计算

对于小偏心受压构件，受拉远（或受压较小边）钢筋的应变 $\varepsilon_s < \varepsilon_y$（屈服应变），钢筋处于弹性工作范围，其应力 $\sigma_s = E_s \varepsilon_s$。由平截面假设，可求得钢筋应变为：

$$\varepsilon_s = \varepsilon_{cu}\left(\frac{\beta_1}{x/h_0} - 1\right)$$

故

$$\sigma_s = \varepsilon_{cu}E_s\left(\frac{\beta_1}{x/h_0} - 1\right) \qquad (6\text{-}33)$$

式中　ε_{cu}——混凝土极限压应变，当混凝土强度等级不超过 C50 时，可取 0.003；

β_1——系数，当混凝土强度等级不超过 C50 时，β_1 取 0.8，当混凝土强度等级为 C80 时，β_1 取 0.74，其间按线性内插法确定。

《混凝土结构设计规范》σ_s 近似计算公式为：

$$\sigma_s = E_s\varepsilon_s = \frac{\beta_1 - \xi}{\beta_1 - \xi_b} \cdot f_y \qquad (6\text{-}34)$$

上式的适用条件为

$$-f'_y \leqslant \sigma_s \leqslant f_y \qquad (6\text{-}35)$$

【注释】　将钢筋应力计算公式（6-33）代入基本方程（6-32），得到是关于 ξ 的三次方程。为了简化承载力计算公式，也可假定钢筋应力 σ_s 与 ξ 为直线方程（如公式 6-34），这样代入基本方程（6-32）得到的是关于 ξ 的二次方程。

3. 反向破坏的防止（情形 c）

为了防止因 A'_s 过少导致 A_s 首先受压屈服的"反向破坏"，由图 6-24（c），对 A'_s 取矩得"反向破坏"抗弯承载能力为

$$M_{u4} = \alpha_1 f_c bh\left(h'_0 - \frac{h}{2}\right) + f'_y A_s(h'_0 - a_s) \qquad (6\text{-}36)$$

式中　h'_0 —— A'_s 合力点至离纵向力较远一侧边缘的距离，即 $h'_0 = h - a_s$。

M_{u4} ——小偏心受压构件在"反向破坏"时，对 A_s 取矩得到的"反向破坏"抗弯承载能力。

6.6　矩形截面偏心受压构件正截面承载力规范计算公式

由上述偏心受压构件荷载作用效应和截面承载能力分析，可以得到其设计表达式为：

$$\gamma_0 N \leqslant N_u$$
$$\gamma_0 M \leqslant M_u \qquad (6\text{-}37)$$

式中　N_u ——偏心受压构件的轴向抗压承载能力设计值；

N ——轴向压力设计值，按有关规范规定考虑；

M_u ——偏心受压构件不同破坏形式的抗弯承载能力设计值；

M——偏心受压构件与 M_u 相应的弯矩设计值，其中纵向弯曲影响按有关规范规定考虑。

注意到，无论是大偏心受压破坏还是小偏心受压破坏其承载能力计算公式一般表达式都是以竖向力和对受拉钢筋合力点的力矩平衡求得的，故偏心受压构件承载能力设计基本公式都可以用统一公式表达。

1. 建筑工程规范规定

（1）基本公式

$$N \leqslant \alpha_1 f_c bx - f'_y A'_s - \sigma_s A_s \tag{6-38a}$$

$$Ne \leqslant \alpha_1 f_c bx\left(h_0 - \frac{x}{2}\right) + f'_y A'_s(h_0 - a'_s) \tag{6-38b}$$

式中　N——按《混凝土结构设计规范》规定计算的轴向力组合设计值；

　　　f_c——混凝土轴心抗压强度设计值，见附表 3-2；

　　　f'_y——纵向钢筋的抗压强度设计值，见附表 3-9；

　　　σ_s——纵向普通钢筋的应力，当 $\xi \leqslant \xi_b$ 时为大偏心受压构件，$\sigma_s = f_y$；当 $\xi > \xi_b$ 时为小偏心受压构件，按式（6-34）计算；

　　　e——轴向压力作用点至受拉钢筋 A_s 合力点之间的距离：取 $e = \left(e_i + \frac{h}{2} - a_s\right) = \left(e_0^* + e_a + \frac{h}{2} - a_s\right)$。

【注释】 按《混凝土结构设计规范》规定：除排架柱外，在计算初始偏心距时应采用考虑纵向弯曲变形影响后的弯矩设计值，即 $e_0^* = \frac{\eta_{ns} C_m M_2}{N}$，当不需要考虑纵向弯曲变形影响时，取 $e_0 = \frac{M_2}{N}$。

（2）在计算时要注意的几个情况

1）当 $x < 2a'_s$ 时的大偏心受压构件

此时 $M_u = M_{u2}$，相应的 $M = Ne'_s$，故应按下列公式进行验算：

$$\gamma_0 Ne' \leqslant A_s f_y(h_0 - a'_s) \tag{6-39}$$

e'_s——轴向力作用点至受压钢筋 A'_s 合力点之间的距离：$e'_s = e_0^* + e_a - h/2 + a'_s$。

2）对于 $N > f_c bh$ 的小偏心受压构件

此时，$M_u = M_{u4}$，相应的 $M = Ne'$，故应按下列公式进行验算：

$$\gamma_0 Ne'^* \leqslant \alpha_1 f_c bh\left(h'_0 - \frac{h}{2}\right) + f'_y A_s(h'_0 - a_s) \tag{6-40}$$

式中：e'^*——轴向力作用点至受压钢筋 A'_s 合力点之间的距离，$e'^* = \frac{h}{2} - a'_s - (e_0 - e_a)$。

2. 公路桥隧规范规定

（1）基本公式

$$\gamma_0 N_d \leqslant f_{cd} bx + f'_{yd} A'_s - \sigma_s A_s$$

$$\gamma_0 N_d e \leqslant f_{cd} bx\left(h_0 - \frac{x}{2}\right) + f'_{yd} A'_s(h_0 - a'_s) \tag{6-41}$$

$$e = \left(\eta e_0 + \frac{h}{2} - a\right)$$

式中　γ_0——公路桥梁结构的重要性系数，见第 2 章 2.1.12 节；

　　　e——轴向力作用点至截面受拉边或受压较小边纵向钢筋 A_s 的距离；

　　　e_0——轴向力对截面重心轴的偏心距，$e_0 = M_d / N_d$；

　　　f_{cd}——混凝土的轴心抗压强度设计值，见附表 3-15；

f_{cd}——A_s 钢筋的抗拉强度设计值，见附表 3-19；

f'_{yd}——A_s 钢筋的抗压强度设计值，见附表 3-19；

σ_s——截面受拉边或受压较小边纵向钢筋的应力，正值表示拉应力。当 $\xi \leqslant \xi_b$ 时，

取 $\sigma_s = f_{sd}$；当 $\xi > \xi_b$ 时，为 $\sigma_s = E_s \varepsilon_{cu} \left(\dfrac{\beta h_0}{x} - 1 \right)$ 且满足 $-f'_{sd} \leqslant \sigma_s \leqslant f_{sd}$；

E_s——《公路桥隧设计规范》规定的钢筋弹性模量，见附表 3-21；

ε_{cu}、β——《公路桥隧设计规范》规定的混凝土极限压应变和计算系数，见表 6-2。

混凝土极限压应变 ε_{cu}、β 值　　　　　　　　表 6-2

混凝土强度等级	C50 及以下	C55	C60	C65	C70	C75	C80
ε_{cu}	0.0033	0.00325	0.0032	0.00315	0.0031	0.00305	0.003
β	0.8	0.79	0.78	0.77	0.76	0.75	0.74

（2）适用条件

1)
$$\xi = \frac{x}{h_0} \leqslant \xi_b \tag{6-42}$$

2)
$$x \geqslant 2a'_s \tag{6-43}$$

式中　ξ_b——《公路桥隧设计规范》规定的相对界限受压区高度，见表 4-10。

（3）在计算时要注意的几个情况

1）当 $x < 2a'_s$ 时的大偏心受压构件

与建筑工程类似，要满足下式

$$\gamma_0 N_d e' \leqslant A_s f_{sd} (h_0 - a'_s) \tag{6-44}$$

2）当 $\eta e_0 < h/2 - a'_s$ 时小偏心受压构件

此时偏心轴向力位于钢筋 A_s 合力点和 A'_s 合力点之间，要满足以下要求

$$\gamma_0 N e' \leqslant f_{cd} b h \left(h'_0 - \frac{h}{2} \right) + f'_{sd} A_s (h'_0 - a_s) \tag{6-45}$$

式中　e'——轴向力作用点至受压钢筋 A'_s 合力点之间的距离，$e' = \dfrac{h}{2} - a'_s - e_0$。

6.7　矩形截面不对称配筋的计算方法

同第 4 章受弯构件计算一样，偏心受压构件正截面受压承载能力计算也分为截面设计和承载能力校核两类。

6.7.1　截面设计

1. 计算步骤

由于在截面设计时，A_s 和 A'_s 都未知，ξ 也无法计算，故一开始不能按 $x \leqslant x_b$ 或 $\xi \leqslant \xi_b$ 式判断截面是大偏心受压还是小偏心受压，需用其他近似方法予以初步判断。根据研究，在建筑工程当 $e_0 > 0.3h_0$ 时，或在桥梁工程中当 $\eta e_0 > 0.3h_0$，可先按大偏心受压情况计算；在建筑工程当 $e_i \leqslant 0.3h_0$ 时，或在桥梁工程中当 $\eta e_0 \leqslant 0.3h_0$，可先按小偏心受压情况计算，然后计算 A_s、A'_s。由求出的 A_s、A'_s 再计算 x 或 ξ，若由 x 或 ξ 判别大小偏心结果同前述假定不符，则需重新计算。截面设计的计算步骤框图如图 6-25 所示。

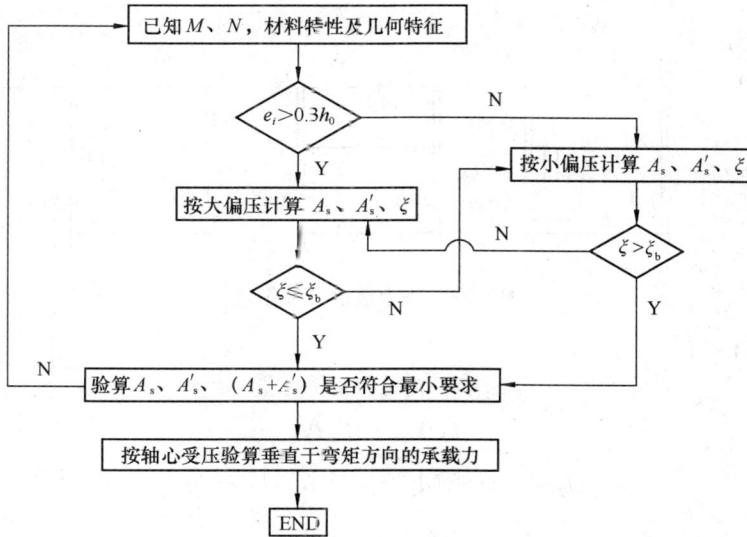

图 6-25　不对称配筋偏压构件截面设计流程

2. 大偏心受压构件的截面设计（$\xi \leqslant \xi_b$）

（1）第一种情况：A_s 和 A'_s 均未知。

注意到，两个基本计算公式（6-38a）和公式（6-38b）中有 3 个未知量 A_s、A'_s 和 x 或 ξ，与双筋梁类似，为了求解必须再补充一个附加方程 $x = \xi_b \cdot h_0$，以充分发挥混凝土的抗压作用，使总用钢量 $A_s + A'_s$ 最小。由式（6-38b）得

$$A'_s = \frac{\gamma_0 Ne - \alpha_1 f_c b h_0^2 \xi_b (1 - 0.5\xi_b)}{f'_y (h_0 - a'_s)} \tag{6-46}$$

若 $A'_s < \rho'_{min} \cdot bh$ 则令 $A'_s = \rho'_{min} \cdot bh$，然后按 A'_s 已知的情况计算 A_s。

若 $A'_s \geqslant \rho'_{min} \cdot bh$，由式（6-38a）得

$$A_s = \frac{\alpha_1 f_c b h_0 \xi_b + f'_y A'_s - \gamma_0 N}{f_y} \tag{6-47}$$

若 $A_s < \rho_{min} \cdot bh$，则令 $A_s = \rho_{min} \cdot bh$。

（2）第二种情况：A'_s 已知，A_s 未知。

由式（6-38b）解一元二次方程可得到 x。

若 $2a'_s \leqslant x \leqslant \xi_b \cdot h_0$，由式（6-38a）可求得 A_s

若 $x > \xi_b \cdot h_0$，应加大柱子截面尺寸，或按 A'_s 未知的情况重新计算 A'_s，其目的是要保证为大偏心受压破坏，即满足 $x \leqslant \xi_b \cdot h_0$ 条件。

若 $x < 2a'_s$，由式（6-39）得

$$A_s = \frac{Ne'}{f_y (h_0 - a'_s)} \tag{6-48}$$

按上述求得的 A_s 应不小于受拉钢筋的最小配筋率。如 $A_s < \rho_{min} \cdot bh$ 时，则应按构造取 $A_s = \rho_{min} \cdot bh$。

已知 A'_s 求 A_s，也可仿照第 4 章双筋受弯截面的设计步骤，利用查表法进行计算。如图 6-26 所示，力矩 Ne 可由两部分抵抗弯矩 M_1 和 M_2 来承担。

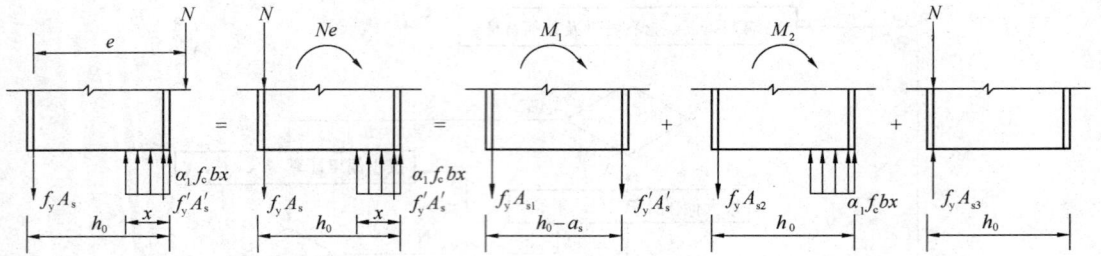

图 6-26 查表法的计算图形

由平衡条件，得

$$M_1 = f'_y A'_s (h_0 - a'_s) \qquad (6\text{-}49)$$

$$f_y A_{s1} = f'_y A'_s \qquad (6\text{-}50)$$

$$M_2 = Ne - M_1 = \alpha_1 f_c bx \left(h_0 - \frac{x}{2}\right) \qquad (6\text{-}51)$$

$$f_y A_{s2} = \alpha_1 f_c bx \qquad (6\text{-}52)$$

$$N = f_y A_{s3} \qquad (6\text{-}53)$$

式（6-51）、式（6-52）可查表计算：先求出 $\alpha_s = M_2 / f_y \gamma_s h_0$ ，再由 α_s 查表得出 ξ 和 γ_s ，则有

$$A_{s2} = M_2 / f_y \gamma_s h_0$$

由式（6-50）、式（6-53），得

$$A_{s1} = f'_y A'_s / f_y \qquad (6\text{-}54)$$

$$A_{s3} = N / f_y \qquad (6\text{-}55)$$

故

$$A_s = A_{s1} + A_{s2} - A_{s3} \qquad (6\text{-}56)$$

其中 α_s、γ_s 的物理意义和数值均与受弯构件相同，故可利用同一表格。在计算 A_{s2} 时，若查得 $\xi > \xi_b$ ，说明 A'_s 过小，应调整后重新计算，使其满足 $\xi \leqslant \xi_b$ 。

【注释】 上述给出了建筑工程偏心受压构件截面设计流程和方法，公路桥梁工程偏心受压构件截面设计与此是相同的，读者通过例题对比可以体会和掌握。

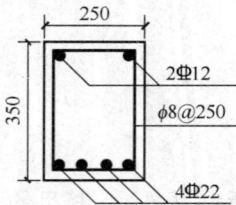

图 6-27 例题【6-4】
配筋图

【例题 6-4】 某建筑工程偏心受压柱子已知：轴向压力设计值 $N=230\text{kN}$，柱端较大弯矩设计值 $M_2=132\text{kN·m}$，柱端较小弯矩设计值 $M_1=100\text{kN·m}$，柱截面尺寸 $b \times h = 250\text{mm} \times 350\text{mm}$，$a_s = a'_s = 35\text{mm}$，柱计算高度 $l_0 = 4\text{m}$，混凝土强度等级为 C35，钢筋用 HRB400 级。要求：按《混凝土结构设计规范》计算钢筋截面积 A_s 和 A'_s。

【解】 （1）确定钢筋混凝土的材料强度及几何参数

$f_c = 16.7\text{N/mm}^2$；$f_y = f'_y = 360\text{N/mm}^2$；$b \times h = 250\text{mm} \times 350\text{mm}$；$a_s = a'_s = 35\text{mm}$；

$h_0 = 350 - 35 = 315\text{mm}$；$\beta_1 = 0.8$；$\xi_b = 0.518$。

（2）求框架柱的设计弯矩 M

由于 $M_1 / M_2 = 0.76$，$i = \sqrt{\dfrac{I}{A}} = 101.04\text{mm}$，则 $l_0 / i = 39.59 > 24.88$（$=34 - 12$（$M_1/$

M_2)），因此，需要考虑附加弯矩影响。根据式（6-22）～式（6-25）有：

$$\zeta_c = \frac{0.5 f_c A}{N} = \frac{0.5 \times 16.7 \times 250 \times 350}{230000} = 3.18 > 1，取 1$$

$$C_m = 0.7 + 0.3 \frac{M_1}{M_2} = 0.93$$

$$e_a = \max\left(\frac{350}{30}, 20\right) = 20\text{mm}$$

$$\eta_{ns} = 1 + \frac{1}{1\,300(M_2/N + e_a)/h_0}\left(\frac{l_0}{h}\right)^2 \zeta_c$$

$$= 1 + \frac{1}{1300 \times (132 \times 1000/230 + 20)/315} \times \left(\frac{4000}{350}\right)^2 \times 1 = 1.053$$

可得框架柱的设计弯矩为

$$M = C_m \eta_{ns} M_2 = 0.93 \times 1.053 \times 132 = 129.27\text{kN}$$

（3）求计算偏心距 e_i，判别大小偏心

$$e_0 = \frac{M}{N} = \frac{129.27}{230} = 0.562\text{m}$$

$e_i = e_0 + e_a = 582\text{mm} > 0.3h_0 (= 0.3 \times 315 = 94.5\text{mm})$。可先按大偏心受压计算。

（4）求受压及受拉钢筋面积 A_s 和 A_s'

为了使（$A_s + A_s'$）的总用钢量最小，取 $\xi = \xi_b = 0.518$。

$$e = e_i + \frac{h}{2} - a_s = 582 + 175 - 35 = 722\text{mm}$$

$$A_s' = \frac{Ne - \alpha_1 f_c b h_0^2 \xi_b (1 - 0.5\xi_b)}{f_y'(h_0 - a_s')}$$

$$= \frac{230 \times 10^3 \times 722 - 1 \times 16.7 \times 250 \times 315^2 \times 0.518 \times (1 - 0.5 \times 0.518)}{360 \times (315 - 35)}$$

$$= 69.94\text{mm}^2 < 0.002bh = 175\text{mm}^2，取 A_s' = 175\text{mm}^2$$

受压钢筋选用 2 Φ 12，$A_s' = 226\text{mm}^2$

再由下式得

$$A_s = \frac{\alpha_1 f_c b h_0 \xi_b + f_y' A_s' - N}{f_y}$$

$$= \frac{1 \times 16.7 \times 250 \times 315 \times 0.518 + 360 \times 175 - 230 \times 10^3}{360}$$

$$= 1428\text{mm}^2$$

受拉钢筋选用 4 Φ 22，$A_s = 1520\text{mm}^2$，配筋图见图 6-27。

钢筋总用量 $A_s' + A_s = 226 + 1520 = 1746\text{mm}^2$。全部纵向钢筋的配筋率

$$\rho = \frac{1746}{250 \times 350} = 1.995\% > 0.55\%，满足要求。$$

【例题 6-5】 某建筑工程偏心受压柱子已知：截面尺寸 $b \times h = 300\text{mm} \times 500\text{mm}$，$a_s = a_s' = 40\text{mm}$，承受轴向压力设计值 $N = 100\text{kN}$，柱端弯矩设计值 $M_2 = 140\text{kN} \cdot \text{m}$（按两端弯矩相等 $M_1/M_2 = 1$ 的框架柱考虑），混凝土强度等级为 C35，钢筋用 HRB400 级钢，$l_0 = 5\text{m}$，受压钢筋选用 4 Φ 25，（$A_s' = 1964\text{mm}^2$）。要求：计算受拉钢筋截面面积 A_s。

【解】 （1）确定钢筋混凝土的材料强度及几何参数

$$f_c = 16.7\text{N/mm}^2; f_y = f'_y = 360\text{N/mm}^2;$$
$$b \times h = 300\text{mm} \times 500\text{mm};$$
$$a_s = a'_s = 40\text{mm};$$
$$h_0 = 500 - 40 = 460\text{mm}; \beta_1 = 0.8; \xi_b = 0.518。$$

（2）求框架柱的设计弯矩 M

由于 $M_1/M_2 = 1$，$i = \sqrt{\dfrac{I}{A}} = 144.34\text{mm}$，则 $l_0/i = 34.64 > 22(= 34 - 12(M_1/M_2))$，因此，需要考虑附加弯矩影响。根据式（6-22）～式（6-25）有：

$$\zeta_c = \frac{0.5 f_c A}{N} = \frac{0.5 \times 16.7 \times 300 \times 500}{100000} = 12.525 > 1，取 1$$

$$C_m = 0.7 + 0.3 \frac{M_1}{M_2} = 1$$

$$e_a = \max\left(\frac{500}{30}, 20\right) = 20\text{mm}$$

$$\eta_{ns} = 1 + \frac{1}{1\,300(M_2/N + e_a)/h_0}\left(\frac{l_0}{h}\right)^2 \zeta_c$$

$$= 1 + \frac{1}{1300 \times (140 \times 1000/100 + 20)/460} \times \left(\frac{5000}{500}\right)^2 \times 1$$

$$= 1.025$$

可得框架柱的设计弯矩为

$$M = C_m \eta_{ns} M_2 = 1 \times 1.025 \times 140 = 143.5\text{kN} \cdot \text{m}$$

（3）求计算偏心距 e_i，判别大小偏心：

$$e_0 = \frac{M}{N} = \frac{143.5}{100} = 1.435\text{m}$$

$e_i = e_0 + e_a = 1455\text{mm} > 0.3h_0 = 0.3 \times 460 = 138\text{mm}$。可先按大偏心受压计算。

（4）求受拉钢筋面积 A_s

$$f'_y A'_s (h_0 - a'_s) = 360 \times 1964 \times (460 - 40) = 297\text{kN} \cdot \text{m}$$

$$e = e_i + \frac{h}{2} - a_s = 1455 + 250 - 40 = 1665\text{mm}$$

$$Ne = 100 \times 1.665 = 166.5\text{kN} \cdot \text{m}$$

$$Ne - f'_y A'_s (h_0 - a'_s) = 166.5 - 297 = -130.5\text{kN} \cdot \text{m}$$

由式（6-38）得 $x < 0$，即属于 $x < 2a'_s$ 的情况，此时令 $x = 2a'_s$，得

$$e' = e_i - \frac{h}{2} + a_s = 1455 - 250 + 40 = 1245\text{mm}$$

图 6-28　【例题 6-5】配筋图

$$A_s = \frac{Ne'}{f_y(h_0 - a'_s)} = \frac{100000 \times 1245}{360 \times (460 - 40)} = 823.4\text{mm}^2$$

受拉钢筋选用 $2 \Phi 22 + 1 \Phi 20$，$A_s = 1074\text{mm}^2$，配筋图见图 6-28。

3. 小偏心受压构件截面设计（$\xi > \xi_b$）

（1）第一种情况 A_s 和 A'_s 均未知。

由前述小偏心受压构件计算简图 6-24，基本计算公式为

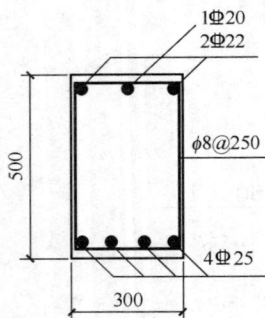

$$N = \alpha_1 f_c bx + f'_y A'_s - \sigma_s A_s = \alpha_1 f_c b h_0 \xi + f'_y A'_s - \sigma_s A_s \tag{6-57}$$

$$Ne = \alpha_1 f_c bx \left(h_0 - \frac{x}{2}\right) + f'_y A'_s (h_0 - a'_s) = \alpha_1 f_c b h_0^2 \xi (1 - 0.5\xi) + f'_y A'_s (h_0 - a'_s) \tag{6-58}$$

$$\sigma_s = \frac{\beta_1 - \xi}{\beta_1 - \xi_b} f_y \tag{6-59}$$

上述方程组有 3 个独立的方程，但未知量共有 4 个：A_s、A'_s、ξ、σ_s，故为了求解必须再补充一个附加方程。注意到小偏压构件的判别条件为 $\xi > \xi_b$，由钢筋应力计算公式 (6-59) 知，该条件下的钢筋应力 $\sigma_s < f_y$。另外，若 $\sigma_s > -f'_y$，则必然要求 $\xi < 2\beta_1 - \xi_b$，若令 $\xi_{cy} = 2\beta_1 - \xi_b$，则 $\xi_b < \xi < \xi_{cy}$ 时，不论 A_s 配置多少，其应力 σ_s 均达不到屈服，即 $-f'_y < \sigma < f_y$，故为了节省钢筋，可按最小配筋率配置 A_s，但为了防止反向破坏，当 $N > f_c bh$ 时，还要按图 6-24 (c)，对 A'_s 取矩计算 A_s，即 A_s 应按下述两个值中的较大值作为 A_s 计算值。

$$A_s = A_s^* = \max \begin{cases} \rho'_{min} bh \\ \dfrac{Ne'^* - \alpha_1 f_c bh (h'_0 - 0.5h)}{f'_y (h'_0 - a_s)} \end{cases} \tag{6-60}$$

式中，$e'^* = 0.5h - a'_s - (e_0 - e_a)$，$h'_0 = h - a'_s$。

由式 (6-57) ～式 (6-60) 可求得 A_s、A'_s、ξ、σ_s，具体计算公式为

$$\xi = \left(\frac{a'_s}{h_0} - \frac{A}{B}\right) + \sqrt{\left(\frac{a'_s}{h_0} - \frac{A}{B}\right)^2 + \frac{2(\beta_1 - \xi_b) Ne''}{B} + 2\beta_1 \frac{A}{B}} \tag{6-61}$$

式中，$A = f_y A_s^* (h_0 - a'_s)$，$B = (\beta_1 - \xi_b) \alpha_1 f_c bh^2$，$e'' = \frac{h}{2} - a'_s - (e_0 + e_a)$

① 若 $\xi_b < \xi < \xi_{cy}$，ξ 代入式 (6-58) 得

$$A'_s = \frac{Ne - \alpha_1 f_c b h_0^2 \xi (1 - 0.5\xi)}{f'_y (h_0 - a'_s)} \tag{6-62}$$

② $\xi_{cy} \leqslant \xi \leqslant \dfrac{h}{h_0}$，此时令 $\sigma = -f'_y$，由式 (6-57)、式 (6-58)、式 (6-59) 组成下列方程组重新求 ξ 和 A'_s。

$$N = \alpha_1 f_c b h_0 \xi + f'_y A'_s + f'_y A_s$$

$$Ne = \alpha_1 f_c b h_0^2 \xi (1 - 0.5\xi) + f'_y A'_s (h_0 - a'_s)$$

$$A_s = A_s^* = \max \begin{cases} \rho_{min} bh \\ \dfrac{Ne' - \alpha_1 f_c bh (h'_0 - 0.5h)}{f'_y (h'_0 - a_s)} (若 N \leqslant \alpha_1 f_c bh \ 可不考虑) \end{cases} \tag{6-63}$$

【注释】 计算分析表明，只有当 $N > \alpha_1 f_c bh$ 时，式 (6-60) 才会可能发生按反向受压计算钢筋截面面积大于按最小配筋。

③ $\xi > \dfrac{h}{h_0}$，此时令 $x = h$，代入式 (6-58) 得

$$A'_s = \frac{Ne - \alpha_1 f_c b h_0 \left(h_0 - \frac{h}{2}\right)}{f'_y (h_0 - a'_s)} \tag{6-64}$$

(2) 第二种情况：已知 A_s（或 A'_s），求 A'_s（或 A_s）。

此时由式（6-57）～式（6-59）组成的方程组进行求解。求得的 A_s（或 A'_s）均应满足最小配筋率要求。

【例题 6-6】 某建筑工程偏心受压柱子已知：截面尺寸 $b \times h = 400\text{mm} \times 500\text{mm}$，承受轴向压力设计值 $N = 2500\text{kN}$，柱端弯矩设计值 $M_1 = 0.92M_2$，$M_2 = 180\text{kN} \cdot \text{m}$ 柱计算长度 $l_0 = 7.5\text{m}$，混凝土强度等级 C35，纵向钢筋为 HRB400 级钢，取 $a_s = a'_s = 40\text{mm}$。要求：计算 A_s 和 A'_s。

【解】 （1）确定钢筋混凝土的材料强度及几何参数

$f_c = 16.7\text{N/mm}^2$；$f_y = f'_y = 360\text{N/mm}^2$；$b \times h = 400\text{mm} \times 500\text{mm}$；$a_s = a'_s = 40\text{mm}$；$h_0 = 500 - 40 = 460\text{mm}$；$\beta_1 = 0.8$；$\xi_b = 0.518$。

（2）求框架柱的设计弯矩 M

由于 $M_1/M_2 = 0.92$，$i = \sqrt{\dfrac{I}{A}} = 144.34\text{mm}$，则 $l_0/i = 51.96 > 34 - 12(M_1/M_2) = 22.96$，因此，需要考虑附加弯矩影响。根据式（6-22）～式（6-25）有：

$$\zeta_c = \frac{0.5 f_c A}{N} = \frac{0.5 \times 16.7 \times 400 \times 500}{2500000} = 0.668$$

$$C_m = 0.7 + 0.3 \frac{M_1}{M_2} = 0.976$$

$$e_a = \max\left(\frac{500}{30}, 20\right) = 20\text{mm}$$

$$\eta_{ns} = 1 + \frac{1}{1\,300(M_2/N + e_a)/h_0}\left(\frac{l_0}{h}\right)^2 \zeta_c$$

$$= 1 + \frac{1}{1300 \times (180 \times 1000/2500 + 20)/460} \times \left(\frac{7500}{500}\right)^2 \times 0.668 = 1.578$$

可得框架柱的设计弯矩为

$$M = C_m \eta_{ns} M_2 = 0.976 \times 1.578 \times 180 = 277.2\text{kN} \cdot \text{m}$$

（3）求计算偏心距 e_i，判别大小偏心

$$e_0 = \frac{M}{N} = \frac{277.2 \times 1000}{2500} = 111\text{mm}$$

$e_i = e_0 + e_a = 131\text{mm} < 0.3h_0 = 0.3 \times 460 = 138\text{mm}$，故为小偏心受压。

（4）计算 A_s^*

$$e'^* = 0.5h - a'_s - (e_0 - e_a) = 0.5 \times 500 - 40 - (111 - 20) = 119\text{mm}$$

$$A_s^* = \max\begin{cases} 0.2\%bh \\ \dfrac{Ne' - \alpha_1 f_c bh(h'_0 - 0.5h)}{f'_y(h'_0 - a_s)} \text{（若 } N \leqslant f_c bh \text{ 可不考虑）} \end{cases}$$

$$= \max\begin{cases} 0.2\% \times 400 \times 500 \\ \text{不考虑}(2500 \times 10^3 \leqslant 16.7 \times 400 \times 500 = 3340 \times 10^3) \end{cases}$$

$$= 400\text{mm}^2$$

选用 2 Φ 16，（$A_s = 402\text{mm}^2$）。

（5）求 ξ

$$\beta_1 = 0.8, \xi_b = 0.518, \alpha_1 = 1, e'' = \frac{h}{2} - e_i - a'_s = \frac{500}{2} - 131 - 40 = 79\text{mm}$$

$$A = f_y A_s(h_0 - a_s') = 360 \times 402 \times (460 - 40) = 60782400 \text{mm}^2$$

$$B = (\beta_1 - \xi_b)\alpha_1 f_c b h_0^2 = (0.8 - 0.518) \times 1 \times 16.7 \times 400 \times 460^2 = 398603616$$

$$A/B = 0.152, \quad \frac{a_s'}{h_0} - \frac{A}{B} = \frac{40}{460} - 0.152 = -0.065, \quad \xi_{cy} = 2 \times 0.8 - 0.518 = 1.082$$

由式 $\quad \xi = \left(\frac{a_s'}{h_0} - \frac{A}{B}\right) + \sqrt{\left(\frac{a_s'}{h_0} - \frac{A}{B}\right)^2 + \frac{2(\beta_1 - \xi_b)Ne''}{B} + 1.6\frac{A}{B}}$ 得

$$= -0.065 + \sqrt{(-0.065)^2 + \frac{2 \times (0.8 - 0.518) \times 2500000 \times 79}{398603616} + 1.6 \times 0.152}$$

$$= 0.661 \quad (0.518 < 0.661 < 1.082)$$

（6）计算 A_s'

$$e = e_i + \frac{h}{2} - a_s' = 131 + \frac{500}{2} - 40 = 341 \text{mm}$$

由下式，得

$$A_s' = \frac{Ne - \alpha_1 f_c b h_0^2 \xi(1 - 0.5\xi)}{f_y'(h_0 - a_s')} = 1501.2 \text{mm}^2 > 0.002bh = 400 \text{mm}^2$$

选用 4 Φ 22（$A_s' = 1520 \text{mm}^2$），配筋见图 6-29。

（7）平面外轴压验算

$$\frac{l_0}{b} = \frac{7500}{400} = 18.75，查表 6-1，得 \varphi = 0.79$$

$$N = 0.9\varphi(f_c A + f_y' A_s')$$

$$= 0.9 \times 0.79 \times [16.7 \times 400 \times 500 + 360 \times (1520 + 402)]$$

$$= 2866.7 \text{kN} > 2500 \text{kN}$$

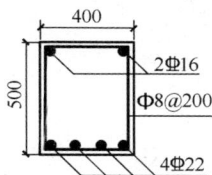

图 6-29　【例题 6-6】图

满足要求。

【例题 6-7】 已知：偏心受压柱截面尺寸 $b \times h = 400 \text{mm} \times 500 \text{mm}$，承受轴向力设计值 $N = 2400 \text{kN}$，柱端较大弯矩设计值 $M_2 = 80 \text{kN} \cdot \text{m}$（按两端弯矩相等 $M_1/M_2 = 1$ 的框架柱考虑），采用 HRB400 级钢筋，凝土强度等级为 C30，柱计算长度 $l_0 = 6.0\text{m}$，$a_s = a_s' = 40 \text{mm}$。试求纵向钢筋 A_s 和 A_s'。

【解】 （1）确定钢筋混凝土的材料强度及几何参数

$f_c = 14.3 \text{N/mm}^2$；$f_y = f_y' = 360 \text{N/mm}^2$；$b \times h = 400 \text{mm} \times 500 \text{mm}$；$a_s = a_s' = 40 \text{mm}$；

$h_0 = 500 - 40 = 460 \text{mm}$；$\beta_1 = 0.8$；$\xi_b = 0.518$。

（2）求框架柱的设计弯矩 M

由于 $M_1/M_2 = 1$，$i = \sqrt{\dfrac{I}{A}} = 144.34 \text{mm}$，则 $l_0/i = 41.57 > 34 - 12 (M_1/M_2) = 22$，因此，需要考虑附加弯矩影响。根据式（6-22）～式（6-25）有：

$$\zeta_c = \frac{0.5 f_c A}{N} = \frac{0.5 \times 14.3 \times 400 \times 500}{2400000} = 0.596$$

$$C_m = 0.7 + 0.3\frac{M_1}{M_2} = 1$$

$$e_a = \max\left(\frac{500}{30}, 20\right) = 20 \text{mm}$$

$$\eta_{ns} = 1 + \frac{1}{1\,300(M_2/N + e_a)/h_0}\left(\frac{l_0}{h}\right)^2 \zeta_c$$

$$= 1 + \frac{1}{1300 \times (80 \times 1000/2400 + 20)/460} \times \left(\frac{6000}{500}\right)^2 \times 0.596$$

$$= 1.569$$

可得框架柱的设计弯矩为

$$M = C_m \eta_{ns} M_2 = 1 \times 1.569 \times 80 = 125.52\text{kN} \cdot \text{m}$$

（3）求计算偏心距 e_i，判别大小偏心

$$e_0 = \frac{M}{N} = \frac{125.52 \times 1000}{2400} = 52.3\text{mm}$$

$e_i = e_0 + e_a = 72.3\text{mm} < 0.3h_0 = 0.3 \times 460 = 138\text{mm}$，故截面属小偏心受压。

（4）求 A_s

$$A_s^* = \max\begin{cases} 0.2\%bh \\ \dfrac{Ne' - \alpha_1 f_c bh(h_0' - 0.5h)}{f_y'(h_0' - a_s)}（若\,N \leqslant f_c bh\,可不考虑） \end{cases}$$

$$= \max\begin{cases} 0.2\% \times 400 \times 500 \\ 不考虑(2400 \times 10^3 \leqslant 14.3 \times 400 \times 500 = 2860 \times 10^3) \end{cases}$$

$$= 400\text{mm}^2$$

选用 2 Φ 16，（$A_s = 402\text{mm}^2$）。

（5）求 ξ

$$\beta_1 = 0.8, \xi_b = 0.518, \alpha_1 = 1, e' = \frac{h}{2} - e_i - a_s' = \frac{500}{2} - 72.3 - 40 = 137.7\text{mm}$$

$$A = f_y A_s(h_0 - a_s') = 360 \times 402 \times (460 - 40) = 60782400\text{mm}^2$$

$$B = (\beta_1 - \xi_b)\alpha_1 f_c bh_0^2 = (0.8 - 0.518) \times 1 \times 14.3 \times 400 \times 460^2 = 341319264$$

$$A/B = 0.178, \frac{a_s'}{h_0} - \frac{A}{B} = \frac{40}{460} - 0.178 = -0.091, \xi_{cy} = 2 \times 0.8 - 0.518 = 1.082$$

由下式得

$$\xi = \left(\frac{a_s'}{h_0} - \frac{A}{B}\right) + \sqrt{\left(\frac{a_s'}{h_0} - \frac{A}{B}\right)^2 + \frac{2(\beta_1 - \xi_b)Ne'}{B} + 1.6\frac{A}{B}}$$

$$= -0.091 + \sqrt{(-0.091)^2 + \frac{2 \times (0.8 - 0.518) \times 2400000 \times 137.7}{341319264} + 1.6 \times 0.178}$$

$$= 0.825(0.518 < 0.825 < 1.082)$$

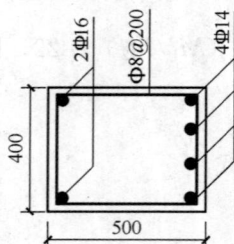

图 6-30 【例题 6-7】图

（6）计算 A_s'

$$e = e_i + \frac{h}{2} - a_s = 72.3 + \frac{500}{2} - 40 = 282.3\text{mm}$$

由式（6-62）得

$$A_s' = \frac{Ne - \alpha_1 f_c bh_0^2 \xi(1 - 0.5\xi)}{f_y'(h_0 - a_s')}$$

$$= \frac{2400000 \times 282.3 - 14.3 \times 400 \times 460^2 \times 0.825 \times (1 - 0.5 \times 0.825)}{360 \times (460 - 40)}$$

$$=601\text{mm}^2 > 0.002bh = 400\text{mm}^2$$

选用 4 Φ 14（$A'_s = 615\text{mm}^2$），截面配筋如图 6-30。

（7）平面外轴压验算

$\dfrac{l_0}{b} = \dfrac{6000}{400} = 15$，查表 6-1，得 $\varphi = 0.92 - \dfrac{0.05}{2} \times 1 = 0.895$

$$\begin{aligned} N &= 0.9\varphi(f_c A + f'_y A'_s) \\ &= 0.9 \times 0.895 \times [14.3 \times 400 \times 500 + 360 \times (615 + 402)] \\ &= 2598\text{kN} > 2400\text{kN} \end{aligned}$$

满足要求。

6.7.2 承载能力复核

所谓承载能力复核就是已知截面几何特征（b、h、A_s、A'_s）、材料强度等级（f_y、f_c、f'_y）、轴向压力 N、弯矩 M，验算截面是否能承受该 N 值，或者在已知 N 时，求相应能承受的 M 值。在承载能力复核时除了对弯矩作用面复核外，对小偏心受压构件还需复核平面外的承载能力是否满足要求。

1. 弯矩作用平面内的承载力复核

（1）已知轴向力设计值 N，求 M。

将 $\xi = \xi_b$ 代入式（6-57）得

$$N_{ub} = \alpha_1 f_c b h_0 \xi_b + f'_y A'_s - f_y A_s \tag{6-65}$$

故 $\xi \leqslant \xi_b$ 大偏压截面判别条件等价为 $N \leqslant N_{ub}$，$\xi > \xi_b$ 小偏压截面的判别条件等价为 $N > N_{ub}$。

① 若 $N \leqslant N_{ub}$，由式（6-38a）求 x，即

$$x = \frac{N - f'_y A'_s + f_y A_s}{\alpha_1 f_c b} \tag{6-66}$$

将上式代入式（6-38b）得

$$e = \frac{\alpha_1 f_c b x \left(h_0 - \dfrac{x}{2}\right) + f'_y A'_s (h_0 - a'_s)}{N}$$

$$e_i = e - \frac{h}{2} + a_s$$

$$e_0 = e_i - e_a$$

$$M = Ne_0$$

② 若 $N > N_{ub}$，由式（6-57）、式（6-59）联合求 ξ，即

$$\xi = \frac{N - f'_y A'_s - \dfrac{\beta_1}{\xi_b - \beta_1} f_y A_s}{\alpha_1 f_c b h_0 - \dfrac{f_y A_s}{\xi_b - \beta_1}} \tag{6-67}$$

将式（6-67）代入式（6-58）得

$$e = \frac{\alpha_1 f_c b h_0^2 \xi(1 - 0.5\xi) + f'_y A'_s (h_0 - a'_s)}{N}$$

$$e_0 = e - \frac{h}{2} + a_s - e_a$$

$$M = Ne_0$$

（2）已知偏心距 e_0，求 N。

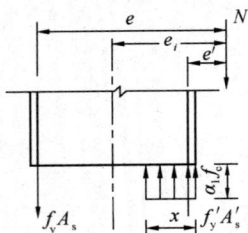

由大偏压截面计算图 6-31，对 N 取矩得

$$f_y A_s e = \alpha_1 f_c bx \left(e_i - \frac{h}{2} + \frac{x}{2} \right) + f'_y A'_s e'$$

由此得

$$x = -\left(e_i - \frac{h}{2} \right) + \sqrt{\left(e_i - \frac{h}{2} \right)^2 - \frac{2(f'_y A'_s e' - f_y A_s e)}{\alpha_1 f_c b}}$$

$$(6-68)$$

图 6-31　大偏压计算图

①若 $x \leqslant \xi_b h_0$，由式（6-38a）得

$$N = \alpha_1 f_c bx + f'_y A'_s - f_y A_s$$

②若 $x > \xi_b h_0$，由式（6-57）、（6-58）、（6-59）组成下列方程组求 N。

$$\begin{cases} N = \alpha_1 f_c bx + f'_y A'_s - \sigma_s A_s \\ Ne = \alpha_1 f_c bx \left(h_0 - \frac{x}{2} \right) + f'_y A'_s (h_0 - a'_s) \\ \sigma_s = \frac{x - \beta_1 h_0}{\xi_b h_0 - \beta_1 h_0} \cdot f_y \end{cases}$$

2. 垂直于弯矩作用平面的承载力复核

无论是截面设计还是截面复核，对于偏心受压构件还要保证垂直于弯矩作用平面的轴心抗压承载能力，此时可按轴心受压构件计算，考虑 φ 值，并取 b 为截面高度。

【注释】　一般大偏心受压构件在弯矩作用面的承载能力比较低，通常可不对垂直于弯矩作用平面的轴心抗压承载能力进行复核。

【例题 6-8】　某建筑工程偏心受压构件已知：截面尺寸 $b \times h = 400\text{mm} \times 500\text{mm}$，已知受拉钢筋为 4 ⏀ 22（$A_s = 1520\text{mm}^2$），受压钢筋为 2 ⏀ 20（$A'_s = 628\text{mm}^2$），凝土强度等级为 C35，钢筋为 HRB400 级。计算长度 $l_0 = 5100\text{mm}$，$a_s = a'_s = 35\text{mm}$，$e_0 = 350\text{mm}$。求该柱能承担的轴向压力设计值 N 和弯矩设计值 M。

【解】　（1）确定钢筋混凝土的材料强度及几何参数

$f_c = 16.7\text{N/mm}^2$；$f_y = f'_y = 360\text{N/mm}^2$；$b \times h = 400\text{mm} \times 500\text{mm}$；$a_s = a'_s = 35\text{mm}$；$h_0 = 600 - 35 = 465\text{mm}$；$\beta_1 = 0.8$；$\xi_b = 0.518$。

（2）求计算偏心距 e_i，判别大小偏心：

$$e_0 = 350\text{mm}$$

附加偏心距　　$e_a = \max\left(\frac{500}{30}, 20 \right) = 20\text{mm}$

$e_i = e_0 + e_a = 370\text{mm} > 0.3 h_0 = 0.3 \times 465 = 139.5\text{mm}$，按大偏心受压计算。

（3）求 x

$$e = e_i + \frac{h}{2} - a_s = 370 + \frac{500}{2} - 35 = 585\text{mm}$$

$$e' = e_i - \frac{h}{2} + a_s = 370 - \frac{500}{2} + 35 = 155\text{mm}$$

由式（6-68）得

$$x = -\left(370 - \frac{500}{2}\right) + \sqrt{\left(370 - \frac{500}{2}\right)^2 + \frac{2 \times 360 \times (1520 \times 585 - 628 \times 155)}{1 \times 16.7 \times 400}}$$

$$= -120 + \sqrt{120^2 + 85350.18} = 195.8\text{mm}$$

$$\xi = \frac{x}{h_0} = \frac{195.8}{465} = 0.421 < \xi_b(=0.518),属于大偏压截面。$$

（4）求 N 和 M

$$N = \alpha_1 f_c b h_0 \xi + f'_y A'_s - f_y A_s$$

$$= 1 \times 16.7 \times 400 \times 465 \times 0.421 + 360 \times (628 - 1520)$$

$$= 986.6\text{kN}$$

$$M = Ne_0 = 986.6 \times 0.35 = 345.3\text{kN} \cdot \text{m}$$

【例题 6-9】 某建筑工程偏心受压构件已知：截面尺寸 $b \times h = 400\text{mm} \times 500\text{mm}$，计算长度 $l_0 = 7.5\text{m}$，混凝土为 C35，纵筋为 HRB400 级。偏心压力设计值 1500kN，偏心距 $e_0 = 160\text{mm}$，远离轴向力一侧配有 2 $\oplus$ 16（$A_s = 402\text{mm}^2$），距离轴向力较近一侧配有 3 $\oplus$ 16（$A'_s = 603\text{mm}^2$），$a_s = a'_s = 35\text{mm}$。试校核该截面能否承担该偏心压力？

【解】（1）确定钢筋混凝土的材料强度及几何参数

$f_c = 16.7\text{N/mm}^2$；$f_y = f'_y = 360\text{N/mm}^2$；$b \times h = 400\text{mm} \times 500\text{mm}$；$a_s = a'_s = 35\text{mm}$；$h_0 = 500 - 35 = 465\text{mm}$；$\beta_1 = 0.8$；$\xi_b = 0.518$。

（2）求计算偏心距 e_i，判别大小偏心

$$e_0 = 160\text{mm}$$

附加偏心距 $\quad e_a = \max\left(\frac{500}{30}, 20\right) = 20\text{mm}$

$e_i = e_0 + e_a = 180\text{mm} > 0.3h_0 = 0.3 \times 465 = 140\text{mm}$。按大偏心受压计算。

（3）求 x

$$e = e_i + \frac{h}{2} - a_s = 180 + \frac{500}{2} - 35 = 395\text{mm}$$

$$e' = e_i - \frac{h}{2} + a_s = 180 - \frac{500}{2} + 35 = -35\text{mm}$$

e' 为负值说明 N 作用在 A'_s 和 A_s 之间，由式（6-68）得

$$x = -\left(e_i - \frac{h}{2}\right) + \sqrt{\left(e_i - \frac{h}{2}\right)^2 - \frac{2(f'_y A'_s e' - f_y A_s e)}{\alpha_1 f_c b}}$$

$$= -(180 - 250) + \sqrt{(180 - 250)^2 - \frac{2 \times 360 \times [603 \times (-35) - 402 \times 395]}{1 \times 16.7 \times 400}}$$

$$= 70 + 155.85 = 225.85\text{mm} < \xi_b h_0 = 0.518 \times 465 = 240.87$$

说明截面实际为大偏心受压。

（4）求 N_u

$$x = 225.85\text{mm} < \xi_b h_0, x > 2a'_s = 70\text{mm}$$

$$N_u = \alpha_1 f_c bx + f'_y A'_s - f_y A_s$$

$$N_u = 1 \times 16.7 \times 400 \times 225.85 + 360 \times 603 - 360 \times 402 = 1581\text{kN} > 1500\text{kN}$$

故满足要求。

（5）平面外轴压验算

$$\frac{l_0}{b} = \frac{7500}{400} = 18.75 \text{，查表 6-1，得 } \varphi = 0.76$$

由计算公式得

$$N = 0.9\varphi(f_c A + f'_y A'_s)$$
$$= 0.9 \times 0.76 \times [16.7 \times 400 \times 500 + 360 \times (402 + 603)]$$
$$= 2532\text{kN} > 1500\text{kN}(\text{满足要求})$$

6.8 矩形截面对称配筋的计算方法

在实际工程中，柱子可能承受变号弯矩，在变号弯矩作用下，截面的纵向钢筋也将变号，受拉变成受压，受压变成受拉。另外，在实际现浇混凝土结构施工中受拉和受压钢筋正确判断是不易的，因此，为便于设计和施工，截面常采用对称配筋。此外，为了保证吊装不出差错，装配式柱一般也宜采用对称配筋。当然，按对称配筋设计，求出的纵筋总量要比按不对称设计求出的纵筋总量有所增加。尽管钢筋用量是增加了，但在整体经济性上还是优势的，故工程中经常采用对称配筋方式。对称配筋的计算也包括截面选择和承载力校核两部分内容。

在对称配筋时，只要在非对称配筋计算公式中令 $f_y = f'_y$，$A_s = A'_s$，$a_s = a'_s$ 即可，对称配筋时钢筋截面面积 A_s（或 A'_s）计算步骤可归纳为

（1）由式（6-38a）得

$$x = \frac{N}{\alpha_1 f_c b} \tag{6-69}$$

（2）若 $2a'_s \leqslant x \leqslant \xi_b h_0$，由式（6-38b）得

$$A_s = A'_s = \frac{Ne - \alpha_1 f_c bx\left(h_0 - \dfrac{x}{2}\right)}{f_y(h_0 - a'_s)} \tag{6-70}$$

（3）若 $x < 2a'_s$，由式（6-39）得

$$A_s = A'_s = \frac{N\left(e_i - \dfrac{h}{2} + a'_s\right)}{f_y(h_0 - a'_s)} \tag{6-71}$$

（4）若 $x > \xi_b h_0$，表明截面为小偏心受压，需要重新计算 x 或 ξ。一般采用下述近似方法求解。

①迭代法

先设初始值 x_0，$x_0 = \dfrac{N}{\alpha_1 f_c b}$

令

$$x(1) = \frac{x_0 + \xi_b \cdot h_0}{2}\text{，代入式（6-58）得}$$

$$A'_s(1) = \frac{Ne - \alpha_1 f_c bx(1)\left(h_0 - \dfrac{x(1)}{2}\right)}{f'_y(h_0 - a'_s)}$$

再将 $x(1)$ 代入式（6-59）得

$$\sigma_s(1) = \frac{x(1)/h_0 - \beta_1}{\xi_b - \beta_1} \cdot f'_y$$

将 $\sigma_s(1)$ 代入式（6-57）得

$$N = \alpha_1 f_c b x(2) + f'_y A'_s(1) - \sigma_s(1) A'_s(1)$$

$$x(2) = \frac{N - (f'_y - \sigma_s) A'_s(1)}{\alpha_1 f_c b}$$

再将 $x(2)$ 代入（6-58）得

$$A'_s(2) = \frac{Ne - \alpha_1 f_c b x(2)\left(h_0 - \dfrac{x(2)}{2}\right)}{f'_y(h_0 - a'_s)}$$

若 $|A'_s(2) - A'_s(1)| < \varepsilon$，则停止计算，即取 $A'_s = A'_s(2)$，否则按上述程序继续迭代，直至 $|A'_s(n) - A'_s(n-1)| < \varepsilon$ 满足，此时 $A'_s = A'_s(n)$。

②简化法

为了方便计算，《混凝土结构设计规范》规定可以采用以下简化公式计算 ξ 和 $A_s(A'_s)$

$$\xi = \frac{\gamma_0 N - \xi_b \alpha_1 f_c b h_0}{\dfrac{\gamma_0 Ne - 0.43 \alpha_1 f_c b h_0^2}{(\beta_1 - \xi_b)(h_0 - a'_s)} + \alpha_1 f_c b h_0} + \xi_b \tag{6-72}$$

$$A_s = A'_s = \frac{\gamma_0 Ne - \xi(1 - 0.5\xi)\alpha_1 f_c b h_0^2}{f'_y(h_0 - a'_s)} \tag{6-73}$$

图 6-32 绘出了矩形截面对称配筋截面设计的计算框图。

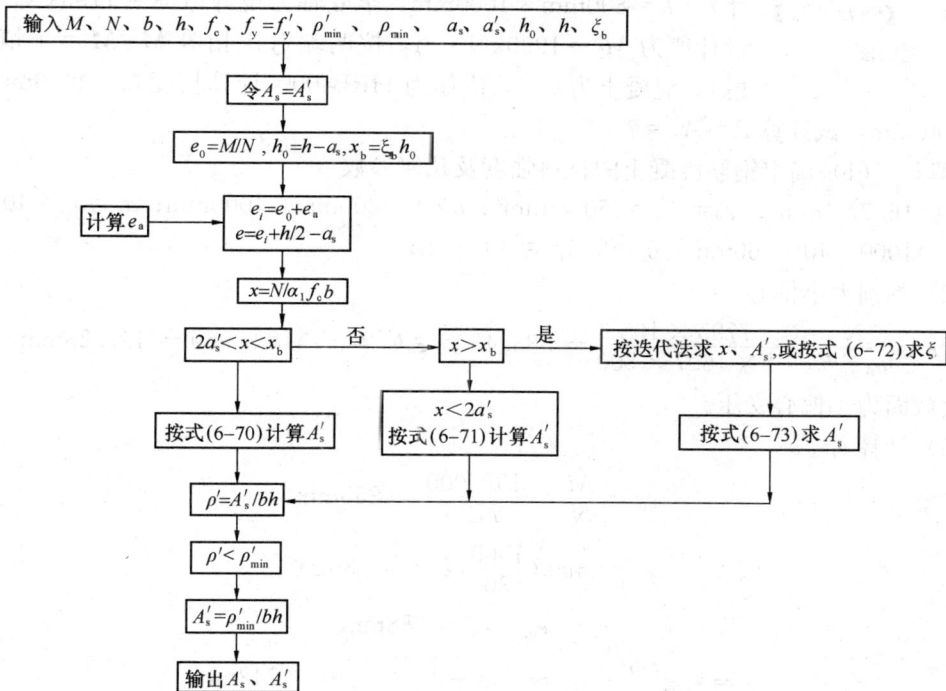

图 6-32 对称配筋截面设计计算框图

【注释】 公路桥梁工程对称配筋截面设计的方法和流程与建筑工程相同，读者可以通过例题予以体会。

【例题 6-10】 已知条件同【例题 6-4】，设计成对称配筋。

【解】 判别大小偏心

由式（6-69）得

$$x = \frac{N}{\alpha_1 f_c b} = \frac{230000}{1 \times 16.7 \times 250}$$

$$= 55.09 < \xi_b h_0 = 0.518 \times 315 = 163.17$$

属大偏心受压。

由式（6-70）得

$$A'_s = A_s = \frac{Ne - \alpha_1 f_c bx \left(h_0 - \frac{x}{2} \right)}{f'_y (h_0 - a'_s)}$$

$$= \frac{230 \times 10^3 \times 722 - 1 \times 16.7 \times 250 \times 55.09 \times \left(315 - \frac{55.09}{2}\right)}{360 \times (315 - 35)} = 991 \text{mm}^2$$

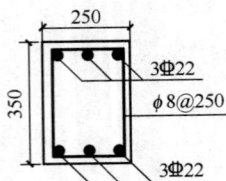

图 6-33　【例题 6-10】
配筋图

每侧用 3 Φ 22（1140mm²），截面配筋图见图 6-33。

与【例题 6-4】比较可看出，当采用对称配筋时，计算钢筋用量要多些，多用 $\frac{2 \times 1140 - 1746}{1746} = 30.6\%$。

【例题 6-11】 某建筑工程对称配筋偏心受压柱子已知：截面尺寸 $b \times h = 800 \text{mm} \times 1000 \text{mm}$，承受轴力设计值 $N = 7795 \text{kN}$，弯矩设计值为 $M_2 = 1990 \text{kN} \cdot \text{m}$（按两端弯矩相等 $M_1/M_2 = 1$ 情况考虑），混凝土为 C35，纵筋为 HRB400。计算长度 $l_0 = 4000 \text{mm}$，$a_s = a'_s = 40 \text{mm}$，试计算 $A = A'_s = ?$

【解】 （1）确定钢筋混凝土的材料强度及几何参数

$f_c = 16.7 \text{N/mm}^2$；$f_y = f'_y = 360 \text{N/mm}^2$；$b \times h = 800 \text{mm} \times 1000 \text{mm}$；$a_s = a'_s = 40 \text{mm}$；$h_0 = 1000 - 40 = 960 \text{mm}$；$\beta_1 = 0.8$；$\xi_b = 0.518$。

（2）判别大小偏心

$$x = \frac{N}{\alpha_1 f_c b} = \frac{7795 \times 10^3}{1 \times 16.7 \times 800} = 583.46 > \xi_b h_0 = 0.518 \times 960 = 497.28 \text{mm}$$

故截面为小偏心受压。

（3）计算 e_i、e

$$e_0 = \frac{M}{N} = \frac{1990000}{7795} = 255 \text{mm}$$

$$e_a = \max\left(\frac{1000}{30}, 20\right) = 33 \text{mm}$$

$$e_i = e_0 + e_a = 288 \text{mm}$$

$$e = e_i + \frac{h}{2} - a_s = 288 + \frac{1000}{2} - 40 = 748 \text{mm}$$

（4）计算 ξ 和 A_s

用迭代法计算

计算 A_s 的第一次近似值

x_0 的初始值为 $\quad x_0 = \frac{N}{\alpha_1 f_c b} = \frac{7795 \times 10^3}{1 \times 16.7 \times 800} = 583.46 \text{mm}$

x 的第一次近似值可取 $x_1 = \dfrac{x_0 + \xi_b h_c}{2} = \dfrac{583.46 + 0.518 \times 960}{2} = 540.37\text{mm}$

$$A_s = A_s' = \dfrac{Ne - \alpha_1 f_c b x \left(h_0 - \dfrac{x}{2}\right)}{f_y'(h_0 - a_s')}$$

$$= \dfrac{7795 \times 10^3 \times 748 - 1.0 \times 16.7 \times 800 \times 540.37 \times \left(960 - \dfrac{540.37}{2}\right)}{360 \times (960 - 40)}$$

$$= 2568.38\text{mm}^2$$

计算 A_s 的第二次近似值

$$\xi_1 = \dfrac{x_1}{h_0} = \dfrac{540.37}{960} = 0.563$$

$$\sigma_{s1} = \dfrac{\xi_1 - 0.8}{\xi_b - 0.8} f_y = \dfrac{0.563 - 0.8}{0.518 - 0.8} \times 360 = 303\text{N/mm}^2$$

x 的第二次近似值为

$$x_2 = \dfrac{N - f_y' A_s' + \sigma_{s1} A_s}{\alpha_1 f_c b} = \dfrac{7795 \times 10^3 - (360 - 303) \times 2568.38}{1.0 \times 16.7 \times 800} = 572.5\text{mm}^2$$

$$A_s = A_s' = \dfrac{7795 \times 10^3 \times 748 - 1.0 \times 16.7 \times 800 \times 572.5 \times \left(960 - \dfrac{572.5}{2}\right)}{360 \times (960 - 40)}$$

$$= 2045.33\text{mm}^2$$

计算 A_s 的第三次近似值

$$\xi_2 = \dfrac{x_2}{h_0} = \dfrac{572.5}{960} = 0.596$$

$$\sigma_{s2} = \dfrac{\xi_2 - 0.8}{\xi_b - 0.8} f_y = \dfrac{0.596 - 0.8}{0.518 - 0.8} \times 360 = 260.4\text{N/mm}^2$$

x 的第三次近似值为

$$x_3 = \dfrac{N - f_y' A_s' + \sigma_{s1} A_s}{\alpha_1 f_c b} = \dfrac{7795 \times 10^3 - (360 - 260.4) \times 2045.33}{1.0 \times 16.7 \times 800} = 568.2\text{mm}^2$$

$$A_s = A_s' = \dfrac{7795 \times 10^3 \times 748 - 1.0 \times 16.7 \times 800 \times 568.2 \times \left(960 - \dfrac{568.2}{2}\right)}{360 \times (960 - 40)}$$

$$= 2112.92\text{mm}^2$$

按同样的步骤进行多次迭代运算，可求得精确值为 $A_s = A_s' = 2108.18\text{mm}^2$。可见第三次近似值与准确值相差仅 0.225% 左右。用简化法计算

$$\xi = \dfrac{N - \xi_b \alpha_1 f_c b h_0}{\dfrac{Ne - 0.43 \alpha_1 f_c b h_0^2}{(\beta_1 - \xi_b)(h_0 - a_s')} + \alpha_1 f_c b h_0} + \xi_b$$

$$= \dfrac{7795 \times 10^3 - 0.518 \times 1.0 \times 16.7 \times 800 \times 960}{\dfrac{7795 \times 10^3 \times 748 - 0.43 \times 1.0 \times 16.7 \times 800 \times 960^2}{(0.8 - 0.518)(960 - 40)} + 1.0 \times 16.7 \times 800 \times 960} + 0.518$$

$$= \dfrac{1151339.2}{14892560.84} + 0.518 = 0.595$$

将 ξ 代入式（6-73）得

$$A_s = A_s' = \dfrac{Ne - \alpha_1 f_c b h_0^2 \xi (1 - 0.5\xi)}{f_y'(h_0 - a_s')}$$

$$=\frac{7795\times10^3\times748-1.0\times16.7\times800\times960^2\times0.595\times(1-0.5\times0.595)}{360\times(960-40)}$$

$$=2066\text{mm}^2$$

计算结果与精确值相差2%。

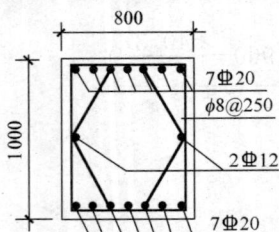

图 6-34 【例题 6-11】
配筋图

选用 7 Φ 20（$A_s=A'_s=2200\text{mm}^2$），配筋图如图 6-34 所示。

【例题 6-12】 某公路桥梁工程对称配筋偏心受压构件已知：钢筋混凝土偏心受压柱，环境类别为 I 类，截面尺寸 $b\times h$ $=300\text{mm}\times500\text{mm}$，构件的计算长度 $l_0=5.0\text{m}$，截面承受的弯矩设计值 $M_d=180\text{kN}\cdot\text{m}$，轴向压力设计值 $N_d=1500\text{kN}$。构件采用 C30 级混凝土，HRB335 级钢筋，试确定纵向受力钢筋的数量（按对称配筋考虑）。

【解】 确定钢筋混凝土的材料强度及几何参数

$f_{cd}=13.8\text{N/mm}^2$，HRB335 级钢筋，$f_{cd}=f'_{sd}=280\text{N/mm}^2$，$\xi_b=0.56$。

设 $a_s=a'_s=40\text{mm}$，则

$$h_0=h-a_s=500-40=460\text{mm}$$
$$e_0=M_d/N_d=180\times10^6/1200\times10^3=150\text{mm}$$

$l_0/h=5000/500=10$，应考虑偏心距增大系数 η。

$$\xi_1=0.2+2.7e_0/h_0=0.2+2.7\times\frac{150}{460}=1.08>1.0$$

取 $\xi_1=1.0$。

$$l_0/h=10<15$$

则 $\xi_2=1.0$。

$$\eta=1+\frac{1}{1400\dfrac{e_0}{h_0}}\left(\frac{l_0}{h}\right)^2\xi_1\xi_2=1+\frac{1}{1400\times\dfrac{150}{460}}(10)^2\times1.0\times1.0=1.219$$

$$\eta e_0=1.219\times150=182.85>0.3h_0=0.3\times460=138\text{mm}$$
$$e=\eta e_0+h/2-a_s=182.85+500/2-40=392.85\text{mm}$$

由于是对称配筋，$A_s=A'_s$，$f_{cd}=f'_{sd}$，由下式求 ξ

$$\xi=\frac{\lambda_0 N_d}{f_{cd}bh_0}=\frac{1.0\times1500\times10^3}{13.8\times300\times460}=0.79>\xi_b=0.56$$

此题 $\eta e_0>0.3bh_0$，但 $N>f_{cd}bh_0\xi_b$，应属于小偏心受压。由下式求 ξ

$$\xi=\frac{\gamma_0 N_d-\xi_b f_{cd}b_0 h}{\dfrac{\gamma_0 N_d e-0.43f_{cd}b_0^2}{(\beta-\xi_b)(h_0-a'_s)}+f_{cd}bh_0}+\xi_b$$

$$=\frac{1.0\times1500\times10^3-0.56\times13.8\times300\times460}{\dfrac{1.0\times1500\times10^3\times392.86-0.43\times13.8\times300\times460^2}{(0.8-0.56)(460-40)}+13.8\times300\times460}+0.56$$

$$=0.668$$

代入下式求 A_s 及 A'_s

$$A_s=A'_s=\frac{\gamma_0 N_d e-\xi(1-0.5\xi)f_{cd}bh_0^2}{f'_{sd}(h_0-a'_s)}$$

$$=\frac{1.0\times1500\times10^3\times392.86-0.668\times(1-0.5\times0.668)\times13.8\times300\times460^2}{280\times(460-40)}$$

$$=1697\text{mm}^2$$
$$> \rho_{\min}bh = 0.002 \times 300 \times 500 = 300\text{mm}^2$$

选用 A_s 为 $2\,\Phi\,22 + 2\,\Phi\,25$（$1742\text{mm}^2$）

垂直于弯矩作用平面的截面复核：$l_0/b = 5000/300 = 16.67$，查表得 $\varphi = 0.85$

$$N_u = 0.9\varphi(f_{cd}A + f'_{sd}A)$$
$$= 0.9 \times 0.85 \times [13.8 \times 300 \times 500 + 280 \times (1742 + 1742)]$$
$$= 2330\text{kN} > N_d = 1500\text{kN}$$

垂直于弯矩作用平面承载力满足要求。最终截面配筋图如图 6-35 所示，箍筋选用 $\phi8@200$。

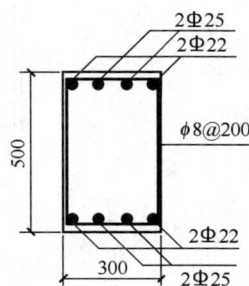

图 6-35　【例题 6-12】配筋图

6.9　工字形截面对称配筋的计算

在房屋工程和桥梁结构中，为节省混凝土和减轻自重，对截面较大的柱子可采用工字形、箱形、T 形截面，例如单层厂房柱、大跨径拱桥、刚架桥立柱、斜拉桥的索塔等，常采用这些截面形式。工字形截面去除下翼缘，成为 T 形截面，再去除上翼缘即为矩形截面，另外箱形截面也很容易等效为工字形截面进行计算，所以工字形截面偏心受压构件计算具有共性的特征。研究表明：工字形截面偏心受压构件的破坏特征、计算原则和计算方法与矩形截面是相同的，仅需考虑截面形状的影响。

工字形截面柱一般都采用对称配筋（$f_yA_s = f'_yA'_s$），在这里只讲述工字形截面偏心受压构件对称配筋的计算方法。

6.9.1　承载能力计算

1. 大偏心受压（$\xi \leqslant \xi_b$）

与第 4 章 T 形截面受弯构件一样，工字形截面大偏心受压构件的中性轴也可以分为在翼缘内（$x \leqslant h'_f$）和腹板内（$\xi_b h_0 \geqslant x > h'_f$）两种情况，因此计算公式也分为两种情况。

（1）中性轴在翼缘内（$x \leqslant h'_f$）

如图 6-36（a）所示，这种受力状态相当于对称配筋宽度为 b'_f，高度为 h 的矩形截面，其计算公式为

$$N_{u1} = \alpha_1 f_c b'_f x = \alpha_1 f_c b'_f h_0 \xi \tag{6-74}$$

$$\begin{aligned} M_{u1} &= \alpha_1 f_c b'_f x\left(h_0 - \frac{x}{2}\right) + f'_y A'_s(h_0 - a'_s) \\ &= \alpha_1 f_c b'_f \xi(1 - 0.5\xi) + f'_y A'_s(h_0 - a'_s) \end{aligned} \tag{6-75}$$

式中　b'_f、h'_f——分别为工字形截面受压翼缘的宽度和高度。

（2）中性轴在腹板内（$x > h'_f$）

此时混凝土受压区包括全部受压翼缘及部分腹板，由图 6-36（b）知

$$N_{u2} = \alpha_1 f_c[bx + (b'_f - b)h'_f] \tag{6-76}$$

$$M_{u2} = \alpha_1 f_c\left[bx\left(h_0 - \frac{x}{2}\right) + (b'_f - b)h'_f\left(h_0 - \frac{h'_f}{2}\right)\right] + f'_y A'_s(h_0 - a'_s) \tag{6-77}$$

2. 小偏心受压（$\xi > \xi_b$）

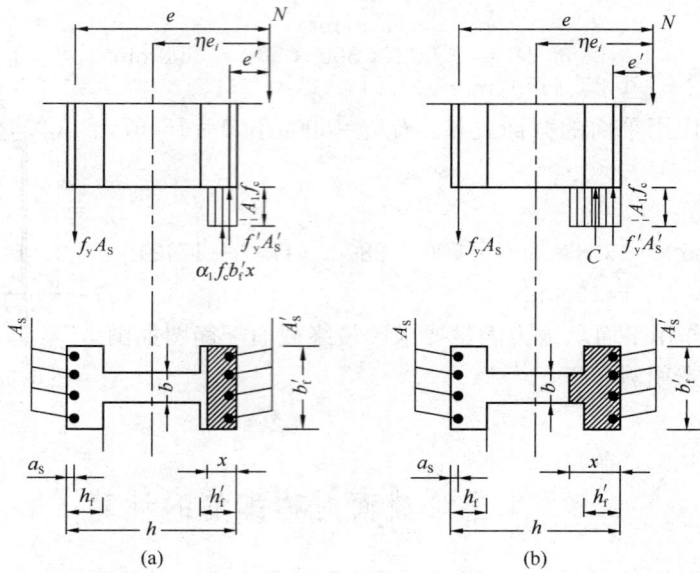

图 6-36　工字形截面计算简图

当 $\xi > \xi_b$ 时，截面进入小偏心受压状态。由于偏心距大小的不同以及配筋情况的不同，中性轴有两种情形：中性轴在腹板内；中性轴进入远离偏心压力一侧的翼缘内。

（1）中性轴在腹板内（$\xi_b h_0 \leqslant x \leqslant h - h_f$）

由图 6-37（a）得轴向承载力和对 A_s 起矩抗弯承载力

$$N_{u3} = \alpha_1 f_c [bx + (b'_f - b)h'_f] + (f'_y - \sigma_s)A'_s \tag{6-78}$$

$$M_u = \alpha_1 f_c \left[bx \left(h_0 - \frac{x}{2} \right) + (b'_f - b)h'_f \left(h_0 - \frac{h'_f}{2} \right) \right] + f'_y A'_s (h_0 - a'_s) \tag{6-79}$$

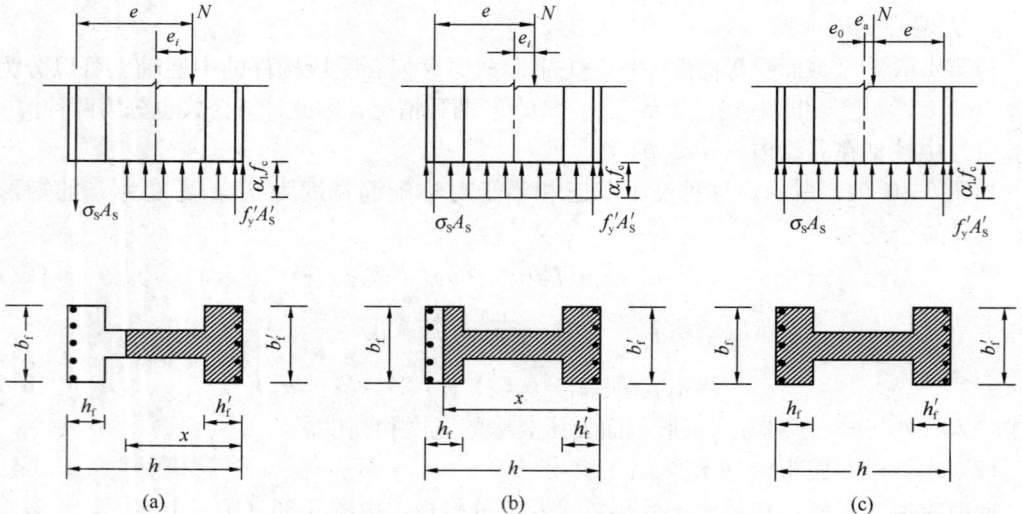

图 6-37　工字形截面小偏压计算简图

（2）中性轴在翼缘内（$h - h_f < x \leqslant h$）

此时由图 6-37（b）得轴向承载力和对 A_s 起矩抗弯承载力

194

$$N_{u4} = \alpha_1 f_c [bx + (b'_f - b)h'_f + (b_f - b) \cdot (h_f + x - h)] + (f'_y - \sigma_s)A'_s \quad (6\text{-}80)$$

$$M_{u4} = \alpha_1 f_c \left[bx \left(h_0 - \frac{x}{2} \right) + (b'_f - b)h'_f \left(h_0 - \frac{h'_f}{2} \right) + (b_f - b)(h_f + x - h)\left(h_f - \frac{h_f + x - h}{2} \right) \right]$$
$$+ f'_y A'_s (h_0 - a'_s) \quad (6\text{-}81)$$

（3）为了防止所谓的"反向破坏"

由图 6-37（c）得对 A'_s 起矩抗弯承载力

$$M_{u5} = \alpha_1 f_c \left[bh \left(h'_0 - \frac{h}{2} \right) + (b_f - b)h_f \left(h'_0 - \frac{h}{2} \right) + (b'_f - b)h'_f \left(\frac{h'_f}{2} - a'_s \right) + f'_y A_s (h_0 - a'_s) \right]$$
$$\quad (6\text{-}82)$$

式中 h'_0——钢筋 A'_s 合力点至离纵向力 N 较远一侧边缘的距离，即 $h'_0 = h - a'_s$。

6.9.2 建筑工程规范设计公式

1. 中性轴在翼缘内（$x \leqslant h'_f$）

$$N \leqslant N_{u1}，或 N \leqslant \alpha_1 f_c b'_f x \quad (6\text{-}83)$$

$$Ne \leqslant M_{u1}，或 Ne \leqslant \alpha_1 f_c b'_f x \left(h_0 - \frac{x}{2} \right) + f'_y A'_s (h_0 - a'_s) \quad (6\text{-}84)$$

2. 中性轴在腹板内（$h'_f < x \leqslant \xi_b$）

$$N \leqslant N_{u2}，或 N \leqslant \alpha_1 f_c [bx + (b'_f - b)h'_f] \quad (6\text{-}85a)$$

$$Ne \leqslant M_{u2}，或 Ne \leqslant \alpha_1 f_c \left[bx \left(h_0 - \frac{x}{2} \right) + (b'_f - b)h'_f \left(h_0 - \frac{h'_f}{2} \right) \right] + f'_y A'_s (h_0 - a'_s)$$
$$\quad (6\text{-}85b)$$

3. 中性轴在腹板内（$\xi_b h_0 \leqslant x \leqslant h - h_f$）

$$N \leqslant N_{u3}，或 N \leqslant \alpha_1 f_c [bx + (b'_f - b)h'_f] + (f'_y - \sigma_s)A'_s \quad (6\text{-}86)$$

$$Ne \leqslant M_{u3}，或 Ne \leqslant \alpha_1 f_c \left[bx \left(h_0 - \frac{x}{2} \right) + (b'_f - b)h'_f \left(h_0 - \frac{h'_f}{2} \right) \right] + f'_y A'_s (h_0 - a'_s)$$
$$\quad (6\text{-}87)$$

4. 中性轴在翼缘内（$h - h_f < x \leqslant h$）

$$N \leqslant N_{u4}，或 N \leqslant \alpha_1 f_c [bx + (b'_f - b)h'_f + (b_f - b) \cdot (h_f + x - h)] + (f'_y - \sigma_s)A'_s$$
$$\quad (6\text{-}88)$$

$$Ne \leqslant M_{u4}，或 Ne \leqslant \alpha_1 f_c \left[bx \left(h_0 - \frac{x}{2} \right) + (b'_f - b)h'_f \left(h_0 - \frac{h'_f}{2} \right) \right.$$
$$\left. + (b_f - b)(h_f + x - h)\left(h_f - \frac{h_f + x - h}{2} \right) \right] + f'_y A'_s (h_0 - a'_s) \quad (6\text{-}89)$$

5. 中性轴在截面外（$h < x$）

$$N \leqslant N_{u4}，或 N \leqslant \alpha_1 f_c [bh + (b'_f - b)h'_f + (b_f - b) \cdot h_f] + (f'_y - \sigma_s)A'_s \quad (6\text{-}90)$$

$$Ne \leqslant M_{u4}，或 Ne \leqslant \alpha_1 f_c \left[bh \left(h_0 - \frac{h}{2} \right) + (b'_f - b)h'_f \left(h_0 - \frac{h'_f}{2} \right) + (b_f - b)h_f \frac{h_f}{2} \right]$$
$$+ f'_y A'_s (h_0 - a'_s) \quad (6\text{-}91)$$

【思考与提示】 上述公式中 e 为轴向压力作用点至受拉钢筋 A_s 合力点之间的距离，$e = \left(e_i + \frac{h}{2} - a \right) = \left(e_0^* + e_a + \frac{h}{2} - a \right)$。

6. 为了防止所谓的"反向破坏"，小偏心受压构件还要满足以下验算公式

$$N\left[\frac{h}{2}-a'-(e_0-e_a)\right]\leqslant M_{u5}, \text{或} N\left[\frac{h}{2}-a'-(e_0-e_a)\right]$$

$$\leqslant \alpha_1 f_c\left[bh\left(h_0'-\frac{h}{2}\right)+(b_f-b)h_f\left(h_0'-\frac{h}{2}\right)+(b_f'-b)h_f'\left(\frac{h_f'}{2}-a_s'\right)+f_y'A_s(h_0-a_s')\right]$$

$$(6-92)$$

【思考与提示】 此时抗弯承载能力是对 A_s' 起矩的，故 N 的力臂也应离 A_s' 的距离。另外，为了保证发生大偏压破坏以及受压钢筋 A_s' 旨达到屈服强度 f_y'，其受压区高度应满足以下条件：$2a_s'\leqslant x\leqslant x_b$。

6.9.3 公路桥梁规范设计公式

1. 中性轴在翼缘内（$x\leqslant h_f'$）

$$\gamma_0 N_d\leqslant f_{cd}b_f'x \tag{6-93}$$

$$\gamma_0 N_d e\leqslant f_{cd}b_f'x\left(h_0-\frac{x}{2}\right)+f_{sd}'A_s'(h_0-a_s') \tag{6-94}$$

式中，$e=\eta e_0+h-y_s$，y_s 为截面形心轴至截面受压边缘距离。

公式的适用条件为：$x\leqslant \xi_b h_0$，且 $2a\leqslant x\leqslant h_f'$。

2. 中性轴在腹板内（$h_f'<x\leqslant \xi_b$）

$$\gamma_0 N_d\leqslant f_{cd}[bx+(b_f'-b)h_f'] \tag{6-95}$$

$$\gamma_0 N_d e\leqslant f_{cd}\left[bx\left(h_0-\frac{x}{2}\right)+(b_f'-b)h_f'\left(h_0-\frac{h_f'}{2}\right)\right]+f_{sd}'A_s'(h_0-a_s') \tag{6-96}$$

3. 中性轴在腹板内（$\xi_b h_0\leqslant x\leqslant h-h_f$）

$$\gamma_0 N_d\leqslant f_{cd}[bx+(b_f'-b)h_f']+(f_{sd}'-\sigma_s)A_s' \tag{6-97}$$

$$\gamma_0 N_d e\leqslant f_{cd}\left[bx\left(h_0-\frac{x}{2}\right)+(b_f'-b)h_f'\left(h_0-\frac{h_f'}{2}\right)\right]+f_{sd}'A_s'(h_0-a_s') \tag{6-98}$$

4. 中性轴在翼缘内（$h-h_f<x\leqslant h$）

$$\gamma_0 N_d\leqslant f_{cd}[bx+(b_f'-b)h_f'+(b_f-b)\cdot(h_f+x-h)]+(f_{sd}'-\sigma_s)A_s' \tag{6-99}$$

$$\gamma_0 N_d e\leqslant f_{cd}\left[bx\left(h_0-\frac{x}{2}\right)+(b_f'-b)h_f'\left(h_0-\frac{h_f'}{2}\right)+(b_f-b)\right.$$

$$\left.(h_f+x-h)\left(h_f-\frac{h_f+x-h}{2}\right)\right]+f_{sd}'A_s'(h_0-a_s') \tag{6-100}$$

5. 中性轴在截面外（$x>h$）

$$\gamma_0 N_d\leqslant f_{cd}[bh+(b_f'-b)h_f'+(b_f-b)\cdot h_f]+(f_{sd}'-\sigma_s)A_s' \tag{6-101}$$

$$\gamma_0 N_d e\leqslant f_{cd}\left[bh\left(h_0-\frac{h}{2}\right)+(b_f'-b)h_f'\left(h_0-\frac{h_f'}{2}\right)\right.$$

$$\left.+(b_f-b)h_f\left(h_f-\frac{h_f}{2}\right)\right]+f_{sd}'A_s'(h_0-a_s') \tag{6-102}$$

6. 为了防止所谓的"反向破坏"

$$\gamma_0 N_d\left[\frac{h}{2}-a'-(e_0-e_a)\right]\leqslant f_{cd}\left[bh\left(h_0'-\frac{h}{2}\right)+(b_f-b)h_f\left(h_0'-\frac{h}{2}\right)\right.$$

$$\left.+(b_f'-b)h_f'\left(\frac{h_f'}{2}-a_s'\right)+f_{sd}A_s(h_0-a_s')\right] \tag{6-103}$$

6.9.4 设计方法

先假设中性轴在受压翼缘内（$x \leqslant h'_f$），由（6-83）等式得

$$x = \frac{N}{\alpha_1 f_c b'_f}$$

按 x 值的不同，分为以下 3 种情况计算钢筋截面面积 A_s（或 A'_s）。

（1）$h'_f < x \leqslant x_b$ 由式（6-85a）重新计算 x，即

$$x = \frac{N - \alpha_1 f_c (b'_f - b) h'_f}{\alpha_1 f_c b}$$

由式（6-85b）得

$$A_s = A'_s = \frac{Ne - \alpha_1 f_c \left[bx \left(h_0 - \dfrac{x}{2} \right) + (b'_f - b) h'_f \left(h_0 - \dfrac{h'_f}{2} \right) \right]}{f'_y (h_0 - a'_s)}$$

注意，此时 $x \leqslant x_b$，若 $x > x_b$，按小偏压构件计算。

（2）$2a'_s \leqslant x \leqslant h'_f$，且 $x \leqslant x_b$，由式（6-86）得

$$A_s = A'_s = \frac{Ne - \alpha_1 f_c b'_f x \left(h_0 - \dfrac{x}{2} \right)}{f'_y (h_0 - a'_s)}$$

（3）$x < 2a'_s$，此时与双筋梁类似，可令 $x = 2a'_s$，按下式计算钢筋截面面积 A_s、A'_s。

$$A_s = A'_s = \frac{N \left(e_i - \dfrac{h}{2} + a'_s \right)}{f'_y (h_0 - a'_s)}$$

同时，还需按 $A'_s = 0$ 情况计算 A_s^*。若 A_s^* 比上式计算得到的 A_s 小，则计算值取 A_s^*，即 $A_s = A'_s = A_s^*$。

（4）$x > x_b$

工字形截面小偏心受压构件在对称配筋时的计算方法同前述矩形截面小偏心受压构件对称配筋时计算相似，即为了避免求解 3 次方程，也可采用迭代法或《规范》建议的简化计算方法。

【例题 6-13】 某建筑工程工字形截面柱，其截面如图 6-38 所示，柱子的计算长度 $l_0 = 9\text{m}$，承受轴向压力设计值 $N = 1200\text{kN}$，弯矩设计值为 $M_1 = M_2 = 1000\text{kN} \cdot \text{m}$，混凝土为 C35，纵向受力钢筋为 HRB400。求截面的配筋 $A_s = A'_s = ?$

【解】 （1）确定钢筋混凝土的材料强度及几何参数

$f_c = 16.7\text{N/mm}^2$；$f_y = f'_y = 360\text{N/mm}^2$；$a_s = a'_s = 40\text{mm}$；
$h_0 = 1000 - 40 = 960\text{mm}$；$\beta_1 = 0.8$；$\xi_b = 0.518$，$\alpha_1 = 1$

（2）计算 e_i、e

$$e_0 = \frac{M_2}{N} = \frac{1000 \times 10^6}{1200 \times 10^3} = 833.3\text{mm}$$

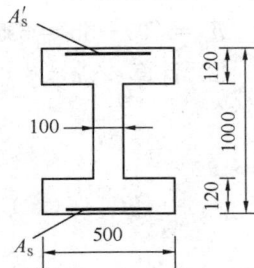

图 6-38 【例题 6-13】
截面形式

$$e_a = \max\left(\frac{1000}{30}, 20\right) = 33.3\text{mm}$$

$$e_i = e_0 + e_a = 866.6\text{mm}$$

$$e = e_i + 0.5h - a_s = 866.6 + 500 - 40 = 1326.6\text{mm}$$

（3）判别大小偏心

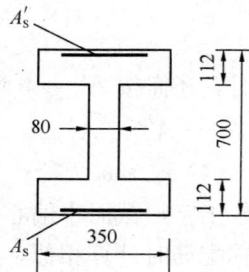

$$x = \frac{N}{\alpha_1 f_c b_f'} = \frac{1200 \times 10^3}{1 \times 16.7 \times 500} = 143.71 > h_f' = 120\text{mm}$$

故代入式（6-85a）重算 x，即

$$x = \frac{N - \alpha_1 f_c (b_f' - b) h_f'}{\alpha_1 f_c b}$$

$$x = \frac{1200 \times 10^3 - 16.7 \times 400 \times 120}{16.7 \times 100} = 238.56 < \xi_b h_0 = 0.518 \times 960 = 497.3$$

（4）计算 A_s（或 A_s'）

代入式（6-85b）得

$$A_s = A_s' = \frac{Ne - \alpha_1 f_c \left[bx \left(h_0 - \frac{x}{2} \right) + (b_f' - b) h_f' \left(h_0 - \frac{h_f'}{2} \right) \right]}{f_y'(h_0' - a_s')}$$

$$= \frac{1200 \times 10^3 \times 1326.6 - 16.7 \times \left[100 \times 238.56 \times (960 - 238.56/2) + 400 \times 120 \times (960 - 60) \right]}{360 \times 920}$$

$$= 1617\text{mm}^2$$

选配 6 Φ 20（$=1884\text{mm}^2$）。

【例题 6-14】 某工字形截面柱尺寸如图 6-39 所示，柱子的计算长度 $l_0 = 6\text{m}$，承受轴向压力设计值 $N = 1510\text{kN}$，弯矩设计值 $M_1 = 0.92 M_2$，$M_2 = 340\text{kN} \cdot \text{m}$，混凝土强度等级 C35，$a_s = a_s' = 45\text{mm}$，纵向受力钢筋为 HRB400。求 A_s（$= A_s'$）?

【解】 （1）确定钢筋混凝土的材料强度及几何参数

$f_c = 16.7\text{N/mm}^2$；$f_y = f_y' = 360\text{N/mm}^2$；$a_s = a_s' = 45\text{mm}$；$x_b = \xi_b h_0 = 339.3\text{mm}$

$h_0 = 700 - 45 = 655\text{mm}$；$\beta_1 = 0.8$；$\xi_b = 0.518$；$\alpha_1 = 1$

（2）计算 e_i、e

$$e_0 = \frac{M}{N} = \frac{340 \times 10^6}{1510 \times 10^3} = 225.2\text{mm}$$

$$e_a = \max\left(\frac{700}{30}, 20\right) = 23\text{mm}$$

$$e_i = e_0 + e_a = 248.2\text{mm}$$

$$e = e_i + \frac{h}{2} - a_s = 248.2 + \frac{700}{2} - 45 = 553.2\text{mm}$$

（3）判别大小偏心

图 6-39 【例题 6-14】图

198

$$x = \frac{N}{\alpha_1 f_c b'_f} = \frac{1510 \times 10^3}{1 \times 16.7 \times 350} = 258\text{mm} > h'_f = 112\text{mm}$$

故代入式（6-85a）重算 x，即

$$x = \frac{N - \alpha_1 f_c (b'_f - b) h'_f}{\alpha_1 f_c b} = \frac{1510 \times 10^3 - 16.7 \times (350 - 80) \times 112}{16.7 \times 80} = 752\text{mm} > x_b$$

故属于小偏心受压。

（4）计算 A_s（或 A'_s）

采用《规范》简化计算方法，此时，工字形截面求 ξ 的公式可由矩形截面改写得到，即

$$\xi = \frac{N - \alpha_1 f_c (b'_f - b) h'_f - \xi_b \alpha_1 f_c b h_0}{\dfrac{Ne - \alpha_1 f_c (b'_f - b) h'_f (h_0 - h'_f/2) - 0.43 \alpha_1 f_c b h_0^2}{(0.8 - \xi_b)(h_0 - a'_s)} + \alpha_1 f_c b h_0} + \xi_b$$

将各数据代入上式得

$\xi = 0.735 > \xi_b = 0.518$，$x = \xi h_0 = 481.43 < h - h_f = 588\text{mm} > \xi_b h_0 = 339.3\text{mm}$

将 ξ 代入式（6-87）得

$$A_s = A'_s = \frac{Ne - \alpha_1 f_c \left[bx \left(h_0 - \dfrac{x}{2} \right) + (b'_f - b) h'_f \left(h_0 - \dfrac{h'_f}{2} \right) \right]}{f'_y (h_0 - c'_s)}$$

$$= \frac{1510000 \times 553.2 - 16.7 \times \left[80 \times 481.43 \times (655 - 240.7) + 270 \times 112 \times (655 - 56) \right]}{360 \times 610}$$

$$= 1213\text{mm}^2$$

采用 4 Φ 20（$=1256\text{mm}^2$）。

（5）验算与弯矩垂直方向的承载能力

按轴心受压计算（忽略）。

6.10 偏心受压构件斜截面受剪承载力

实际工程中受压构件除受到弯矩 M、轴向压力 N 以外，还承受剪力 V 作用。当横向剪力 V 较大，对这类偏心受压构件除应进行偏心受压构件正截面承载力计算外，还需进行斜截面抗剪承载计算。

理论分析表明：轴向压力 N 不是很大时对构件的抗剪强度是有利的，轴力 N 不仅能阻止和滞后斜裂缝的出现和开展，而且还能使构件各点主拉应力方向与构件轴线夹角比原来的（$N=0$）大。图 6-40 为轴向压力对受剪承载力影响的试验曲线，由图知：当轴压比 $N/f_c bh$ 在 $0.3 \sim 0.5$ 范围时，轴力 N 对混凝土抗剪强度的有利影响达

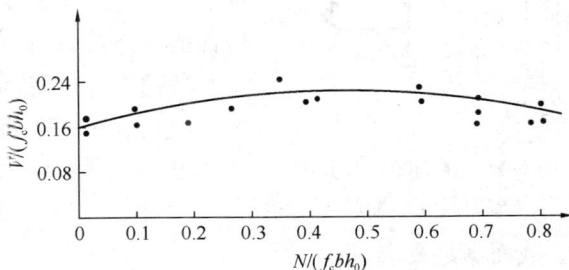

图 6-40 轴向压力对受剪承载力的影响

到峰值；当轴力 N 更大时，混凝土的抗剪强度反而随轴力 N 的增加而降低。这表明，轴向压力对抗剪强度提高是有一定范围的，并不是愈大愈好。

【注释】 建筑工程有的偏心受压构件承受轴力与剪力相比并不是很大，不可忽略，故《规范》要求对偏心受压构件的斜截面受剪承载力进行计算。桥梁工程中偏心受压构件承担的轴力与剪力相比一般要大得多，可以忽略不计，故不要求计算斜截面受剪承载力，只要满足规范的构造要求即可。

《混凝土结构设计规范》对柱的受剪承载力作了规定。其中矩形截面柱的计算公式为

$$V \leqslant \frac{1.75}{\lambda + 1.0} f_t bh_0 + f_{yv} \frac{A_{sv}}{s} h_0 + 0.07N \qquad (6\text{-}104)$$

式中 λ —— 偏心受压构件计算截面的剪跨比，取为 $M/(Vh_0)$；

N —— 与剪力设计值 V 相应的轴向压力设计值，当大于 $0.3 f_c A$ 时，取 $0.3 f_c A$，此处 A 为构件的截面面积。

计算截面的剪跨比 λ 应按下列规定取用：

1. 对框架结构中的框架柱，当其把弯点在层高范围内时，可取为 $H_n/2h_0$。当 λ 小于 1 时，取 1；当 λ 大于 3 时，取 3。此处 M 为计算截面上与剪力设计值 V 相应的弯矩设计值，H_n 为柱净高。

2. 其他偏心受压构件，当承受均布荷载时，取 1.5；当承受符合规范规定的集中荷载时，取为 a/h_0，且当 λ 小于 1.5 时取 1.5，当 λ 大于 3 时，取 3。

式（6-104）实际上是利用了连续梁的抗剪承载力计算公式，同时考虑了由于轴力提高抗剪承载 $0.07N$。《混凝土结构设计规范》规定框架柱矩形截面必须满足下列条件：

当 $h_w/b \leqslant 4$ 时 $\quad V \leqslant 0.25 \beta_c f_c bh_0$ $\qquad$ (6-105)

当 $h_w/b \geqslant 6$ 时 $\quad V \leqslant 0.20 \beta_c f_c bh_0$ $\qquad$ (6-106)

当 $4 \leqslant h_w/b \leqslant 6$ 按直线内插法取用。如不满足，应提高混凝土强度等级或加大截面尺寸。当

$$V \leqslant \frac{1.75}{\lambda + 1.0} f_t bh_0 + 0.07N \qquad (6\text{-}107)$$

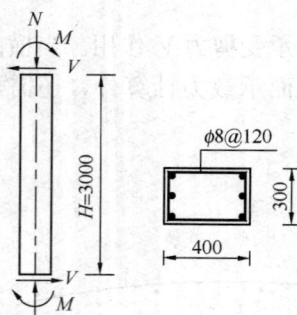

图 6-41 【例题 6-15】的
截面尺寸和配筋

时框架柱可不进行斜截面抗剪承载力计算而按构造要求配置箍筋。

【例题 6-15】 某建筑工程偏心受压构件截面尺寸及高度如图 6-41 所示，混凝土为 C35，箍筋为 HPB400 级，纵筋为 HRB400 级，柱端作用的弯矩设计值 $M = 140 \text{kN} \cdot \text{m}$，轴力设计值 $N = 800 \text{kN}$，剪力设计值 $V = 170 \text{kN}$。求箍筋数量。

【解】 （1）验算截面尺寸
由式（6-105）得
$$0.25 f_c bh_0 = 0.25 \times 16.7 \times 300 \times 365 = 457163 \text{N}$$
$$= 457 \text{kN} > V = 170 \text{kN}$$

截面满足要求。

（2）是否需计算箍筋

$$\lambda = \frac{H}{2h_0} = \frac{3000}{2 \times 365} = 4.11 > 3,\ \text{取} \lambda = 3$$

$$\frac{N}{f_c A} = \frac{800000}{16.7 \times 300 \times 400} = 0.4 > 0.3$$

取
$$N = 0.3 f_c A = 0.3 \times 16.7 \times 300 \times 400 = 601200\text{N}$$

$$\frac{1.75}{\lambda + 1.0} f_t b h_0 + 0.07N = \frac{1.75}{3+1} \times 1.57 \times 300 \times 365 + 0.07 \times 601200 = 117.3\text{kN} < 170\text{kN}$$

需按计算配置箍筋。

（3）计算箍筋数量

按式（6-104），得

$$\frac{A_{sv}}{s} = \frac{V - \left(\frac{1.75}{\lambda + 1.0} f_t b h_0 + 0.07N\right)}{1.0 f_{yv} h_0} = \frac{170000 - 117297}{360 \times 365} = 0.40\text{mm}^2/\text{mm}$$

选双肢箍 $\phi 6@120\text{mm}\left(\dfrac{A_{sv}}{s} = \dfrac{2 \times 28.3}{120} = 0.47\text{mm}^2/\text{mm}\right)$。

6.11 偏心受压构件的构造要求

偏心受压构件构造要求的基本原则与轴心受压构件相仿，所以配置普通箍筋的轴心受压构件的纵筋与箍筋等构造要求同样适用于偏心受压构件。

1. 截面型式和尺寸

偏心受压构件通常采用矩形截面，工字形柱的翼缘厚度 $h_f > 100\text{mm}$，腹板厚度 $b > 80\text{mm}$。为施工支模方便，柱截面尺寸宜采用整数，当工字形截面高 $h \leqslant 800\text{mm}$ 时，以 50mm 为倍数；$h > 800\text{mm}$ 时，以 100mm 为倍数，腹板宽 b 以 50mm 为倍数。

2. 纵向钢筋

纵向受力钢筋沿柱截面短边配置，直径与总配筋率均同轴心受压柱，纵向受力钢筋总配筋率对大偏心受压构件宜取 $\rho = 1.0\% \sim 2.0\%$；对小偏心受压构件宜取 $\rho = 0.5\% \sim 1.0\%$。全部纵筋配筋率 $\rho \leqslant 5\%$，ρ_{min} 见附表 4-3。与弯曲作用平面垂直的纵向受力钢筋的中距不应小于 50mm，且不宜大于 300mm。当截面高度 $h \geqslant 600\text{mm}$ 时，在侧面应设置直径为 10～16mm 的纵向构造钢筋，并相应地设置附加箍筋或拉筋。

3. 箍筋

箍筋的直径和间距与轴心受压柱相同。图 6-42 列出了几种常用箍筋的形式。

【注释】 在此仅给出建筑工程偏压构件的构造要求。关于公路桥隧工程的构造要求，请参见相应规范规定。

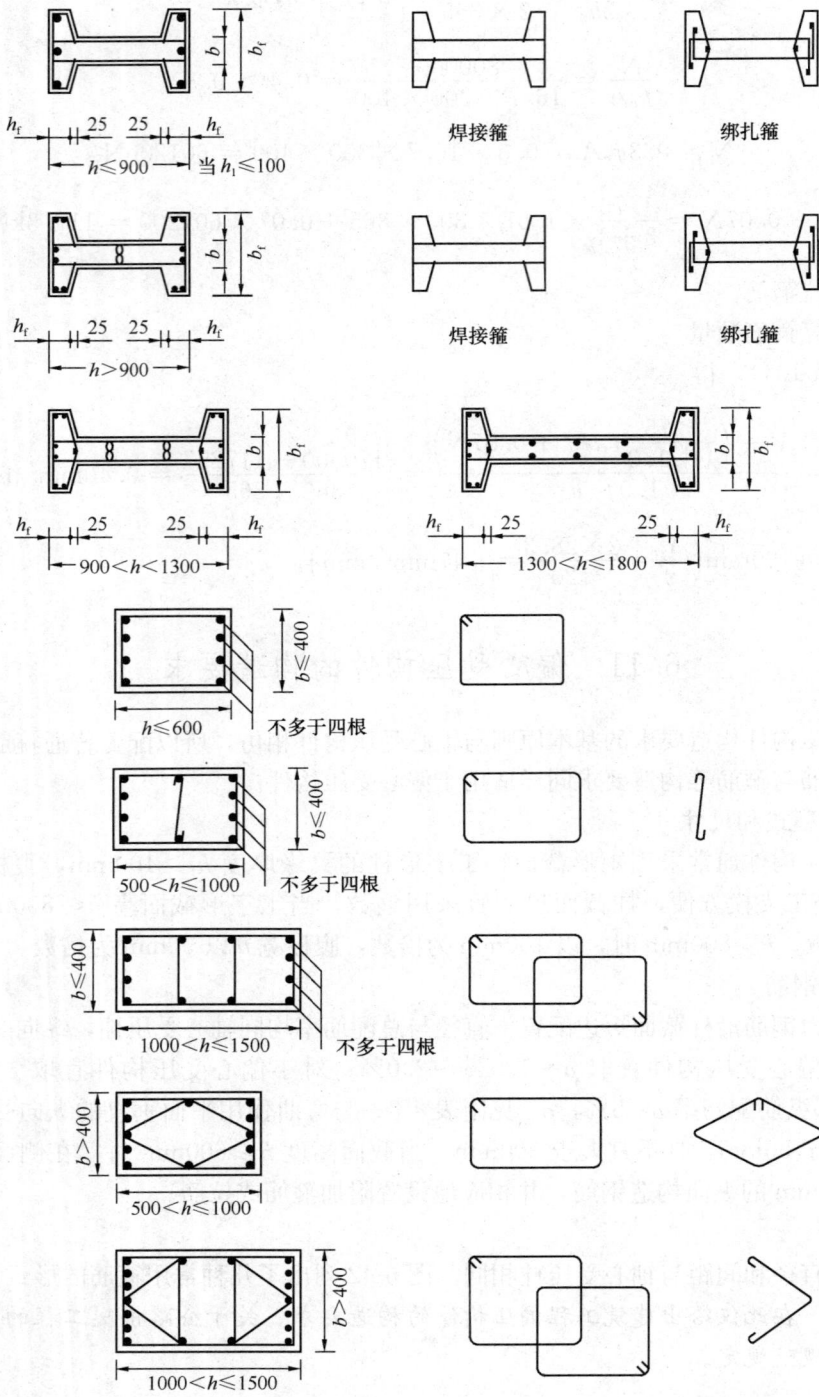

焊接箍　　　　　绑扎箍

焊接箍　　　　　绑扎箍

图 6-42　柱的箍筋形式

202

本 章 小 结

1. 普通箍筋柱按长细比分为细长柱、长柱和短柱，短柱的破坏属于材料破坏，细长柱属于失稳破坏，长柱破坏仍属于材料破坏，但要考虑纵向弯曲变形使承载能力降低的影响。轴心受压构件设计公式包括短柱和长柱，采用稳定系数 φ 反映纵向弯曲变形的影响，短柱的 $\varphi = 1.0$，长柱的 $\varphi < 1.0$。

2. 螺旋箍筋柱的受压承载能力提高在于螺旋箍筋对核心混凝土的约束，侧向约束会增大混凝土抗压强度，这种通过约束提高混凝土强度技术途径在工程上经常应用。要注意，这种约束是一种被动的、间接的，柱子受的压力越大，产生的约束也愈大。在承载能力计算时，核心混凝土抗压强度的提高幅度与螺旋箍筋强度和数量有关。另外，螺旋箍筋要发挥这种间接约束作用，其对构件的长细比、螺旋箍筋的截面面积和箍筋间距都有相应要求。

3. 偏心受压构件正截面破坏分为受拉破坏（大偏心受压破坏）和受压破坏（小偏心受压破坏），受拉破坏特征为受拉钢筋先屈服，而后受压边缘混凝土达到极限压应变。受压破坏特征为压区混凝土首先被压坏，另一侧钢筋受拉不屈服或者受压。大、小偏心受压破坏判别条件为：$\xi \leqslant \xi_b$ 时，属于小偏心受压破坏；$\xi > \xi_b$ 时，属于大偏心受压破坏。两种偏心受压构件的计算公式实际上是统一的，采取的基本假定也是相同的，只是小偏心受压构件离纵向力较远一侧钢筋 A_s 应力不是一个定量，使计算较为复杂。所以两种偏心受压构件的计算方法不同，截面设计时要先判别偏压类型。非对称配筋截面设计前，ξ 是未知的，因此要根据偏心距大小近似判别：当 $e_i > 0.3h_0$（$\eta e_i > 0.3h_0$）时，可先假定按大偏心受压设计；$e_i \leqslant 0.3h_0$（$\eta e_i \leqslant 0.3h_0$）时，可先假定按小偏心受压设计。在此特别要注意，在求出钢筋截面时，还要用 ξ 值对前面的假定进行复核。

4. 在长柱截面承载能力计算时必须要考虑由纵向弯曲变形的影响，有两种考虑方式：一种是对初始弯矩乘以增大系数，采用直接增大弯矩方式，如建筑工程规范采用 C_m-η_{ns}-l_0 法；另一种是将初始偏心距乘以增大系数，通过增大偏心距来间接增大弯矩方式，如桥梁工程采用 ηl_0 方法。C_m-η_{ns}-l_0 与 ηl_0 方法主要差别在于前者引入 C_m，它是对实际柱子两端弯矩 M_1 和 M_2 可能并不相等（此处假定 $M_1 \leqslant M_2$）情况进行的修正，即 $M = \eta_{ns} C_m M_2$。

5. 偏心受压构件往往还同时承受剪力作用，对承受剪力较大的偏心受压构件，除进行正截面计算外，还应进行斜截面的承载力计算。轴向压力对斜截面抗剪起着有利的作用。建筑工程要求计算偏心受压斜截面抗剪能力，计算公式可采用受弯构件斜截面承载力计算公式，再叠加一项轴向力 N 的影响进行计算。

6. 表 6-3 给出了建筑工程和公路桥梁工程中偏心受压构件正截面承载能力计算公式的比较，显然两者的受力特征、计算的基本原理都是相同的，仅设计公式的表达形式和符号不同。在具体设计时特别要注意，材料强度取值、截面尺寸、混凝土、钢筋构造要求等要满足相关的规范要求。

		建筑工程	公路桥梁工程
矩形截面	大偏压	$\gamma_0 N \leqslant \alpha_1 f_c bx + f'_y A'_s - f_y A_s$ $\gamma_0 Ne \leqslant \alpha_1 f_c bx \left(h_0 - \dfrac{x}{2}\right) + f'_y A'_s (h_0 - a'_s)$ $e = \left(e_i + \dfrac{h}{2} - a\right) = \left(e_0^* + e_a + \dfrac{h}{2} - a\right)$ $e_0^* = \dfrac{\eta_{ns} C_m M_2}{N}$	$\gamma_0 N_d \leqslant f_{cd} bx + f'_{yd} A'_s - f_{yd} A_s$ $\gamma_0 N_d e \leqslant f_{cd} bx \left(h_0 - \dfrac{x}{2}\right) + f'_{yd} A'_s (h_0 - a'_s)$ $e = \left(\eta e_0 + \dfrac{h}{2} - a\right)$ $e_0 = \dfrac{M_2}{N}$
	小偏压	$\gamma_0 N \leqslant \alpha_1 f_c bx + f'_y A'_s - \sigma_s A_s$ $\gamma_0 Ne \leqslant \alpha_1 f_c bx \left(h_0 - \dfrac{x}{2}\right) + f'_y A'_s (h_0 - a'_s)$ $\sigma_s = E_s \varepsilon_s = \dfrac{\beta_1 - \xi}{\beta_1 - \xi_b} \cdot f_y$	$\gamma_0 N_d \leqslant f_{cd} bx + f'_{yd} A'_s - \sigma_s A_s$ $\gamma_0 N_d e \leqslant f_{cd} bx \left(h_0 - \dfrac{x}{2}\right) + f'_{yd} A'_s (h_0 - a'_s)$ $\sigma_s = E_s \varepsilon_{cu} \left(\dfrac{\beta h_0}{x} - 1\right)$

思 考 题

6.1　受压构件按偏心距分有几种受力状态？轴心受压短柱的破坏特点是什么？轴压短柱承载力分析时采用的平截面假定是什么？

6.2　长柱与短柱的破坏形态有哪些不同？其主要影响因素分别是什么？什么是长细比和稳定系数？

6.3　长柱的承载力计算公式与短柱相比有哪些不同？

6.4　徐变对普通箍筋柱各部分材料的应力分布有何影响？

6.5　与普通箍筋柱相比，配置螺旋筋后柱的破坏形态有哪些变化？什么是约束混凝土和间接配筋？

6.6　偏心受压短柱有哪几种破坏形态？每种破坏形态产生的条件是什么？

6.7　怎么判别长短柱？长柱与短柱的各种破坏类型及其破坏曲线？哪些情况下发生材料破坏或失稳破坏？

6.8　什么是二阶效应？什么是附加偏心距？应如何取值？哪些情况下需要考虑二阶效应（附加弯矩）的影响？

6.9　大、小偏心受压构件的基本计算公式分别是什么？受压钢筋和受拉钢筋均未知的情况下，如何进行大偏压构件的截面设计？

6.10　如何计算非对称配筋大偏心受压构件的纵向钢筋 A_s 和 A'_s？如果已知 A'_s 是否可令 $x = \xi_b h_0$，为什么？这时怎样求 A_s？

6.11　在小偏心受压截面选择时，若 A_s 和 A'_s 均为未知，为什么可以取 A_s 等于最小配筋率？

6.12　在大偏压情况下，M 随 N 的发展关系如何？在小偏压情况下，M 随 N 的发展关系又如何？什么情况下，偏压构件的抗弯能力最大？

6.13　在工字形截面对称配筋的截面选择中，如何判别中性轴的位置？

习 题

6.1　已知正方形截面轴心受压柱计算长度 $l_0 = 8.5\text{m}$，承受轴向力设计值 $N = 1600\text{kN}$，采用混凝土强度等级为 C35，钢筋为 HRB400 级，试确定截面尺寸和纵向钢筋截面面积。

6.2　某现浇轴心受压圆柱，$d = 400\text{mm}$，上端铰接，下端固定，柱高 $l = 4.6\text{m}$，采用螺旋筋 $\phi 6@200$，混凝土等级为 C35，纵向受压钢筋采用 HRB400 级钢，该柱承受轴向设计压力，$N = 1200\text{kN}$，求

纵向受压钢筋 A'_s。

6.3 某柱计算高度 $l_0 = 4m$，柱网为 $6m \times 6m$，承受设计荷载有：楼面自重 $3kN/m^2$，活荷载 $4kN/m^2$，上层楼面传来及柱子自重共 $1000kN$，混凝土强度等级为 C35，采用 HRB400 级钢筋，试设计柱截面尺寸、纵向钢筋及箍筋数量（按轴压柱设计）。

6.4 某偏心受压柱，计算高度 $l_0 = 6m$，$b \times h = 400mm \times 600mm$，$a_s = a'_s = 40mm$，两端截面承受内力设计值为：$N = 800kN$，$M_1 = 550kN \cdot m$，$M_2 = 600kN \cdot m$ 已知 $A'_s = 1650mm^2$，混凝土强度等级为 C35，钢筋为 HRB400 级钢。求 A_s。

6.5 某不对称配筋偏心受压柱，$b \times h = 300mm \times 400mm$，$a_s = a'_s = 40mm$，计算高度 $l_0 = 2.4m$，混凝土采用 C30，纵向钢筋采用 HRB400 级钢，该柱两端截面承受内力设计值为：$N = 400kN$，$M_1 = 228kN \cdot m$，$M_2 = 240kN \cdot m$。求该柱的配筋。

6.6 某矩形截面偏心受压柱，$b \times h = 400mm \times 600mm$，$l_0 = 4m$，混凝土强度等级为 C40，钢筋为 HRB400 级钢，$A'_s = 1520mm^2$，$A_s = 1256mm^2$，$a_s = a'_s = 40mm$。该柱两端截面内力情况为：$N = 1300kN$，$M_1 = 0.8M_2$。要求：该柱子在 h 方向能承受的弯矩设计值。

6.7 已知：$N = 4000kN$，$M_2 = 120kN \cdot m$，$M_1 = 80kN \cdot m$，$b \times h = 400mm \times 600mm$，$a_s = a'_s = 45mm$，混凝土强度等级为 C40，钢筋为 HRB400 级钢，$l_0 = 4m$。要求：钢筋截面面积 A_s 和 A'_s。

6.8 某对称配筋偏心受压柱，$b \times h = 400mm \times 600mm$，$l_0 = 4m$，$a_s = a'_s = 40mm$，承受设计轴向压力 $N = 250kN$，设计弯矩 $M_2 = 130kN \cdot m$，$M_1 = 0.8M_2$，混凝土强度等级为 C35，钢筋用 HRB400 级钢，求 A_s（$= A'_s$）。

6.9 某厂房柱的下柱采用对称工字形截面，尺寸如图 6-43 所示，计算长度 $l_0 = 9.3m$，混凝土强度等级为 C35，受力钢筋为 HRB400 级，箍筋采用 HRB400 级钢，根据内力分析结果，该柱控制截面中作用有以下二组，在不同荷载情况下求得的不利内力设计值：

第一组：$N = 500kN$，$M_2 = 350kN \cdot m$，$M_1 = 0.8M_2$；

第二组：$N = 1000kN$，$M_2 = 300kN \cdot m$，$M_1 = 0.8M_2$；

试根据这二组内力确定当采用对称配筋时，截面每侧所需的纵向受力钢筋截面面积 A_s。

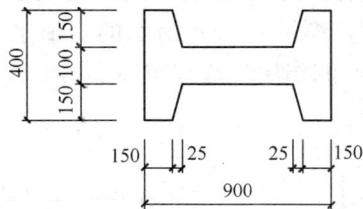

图 6-43 习题 6.9 图

6.10 一公路桥梁圆形截面螺旋箍筋受压构件，直径 $d = 400mm$，计算长度 $l_0 = 5.6m$，采用混凝土等级为 C20，纵向受压钢筋 HRB335（$8\phi 18$），混凝土净保护层厚度 25mm，螺旋箍筋用 R235（$\phi 10$，$s = 60mm$），结构重要性系数 $\gamma_0 = 1.0$。求该柱能承受的最大计算轴向压力。

6.11 一公路桥梁偏心受压构件已知条件为：截面尺寸 $b \times h = 400mm \times 600mm$，计算长度 $l_0 = 6m$，$a_s = a'_s = 40mm$，承受计算轴向压力 $N_d = 1000kN$，计算弯矩 $M_d = 300kN \cdot m$，混凝土强度等级为 C30，钢筋用 HRB335 级钢，结构重要性系数 $\gamma_0 = 1.0$，$A_s = 1256mm^2$，$A'_s = 1520mm^2$。要求：该受压构件能否满足承载能力要求。

第7章　钢筋混凝土受拉构件承载力分析和设计

钢筋混凝土受拉构件分为轴心受拉和偏心受拉两种类型，本章主要讲述受拉构件正截面抗拉承载力、斜截面抗剪承载力的计算原理、设计方法和相关构造要求。

教学目标

掌握轴心受拉构件和偏心受拉构件的正截面承载力计算。

重点和难点

1. 大、小偏心受拉区分标准；

2. 小偏心受拉和大偏心受拉截面承载能力计算的差异。

7.1　概　　述

钢筋混凝土受拉构件分轴心受拉和偏心受拉两种。当轴力 N 作用在截面形心时，称为轴心受拉构件。在实际工程中真正的轴心受拉构件是不存在的。对于图 7-1（a）中屋架下弦及 ab、bc 腹杆，当自重及节点位移引起的弯矩很小时，这些构件可近似地按轴心受拉构件计算。如图 7-1（b）所示的圆形水池池壁，在静水压力作用下，垂直于池壁的水平方向处于环向受拉，可按轴心受拉构件计算。当轴向力 N 作用偏离截面形心时，或截面上既作用有纵向拉力 N，又作用弯矩 M 时，则称为偏心受拉构件。如图 7-1（c）所示承受节间荷载的悬臂桁架上弦，图 7-1（d）所示的矩形水池的池壁，垂直池壁的截面同时受到轴心拉力 N 和平面外 M 的作用，这些构件都属于偏心受拉构件。

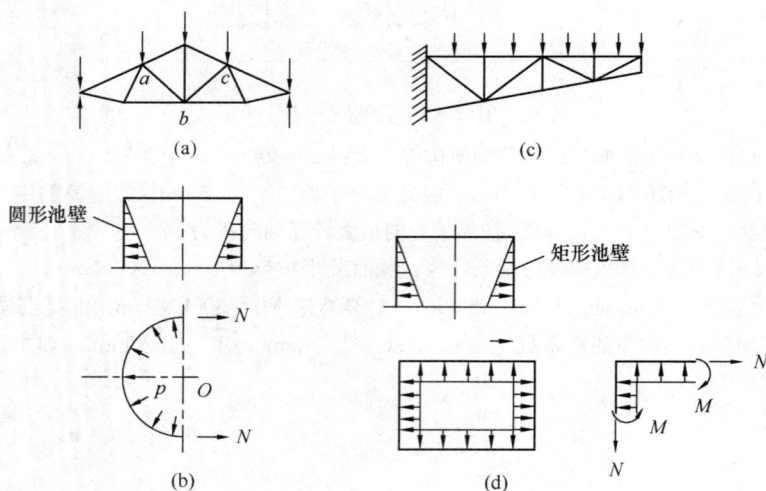

图 7-1　受拉构件工程实例

7.2 轴心受拉构件承载力计算和设计

7.2.1 承载力计算

对于钢筋混凝土轴心受拉构件，混凝土开裂前，混凝土与钢筋共同承受拉力。混凝土开裂后，开裂截面的混凝土退出工作，拉力全部由钢筋承担，当钢筋达到屈服时，就认为轴心受拉构件达到极限承载力。图 7-2 为轴心受拉构件抗拉承载力计算简图。由力的平衡条件得到轴心受拉构件的承载力公式为

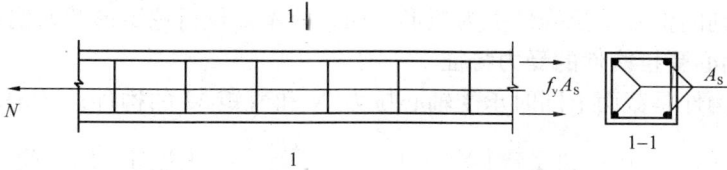

图 7-2　轴心受拉构件承载力计算简图

$$N_{ul} = A_s f_y \tag{7-1}$$

式中　N_{ul} ——钢筋混凝土轴心受拉构件的抗拉承载能力；

　　　A_s、f_y ——纵向受拉钢筋的截面面积及抗拉强度设计值。

7.2.2 抗拉承载能力设计公式

由第 2 章知，轴心受拉构件抗拉承载能力极限状态设计表达式为

$$\gamma_0 N \leqslant N_{ul} \tag{7-2}$$

式中　N ——按规范规定计算得到的轴向拉力设计值；

　　　N_{ul} ——按规范规定计算得到轴心受拉构件的抗拉承载能力设计值；

　　　γ_0 ——规范规定的结构重要性系数。

1. 建筑工程

$$N \leqslant A_s f_y \tag{7-3}$$

式中　N ——《混凝土结构设计规范》规定的轴向拉力设计值（已考虑结构重要性系数）；

　　　f_y ——纵向钢筋抗拉强度设计值，见附表 3-9；

　　　A_s ——纵向受拉钢筋的截面面积。

2. 公路桥梁工程

$$\gamma_0 N_d \leqslant A_s f_{sd} \tag{7-4}$$

式中　N ——《公路桥梁规范》规定的轴向拉力设计值；

　　　γ_0 ——《公路桥梁规范》规定的结构重要性系数；

　　　f_{sd} ——纵向钢筋抗拉强度设计值，见附表 3-19。

7.2.3 构造要求

轴心受拉构件为避免脆性破坏，其截面配筋率应满足轴心受拉构件 ρ_{min} 的要求。箍筋从受力的角度来看，并无要求。但为了形成钢筋骨架，保证纵向受拉钢筋在截面上位置正确，仍需配置一定量的箍筋。如屋架下弦箍筋间距 @≤200mm，腹杆 @≤150mm。箍筋直径 $d=4\sim6$mm。

【例题 7-1】 某建筑工程钢筋混凝土屋架下弦，截面尺寸 $b \times h = 200$mm$\times 140$mm，下

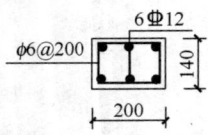

图 7-3 【例题 7-1】
配筋图

弦杆端部承受最大拉力设计值为 $N = 220\text{kN}$，混凝土为 C35，钢筋为 HRB400。求受拉钢筋 A_s。

【解】 $A_s = \dfrac{N}{f_y} = \dfrac{220000}{360} = 611.1\text{mm}^2$，选 6 Φ 12（$A_s = 678\text{mm}^2$），配筋图如图 7-3 所示。

7.3　偏心受拉构件承载力计算和设计

工程上遇到的偏心受拉构件多为矩形截面，故本章仅讨论矩形截面偏心受拉构件。

7.3.1　偏心受拉构件的受力特征

偏心受拉构件是截面上同时承受轴心拉力 N 和弯矩 M 的构件。其偏心距 $e_0 = M/N$ 介于轴心受拉（$e_0 = 0$）和受弯$\left(N = 0, e_0 = \dfrac{M}{N} = \infty\right)$之间。偏心受拉的受力特性与偏心距 e_0 密切相关。当偏心距 $e_0 < h/6$（矩形截面核心之值）时，构件全截面受拉，应力如图 7-4（a）所示；当偏心距 e_0 稍大（$h/6 \leqslant e_0 \leqslant h/2 - a_s$）时，截面一侧受拉一侧受压，应力如图 7-4（b）所示。在上述偏心距范围内，随 N 值的增大，受拉较大一侧混凝土先开裂，并迅速向对边裂通。由于混凝土退出工作，纵向拉力 N 全由 A_s 和 A'_s 承担，只是 A_s 承担拉力大于 A'_s 承担的拉力。

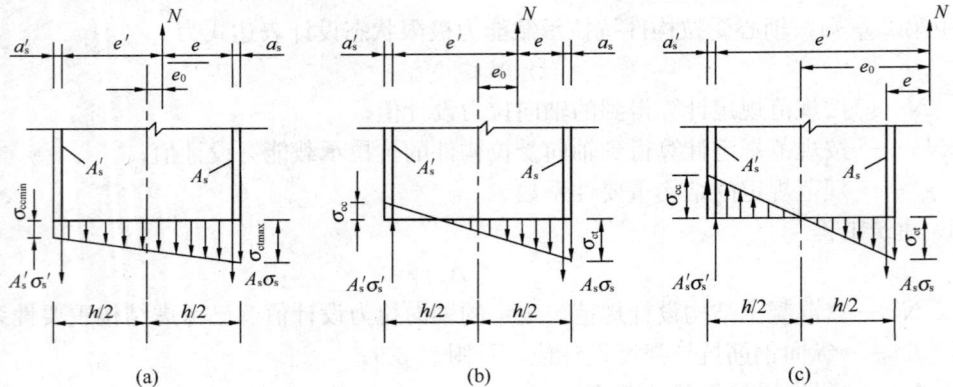

图 7-4　偏心受拉构件的几种受力情况
(a) $e_0 < h/6$；(b) $h/6 \leqslant e_0 \leqslant h/2 - a_s$；(c) $e_0 > h/2 - a_s$

当两侧钢筋（A_s 和 A'_s）都达到屈服时（图 7-5a），截面进入抗拉破坏极限状态。当偏心距 $e_0 > \dfrac{h}{2} - a_s$ 时，应力如图 7-4（c）所示。此时，受压区明显增大，随着 N 值的增加，靠近偏心拉力 N 一侧的混凝土先裂，但不会裂通，直到破坏，仍保持一定的受压区。其最终破坏取决于靠近偏心拉力一侧的 A_s 钢筋数量。当 A_s 适量时，A_s 先达到受拉屈服，随着 N 的增大，裂缝开展，混凝土受压区逐渐缩小，最后以受压区混凝土达到抗压强度 $\alpha_1 f_c$ 进入承载力极限状态（图 7-5b），其破坏特征与大偏心受压破坏。当 A_s 过量时，受压区混凝土先被压坏，A_s 达不到屈服，此种构件类似超筋受弯构件，是设计时应该避免的。

由上述可知：当 $e_0 \leqslant \dfrac{h}{2} - a_s$ 时，为小偏心受拉，破坏类似轴心受拉构件；当 $e_0 > \dfrac{h}{2} - a_s$

时，为大偏心受拉，破坏类似大偏心受压构件。

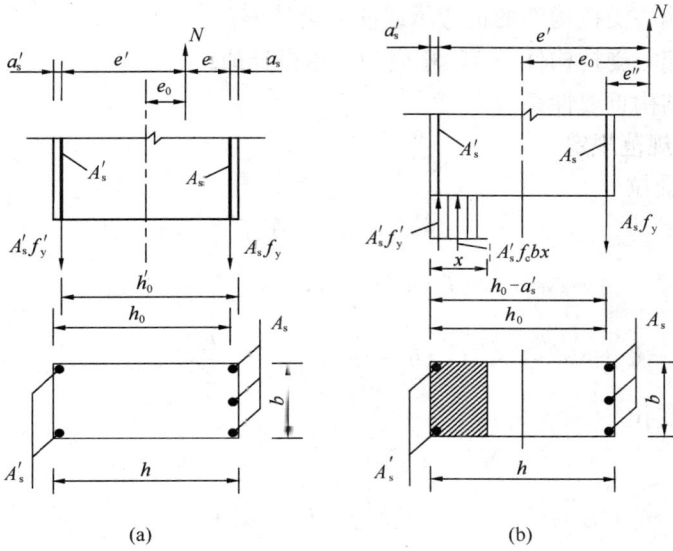

图 7-5　大、小偏心受拉的计算图式

(a) $e_0 \leqslant h/2 - a_s$，小偏心受拉；(b) $e_0 > h/2 - a_s$，大偏心受拉

7.3.2　矩形截面偏心受拉构件正截面承载力计算

类似于偏心受压构件，偏心受拉构件正截面承载能力分为抗弯和抗拉两部分。

1. 小偏心受拉构件

当偏心拉力 N 作用在 A_s 和截面形心轴之间时（即 $\frac{h}{2} - a_s \geqslant e_0 > 0$），属小偏心受拉。

按图 7-5 (a) 由力和力矩平衡条件得到正截面承载力计算公式：

$$N_{u1} = A_s f_y + A'_s f'_y \tag{7-5}$$

$$M_{u1} = A_s f_y (h'_0 - a_s) \tag{7-6}$$

或

$$M_{u1} = A'_s f'_y (h_0 - a'_s) \tag{7-7}$$

2. 大偏心受拉构件

当偏心拉力作用在 A_s 和 A'_s 之外（即 $e_0 > \frac{h}{2} - a_s$）时，构件属大偏心受拉。如图 7-5 (b) 所示，以受压区矩形应力图代替曲线应力图。由力和力矩平衡条件得到正截面承载力计算公式：

$$N_{u2} = A_s f_y - A'_s f'_y - \alpha_1 f_c b x \tag{7-8}$$

$$M_{u2} = \alpha_1 f_c b x \left(h_0 - \frac{x}{2} \right) + A'_s f'_y (h_0 - a'_s) \tag{7-9}$$

7.3.3　矩形截面偏心受拉构件正截面承载力设计公式

根据第 2 章要求，偏心受拉构件正截面承载力设计表达式为

$$\gamma_0 N \leqslant N_u$$
$$\gamma_0 M \leqslant M_u \tag{7-10}$$

式中　N_u——偏心受拉构件的轴向抗拉承载能力设计值；

N ——轴向拉力设计值，按有关规范规定考虑；

M_u ——偏心受拉构件的抗弯承载能力设计值；

M ——偏心受拉构件与 M_u 相应的弯矩设计值；

γ_0 ——结构重要性系数。

1. 建筑工程规范规定

（1）小偏心受拉

$$N \leqslant A_s f_y + A'_s f'_y \tag{7-11}$$

$$Ne \leqslant A_s f_y (h'_0 - a_s), e = \frac{h}{2} - a_s - e_0 \tag{7-12a}$$

或
$$Ne' \leqslant A'_s f'_y (h_0 - a'_s), \ e' = \frac{h}{2} - a'_s + e_0 \tag{7-12b}$$

（2）大偏心受拉

$$N \leqslant A_s f_y - A'_s f'_y - \alpha_1 f_c bx \tag{7-13}$$

$$Ne'' \leqslant \alpha_1 f_c bx \left(h_0 - \frac{x}{2} \right) + A'_s f'_y (h_0 - a'_s), e'' = e_0 - \left(\frac{h}{2} - a_s \right) \tag{7-14}$$

式中 N ——《混凝土结构设计规范》规定的轴力设计值（已考虑结构重要性系数）；

$f_y(f'_y)$ ——钢筋抗拉（抗压）强度设计值，见附表 3-9；

f_c ——混凝土轴心抗压强度设计值，见附表 3-2。

与受弯构件类似，式（7-10）和式（7-11）需满足下列条件：

$$x \leqslant \xi_b h_0$$

$$x \geqslant 2a'_s$$

$$A_s \geqslant \rho_{min} bh_0$$

2. 公路桥梁规范公式

（1）小偏心受拉构件

$$\gamma_0 N_d \leqslant A_s f_{sd} + A'_s f'_{sd} \tag{7-15}$$

$$\gamma_0 N_d e \leqslant A_s f_{sd} (h'_0 - a_s) \tag{7-16}$$

或
$$\gamma_0 N_d e' \leqslant A'_s f'_{sd} (h_0 - a'_s)$$

（2）大偏心受拉构件

$$\gamma_0 N_d \leqslant A_s f_{sd} - A'_s f'_{sd} - \alpha_1 f_{cd} bx \tag{7-17}$$

$$\gamma_0 N_d e' \leqslant \alpha_1 f_{cd} bx \left(h_0 - \frac{x}{2} \right) + A'_s f'_{sd} (h_0 - a'_s) \tag{7-18}$$

上式适用条件：

$$x \leqslant \xi_b h_0$$

$$x \geqslant 2a'_s$$

$$A_s \geqslant \rho_{min} bh_0$$

式中 N_d ——《公路桥梁规范》规定的轴力设计值；

γ_0 ——桥梁结构重要性系数；

$f_{sd}(f'_{sd})$ ——钢筋抗拉（抗压）强度设计值，见附表 3-19；

f_c ——混凝土轴心抗压强度设计值，见附表 3-15。

7.3.4 设计方法

1. 小偏心受拉构件

（1）截面设计

由式（7-12），可得

$$A_s = \frac{Ne'}{f_y(h_0' - a_s)} \tag{7-19}$$

$$A_s' = \frac{Ne}{f_y(h_0' - a_s')} \tag{7-20}$$

（2）承载力校核：已知 A_s、A_s' 和 e_0，由式（7-7）和式（7-12）分别求出可能的纵向力 N，选其中较小者即为偏心拉力的设计值。

2. 大偏心受拉构件

（1）截面选择

在截面选择中，大偏心受拉可遇到下列两种情况。

1）第一种情况：已知 A_s'，求 A_s。

由式（7-13）和式（7-14）联立方程组，解出 A_s' 和 x。由式（7-14）解出 x，或直接求得受压区的相对高度 ξ，即

$$\xi = 1 - \sqrt{1 - 2\frac{Ne'' - A_s'f_y(h_0 - a_s')}{\alpha_1 f_c b h_0^2}} \tag{7-21}$$

① 若 $\xi_b \geqslant \xi \geqslant 2a_s'/h_0$，则可将：$x = \xi h_0$。代入式（7-13）求得近偏心拉力 N 一侧的受拉钢筋 A_s 为

$$A_s = \frac{N + \alpha_1 f_c \xi b h_0 + A_s' f_y'}{f_y} \tag{7-22}$$

② 若 $\xi < 2a_s'/h_0$ 或为负值，表明 A_s' 处于混凝土受压区合力点的内侧，A_s' 达不到屈服。此时，与受弯构件类似，可假定 $\xi = \frac{2a_s}{h_0}$（即受压区混凝土合力与 A_s' 筋合力点重合）进行计算 A_s。但要注意，按此计算的 A_s 不应超过按不考虑受压钢筋（即 $A_s' = 0$）计算的受拉钢筋面积。

③ $\xi \geqslant \xi_b$，表明 A_s' 过少，不满足适用条件，必须按第二种情况重新求 A_s'。

2）第二种情况：A_s 和 A_s' 均未知。

因为平衡方程只有式（7-13）和式（7-14）二个，而未知数有 A_s、A_s' 和 x，需补充一个条件：$A_s + A_s'$，钢筋总量最小，即令 $x = \xi_b h_0$（充分利用混凝土的抗压强度），将 x 代入式（7-14）和式（7-13）可求得 A_s'，为

$$A_s' = \frac{Ne'' - \xi_b(1 - 0.5\xi_b)bh_0^2 \alpha_1 f_c}{f_y'(h_0 - a_s')} \tag{7-23}$$

$$A_s = \frac{\alpha_1 f_c b h_0 \xi_b + N + A_s' f_y'}{f_y} \tag{7-24}$$

若求出 A_s' 为负值或小于 $\rho_{min}bh$，则应按 ρ_{min} 构造要求配置 A_s'。然后按第一种情况（已知 A_s'），求 A_s。

（2）承载力校核

与大偏心受压类似，由基本公式（7-13）和式（7-14）消去 N，解得 x，如 $2a_s' \leqslant x$

$\leqslant \xi_b h_0$ 满足适用条件，则可按式（7-13）求得 N。

1）如 $x > \xi_b h_0$，表明 A_s 配置过多，A_s 达不到屈服，按公式 $\sigma_s = \dfrac{\xi - \beta_1}{\xi_b - \beta_1} f_y$ 计算受拉钢筋的应力 σ_s，再对 N 作用点取矩，重新求得 x，再把 x 代入式（7-13），即可求得 N。

2）如 $x < 2a'_s$ 表明 A'_s 配置过多，计算上已不需要受压混凝土参与平衡偏心拉力。可近似假定受压区混凝土的压力与受压钢筋 A'_s 合力作用点重合。对 A'_s 形心取矩，得

$$Ne' = A_s f_y (h_0 - a'_s) \tag{7-25}$$

$$N = \frac{A_s f_y (h_0 - a'_s)}{e'}$$

7.3.5 对称配筋偏心受拉构件

当采用对称配筋的矩形截面偏心受拉构件时，对小偏心受拉情况可由公式（7-12b）求 A_s，对大偏心受拉情况由公式（7-13）求出 x 是负值，要按 $x = 2a_s$ 计算 A_s。显然，其计算公式相同，均可表示为

$$A_s = A'_s = \frac{Ne'}{f_y(h'_0 - a_s)} \tag{7-26}$$

【例题 7-2】 某建筑工程偏心受拉构件已知：截面 $b \times h = 1000\text{mm} \times 250\text{mm}$，$a_s = a'_s = 25\text{mm}$，承受轴向拉力设计值 $N = 300\text{kN}$，弯矩设计值 $M = 70\text{kN} \cdot \text{m}$，混凝土为 C35，HRB400 钢筋。求 A_s 及 A'_s。

【解】 （1）材料性能及几何特征

$f_t = 1.57\text{N/mm}^2, f_c = 16.7\text{N/mm}^2, f_y = f'_y = 360\text{N/mm}^2, \alpha_1 = 1, \xi_b = 0.518, h = 250\text{mm}$

（2）判别大小偏心

$$e_0 = \frac{M}{N} = \frac{70 \times 10^3 \times 10^3}{300 \times 10^3} = 233.3\text{mm} > \frac{h}{2} - a_s = \frac{250}{2} - 25 = 100\text{mm}$$

属大偏心受拉。

$$e'' = e_0 - \frac{h}{2} + a_s = 233.3 - \frac{250}{2} + 25 = 133.3\text{mm}$$

$$h_0 = 250 - 25 = 225\text{mm}$$

（3）求 A'_s 和 A_s

由式（7-20），得

$$A'_s = \frac{Ne'' - \xi_b(1 - 0.5\xi_b)bh_0^2 \alpha_1 f_c}{f'_y(h_0 - a'_s)}$$

$$= \frac{300 \times 10^3 \times 133.3 - 0.518(1 - 0.5 \times 0.518) \times 1000 \times 225^2 \times 1 \times 16.7}{360(225 - 25)} < 0$$

则应按 $\rho_{\min} = \max(0.2\%, 0.45 f_t / f_y) = \max(0.2\%, 0.196\%)$，配置 A'_s

$$A'_s = 0.002bh = 0.002 \times 1000 \times 250 = 500\text{mm}^2$$

按构造要求，选 $\Phi 12@200$（$A'_s = 565\text{mm}^2$）

（4）已知 A'_s 求 A_s

由式（7-18），求 ξ 得

$$\xi = 1 - \sqrt{1 - 2\frac{Ne'' - A'_s f_y(h_0 - a'_s)}{\alpha_1 f_c bh_0^2}}$$

$$= 1 - \sqrt{1 - 2\frac{300 \times 10^3 \times 133.3 - 565 \times 360(225 - 25)}{1 \times 16.7 \times 1000 \times 225^2}} = 0.016$$

$$x = \xi h_0 = 0.016 \times 225 = 3.6\text{mm} < 2a'_s = 2 \times 25 = 50\text{mm}$$

取 $x = 2a'_s$，并对 A'_s 合力点取矩，得

$$A_s = \frac{Ne'}{f_y(h_0 - a'_s)} = \frac{300 \times 10^3 \left(233.3 + \frac{250}{2} - 25\right)}{360(225 - 25)} = 1388.75\text{mm}^2$$

现考虑 $A'_s = 0$，即 $M_1 = f'_y A'_s (h_0 - a'_s) = 0$，$M_2 = Ne - M_1 = Ne$。

$$a_s = \frac{Ne}{\alpha_1 f_c b h_0^2} = \frac{300 \times 10^3 \times 133.3}{1 \times 16.7 \times 1000 \times 225^2} = 0.047$$

查附表 4-4，得 $\xi = 0.048$

$$A_s = \xi \frac{\alpha_1 f_c}{f_y} b h_0 + \frac{N}{f_y}$$

$$= 0.048 \frac{1 \times 16.7}{360} \times 1000 \times 225 + \frac{300 \times 10^3}{360}$$

$$= 1334.3\text{mm}^2$$

取其中较小者配 A_s，即 $A_s = 1334.3\text{mm}^2$，选 $\Phi 14@110$（$A_s = 1399\text{mm}^2$），截面配筋见图 7-6。

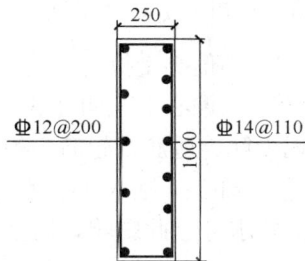

图 7-6　【例题 7-2】配筋图

7.4　矩形截面偏心受拉构件斜截面承载力计算

偏心受拉构件，截面上除作用有 M、N 外，一般同时还作用有剪力 V，故偏心受拉构件除作正截面抗拉和抗弯承载力计算外，尚需进行斜截面抗剪承载力计算。试验表明：(1) 轴向拉力 N 的存在将使构件的受剪承载力明显降低，降低的幅度随轴向拉力 N 的增大而增大；(2) 箍筋抗剪能力并不受轴心拉力的影响，保持与受弯构件相似的水平。考虑偏心受拉上述特点，《混凝土结构设计规范》斜截面承载力公式可表达为：

$$V \leqslant \frac{1.75}{\lambda + 1} f_t b h_0 + f_{yv} \frac{n A_{sv1}}{S} h_0 - 0.2N \tag{7-27}$$

式中　N——与剪力设计值 V 相应的轴向拉力设计值；

A_{sv1}——单肢箍筋截面面积；

n——构件同一平面箍筋的肢数；

S——箍筋间距；

f_{yv}——箍筋抗拉强度设计值，偏心受拉构件的箍筋，应满足受弯构件箍筋的构造要求；

λ——计算截面剪跨比，取值同偏心受压构件。

【提示】 公式 (7-27) 右边一、二两项与受集中力作用的受弯构件形式相同，第三项则考虑了轴向拉力 N 对抗剪承载力的降低作用。《规范》规定，式 (7-27) 右边的计算值小于 $f_{yv} \frac{n A_{sv1}}{S} h_0$ 时，取 $f_{yv} \frac{n A_{sv1}}{S} h_0$，且 $f_{yv} \frac{n A_{sv1}}{S} h_0$ 值不得小于 $0.36 f_t b h_0$。

本　章　小　结

1. 钢筋混凝土轴心受拉构件的破坏特征是：裂缝贯穿整个横截面，混凝土退出工作，

拉力全部由钢筋承担，受拉钢筋均能达到 f_y。

2. 钢筋混凝土偏心受拉构件，根据偏心拉力作用位置的不同，可分为两种：一种是偏心拉力作用在 A_s 和 A'_s 之间，即 $e_0 < \dfrac{h}{2} - a_s$，称为小偏心受拉；另一种是偏心拉力作用在 A_s 和 A'_s 之外，即 $e_0 > \dfrac{h}{2} - a_s$，称为大偏心受拉。

3. 小偏心受拉构件的破坏特征与轴心受拉构件相似，破坏时拉力也全部由钢筋承担。

4. 大偏心受拉构件的破坏特征与受弯构件相似。按受拉钢筋配筋率 ρ 的多少，也将出现少筋、适筋、超筋 3 种破坏状态。

5. 轴心拉力 N 的存在削弱了偏心受拉构件斜截面的抗剪承载力，建筑工程设计规范明确要求考虑此影响，而公路桥梁设计规范暂不考虑。

思 考 题

7.1 列举工程中钢筋混凝土受拉构件有哪些？

7.2 大小偏心受拉构件破坏特征主要差别是什么？如何区分？

7.3 大偏心受拉构件正截面承载力公式与大偏心受压正截面承载力公式有何异同？

7.4 轴心拉力 N 对有横向集中力作用的偏拉（或拉弯）构件斜截面抗剪承载力有何影响？建筑工程设计规范和公路桥梁设计规范是如何考虑的？

习 题

7.1 某建筑工程悬臂桁架上弦截面为矩形 $b \times h = 200\text{mm} \times 300\text{mm}$，轴向拉力设计值 $N = 250\text{kN}$，弯矩设计值 $M = 22.5\text{kN} \cdot \text{m}$，混凝土为 C35，钢筋为 HRB400 级，$a_s = a'_s = 35\text{mm}$，试计算截面纵向受力钢筋 A_s 和 A'_s。

7.2 某桥梁工程面偏心受拉构件，截面尺寸 $b \times h = 1000\text{mm} \times 300\text{mm}$，$a_s = a'_s = 35\text{mm}$，承受轴力拉力设计值 $N_j = 180\text{kN}$，弯矩设计值 $M_j = 100\text{kN} \cdot \text{m}$，混凝土为 C35，钢筋为 HRB400 级。求 A_s 和 A'_s（注：配筋沿 $b = 1000\text{mm}$ 长度上均匀布置）。

第8章 钢筋混凝土受扭构件承载力分析和设计

本章阐述了混凝土构件平衡扭转和约束扭转的概念以及纯扭构件开裂扭矩的弹性、塑性计算公式。介绍了矩形、T形和箱形截面纯扭构件的受力性能和受扭承载力的计算方法；分析了钢筋混凝土构件在弯矩、剪力和扭矩共同作用下的受力性能和复合受扭承载力计算原理与步骤，总结了受扭构件配筋的构造要求。

教学目标

1. 理解不同截面抗扭塑性抵抗矩计算方法；2. 理解按变角度空间桁架模型计算受扭构件抗扭承载力的基本思路；3. 掌握弯剪扭构件的配筋计算；4. 熟悉受扭构件的构造要求。

重点和难点

1. 钢筋混凝土纯扭构件的受力特点；2. 变角度空间桁架机理；3. 纯扭构件受扭承载力计算；4. 剪扭构件受剪承载力和受扭承载力计算。截面抗扭塑性抵抗矩计算方法和变角度空间桁架原理是本章的难点。

8.1 概　　述

实际工程中钢筋混凝土构件大多承受弯、剪、扭等复合作用。如厂房中受横向水平力作用的吊车梁（图 8-1a）、雨篷梁（图 8-1b）、曲梁、框架的边梁（图 8-1c）以及螺旋楼梯（图 8-1d）等。

扭转分为两类：（1）平衡扭转，即构件中的扭矩由荷载引起，其值可由平衡条件直接求出，属于静定问题，如图 8-1（a）、（b）中的吊车梁和雨篷梁。对于平衡扭转，构件必须提供足够的受扭承载力，否则便不能与外荷载产生的扭矩平衡而引起破坏。（2）约束扭转（也称协调扭转），即扭矩是由相邻构件的位移受到该构件的约束而引起的，扭矩值需根据变形协调条件方能求得，属于超静定问题，如图 8-1（c）所示的框架边梁因次梁负弯矩的作用而引起扭转，同时次梁负弯矩大小和框架边梁的抗扭刚度有关；图 8-1（d）中螺旋楼梯板的扭矩大小与上下边梁抗扭刚度有关。对于约束扭转，由于在受力过程中因混凝土的开裂和钢筋的屈服引起内力重分布，因此，扭矩的大小与各受力阶段构件的刚度比有关。

不同材料的扭转破坏形式各异。柔性材料如毛巾，由于只能抗拉，故在扭矩作用下沿主拉应力方向会发生纤维拉断，见图 8-2（a）；脆性材料如铸铁，因其抗拉强度低于抗压强度，所以扭转破坏面为三面受拉一面受压的空间曲面，见图 8-2（b）；韧性材料如抗拉、抗压强度均较高的 Q235 钢，其扭转破坏面为一平面，见图 8-2（c）；各向异性的木材，由于其顺纹抗剪强度小于横纹抗剪强度，故抗扭破坏形式为沿顺纹方向剪切破坏，见图 8-2（d）。

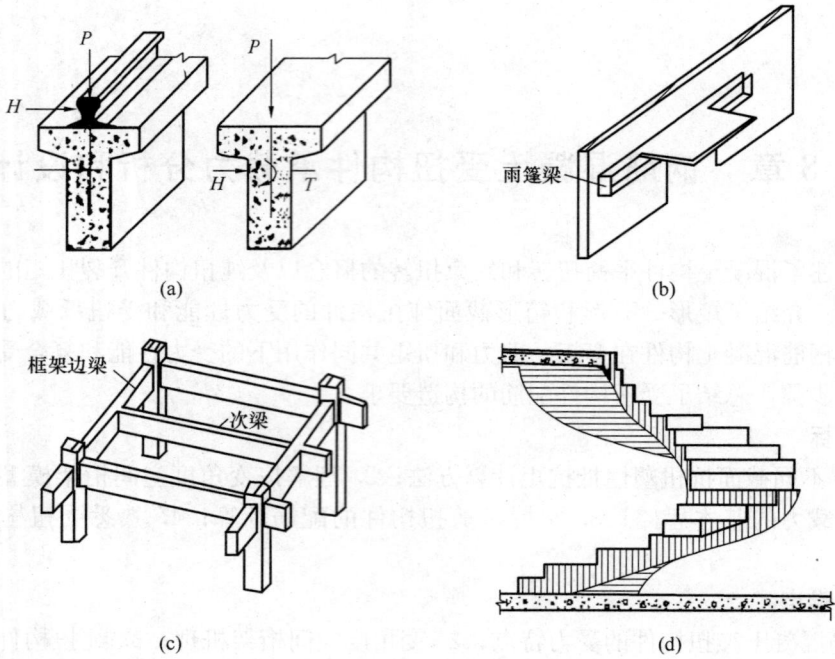

图 8-1 受扭构件

（a）平衡扭转-吊车梁；（b）平衡扭转-雨篷梁；（c）约束扭转-框架边梁；（d）约束扭转-螺旋楼梯

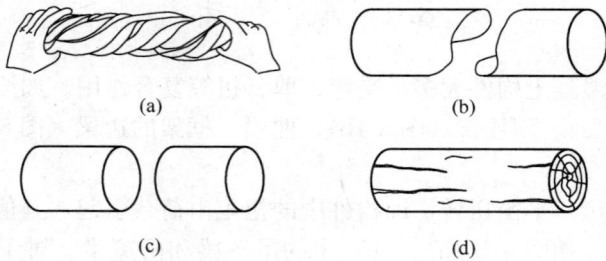

图 8-2 不同材料扭转破坏

（a）柔性材料-毛巾；（b）脆性材料-铸铁；（c）韧性材料-Q235钢；（d）各向异性材料-木材

　　本章主要介绍平衡扭转构件中纯扭构件和弯剪扭构件的受力性能及计算方法，对压弯剪扭和拉弯剪扭的计算作了简述，本章末归纳了受扭构件配筋的构造要求。

8.2　纯扭构件的开裂扭矩

8.2.1　矩形截面开裂扭矩

　　按弹性力学计算得到矩形截面受扭构件剪应力分布情况如图8-3（a）所示，其最大剪应力 τ_{max} 发生在截面长边中点处，按下式计算：

$$\tau_{max} = \frac{T}{\alpha b^2 h} \tag{8-1}$$

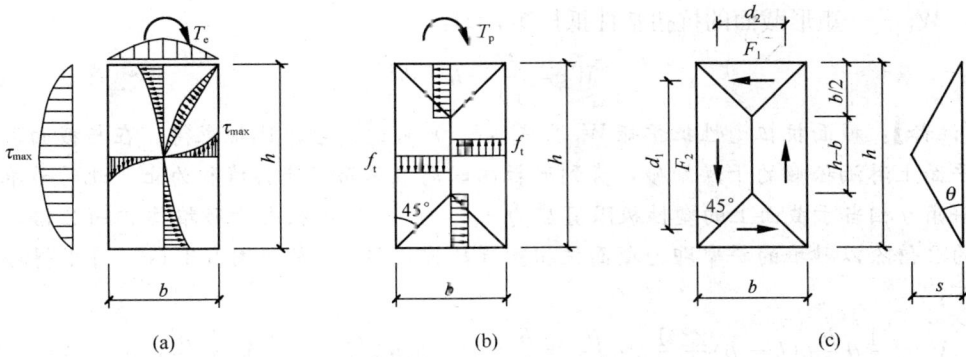

图 8-3 受扭截面的剪应力分布

(a) 弹性剪应力分布；(b) 塑性剪应力分布；(c) 开裂扭矩计算图

其中 α 为形状系数，按表 8-1 取值。对于狭长截面（$h/b \geqslant 10$）可取 $\alpha = 0.33$。

形状系数 α 表 8-1

b/h	1.0	1.2	1.5	2.0	2.5	3.0	4.0	5.0	10.0
α	0.141	0.166	0.196	0.229	0.246	0.263	0.281	0.291	0.312

按照弹性理论，当主拉应力 $\sigma_{tp} = \tau_{max} = f_t$ 时构件将出现裂缝，此时的扭矩为开裂扭矩 $T_{cr,e}$ 按下式计算：

$$T_{cr,e} = f_t W_{te} \tag{8-2}$$

式中 W_{te} ——截面受扭的弹性抵抗矩 $W_{te} = \alpha b^2 h$。

按塑性力学计算，截面上某一点的应力达到强度极限时，构件并未达到破坏，该点能保持极限应力不变而继续变形，整个截面仍能继续承担荷载，直至截面上各点应力均达到强度极限 f_t 时，构件才达到极限抗扭承载力，此时截面上的剪应力分布如图 8-3（b）所示。

设矩形截面受扭构件截面短边为 b，长边为 h，当截面上各点剪应力达到 $\tau_u = f_t$ 时，构件达到极限即开裂扭矩 $T_{cr,p}$。为便于计算，将截面上的剪应力近似划分为四个区，如图 8-3（c）所示，分别计算各区剪应力的合力，并对截面形心（扭转中心）取矩求和，可得开裂扭矩为：

$$T_{cr,p} = F_1 d_1 + F_2 d_2$$

式中 F_1 ——三角形部分剪应力的合力，$F_1 = \dfrac{b^2}{4} f_t$；

d_1 —— F_1 之间的距离，$d_1 = \dfrac{3h - b}{3}$；

F_2 ——梯形部分剪应力的合力，$F_2 = \dfrac{b}{4}(2h - b) f_t$；

d_2 —— F_2 之间的距离，$d_2 = \dfrac{3h - b}{3} \dfrac{b}{2h - b}$。

则塑性开裂扭矩为

$$T_{cr,p} = F_1 d_1 + F_2 d_2 = f_t \frac{b^2}{6}(3h - b) = f_t W_t \tag{8-3}$$

217

式中　W_t ——矩形截面的抗扭塑性抵抗矩，即：

$$W_t = \frac{b^2}{6}(3h - b) \tag{8-4}$$

【注释】：截面抗扭塑性抵抗矩 W_t 公式（8-4）可通过砂堆比拟求得。在与截面形状相同的平面上淋洒松散的干燥细砂，直到砂粒向四周滚落而不能再堆积为止。此时砂堆表面的倾斜角 θ 相当于截面上的塑性极限剪应力 $\tau_u = f_t$，扭矩相当于砂堆体积的 2 倍，砂堆体积的 2 倍除以砂堆的斜率即为截面抗扭塑性抵抗矩 W_t。参照图 8-3（c）可求得砂堆体积如下：

$$V = \frac{1}{2}\theta\frac{b}{2}b(h-b) + \frac{1}{3}b^2\theta\frac{b}{2} = \frac{b^2}{12}(3h-b)\theta , \ T_{cr,p} = 2V = \frac{b^2}{6}(3h-b)f_t$$

$$W_t = \frac{2V}{\theta} = \frac{b^2}{6}(3h-b)$$

混凝土是介于理想弹性和理想塑性之间的弹塑性材料，达到开裂极限状态时截面的应力状态既非理想弹性亦非理想塑性，故开裂扭矩 T_{cr} 应满足 $T_{cr,e} < T_{cr} < T_{cr,p}$。实用中，混凝土的开裂扭矩先近似按理想塑性材料的应力分布图形计算，又鉴于纯扭为拉压双向应力状态，混凝土的抗拉强度稍有降低，因此，在按理想塑性材料所得开裂扭矩的基础上，乘以一个折减系数以考虑上述影响。其数值由试验确定，一般在 0.7～0.8。

根据试验结果，《混凝土结构设计规范》偏安全地取修正系数为 0.7，则混凝土受扭构件开裂扭矩的计算公式为：

$$T_{cr} = 0.7 f_t W_t \tag{8-5}$$

8.2.2　T 形和工字形截面开裂扭矩

对于 T 形、工字形等开口截面，通过砂堆比拟方法可近似得到其抗扭截面塑性抵抗矩的计算公式。首先对截面进行分块，分块的原则是使 b^2h 值最大，具体做法为先寻找最宽的边，使以该边为宽度 b 所构成的矩形高度 h 最大。以图 8-4（a）T 形截面为例，划分截面时通常保持腹板的完整性，实际的砂堆体积见图 8-4（b），为简化计算可将图 8-4（b）123 部分挪到 $1' 2' 3'$ 处，砂堆形状即为图 8-4（c）所示。总抗扭塑性抵抗矩 W_t 等于腹板部分和翼缘部分叠加，即：

$$W_t = W_{tw} + W'_{tf} \tag{8-6}$$

同理工字形截面可类似地计算其截面抗扭塑性抵抗矩，$W_t = W_{tw} + W'_{tf} + W_{tf}$，参见

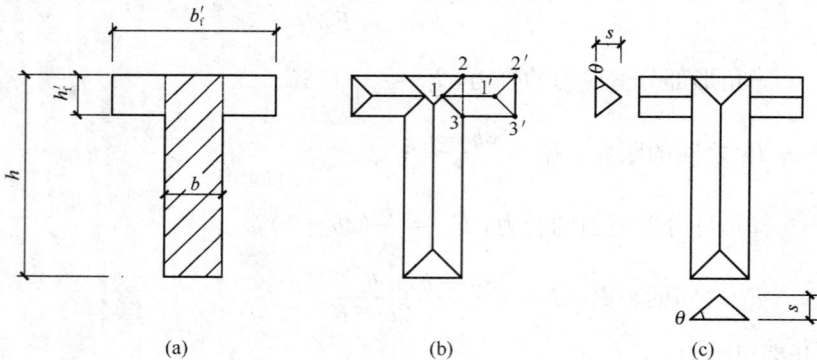

图 8-4　T 形截面

（a）T 形截面分区；（b）剪应力分布；（c）简化剪应力分布

图 8-5。

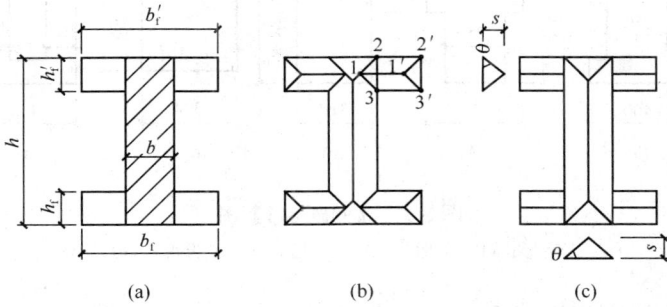

图 8-5 工字形截面

(a) 工字形截面分区；(b) 剪应力分布；(c) 简化剪应力分布

式中 W_{tw}、W'_{tf}、W_{tf} 分别为腹板、上下翼缘部分的抗扭塑性抵抗矩，按下列各式计算：

腹板 W_{tw}	二翼缘 W'_{tf}	下翼缘 W_{tf}
$W_{tw} = \dfrac{b^2}{6}(3h-b)$ (8-7)	$W'_{tf} = \dfrac{h_f'^2}{2}(b_f'-b)$ (8-8)	$W_{tf} = \dfrac{h_f^2}{2}(b_f-b)$ (8-9)

式中　b_f、b'_f ——截面受拉区、受压区的翼缘宽度；

　　　h_f、h'_f ——截面受拉区、受压区的翼缘高度。

对 T 形、工字形截面等带翼缘的构件，试验表明参与腹板受力的单侧有效受扭翼缘宽度一般不超过翼缘厚度的 3 倍，故《混凝土结构设计规范》规定，计算受扭构件承载力时，有效翼缘宽度应符合 $b'_f \leqslant b + 3h'_f$ 及 $b_f \leqslant b + 6h_f$ 的条件，且应满足 $h_w/b \leqslant 6$。

8.2.3　箱形截面开裂扭矩

对于封闭的箱形截面如图 8-6 (a) 所示，在扭矩作用下，剪应力沿截面周边较大，实际剪应力分布如图 8-6 (b) 所示。如果也采用分块方法，则剪应力分布改变如图 8-6 (c) 所示，沿内壁的剪应力方向相反了，按此计算的抗扭塑性抵抗矩远小于其应有值，很不合理。因此，合理的计算方法为抗扭塑性抵抗矩 W_t 取实心矩形截面与内部空心矩形截面抗扭塑性抵抗矩之差，即：

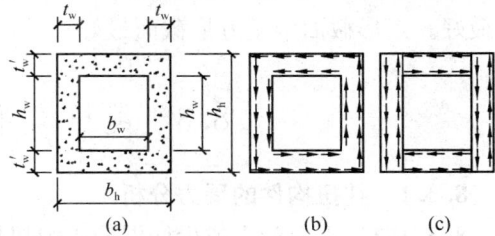

图 8-6　箱形截面梁

(a) 工字形截面；(b) 实际剪应力分布；
(c) 分块剪应力分布

$$W_t = \frac{b_h^2}{6}(3h_h - b_h) - \frac{b_w^2}{6}(3h_w - b_w) \tag{8-10}$$

式中　b_h、h_h ——箱形截面的宽度和高度；

　　　b_w、h_w ——内部空心部分的宽度和高度。

【例题 8-1】 矩形、T 形、工字形和箱形截面如图 8-7 所示，各截面面积基本相同，求各截面抗扭塑性抵抗矩 W_t。

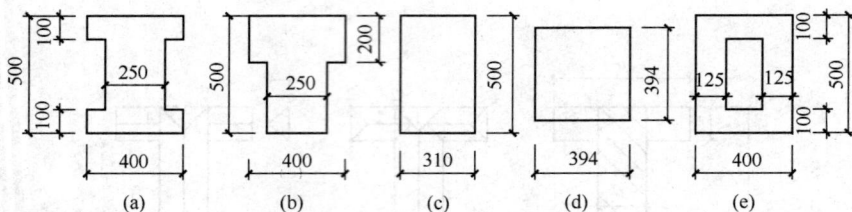

图 8-7　【例题 8.1】图

(a) 工字形；(b) T 形；(c) 长方形；(d) 正方形；(e) 箱形

【解】：(a) 工字形 腹板：$W_{tw} = \dfrac{0.25^2}{6}(3 \times 0.5 - 0.25) = 130 \times 10^{-4} \, \text{m}^3$

翼缘：$W_{tf} = W'_{tf} = \dfrac{0.1^2}{2}(0.4 - 0.25) = 7.5 \times 10^{-4} \, \text{m}^3, W_t = 145 \times 10^{-4} \, \text{m}^3$

(b) T 形 $W_{tw} = 130 \times 10^{-4} \, \text{m}^3, W'_{tf} = \dfrac{0.2^2}{2}(0.4 - 0.25) = 30 \times 10^{-4} \, \text{m}^3, W_t = 160 \times 10^{-4} \, \text{m}^3$

(c) 长方形 $W_t = \dfrac{0.31^2}{6}(3 \times 0.5 - 0.31) = 191 \times 10^{-4} \, \text{m}^3$

(d) 正方形 $W_t = \dfrac{0.394^2}{6}(3 \times 0.394 - 0.394) = 204 \times 10^{-4} \, \text{m}^3$

(e) 箱形 $W_t = \dfrac{0.4^2}{6}(3 \times 0.5 - 0.4) - \dfrac{0.15^2}{6}(3 \times 0.3 - 0.15) = 265 \times 10^{-4} \, \text{m}^3$

抗扭塑性抵抗矩之比为 (a)：(b)：(c)：(d)：(e) ＝1：1.1：1.3：1.4：1.8，由此可见，在面积相同的条件下，对抗扭而言，开口工字形截面最差，闭口箱形截面最好。矩形截面中正方形截面最好。

8.3　纯扭构件受扭承载力计算

8.3.1　纯扭构件的受力分析

8.3.1.1　素混凝土或少筋混凝土纯扭构件的受力分析

开裂前构件的受力状况与弹性扭转理论基本吻合。开裂前钢筋的应力很低，钢筋对开裂扭矩的影响很小，可忽略钢筋按匀质弹性材料考虑。由弹性力学可知，矩形截面受扭构件在扭矩 T 作用下，截面上将产生剪应力，并沿与剪应力成 45° 的方向产生主拉应力 σ_{tp} 和主压应力 σ_{cp}（图中未示出），其数值与截面最大剪应力相等，如图 8-8（a）所示。当主拉应力超过混凝土的抗拉强度时，混凝土将首先在截面某一长边中点处且垂直于主拉应力的方向上出现裂缝，裂缝与构件的纵轴线呈 45° 夹角，并沿主压应力轨迹线迅速向相邻两边延伸，最后形成三面开裂受拉、一面受压的空间扭曲面，如图 8-8（b）所示。构件破坏突然，呈现脆性特征。

8.3.1.2　钢筋混凝土纯扭构件的受力分析

由于受扭构件中主拉应力与构件的轴线成 45°，因此，抗扭钢筋最有效的配筋方式是

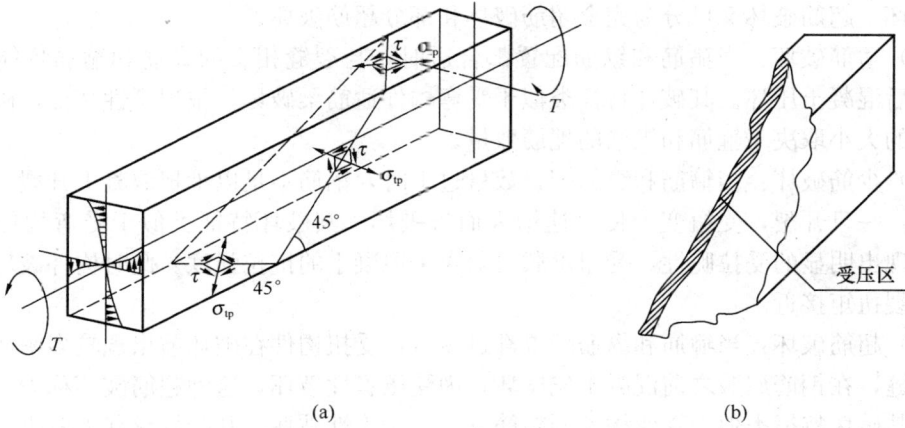

图 8-8　纯扭构件受力状态

(a) 开裂前的剪应力；(b) 破坏后的空间曲面

沿主拉应力轨迹线布置成螺旋形。但螺旋形配筋施工复杂且不能适应变号扭矩的作用。故在实际工程中，受扭构件配筋通常采用横向封闭箍筋与纵向抗扭钢筋组成的空间配筋方式来抵抗截面扭矩。其中纵筋类似于图 8-2 (a) 中柔性材料中纤维，承受拉应力，箍筋承受受拉混凝土开裂退出工作后转加的拉应力。见图 8-9 (a)。

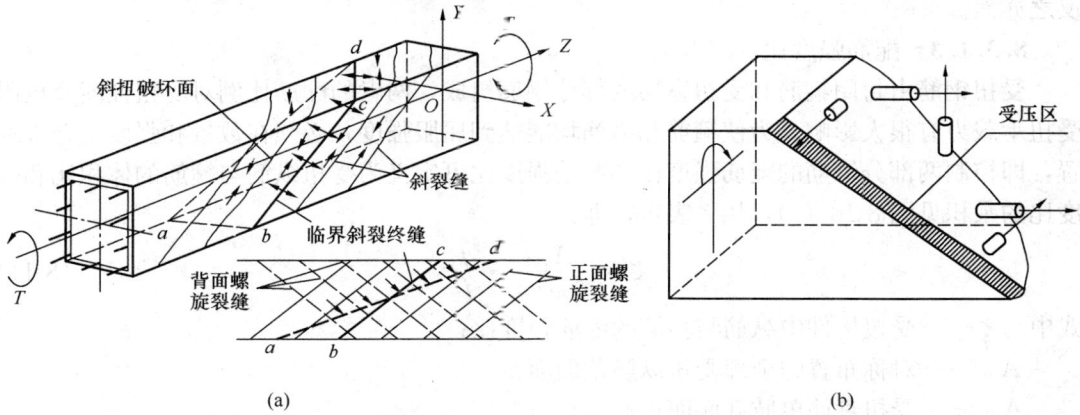

图 8-9　纯扭构件的破坏状况

(a) 破坏前受力状况；(b) 破坏后的空间曲面

对钢筋混凝土矩形截面纯扭构件，当扭矩达到开裂扭矩 T_{cr} 后，对于配筋适量的受扭构件，构件开裂后并不立即破坏，开裂前混凝土承担扭矩所产生的拉应力大部分将转由受扭钢筋（箍筋和纵筋）承担，抗扭刚度明显降低。随着外扭矩继续增大，构件表面出现多条近乎连续、与构件轴线成 45° 的螺旋形裂缝，并不断向构件内部和沿主压应力轨迹线发展延伸。当接近极限扭矩时，在构件长边上有一条裂缝发展成临界裂缝 bc 如图 8-9 (a) 所示，并向短边延伸到 ab、cd，与这条裂缝相交的箍筋和纵筋达到屈服，此后裂缝急速扩展，最后使 ad 面的混凝土压碎，形成一个空间扭曲破坏面，达到极限扭矩 T_u 如图 8-9 (b) 所示。

根据箍筋和纵筋配筋数量的多少，受扭构件的破坏形态可分为适筋破坏、少筋破坏、超筋破坏。超筋破坏又可分为完全超筋破坏和部分超筋破坏。

（1）适筋破坏：当箍筋和纵筋配置都合适时，与裂缝相交的纵筋和箍筋均能达到屈服，最后混凝土压坏。其破坏特征类似于受弯构件适筋梁破坏，呈现延性特征，破坏时极限扭矩的大小取决于箍筋和纵筋的配筋数量。

（2）少筋破坏：当箍筋和纵筋配置数量过少时，钢筋不足以承担混凝土开裂后释放的拉应力，一旦开裂，受扭变形便迅速增大而告破坏。其破坏特征类似于受弯构件的少筋梁，表现出明显的受拉脆性，受扭承载力取决于混凝土的抗拉强度。此时构件破坏时的扭矩与开裂扭矩接近。

（3）超筋破坏：当箍筋和纵筋配置都过多时，受扭构件在破坏前出现较多密而细的螺旋形裂缝，在钢筋屈服之前混凝土先压坏，为受压脆性破坏，这种超筋破坏称为完全超筋破坏。其破坏特征类似于受弯构件的超筋梁，属于脆性破坏，其受扭承载力取决于混凝土的抗压强度。当箍筋和纵筋的配筋比例相差过大时，破坏时还会出现两者中配筋率较小的一种钢筋达到屈服，而另一种钢筋未达到屈服的情况，这种破坏称为部分超筋破坏。这种破坏具有一定的延性，但小于适筋构件。

对于少筋破坏和完全超配筋破坏的受扭构件，由于破坏时脆性性质明显，故设计中不应采用；部分超配筋破坏的受扭构件，设计中可以采用，但不经济，如果受扭构件中箍筋数量相对较少时，抗扭承载力由箍筋控制，此时，即使多配纵筋也不能提高抗扭承载力，反之亦然。

8.3.1.3 配筋强度比

受扭钢筋由封闭箍筋和受扭纵筋两部分钢筋组成，两者的配筋比例对受扭性能及极限受扭承载力有很大影响。为使箍筋和纵筋均能达到屈服强度，必须在数量和强度上合理配置，即控制两部分钢筋的配筋强度比。配筋强度比可定义为受扭纵筋与箍筋的体积比和强度比的乘积见图 8-10（a），用 ζ 表示，即：

$$\zeta = \frac{A_{stl}s}{A_{st1}u_{cor}} \cdot \frac{f_y}{f_{yv}} \tag{8-11}$$

式中　ζ——受扭构件中纵筋与箍筋的配筋强度比；

A_{stl}——对称布置的全部受扭纵筋截面面积；

A_{st1}——受扭箍筋单肢截面面积；

s——抗扭箍筋的间距；

f_y——抗扭纵筋的抗拉强度设计值；

f_{yv}——抗扭箍筋的抗拉强度设计值；

u_{cor}——截面核心部分的周长，$u_{cor} = 2(b_{cor} + h_{cor})$；

其中 b_{cor} 和 h_{cor} 分别为从箍筋内皮计算所得截面核心的短边和长边尺寸，如图 8-10（b）所示。由试验结果，当 $0.5 \leqslant \zeta \leqslant 2.0$ 时，受扭构件破坏时纵筋和箍筋基本上都能达到屈服强度，但两种钢筋配筋量的差别不宜过大，《规范》建议 ζ 应满足：$0.6 \leqslant \zeta \leqslant 1.7$。当 $\zeta < 0.6$ 时，应增加纵筋或减少箍筋；当 ζ

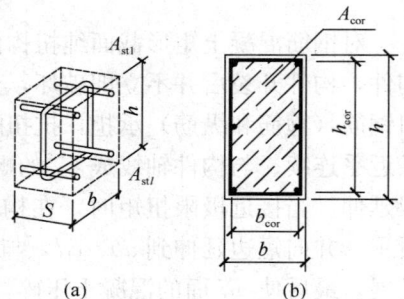

图 8-10　抗扭截面
(a) 纵筋与箍筋体积比；(b) 截面核心

> 1.7 时，取 $\zeta = 1.7$。工程设计中配筋强度比的常用范围为 1.0～1.3。

8.3.2 变角度空间桁架模型

钢筋混凝土受扭构件的承载能力计算模型主要有两种：一种是欧美采用的变角度空间桁架模型；另一种为苏联提出的斜弯曲破坏理论。我国规范采用的是前者，下面简单介绍变角度空间桁架模型的基本思路。按变角度空间桁架模型计算理论，钢筋混凝土受扭构件在裂缝充分发展且钢筋应力接近屈服强度时，构件截面核心混凝土作用很小，因此可以把原先实心截面视为箱形截面，并且整个构件受力可比拟为由图 8-11（a）所示的 2 榀竖向平面桁架和 2 榀水平平面桁架组成的空间桁架。其中，纵筋为桁架的受拉弦杆，箍筋为桁架的受拉腹杆，而斜裂缝间的混凝土相当于桁架的斜压腹杆。对于薄壁箱形截面，由弹性薄壁理论知，剪力流为 $q = \tau t_w$。由空间桁架受力平衡分析得到：（1）内外力平衡可知，剪力流对扭转中心取矩即产生平衡外部扭矩 T 的受扭承载力 T_u；（2）混凝土斜杆压力 N_d 的水平分力与纵筋的拉力平衡；（3）混凝土斜杆压力 N_d 的竖向分力与箍筋的拉力平衡（见图 8-11b 隔离体 ACD）。由上述平衡条件可求得混凝土斜压杆倾角 α 和截面抗扭承载能力 T_u 计算公式为：

$$\alpha = \mathrm{arccot}\sqrt{\zeta}$$

$$T_u = 2A_{cor}\sqrt{\zeta}A_{st1}f_{yv}/s = 2\cot\alpha A_{cor}A_{st1}f_{yv}/s。$$

注意到，上述混凝土斜压杆倾角 α 是随配筋强度比变化的，一般在 $3/5 \leqslant \tan\alpha \leqslant 5/3$，因而不同配筋的抗扭构件在比拟为空间桁架时斜杆倾角取值是不相同的。

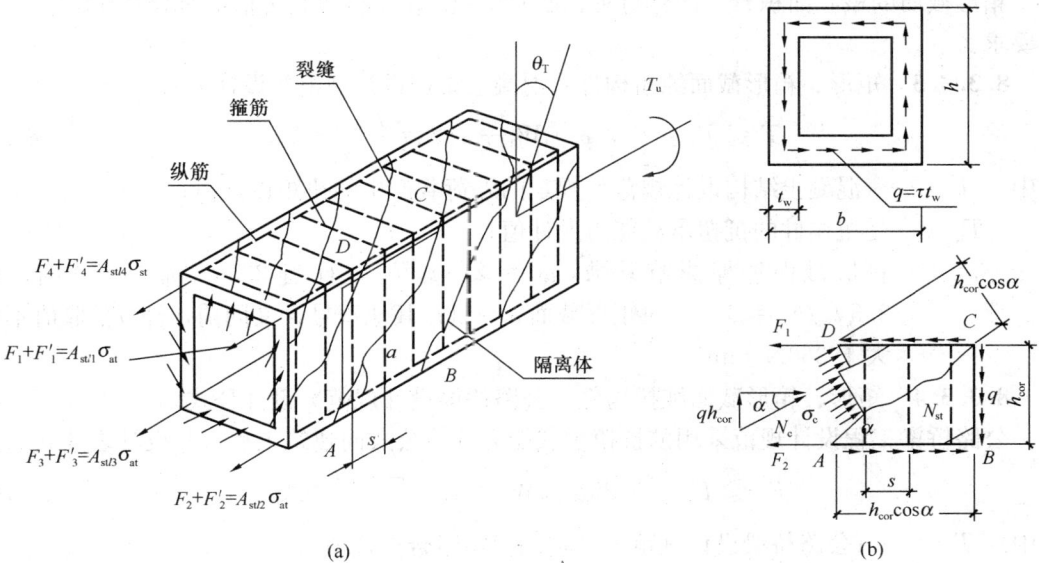

图 8-11 纯扭构件的破坏状况

（a）空间桁架模型；（b）截面剪力流及隔离体平衡

8.3.3 矩形、箱形截面纯扭构件受扭承载力计算和设计

8.3.3.1 矩形截面受扭计算公式

当抗扭箍筋和纵筋配置恰当，发生受扭破坏时，穿过裂缝的纵筋和箍筋均能达到屈服强度。则受扭构件的极限承载力 T_u 由两部分构成，即开裂后混凝土部分承担的抗扭作用

223

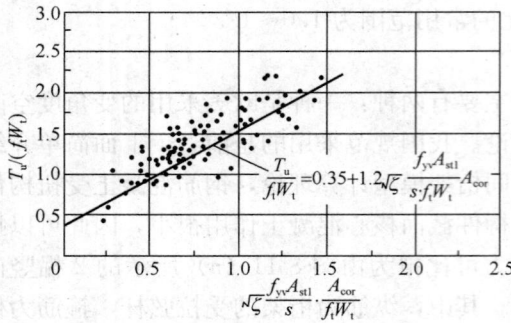

图 8-12　纯扭构件承载力试验结果

T_c，以及纵筋和箍筋承担的抗扭作用 T_s，即：

$$T_u = T_c + T_s \qquad (8\text{-}12)$$

基于空间桁架模型分析，取抗扭钢筋承担的扭矩与箍筋的面积和强度成正比，与箍筋的间距成反比。此外，考虑核心混凝土部分以及斜裂缝间混凝土的骨料咬合作用也可承担一定的扭矩。结合图 8-12 所示的试验结果，规定纯扭构件的受扭承载力 T_u 按下式计算：

$$T_u = 0.35 f_t W_t + 1.2\sqrt{\zeta}\,\frac{f_{yv} A_{stl}}{s} A_{cor} \qquad (8\text{-}13)$$

式中　A_{cor}——截面核心部分的面积，$A_{cor} = b_{cor} \times h_{cor}$；$f_t$、$W_t$、$\zeta$、$f_{yv}$、$A_{stl}$ 含义同前。

8.3.3.2　箱形截面纯扭构件受扭承载力计算

由空间桁架模型可知，实心截面与箱形截面的受扭承载力相近，计算中取实心截面等效壁厚 t_{ew} 为 $0.4b$。对于箱形截面，考虑到其实际壁厚 t_w 小于实心截面等效壁厚 t_{ew} 的情况，式（8-13）中的第一项乘以小于 1 的系数 α_h 进行折减，即有：

$$T_u = 0.35 \alpha_h f_t W_t + 1.2\sqrt{\zeta}\,\frac{f_{yv} A_{stl}}{s} A_{cor} \qquad (8\text{-}14)$$

箱形截面的核心面积 A_{cor} 计算与实心截面相同。配筋强度比 ζ 值应符合 $0.6 \leqslant \zeta \leqslant 1.7$ 的要求。

8.3.3.3　矩形、箱形截面纯扭构件《混凝土结构设计规范》设计公式

$$T \leqslant T_u = 0.35 \alpha_h f_t W_t + 1.2\sqrt{\zeta}\,\frac{f_{yv} A_{stl}}{s} A_{cor} \qquad (8\text{-}15)$$

式中　T——《混凝土结构设计规范》规定的外荷载产生的扭矩设计值；

T_u——受扭构件的抗扭承载能力设计值；

α_h——箱形截面壁厚影响系数，$\alpha_h = 2.5 t_w/b_h$，且当 $2.5 t_w/b_h > 1.0$ 时，取 $2.5 t_w/b_h = 1.0$，对矩形截面 $\alpha_h = 1$；其他符号含义同前，注 f_{yv} 取值不应大于 360N/mm^2。

8.3.3.4　矩形、箱形截面纯扭构件《公路桥梁设计规范》设计公式

公路桥梁工程设计规范采用的抗扭承载能力计算公式同建筑工程，其设计表达式为：

$$T_d \leqslant T_u = 0.35 \beta_a f_{td} W_t + 1.2\sqrt{\zeta}\,\frac{f_{yv} A_{stl}}{s} A_{cor} \qquad (8\text{-}16)$$

式中　T_d——《公路桥梁设计规范》规定的扭矩组合设计值；

β_a——箱形截面有效壁厚折减系数，当 $0.1b \leqslant t_2 \leqslant 0.25b$ 或 $0.1h \leqslant t_1 \leqslant 0.25h$ 时，取 $\beta_a = 4\dfrac{t_2}{b}$ 或 $\beta_a = 4\dfrac{t_1}{h}$ 二者较小值；当 $t_2 > 0.25b$ 和 $t_1 > 0.25h$ 时，取 $\beta_a = 1.0$（此处 t_1, t_2, b, h 见图 8-13，对矩形截面 $\beta_a = 1.0$）；

f_{td}——《公路桥梁设计规范》规定的混凝土抗拉强度设计值；

f_{yv}——《公路桥梁设计规范》规定抗扭箍筋的抗拉强度设计值，但取值不应大于 280N/mm^2。

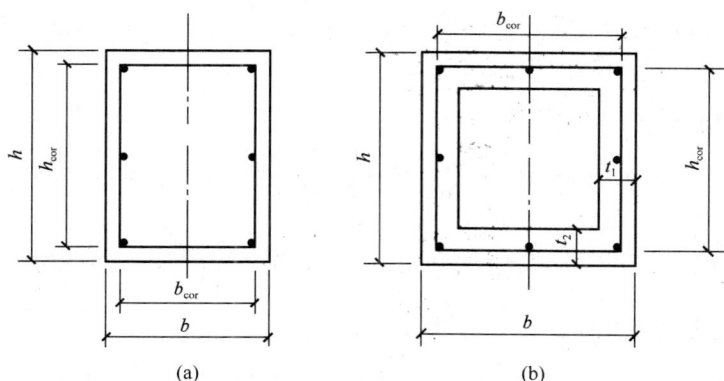

图 8-13 矩形和箱形截面受扭构件

(a) 矩形截面 ($h > b$); (b) 箱形截面 ($h > b$)

8.3.3.5 公式适用条件

(1) 避免超筋破坏

为防止配筋过多发生超配筋脆性破坏,受扭截面应满足以下限制条件:

当 $\dfrac{h_w}{b} \leqslant 4$ 时 $\qquad\qquad T \leqslant 0.20\beta_c f_c W_t$ (8-17a)

当 $\dfrac{h_w}{b} = 6$ 时 $\qquad\qquad T \leqslant 0.16\beta_c f_c W_t$ (8-17b)

当 $4 < \dfrac{h_w}{b} < 6$ 时,按线性内插法确定。

式中 $\quad h_w$——截面的腹板高度,对矩形截面,取有效高度 h_0;对 T 形截面,取有效高度减去翼缘高度;对工形和箱形截面,取腹板净高;

$\quad b$——矩形截面的宽度,T 形或工字形截面取腹板宽度,箱形截面取两侧壁总厚度 $2t_w$(t_w 为箱形截面壁厚);

$\quad \beta_c$——混凝土强度影响系数;

$\quad f_c$——混凝土轴心抗压强度设计值。

(2) 避免少筋破坏

为防止少筋脆性破坏,《混凝土结构设计规范》采用限制最小配筋率的控制条件,即受扭箍筋应满足最小配箍率的要求:

$$\rho_{st} = \frac{2A_{st1}}{bs} \geqslant \rho_{st,min} = 0.28\frac{f_t}{f_y}$$ (8-18)

受扭纵筋应满足最小配筋率的要求:

$$\rho_{tl} = \frac{A_{stl}}{bh} \geqslant \rho_{tl,min} = 0.85\frac{f_t}{f_y}$$ (8-19)

当扭矩小于开裂扭矩即 $T \leqslant T_{cr} = 0.7f_t W_t$ 时,可按构造要求配置受扭纵筋和箍筋。

【例 8-2】 已知某矩形截面受扭构件截面尺寸 $b \times h = 250\text{mm} \times 500\text{mm}$,混凝土强度等级 C30,纵筋采用 HRB400 级钢筋,箍筋采用 HPB300 级钢筋,扭矩设计值 $T = 18\text{kN} \cdot \text{m}$,混凝土保护层厚为 25mm,安全等级二级,环境类别为一类。试确定所需配置的抗扭钢筋。

【解】 （1）设计参数确定：$f_t = 1.43 \text{N/mm}^2$，$f_c = 14.3 \text{N/mm}^2$，$f_y = 360 \text{N/mm}^2$，$f_{yv} = 270 \text{N/mm}^2$，$\beta_c = 1.0$

（2）验算截面尺寸

$$h_0 = 500 - 30 = 470\text{mm}, W_t = \frac{b^2}{6}(3h - b) = \frac{250^2}{6}(3 \times 500 - 250) = 13 \times 10^6 \text{m}^3$$

$$\frac{T}{W_t} = \frac{18 \times 10^6}{13 \times 10^6} = 1.38 < 0.20\beta_c f_c = 0.2 \times 1.0 \times 14.3 = 2.86，截面尺寸满足要求。$$

（3）验算是否需要计算配置抗扭钢筋

$$\frac{T}{W_t} = 1.38 > 0.7f_t = 0.7 \times 1.43 = 1.00，需要计算配置抗扭钢筋。$$

（4）计算箍筋

$$b_{cor} = b - 2c = 250 - 2 \times 25 = 200\text{mm}, h_{cor} = h - 2c = 500 - 2 \times 25 = 450\text{mm}$$

$$A_{cor} = b_{cor} \times h_{cor} = 200 \times 450 = 90000\text{mm}^2$$

$$u_{cor} = 2 \times (b_{cor} + h_{cor}) = 2 \times (200 + 450) = 1300\text{mm}$$

$$取 \zeta = 1.0, \frac{A_{st1}}{s} = \frac{T - 0.35f_t W_t}{1.2\sqrt{\zeta} f_{yv} A_{cor}} = \frac{18 \times 10^6 - 0.35 \times 1.43 \times 13 \times 10^6}{1.2 \times \sqrt{1.0} \times 270 \times 9 \times 10^4} = 0.394，取$$

箍筋直径为 8mm，得到 $s = \dfrac{A_{st1}}{0.394} = \dfrac{50.24}{0.394} = 127\text{mm}$，取整 $s = 120\text{mm}$。

（5）计算受扭纵筋

$$A_{stl} = \frac{\zeta f_{yv} A_{st1} u_{cor}}{f_y s} = \frac{1.0 \times 270 \times 0.394 \times 1300}{360} = 384\text{mm}^2，配 4 \; \Phi \; 12 （A_s = 452\text{mm}^2）$$

（6）验算最小配筋率和配箍率：略。

8.3.4 T形、工形截面纯扭构件受扭承载力计算和设计

8.3.4.1 T形和工形截面扭矩分配

对如图 8-4、图 8-5 所示带翼缘的 T形、工形截面纯扭构件，可以分解成若干个矩形截面来进行设计。截面划分的原则是先按截面的总高度确定腹板截面，然后再划分受压翼缘或受拉翼缘。

为简化计算，规范采用按各矩形截面的抗扭塑性抵抗矩的比例分配截面总扭矩的方法来确定各矩形截面部分所承受的扭矩，即：

腹板		受压翼缘		受拉翼缘	
$T_w = \dfrac{W_{tw}}{W_t}T$	(8-20)	$T'_f = \dfrac{W'_{tf}}{W_t}T$	(8-21)	$T_f = \dfrac{W_{tf}}{W_t}T$	(8-22)

式中 T ——带翼缘截面所承受的总扭矩设计值；

T_w、T'_f、T_f ——腹板、受压翼缘、受拉翼缘所承受的扭矩设计值。

上式中 W_t、W_{tw}、W'_{tf}、W_{tf} 按式（8-7）～式（8-9）计算。

8.3.4.2 T形和工形截面受扭承载力设计

根据上述分配原则得到各矩形部分的扭矩设计值，然后对每个矩形截面用公式（8-15）进行受扭承载力设计或复核。

8.4 复合受扭构件受力性能

实际工程中，单纯的受扭构件很少，大多数构件同时承受弯矩、剪力、轴力和扭矩作用，处于复合受力状态。以下就不同的复合受力组合加以讨论。

8.4.1 弯扭组合

扭矩 T 使纵筋均产生拉应力，弯矩 M 使底部钢筋 A_s 的拉应力增加，顶部钢筋 A'_s 拉应力减少，如图 8-14 所示。随着作用的扭矩、弯矩大小不同，上、下、侧面配筋数量差异，以及截面尺寸和混凝土强度变化等因素，弯扭组合构件的破坏形式主要有以下三种破坏形式。

8.4.1.1 弯型破坏

当弯矩 M 较大，即 T/M 较小，且剪力不起控制作用时，若底部纵筋配置不够，发生弯型破坏。此时，弯矩起主导作用，构件底部受拉，顶部受压。底部纵筋同时受弯矩和扭矩作用产生拉应力叠加，裂缝首先在构件弯曲受拉底面出现，然后向两侧面发展，最后三个面上螺旋裂缝和顶面受压区形成一个扭曲破坏面。破坏始于底部纵筋受拉屈服，止于顶部弯曲受压混凝土压碎，如图 8-15（a）所示。受弯承载力因扭矩的存在而降低，如图 8-16 所示。

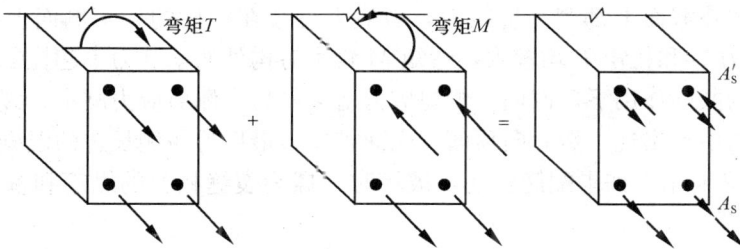

图 8-14　弯扭应力叠加关系

8.4.1.2 扭型破坏

当扭矩 T 较大，即 T/M 和 T/V 均较大，且构件顶部纵筋少于底部纵筋即 $\gamma = \dfrac{f_y A_s}{f'_y A'_s} > 1$ 时，发生扭型破坏。由于扭矩较大，故扭矩引起顶部纵筋的拉应力很大，而较小的弯矩在构件顶部引起的压应力也较小，再加上顶部配筋不足，所以导致顶部纵筋的拉应力大于底部纵筋，破坏始于构件顶面纵筋先受拉屈服，最后底部混凝土被压碎，如图 8-15（b）所示，承载力由顶部纵筋屈服控制。

由于弯矩对顶部产生压应力，抵消了一部分扭矩产生的拉应力，因此，弯矩对受扭承载力有一定的提高（图 8-16）。但对于顶部和底部纵筋对称布置的情况（$\gamma = 1$），则在弯矩、扭矩共同作用下总是底部纵筋先达到受拉屈服，因此，只会出现弯型破坏。

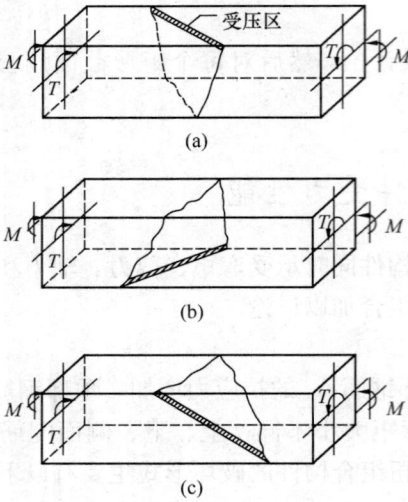

图 8-15　弯扭构件的破坏形态
（a）弯型破坏；（b）扭型破坏；（c）弯扭型破坏

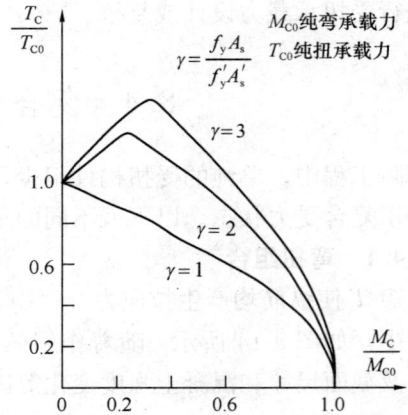

图 8-16　弯扭相关关系

8.4.1.3　弯扭型破坏

当梁的侧面纵筋或箍筋配置不足时，尤其是在梁高较大的情况下会出现由于梁侧面纵筋首先达到屈服而导致构件发生破坏，其承载力由侧面钢筋屈服控制，破坏受压面在梁高某一侧，称为弯扭型破坏，见图 8-15（c）。

8.4.2　剪扭组合

扭矩和剪力在截面上都产生剪应力，剪应力总会在构件的一个侧面上叠加，如图 8-17 所示。当剪力 V 和扭矩 T 均较大，弯矩 M 较小对构件的承载力不起控制作用时，构件在扭矩和剪力的共同作用下，截面一侧剪应力增大，另一侧剪应力减小。裂缝首先在剪应力较大一侧长边中点出现，然后向顶面和底面扩展，最后另一侧长边的混凝土压碎而达到破坏，如图 8-18 所示。如果配筋合适，破坏时与螺旋裂缝相交的纵筋和箍筋均受拉并达到屈服。

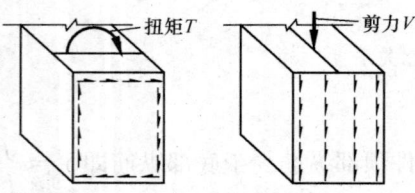

图 8-17　剪扭组合受力

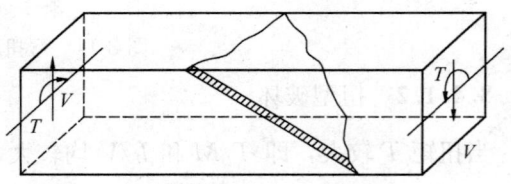

图 8-18　剪扭型破坏

如上所述，由于扭矩和剪力产生的剪应力在截面的一个侧面上叠加，因此，构件在剪扭作用下的承载力总是小于剪力和扭矩单独作用时的承载力。

在受剪和受扭承载力的计算中，都有一项反映混凝土所贡献的抗力，即受剪计算中的 $0.7f_tbh_0$（或 $\dfrac{1.75}{\lambda+1}f_tbh_0$）和受扭计算中的 $0.35f_tW_t$。在剪扭共同作用下，为避免重复利用混凝土的抗力，应考虑剪扭的相关性。

228

试验表明，剪力和扭矩共同作用下，受剪和受扭承载力的相关关系接近 1/4 圆曲线，如图 8-19 所示。

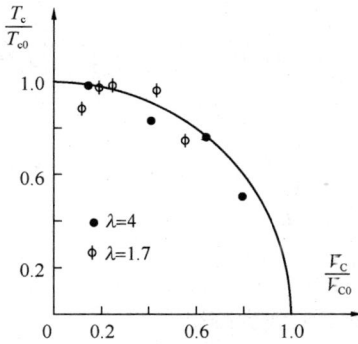

图 8-19　混凝土剪扭相关试验　　图 8-20　混凝土剪扭近似相关关系

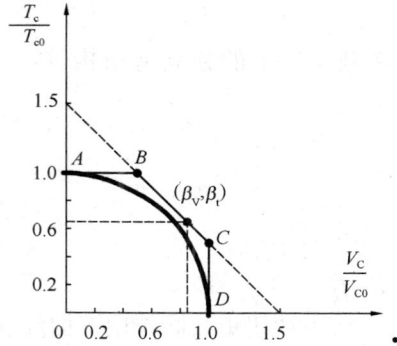

上图中，T_c、T_{c0} 分别为无腹筋剪扭、纯扭构件的受扭承载力；V_c、V_{c0} 分别为无腹筋剪扭构件、单剪构件的受剪承载力。

由于剪扭相关性近似为 1/4 圆曲线，则对于无腹筋剪扭构件有：

$$\left(\frac{T_c}{T_{c0}}\right)^2 + \left(\frac{V_c}{V_{c0}}\right)^2 = 1 \tag{8-23}$$

式中　$T_{c0} = 0.35 f_t W_t$；$V_{c0} = 0.7 f_t b h_0$（或 $V_{c0} = \dfrac{1.75}{\lambda + 1} f_t b h_0$）。

剪力和扭矩共同作用下混凝土项强度的相关性可以采用下面折减系数方法来考虑。在 1/4 圆曲线中，取 $\beta_t = T_c/T_{c0}$，$\beta_v = V_c/V_{c0}$，则式（8-23）可表示为

$$\beta_t^2 + \beta_v^2 = 1 \tag{8-24}$$

为简化计算，采用图 8-20 所示的 AB、BC、CD 三折线关系来近似表示剪扭相关性中 1/4 圆关系。

AB 段，$\beta_v = V_c/V_{c0} \leqslant 0.5$，剪力对受扭承载力的影响很小，取 $\beta_t = T_c/T_{c0} = 1.0$。

CD 段，$\beta_t = T_c/T_{c0} \leqslant 0.5$，扭矩对受剪承载力的影响很小，取 $\beta_v = V_c/V_{c0} = 1.0$。

BC 段，$\beta_t = T_c/T_{c0} \geqslant 0.5$，$\beta_v = V_c/V_{c0} \geqslant 0.5$，应考虑剪力和扭矩对承载力的影响，有：

$$\frac{T_c}{T_{c0}} + \frac{V_c}{V_{c0}} = 1.5 \tag{8-25a}$$

或　　　　　　　　　　　　$$\beta_t + \beta_v = 1.5 \tag{8-25b}$$

由 $\beta_t = T_c/T_{c0}$，则 $\beta_v = V_c/V_{c0} = 1.5 - \beta_t$ 得：

$$\beta_t = \frac{1.5}{1 + \dfrac{V_c}{V_{c0}} \dfrac{T_{c0}}{T_c}} \tag{8-26}$$

近似用剪扭比设计值 $\dfrac{V}{T}$ 等代替 $\dfrac{V_c}{T_c}$，对一般受扭构件，将 $T_{c0} = 0.35 f_t W_t$、$V_{c0} = 0.7 f_t b h_0$ 代入式（8-26）得：

$$\beta_t = \frac{1.5}{1 + 0.5 \dfrac{V}{T} \dfrac{W_t}{bh_0}} \tag{8-27}$$

对集中荷载作用下的独立剪扭构件，将 $T_{c0} = 0.35 f_t W_t$ 、 $V_{c0} = \dfrac{1.75}{\lambda + 1} f_t bh_0$ 代入式 (8-26) 得：

$$\beta_t = \frac{1.5}{1 + 0.2(\lambda + 1) \dfrac{V}{T} \dfrac{W_t}{bh_0}} \tag{8-28}$$

相应的 β_v 为：
$$\beta_v = 1.5 - \beta_t \tag{8-29}$$

式中 β_t ——剪力和扭矩共同作用下构件混凝土受扭承载力降低系数；

β_v ——剪力和扭矩共同作用下构件混凝土受剪承载力降低系数。

当扭矩较大时，以受扭破坏为主；当剪力较大时，以受剪破坏为主。

8.4.3　压扭组合

当有轴向压力作用时，轴向压力 N 的存在会使扭矩产生的混凝土主拉应力和纵筋拉应力减小，并限制受扭斜裂缝的发展，提高受扭承载力。

8.4.4　拉扭组合

当有轴向拉力作用时，轴向拉力 N 使纵筋产生拉应力，因此，纵筋的受扭作用受到削弱，从而降低了构件的受扭承载力。

8.5　复合受扭构件受扭承载力计算

8.5.1　计算原则

基于试验研究结果，对弯剪扭共同作用的构件采用简化计算方法。在弯剪扭构件承载力的计算中，对混凝土部分考虑剪扭相关性，避免混凝土贡献的抗力被重复利用；而对钢筋贡献的抗力采用简单叠加方法，即纵筋按受弯与受扭分别计算后叠加，箍筋按受扭和受剪分别计算后叠加。具体步骤如下：

(1) 按弯矩设计值 M 进行受弯构件正截面承载力设计，确定受弯纵筋 A_s 和 A_s' ；

(2) 按剪扭构件计算受扭箍筋 A_{st1} 、受剪箍筋 A_{sv1} 和受扭纵筋 A_{stl} ，注意剪力仅由腹板承受；

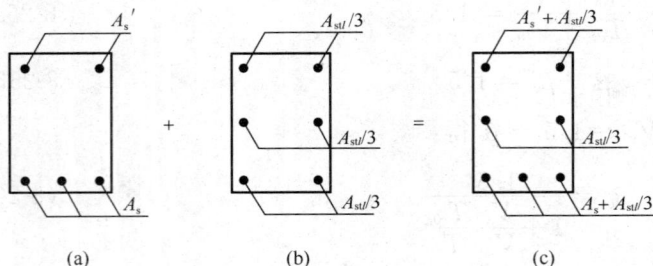

图 8-21　弯扭纵筋的叠加

(a) 受弯纵筋；(b) 受扭纵筋；(c) 纵筋叠加

(3) 将上述第 (1) 步和第 (2) 步计算所得的纵筋进行叠加：受弯纵筋 A_s 和 A_s' 分别布置在截面的受拉侧 (底部) 和受压侧 (顶部)，如图 8-21 (a) 所示；受扭纵筋应沿截面四周均匀配置，如图 8-21 (b) 所示；叠加这两部分纵筋，配置结果如图 8-21 (c) 所示。

（4）将上述第（1）步和第（2）步计算所得的箍筋进行叠加：受剪箍筋 $\frac{nA_{sv1}}{s}$ 的配置（ $n=4$ ）如图 8-22（a）所示；受扭箍筋 $\frac{A_{st1}}{s}$ 靠截面周边配置，如图 8-22（b）所示；叠加这两部分箍筋如图 8-22（c）所示。

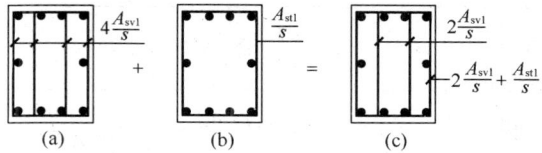

图 8-22　剪扭箍筋的叠加
(a) 受剪箍筋；(b) 受扭箍筋；(c) 箍筋叠加

为进一步简化计算，《混凝土结构设计规范》还规定：当剪力 V 和扭矩 T 中某项内力很小时，可以忽略该项内力的影响，即：

（1）当剪力 $V\leqslant 0.35f_tbh_0$ （或 $V\leqslant\frac{0.875}{\lambda+1}f_tbh_0$ ）时，可忽略剪力的影响，仅按受弯构件正截面承载力和纯扭构件受扭承载力分别进行计算，然后将钢筋叠加配置；

（2）当扭矩 $T\leqslant 0.175f_tW_t$ （或 $T\leqslant 0.175\left(\frac{2.5t_w}{b_h}\right)f_tW_t$ ）时，可忽略扭矩的影响，仅按受弯构件的正截面承载力和斜截面承载力分别进行计算，配置纵筋和箍筋。

此外要注意：（1）弯曲受拉纵向钢筋的配筋率应满足其最小配筋率要求。（2）弯剪扭构件弯曲受拉边总纵筋不应小于按弯曲受拉钢筋最小配筋率计算出的钢筋截面面积与按受扭纵向受力钢筋最小配筋率计算并布置到弯曲受拉边的钢筋截面面积之和。（3）当满足不需要进行剪扭承载力计算条件时，仅按构件最小配筋率、配箍率和其他构造要求配筋即可。

对压弯剪扭共同作用的构件，除了正截面按偏压构件进行承载力计算和剪、扭承载力计算计入轴压力的有利作用外，其余和弯剪扭构件计算相同。

对拉弯剪扭共同作用的构件，除了正截面按偏拉构件进行承载力计算和剪、扭承载力计算计入轴拉力的不利作用外，其余和弯剪扭构件计算相同。

8.5.2　扭矩与其他内力共同作用下构件承载力设计公式

8.5.2.1　《混凝土结构设计规范》设计公式

为了便于查阅比较，将《混凝土结构设计规范》的复合受力受扭构件设计公式按不同的组合类型汇总于表 8-2，其中各符号含义见前述诸章，内力和材料强度等级均为设计值。表 8-3 列出了设计时要满足的截面限制条件、最小配筋率以及构造配筋条件。

受扭计算公式汇总　　　　　　　　　　　　　　　　　　　表 8-2

类型	计　算　公　式		适　用　条　件
剪扭	$T_u=0.35\beta_tf_tW_t+1.2\sqrt{\zeta}\dfrac{f_{yv}A_{st1}}{s}A_{cor}$	(8-30)	矩形截面 W_t ；T 形、工字形截面 W_{tw} 、 W'_{tf} 、 W_{tf}
	$T_u=0.35\beta_t\alpha_hf_tW_t+1.2\sqrt{\zeta}\dfrac{f_{yv}A_{st1}}{s}A_{cor}$	(8-31)	箱形截面， $\alpha_h=\dfrac{2.5t_w}{b_h}\leqslant 1.0$
	$V_u=0.7(1.5-\beta_t)f_tbh_0+f_{yv}\dfrac{nA_{sv1}}{s}h_0$	(8-32)	矩形截面；T 形、工字形截面腹板；箱形截面腹板
	$V_u=\dfrac{1.75}{\lambda+1}(1.5-\beta_t)f_tbh_0+f_{yv}\dfrac{nA_{sv1}}{s}h_0$	(8-33)	矩形截面；T 形、工字形腹板截面；箱形截面。集中荷载作用独立梁

类型	计 算 公 式	适 用 条 件
压扭	$T_u = 0.35 f_t W_t + 1.2\sqrt{\zeta} \dfrac{f_{yv} A_{stl}}{s} A_{cor} + 0.07 \dfrac{N}{A} W_t$ (8-34)	矩形截面，压力 $N \leqslant 0.3 f_c A$
拉扭	$T_u = 0.35 f_t W_t + 1.2\sqrt{\zeta} \dfrac{f_{yv} A_{stl}}{s} A_{cor} - 0.2 \dfrac{N}{A} W_t$ (8-35)	矩形截面，拉力 $N \leqslant 1.75 f_t A$
压弯剪扭	$T_u = \beta_t \left(0.35 f_t W_t + 0.07 \dfrac{N}{A} W_t\right) + 1.2\sqrt{\zeta} \dfrac{f_{yv} A_{stl}}{s} A_{cor}$ (8-36) $V_u = (1.5 - \beta_t)\left(\dfrac{1.75}{\lambda+1} f_t b h_0 + 0.07 N\right) + f_{yv} \dfrac{n A_{sv1}}{s} h_0$ (8-37)	矩形截面框架柱
拉弯剪扭	$T_u = \beta_t \left(0.35 f_t W_t - 0.2 \dfrac{N}{A} W_t\right) + 1.2\sqrt{\zeta} \dfrac{f_{yv} A_{stl}}{s} A_{cor}$ (8-38) $V_u = (1.5 - \beta_t)\left(\dfrac{1.75}{\lambda+1} f_t b h_0 - 0.2 N\right) + f_{yv} \dfrac{n A_{sv1}}{s} h_0$ (8-39)	矩形截面框架柱

截面限制、最小配筋率及构造配筋条件　　　　　表 8-3

截面限制条件——避免发生超筋破坏

$\dfrac{V}{b h_0} + \dfrac{T}{0.8 W_t} \leqslant 0.25 \beta_c f_c$ (8-40)	$\dfrac{h_w}{b}$ 或 $\left(\dfrac{h_w}{t_w}\right) \leqslant 4$	
$\dfrac{V}{b h_0} + \dfrac{T}{0.8 W_t} \leqslant 0.2 \beta_c f_c$ (8-41)	$\dfrac{h_w}{b}$ 或 $\left(\dfrac{h_w}{t_w}\right) = 6$	
线性插入	$4 < \dfrac{h_w}{b}$ 或 $\left(\dfrac{h_w}{t_w}\right) < 6$	

注：如果不满足以上条件，则应增大截面尺寸或提高混凝土抗压强度 f_c。

最小配筋率——避免发生少筋破坏

$\rho_{sv} = \dfrac{2 A_{sv}}{bs} \geqslant \rho_{sv,min} = 0.28 \dfrac{f_t}{f_{yv}}$ (8-42)	$\rho_{tl} = \dfrac{A_{stl}}{bh} \geqslant \rho_{tl,min} = 0.6 \sqrt{\dfrac{T}{Vb}} \cdot \dfrac{f_t}{f_y}$ (8-43)	

注：当 $\dfrac{T}{Vb} > 2$ 时，取 $\dfrac{T}{Vb} = 2$。纯扭构件取 $\dfrac{T}{Vb} = 2$。

不需要进行剪扭承载力计算，仅按构件最小配筋率、配箍率和构造要求配筋的条件

$$\dfrac{V}{b h_0} + \dfrac{T}{W_t} \leqslant 0.7 f_t \tag{8-44}$$

8.5.2.2 《公路桥梁设计规范》设计公式

1. 剪扭构件

考虑构件剪扭相关关系以后，构件的受剪承载力和受扭承载力分别按下列公式计算：

受剪承载力

$$\gamma_0 V_d \leqslant V_u = \alpha_1 \alpha_3 \frac{10 - 2\beta_t}{20} b h_0 \sqrt{(2 + 0.6P)\sqrt{f_{cu,k}} \rho_{sv} f_{sv}} \quad (\text{N}) \tag{8-45}$$

受扭承载力

$$\gamma_0 T_d \leqslant T_u = 0.35\beta_a\beta_t f_{td}W_t - 1.2\sqrt{\zeta}\frac{f_{sv}A_{sv1}A_{cor}}{S_v} \quad (\text{N} \cdot \text{mm}) \tag{8-46}$$

$$\beta_t = \frac{1.5}{1 + 0.5\dfrac{V_d W_t}{T_d b h_0}} \tag{8-47}$$

式中　β_t——剪扭构件混凝土受扭承载力降低系数，$\beta_t < 0.5$ 时，取 $\beta_t = 0.5$，$\beta_t > 1.0$ 时，取 $\beta_t = 1.0$；

　　　b——矩形截面宽度或者箱形截面腹板宽度；

其余符号意义同前。

《公路桥规》规定，剪扭构件的箍筋配筋率 ρ_{sv} 及纵向受力钢筋配筋率 ρ_{st} 应分别满足下列要求：

$$\rho_{sv} = \frac{A_{sv}}{S_v b} \geqslant \rho_{sv,min} = \left[(2\beta_t - 1)\left(0.055\frac{f_{cd}}{f_{sv}} - c \right) + c \right] \tag{8-48}$$

$$\rho_{st} = \frac{A_{st}}{bh} \geqslant \rho_{st,min} = 0.08(2\beta_t - 1)\frac{f_{cd}}{f_{sd}} \tag{8-49}$$

式中　β_t 按式（8-47）计算，当采用 R235 钢筋时取 $c = 0.0018$；采用 HRB335 钢筋时 $c = 0.0012$。

2. 截面尺寸限制条件

承受弯、剪、扭的矩形、箱形、T 形、I 形和带翼缘箱形截面构件，其截面应符合下式要求：

$$\frac{\gamma_0 V_d}{bh_0} + \frac{\gamma_0 T_d}{W_t} \leqslant 0.51 \times 10^{-3}\sqrt{f_{cu,k}}(\text{kN/mm}^2) \tag{8-50}$$

式中　V_d、T_d——剪力（kN）、扭矩组合设计值（kN·m）；

　　　b——垂直于弯矩作用平面的矩形截面宽度或箱形截面腹板总宽度（mm）；

　　　h_0——平行于弯矩作用平面的矩形或箱形截面的有效高度（mm）；

　　　$f_{cu,k}$——混凝土立方体抗压强度标准值。

3. 构造配筋条件

当构件截面符合下列条件时，即

$$\frac{\gamma_0 V_d}{bh_0} + \frac{\gamma_0 T_d}{W_t} \leqslant 0.50 \times 10^{-3}f_{td}(\text{kN/mm}^2) \tag{8-51}$$

可以不进行受扭承载力计算，只需要按构造要求配置受扭纵向钢筋和受扭箍筋。式中，f_{td} 为混凝土轴心抗拉强度设计值。

4. 弯剪扭构件设计方法

应按下列规定分别进行纵向钢筋和箍筋的配置

（1）按受弯构件正截面抗弯承载力计算所需的钢筋截面面积配置纵向钢筋。

（2）矩形截面、T 形和工字形截面的腹板、带翼缘箱形的矩形箱体，还应按剪扭构件计算纵向钢筋和箍筋。

①按抗扭承载力式（8-46）计算所需的纵向钢筋截面面积，并沿周边均匀对称布置。

②按斜截面抗剪承载力和抗扭承载力计算箍筋截面面积，并按所需数量布置。

（3）T 形、工字形和带翼缘箱形截面的受压翼缘或受拉翼缘应按纯扭构件抗扭承载力式（8-16）计算所需纵向钢筋和箍筋截面面积，其中纵向钢筋应沿周边对称布置。

当 $\gamma_0 T_d \leqslant 0.175 f_{td} W_t$ 时，各种截面的弯剪扭构件可仅按受弯构件的正截面抗弯承载力和斜截面抗剪承载力分别进行计算。

8.6 受扭构件配筋构造要求

箍筋应做成封闭型，且应靠近截面周边布置。当采用复合箍筋时，位于截面内部的各肢箍筋不应计入受扭所需的箍筋面积。

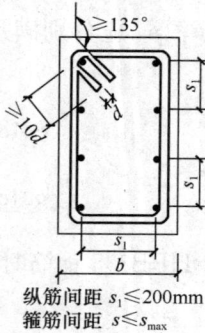

纵筋间距 $s_1 \leqslant 200mm$
箍筋间距 $s \leqslant s_{max}$

图 8-23 受扭构件
配筋构造

当采用绑扎骨架时，箍筋末端应做成 135°弯钩，且弯钩端头平直段长度不应小于 10d（d 为箍筋直径）。箍筋间距应不大于表 5-2 中所规定的最大箍筋间距要求，箍筋直径应不小于表 5-3 中所规定的最小箍筋直径要求。受扭纵筋应沿截面周边均匀、对称布置，截面四角必须布置受扭纵筋，纵筋间距不大于 200mm 及梁截面短边尺寸。受扭纵筋的搭接和锚固均应按受拉钢筋的构造要求处理。受扭构件的配筋要求如图 8-23 所示。

【例 8-3】 已知均布荷载作用下 T 形截面预制构件，截面尺寸 $b \times h = 250mm \times 500mm$，$b'_f = 400mm$，$h'_f = 100mm$。弯矩设计值 $M = 80kN \cdot m$，剪力设计值 $V = 110kN$，扭矩设计值 $T = 15kN$。混凝土强度等级 C30，纵筋为 HRB400 钢筋，箍筋为 HPB300 钢筋。环境类别为一类。求：受弯、剪、扭所需纵筋和箍筋。

【解】 （1）设计参数确定：$f_t = 1.43N/mm^2$，$f_c = 14.3N/mm^2$，$f_y = 360N/mm^2$，$f_{yv} = 270N/mm^2$，$\beta_c = 1.0$

（2）验算截面尺寸

$$h_0 = 500 - 30 = 470mm，h_w = h_0 - h'_f = 470 - 100 = 370mm$$

腹板：$W_{tw} = \dfrac{0.25^2}{6}(3 \times 0.5 - 0.25) = 130 \times 10^{-4} m^3$，翼缘：$W'_{tf} = \dfrac{0.1^2}{2}(0.4 - 0.25)$

$= 7.5 \times 10^{-4} m^3$，$W_t = W_{tw} + W'_{tf} = 137.5 \times 10^{-4} m^3$，$\dfrac{h_w}{b} = 370/250 = 1.48 < 4$

$$\frac{V}{bh_0} + \frac{T}{0.8W_t} = \frac{110 \times 10^3}{250 \times 470} + \frac{15 \times 10^6}{0.8 \times 137.5 \times 10^5}$$

$$= 2.3 \leqslant 0.25\beta_c f_c = 0.25 \times 1.0 \times 14.3 = 3.58$$

截面尺寸满足要求。

（3）确定是否需要计算确定抗扭钢筋

$$\frac{V}{bh_0} + \frac{T}{W_t} = \frac{110 \times 10^6}{250 \times 470} + \frac{15 \times 10^6}{137.5 \times 10^5} = 2.03 > 0.7f_t = 0.7 \times 1.43 = 1.00$$

应按计算确定受扭纵筋和箍筋。

（4）确定构件计算方法

$$T = 15 \times 10^6 > 0.175f_t W_t = 0.175 \times 1.43 \times 137.5 \times 10^5 = 3.4 \times 10^6 N \cdot mm$$

$$V = 110 \times 10^3 > 0.35f_t bh_0 = 0.35 \times 1.43 \times 250 \times 470 = 58.8 \times 10^3 N$$

要考虑剪力和扭矩作用。

（5）确定受弯正截面承载力所需纵筋

$$\alpha_1 f_c b_f' h_f' \left(h_0 - \frac{h_f'}{2}\right) = 1.0 \times 14.3 \times 400 \times 10 \times \left(470 - \frac{100}{2}\right)$$

$$= 240 \text{kN} \cdot \text{m} > M = 80 \text{kN} \cdot \text{m}$$

属于第一类 T 形截面。$A_0 = \dfrac{M}{\alpha_1 f_c b_f' h_f'^2} = \dfrac{80 \times 10^6}{1.0 \times 14.3 \times 400 \times 470^2} = 0.063$

$$\gamma_0 = 0.5(1 + \sqrt{1 - 2A_0}) = 0.5 \times (1 + \sqrt{1 - 2 \times 0.063})$$

$$= 0.967, \quad A_s = \frac{M}{f_y \gamma_0 h_0} = \frac{80 \times 10^6}{360 \times 0.967 \times 470} = 489 \text{mm}^2$$

（6）受扭计算

$$T_w = \frac{W_{tw}}{W_t} T = \frac{130}{137.5} \times 15 = 14.2 \text{kM} \cdot \text{m}, \quad T_f' = T - T_w = 0.8 \text{kM} \cdot \text{m}$$

$$A_{cor} = b_{cor} \times h_{cor} = 200 \times 450 = 90000 \text{mm}^2, \quad u_{cor} = 2 \times (b_{cor} + h_{cor}) = 1300 \text{mm}$$

$$\beta_t = \frac{1.5}{1 + 0.5 \dfrac{VW_{tw}}{T_w b h_0}} = \frac{1.5}{1 + 0.5 \dfrac{110 \times 10^3}{14.8 \times 10^6} \times \dfrac{130 \times 10^5}{250 \times 470}} = 1.06, \quad \text{取} \ \beta_t = 1.0, \ \zeta = 1.0$$

$$\frac{A_{st1}}{s} = \frac{T_w - 0.35 \beta_t f_t W_{tw}}{1.2 \sqrt{\zeta} f_{yv} A_{cor}}$$

$$= \frac{14.2 \times 10^6 - 0.35 \times 1.0 \times 1.43 \times 13 \times 10^6}{1.2 \sqrt{1.2} \times 270 \times 90000}$$

$$= 0.241 \text{mm}^2/\text{mm}$$

$$A_{stl} = \frac{\zeta f_{yv} A_{st1} u_{cor}}{f_y s} = \frac{1.2 \times 270 \times 0.241 \times 1300}{360} = 282 \text{mm}^2$$

（7）腹板受剪计算

$$\frac{A_{sv}}{s} = \frac{V - 0.7(1.5 - \beta_t) f_t b h_0}{f_{yv} h_0}$$

$$= \frac{110 - 0.7 \times (1.5 - 1.0) \times 1.43 \times 250 \times 470}{270 \times 470}$$

$$= 0.403 \text{mm}^2/\text{mm}$$

（8）选配腹板钢筋

取箍筋直径 8mm，单肢面积 50.3mm²，$\dfrac{A_{st1}}{s} + \dfrac{A_{sv}}{2s} = 0.241 + 0.403/2 = 0.443$

$$s = \frac{50.3}{0.443} = 114 \text{mm}, \quad \text{取} \ s = 110 \text{mm}, \quad \text{即} \ \phi 8@110$$

抗扭纵筋分四排，则梁底纵筋 $A_s = 489 + 282/4 = 560 \text{mm}^2$，取 3 Φ 16 （$A_s = 603 \text{mm}^2$），其余每排纵筋计算面积为 71mm²，取 2 Φ 8 （$A_s = 100.45 \text{mm}^2$）

（9）验算腹板最小配筋率

验算剪扭箍筋：

$$\rho_{st} = \frac{n A_{st1}}{bs} = \frac{2 \times 50.3}{250 \times 110} = 0.366\% > \rho_{st,min} = 0.28 \frac{f_t}{f_{yv}} = 0.28 \times \frac{1.43}{270} = 0.15\%$$

验算抗扭纵筋：

$$\rho_{tl} = \frac{A_{stl}}{bh} = \frac{282}{250 \times 500} = 0.23\% > \rho_{tl,min}$$

$$= 0.6\sqrt{\frac{T}{Vb}}\frac{f_t}{f_y} = 0.6\sqrt{\frac{14.2 \times 10^6}{110 \times 10^3 \times 250}}\frac{1.43}{360}$$

$$= 0.17\%$$

验算梁底弯扭纵筋: $\rho_{s,min} = 0.45\dfrac{f_t}{f_y} = 0.45 \times \dfrac{1.43}{360} = 0.18\% < 0.2\%$,取 $\rho_{s,min} = 0.2\%$,则:

$$0.2\%bh + \rho_{tl,min}bh/4 = 0.002 \times 250 \times 500 + 0.0017 \times 250 \times 500/4 = 303\text{mm}^2 < 603\text{mm}^2$$

(10) 受压翼缘抗扭计算

$$b'_{cor} = b'_f - b - 2c = 400 - 250 - 2 \times 25 = 100\text{mm}$$

$$h'_{cor} = h'_f - 2c = 100 - 2 \times 25 = 50\text{mm}$$

$$A'_{cor} = b'_{cor} \times h'_{cor} = 100 \times 50 = 5000\text{mm}^2$$

$$u'_{cor} = 2 \times (b'_{cor} + h'_{cor}) = 2 \times (100 + 50) = 300\text{mm}$$

$$\frac{A_{stl}}{s} = \frac{T'_f - 0.35f_t W'_f}{1.2\sqrt{\zeta}f_{yv}A'_{cor}} = \frac{0.8 \times 10^6 - 0.35 \times 1.43 \times 7.5 \times 10^5}{1.2\sqrt{1.2} \times 270 \times 5000}$$

$$= 0.194\text{mm}^2/\text{mm}$$

$$s = \frac{50.3}{0.194} = 259\text{mm},\text{取 } s = 250\text{mm},\text{即 } \phi8@250$$

$$A_{stl} = \frac{\zeta f_{yv}A_{stl}u'_{cor}}{f_y s} = \frac{1.2 \times 270 \times 0.914 \times 300}{360} = 52.38\text{mm}^2,\text{取 } 4\,\underline{\Phi}\,8(A_s = 201\text{mm}^2)$$

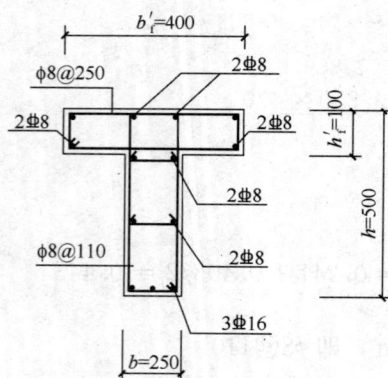

图 8-24 截面配筋图

(11) 验算翼缘最小配筋率

验算剪扭箍筋:

$$\rho_{st} = \frac{nA_{stl}}{h'_f s} = \frac{2 \times 50.3}{100 \times 250} = 0.40\% > \rho_{st,min}$$

$$= 0.28\frac{f_t}{f_{yv}} = 0.28 \times \frac{1.43}{270} = 0.15\%$$

验算抗扭纵筋:

$$\rho_{tl} = \frac{A_{stl}}{h'_f(b'_f - b)} = \frac{201}{100 \times 150} = 1.34\% > \rho_{tl,min}$$

$$= 0.6 \times \sqrt{2}\frac{f_t}{f_y} = 0.85 \times \frac{1.43}{360} = 0.34\%$$

均满足要求。

本 章 小 结

1. 平衡扭转即构件中的扭矩由荷载引起,其值可由平衡条件直接求出,属于静定问题。约束扭转即扭矩是由相邻构件的位移受到该构件的约束而引起的，其值需根据变形协调条件求得，属于超静定问题。

2. 开裂扭矩的计算公式为 $T_{cr}=0.7f_tW_t$，该式由塑性力学推导得出。考虑混凝土是介于理想弹性和理想塑性之间的弹塑性材料，又鉴于纯扭为拉压双向应力状态，混凝土的抗拉强度稍有降低，故乘以折减系数 0.7。矩形、T 形、工字形、箱形截面的抗扭塑性抵抗矩公式不同。

3. 素混凝土或少筋混凝土纯扭构件首先在截面某一长边中点处且垂直于主拉应力的方向上出现裂缝，裂缝与构件的纵轴线呈 45°夹角，并沿主压应力轨迹线迅速向相邻两边延伸，最后形成三面开裂受拉一面受玉的空间扭曲面。

4. 钢筋混凝土纯扭构件的破坏形态可分为适筋破坏、少筋破坏、部分超筋破坏、完全超筋破坏。

5. 配筋强度比定义为受扭纵筋与箍筋的体积和强度比即 $\zeta=(A_{stl}sf_y)/(A_{stl}u_{cor}f_{yv})$。为使箍筋和纵筋均能达到屈服强度，必须在数量和强度上合理配置，故要求 $0.6\leqslant\zeta\leqslant1.7$。

6. 钢筋混凝土受扭构件的承载能力计算模型主要有变角度空间桁架理论和斜弯曲破坏理论。变角度空间桁架模型把原先实心截面视为箱形截面，纵筋视为桁架的受拉弦杆，箍筋为桁架的受拉腹杆，而斜裂缝间的混凝土相当于桁架的斜压腹杆。

7. 纯扭构件的极限承载力 T_u 由开裂后混凝土部分承担的抗扭作用 T_c，以及纵筋和箍筋承担的抗扭作用 T_s 两部分构成。

8.《公路桥梁设计规范》与《混凝土结构设计规范》两者抗扭设计方法基本相同，对于剪扭构件来说，抗扭承载能力计算是相同的，在抗剪计算上形式有区别。另外，对于截面尺寸限制和不需要计算扭矩条件上也有所不同。

9. 大多数构件同时承受弯矩、剪力、轴力和扭矩作用，处于复合受力状态。复合受力可分为弯扭组合、剪扭组合、压扭组合和拉扭组合。弯扭组合包括弯型破坏、扭型破坏、弯扭型破坏。其中弯型破坏始于底部纵筋受拉屈服，止于顶部受压混凝土压碎，受弯承载力因扭矩的存在而降低；扭型破坏始于构件顶面纵筋先受拉屈服，最后底部混凝土被压碎，弯矩对受扭承载力有一定的提高。剪扭组合为避免重复利用混凝土的抗力，剪扭的相关性通过剪力和扭矩共同作用下构件混凝土受扭承载力降低系数 β_t 考虑。

10. 采用简化方法计算弯剪扭共同作用。在弯剪扭构件承载力的计算中，对混凝土部分考虑剪扭相关性；而对钢筋贡献的亢力采用简单叠加方法，即纵筋按受弯与受扭分别计算后叠加，箍筋按受扭和受剪分别计算后叠加。

思 考 题

8.1 什么是平衡扭转和约束扭转？

8.2 钢筋混凝土纯扭构件破坏特征有哪些？

8.3 如何计算矩形、T 形、工字形及箱形截面抗扭塑性抵抗矩 W_t？

8.4 为何剪力仅由腹板承受而翼缘不承担？

8.5 配筋强度比 ζ 是如何定义的？有何作用？

8.6 受扭构件如何防止超筋和少筋破坏？如何避免部分超筋破坏？

8.7 叙述弯剪扭构件的受力特征？

8.8 图示各截面的面积基本相同，试求其抗扭塑性抵抗矩 W_t 并讨论之。

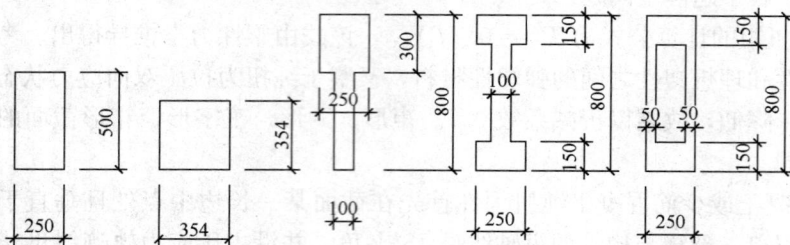

图 8-25 思考题 8.8 图

习　题

8.1 已知：钢筋混凝土矩形截面受扭构件，截面尺寸 $b \times h = 300\text{mm} \times 500\text{mm}$，配有 4 根直径 14mm 的 HRB400 纵向钢筋，箍筋为 HPB300 钢筋 $\phi8@150$，混凝土强度等级 C25。环境类别为一类。求截面能承受的扭矩。

8.2 已知：均布荷载作用下 T 形截面预制构件，截面尺寸 $b \times h = 250\text{mm} \times 500\text{mm}$，$b'_f = 400\text{mm}$，$h'_f = 100\text{mm}$。弯矩设计值 $M = 72\text{kN} \cdot \text{m}$，剪力设计值 $V = 100\text{kN}$，扭矩设计值 $T = 12\text{kN}$。混凝土强度等级 C30，纵筋为 HRB400 钢筋，箍筋为 HPB300 钢筋。环境类别为一类。求：所需钢筋并画出截面配筋图。

238

第9章 正常使用极限状态的分析和设计

钢筋混凝土结构性能分析和设计除了满足承载能力要求外，还要包括正常使用极限性能的验算。正常使用性能主要包括抗裂性能、变形、舒适度和耐久性。带裂缝工作是钢筋混凝土结构区别于其他材料结构的主要特征，对裂缝机理的研究和认识是钢筋混凝土结构基本理论的重要内容。本章将以钢筋混凝土轴心受拉构件为例分析裂缝开展的机理，阐述裂缝宽度和抗弯刚度的计算理论和分析方法，介绍规范的裂缝宽度和变形验算的步骤和方法。在正常使用性能分析中要特别重视裂缝对应力应变状态的影响，变形的计算实际上也是要较客观地反映裂缝的影响。变形控制是为了保证结构正常使用和外观，裂缝宽度限制的主要原因是耐久性的要求，频率控制主要对舒适度的考虑。现有的耐久性设计主要是从材料性能、保护层厚度、施工质量和技术防护措施上提出具体的规定。

教学目标

1. 熟悉钢筋混凝土构件在在正常使用极限状态下应力和变形特点，尤其是裂缝开展的机理。

2. 正确理解正常使用阶段截面弯曲刚度、特征裂缝宽度的定义，掌握挠度和裂缝宽度的验算方法。

3. 了解耐久性定义和设计的主要内容和技术措施。

重点和难点

1. 钢筋混凝土构件裂缝开展的机理分析；

2. 裂缝宽度计算模式；

3. 裂缝间钢筋应变不均匀系数 ψ 的物理意义。

9.1 概　　述

在前面几章我们介绍了钢筋混凝土构件抗弯、抗剪、抗拉、抗压和抗扭等承载能力计算和设计，属于承载能力极限状态的范畴，保证了结构的安全。工程实际表明，一个结构或建筑在整个使用年限内除了会因承载能力不足产生安全性问题外，还可能产生很多影响正常使用问题。例如，钢筋混凝土梁或板的裂缝宽度过宽，不仅影响外观，引起使用者担心，而且会导致钢筋锈蚀，影响结构的安全使用；屋面梁板挠度过大，导致屋面积水；钢筋混凝土桥梁和楼盖在汽车、机器或外界动力作用下产生过大的动力反应幅值会影响使用者的舒适度、降低工作效率，严重的甚至导致疾病；公路和铁路桥梁以及厂房吊车梁若挠度过大，会直接影响车辆和吊车的正常运营。另外，混凝土受到周围环境中有害介质的侵蚀，如混凝土碳化；混凝土材料本身有害成分的物理、化学作用，如混凝土中的碱集料反应、氯离子反应、反复冻融循环等，都会导致混凝土和钢筋性能劣化，在宏观上出现开裂、剥落、膨胀及强度下降，加快钢筋的锈蚀，从而随时间的推移对结构的使用性和安全性产生严重影响。因此，在承载能力极限状态计算和设计的基础上，必须对钢筋混凝土结构的正常使用极限状态进行验算，保证结构的正常使用性能和耐久性能。

9.2 钢筋混凝土构件裂缝宽度的分析和验算

9.2.1 裂缝机理的分析和控制等级

1. 裂缝产生的基本原因

众所周知，混凝土的抗拉强度低，在不大的拉应力作用下混凝土结构就会产生裂缝。引起开裂的原因众多，但主要的有以下几方面：

（1）外部荷载作用产生的裂缝

当结构在外部荷载作用下产生的拉应力超过混凝土抗拉强度时就可能产生一条或多条细小的裂缝，并且裂缝开展的宽度在荷载长期或重复作用下还会逐渐增大。在只有正应力情况（如梁的纯弯段、轴心受拉构件）下产生的裂缝与构件轴线正交，这种裂缝称为正截面裂缝。当既有正应力、又有剪应力时（梁的弯剪段、偏心受拉或受压构件）产生的裂缝与构件轴线斜交，这种裂缝称为斜截面裂缝。目前对钢筋混凝土构件的正截面裂缝研究的比较深入，已形成较为成熟的分析和计算理论，可以采用计算裂缝宽度的方法进行验算。斜截面裂缝的问题比较复杂，还没有公认的计算理论，目前除个别国家（如俄罗斯国家规范）给出计算方法外，一般采用构造上的措施或规定来加以控制。

（2）塑性混凝土的沉降和收缩引起的裂缝

新浇筑的混凝土经振捣后，由于重力的作用固体颗粒会下沉，迫使水分向上浮移，这种现象称为"泌水"。因钢筋的位置一般是固定的，这样在混凝土硬化过程中处于构件顶部位置处钢筋侧面的混凝土因"泌水"而产生微小的沉降，从而在构件的顶表面沿钢筋方向产生裂缝。这种裂缝可以通过改善混凝土的级配比和养护条件来防止。另外，当混凝土处于塑性状态时，如混凝土中的水分蒸发速度超过"泌水"速度时还会出现所谓的塑性收缩裂缝，这种裂缝的产生主要取决于混凝土表面的干燥速度。因而在高温、风速大，以及混凝土中水化热高的情况下都可能产生这种裂缝，防止这种裂缝的主要措施是加强养护，尽量减少蒸发。

（3）由温度、收缩产生的裂缝

外界环境温度变化和混凝土本身的收缩都会产生体积收缩变形。如果这种收缩变形是自由的，不受约束的话，在结构中并不会产生拉应力。但实际结构中由于钢筋的存在，或内外变形差等都会对这种收缩变形形成约束，阻碍其自由变形，从而在混凝土结构中产生拉应力，当拉应力超过混凝土抗拉强度时就会产生裂缝。这种形式的裂缝主要通过选择合理的混凝土配合比、减少水和水泥用量，以及加强养护等措施予以控制。

2. 裂缝的控制等级和要求

具体工程结构对裂缝控制的严格程度是不同的，对水池等防渗要求高的结构是不允许开裂的，而对一般结构是可以开裂的，但裂缝宽度不能过大。所谓裂缝控制等级就是按结构对裂缝控制的严格程度进行等级划分，便于设计人员能针对具体情况选用不同的等级并采取相应的裂缝控制要求。例如，我国《混凝土结构设计规范》对混凝土构件在荷载作用下正截面的裂缝控制等级分为三级，等级划分及相应控制要求应符合下列规定：

一级——严格要求不出现裂缝的构件，按荷载标准组合计算时，构件受拉边缘混凝土不应产生拉应力；

二级——一般要求不出现裂缝的构件，按荷载标准组合计算时，构件受拉边缘混凝土拉应力不应大于混凝土抗拉强度的标准值；

三级——允许出现裂缝的构件，对钢筋混凝土构件，按荷载准永久组合并考虑长期作用影响计算时，构件的最大裂缝宽度不应超过相应的规定限制值。对预应力混凝土构件，按荷载标准组合并考虑长期作用影响计算时，构件的最大裂缝宽度不应超过相应的规定限制值。

上述一、二级裂缝控制属于构件的抗裂能力控制，其控制方法将放在第 10 章预应力构件计算和分析中讨论，三级裂缝控制是裂缝宽度开展的限制，是本章要阐述的内容。

9.2.2 裂缝出现及展开的力学机理

前述在受弯、受拉和受压构件中都会产生受力裂缝，虽然它们的受力形式不同，但从裂缝产生和展开的机理应该是相同的或相近的。实际上我们只要把压弯构件（图 9-1）的受拉区进行抽象，就可以简化为一轴心受拉构件。这样关于裂缝机理的研究我们可以先对在最简单的轴心受拉构件进行，然后再推广到其他受力状态。为了研究和分析简便，我们把图 9-2 所示的，截面为圆形、形心配置一根变形钢筋的钢筋混凝土轴心受拉构件称为"基本构件"，并对"基本构件"裂缝出现和展开的力学机理进行分析和说明。

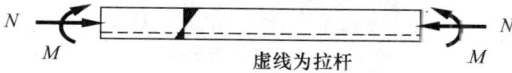

图 9-1　压弯构件

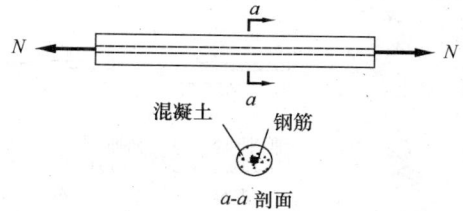

图 9-2　"基本构件"

1. "基本构件"的裂缝出现及展开的力学机理

（1）裂缝出现前的应力状态

当拉力 N 较小时，混凝土和钢筋的应变服从平截面假定，任意截面的应力可以由材料力学公式求得。若混凝土拉应力为 σ_c ，则钢筋拉应力 $\sigma_s = \alpha_E \sigma_c$ ，α_E 为钢筋弹性模量 E_s 与混凝土弹性模量 E_c 之比，即 $\alpha_E = \dfrac{E_s}{E_c}$ 。该阶段的应力分布如图 9-3 所示。

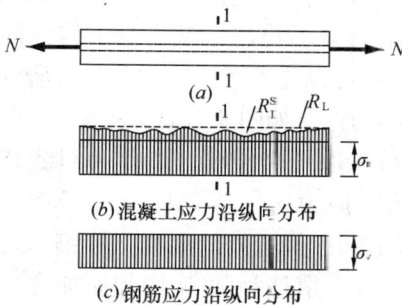

图 9-3　开裂前的应力分布

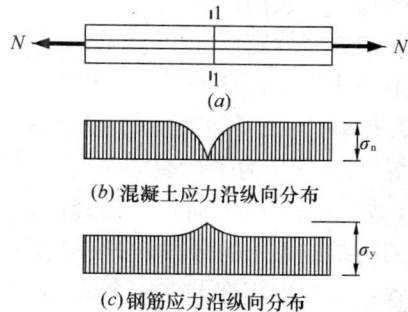

图 9-4　出现第一条裂缝后的应力重分布

（2）裂缝出现后的应力状态

当轴力 N 继续加大至混凝土拉应力 σ_c 达到混凝土抗拉强度 f_{ct} ，在理论上似乎应该沿构件将出现无数条正截面裂缝，但实际上并非如此。由于材料组成成分的不均匀性，以及振捣不均匀等都会导致混凝土实际强度不是按图 9-3（b）的虚直线，而是呈按实线所示的波浪形分布，即实际构件中存在一个最弱截面，最弱截面上的混凝土抗拉强度最低，它等于 $f_{ct,1}$ 。因此当混凝土拉应力 σ_c 达到 $f_{ct,1}$ 时，在最弱截面处首先开裂，形成第一条正截面裂缝。应该注意，第一条裂缝出现即会导致整个构件应力状态的重分布（图 9-4），此时开裂截面上混凝土拉应力 σ_c 退化为零，钢筋拉应力增加至 $\sigma_{s,cr}$ 。如果再稍微加大 N ，使 σ_c 达到第二个最弱截面的 $f_{ct,2}$ ，则在第二个最弱截面又会产生第二条正截面裂缝。第二条正截面裂缝必定离第一条正截面裂缝有一定的距离，第二条裂缝的出现又会使开裂截面上的 σ_c 退化为零， σ_s 提高至 $\sigma_{s,cr}$ ，导致构件产生如图 9-5 所示的应力重分布。可以预见，N 继续稍微增大，还会继续出现第三、第四、第五条裂缝，直至稳定。最终稳定的裂缝间距是不等的，但总体上差别不会过大，因为混凝土本身还不是非常不均匀的材料。根据实验研究和分析可得到以下结论：①由于材料不是完全均匀，使"基本构件"裂缝开展有一个过程；②从第一条裂缝至裂缝稳定状态的外力增量并不大，一般可以忽略；③稳定时裂缝情况为，裂缝根数有限，裂缝间距基本相等。裂缝稳定后，"基本构件"的应力状态如图 9-6 所示。

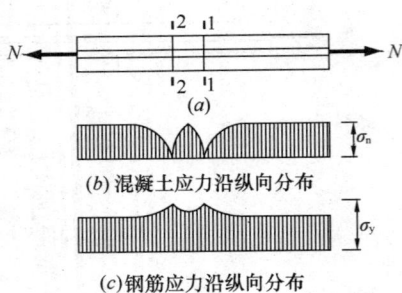

图 9-5 出现第二条裂缝后的应力重分布

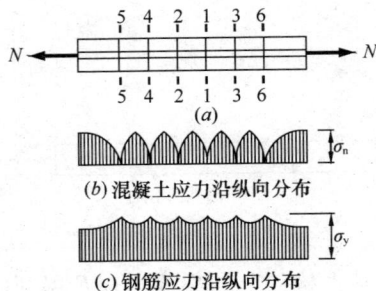

图 9-6 裂缝稳定后的应力分布

（3）裂缝的展开机理

"基本构件"一旦开裂至稳定阶段，裂缝就要一定的初始裂缝宽度，但这个初始裂缝宽度一般较小。我们所关注的是这些初始裂缝宽度在外界 N 作用不断增大时的发展规律，或者说要知道裂缝宽度与 N 变化的定量关系。由于材料不均匀，N 作用下构件的各裂缝宽度也不会相等，存在差异，但作为一种研究手段，可以先不考虑这种差异去研究平均裂缝宽度与外载 N 之间的关系。裂缝稳定后的"基本构件"如图 9-7（a）所示，图中 L_f 为平均裂缝间距、W_f 为平均裂缝宽度。这样，我们可以取一个裂缝区段作为裂缝开展的计算模型，如图 9-7（b）所示。裂缝计算模型的混凝土应力 σ_c 、钢筋应力 σ_s 及钢筋与混凝土之间的粘结应力 τ 的分布如图 9-8 所示。从微观上同一位置处的混凝土和钢筋变形并不保持一致，会产生应变差。这个应变差又称之为滑移，滑移是随 N 增加而加大。滑移的产生意味钢筋与混凝土结合面上有粘结应力的存在。裂缝计算模型中钢筋表面的裂缝宽度是整个裂缝区段滑移的总和，即由粘结滑移引起的。对于构件表面裂缝来说，粘结应力对附近应力状态的影响是随离钢筋距离加大而不断减小，这样也形成横截面混凝土拉应变差，使构件表面裂缝宽度比钢筋表面处要大，显然这个增加的裂缝宽度与表面至钢筋距离（保护层厚度）相关。根据上述裂缝展开机理分析，"基本构件"表面裂缝宽度 w_f 可以表示为：

$$w_f = w_{f1} + w_{f2} \tag{9-1}$$

式中　w_{f1}——在钢筋表面处由滑移产生的裂缝宽度；

　　　w_{f2}——与表面至钢筋距离（保护层厚度）相关的裂缝宽度。

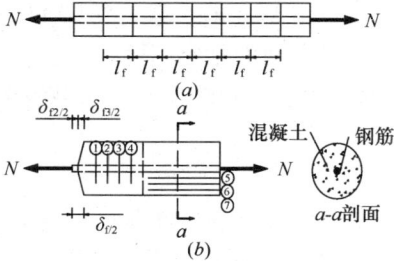

图 9-7　平均裂缝宽度计算模型

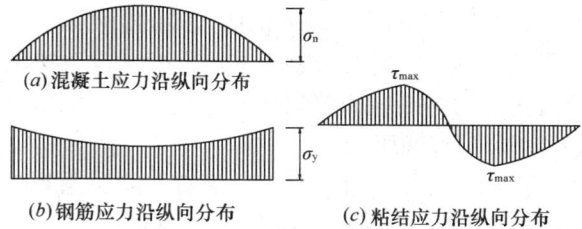

图 9-8　纵向钢筋位置处的应力

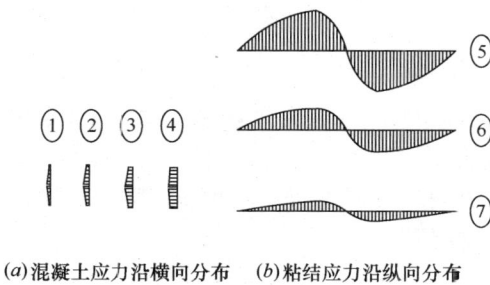

图 9-9　不同截面上的应力分布

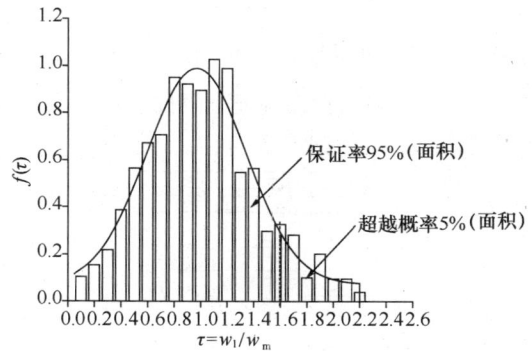

图 9-10　裂缝宽度统计曲线

（4）最大裂缝宽度的定义

图 9-10 为试验梁的裂缝宽度分布统计图，显然同一级荷载作用下试验梁各条裂缝的宽度是不等的，具有随机性。类似于荷载作用标准值是正常使用阶段的最大荷载作用值概念，也可把具有 95% 保证率的裂缝宽度特征值作为考虑随机性的短期最大裂缝宽度 $w_{max,s}$，并有

$$w_{max,s} = w_m + 1.645\sigma = w_m(1 + 1.645\upsilon) = \tau_1 w_m \tag{9-2}$$

式中 υ 为裂缝宽度的变异系数，τ_1 考虑裂缝宽度随机性的扩大系数，υ、τ_1 都可由试验数据统计分析得到。注意到，在长期作用下混凝土会产生徐变和收缩、钢筋也有松弛，这些会导致钢筋应变的提高，使裂缝宽度增加。因此，在设计公式中采用的最大裂缝宽度计算值除了考虑随机性外，还需引入荷载长期作用使裂缝宽度进一步增大的不利情况，即最大裂缝宽度是指具有较高保证率，且考虑荷载长期作用影响的特征裂缝宽度，记为 w_{max}，它可以表示为下式

$$w_{max} = \tau_1 \tau_2 w_m = \tau_2 w_{max,s} \tag{9-3}$$

式中 τ_2 为由试验得到的考虑荷载长期作用下裂缝宽度的增大系数。

9.2.3　裂缝宽度计算理论

由上述公式知，裂缝宽度包括滑移产生的裂缝宽度和表面变形差产生的裂缝宽度，对这两种裂缝宽度实际考虑形成了不同的裂缝计算理论。在历史上主要有粘结-滑移裂缝理论、无滑动裂缝理论和综合裂缝理论。

9.2.3.1　粘结-滑移裂缝理论

这是一种经典的裂缝计算理论，它是由 Salinger、Муращев、Watsten 等人在 20 世纪 30、40 年代提出的。该理论认为裂缝机理取决于钢筋与混凝土之间的粘结-滑移，裂缝的开展就是由于钢筋与混凝土之间的变形没有协调，从而出现相对滑移而产生的。如果假设混凝土应力是沿截面均匀分布，那么就可求得裂缝间距。

（1）裂缝间距

假设"基本构件"第二条裂缝离第一条裂缝距离为 $l_{cr,m}$，在第二条裂缝即将出现前，混凝土应力 σ_c 达到抗拉强度 f_t，钢筋应力为 σ_{s2}。在裂缝处混凝土应力 σ_c 为零，钢筋应力为 σ_{s1}。由平衡条件可得

$$A_s\sigma_{s1} = A_c f_t + A_s\sigma_{s2} \tag{9-4}$$

式中　钢筋截面面积 $A_s = \dfrac{\pi d_s^2}{4}$；

　　　A_c ——混凝土截面面积；

　　　d_s ——钢筋的直径。

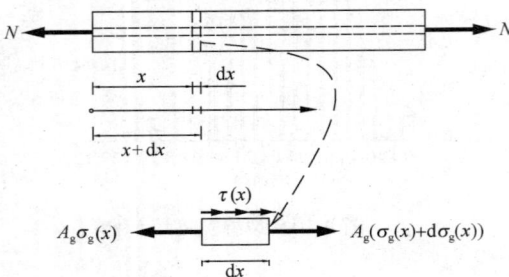

图 9-11　隔离体的平衡

再取钢筋为隔离体，见图 9-11。其中沿钢筋表面的粘结力分布是不均匀的，为分析方便，近似地按平均值 τ_m 考虑。由平衡条件得到

$$A_s\sigma_{s1} - A_s\sigma_{s2} = \tau_m u l_{cr,m} \tag{9-5}$$

式中钢筋周长 $u = \pi d_s = \dfrac{4A_s}{d_s}$。式表明，钢筋两端的拉力差与钢筋与混凝土之间的粘结力平衡，只要开裂必然产生粘结应力，引起滑移。联合上述两个方程得到

$$A_c f_t = \tau_m u l_{cr,m} \tag{9-6}$$

将 $u = \dfrac{4A_s}{d_s}$ 代入上式，即得

$$l_{cr,m} = \frac{f_t}{4\tau_m} \cdot \frac{d_s}{\rho_s}，其中 \rho_s = \frac{A_s}{A_c}。$$

如认为混凝土的粘结应力平均值与抗拉强度呈正比，就可得到粘结-滑移裂缝理论的平均裂缝间距计算模式为：

$$l_{cr,m} = K\frac{d_s}{\rho_s} \tag{9-7}$$

式中 K 为常数。上式表明，裂缝间距同比值 $\dfrac{d_s}{\rho_s}$ 呈正比，钢筋直径愈细、配筋愈多，

裂缝就愈密，这与工程实际经验是吻合的。但注意到，如果 $\dfrac{d_s}{\rho_s}$ 趋于零，即配筋非常多时按上述计算模式得到的裂缝间距趋于零，这又显然不符合实际情况的，另外变形钢筋的粘结力要优于光圆钢筋，其裂缝间距也要相应减小，这在计算模式中也没有得到相应反映。为此，可以对上述计算模式进行一定的修正，得到以下计算模式：

$$l_{cr,m} = \left(K_1 + K_2\frac{d_s}{\rho_s}\right)\upsilon \tag{9-8}$$

式中，K_1、K_2 为由试验得到的常数，υ 为反映钢筋表面特征的参数。

（2）裂缝间纵向受拉钢筋应变不均匀系数 ψ_s

若设开裂截面处的钢筋应变为 $\varepsilon_s\left(=\dfrac{\sigma_s}{E_s}\right)$，显然钢筋平均应变 $\overline{\varepsilon_s}$ 可表示为

$$\overline{\varepsilon_s} = \psi_s\varepsilon_s = \psi_s\frac{\sigma_s}{E_s} \tag{9-9}$$

式中 纵向受拉钢筋应变不均匀系数 $\psi_s = \dfrac{\overline{\varepsilon_s}}{\varepsilon_s}$，反映了受拉混凝土的作用，$\psi_s$ 愈小，混凝土参与受拉的作用愈大。随着荷载增大，钢筋应力不断提高，粘结应力逐渐减弱，混凝土受拉作用也逐渐丧失，ψ_s 将趋于 1。影响 ψ_s 的主要因素包括：开裂截面处的钢筋应力 σ_s、混凝土的抗拉强度 f_{tk}、有效配筋率 ρ_{te} 等。准确地给出 ψ_s 计算公式比较困难，一般只能根据试验结果得到半理论半经验的公式，如《混凝土结构设计规范》采用以下公式：

$$\psi_s = 1.1 - \frac{0.65 f_{tk}}{\rho_{te}\sigma_s} \tag{9-10}$$

（3）裂缝宽度

按粘结-滑移裂缝理论，平均裂缝宽度等于平均裂缝间距内钢筋与混凝土之间的滑移量，也就是钢筋伸长与混凝土伸长两者之差。设平均裂缝间距内钢筋和混凝土的平均应变分别为 $\overline{\varepsilon_s}$、$\overline{\varepsilon_c}$，则平均裂缝宽度 w_m 为

$$w_m = (\overline{\varepsilon_s} - \overline{\varepsilon_c})l_{cr,m} \tag{9-11}$$

考虑到 $\overline{\varepsilon_c}$ 与 $\overline{\varepsilon_s}$ 相比较小，可以忽略不计。将式（9-9）代入式（9-11），即得到粘结-滑移裂缝计算理论的平均裂缝宽度计算式为

$$w_m = \overline{\varepsilon_s}l_{cr,m} = \psi_s\frac{\sigma_s}{E_s}l_{cr,m} \tag{9-12}$$

9.2.3.2 无滑移裂缝理论

Broms、Base 等人对裂缝也进行了广泛的试验研究，得到如下结论：（1）构件表面裂缝宽度与该裂缝量测点到钢筋的距离呈正比；（2）构件表面裂缝宽度与该裂缝量测点的表面平均应变呈正比。无滑移裂缝理论的裂缝机理可归结为：钢筋与混凝土之间有充分粘结，不会发生相对滑移。表面裂缝宽度主要是钢筋周围混凝土保护层弯曲变形产生应变梯度引起的，该应变梯度与钢筋应变、保护层厚度呈正比。按此理论，表面最大裂缝宽度计算模式为

$$w_{max} = KC_s\varepsilon_s \tag{9-13}$$

式中 K——由试验得到的常数；

C_s——有裂缝计算处至钢筋表面的混凝土保护层厚度；

ε_s ——开裂截面处钢筋的应变。

9.2.3.3 综合裂缝理论

无滑移理论采用了在裂缝截面局部范围内变形不再均匀的假定，这无疑比粘结-滑移裂缝理论有了进步，'但认为钢筋表面处的裂缝宽度为零显然也是与试验不符的。作为一种合乎逻辑的发展就是把上述两种理论结合起来，即构件表面的裂缝宽度是由钢筋表面滑移与混凝土保护层厚度的变形差组成，这也就是综合裂缝理论。根据综合裂缝理论，影响裂缝宽度的主要变量包括：钢筋应变 ε_s、混凝土保护层厚度 C_s、钢筋直径 d_s 和有效配筋率 ρ_{te} 等。综合裂缝理论的计算模型可以按式（9-1），即构件表面的裂缝宽度等于钢筋表面滑移产生的裂缝宽度与混凝土保护层厚度变形差产生的裂缝之和。为了简单也可以直接采用粘结—滑移裂缝宽度计算模型，但对裂缝间距计算模式进行修正，考虑保护层厚度的影响。如《混凝土结构设计规范》采用的修正裂缝间距公式为

$$l_{cr,m} = \left(K_1 C_s + K_2 \frac{d_s}{\rho_s} \right) \upsilon \tag{9-14}$$

9.2.4 裂缝宽度的计算方法

由于导致裂缝产生和发展的因素是多种的，因此不管采用上述何种裂缝计算理论都不可能从纯理论分析推导得到裂缝宽度计算公式，必须依赖于一定数量的试验数据统计分析的结果。现有的裂缝宽度计算分为半理论半经验方法和以数理统计为基础的经验方法两种。

9.2.4.1 半理论半经验方法

所谓半理论半经验方法就是先按上述某一种裂缝理论确定相应的裂缝宽度计算模式，然后根据试验结果对计算模式中有关参数进行补充、确定相关系数，最终给出裂缝宽度的计算公式。由于它都对应一个计算模式，具有理论背景，另外模式中的有关系数是通过试验数据统计分析得到的，因而称为半理论半经验的裂缝宽度计算方法。这种建立裂缝宽度计算公式的方法被大多数国家规范采用，如我国的《混凝土结构设计规范》。

9.2.4.2 以数理统计为基础的经验方法

由于裂缝宽度的影响因素较多、裂缝机理十分复杂，用一种力学计算模式很难精确反映各种因素的影响，因此有的研究者建议以影响裂缝宽度的主要因素为统计参数，根据大量的实际试验数据进行回归分析得到具有较高保证率的统计公式。与半理论半经验方法不同，根据这种方法建立的裂缝宽度计算公式在事先不需要确定裂缝宽度的计算模式，只要以若干裂缝宽度影响因素为参数，根据与试验数据最佳拟合度原则，确定得到裂缝宽度的计算公式，因而称为以数理统计为基础的经验方法。我国公路桥梁规范、美国规范的计算裂缝公式都是采用这种方法。

9.2.5 最大裂缝宽度的验算

按第 2 章要求，验算裂缝宽度时，应满足

$$w_{max} \leqslant w_{lim} \tag{9-15}$$

式中　　w_{max} ——各规范的最大裂缝宽度计算值；

　　　　w_{lim} ——各规范的最大裂缝宽度限制值。

9.2.5.1 建筑工程最大裂缝宽度计算

1. 最大裂缝宽度计算公式

《混凝土结构设计规范》按综合裂缝理论，采用半理论半经验方法的裂缝计算方法给出钢筋混凝土受拉、受弯和偏心受压构件的最大裂缝宽度计算公式为

$$w_{max} = \alpha_{cr} \psi \frac{\sigma_s}{E_s} \left(1.9 c_s + 0.08 \frac{d_{eq}}{\rho_{te}} \right) \tag{9-16}$$

$$\psi = 1.1 - 0.65 \frac{f_{tk}}{\rho_{te} \sigma_s} \tag{9-17}$$

$$d_{eq} = \frac{\sum n_i d_i^2}{\sum n_i \upsilon_i d_i} \tag{9-18}$$

$$\sigma_{te} = \frac{A_s}{A_{te}} \tag{9-19}$$

式中　　α_{cr}——构件受力特征系数，对钢筋混凝土受弯、偏压构件，取 $\alpha_{cr} = 1.9$；对钢筋混凝土偏心受拉构件，取 $\alpha_{cr} = 2.4$；钢筋混凝土轴心受拉构件，取 $\alpha_{cr} = 2.7$；

　　　　ψ——裂缝间纵向受拉钢筋应变不均匀系数：当 $\psi < 0.2$ 时，取 $\psi = 0.2$；当 $\psi > 1.0$ 时，取 $\psi = 1.0$；对直接承受重复荷载的构件，取 $\psi = 1.0$；

　　　　E_s——钢筋的弹性模量，按附表 3-11 采用；

　　　　c_s——最外层纵向受拉钢筋外边缘至受拉区底边的距离（mm）；当 $c_s < 20$，取 $c_s = 20$；当 $c_s > 65$ 时，取 $c_s = 65$；

　　　　ρ_{te}——按有效受拉混凝土截面面积计算的纵向受拉钢筋配筋率，在最大裂缝宽度计算中，当 $\rho_{te} < 0.01$ 时，取 $\rho_{te} = 0.01$；

　　　　A_{te}——有效受拉混凝土截面面积；对轴心受拉构件，取构件截面面积；对受弯、偏压和偏拉构件，取 $A_{te} = 0.5bh + (b_f - b)h_f$，此处，$b_f$、$h_f$ 为受拉翼缘的宽度、高度；

　　　　d_{eq}——受拉区纵向钢筋的等效直径（mm）；

　　　　d_i——受拉区第 i 种纵向钢筋的公称直径（mm）；

　　　　n_i——受拉区第 i 种纵向钢筋的根数；

　　　　υ_i——受拉区第 i 种纵向钢筋的相对粘结特征系数；对光圆钢筋，取 $\upsilon_i = 0.7$；对带肋钢筋，取 $\upsilon_i = 1.0$；

　　　　σ_s——按荷载准永久组合计算的纵向受拉钢筋应力，按下面阐述的方法计算。

2. 开裂截面钢筋应力计算公式

按照下列基本假定，可以推导得到钢筋混凝土构件开裂截面处钢筋的拉应力计算公式。

（1）截面变形保持平面；

（2）受压区混凝土的法向应力图形为三角形；

（3）不考虑开裂截面处混凝土受拉作用；

（4）采用换算截面方法计算应力。

① 轴心受拉构件

$$\sigma_{sq} = \frac{N_q}{A_s} \tag{9-20}$$

② 偏心受拉构件

$$\sigma_{sq} = \frac{N_q e'}{A_s(h_0 - a'_s)} \tag{9-21}$$

③ 受弯构件

$$\sigma_{sq} = \frac{M_q}{0.87h_0 A_s} \tag{9-22}$$

④ 偏心受压构件

$$\sigma_{sq} = \frac{N_q(e - z)}{A_s z} \tag{9-23}$$

其中有关变量按下式计算:

$$z = \left[0.87 - 0.12(1 - \gamma'_f)\left(\frac{h_0}{e}\right)^2 \right]h_0,$$

$$e = \eta_s e_0 + y_s,$$

$$\gamma'_f = \frac{(b'_f - b)h'_f}{bh_0},$$

$$\eta_s = 1 + \frac{1}{4000e_0/h_0}\left(\frac{l_0}{h}\right)^2$$

上面诸式中各符号意义如下:

A_s——受拉区纵向钢筋截面面积:对轴心受拉构件,取全部纵向钢筋截面面积;对偏心受拉构件,取受拉较大边的纵向钢筋截面面积;对受弯、偏压构件,取受拉区的纵向钢筋截面面积;

N_q、M_q——按荷载准永久组合计算的轴力值、弯矩值;

e'——轴向拉力作用点至受压区或受拉较小边纵向钢筋合力点的距离;

e——轴向压力作用点至纵向受拉钢筋合力点的距离;

e_0——荷载准永久组合下的初始偏心距,取为 M_q/N_q;

z——纵向受拉钢筋合力点至截面受压区合力点的距离,并且不大于 $0.87h_0$;

η_s——使用阶段的轴向压力偏心距增大系数,当 l_0/h 不大于 14 时,取 1.0;

y_s——截面重心至纵向受拉钢筋合力点的距离;

γ'_f——受压翼缘截面面积与腹板有效截面面积的比值;

b'_f、h'_f——分别为受压区翼缘的宽度、高度;在公式中,当 h'_f 大于 $0.2h_0$ 时,取 $0.2h_0$。

【思考与提示】 为什么在上述最大裂缝宽度计算公式中没有出现 τ_1、τ_2 和 w_m?该最大裂缝宽度计算公式虽然没有直接出现 τ_1、τ_2 和 w_m,但实际上是隐含在公式里。该公式来源如下:

$w_{max} = \tau_1 \tau_2 w_m = \tau_1 \tau_2 \alpha_c \psi \frac{\sigma_s}{E_s} \beta \left(1.9c_s + 0.08\frac{d_{eq}}{\rho_{te}} \right) = \alpha_{cr} \psi \frac{\sigma_s}{E_s} \left(1.9c_s + 0.08\frac{d_{eq}}{\rho_{te}} \right)$,其中 $\alpha_{cr} = \alpha_c \tau_1 \tau_2 \beta$ 是个综合系数,与构件受力特征相关。其中 α_c 是反映裂缝间混凝土伸长对裂缝宽度的影响系数,β 是反映受力形式对裂缝间距的影响系数。例如,对钢筋混凝土受弯和偏压构件由实测得到:$\alpha_c = 0.77$,$\beta = 1.0$,$\tau_2 = 1.5$,对应于 95% 保证率的 $\tau_1 = 1.66$,故 $\alpha_{cr} = 0.77 \times 1.5 \times 1.66 \times 1.0 = 1.91 \approx 1.9$. 对钢筋混凝土轴心受拉构件由实测得到:$\alpha_c = 0.85$,$\beta = 1.1$,$\tau_2 = 1.5$,对应于 95% 保证率的 $\tau_1 = 1.9$,故 $\alpha_{cr} = 0.85 \times 1.5 \times 1.9 \times 1.1$

$=2.66 \approx 2.7$。

9.2.5.2 公路桥梁工程最大裂缝宽度的计算

1. 最大裂缝宽度计算公式

《公路桥梁规范》按粘结-滑移裂缝理论，采用基于数理统计的裂缝宽度计算方法给出的钢筋混凝土构件最大裂缝宽度（保证率为95%）计算公式为：

$$w_{\max} = C_1 C_2 C_3 \frac{\sigma_s}{E_s} \left(\frac{30+d}{0.28+10\rho} \right) \tag{9-24}$$

式中 C_1 —— 钢筋表面形状系数，对光面钢筋，取 $C_1=1.4$；对带肋钢筋，取 $C_1=1.0$；

       C_2 —— 考虑作用长期效应影响的裂缝宽度增大系数，$C_2 = 1 + 0.5 \dfrac{S_l}{S_s}$，其中 S_l 和 S_s 分别为作用的准永久组合和频遇组合计算的弯矩值或轴力值；

       C_3 —— 与构件受力特征有关的系数，对板式受弯构件，取 $C_3=1.15$；对其他受弯构件，取 $C_3=1.0$；对偏压构件，取 $C_3=0.9$；对偏拉构件，取 $C_3=1.1$；对轴拉构件，取 $C_3=1.2$；

       d —— 纵向受拉钢筋的公称直径（mm），当采用不同直径的钢筋时，d 改为换算直径 d_e，当采用单根钢筋配筋方式时，$d_e = 4A_s/u$ 或 $d_e = \dfrac{\sum n_i d_i^2}{\sum n_i d_i}$，当采用焊接钢筋骨架时，$d_e = 4A_s/0.75u$，此处 u 为钢筋截面的总周长，A_s 为纵向受拉钢筋的总截面面积，d_i 为单根钢筋直径，n_i 为直径 d_i 的钢筋根数；

       ρ —— 截面配筋率，对矩形及 T 形截面 $\rho = A_s/bh_0$，对带有受拉翼缘的 T 形截面 $\rho = \dfrac{A_s}{bh_0 + (b_f - b)}$，当 $\rho > 0.02$，取 $\rho = 0.02$，当 $\rho < 0.006$ 取 $\rho = 0.006$；

       h_0 —— 梁的有效高度；

       b —— 矩形截面宽度，T 形截面为腹板宽度；

       b_f —— 构件受拉翼缘宽度；

       h_f —— 构件受拉翼缘厚度；

       σ_s —— 作用的频遇组合下，开裂截面处受拉钢筋应力。

2. 开裂截面处钢筋应力计算公式

钢筋应力计算公式同《混凝土结构设计规范》，但要注意，钢筋应力需采用作用的频遇组合设计值 S_s。按《公路桥涵设计通用规范》JTG D60—2004 规定，简支结构只需考虑汽车荷载和人群荷载，故第 2 章公式可写为：

作用的频遇组合

$$S_s = S_{Gik} + 0.7 \frac{S_{Q1k}}{1+\mu} + S_{Q2k} \tag{9-25}$$

作用的准永久组合

$$S_l = S_{Gik} + 0.4 \left(\frac{S_{Q1k}}{1+\mu} + S_{Q2k} \right) \tag{9-26}$$

式中 S_s —— 作用效应的频遇组合设计值；

       S_l —— 作用效应的准永久组合设计值；

       S_{Gik} —— 永久作用效应的标准值；

S_{Q1k} ——车辆荷载效应的标准值（包括冲击系数）；

S_{Q2k} ——人群荷载效应的标准值。

【注释】 此处 S 为作用效应，如拉力、弯矩值。另外，一般在车辆荷载效应 S_{Q1k} 计算时已考虑冲击系数，因为对于正常使用极限状态可以不计冲击作用，故 S_{Q1k} 要除以（$1+\mu$）。若 S_{Q1k} 本身没有包括冲击作用，则 S_{Q1k} 不除以（$1+\mu$）。

9.2.5.3 最大裂缝宽度限值

最大裂缝宽度限值的确定需要考虑两个因素：一是耐久性要求，二是外观要求。裂缝宽度开展过大，会加快钢筋的锈蚀速度，导致结构发生耐久性破坏。根据国内外的调查和研究成果，不至于产生耐久性破坏的最大裂缝宽度主要同结构周围环境条件和结构构件本身的工作条件相关。另外，裂缝宽度过大也会给人们不安全感，影响结构的正常使用，有碍外观。因此，无论从防止耐久性破坏，还是出于结构的外观需要对最大裂缝宽度都要有个限值规定。最大裂缝宽度限值通过有关耐久性试验研究，并参照人们主观经验确定。房屋建筑和公路桥梁的最大裂缝宽度限值分别参见附表 4-2 和附录 5.4。

9.2.6 裂缝控制中的几个问题

1. 裂缝宽度计算公式表明，裂缝宽度除了与钢筋应力呈线性正比外，还随钢筋直径减小而降低，随配筋率减小而增大。另外，带肋钢筋的粘结性能优于光圆钢筋，产生的裂缝宽度也会适当减小。因此，在配筋率不变条件下应尽量选用根数多一些、直径小一点的钢筋，这样做更有利于控制裂缝宽度。

2. 钢筋混凝土构件的裂缝控制是在满足承载能力极限状态下进行的，此时截面尺寸、材料强度、钢筋用量等都已确定，因而是一种验算。随着高强材料的使用，在实际计算时可能产生裂缝宽度验算不通过的情况。当计算裂缝宽度值超过限制值不多，可用减小直径的做法进行调整，若达不到要求，可以适当增加配筋率或截面的高度。当计算裂缝宽度值超过限制值较多时，采用预应力混凝土结构是较合理和经济的解决办法。

3. 对于由剪力产生的斜裂缝宽度目前尚无公认的实用计算方法，一般认为只要根据第 5 章抗剪承载能力计算公式配置剪切钢筋，使用阶段的斜裂缝宽度一般小于 0.2mm，故无特别要求外可不做斜裂缝宽度的验算。

4. 采用《混凝土结构设计规范》最大裂缝宽度计算公式时要注意：

（1）对 $e_0/h_0 \leqslant 0.55$ 的偏压构件，试验表明裂缝宽度较小，均能满足要求，故规定不作裂缝宽度的验算；

（2）对承受吊车荷载但不需作疲劳验算的受弯构件，按规定取 $\psi = 1.0$，这样计算的最大裂缝宽度明显偏大，鉴于吊车荷载满载可能性较小，故可将计算得到的最大裂缝宽度乘以系数 0.85；

（3）对配置表层钢筋网片的梁，试验表明实际的裂缝宽度比规范公式计算值要小，故也可对计算得到的最大裂缝宽度进行折减，折减系数可取 0.7。

5. 采用《公路桥梁规范》最大裂缝宽度计算公式时要注意：

（1）当钢筋应力 $\sigma_s \leqslant 30\,\mathrm{MPa}$ 时，可不必验算裂缝宽度；

（2）在 $C_2 = 1 + 0.5\dfrac{S_l}{S_s}$ 计算时，对偏压构件，宜按轴力效应和弯矩效应分别计算，取两者中的较大值为计算值；

（3）桥梁结构中圆形截面偏心受压构件的最大裂缝宽度计算另有专门公式，具体参见规范。

【例题 9-1】 某建筑工程矩形钢筋混凝土截面简支梁，处于室内正常环境，截面尺寸 $b \times h = 220\text{mm} \times 500\text{mm}$，计算跨度 $l_0 = 5.6\text{m}$，混凝土强度等级为 C35，钢筋采用 HRB400 级，按正截面承载力计算配筋为 3 Φ 20，混凝土保护层厚度 $c = 25\text{mm}$，该梁承受的永久荷载标准值 $g_k = 9\text{ kN/m}$，可变荷载准永久值 $q_q = 14\text{kN/m}$。试验算该梁的最大裂缝宽度是否满足要求。

【解】 由已知条件查表得，

$E_s = 2.0 \times 10^5 \text{N/mm}^2$，$f_{tk} = 2.2\text{N/mm}^2$，$A_s = 942\text{mm}^2 (3 \Phi 20)$；另最大裂缝宽度限值为 $w_{lim} = 0.3\text{mm}$。

$$h_0 = h - a_s = 500 - 35 = 465\text{mm}$$

按荷载效应的准永久组合计算的弯矩值为

$$M_q = \frac{1}{8}(g_k + q_q)l_0^2 = \frac{1}{8} \times (9 + 14) \times 5.6^2 = 90.16\text{kN} \cdot \text{m}$$

由下式可得裂缝截面处的钢筋应力，即

$$\sigma_q = \frac{M_k}{A_s \eta h_0} = \frac{90.16 \times 10^6}{942 \times 0.87 \times 465} = 236.60\text{N/mm}^2$$

$$\rho_{te} = \frac{A_s}{0.5bh} = \frac{942}{0.5 \times 220 \times 500} = 0.017 > 0.01，故取 \rho_{te} = 0.017 计算。$$

由下式可得纵向受拉钢筋应变不均匀系数

$$\psi = 1.1 - 0.65\frac{f_{tk}}{\rho_{te}\sigma_q} = 1.1 - 0.65 \times \frac{2.20}{0.017 \times 236.60} = 0.744(0.2 < 0.744 < 1.0)，$$

故取 $\psi = 0.744$ 计算。

由于截面配置钢筋直径相同，则 $d_{eq} = 20\text{mm}$；对受弯构件，$\alpha_{cr} = 2.1$，求得最大裂缝宽度为

$$\begin{aligned} w_{max} &= \alpha_{cr}\psi\frac{\sigma_q}{E_s}(1.9c + 0.08\frac{d_{eq}}{\rho_{te}}) \\ &= 2.1 \times 0.744 \times \frac{236.60}{2 \times 10^5} \times \left(1.9 \times 25 + 0.08 \times \frac{20}{0.017}\right) \\ &= 0.262\text{mm} < w_{lim} = 0.3\text{mm} \end{aligned}$$

满足要求。

【例题 9-2】 某桥梁工程 T 形截面钢筋混凝土简支梁，截面高度为 800mm，腹板宽度为 400mm，受压翼缘宽度为 1600mm，翼缘端部厚度为 60mm，使用阶段由荷载短期效应组合引起的弯矩 $M_s = 1000\text{kN} \cdot \text{m}$，由荷载长期效应组合引起的弯矩 $M_l = 800\text{kN} \cdot \text{m}$（均为考虑荷载效应的冲击系数）。根据正截面受弯承载力计算，该梁纵向钢筋布置两层（层间净距 30mm），每层 5 根，共 $2 \times 5 \Phi 28$ 的 HRB400 级纵向钢筋（$A_s = 6158\text{mm}^2$），纵向钢筋保护层厚度为 30mm；验算该梁在正常的使用阶段的裂缝宽度。

【解】 $$h_0 = h - a_s = 800 - (30 + 28 + 30/2) = 727\text{mm}$$

（1）构件纵向受拉钢筋 σ_{ss} 应力及配筋率 ρ

$$\sigma_{ss} = \frac{M_s}{0.87A_sh_0} = \frac{1000 \times 10^6}{0.87 \times 6158 \times 727} = 256.75\text{MPa}$$

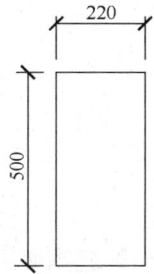

图 9-12

$$\rho = \frac{A_s}{bh_0} = \frac{6158}{400 \times 727} = 0.021 > 0.02 \text{，故取 } \rho = 0.02$$

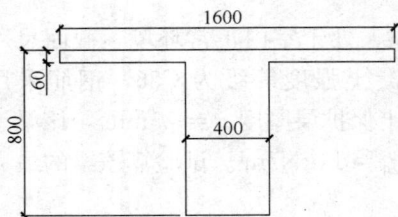

图 9-13 【例题 9-2】图

（2）系数取值

该构件采用变形钢筋，所以取钢筋表面形状系数 $C_1 = 1.0$；对梁式受弯构件，取 $C_3 = 1.0$；荷载长期效应影响系数 C_2 为

$$C_2 = 1 + 0.5 \frac{M_l}{M_s} = 1 + 0.5 \times \frac{800}{1000} = 1.4$$

（3）裂缝宽度计算与验算

$$w_{max} = C_1 C_2 C_3 \frac{\sigma_s}{E_s} \left(\frac{30 + d}{0.28 + 10\rho} \right)$$

$$= 1.0 \times 1.4 \times 1.0 \times \frac{256.75}{2.0 \times 10^5} \left(\frac{30 + 28}{0.28 + 10 \times 0.02} \right)$$

$$= 0.217 \text{mm} > [w_{fk}] = 0.2 \text{mm}$$

裂缝宽度不满足要求。

9.3 钢筋混凝土受弯构件的挠度分析和验算

近年来随材料强度普遍提高，以及计算分析方法的进步，使按现有规范设计的受弯构件截面尺寸要比以往小，从而构件会产生更大的变形。因此，变形验算和控制就显得特别重要。变形验算的目的在于满足第 2 章的正常使用极限状态设计表达式，即

$$f \leqslant f_{lim} \tag{9-27}$$

式中　f ——考虑荷载作用组合的挠度设计值；

　　　f_{lim} ——规范规定的挠度限制值。

9.3.1 钢筋混凝土受弯构件的变形分析

根据材料力学，构件变形可以通过受作用以后的截面正应变、曲率、转角，以及构件的挠度等具体体现。正应变是指与横截面垂直方向上单位长度纤维发生的拉伸或压缩变形；曲率是指距离单位长度的两个相邻横截面之间的转角；转角是指某一个横截面在受作用前后旋转的角度；构件的挠度是指纵向水平轴上某一个点在受作用前后竖向位移，构件所有点位移构成图形称为挠度曲线，挠度曲线中的峰值称为最大挠度。图 9-14 为这些量的几何意义。应变、曲率、转角和挠度在数学上存在以下联系：

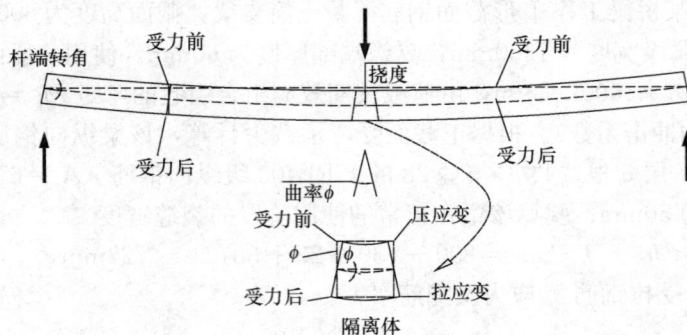

图 9-14　构件变形量的几何意义

$$\dot{k} = \frac{\varepsilon}{y} \tag{9-28}$$

$$\theta = -\int k \mathrm{d}x + c \tag{9-29}$$

$$y = \int \theta \mathrm{d}x + c \tag{9-30}$$

由上面公式知，转角是曲率的一次积分，挠度是转角的一次积分，即曲率的二次积分。因此，曲率或者应变被认为是最基本变形，挠度是在长度范围的最基本变形累积，是变形的一种综合性表现，具有重要的工程意义。所以，在实际工程中构件变形控制通常是指对最大挠度的控制。

9.3.2 构件挠度的计算方法

我们先引入截面抗弯刚度的概念。截面上发生单位曲率变形所需的弯矩值称为截面抗弯刚度 B。若已知作用在截面上的弯矩为 M，相应的曲率为 k，则 B 可用下式表示：

$$B = \frac{M}{k} \tag{9-31}$$

或曲率 k 用下式表示：

$$k = \frac{M}{B} \tag{9-32}$$

如果已知曲率 k，在荷载作用下构件的挠度比较简便的计算是采用莫尔积分法，即

$$f = \int_0^{l_0} \overline{M}(x)k(x)\mathrm{d}x \tag{9-33}$$

式中，$\overline{M}(x)$ 是由单位竖向力在水平坐标轴 x 位置处截面产生的弯矩值，$k(x)$ 是外荷载作用在 x 位置处截面产生的曲率。

9.3.2.1 线弹性材料梁挠度的计算方法

对于线弹性材料梁，在第 2 章已给出等效的本构关系为

$$\frac{M}{EI} = k$$

即截面抗弯刚度 B 等于 EI，是常数，不随外界作用值和作用时间变化。将上式代入前式，可得挠度计算公式为：

$$f = \int_0^{l_0} \overline{M}(x)\frac{M(x)}{EI}\mathrm{d}x = \frac{1}{EI}\int_0^{l_0} \overline{M}(x)M(x)\mathrm{d}x \tag{9-34}$$

构件的荷载形式和支承条件已知，通过积分即可求出挠度。例如，均布荷载 q 作用下简支梁的最大挠度 $f_{\max} = \frac{5ql_0^4}{384EI} = \frac{5}{48} \times \frac{M_{\max}}{EI}l_0^2 = \frac{5}{48} \times k_{\max}l_0^2$；集中荷载 P 作用在跨中的简支梁最大挠度 $f_{\max} = \frac{Pl_0^3}{48EI} = \frac{1}{12} \times \frac{M_{\max}}{EI}l_0^2 = \frac{1}{12} \times k_{\max}l_0^2$。为了统一，线弹性材料梁最大挠度计算公式可表示为：

$$f_{\max} = S\frac{M_{\max}}{EI}l_0^2 = Sk_{\max}l_0^2 \tag{9-35}$$

式中 S——与荷载作用形式、支承条件有关的系数；

$M_{\max}$——荷载作用在跨内产生的最大弯矩；

$k_{\max}$——最大弯矩 $M_{\max}$ 位置处的截面最大曲率。

9.3.2.2　钢筋混凝土梁挠度的计算方法

钢筋混凝土梁挠度受到很多因素的影响，尤其是受拉区裂缝出现导致截面抗弯刚度明显减弱，并且不等于常数。试验表明：在开裂前钢筋混凝土梁是整体工作，截面抗弯刚度等于换算截面的抗弯刚度 $E_{c0}I_0$（其中 $E_{c0} = \beta_1 E_c$，β_1 为考虑混凝土塑性变形的折减系数）；在开裂后，裂缝会把梁分成几段，它们之间的联系是通过截面上部受压混凝土，以及下部受拉钢筋来实现的，开裂区域的截面抗弯刚度有明显的下降，并呈不均匀分布（图 9-15a）。与线弹性材料梁本质上不同，钢筋混凝土梁刚度已不是常数，变为一个变刚度的梁。开裂以后截面抗弯刚度不仅与截面几何尺寸相关，而且还与截面上作用的弯矩大小、配置的钢筋数量多少密切相关。另外，由于受到混凝土的收缩和徐变，以及钢筋的松弛等材料与时间有关性能的影响，钢筋混凝土梁挠度不管开裂与否都会随时间增长而不断加大，这与线弹性材料梁挠度有明显的不同。鉴于上述原因，钢筋混凝土梁在开裂以后的曲率是一个变量，需要通过曲率分布规律来计算变形。由于曲率函数很难求得，另外公式中的积分计算也需要很大工作量，因而这种挠度计算难度较高，也不易被工程人员接受。我们可以借助于前述的线弹性材料梁最大挠度计算公式来简化这个问题。假定开裂后钢筋混凝土梁所有截面抗弯刚度都等于与最大弯矩值对应的截面抗弯刚度 $B_{j,min}$，也即把梁看成一个等刚度梁（图 9-15b），这样开裂后钢筋混凝土梁最大挠度为：

$$f_{max} = S \frac{M_{max}}{B_{j,min}} l_0^2 = S k_{j,max} l_0^2 \tag{9-36}$$

式中，$B_{j,min}$ 是与 M_{max} 对应的截面抗弯刚度计算值，也称为"最小刚度"；$k_{j,max}$ 是与 M_{max} 对应的截面曲率计算值，也称为"最大曲率"。采用整根梁刚度等于"最小刚度"的假定，可以直接采用线弹性材料梁最大挠度公式，使计算大为简化。这种变形计算方法也称为钢筋混凝土构件挠度"最小刚度"计算方法。根据"最小刚度"方法计算的挠度对纯弯曲情况肯定是偏大一些的，但实际受弯构件一般都存在剪力，产生斜裂缝，斜裂缝开展以及剪切变形等都会使挠度有所加大，所以按"最小刚度"计算挠度通常情况是完全能满足要求的。下面我们对"最小刚度"概念再做进一步分析。图 9-16 所示在同号弯矩等弯段内会出现若干条裂缝，在开裂截面处抗弯刚度最小，在裂缝间距一半处截面抗弯刚度最大，因此 $B_{j,min}$ 正确的理解应该是整个同号弯矩等弯段内抗弯刚度平均值，而不是某一

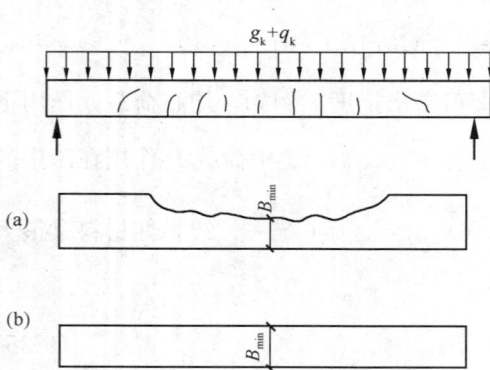

图 9-15　简支梁抗弯刚度分布图

（a）实际抗弯刚度分布图；（b）计算抗弯刚度分布图

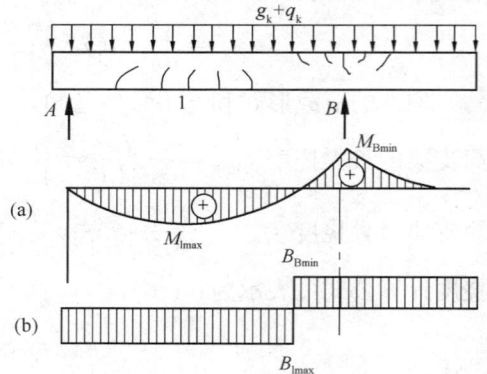

图 9-16　带悬挑简支梁抗弯刚度分布图

（a）弯矩分布图；（b）计算抗弯刚度分布图

1—跨中截面

个截面的抗弯刚度。所谓"最小刚度"是从其对应的弯矩为最大值角度来讲，因为开裂后钢筋混凝土构件截面抗弯刚度是随弯矩增大而减小，弯矩既然最大，对应的抗弯刚度当然是最小的。按照"最小刚度"方法计算钢筋混凝土构件挠度的重点在于合理确定截面抗弯刚度计算值。

9.3.3 钢筋混凝土梁截面抗弯刚度的计算方法

钢筋混凝土梁截面抗弯刚度的计算同裂缝宽度一样，也分为半理论、半经验方法和基于数理统计的经验方法两种。

9.3.3.1 半理论、半经验方法

解析刚度法是一种最经典、最有代表性的半理论、半经验方法，它是以分析影响刚度的主要因素为基础而建立的。带裂缝工作的构件，影响刚度的主要因素为受拉区的裂缝和受压区的混凝土的非弹性变形。拉区和压区的平均应变决定曲率的大小。

按照平截面假定，截面平均曲率 ϕ 的计算公式为：

$$\phi = \frac{\varepsilon_{sm} + \varepsilon_{cm}}{h_0} \tag{9-37}$$

式中　ε_{sm} ——纵向受拉钢筋平均应变；

　　　ε_{cm} ——受压区混凝土平均应变；

　　　h_0 ——截面有效高度。

根据应力应变的关系，纵向受拉钢筋和混凝土的平均应变分别为：

$$\varepsilon_{cm} = \psi_c \frac{\sigma_c}{\nu E_c} \tag{9-38}$$

$$\varepsilon_{sm} = \psi \varepsilon_s = \frac{\psi \sigma_s}{E_s} \tag{9-39}$$

式中　ψ_c ——受压区边缘混凝土压应变不均匀系数；

　　　σ_c ——受压区边缘混凝土的压应力；

　　　ν ——混凝土的弹性特征值；

　　　ψ ——裂缝间纵向受拉钢筋重心处的拉应变不均匀系数；

　　　σ_s ——裂缝截面处纵向受拉钢筋重心处的拉应力。

根据裂缝截面处的力学平衡关系，受压区边缘混凝土的压应力 σ_c 和裂缝截面处纵向受拉钢筋重心处的拉应力 σ_s 为：

$$\sigma_c = \frac{M}{\omega \eta \xi b h_0^2} \tag{9-40}$$

$$\sigma_s = \frac{M}{\eta h_0 A_s} \tag{9-41}$$

式中　ω ——压区应力图完整系数；

　　　η ——有效截面上的力臂系数；

　　　ξ ——截面的相对受压区高度。

综合以上公式可以得到短期刚度的计算公式为：

$$B_s = \frac{M}{\phi} = \frac{E_s A_s h_0^2}{\dfrac{\psi}{\eta} + \dfrac{\alpha_E \rho}{\zeta}} \tag{9-42}$$

式中 ζ——受压区边缘混凝土平均应变综合系数：$\zeta = \nu\omega\eta\xi$；

α_{E}——钢筋弹性模量与混凝土弹性模量的比值：$\alpha_{\mathrm{E}} = E_{\mathrm{s}}/E_{\mathrm{c}}$。

式（9-42）是解析刚度法的推演公式，用于工程计算时，式中的参数 ψ、η 和 ζ 均通过试验数据回归，即可获得相应的表达式。

《混凝土结构设计规范》中关于钢筋混凝土构件短期刚度计算基于此种方法。

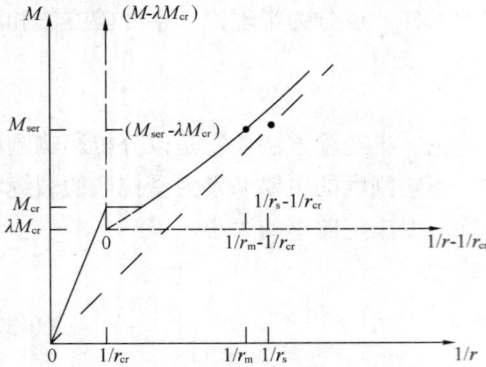

图 9-17 弯矩与曲率的关系图

9.3.3.2 基于数理统计的经验方法

经验方法是根据由试验得到的弯矩与曲率，或弯矩与刚度的变化关系，通过数据拟合方法直接给出刚度的计算公式。图 9-17 为由大量试验结果得到的弯矩与曲率变化关系图，开裂后截面平均曲率 κ_{m} 为开裂时的曲率 κ_{cr} 与开裂后曲率增量 $\Delta\kappa$ 之和，即

$$\kappa_{\mathrm{m}} = \kappa_{\mathrm{cr}} + \Delta\kappa = \frac{1}{r_{\mathrm{cr}}} + \Delta\frac{1}{r} \qquad (9\text{-}43)$$

式中，r_{cr} 为与曲率 κ_{cr} 对应的曲率半径。曲率增量 $\Delta\kappa$ 除了与 $(\kappa_s - \kappa_{\mathrm{cr}})$ 呈正比外，还同弯矩与曲率变化曲线形式有关，当假定构件最终完全开裂时，其曲线与图中代表不考虑混凝土受拉区截面梁的直线相交，即 $\Delta\kappa = (\kappa_s - \kappa_{\mathrm{cr}}) = \dfrac{1}{r_s} - \dfrac{1}{r_{\mathrm{cr}}}$。

在一般情况，$\Delta\kappa$ 要小于 $(\kappa_s - \kappa_{\mathrm{cr}})$，需要乘以折减系数 ζ，即

$$\Delta\kappa = (\kappa_s - \kappa_{\mathrm{cr}})\zeta \qquad (9\text{-}44)$$

试验研究表明，折减系数 ζ 随 $\dfrac{M_{\mathrm{cr}}}{M_s}$ 减小而增大，即使用阶段弯矩 M_s 越大，曲率增量越大，曲率越接近完全开裂的情况；另外，ζ 还与配筋量 ρ 和钢筋与混凝土弹性模量比值 n 乘积 $\alpha_{\mathrm{E}}\rho$ 有关。所以可假定比例因子 ζ 是 $\dfrac{M_{\mathrm{cr}}}{M_s}$，$\alpha_{\mathrm{E}}\rho$ 这两个变量的函数，即 $\zeta = \zeta\left(\dfrac{M_{\mathrm{cr}}}{M_s}, n\mu\right)$。$\zeta$ 具体函数形式可以通过试验结果统计分析回归得到。这样开裂后截面平均曲率 κ_{m} 表示为：

$$\kappa_{\mathrm{m}} = \kappa_{\mathrm{cr}} + \zeta(\kappa_s - \kappa_{\mathrm{cr}}) = \zeta\kappa_s + (1-\zeta)\kappa_{\mathrm{cr}} \qquad (9\text{-}45)$$

上述公式表明，开裂后截面平均曲率是完全开裂截面曲率和整体截面曲率的加权平均值，权数就是比例因子 ζ。在直观上可以理解为把平均裂缝间距 $l_{\mathrm{cr,m}}$ 梁的一段看成是由 $\zeta l_{\mathrm{cr,m}}$ 长度完全开裂部分与 $(1-\zeta)l_{\mathrm{cr,m}}$ 长度完全不开裂部分组成。把上述曲率公式改成由截面刚度表示，则有

$$\frac{M_s}{B_{\mathrm{m}}} = \zeta\frac{M_s}{B_s} + (1-\zeta)\frac{M_{\mathrm{cr}}}{B_0} \qquad (9\text{-}46)$$

$$B_{\mathrm{m}} = \frac{B_0}{\zeta\dfrac{B_0}{B_s} + (1-\zeta)\dfrac{M_{\mathrm{cr}}}{M_s}} \qquad (9\text{-}47)$$

上式表明，截面平均抗弯刚度 B_{m} 为 B_0、B_s、$\dfrac{M_{\mathrm{cr}}}{M_s}$、$\alpha_{\mathrm{E}}\rho$ 四个变量的函数。其中 B_0 为未开裂截面刚度、B_s 是完全开裂后截面刚度。鉴于 B_s 和 $\alpha_{\mathrm{E}}\rho$ 相关，故影响 B_{m} 独立变量只有

3 个，即在实际计算时可以考虑两个方案：$B_m = B\left(\dfrac{M_{cr}}{M_s}, \alpha_E\rho, B_0\right)$ 或 $B_m = B\left(\dfrac{M_{cr}}{M_s}, B_s, B_0\right)$。

B_m 具体函数形式可以通过试验结果统计分析回归得到。例如，我国《公路桥梁设计规范》采用了如下形式：

$$B_m = \frac{B_0}{\left(\dfrac{M_{cr}}{M_s}\right)^2 + \left[1 - \left(\dfrac{M_{cr}}{M_s}\right)^2\right]\dfrac{B_0}{B_s}} \tag{9-48}$$

美国规范 ACI 318—08 采用了如下形式

$$I_e = \left(\frac{M_{cr}}{M_a}\right)^3 I_g + \left[1 - \left(\frac{M_{cr}}{M_a}\right)^3\right] I_{cr} \tag{9-49}$$

式中 I_g、I_{cr} 分别为未开裂截面和完全开裂截面的惯性矩。

我国《混凝土结构设计规范》对允许出现裂缝的预应力混凝土受弯构件短期刚度采用了如下形式：

$$B_s = \frac{0.85 E_c I_0}{\dfrac{M_{cr}}{M_s} + \left(1 - \dfrac{M_{cr}}{M_s}\right)\omega} \cdot \omega = \left(1.0 + \frac{0.21}{\alpha_E\rho}\right)(1 + 0.45\gamma_f) - 0.7 \tag{9-50}$$

【思考与提示】 预应力混凝土结构只是混凝土结构一种扩展，具体概念见第 10 章。两者在裂缝、刚度等分析机理上是相同的，可以采用统一的计算方法。在文献 [13] 提出的适用于钢筋混凝土和预应力混凝土受弯构件的统一计算公式：

$$B_s = \frac{B_0(0.24 + 1.67\alpha_E\rho)}{1 - (0.73 - 1.67\alpha_E\rho)\left(\dfrac{M_{cr}}{M_k}\right)^2} \tag{9-51}$$

9.3.4 钢筋混凝土梁挠度的验算

9.3.4.1 荷载长期作用对挠度的影响

在荷载长期作用下，截面受压应变因混凝土的徐变会随时不断增大，裂缝间受拉混凝土的应力松弛以及钢筋与混凝土的徐变滑移也使截面受拉应变增大，这样都会导致在荷载长期作用下截面曲率增加，梁的挠度变大。或者说，在荷载长期作用下截面刚度是会不断降低的。在挠度验算时对这种不利的情况当然是要进行考虑的。在具体计算时，可采用所谓的截面长期抗弯刚度概念来考虑。

在长期或准永久荷载作用效应值 M_q 作用下梁的曲率，先产生一个短期曲率 κ_s，然后曲率会随时间有一个增长，设达到终极时的曲率是初始短期曲率的 θ 倍，即等于增大至 $\theta\kappa_s$。由刚度与曲率公式得到相应的截面长期抗弯刚度 B_l 为：

$$B_l = \frac{M}{\theta\kappa_s} = \frac{B_s}{\theta} \tag{9-52}$$

θ 由试验分析确定。根据国内外大量试验结果表明，θ 与混凝土受压区配置钢筋配筋率有关，受压钢筋配筋率越大，混凝土徐变和收缩越小，θ 值也越小。由上式，并结合前面挠度计算公式知，在长期荷载作用下的挠度计算值等于按短期刚度计算的挠度值乘以荷载长期作用下挠度增大系数。

在荷载作用效应标准组合中既有长期作用，又有短期作用，因为只有长期作用才会使挠度随时增加，所以需要把短期作用和长期作用区分开来进行考虑。设荷载作用效应标准组合值为 M_k，并把它看成由短期作用（$M_k - M_q$）和长期作用 M_q 两部分组成。现假定抗弯计算刚度为 B，则梁的在 M_k 作用下的挠度 f 可以表示短期作用产生挠度 f_d 与长期作用产生挠度 f_l 之和，结合挠度计算公式可得：

$$S\frac{M}{B}l_0^2 = S\frac{M_q}{B_l}l_0^2 + S\frac{M_k - M_q}{B_s}l_0^2$$

$$B_l = \frac{M_k}{M_q(\theta - 1) + M_k}B_s \tag{9-53}$$

上式即为在荷载作用标准组合时并考虑荷载长期作用对挠度增大影响后的计算刚度 B 的表达式。

9.3.4.2 挠度验算公式

按第 2 章要求，验算挠度时，应满足

$$f_{max} \leqslant f_{lim} \tag{9-54}$$

$$f_{max} = S\frac{M_{max}}{B_{j,min}}l_0^2$$

式中　f_{max}——考虑荷载长期作用影响的梁最大挠度计算值；

　　　$B_{j,min}$——挠度计算时考虑荷载长期作用影响的截面抗弯刚度计算值，由各规范规定；

　　　f_{lim}——各规范的挠度限制值，建筑工程见附表 4-1，桥隧工程见附录 5.4。

显然，建筑工程与桥梁公路工程变形控制的差别主要在刚度计算公式不同。

【注释】　在等截面构件中，假定同号弯矩区的刚度相等，并取最大弯矩处的刚度。对连续梁来说，按弯矩变号区处理一个变刚度的构件。为了简化计算，规定当计算跨度内的支座截面刚度不大于跨中截面刚度的 2 倍或不小于跨中截面刚度的 1/2 时，也可把此跨看成等刚度构件计算，刚度计算值采用跨中最大弯矩处的刚度。

9.3.4.3 建筑工程的刚度计算

根据第 2 章，《混凝土结构设计规范》规定对钢筋混凝土受弯构件挠度验算采用荷载准永久组合。

1. 短期刚度计算公式 B_s

根据解析刚度法给出的短期刚度 B_s 为：

$$B_s = \frac{E_s A_s h_0^2}{1.15\psi + 0.2 + \dfrac{6\alpha_E \rho}{1 + 3.5\gamma_f'}} \tag{9-55}$$

式中　ψ——在 M_q 作用下裂缝间纵向受拉普通钢筋应变不均匀系数，按式（9-17）确定；

　　　α_E——钢筋弹性模量与混凝土弹性模量的比值，即 $\alpha_E = \dfrac{E_s}{E_c}$；

　　　ρ——纵向受拉钢筋配筋率，$\rho = \dfrac{A_s}{bh_0}$。

2. 抗弯刚度计算值 $B_{j,\min}$

采用荷载准永久组合时，矩形、T 形、倒 T 形和 I 形截面钢筋混凝土受弯构件考虑荷载长期作用影响的刚度为

$$B_{j,\min} = \frac{B_s}{\theta} \qquad (9\text{-}56)$$

$$\theta = 2.0 - 0.4\frac{\rho'}{\rho} \qquad (9\text{-}57)$$

式中　θ——考虑荷载长期作用对挠度增大的影响系数，对翼缘位于受拉区的倒 T 形截面，θ 应增加 20%；

　　　B_s——按准永久组合计算的短期刚度，即式（9-55）；

　　　ρ'——受压钢筋的配筋率。

9.3.4.4　公路桥梁工程的刚度计算

根据第 2 章，《公路桥涵设计规范》规定对钢筋混凝土受弯构件挠度验算采用荷载准永久组合。因此，抗弯刚度计算值 $B_{j,\min}$ 可以统一表示为：

$$E_{j,\min} = \frac{B_s}{\eta_\theta} \qquad (9\text{-}58)$$

式中　η_θ——挠度长期增长系数，混凝土强度等级 C40 以下时，$\eta_\theta = 1.6$；混凝土强度等级 C40～C80 时，$\eta_\theta = 1.4 \sim 1.35$，中间强度等级可按直线插入取值；

　　　B_s——按《公路桥涵设计规范》在荷载的准永久组合下钢筋混凝土受弯构件的短期刚度计算值，按以下公式计算：

（1）未开裂构件

$$B_s = B_0 = 0.9E_c I_0 \qquad (9\text{-}59)$$

（2）开裂构件

《公路桥涵设计规范》在国内外研究资料的基础上，根据数理统计的经验方法给出的钢筋混凝土受弯构件的短期抗弯刚度计算公式为

$$B_s = \frac{B_0}{\left(\frac{M_{cr}}{M_s}\right)^2 + \left(1 - \left(\frac{M_{cr}}{M_s}\right)^2\right)\frac{B_0}{B_{cr}}} \qquad (9\text{-}60)$$

式中　B_s——开裂受弯构件的短期抗弯刚度；

　　　B_{cr}——开裂截面的抗弯刚度，$E_{cr} = E_c I_{cr}$；

　　　M_{cr}——开裂弯矩，$M_{cr} = \gamma f_{tk} W_0$；

　　　M_s——按荷载的频遇组合计算的弯矩，取计算区段内的最大弯矩值；

　　　γ——构件受拉区混凝土塑性影响系数，$\gamma = 2S_0/W_0$；

　　　S_0——全截面换算截面重心轴以上（或以下）部分面积对换算截面重心轴的面积矩；

　　　W_0——全截面换算截面对受拉边缘的弹性抵抗矩；

　　　I_0——全截面换算截面惯性矩；

　　　I_{cr}——开裂截面换算截面惯性矩。

9.3.5 与挠度验算相关的几个问题

9.3.5.1 影响抗弯刚度的主要因素

由前面公式知，无论是未开裂构件，还是开裂构件，截面抗弯刚度与毛截面刚度 B_0 呈正比，因为矩形截面 $B_0 = E_c bh^3/12$，即截面抗弯刚度与截面高度是三次方关系，因此提高截面抗弯刚度最有效的措施是增加截面高度。从增大毛截面刚度 B_0 角度，T 或工字形截面的抗弯刚度都要优于矩形截面。另外适当提高配筋率 ρ，或增大 M_{cr}/M_s，也能使开裂构件截面抗弯刚度相应增加。

9.3.5.2 挠度的跨高比控制方法

将 $B_0 = E_c bh^3/12$ 代入前面统一计算刚度公式（9-51）得

$$B_s = \frac{E_c bh^3(0.24 + 1.67\alpha_E\rho)}{12\left[1 - (0.76 - 1.67\alpha_E\rho)\left(\dfrac{M_{cr}}{M_k}\right)^2\right]} \tag{9-61}$$

钢筋混凝土受弯构件经济配筋率 ρ 一般在 $0.6\% \sim 1.5\%$，M_{cr}/M_s 大致在 $0.12 \sim 0.5$ 范围，对常用的截面高宽比 h/b 可以通过分析给出同时满足正截面抗弯承载能力要求的 ρ，M_{cr}/M_s 取值，这样 B_s 仅与截面高度 h 相关，即有

$$B_s = Kh^4$$

上式，K 为某一个常数。将上式代式（9-53）得到

$$S\frac{M_{max}}{Kh^4}l_0^2 \leqslant f_{lim}$$

如承受均布荷载为 q，$M_{max} = ql^2/8$，代入上式，并整理后得到挠度控制的跨高比公式为：

$$\frac{l_0}{h} \leqslant \sqrt[4]{\frac{8Kf_{lim}}{Sq}} \tag{9-62}$$

上式的右侧，对于已知的荷载 q 和允许挠度值即为常数，称为跨高比的允许值，为了简化挠度验算各规范一般都会给出此值。这样对大多数设计情况来说，设计人员只要事先假定一个满足上式要求的跨高比，然后只要按承载能力极限状态计算配筋，可以不计算挠度，或者说对挠度的验算一般都能保证通过，避免了因不满足要求而放大截面尺寸再进行重新设计的情况出现。表 9-1、表 9-2、表 9-3 分别为参考文献 [14] 给出的常用均布活荷载、跨度条件下，简支梁、悬臂梁和连续梁不需要进行挠度验算的最大跨高比取值，供设计时参考。

均布荷载下简支梁的最大跨高比   表 9-1

荷载（kN/m）		4	8	12	16	20	24	28	32	36
跨度（m）	4	15	12	11	11	10	10	9	9	9
	5	15	13	12	11	11	10	10	10	9
	6	16	14	12	12	11	11	10	10	10
	7	16	13	12	11	11	11	10	10	9
	8	16	14	12	12	11	11	10	10	10
	9	17	14	13	12	11	11	10	10	10

均布荷载下悬臂梁的最大跨高比　　　　　　　　表 9-2

荷载（kN/m）		4	8	12	16	20	24	28	32	36
跨度 （m）	4	10	9	8	7	7	7	—	—	—
	5	11	9	8	8	7	7	7	—	—
	6	11	9	9	8	8	7	7	7	7
	7	11	9	8	8	7	7	7	7	6
	8	11	9	8	8	7	7	7	7	7
	9	11	10	9	8	8	7	7	7	7

均布荷载下连续梁的最大跨高比　　　　　　　　表 9-3

荷载（kN/m）		4	8	12	16	20	24	28	32	36
跨度 （m）	4	18	15	14	13	13	12	—	—	—
	5	19	16	15	14	13	13	12	12	—
	6	19	17	15	14	14	13	13	13	12
	7	19	16	15	14	13	12	12	12	11
	8	19	16	15	14	13	13	12	12	12
	9	20	17	15	14	14	13	13	12	12

查表时，需要注意以下几点：

（1）以上表格取：$\theta=2$，$\psi_q=0.5$，$f_y=360\text{N/mm}^2$，$b/h=1/2$，$g_k/q_k=1$，$E_c=3.25\times10^4\text{N/mm}^2$，$f_c=19.1\text{N/mm}^2$，跨度 $4\text{m}\leqslant L\leqslant6\text{m}$ 时，跨高比限值取 $f_{max}/L=1/200$，跨度 $7\text{m}\leqslant L\leqslant9\text{m}$ 时，跨高比限值取 $f_{max}/L=1/250$。

（2）短期刚度是在配筋率大于 0.6% 的条件下简化的，当配筋率小于 0.6% 时，简化公式误差较大，不建议采用本文结果。

（3）以上表格在没给出跨高比的情况下，且配筋率在 0.6%～3% 之间时，只要满足承载力的要求，挠度不需要进行相关计算自然满足要求。

（4）混凝土强度等级对跨高比的影响很小，可不考虑。

（5）以上表格中的荷载是指活荷载的取值，恒荷载的影响是通过恒荷载和活荷载的比值来考虑的。

（6）连续梁的最大挠度一般出现在边跨，以上连续梁跨高比的表格是以连续梁的边跨来计算的。

（7）当 $b/h=1/3$ 时，以上表格跨高比乘以系数 0.92，当 $b/h=1/2\sim1/3$ 时，可按线性插值的方法取值。

（8）当 $g_k/q_k=0.5$ 时，以上表格乘以系数 1.09，当 $g_k/q_k=1.5$ 时，以上表格乘以系数 0.94 当 $g_k/q_k=2$ 时，以上表格乘以系数 0.90。

（9）当 $f_y=300\text{N/mm}^2$ 时，以上表格乘以系数 1.03，当 $f_y=435\text{N/mm}^2$ 时，经上表格乘以系数 0.97。

9.3.5.3　挠度限制值的影响因素

挠度限制值对结构的正常使用和外观都有重要影响，其值主要根据试验值或经验综合确定。考虑的影响因素包括四方面：

1. 保证结构的正常使用功能

不同的结构都有各自的功能要求，如屋面构件挠度过大会导致屋面积水；公路桥梁挠度过大会妨碍车辆的正常运行，或增加冲击使车辆过早损坏；楼盖挠度过大对平整度要求较高的仪表生产厂家或保龄球馆是无法使用的。这方面的挠度限制值一般根据工艺或使用要求是比较容易确定的。

2. 对结构构件的影响

挠度过大会使结构的性能与设计的假定不符。在力学分析中一般都假定结构是小变形的，如果挠度过大就不是小变形了，原先的设计结果就又可能与实际有较大偏差，而这种偏差对结构来说往往又是偏于不安全的。例如，钢筋混凝土简支梁梁端转角愈大，梁端支承愈小，对支承面应力就愈高。当梁支承在砖墙上，这样就有可能使梁端上砌体出现裂缝，甚至产生局部承压破坏，或者失稳破坏。这方面的挠度限制值一般由试验值确定。

3. 对非结构构件的影响

上部构件挠度过大会导致下面的隔墙、吊顶，以及装修等的破坏，另外也会造成门、窗等开启不便。这方面的挠度限制值一般由试验值确定。

4. 外观要求

建筑梁、板，以及桥梁的挠度过大会给人们在直觉上有不安全感和不舒适感，另外在可变荷载作用下过大挠度的梁还会产生振动及噪声都会产生不良的感觉。这方面的挠度限制值具有较强的主观性，在很大程度上取决于使用者的社会经历、生活水平和结构类型，因此其确定相当困难，一般采用传统的经验值。

【例题 9-3】 某建筑工程简支矩形截面梁的截面尺寸 $b \times h = 250\text{mm} \times 600\text{mm}$，环境类别为一类，混凝土强度等级为 C20，配置 HRB4004 $\oplus$ 18 钢筋，混凝土保护层厚度 $c = 25\text{mm}$，承受均布荷载，按荷载的标准组合计算的跨中弯矩 $M_k = 130\text{kN} \cdot \text{m}$，按荷载的准永久组合计算的跨中弯矩 $M_q = 70\text{kN} \cdot \text{m}$，梁的计算跨度 $l_0 = 6.5\text{m}$，挠度允许值为 $l_0/250$，试验算挠度是否满足要求。

【解】 $f_{tk} = 1.54\text{N/mm}^2, E_s = 200 \times 10^3\text{N/mm}^2, E_c = 25.5 \times 10^3\text{N/mm}^2$

$$\alpha_E = \frac{E_s}{E_c} = 7.84$$

$$h_0 = 600 - \left(25 + \frac{18}{2}\right) = 566\text{mm}, A_s = 1017\text{mm}^2$$

$$\rho = \frac{A_s}{bh_0} = \frac{1017}{250 \times 566} = 0.00719$$

$$\rho_{te} = \frac{A_s}{0.5bh} = \frac{1017}{0.5 \times 250 \times 600} = 0.0136$$

$$\sigma_{sk} = \frac{M_q}{0.87h_0 A_s} = \frac{70 \times 10^6}{0.87 \times 566 \times 1017} = 140\text{N/mm}^2$$

$$\psi = 1.1 - \frac{0.65 f_{tk}}{\rho_{te}\sigma_{sk}} = 1.1 - \frac{0.65 \times 1.54}{0.0136 \times 140} = 0.574$$

$$B_s = \frac{E_s A_s h_0^2}{1.15\psi + 0.2 + 6\alpha_E\rho}$$

$$= \frac{200 \times 10^3 \times 1017 \times 566^2}{1.15 \times 0.574 + 0.2 + 0.6 \times 7.84 \times 0.00719} = 7.29 \times 10^{13} \text{N} \cdot \text{mm}^2$$

$$B_{j,\min} = \frac{B_s}{\theta} = \frac{7.29 \times 10^{13}}{2.0}$$

$$= 3.645 \times 10^{13} \text{N} \cdot \text{mm}^2 \quad \text{则}$$

$$f = \frac{5}{48} \frac{M_k l_0^2}{B} = \frac{5}{48} \times \frac{70 \times 10^6 \times 6500^2}{3.645 \times 10^{13}} = 8.45\text{mm}$$

$< l_0/250 = 26\text{mm}$ 满足要求。

【例题 9-4】 计算跨径为 $l = 20$m 的装配式钢筋混凝土 T 梁桥，其截面尺寸如图9-18所示，C25 混凝土，受拉纵钢筋均为 HRB400，主筋为 8 Φ 32 + 2 Φ 16 ($A_s = 6434\text{mm}^2 + 402\text{mm}^2 = 6836\text{mm}^2$)，8 Φ 32 钢筋重心至梁底距离为 99mm，2 Φ 16 钢筋重心至梁底距离为 177mm，承受恒载产生的弯矩为 $M_{gk} = 800$kN · m，汽车和人群荷载产生的弯矩为 $M_{qk} = 600$kN · m，$I_0 = 64.35 \times 10^9$mm^4，$W_0 = 7.55 \times 10^7$mm^3。试进行挠度验算。

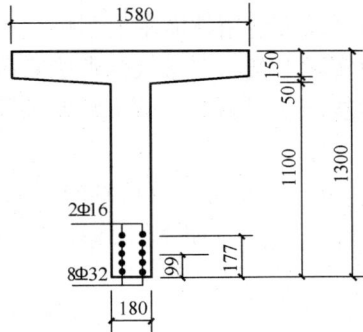

图 9-18 **【例题 9-4】**图

【解】 （1）求抗弯刚度 B

已知：$E_c = 2.55 \times 10^4$N/mm^2，$M_k = 1400$kN · m

$$B_{cr} = E_c I_0 = 2.55 \times 10^4 \times 64.35 \times 10^9 = 1.641 \times 10^{15} \text{N} \cdot \text{mm}^2$$

$$B_0 = 0.95 E_c I_0 = 1.559 \times 10^{15} \text{N} \cdot \text{mm}^2$$

$$S_0 = 852.4 \times 180 \times 852.4/2 + 50462.7 \times 753.4 + 3152.9 \times 675.4$$

$$= 1.055 \times 10^8 \text{mm}^3$$

$$\gamma = 2 \times 1.055 \times 10^8 / 7.55 \times 10^7 = 2.796$$

$$M_{cr} = \gamma f_{tk} W_0 = 2.796 \times 1.78 \times 7.55 \times 10^7 = 375.75 \times 10^6 \text{N} \cdot \text{mm}$$

$$B_s = \frac{B_0}{\left(\frac{M_{cr}}{M_s}\right) + \left(1 - \left(\frac{M_{cr}}{M_s}\right)\right)\frac{B_0}{B_{cr}}}$$

$$= \frac{1.559 \times 10^{15}}{\left(\frac{375.75}{1400}\right)^2 + \left[1 - \left(\frac{375.75}{1400}\right)^2\right] \times \frac{1.559 \times 10^{15}}{1.641 \times 10^{15}}}$$

$$= 1.635 \times 10^{15} \text{N} \cdot \text{mm}^2$$

（2）挠度计算

$$\alpha_f = \eta_s \frac{5}{48} \times \frac{M_k l^2}{B} = 1.6 \times \frac{5}{48} \times \frac{1400 \times 10^6 \times 20000^2}{1.635 \times 10^{15}} = 57.08\text{mm} > \frac{l}{600} = 33.3$$

不满足要求，需修改设计。

9.4　动力使用性能的验算

由结构动力学知，当外界动力作用激励频率与结构自振频率接近时会产生共振现象，结构的动力作用效应会明显放大，有可能影响结构的动力使用性能。进行动力使用性能验算的主要原因是：（1）过大的振动反应会造成人身体疾病、降低工作效率；（2）要满足舒适度的要求；（3）保证车辆、工艺设备、机器、吊车、精密仪器等正常运管和使用。研究表明，动力使用性能主要与振动速度幅值和加速度幅值等指标有关，而速度幅值和加速度幅值实际上又与位移振幅直接联系，因而可以通过位移振幅指标的限制来验算动力正常使用性能。参照第 2 章的正常使用极限状态设计表达式，动力使用性能的验算可表达为：

$$u \leqslant [u_0] \tag{9-63}$$

在此，u ——动力计算得到的强迫振动振幅；

$[u_0]$ ——人们正常工作以及机器设备正常运行要求的振幅允许值，该值按下式计算：

$$[u_0] = a_0/4\pi^2 f_{t0}^2 \tag{9-64}$$

或者

$$[u_0] = v_0/2\pi f_{t0}$$

此处 f_{t0} 为外部动力作用的激振频率；a_0、v_0 是振动速度、加速度幅值的限制值。试验研究表明，动力使用性能在激振频率较低时，受加速度幅值控制；激振频率较高时则受速度幅值控制。研究建议，当 $f_{t0} < 10$Hz 时，按 $a_0 = 150$mm/c² 确定 $[u_0]$；当 $f_{t0} > 10$Hz，按 $v_0 = 2.4$mm/c² 确定 $[u_0]$。动力作用效应过大一般都是因结构自振频率接近激振频率产生"共振"现象引起的，而汽车、工业设备和仪表产生的动力作用激振频率通常不高，所以只要把结构自振频率控制在不低于某一个频率值，这样就可以有效避免"共振"。也就是说，动力位移的验算也可以近似地等效为对自振频率的验算，相应的自振频率验算公式为：

$$f_{t0} \geqslant [f_{t0}] \tag{9-65}$$

式中　f_{t0} ——结构的自振频率；

$[f_{t0}]$ ——结构自振频率的限制值。

《混凝土结构设计规范》根据舒适度要求对混凝土楼盖结构的竖向自振频率限制值 $[f_0]$ 为：住宅和公寓取 5Hz；办公楼和旅馆取 4Hz；大跨度公共建筑取 3Hz。如果自振频率验算不符合要求，那么必须采取一些相应措施来提高自振频率。自振频率与结构的刚度、计算简图和跨度等密切相关，结构的刚度愈大，自振频率愈高，因此增加一些附加联系或结构超静定次数既有利于降低动力系数和静力挠度，也能提高自振频率；简支梁两端转为弹性支承，其自振频率大概能提高 2 倍；结构跨度愈小，结构自振频率愈大。

【思考与提示】　静力作用挠度验算与动力使用性能验算的区别和联系？静力作用的挠度验算是对最终长期挠度的控制，可以理解为是一种持久状况的正常使用极限状态的验算，它偏重于对结构长期运行和使用性能的保障，静力挠度要比初始弹性挠度大的原因是截面开裂，以及材料徐变、松弛、收缩等时变性能等因素导致的刚度降低。动力作用下结构使用性能的失效，往往是短时的、周期性的，而且主要反映在人心理和生理上的不适应，或影响到机器和仪表日常运营和使用，它可以理解为是一种短暂状况正常使用极限状态的验算。动力反应要比静力反应大的根本原因是外界动力作用激励频率与结构自振频率接近。另外，影响动力使用性能的指标不是动力挠度，而是动力加速度或动力速度。结构刚度的提高（如加大截面的高度提高毛截面刚度）既可以减小静力作用挠度，同时又可提高结构自振频率，远离激励频率可以降低动力反应幅值。这里特别指出，合理的高跨比应该根据同时满足静力挠度验算要求和频率验算要求条件来确定。

9.5 耐久性设计

9.5.1 耐久性破坏形式

混凝土结构的耐久性是指结构在设计使用寿命内对气候作用、化学侵蚀、物理作用或环境作用的抵抗能力。相对安全性、使用性而言，人们对耐久性的研究是不够充分的，各国规范也无明确的耐久性定量设计要求，只采用宏观控制的方法。实际上，耐久性设计是一个非常重要的设计内容。美国学者曾用"五倍定律"形象地描述耐久性设计的重要性。即，设计阶段对钢筋防护方面如果节省 1 美元，那么就意味着，在发现钢筋锈蚀时采取措施多追加维修费 5 美元，顺筋开裂时多追加维修费 25 美元，严重破坏时多追加维修费 125 美元。混凝土耐久性破坏是材料内部存在缺陷和外部不利因素综合作用的结果，其常见的破坏形式可分为以下几类：

（1）机械磨损

机械磨损是指混凝土在磨、刮、敲等机械作用产生的损坏。目前对其破坏规律还缺乏定量的研究，在工程中一般用增加保护层厚度，或在混凝土中掺入耐磨材料等措施来预防这种破坏。

（2）混凝土冻融破坏

处于饱水状态（含水量达 91.7% 的极限值）的混凝土受冻时，毛细孔中将同时受到膨胀压力和渗透压力，使混凝土产生内部裂缝和损伤，损伤累积到一定程度就引起混凝土所谓的冻融破坏。防止这种破坏的主要措施为：降低水灰比；混凝土浇筑时加入引气剂。

（3）混凝土碱集料反应引起的破坏

混凝土集料中某些活性矿物与混凝土中的碱性溶液发生化学反应称为碱集料反应。由于碱集料反应生成物在吸水状态下体积会增大 3~4 倍，从而引起混凝土破坏。防止这种破坏的主要措施为：采用低碱水泥，或掺入粉煤灰降低混凝土中的碱性。

（4）侵蚀性介质的腐蚀破坏

侵蚀性化学介质侵入，有的使混凝土中一些成分直接被溶解、流失，产生裂缝和孔隙，导致结构破坏，而有的与混凝土成分发生化学反应，生成物体积膨胀，引起周围混凝土的胀裂破坏。侵蚀性介质腐蚀主要有：硫酸盐腐蚀、酸腐蚀、海水腐蚀和盐类结晶腐蚀等。

（5）钢筋的锈蚀破坏

通常钢筋表面有一层致密的氧化膜，使钢筋处于钝化状态，防止钢筋的锈蚀。如果外界有不利介质的侵入，使氧化膜破坏，引发钢筋各部位产生电位差，就会造成钢筋的电化学腐蚀。由于钢筋腐蚀后产生的锈蚀物体积膨胀，会使混凝土保护层胀裂，空气中的水分直接进入，又更加快了锈蚀的速度。钢筋的锈蚀不仅会产生严重的纵向裂缝，影响结构的正常使用，而且因钢筋有效截面的减小，将直接危及结构的安全。引起钢筋的锈蚀主要原因为：混凝土的碳化，或有氯化物的存在。

(6) 混凝土的碳化

在正常的大气环境下，二氧化碳与混凝土中碱性物质发生化学反应的过程称为混凝土的碳化。其化学方程式如下：

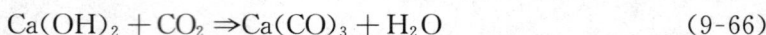

$$Ca(OH)_2 + CO_2 \Rightarrow Ca(CO)_3 + H_2O \qquad (9\text{-}66)$$

上式表明：混凝土碳化的速度主要取决于化学反应本身的速度，即二氧化碳向混凝土扩散的速度以及氢氧化钙的扩散速度，其中二氧化碳的扩散速度最慢，碳化的速度主要受其控制。依据菲克（Fick）第一定律，可以推导出混凝土平均碳化深度 X 与时间 t 之间关系

$$X = k\sqrt{t} \qquad (9\text{-}67)$$

式中 k 为与渗透性能和二氧化碳浓度有关的碳化系数，可实测确定，也可按下式计算

$$k = \frac{46W - 17.6}{2.7}RL \qquad (9\text{-}68)$$

式中　W——水灰比；

　　　R——水泥品种影响系数；

　　　L——气候环境条件影响系数。从防止混凝土的碳化上来讲，在设计时要考虑足够的保护层厚度是十分重要的。

(7) 氯离子含量

即使混凝土处于高碱状态，如果氯离子侵入钢筋的氧化膜，也将发生化学反应，使氧化膜中的氧离子被氯离子代替，生成氧化铁和钠，促使氧化膜保护层的破坏，最后同样导致钢筋的电化学腐蚀破坏。限制混凝土内部或外界侵入的氯盐含量是防止这种腐蚀破坏的最重要措施。

9.5.2　混凝土结构耐久性设计的主要内容

混凝土结构的耐久性取决于混凝土材料的本身性质、周围环境、设计使用年限，施工质量和使用维护状况等。混凝土结构耐久性设计原则主要包括：(1) 根据不同的环境类别和设计使用年限对结构采用相应的结构材料、设计构造、防护措施、施工质量等耐久性方面的要求；(2) 提高混凝土材料自身耐久性是保证混凝土结构耐久性的前提和基础；(3) 通过改进结构构造设计（例如采用具有防腐保护的钢筋；增加构造配筋控制裂缝发展；加大混凝土保护层厚度）、加强施工养护和日常维护与检测等可以提高混凝土结构的耐久性。

9.5.2.1　结构所处环境类别的确定

环境是影响混凝土结构耐久性的外因，根据其对耐久性影响程度进行分类。环境类别是指混凝土暴露表面所处的环境条件，它一般要区分是室内的，还是露天的；是干燥的，还是潮湿的，或者是干湿交替的；是严寒和寒冷地区，还是非严寒和非寒冷地区；是沿海地区，还是内陆地区；与无侵蚀性的水或土壤直接接触的环境，还是与有侵蚀性的水或土壤直接接触的环境；受人为或自然的侵蚀性物质（如除冰盐）影响的，还是不受人为或自然的侵蚀性物质（如除冰盐）影响等。《混凝土结构设计规范》把建筑结构环境分为五种七个类别，其中前三类是最常遇的，后两类是用于特殊情况的（表 9-4）。《公路桥梁设计规范》根据公路桥梁的使用情况，把桥梁结构使用环境分为 4 类（表 9-5）。在设计时需要根据实际情况来确定适当的环境类别。

【注释】　按我国现行标准《民用建筑热工设计规程》GB 50176—93 的规定：累年最冷月平均温度低于－10℃地区称为严寒地区；累年最冷月平均温度高于－10℃，低于或等于 0℃地区称为寒冷地区，这里累年是指近 30 年，不足 30 年的取实际年数，但不得小于 10 年；除冰盐环境是指采用喷洒盐水除冰化雪的且使结构受到侵蚀的环境；滨海环境是指海水浪区以外且其前建筑物遮挡的环境；海水环境是指潮汐区、浪区及海水中的环境；受侵蚀性物质影响的环境是指某些化工二业的气态、液态和固态侵蚀物质影响的环境。

建筑混凝土结构的环境类别和基本要求　　表 9-4

环境类别	环境条件	最大水胶比	最低强度等级	最大氯离子含量（%）	最大碱含量（kg/m²）
一	室内干燥环境； 无侵蚀性静水浸没环境	0.60	C20	0.30	不限制
二 a	室内潮湿环境； 非严寒和非寒冷地区的露天环境； 非严寒和非寒冷地区与无无侵蚀性的水或土壤直接接触的环境	0.55	C25	0.20	3.0
二 b	干湿交替环境； 水位频繁变动环境； 严寒和寒冷地区的露天环境； 严寒和寒冷地区的冰冻线以上与无无侵蚀性的水或土壤直接接触的环境	0.50 (0.55)	C30 (C25)	0.15	3.0
三 a	严寒和寒冷地区冬季水位变动区环境； 受除冰盐影响环境； 海风环境	0.45 (0.50)	C35 (C30)	0.15	3.0
三 b	盐渍土环境； 受除冰盐作用环境； 海岸环境	0.40	C40	0.10	3.0
四	海水环境				
五	受人为或自然的侵蚀性物质影响的环境				

公路桥梁混凝土结构的环境类别和基本要求　　表 9-5

环境类别	环境条件	最大水灰比	最大水泥用量	最低混凝土强度等级	最大氯离子含量（%）	最大碱含量（kg/m²）
一	温暖或寒冷地区的大气环境、无无侵蚀性的水或土壤直接接触的环境	0.55	275	C25	0.30	3.0
二	严寒地区的大气环境、使用除冰盐环竟、滨海环境	0.50	300	C30	0.15	3.0
三	海水环境	0.45	300	C35	0.10	3.0
四	受侵蚀性物质影响的环境	0.40	325	C35	0.10	3.0

9.5.2.2 耐久性的材料质量要求

材料本身质量是影响结构耐久性的重要内因。提高混凝土密实性可以减少混凝土的渗透性，从而从根本上降低有害介质入侵的速度、提高其抵抗碳化能力。混凝土的密实度与混凝土强度等级、水灰比（或水胶比）等因素有关。另外氯离子、碱的含量等过多会造成很严重的耐久性问题，因此也应对其作专门的限制。

1. 建筑工程应符合《混凝土结构设计规范》的要求

（1）一、二、三类环境中，设计使用年限为50年的混凝土结构，其混凝土材料质量要求见表9-4；

（2）有抗渗要求的混凝土结构，混凝土的抗渗等级应符合有关标准的要求；

（3）严寒及寒冷地区的潮湿环境中，结构混凝土应满足抗冻要求，抗冻等级应符合有关标准的要求；

（4）处在三类环境中的混凝土结构构件，可采用阻锈剂、环氧树脂涂层钢筋或其他具有耐腐蚀性能的钢筋、采取阴极保护措施或采用更换的构件等措施；

（5）一类环境中，设计使用年限为100年的混凝土结构，其混凝土材料质量应符合下列规定：

1）钢筋混凝土结构的最低强度等级为C30；预应力混凝土结构的最低强度等级为C40；

2）混凝土中的最大氯离子含量为0.06%；

3）宜使用非碱活性骨料，当使用碱活性骨料时，混凝土中的最大碱含量为$3.0kg/m^2$；

（6）二、三类环境中，设计使用年限为100年的混凝土结构，其混凝土材料质量应采取专门的有效措施；

（7）四、五类环境中混凝土结构的耐久性要求应符合有关标准的规定。

2. 公路桥梁工程应符合《公路桥梁设计规范》的要求

（1）一、二、三、四类环境中，公路桥涵混凝土结构，其混凝土材料质量要求见表9-5；

（2）水位变动区有抗冻要求的混凝土结构，其抗冻等级不应低于表9-6的要求；

（3）有抗渗要求的结构混凝土，其抗渗等级应符合表9-7的规定。

水位变动区混凝土抗冻等级选用标准 表9-6

桥梁所在地区	海水环境	淡水环境
严重受冻地区（最冷月月平均气温低于−8℃）	F350	F250
受冻地区（最冷月月平均气温在−4℃至−8℃之间）	F300	F200
微冻地区（最冷月月平均气温在0℃至−4℃之间）	F250	F150

注：1. 混凝土抗冻性试验方法应符合现行标准《公路工程水泥及水泥混凝土试验规程》JTG E30—2005的规定；
　　2. 墩、台身混凝土应选用比表列值高一级的抗冻等级。

结构混凝土抗渗等级选用标准 表9-7

最大作用水头与混凝土壁厚之比	抗渗等级	最大作用水头与混凝土壁厚之比	抗渗等级
<5	W4	16～20	W10
5~10	W6	>20	W12
11～15	W8		

注：混凝土抗渗试验方法应符合现行标准《公路工程水泥及水泥混凝土试验规程》JTG E30—2005。

9.5.2.3 耐久性的结构构造设计要求

与耐久性相关的结构构造主要包括保护层厚度、构造钢筋配置、防水层设置、控制裂缝的措施等，它们一般还与承载能力极限状态设计相关，故一般不按耐久性要求单独列出。其中，混凝土保护层厚度对防止混凝土碳化和钢筋锈蚀有特别重要意义，钢筋的混凝土保护层厚度过小会导致耐久性失效，当然过大在受力上也不合理，从裂缝宽度控制角度也是不利的。根据耐久性要求混凝土保护层最小厚度至少不小于钢筋的公称直径，具体取值同结构所处的环境类别、构件类型相关。另外，设计使用年限越长，保护层厚度也应越大。建筑结构的混凝土保护层最小厚度应符合《混凝土结构设计规范》的要求，见表4-3；公路桥隧结构的混凝土保护层最小厚度应符合《公路桥涵混凝土结构》的要求，见表4-4。当梁、柱、墙中受力钢筋的保护层厚度大于50mm时，宜对保护层采取有效的构造措施，如在保护层内配置防裂、防剥落的钢筋网片。

【注释】 钢筋的最小混凝土保护层厚度是指最外层（如果有几层钢筋的话）钢筋外边缘至构件混凝土表面的最小距离；根据研究，设计使用年限100年的最小混凝土保护层厚度取值约为设计使用年限50年的最小混凝土保护层厚度取值的1.4倍；在有充分依据并采取诸如在构件表面涂可靠的防护层，或采用预制构件，或在混凝土中掺入阻锈剂或采用阴极保护处理等防锈措施时，可适当减小混凝土保护层厚度。

9.5.2.4 正常使用阶段的维护与检测要求

在整个设计使用年限内使用者不得擅自变动结构的功能，避免导致结构所处环境类别发生变化。另外，使用者应按设计规定的使用、维护要求，进行功能的正常使用要求并定期检查、维修或者更换。其具体要求为：

（1）结构应按设计规定的环境类别使用，并定期进行检查维护；

（2）设计中的可更换混凝土构件应定期按规定更换；

（3）构件表面的防护层应按规定进行维护或更换；

（4）结构出现可见的耐久性缺陷时，应及时进行检测处理。

本 章 小 结

1. 带裂缝工作是钢筋混凝土构件区别于弹性材料构件的重要特点，也是钢筋混凝土结构分析方法与材料力学方法在本质上的不同。"基本构件"裂缝出现、开展的机理分析表明，裂缝对钢筋混凝土构件的应力、应变分布状态产生重要影响；

2. 裂缝宽度计算理论分为粘结-滑移裂缝理论、无滑移裂缝理论和综合裂缝理论。现有的裂缝宽度计算方法分为半理论半经验方法和以数理统计为基础的经验方法两种，我国建筑工程规范采用了半理论半经验方法，公路桥梁工程采用了以数理统计为基础的经验方法；

3. 刚度计算方法也分为半理论半经验方法和以数理统计为基础的经验方法两种，我国建筑工程规范采用了半理论半经验方法，公路桥梁工程采用了以数理统计为基础的经验方法；

4. 由裂缝宽度计算公式知，钢筋应力与裂缝宽度密切相关，因而提高钢筋配筋率可以减小裂缝宽度。其次，裂缝宽度还随钢筋直径减小而降低，因此，在配筋率不变条件下应尽量选用根数多一些、直径小一点的钢筋，这样做更有利于控制裂缝宽度。另外，带肋钢筋的粘结性能优于光圆钢筋，产生的裂缝宽度也会适当减小；

5. 由刚度计算公式知，提高截面抗弯刚度最有效的措施是增加截面高度，另外适当提高配筋率 ρ，也可以增大截面抗弯刚度。施加预应力可以提高抗裂能力 M_{cr}，即增大 M_{cr}/M，从而使开裂构件截面抗弯刚度得到较大提高，有利于变形的有效控制；

6. 动力使用性能验算主要通过频率限制来实现，目前建筑工程规范已列出明确要求。应注意，对于一般跨度混凝土结构其频率要求能自动满足，并不需要验算。对于大跨度结构自振频率需要验算，如不满足，可以采用提高结构刚度措施予以解决；

7. 钢筋混凝土结构的耐久性取决于混凝土材料的本身性质、周围环境、设计使用年限，施工质量和使用维护状况等。所以，需要根据不同的环境类别和设计使用年限对结构采用相应的结构材料、设计构造、防护措施、施工质量等耐久性方面要求，其中从影响设计计算因素上主要反映需要根据不同环境条件选择最小的混凝土保护层厚度。

思 考 题

9.1 简述钢筋混凝土轴心受拉构件裂缝的出现、分布、开展的过程和机理。

9.2 最大裂缝宽度计算公式是怎么建立的？

9.3 为什么不用裂缝宽度平均值而用最大值作为评价指标？

9.4 何谓构件截面的弯曲刚度？它与材料力学中的刚度相比有何区别和特点。

9.5 怎样用解析刚度法建立受弯构件短期刚度计算公式？简述参数 ψ、ρ_{te} 的物理意义。

9.6 何谓"最小刚度原则"？试分析应用该原则的合理性。

9.7 影响混凝土结构耐久性的主要因素是哪些？怎样进行耐久性概念设计？

9.8 什么情况下需要验算结构的动力性能？如何验算？如不满足，可以采取什么措施？

习 题

9.1 已知：某建筑工程钢筋混凝土屋架下弦，$b \times h = 200\text{mm} \times 200\text{mm}$，轴向拉力准永久值 $N_q = 130\text{kN}$，有 4 根 HRB400 直径 14mm 的受拉钢筋，C30 等级混凝土，保护层厚度 $c = 20\text{mm}$，$w_{lim} = 0.2\text{mm}$。

求：验算裂缝宽度是否满足要求？当不满足时如何处理？

9.2 在教学楼楼盖中一矩形截面简支梁，截面尺寸为 200mm×500mm，配置 4 Φ 16HRB400 级受力钢筋，混凝土强度等级为 C20，保护层厚度为 $c = 25\text{mm}$，$l_0 = 5.6\text{m}$；承受均布荷载，其中永久荷载（包括自重在内）标准值 $g_k = 12.4\text{kN/m}$，楼面活荷载标准值 $q_k = 8\text{kN/m}$，楼面活荷载的准永久值系数 $\psi_q = 0.5$。试验算其挠度 f。

9.3 已知预制 T 形截面简支梁，安全等级为二级，$l_0 = 6\text{m}$，$b'_f = 600\text{mm}$，$b = 200\text{mm}$，$h'_f = 60\text{mm}$，$h = 500\text{mm}$，采用 C30 混凝土，HRB400 级混凝土，永久荷载在跨中截面引起的弯矩为 80kN·m，可变荷载在跨中截面引起的弯矩为 80kN·m，准永久值系数 $\psi_{q1} = 0.4$；雪荷载在跨中截面引起的弯矩为 8kN·m，准永久值系数为 $\psi_{q2} = 0.2$。求：

（1）受弯正截面受拉钢筋面积，并选用钢筋直径（在 18～22mm 之间选择）及根数。

（2）验算挠度是否小于 $f_{lim} = l_0/250$？

（3）验算裂缝宽度是否小于 $w_{lim} = 0.3\text{mm}$？

9.4 已知预制倒 T 形截面简支梁 $l_0 = 6\text{m}$，$b_f = 600\text{mm}$，$b = 200\text{mm}$，$h_f = 60\text{mm}$，$h = 500\text{mm}$，其他条件同习题 9.2。求：

（1）受弯正截面受拉钢筋面积，并选用钢筋直径（在 18～22mm 之间选择）及根数。

（2）验算挠度是否小于 $f_{lim} = l_0/250$？

（3）验算裂缝宽度是否小于 $w_{lim} = 0.3mm$？

（4）与习题 9.2 比较，提出分析意见。

9.5 处于室内正常环境下的钢筋混凝土矩形截面简支梁，截面尺寸 $b = 220mm, h = 500mm$，配置 HRB400 钢筋 2 Φ 22，混凝土强度等级为 C25，保护层厚度 $c = 25mm$。跨中截面弯矩 $M_k = 80kN \cdot m$。试验算该梁的最大裂缝宽度。

9.6 某钢筋混凝土矩形截面简支梁，截面尺寸 $b = 200mm, h = 500mm$，配置 HRB335 钢筋 4 Φ 16，混凝土强度等级为 C20，保护层厚度 $c = 25mm$。跨中截面恒载产生弯矩 $M_s = 79.97kN \cdot m$，准永久荷载产生的弯矩 $M_q = 64.29kN \cdot m$，试验算梁的最大裂缝宽度。

9.7 某钢筋混凝土简支梁，计算跨径 $l_0 = 6m$，截面尺寸 $b = 200mm, h = 400mm$，采用 C25 混凝土，承受 $g_k = 8kN/m$（含自重），短期活载 $q_k = 8kN/m$，经承载力计算选用 HRB335 级钢筋 4 Φ 18，$A_s = 1017mm^2, h_0 = 365mm$。规范允许挠度为 $l_0/200$。试验算梁的挠度。

第 10 章　预应力混凝土结构构件性能分析和设计

预应力钢筋混凝土结构能够在本质上改善普通钢筋混凝土结构的使用性能，是一种技术上的创新。本章介绍了预应力混凝土的基本概念、施工方法、各项预应力损失的产生原因和计算方法，以及预应力损失值的组合。以先张法预应力混凝土轴心受拉构件和后张法预应力混凝土梁为例，阐述了预应力混凝土构件各阶段应力状态的分析方法和受力特点，并给出了相应的设计计算方法和主要构造要求。

教学目标

1. 深刻领会预应力混凝土的思想；
2. 熟悉预应力各种损失的计算，及减小损失的措施；
3. 理解预应力轴拉构件各阶段的应力分析方法和特点；
4. 掌握预应力轴拉构件设计方法；
5. 了解预应力受弯构件各阶段的应力分析，理解承载能力和正常使用状态计算方法。

重点和难点

预应力混凝土的概念、预应力损失计算、混凝土有效预压应力的计算、使用阶段和施工阶段计算。

10.1　概　　述

10.1.1　施加预应力的必要性

通过前面章节的学习我们知道钢筋混凝土结构具有相当多的优点，因而在实际工程中能得到广泛的应用。但这里也必须指出，混凝土的抗拉强度要远低于其抗压强度，所以在较小的荷载作用下钢筋混凝土构件的受拉区一般就会开裂，处于带裂缝工作状态。混凝土拉应变极限值约为 $1 \times 10^{-4} \sim 1.5 \times 10^{-4}$，开裂时的钢筋应力可近似地按混凝土拉应变极限值乘以钢筋的弹性模量进行估算，即大致在 $20 \sim 30 \mathrm{MPa}$ 范围。如果把开裂时的钢筋应力值与较高强度等级钢筋的强度标准值进行相比，这个比值明显偏低。例如采用 HRB400 钢筋，开裂时的钢筋应力值只占钢筋强度标准值设计值十分之一还不到；如果采用 HRB500 钢筋，其比值更低。另外，由前面第 9 章知，在正常使用状态下钢筋混凝土结构裂缝宽度，或挠度都要求不允许超过规定限值。研究分析表明，在满足正常使用要求下的钢筋应力通常不会超过 300MPa。如果采用 HRB500 钢筋，此时的钢筋应力只达到其强度标准值的 60%，钢筋强度愈高，正常使用阶段的钢筋应力与其强度标准值的比值就会愈低。由于混凝土抗拉性能与抗压性能存在较大差异，钢筋混凝土结构带裂缝工作可以说是其本身的一个固有特征，或者说是一种本质上的缺陷，它会对结构的使用性能和经济性都会造成不利的影响。随结构跨度增大和所用钢筋强度的提高，这种由材料缺陷带来的不利影响会变得愈加严重，甚至导致钢筋混凝土无法用于这些结构。

为了弥补上述缺点和不足、进一步扩大混凝土结构的使用范围，在实际工程中提出了不少直接或间接提高混凝土抗拉性能的办法和技术，其中在工程中得到广泛应用的方法就是对混凝土结构施加预应力形成所谓预应力混凝土结构。所谓预应力混凝土就是根据需要人为地引进某一数值和分布的内应力，用以全部或部分抵消拉应力。

10.1.2 预应力的基本概念

预应力思想实际上在人们劳动和生活中经常体现，下面以日常生活中盛水木桶为例进行详细说明。

图 10-1 所示木桶是由若干块木板用张拉铁丝箍制成。设木板强度为 f_w，铁丝强度为 f_s，铁丝箍的环向应力为 $\sigma_{s\theta}$，木桶板径向压力为 σ_{wr}，木桶板环向压力为 $\sigma_{w\theta}$。并假定在木桶制作时对铁丝箍施加的环向拉应力为 σ_r，对木桶板套上铁丝环箍产生的径向压力为 σ_c。下面对用无环向拉应力 σ_r 铁丝箍制作的木桶和用有环向拉应力 σ_r 铁丝箍的木桶两种情况，分别进行分析和比较。

（1）用第一种方法制作的水桶（铁丝箍不绞紧）

木桶先用把木板通过胶水粘结拼装，然后套上铁丝圆环箍制作而成的，且胶水粘结强度 f_v 低于木材强度 f_w，即 $f_v \leqslant f_w$。在初始状态木桶和铁丝圆环箍都没有受力，即 $\sigma_{s\theta} = \sigma_{wr} = \sigma_{w\theta} = 0$。可以设想，向木桶内逐渐注水，在木桶内侧面就会形成径向压应力 σ_{wr}^+，产生木桶板环向拉应力 $\sigma_{w\theta}^-$ 和铁丝圆环箍拉应力 $\sigma_{s\theta}^-$。当木桶板环向拉应力 $\sigma_{w\theta}^-$ 增大至胶水粘结强度 f_v，即 $\sigma_{w\theta}^- = f_v$，木桶即开始渗水。当注水速度比较快时，尽管木桶渗水，但木桶内的水位还是在不断提高，木桶板环向拉应力 $\sigma_{w\theta}^-$ 和铁丝圆环箍拉应力 $\sigma_{s\theta}^-$ 也在不断加大。当 $\sigma_{s\theta}^-$ 拉应力增大至铁丝强度 f_s 时，即 $\sigma_{s\theta}^- = f_s$，铁丝圆环箍被拉断，木桶发生整体破坏。显然，用不绞紧铁丝制作的木桶渗水与否是取决于粘结胶水强度 f_v 的高低，而木桶破坏，则是由铁丝强度 f_s 决定的。由于粘结胶水的强度 f_v 一般都要远低于铁丝的强度 f_s，所以用这种方法制作的水木桶即使铁丝圆环箍用得再多，采用的铁丝强度再高·也很难使木桶不渗水。

（2）用第二种方法制作的水桶（铁丝箍事先绞紧）

先用木板把木桶拼装好，再在木桶外侧套上铁丝，人工绞紧铁丝并固定。应注意，用这种方法制作的木桶的圆环铁丝箍是带有初始拉应力 $\sigma_{s\theta}^{0+}$，它会对木桶产生径向压缩，产生环向初始压应力 $\sigma_{w\theta}^{0+}$。可以设想，向木桶内逐渐注水，木桶板环向应力 $\sigma_{w\theta}$ 应等于初始压应力 $\sigma_{w\theta}^{0+}$ 加上注水产生的拉应力增量 $\Delta\sigma_{w\theta}^-$，即 $\sigma_{w\theta} = \sigma_{w\theta}^{0+} + \Delta\sigma_{w\theta}^-$。若 $\sigma_{w\theta} \geqslant 0$，表明木桶板承受压应力，水桶不会发生渗水。与第一种情况比较知，由于在铁丝中预先施加了拉应力 $\sigma_{s\theta}^{0+}$，

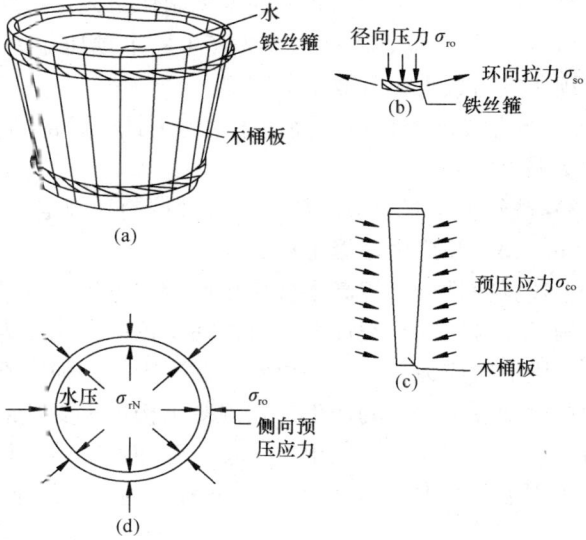

图 10-1　木桶盛水的分析

在水桶内形成预压应力 $\sigma_{w\theta}^{0+}$，从而有效提高了木桶的抗渗性能。若 $\sigma_{w\theta} > 0$ 时，水桶就会发生渗水；当 $\sigma_{s\theta}$ 拉应力增大至铁丝强度 f_s 时，即 $\sigma_{s\theta} = \sigma_{s\theta}^0 + \Delta\sigma_{s\theta} = f_s$ 时，铁丝圆环箍拉断，木桶破坏。与第一种情况比较知，两种不同方法制作的水桶承载能力是相同的。这说明在木桶内铁丝中事先施加预应力能有效提高或改善其防渗等正常使用性能，但对木桶的破坏承载能力并不产生影响。在这里还应特别注意，铁丝预张拉应力值 $\sigma_{s\theta}^{0+}$ 有个合理确定的问题。若 $\sigma_{s\theta}^{0+}$ 定得太高，初始预压应力 $\sigma_{w\theta}^{0+}$ 过高，超过木板强度 f_w，即 $\sigma_{w\theta}^{0+} \geqslant f_w$，导致在铁丝预张拉时发生木桶的压坏，或者直接发生铁丝被拉断的事故。反之，$\sigma_{s\theta}^{0+}$ 太低，木桶初始预压应力 $\sigma_{w\theta}^{0+}$ 过小，抗渗能力提高幅度不大，达不到预先设想的效果或功能要求。

第二种方法也是人们熟知的木桶制作工艺，由此可以得到以下重要启示：

1）预张铁丝箍在木桶内事先产生一个预压应力，可以提高木桶抗裂度、改善防渗性能，预压应力愈大，其效果愈明显；

2）预张铁丝箍可以提高使用状态下铁丝箍应力水平，但对木桶最终破坏承载能力不产生影响；

3）铁丝箍预张拉应力值需要合理控制和确定。

10.1.3 预应力混凝土概念

上述张拉铁丝箍提高木桶使用性能的思想可以推广到钢筋混凝土结构，即为了提高结构或构件受拉区的抗裂性能，可以在受拉区预先人为地施加一个压应力，以抵消或减小外荷载产生的拉应力，这样就可弥补混凝土抗拉强度不足的缺陷，防止受拉区过早开裂，或过大挠度和裂缝宽度的产生。在混凝土构件承受外部作用之前，对其受拉区预先施加预压应力，就成为预应力混凝土。注意，施加预应力后构件的最终受力状态（图 10-2c）是预压力作用下的受力状态（图 10-2a）和外荷载作用下的受力状态（图 10-2b）叠加。

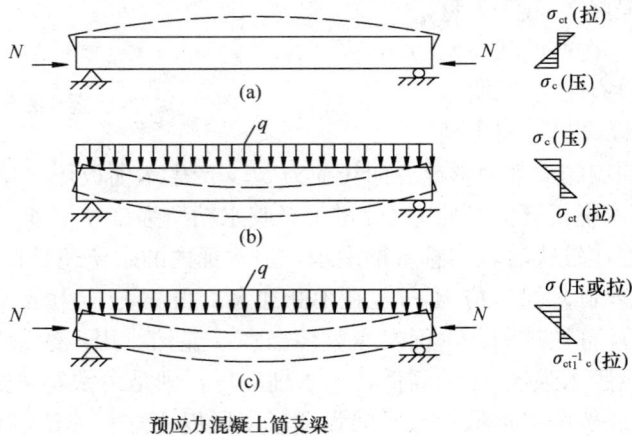

预应力混凝土简支梁

图 10-2　预应力混凝土梁的受力状态
（a）预压力作用下；（b）预压力作用下；（c）预压力与外荷载共同作用下

【注释】 预应力混凝土比较科学的定义可以参考美国混凝土协会（ACI）给出的如下定义："预应力混凝土就是根据需要人为地引入一种分布的内应力，用以全部或部分抵消外荷载应力的一种加筋混凝土"。施加预应力的目的在于部分或全部抵消由外部荷载产生的拉应力，从而防止开裂或者减少裂缝宽度，提高和改善混凝土构件的正常使用性能。可以用三种不同的观点来理解或认识预应力混凝土。第一种观点认为，施加预压应力使处于使用状态下的混凝土变为弹性材料；第二种观点认为，施加预压应力使高强钢筋和高强混凝土结合并发挥各自的潜力；第三种观点认为，施加预压应力是实现一种荷载平衡，即预压应力会产生一种与原使用荷载作用相反的荷载，是一种用以抵消部分或全部使用荷载的方法。

在钢筋混凝土结构中预压应力的建立一般通过张拉钢筋来实现，当然也可以有其他产生预压应力方法，如自应力混凝土，或外部千斤顶方法。本书的预应力混凝土是指利用张拉钢筋方法产生预应力，其他方法可参考相关资料。由水桶的例子可以推论，普通钢筋混凝土结构在施加预应力后能显著提高其抗裂度和刚度，抑制裂缝宽度的开展，有效改善混凝土构件的正常使用性能，使高强钢筋在混凝土结构能得到充分的应用。当然，预应力混凝土结构在设计计算、施工、构造等方面也要比普通钢筋混凝土构件来得复杂，造价也要高一些。因此在实际工程中预应力混凝土主要的适用范围如下：

(1) 不允许开裂，或裂缝宽度控制要求高的构件；

(2) 大跨度或受力很大的构件；

(3) 对变形控制有较高要求的构件。

10.1.4　预应力混凝土的分类

按制作、设计和施工的特点，可以对预应力混凝土进行不同的分类。常见的分类为：

1. 先张预应力混凝土结构与后张预应力混凝土结构

在制作预应力混凝土构件时，先张拉预应力钢筋后浇筑混凝土的构件称为先张预应力混凝土结构，反之，先浇筑混凝土后张拉预应力钢筋的构件称为后张预应力混凝土结构。

2. 全预应力混凝土结构和部分预应力混凝土结构

在使用荷载作用下，结构的构件截面混凝土不出现拉应力，即整截面受压，称为全预应力混凝土结构。在使用荷载作用下，结构的构件截面混凝土允许出现拉应力或开裂，即部分截面受压，称为部分预应力混凝土结构。部分预应力混凝土结构又分为A、B两类，A类是指在使用荷载作用下混凝土出现拉应力，但小于规定的限制值，截面不开裂，B类是指在使用荷载作用下混凝土拉应力大于规定的限制值，截面开裂，但裂缝宽度小于规定限制值。

3. 有粘结预应力结构和无粘结预应力结构

当沿预应力筋全长的周围均与混凝土粘结、握裹在一起的预应力混凝土结构称为有粘结预应力混凝土结构。当预应力筋不与周围混凝土粘结，预应力筋可以自由伸缩、滑动的预应力混凝土结构称为无粘结预应力混凝土结构。

4. 体内预应力混凝土结构与体外预应力混凝土结构

预应力筋布置在混凝土构件体内的称为体内预应力混凝土结构，而体外预应力混凝土结构是指预应力筋（称为体外索）布置在构件体外的预应力混凝土结构。

10.1.5　预应力混凝土的施工方法

按张拉钢筋与混凝土浇筑时间的先后关系，分为先张法和后张法。

1. 先张法

在混凝土浇筑之前张拉预应力钢筋的方法，其主要施工工序如图10-3所示。

先张法施工流程为：

(a) 钢筋就位→(b) 张拉预应力钢筋→(c) 临时固定钢筋→(d) 浇筑混凝土并养护→(e) 放松钢筋。

预应力传递方式：混凝土受压预应力传递通过钢筋与混凝土之间的粘结力。

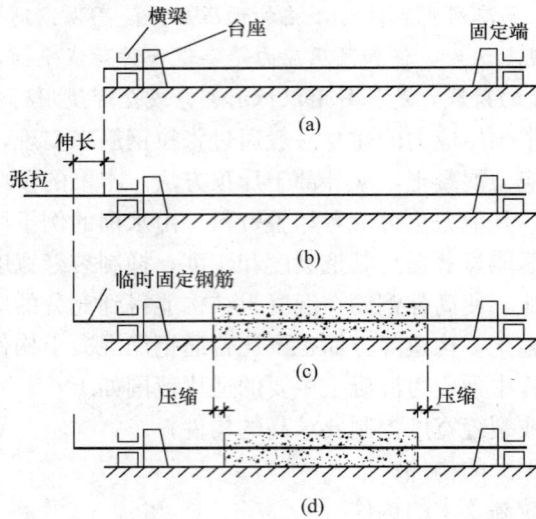

先张法主要工序示意图

图 10-3 先张法施工流程

（a）钢筋就位；（b）张拉钢筋；（c）临时固定钢筋，浇灌混凝土并养护；
（d）放松钢筋，钢筋回缩，混凝土受预压

2. 后张法

先浇筑混凝土，待混凝土达到一定强度后再张拉钢筋。其主要施工工序如图 10-4 所示。

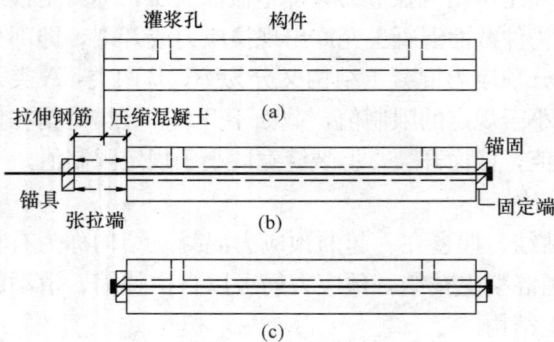

图 10-4 后张法施工流程

后张法施工流程为：

（a）制作构件，预留孔道→（b）穿入预应力钢筋→（c）安装千斤顶、张拉钢筋→（d）锚住钢筋，拆除千斤顶。

在预留孔道压浆的构件称为有粘结的预应力构件，不压浆则为无粘结的预应力构件。

预应力传递方式：依靠钢筋端部的锚具。

10.1.6 夹具和锚具

夹具和锚具都是指用于锚固预应力钢筋的工具，前者用于先张法构件，可重复使用，后者用于后张法构件，被永久固定在构件上。

1. 对锚具和夹具的基本要求

（1）安全可靠；

（2）滑移要小，以减少预应力损失；

（3）造价要低；

（4）施工方便。

2. 常用锚具介绍

（1）螺丝端杆锚具（图 10-5）

螺丝端杆锚具是指在单根预应力粗钢筋的两端各焊上一根短的螺丝端杆，并套以螺帽及垫板。钢筋中的预应力通过螺纹将力传给螺帽，螺帽再通过垫板将力传给混凝土。该锚具特点：操作简单，滑移小，但对钢筋长度下料要准确，且不能锚固多根钢筋。

（2）锥形锚具（图 10-6）

锥形锚具由锚环和锚塞组成，主要锚平行钢丝束，或钢绞线束，它既可以用于张拉端，也可用于固定端。该锚具特点：滑移大，会产生较大的预应力损失。另外每根钢丝应力可能不均匀。

（3）镦头锚具（图 10-7）

它是利用钢丝的粗墩头来锚平行钢丝或钢绞线束。这种锚具加工方便、锚固可靠、成本低廉，但对钢丝的下料长度要求严格。

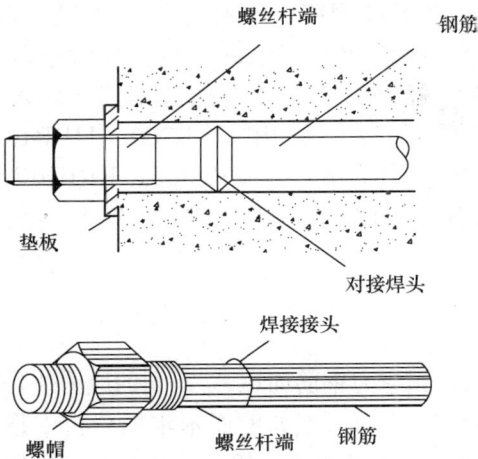

图 10-5　螺丝端杆锚具

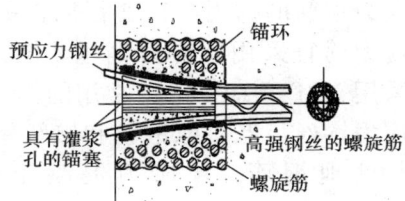

图 10-6　锥形锚具

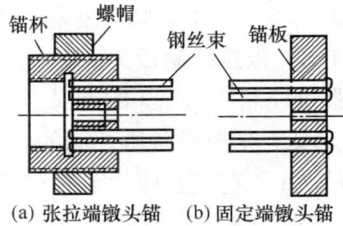

(a) 张拉端镦头锚　　(b) 固定端镦头锚

图 10-7　镦头锚具

（4）夹具式锚具

夹具式锚具由锚环和夹片组成，用于锚固钢绞线，钢丝束。夹具式锚具主要有 JM12 型（图10-8）、OVM 型、QM 型等。该种锚具特点：施工方便，锚固可靠，互换性好，但 JM12 滑移量大。

10.1.7　预应力混凝土对材料的要求

1. 混凝土

（1）对混凝土材料性能的基本要求

1）高强度——有利于施加较大的预压力，并减轻自重；

2）高弹性模量和较小的徐变、收缩变形——

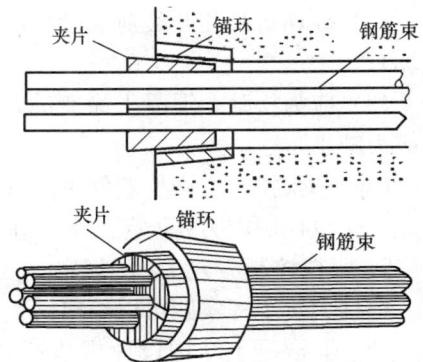

图 10-8　夹具式锚具

有利于减小预应力损失；

3）早强、快硬——有利于提高模板的周转率。

（2）混凝土强度等级的最低要求

预应力混凝土结构的混凝土强度等级不宜低于 C40，且不应低于 C30，高强钢丝和热处理钢筋为预应力筋时不低于 C40。

2. 预应力钢筋

（1）基本要求

1）高强度——能得到较高的张拉应力；

2）良好的塑性——能避免钢筋的脆性破坏；

3）良好的加工性能——便于焊接、镦粗；

4）与混凝土有良好的粘结——有效传递预应力。

（2）钢筋的选用规定

预应力混凝土结构中的钢筋包括预应力钢筋和非预应力钢筋（或称为普通钢筋），非预应力钢筋的选用与普通钢筋混凝土结构中的钢筋选用相同，预应力混凝土结构中预应力筋宜采用预应力钢丝、钢绞线和预应力螺纹钢筋。在有可靠工程经验时，也可采用 FRP 预应力筋。常用的钢绞线有普通钢绞线和低松弛钢绞线；碳素钢丝有消除应力钢丝、低松弛钢丝和镀锌钢丝；预应力螺纹钢筋有精轧螺纹钢筋、轧丝钢筋、热处理钢筋。预应力混凝土结构中普通钢筋宜采用 HRB500、HRB400、HRBF500、HRBF400 钢筋，也可采用 HPB300、HRB335、HRBF335、RRB400 钢筋。箍筋宜选用 HRB400、HRBF400、HPB300、HRB500、HRBF500 钢筋，也可采用 HRB335、HRBF335 钢筋。

10.1.8　张拉控制应力 σ_{con}

1. 张拉控制应力 σ_{con} 的定义

σ_{con} 定义为张拉设备所控制的总张拉力 N_{con} 除以预应力钢筋面积 A_p 得到的应力值，即 $\sigma_{con} = N_{con}/A_p$。它是预应力筋在受荷前最大的预张拉应力。正如前面木水桶分析中指出的，预张拉应力 σ_{con} 的确定相当重要，定得过低预应力效果无法发挥，太高又可能导致以下问题：

（1）预拉区开裂，或端部压坏（类似于木水桶在制作时的钢丝应力太高导致木桶板破坏）；

（2）破坏荷载与开裂荷载接近，破坏呈脆性（类似于木桶刚开始渗水，即发生木桶的破坏）；

（3）应力松弛，混凝土徐变过大（类似于木桶中铁丝的应力随时间而减小，导致实际预应力减小）；

（4）超张拉时会产生断筋事故（类似于在木桶中张拉铁丝用力过大，发生铁丝断裂）。因此，张拉控制应力 σ_{con} 有一个合理的取值问题。

2. 张拉控制应力 σ_{con} 的规定

根据大量工程实践可以给出 σ_{con} 一个较为合理的取值范围，其最小值一般不小于 0.4 f_{Ptk}。我国《混凝土结构设计规范》和《公路桥涵设计规范》按不同钢种给出的最大值如表 10-1 所示。

钢筋种类	《混凝土结构设计规范》	《公路桥涵设计规范》
消除应力钢丝、钢绞线	$0.75 f_{Ptk}$	$0.75 f_{Ptk}$
中强度预应力钢丝	$0.70 f_{Ptk}$	—
预应力螺纹钢筋	$0.85 f_{Ptk}$	$0.9 f_{Ptk}$

【提示】（1）后张构件的张拉控制应力已扣除构件压缩，是实际应力，故后张构件中 σ_{con} 应比先张构件低一些。（2）张拉钢筋属于施工阶段验算，且是一次性检验，故保证率可低一些，即用钢筋的标准强度。（3）与钢筋种类有关，钢丝比钢筋可定高一些。

10.1.9 预应力损失

由于种种原因，预应力钢筋在张拉至控制应力 σ_{con} 以后并不是保持不变，而是随时间增加在逐渐降低的，只有经过相当长的时间才能稳定到某一个应力值。预应力钢筋稳定后的预应力值肯定要低于控制应力 σ_{con}，两者之差值称为预应力损失值。显然，只有扣除了预应力钢筋全部损失后在混凝土中建立的预压应力才是有效的，也是设计所预计的预压应力状态。因此，只有在对预应力损失值能作出一个较为准确估计的前提下，才能比较真实地预测在混凝土中实际的预应力水平，进行可靠和合理的设计。产生预应力损失现象的主要原因归结为材料时变性以及制作方法上带来的工艺上的缺陷。这些因素主要包括：混凝土弹性压缩、锚具变形、张拉时摩擦、钢筋松弛、混凝土收缩、徐变等。目前对预应力损失计算一般都是建立在各项因素之间互不相关的假定基础之上，即采用分项计算由各种因素引起的预应力损失，总预应力损失由叠加方法求得。按产生预应力损失的原因，预应力损失共分为六项。下面结合《混凝土结构设计规范》对各项预应力损失的原因、损失值的估算方法以及减少损失的相应措施做简要说明。

1. 锚具变形和钢筋内缩引起的预应力损失 σ_{l1}

无论是先张法构件，还是后张法构件，在预应力筋锚固时，锚具、垫块与构件之间的缝隙都会被挤紧，另外钢筋在锚具内也会发生一定的滑移，这些都会使被张紧的预应力钢筋发生一定的松动和缩短，引起预应力损失。这项损失值称为锚具变形和钢筋内缩引起的预应力损失，记为 σ_{l1}。

（1）直线预应力钢筋的 σ_{l1} 计算方法

$$\sigma_{l1} = \varepsilon_{l1} E_y = \frac{\sum a}{l} E_y \tag{10-1}$$

式中 ε_{l1} ——因张拉端锚具变形产生的预应力筋压缩应变值；

       a ——张拉端锚具变形和预应力筋内缩值（mm），按表 10-2 取用；

       l ——张拉端至锚固端之间的距离（mm）。

锚具变形和钢筋内缩值 a（mm）   表 10-2

锚 具 类 型		建筑工程规范
支承式锚具	墩头锚具	根据实测值确定
	带螺帽锚具的螺帽缝隙	1
	垫块后加垫板的缝隙	1
夹片式锚具	有预压时	5
	无预压时	8～10
锥形锚具	钢丝束的钢制锥形锚具	根据实测值确定

【思考与提示】 锚固端在张拉过程中已被压紧，故应力损失 σ_{s1} 只考虑张拉端。后张法构件的预应力曲线钢筋或折线预应力钢筋在计算由于锚具变形和预应力钢筋内缩产生的预应力损失值时要考虑反向摩擦力，因此与直线预应力钢筋 σ_{s1} 计算方法不同。根据曲线或折线预应力钢筋与孔道壁之间的反向摩擦影响长度内的预应力筋变形值应等于锚具变形和预应力筋内缩值的条件确定，具体计算方法可参见《混凝土结构设计规范》附录 J 或《公路桥涵设计规范》。

(2) 减少预应力损失 σ_{l1} 的措施

由预应力损失 σ_{l1} 的计算公式知：

1）要尽量选择刚度大的或使预应力筋内缩小的锚具、夹具；

2）多一块垫板就会多一条缝隙，增加内缩值，故要尽量要少垫板数量；

3）公式中分母 l 要尽量大，即增加台座长度可以减小 σ_{l1}。对于先张法生产的预应力构件，当台座长度为 100m 以上时，σ_{l1} 可忽略不计。

2. 摩擦损失 σ_{l2}

后张法预应力筋的预留孔道有直线形和曲线形。在后张法施工时由于孔道的制作偏差、孔道壁粗糙、钢筋与孔道壁的挤压等，在预应力筋张拉时，预应力筋会与孔道壁产生摩擦。距离张拉端愈远，累积的摩擦力愈大，构件相应截面上预应力筋的实际拉应力值降低得愈多，如图 10-9 所示。因钢筋与周围接触混凝土或套管之间的摩擦力存在，会导致预应力钢筋应力随离张拉端距离增加而不断降低，从而产生的预应力损失。这种预应力筋张拉端应力值与各截面应力值的差值称为预应力摩擦损失，记为 σ_{l2}。摩擦损失 σ_{l2} 的特点是随张拉端距离增加而增大。摩擦阻力分为由曲线孔道曲率使预应力筋和孔道壁之间引起的静摩擦力和由于预留孔道局部偏差、孔壁粗糙等引起的滑动摩擦力。

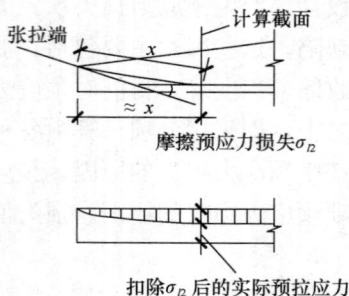

图 10-9　摩擦引起的预应力损失

(1) 计算公式

《混凝土结构设计规范》给出的预应力摩擦损失 σ_{l2} 为：

$$\sigma_{l2} = \sigma_{con}\left(1 - \frac{1}{e^{\kappa x + \mu\theta}}\right) \tag{10-2}$$

当 $(\kappa x + \mu\theta)$ 不大于 0.3 时，《混凝土结构设计规范》规定 σ_{l2} 可按下列近似公式计算：

$$\sigma_{l2} = (\kappa x + \mu\theta)\sigma_{con} \tag{10-3}$$

式中　x——从张拉端至计算截面的孔道长度，可近似取该段孔道在纵向上的投影长度（m）；

θ——从张拉端至计算截面曲线孔道各部分切线的夹角之和（rad）；

κ——考虑孔道每米长度局部偏差的摩擦系数，按表 10-3 采用；

μ——预应力筋与孔道壁之间的摩擦系数，按表 10-3 采用。

摩擦损失计算的参数取值 表 10-3

孔道成型方式	κ	μ	
		钢绞线、钢丝束	预应力螺纹钢筋
预埋金属波纹管	0.0015	0.25	0.5
预埋塑料波纹管	0.0015	0.15	
预埋钢管	0.0010	0.30	
抽芯成型	0.0014	0.55	0.60
无粘结预应力筋	0.0040	0.09	

（2）减少损失的措施

发生摩擦损失后，预应力钢筋的应力分布如图 10-9 所示。张拉端处 $\sigma_{l2} = 0$，愈离张拉端 σ_{l2} 愈大，锚固端处的 σ_{l2} 最大，所以在锚固端处的有效预应力最小，其抗裂能力也最低，最容易开裂。为了减小摩擦损失 σ_{l2}，一般采用下列措施：

1）对于较长的构件可采用一端张拉另一端补拉，或两端同时张拉；

2）采用超张拉。超张拉的程序为 $0 - 1.1\sigma_{con} - 0.85\sigma_{con} - \sigma_{con}$。

【注释】 先张法构件当采用折线形预应力钢筋时，在转向处也有摩擦力，由此产生的预应力钢筋摩擦损失按实际情况确定。

3. 预应力筋与台座之间温差引起的预应力损失 σ_{l3}

为了缩短先张构件的生产周期，实际中一般采用蒸气养护加快混凝土的结硬。在前期加热升温过程中，预应力钢筋受热要伸长，台座因与大地相连接，温度基本保持不变，即台座之间的距离保持不变。这样，在预应力钢筋与台座之间形成温差，其结果导致预应力钢筋原先的张紧程度降低，即预应力下降。在以后的降温时，结硬的混凝土与预应力钢筋形成整体，钢筋因受混凝土约束无法自由回缩到原先状态，这样就产生了预应力损失 σ_{l3}。

（1）σ_{l3} 计算公式

设预应力钢筋与台座之间的温差 Δt 为，σ_{l3} 可按下面公式计算：

$$\sigma_{l3} = 2\Delta t \tag{10-4}$$

（2）减少 σ_{l3} 损失的措施

1）采用二次升温。若一开始升温低一些，比如 20～30℃，待混凝土结硬后，再把温度升到 80～90℃。这样前期产生的预应力损失 $\sigma_{l3} = 2 \times (20 \sim 30) = 40 \sim 60MPa$，后期因钢筋与混凝土形成整体不再产生预应力损失。如果一下子升温到 80℃，相应的预应力损失 $\sigma_{l3} = 2 \times (80 \sim 90) = 160 \sim 180MPa$，这个损失值与二次升温相比显然要高得多了。

2）在同条件的台座上张拉预应力钢筋。例如在钢模上张拉预应力钢筋，由于钢模与预应力钢筋不存在温差，因此就不会发生预应力损失。

4. 应力松弛损失 σ_{l4}

材料受力后，在长度保持不变的条件下，应力随时间的增长而降低的现象称为材料的应力松弛性能。钢筋是一种具有明显松弛特性的材料。先张法生产的构件当预应力钢筋固定在台座上或后张法生产的构件当预应力钢筋锚固在构件上，此时的预应力钢筋都可近似地认为长度保持不变，由于预应力钢筋的松弛使预应力钢筋中的应力会随时间增加而逐渐降低，也即发生预应力的损失，该项损失称为钢筋应力松弛损失 σ_{l4}。钢筋应力松弛试验研究表明，应力松弛损失值与钢种有关，钢种不同，此损失值也不一样；张拉控制应力愈大，应力松弛损失值愈大；应力松弛损失值在时间上表现为先快后慢，第一小时大约可完成总损失值的 50%，24 小时内可 80%左右。

（1）σ_{l4} 计算公式

《混凝土结构设计规范》给出的计算公式为：

1）消除应力钢丝、钢绞线

①普通松弛

$$\sigma_{l4} = 0.4\left(\frac{\sigma_{con}}{f_{ptk}} - 0.5\right)\sigma_{con} \tag{10-5}$$

②低松弛

当 $\sigma_{con} \leqslant 0.7f_{ptk}$ 时，$\sigma_{l4} = 0.125\left(\frac{\sigma_{con}}{f_{ptk}} - 0.5\right)\sigma_{con}$ （10-6）

当 $0.7f_{ptk} < \sigma_{con} \leqslant 0.8f_{ptk}$ 时，$\sigma_{l4} = 0.2\left(\frac{\sigma_{con}}{f_{ptk}} - 0.575\right)\sigma_{con}$ （10-7）

2）中强度预应力钢丝：$\sigma_{l4} = 0.08\sigma_{con}$ （10-8）

3）预应力螺纹钢筋：$\sigma_{l4} = 0.03\sigma_{con}$ （10-9）

（2）减少损失的措施

由上述应力松弛的特点，可以知道对同样大小的损失在高应力下完成时间要比低应力情况下短，这样就可以利用超张拉的方法来减小预应力钢筋松弛损失。例如可以把预应力钢筋先张拉至 $1.05\sigma_{con}$，持荷 2 分钟，然后再退至 σ_{con}，这样在钢筋锚固之前很大部分应力松弛已完成，从而锚固后的损失可以大大减少。

5. 混凝土收缩、徐变的预应力损失 σ_{l5}

在第 3 章中介绍了混凝土在空气中结硬会产生体积上收缩，在压力长期作用下还会发生徐变。无论是混凝土的收缩，还是徐变，都会导致构件长度的缩短，预应力钢筋回缩势必造成预应力钢筋中的应力降低，产生预应力损失，该项预应力损失称为混凝土收缩、徐变的预应力损失，记为 σ_{l5}。混凝土收缩、徐变预应力损失 σ_{l5} 占总的预应力损失比例较大，在曲线配筋的构件中大约为 30%，在直线配筋构件中甚至可达到 60%。因此，在预应力钢筋混凝土构件设计和施工中必须对因混凝土收缩、徐变产生的预应力损失予以高度的重视，进行较为准确的估计。大量试验研究成果表明：混凝土收缩、徐变的预应力损失 σ_{l5} 受构件配筋率、张拉时混凝土预压应力值、混凝土的强度等级、预应力的偏心距、受荷时的混凝土龄期、预应力的张拉工艺以及周围环境的温度和湿度等众多因素的影响，其中预压应力、混凝土强度等级和配筋率是三个最为重要的影响因素。在此应注意，无论是预应力钢筋，还是非预应力钢筋的配置对减少混凝土收缩和徐变都是有利的，因此在配筋率计算时采用的钢筋截面面积是非预应力钢筋面积和预应力钢筋面积总和。混凝土预压应力相对值，即 $\sigma_{pc}(\sigma'_{pc})/f'_{cu}$，是影响徐变的最主要因素。当 $\sigma_{pc}(\sigma'_{pc})/f'_{cu} < 0.5$，混凝土产生的是线性徐变，相应的混凝土收缩、徐变预应力损失 σ_{l5} 相对较小，与混凝土预压应力之间的关系是线性的；当 $\sigma_{pc}(\sigma'_{pc})/f'_{cu} \geqslant 0.5$，混凝土产生的是非线性徐变，对应的 σ_{l5} 比线性徐变时要大得多，且与混凝土预压应力之间的关系呈非线性变化。

（1）σ_{l5} 计算公式

《混凝土结构设计规范》给出的由混凝土收缩、徐变引起的受拉区和受压区预应力钢筋的预应力损失值 σ_{l5} 计算公式为：

1）先张法构件

$$\sigma_{l5} = \frac{60 + 340 \frac{\sigma_{pc}}{f'_{cu}}}{1 + 15\rho} \qquad (10\text{-}10a)$$

$$\sigma'_{l5} = \frac{60 + 240 \frac{\sigma'_{pc}}{f'_{cu}}}{1 + 15\rho'} \qquad (10\text{-}10b)$$

2）后张法构件

$$\sigma_{l5} = \frac{55 + 300 \frac{\sigma_{pc}}{f'_{cu}}}{1 + 15\rho} \qquad (10\text{-}11a)$$

$$\sigma'_{l5} = \frac{55 + 300 \frac{\sigma'_{pc}}{f'_{cu}}}{1 + 15\rho'} \qquad (10\text{-}11b)$$

式中　σ_{pc}，σ'_{pc}——在预压前（即完成第一批损失后）受拉区、受压区预应力筋合力点处的混凝土法向压应力。σ_{pc}，σ'_{pc} 计算时可适当考虑自重的影响，且计算值不得大于 $0.5f'_{cu}$。当 σ'_{pc} 为拉应力时，公式中应按 0 代入；

　　　　f'_{cu}——施加预应力时的混凝土立方体抗压强度；

　　　　ρ，ρ'——受拉区、受压区包括预应力钢筋和普通钢筋的配筋率，对先张法构件，$\rho = (A_p + A_s)/A_0$，$\rho' = (A'_p + A'_s)/A_0$；对后张法构件，$\rho = (A_p + A_s)/A_n$，$\rho' = (A'_p + A'_s)/A_n$。

当结构处于年平均相对湿度低于 40% 的环境时，按上述公式计算得到的 σ_{pc}、σ'_{pc} 值还应增加 30%。由于后张法构件在张拉之前已完成大部分的收缩变形，故后张法构件的 σ_{l5} 要比先张法构件来得低。

（2）减小 σ_{l5} 的措施

1）采用高标号水泥，减少水泥用量，降低水灰比，采用干硬性混凝土；

2）采用级配较好的骨料，加强振捣，提高混凝土的密实性；

3）加强养护，尽量减少混凝土的收缩和徐变。

6. 环向预应力钢筋挤压混凝土引起的预应力损失 σ_{l6}

采用螺旋式预应力筋作为配筋的环形构件，因混凝土在环向预应力的挤压作用下产生局部压陷，使预应力钢筋环的直径减少，预应力钢筋的长度缩短必然导致预应力筋中应力的降低。当然，在施工时可通过不断张拉预应力筋，保持张拉控制应力来抵消此影响。但预应力筋锚固以后，混凝土在挤压应力作用下要产生徐变变形，随时间增长预应力筋应力会降低，产生相应的预应力损失。该项预应力损失称为环向预应力损失，记为 σ_{l6}。显然，构件直径愈小，钢筋绕一周长度就愈短，σ_{l6} 就愈大。

σ_{l6} 的计算公式，《混凝土结构设计规范》规定：

$$当 \quad \begin{array}{l} d \leqslant 3\text{m}, \sigma_{l6} = 30\text{MPa}; \\ d > 3\text{m}, \sigma_{l6} = 0 \end{array} \qquad (10\text{-}12)$$

【思考与提示】（1）松弛损失 σ_{l4}、收缩徐变损失 σ_{l5} 都与时间因素有关，称为与时相关的预应力损失。与时相关的预应力损失的特点表现为随时间增加而增大，且有一定的发展规律。规范给出的上述相应损失计算值都是指最终值，在规范附录中还给出了随时变化规律，当有需要时可用于确定对应某一时刻的损失值。（2）公路桥隧规范规定的预应力损失的概念与建筑工程规范基本一致，但符号和计算公式有所差异，具体请参见相关规范。

10.1.10 预应力损失的组合

预应力损失并不是在同一时刻产生的，某一时间段的预应力损失组合应该等于发生在该时间段各项预应力损失之总和。在预应力混凝土结构计算时一般以混凝土预压时刻为界限，把预应力损失分为两批，第一批损失为混凝土预压前完成的损失，记为 $\sigma_{l\mathrm{I}}$；第二批损失为预压后完成的损失，记为 $\sigma_{l\mathrm{II}}$。《混凝土结构设计规范》规定的 $\sigma_{l\mathrm{I}}$、$\sigma_{l\mathrm{II}}$ 的组合见表 10-4。考虑到预应力损失计算有较大的离散性，为防止构件的开裂，《混凝土结构设计规范》规定，当各项预应力损失计算值按表规定组合后加起来的最终值不得小于下面数值：先张法构件 $100\mathrm{N/mm^2}$；后张法构件 $80\mathrm{N/mm^2}$。

预应力损失值的组合 表 10-4

预应力损失值的组合	先张法构件	后张法构件
混凝土预压前（第一批）的损失	$\sigma_{l1}+\sigma_{l2}+\sigma_{l3}+\sigma_{l4}$	$\sigma_{l1}+\sigma_{l2}$
混凝土预压后（第二批）的损失	σ_{l5}	$\sigma_{l4}+\sigma_{l5}+\sigma_{l6}$

【思考与提示】 若为分批张拉，则应考虑后批张拉钢筋所产生的混凝土弹性压缩，使前批钢筋产生的应力损失。另外先张法构件的钢筋应力松弛引起的损失值 σ_{l4} 实际上在张拉前后都有发生，如要区分，可根据实际情况定，一般可各取 50%。

【例 10-1】 某 24m 跨后张预应力拱形屋架下弦，截面尺寸为 $250\mathrm{mm}\times180\mathrm{mm}$，两个孔道的直径均为 50mm，采用抽芯成型，端部尺寸及构造如图 10-10 所示。混凝土的强度等级为 C40。预应力螺纹钢筋 $2\phi^\mathrm{T}18$，螺丝端杆锚具锚固，非预应力钢筋按构造要求配置 $4\,\Phi\,12$。采用超张拉工艺、一端张拉。试计算各项预应力损失值和各阶段（假定：考虑第一批预应力损失后混凝土的预应力计算值 $\sigma_{\mathrm{pc}}=13.1\mathrm{MPa}$）。

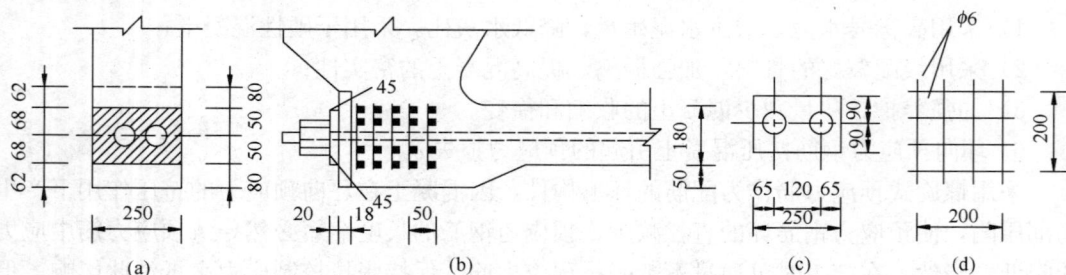

图 10-10 【例 10-1】附图
(a) 端部受压面积图；(b) 下弦端节点；(c) 下弦截面；(d) 方格网

【解】 (1) 材料和技术参数确定

混凝土强度等级为 C40 时，$f_\mathrm{c}=19.1\mathrm{N/mm^2}$，$f_\mathrm{ck}=26.8\mathrm{N/mm^2}$，$f_\mathrm{t}=1.71\mathrm{N/mm^2}$，$f_\mathrm{tk}=2.39\mathrm{N/mm^2}$，$E_\mathrm{c}=3.25\times10^4\mathrm{N/mm^2}$。预应力螺纹钢筋，$f_\mathrm{pyk}=1470\mathrm{N/mm^2}$，$f_\mathrm{py}=900\mathrm{N/mm^2}$，$E_\mathrm{p}=2.0\times10^5\mathrm{N/mm^2}$，$A_\mathrm{p}=508\mathrm{mm^2}$。非预应力 HRB400 钢筋，$A_\mathrm{s}=4\times113=452\mathrm{mm^2}$，$f_\mathrm{y}=360\mathrm{N/mm^2}$，$E_\mathrm{s}=2.0\times10^5\mathrm{N/mm^2}$。$\sigma_\mathrm{con}=0.65f_\mathrm{pyk}=0.65\times1470=955.5\mathrm{N/mm^2}$。

(2) 截面几何特征计算

$$\alpha_{Ep} = \frac{E_s}{E_c} = \frac{2.0 \times 10^5}{3.25 \times 10^4} = 6.15, \alpha_{Es} = \frac{E_s}{E_c} = \frac{2.0 \times 10^5}{3.25 \times 10^4} = 6.15$$

$$A_n = A_c + \alpha_{Es} A_s = 250 \times 180 - 2 \times \pi \times \frac{50^2}{4} + (6.15 - 1) \times 452$$

$$= 45000 - 3925 + 2327.8 = 43403 \text{mm}^2$$

$$A_0 = A_n + \alpha_{Ep} A_p = 43403 + 6.15 \times 509 = 46533 \text{mm}^2$$

（3）计算预应力损失 σ_l

1）锚具变形损失 σ_{l1}

由表 10-2 查得螺帽缝隙 1mm，每块后加垫板缝 1mm，则 $a = 1 + 1 = 2$mm。由式（10-1）得

$$\sigma_{l1} = \frac{a}{l} E_p = \frac{2}{24000} \times 2.0 \times 10^5 = 16.7 \text{N/mm}^2$$

2）孔道摩擦损失 σ_{l2}

直线配筋，一端张拉，故 $\theta = 0, L = 24$m。

抽芯成型时，由表 10-3 查得

$\kappa = 0.0014, \mu = 0.60, \kappa x + \mu\theta = 0.0014 \times 24 + 0.60 \times 0 = 0.0336 < 0.3$

故由式（10-3）得

$$\sigma_{l2} = (\kappa x + \mu\theta)\sigma_{con} = 0.0336 \times 702 = 23.6 \text{N/mm}^2$$

则第一批预应力损失为

$$\sigma_{lI} = \sigma_{l1} + \sigma_{l2} = 16.7 + 23.6 = 40.3 \text{N/mm}^2$$

3）预应力钢筋松弛损失 σ_{l4}

对预应力螺纹钢筋采用后张法工艺时，有

$$\sigma_{l4} = 0.03\sigma_{con} = 0.03 \times 702 = 28.7 \text{N/mm}^2$$

4）混凝土收缩徐变损失 σ_{l5}

$$\sigma_{pc} = 13.1 \text{N/mm}^2 < 0.5 f'_{cu} = 0.5 \times 40 = 20 \text{N/mm}^2$$

且

$$\rho = \frac{1}{2} \frac{A_s + A_p}{A_n} = \frac{1}{2} \times \frac{452 + 509}{43403} = 0.01107$$

由式（10-11），得

$$\sigma_{l5} = \frac{55 + 300 \frac{\sigma_{pc}}{f_{cu}}}{1 + 15\rho} = \frac{55 + 300 \times \frac{13.1}{40}}{1 + 15 \times 0.01107} = \frac{153.25}{1.16605} = 131.4 \text{N/mm}^2$$

则第二批预应力损失为

$$\sigma_{lII} = \sigma_{l4} + \sigma_{l5} = 21.1 + 131.4 = 152.5 \text{N/mm}^2$$

5）预应力损失最终值

$$\sigma_l = \sigma_{lI} + \sigma_{lII} = 40.3 + 152.5 = 192.8 \text{N/mm}^2 > 80 \text{N/mm}^2$$

10.1.11 先张构件预应力钢筋的传递长度

先张构件中预应力钢筋的预应力是通过钢筋与混凝土之间粘结应力传递给混凝土，在

构件中建立起预压应力。应力传递需要有一定的长度，只要超过此长度后钢筋与混凝土之间才会不发生滑移，完成预应力的全部传递。实现预应力完全传递的最小长度称为传递长度 l_{cr}。图 10-11 为一根轴心受力预应力构件的预应力传递情况。在传递长度 l_{cr} 内有不均匀分布的粘结应力，预应力筋的应力和混凝土预压应力也呈曲线分布，只有超过传递长度以后才会形成稳定不变的混凝土有效预压应力。构件传递长度 l_{cr} 范围的区域在功能上实际上起到了类似后张法中的锚具作用，故也称之为自锚区。在自锚区范围内混凝土实际预应力值是达不到有效预压应力，因此在预应力混凝土构件抗剪和抗裂计算时如果计算截面在自锚区范围，需要根据具体位置确定预应力钢筋的应力或混凝土预压应力。为了简便计算，一般假定传递长度 l_{cr} 内粘结应力、预应力钢筋预应力、混凝土预压应力为线性分布，这样就可用内插方法来计算自锚区范围任一位置的预应力。《混凝土结构设计规范》给出的先张法构件预应力钢筋的预应力传递长度计算公式为：

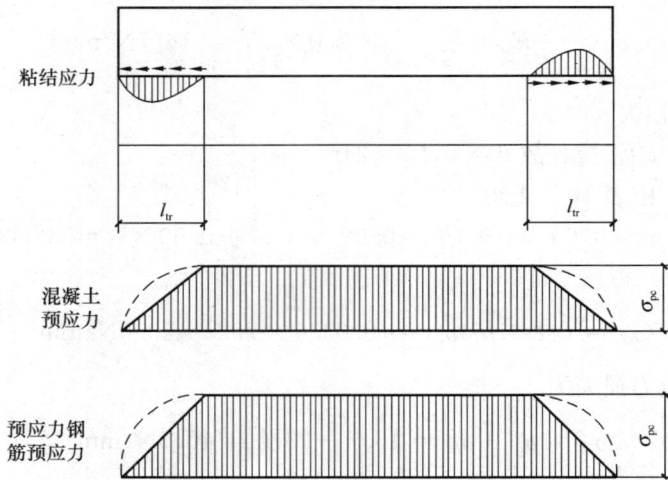

图 10-11   先张法构件预应力的传递

$$l_{tr} = \alpha \frac{\sigma_{pe}}{f'_{tk}} d \qquad (10\text{-}13)$$

式中 σ_{pe} ——放张时预应力钢筋的有效预应力值；

d ——预应力钢筋的公称直径，见附表 2-2；

α ——预应力钢筋的外形系数，见表 3-1；

f'_{tk} ——与放张时混凝土立方体抗压强度 f'_{cu} 相应的轴心抗拉强度标准值，可由附表 3-1 以线性内插方法求得。

当采用骤然放松预应力钢筋施工方式时，由于端部钢筋与混凝土损坏，先张方法预应力钢筋的锚固长度应从距构件末端 0.25 处开始计算。

10.2   轴拉构件的分析和设计

10.2.1   轴拉构件各阶段的受力分析

预应力混凝土构件从张拉预应力钢筋至最终破坏整个过程可以分为施工阶段和使用阶

段两大部分，在施工阶段构件上的作用为预应力，在使用阶段除了预应力作用外，还有外荷载的作用。根据作用的叠加原理，在使用阶段构件的预应力和外荷载作用效应等于施工阶段预应力作用效应与使用阶段外荷载作用效应相加，因此，预应力轴拉构件的受力分析可以从施工阶段和使用阶段几个具有特殊意义特定时刻的应力状态进行分析。

1. 先张构件

（1）施工阶段

1）张拉钢筋

此时还没有非预应力钢筋和混凝土，因此仅预应力钢筋有应力 σ_{ps}，并等于张拉控制应力，即

预应力筋应力 $\qquad\qquad \sigma_{ps} = \sigma_{con}$

混凝土应力 $\qquad\qquad$ 无

非预应力筋应力 $\qquad\qquad$ 无

预应力筋中的预拉力 $\qquad N_p = \sigma_{ps} A_p = \sigma_{con} A_p$

2）浇筑混凝土，并完成第一批损失

此时构件已浇筑和养护结束，完成锚具损失、预应力钢筋松弛损失和温差损失等第一批预应力损失 σ_{lI}，但预应力钢筋还没有剪断，因此也只有预应力钢筋中有拉应力 σ_{psI}，非预应力钢筋和混凝土应力均为零，即

预应力筋应力 $\qquad\qquad \sigma_{psI} = \sigma_{con} - \sigma_{lI}$

混凝土应力 $\qquad\qquad \sigma_{cI} = 0$

非预应力筋应力 $\qquad\qquad \sigma_{sI} = 0$

预应力筋中的预拉力 $\qquad N_{pI} = \sigma_{pI} A_p = (\sigma_{con} - \sigma_{lI}) A_p$

3）放松预应力筋

当混凝土达到 75% 以上的设计强度等级，可以放松预应力钢筋，使预应力钢筋发生回缩。由于钢筋与混凝土之间的充分粘结，预应力钢筋回缩受到约束，使构件产生一定量的回缩，这样就会使预应力筋拉应力要有所降低，并在混凝土和非预应力钢筋中产生相应的压应力。设预应力钢筋回缩后混凝土预压应力为 σ_{pcI}，预应力筋应力为 σ_{psI}，非预应力筋应力为 σ_{sI}（图 10-12）。由平截面假定得，混凝土、非预应力钢筋、预应力钢筋的应变增量是相等的，即有如下的应变协调方程：

$$\Delta\varepsilon_c = \Delta\varepsilon_s = \Delta\varepsilon_{ps} \qquad\qquad (10\text{-}14)$$

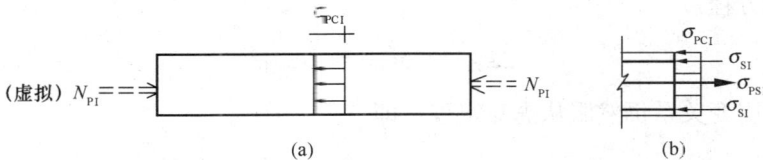

图 10-12 放松预应力钢筋时受力状态
(a) 构件受力；(b) 截面应力

假设混凝土、非预应力钢筋、预应力钢筋等材料都在弹性工作范围，即有如下的材料应力应变关系：

$$\Delta\sigma_{pcI} = E_c \Delta\varepsilon_2, \quad \Delta\sigma_{sI} = E_s \Delta\varepsilon_s, \quad \Delta\sigma_{psI} = E_p \Delta\varepsilon_{ps} \qquad (10\text{-}15)$$

由截面静力平衡得到方程为：

$$\sigma_{\text{psI}} A_{\text{ps}} = \sigma_{\text{sI}} A_{\text{s}} + \sigma_{\text{pcI}} A_{\text{c}} \tag{10-16}$$

其中，$\sigma_{\text{psI}} = \sigma_{\text{ps1}} - \Delta\sigma_{\text{psI}} = \sigma_{\text{con}} - \sigma_{l1} - \Delta\sigma_{\text{psI}}$，$\sigma_{\text{sI}} = \Delta\sigma_{\text{psI}}$，$\sigma_{\text{pcI}} = \Delta\sigma_{\text{pcI}}$。联立上述方程可以求得放松预应力钢筋以后 σ_{pcI}、σ_{psI} 和 σ_{sI} 的计算公式分别为：

$$\sigma_{\text{pcI}} = \frac{(\sigma_{\text{con}} - \sigma_{l\,\mathrm{I}})A_{\text{p}}}{A_{\text{c}} + \alpha_{\text{Es}} A_{\text{s}} + \alpha_{\text{Ep}} A_{\text{p}}} = \frac{N_{\text{pI}}}{A_{\text{n}} + \alpha_{\text{Ep}} A_{\text{p}}} = \frac{N_{\text{pI}}}{A_0} \quad （压应力） \tag{10-17}$$

$$\sigma_{\text{psI}} = \sigma_{\text{con}} - \sigma_{l\,\mathrm{I}} - \alpha_{\text{Ep}} \sigma_{\text{pcI}} \quad （拉应力） \tag{10-18}$$

$$\sigma_{\text{sI}} = \alpha_{\text{Es}} \sigma_{\text{pcI}} \quad （压应力） \tag{10-19}$$

式中　A_{c} ——扣除预应力钢筋和非预应力钢筋截面面积后的混凝土面积；

　　　A_0 ——换算截面面积，换算截面是指预应力钢筋截面和非预应力钢筋截面都换算为等效混凝土截面后形成的截面，$A_0 = A_{\text{c}} + \alpha_{\text{Es}} A_{\text{s}} + \alpha_{\text{Ep}} A_{\text{p}}$。

　　　A_{n} ——净截面面积，净截面是指非预应力钢筋截面都换算为等效混凝土截面后形成的截面，$A_{\text{n}} = A_{\text{c}} + \alpha_{\text{Es}} A_{\text{s}}$；

　　　N_{PI} ——完成第一批损失后预应力钢筋的总预拉力，$N_{\text{PI}} = (\sigma_{\text{con}} - \sigma_{l\,\mathrm{I}})A_{\text{y}}$。

4) 完成第二批预应力损失后的应力

随着时间的增长，预应力钢筋松弛、混凝土收缩、徐变等第二批预应力损失 $\sigma_{l\mathrm{II}}$ 完成后，此时构件进一步被压缩，预应力效果要降低。设该时刻的混凝土应力为 $\sigma_{\text{pc}\mathrm{II}}$，预应力钢筋应力为 $\sigma_{\text{py}\mathrm{II}}$，非预应力钢筋应力为 $\sigma_{\text{s}\mathrm{II}}$（图 10-13）。类似于上一个阶段，也可以通过此阶段的变形协调方程、材料本构方程和静力平衡方程得到完成第二批预应力损失后 $\sigma_{\text{pc}\mathrm{II}}$、$\sigma_{\text{ps}\mathrm{II}}$、$\sigma_{\text{s}\mathrm{II}}$ 的计算公式。

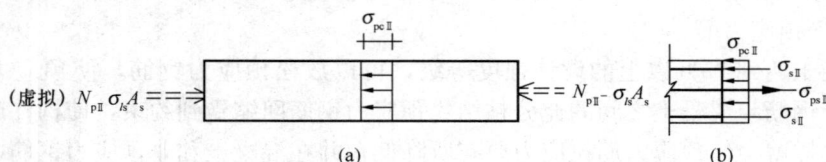

图 10-13　完成第二批预应力损失后的受力状态

(a) 构件受力；(b) 截面应力

由平截面假定得，混凝土、非预应力钢筋、预应力钢筋的应变增量是相等的，即有如下的应变协调方程：

$$\Delta\varepsilon_{\text{c}\mathrm{II}} = \Delta\varepsilon_{\text{s}\mathrm{II}} = \Delta\varepsilon_{\text{ps}\mathrm{II}} \tag{10-20}$$

材料应力应变关系仍然服从虎克定理，即

$$\Delta\sigma_{\text{Pc}\mathrm{II}} = E_{\text{c}} \Delta\varepsilon_{\text{c}\mathrm{II}}, \Delta\sigma_{\text{s}\mathrm{II}} = E_{\text{s}} \Delta\varepsilon_{\text{s}\mathrm{II}}, \Delta\sigma_{\text{ps}\mathrm{II}} = E_{\text{ps}} \Delta\varepsilon_{\text{ps}\mathrm{II}} \tag{10-21}$$

注意，由于混凝土徐变，受压变形要增加，此时混凝土应力是不变的，但非预应力钢筋应力是要增大的。这样，由于混凝土徐变非预应力钢筋应力增加量近似地取为预应力徐变损失 σ_{l5}，即该阶段非预应力钢筋应力应变关系为：

$$\Delta\sigma_{\text{ps}\mathrm{II}} = E_{\text{ps}} \Delta\varepsilon_{\text{ps}\mathrm{II}} + \sigma_{l5} \tag{10-22}$$

由静力平衡得到方程为：

$$\sigma_{ps\,II}A_{ps} = \sigma_{s\,II}A_s + \sigma_{pc\,II}A_c \tag{10-23}$$

其中，$\sigma_{ps\,II} = \sigma_{ps\,I} - \Delta\sigma_{ps\,II} = \sigma_{con} - \sigma_{l\,I} - \sigma_{l\,II} - \Delta\sigma_{ps\,II} = \sigma_{con} - \sigma_l - \Delta\sigma_{ps\,II}$，$\sigma_{s\,II} = \Delta\sigma_{ps\,II} +$ σ_{l5}，$\sigma_{pc\,II} = \Delta\sigma_{pc\,II}$。联立上述方程可以求得完成第二批预应力损失以后 $\sigma_{pc\,II}$、$\sigma_{ps\,II}$、$\sigma_{s\,II}$ 的计算公式分别为：

$$\sigma_{pc\,II} = \frac{(\sigma_{con} - \sigma_l)A_p - \sigma_{l5}A_s}{A_c + \alpha_{Es}A_s + \alpha_{Ep}A_p} = \frac{N_{p\,II} - \sigma_{l5}A_s}{A_0} \tag{10-24}$$

$$\sigma_{ps\,II} = \sigma_{con} - \sigma_l - \alpha_{Ep}\sigma_{pc\,II} \tag{10-25}$$

$$\sigma_{s\,II} = \alpha_{Es}\sigma_{pc\,II} + \sigma_{l5} \tag{10-26}$$

式中　$\sigma_{pc\,II}$——完成所有预应力损失后混凝土的有效预压应力；

　　　$N_{P\,II}$——完成所有预应力损失后预应力钢筋的总预拉力，$N_{P\,II} = (\sigma_{con} - \sigma_l)A_y$。

（2）使用阶段

1）加载至混凝土应力为零

由轴向拉力 N_0 产生的混凝土应力在数值上等于有效预压应力 $\sigma_{pc\,II}$，使截面处于消压状态，即 $\sigma_{pc0} = 0$（图 10-14）。此时，预应力钢筋的拉应力 σ_{ps0} 是在 $\sigma_{ps\,II}$ 的基础上增加 $\alpha_E\sigma_{pc\,II}$。即

$$\sigma_{ps0} = \sigma_{ps\,II} + \alpha_E\sigma_{pc\,II} = \sigma_{con} - \sigma_l - \alpha_{Ep}\sigma_{pc\,II} + \alpha_{Ep}\sigma_{pc\,II} = \sigma_{con} - \sigma_l \tag{10-27}$$

非预应力钢筋的应力 σ_{s0} 由 $\sigma_{s\,II}$ 的基础上增加拉应力 $\alpha_E\sigma_{pc\,II}$，即

$$\sigma_{s0} = \sigma_{s\,II} + \alpha_{Es}\sigma_{pc\,II} = -\alpha_{Es}\sigma_{pc\,II} - \sigma_{l5} + \alpha_{Es}\sigma_{pc\,II} = -\sigma_{l5} \tag{10-28}$$

由消压极限状态时构件隔离体的力平衡条件得到：

$$N_0 = \sigma_{ps0}A_y + \sigma_{s0}A_s = (\sigma_{con} - \sigma_l)A_y - \sigma_{l5}A_s \tag{10-29}$$

再注意到式（10-24），式（10-29）可表示为

$$N_0 = \sigma_{pc\,II}A_0 \tag{10-30}$$

式中　N_0——混凝土消压时相应的轴向拉力。

【注释】　使构件截面消压所需的拉力 N_0 也可以从外加拉力除以构件换算截面面积得到的拉应力应该抵消截面原有的混凝土有效预压应力 $\sigma_{pc\,II}$ 概念上直接求得，即 $\dfrac{N_0}{A_0} - \sigma_{pc\,II} = 0$。

2）加载至即将开裂

当轴向拉力超过 N_0 后，混凝土将产生拉应力，并随荷载增加而不断加大。当混凝土拉应力达到混凝土抗拉强度 f_{tk} 时，截面将开裂（图 10-15）。此时，混凝土应力 σ_{ccr} 可取混凝土抗拉强度标准值 f_{tk}，预应力钢筋应力 σ_{pscr} 在 σ_{ps0} 基础上增加拉应力 $\alpha_{Ep}\sigma_{pc}$，非预应力钢筋应力 σ_{scr} 在 σ_{s0} 基础上增加拉应力 $\alpha_{Es}\sigma_{ccr}$，即

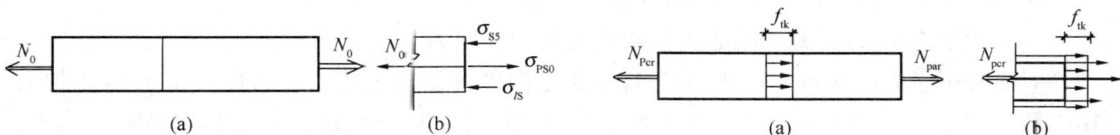

图 10-14　消压状态时的受力状态　　　　图 10-15　加载至开裂状态受力状态

$$\sigma_{ccr} = \sigma_{pc0} + f_{tk} = f_{tk} \tag{10-31}$$

$$\sigma_{pscr} = \sigma_{ps0} + \alpha_{Ep}f_{tk} = \sigma_{con} - \sigma_l + \alpha_{Ep}f_{tk} \tag{10-32}$$

$$\sigma_{scr} = \sigma_{s0} + \alpha_{Es}f_{tk} = \alpha_{Es}f_{tk} - \sigma_{l5} \tag{10-33}$$

由开裂极限状态时构件隔离体的力平衡条件得到:

$$N_{cr} = \sigma_{pcr}A_y + \sigma_{scr}A_s + \sigma_{ccr}A_c$$

$$= (\sigma_{con} - \sigma_l + \alpha_{Ep}f_{tk})A_y + (\alpha_{Es}f_{tk} - \sigma_{l5})A_s + f_{tk}A_c$$

$$N_{cr} = (\sigma_{con} - \sigma_l)A_y - \sigma_{l5}A_s + (A_c + \alpha_{Es}A_s + \alpha_{Ep}A_y)f_{tk}$$

注意到,$N_0 = (\sigma_{con} - \sigma_l)A_y - \sigma_{l5}A_s = \sigma_{pcII}A_0$,$A_0 = A_c + \alpha_{Es}A_s + \alpha_{Ep}A_y$,故上式又可表达为

$$N_{cr} = \sigma_{pcII}A_0 + f_{tk}A_0 = (\sigma_{pcII} + f_{tk})A_0 \tag{10-34}$$

式中　N_{cr}——混凝土开裂时相应的轴向拉力。

由上面公式知,有效预压应力 σ_{pcII} 的作用可以使钢筋混凝土构件的开裂能力得到提高,有效预压应力愈大,抗裂能力提高幅度也愈大,这也是在工程实际中对混凝土结构施加预应力的一个主要原因。

(3) 加载至破坏

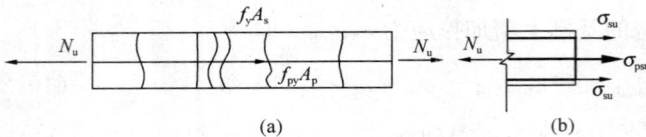

图 10-16　截面承载能力计算图式

(a) 构件受力;(b) 开裂截面应力

在构件开裂以后继续加载,此时开裂截面上混凝土已全部退出工作,由预应力钢筋和非预应力钢筋共同承担拉力(图 10-16)。当预应力钢筋的拉应力、非预应力钢筋的拉应力达到各自钢筋材料的屈服强度时,构件达到受拉破坏的承载能力极限状态。此时,预应力钢筋应力 σ_{psu} 可取预应力钢筋的抗拉强度设计值 f_{py},非预应力钢筋应力 σ_{su} 可取预应力钢筋的抗拉强度设计值 f_y。即

$$\sigma_{psu} = f_{py}$$

$$\sigma_{su} = f_y$$

由承载能力极限状态时隔离体的力平衡条件得到:

$$N_u = \sigma_{psu}A_p + \sigma_{su}A_s = f_{py}A_p + f_sA_s \tag{10-35}$$

式中　N_u——预应力混凝土轴心受拉构件抗拉承载能力。

由上式知道,预应力构件的承载能力与施加的有效预压应力 σ_{pcII} 是没有关系的,也就是说预应力并不能提高构件的承载能力。

10.2.2　先、后张法构件各阶段的受力比较

1. 后张法预应力混凝土轴心受拉构件各阶段的应力

上面分析了先张法预应力混凝土轴心受拉构件各阶段的应力,各阶段应力变化如表 10-5 所示。对于后张法预应力混凝土轴心受拉构件按上述分析思路不难得到类似的结果,见表 10-6,有兴趣的读者可以作为练习进行推导,限于篇幅在此不再叙述。图 10-17 给出了先、后张法预应力混凝土轴心受拉构件各阶段应力变化比较的情况。

先张法轴心受拉构件的受力分析

表 10-5

受力阶段	简 图	预应力钢筋应力 σ_p	非预应力钢筋应力 σ_s	混凝土应力 σ_c	外加轴向力 N
施工阶段 1. 张拉钢筋		σ_{con}	0	—	0
2a. 完成第一批损失		$\sigma_{con} - \sigma_{\mathrm{I}}$	0	0	0
2b. 放松钢筋 ($\sigma_{pc\,\mathrm{I}}$ 压)		$\sigma_{con} - \sigma_{\mathrm{I}} - \alpha_{EP}\sigma_{pc\,\mathrm{I}}$	$\alpha_{ES}\sigma_{pc\,\mathrm{I}}$（压）	$\sigma_{pc\,\mathrm{I}} = \dfrac{(\sigma_{con} - \sigma_{\mathrm{I}})A_p}{A_0}$	0
3. 完成第二批损失 ($\sigma_{pc\,\mathrm{II}}$ 压)		$\sigma_{con} - \sigma_{\mathrm{I}} - \alpha_{EP}\sigma_{pc\,\mathrm{II}}$	$\sigma_{l5} + \alpha_{ES}\sigma_{pc\,\mathrm{II}}$（压）	$\sigma_{pc\,\mathrm{II}} = \dfrac{(\sigma_{con} - \sigma_{l})A_p - \sigma_{l5}A_s}{A_0}$	0
使用阶段 4. 截面消压		$\sigma_{con} - \sigma_{l}$	σ_{l5}（压）	0	$N_0 = \sigma_{pc\,\mathrm{II}}\,A_0$
5. 截面即将开裂		$\sigma_{con} - \sigma_{l} + \alpha_{EP}f_{tk}$	$\alpha_{ES}f_{tk} - \sigma_{l5}$（拉）	f_{tk}	$N_{cr} = (\sigma_{pc\,\mathrm{II}} + f_{tk})A_0$
6. 构件破坏		f_{py}	f_y	—	$N_u = f_{py}A_p + f_y A_s$

表 10-6

后张法轴心受拉构件的受力分析

受力阶段	简 图	预应力筋应力 σ_p	非预应力钢筋应力 σ_s	混凝土应力 σ_c	外加轴向拉力 N
施工阶段 1. 张拉钢筋	σ_{pc}（压）	$\sigma_{con} - \sigma_{l2}$	$\alpha_{ES}\sigma_{pc}$（压）	$\sigma_{pc} = \dfrac{(\sigma_{con} - \sigma_{l2})A_p}{A_n}$	0
施工阶段 2. 完成第一批损失	$\sigma_{pc\,I}$（压）	$\sigma_{con} - \sigma_{l\,I}$	$\alpha_{ES}\sigma_{pc\,I}$（压）	$\sigma_{pc\,I} = \dfrac{(\sigma_{con} - \sigma_{l\,I})A_p}{A_n}$	0
施工阶段 3. 完成第二批损失	$\sigma_{pc\,II}$（压）	$\sigma_{con} - \sigma_l$	$\sigma_{l5} + \alpha_{ES}\sigma_{pc\,II}$（压）	$\sigma_{pc\,II} = \dfrac{(\sigma_{con} - \sigma_l)A_p - \sigma_{l5}A_s}{A_n}$	0
使用阶段 4. 截面消压	N_0 0 N_0	$\sigma_{con} - \sigma_l + \alpha_{EP}\sigma_{pc\,II}$	σ_{l5}（压）	0	$N_0 = \sigma_{pc\,II}A_0$
使用阶段 5. 截面即将开裂	N_{cr} f_{tk}（拉） N_{cr}	$\sigma_{con} - \sigma_l + \alpha_{EP}\sigma_{pc\,II} + \alpha_{EP}f_{tk}$	$\alpha_{ES}f_{tk} - \sigma_{l5}$（拉）	f_{tk}	$N_{cr} = (\sigma_{pc\,II} + f_{tk})A_0$
使用阶段 6. 构件破坏	N_u 0 N_u	f_{py}	f_y	0	$N_u = f_{py}A_p + f_y A_s$

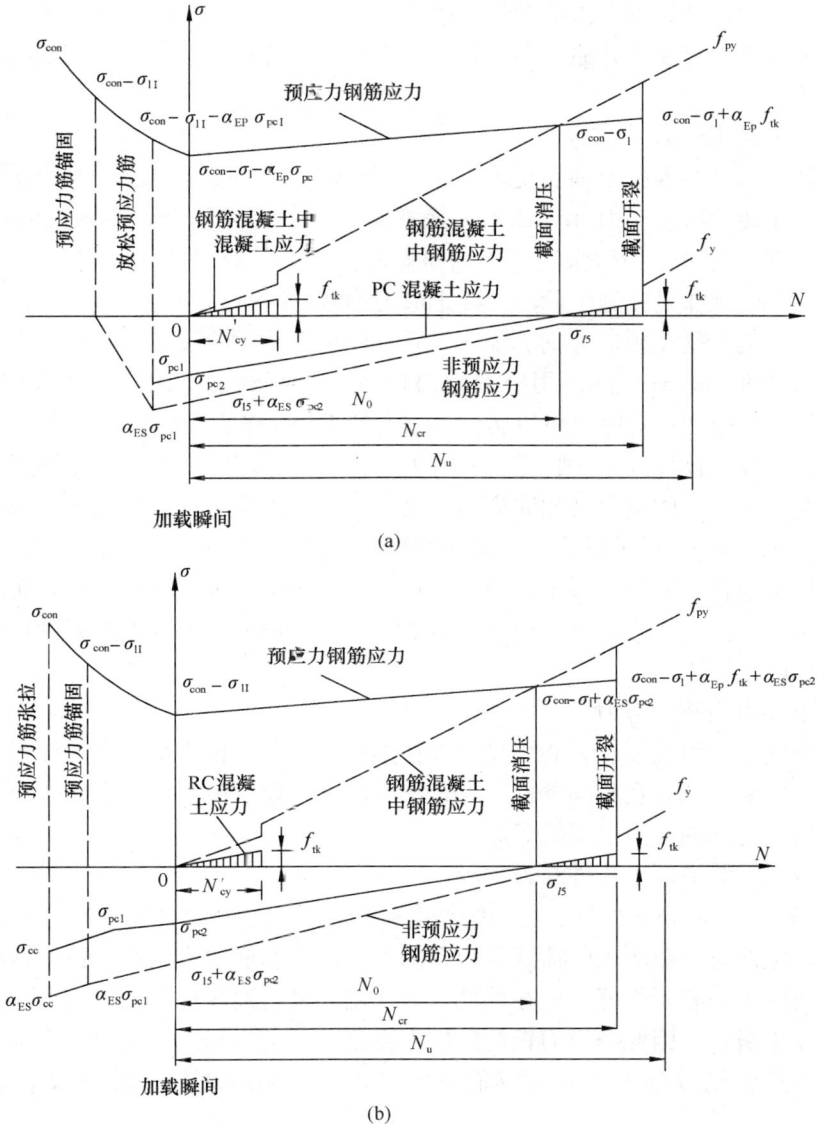

图 (a)

σ

σ_{con}

$\sigma_{con}-\sigma_{lI}$

$\sigma_{con}-\sigma_{lI}-\alpha_{EP}\sigma_{pc1}$

预应力钢筋应力

f_{py}

$\sigma_{con}-\sigma_l-\alpha_{Ep}\sigma_{pc}$

$\sigma_{con}-\sigma_l$

$\sigma_{con}-\sigma_l+\alpha_E f_{tk}$

预应力筋锚固

放松预应力筋

钢筋混凝土中混凝土应力

钢筋混凝土中钢筋应力

截面消压

截面开裂

f_{tk}

PC 混凝土应力

f_y

f_{tk}

N

0

N'_{cy}

σ_{pc1}

σ_{pc2}

σ_{l5}

非预应力钢筋应力

$\alpha_{ES}\sigma_{pc1}$

$\sigma_{l5}+\alpha_{ES}\sigma_{pc2}$

N_0

N_{cr}

N_u

加载瞬间

(a)

图 (b)

σ

σ_{con}

$\sigma_{con}-\sigma_{lI}$

$\sigma_{con}-\sigma_{lI}$

预应力钢筋应力

f_{py}

$\sigma_{con}-\sigma_l+\alpha_{Ep}f_{tk}+\alpha_{ES}\sigma_{pc2}$

$\sigma_{con}-\sigma_l+\alpha_{ES}\sigma_{pc2}$

预应力筋张拉

预应力筋锚固

RC 混凝土应力

钢筋混凝土中钢筋应力

截面消压

截面开裂

f_{tk}

f_y

f_{tk}

N

0

N'_{cy}

σ_{pc1}

σ_{pc2}

σ_{cc}

σ_{l5}

非预应力钢筋应力

$\alpha_{ES}\sigma_{cc}$

$\alpha_{ES}\sigma_{pc1}$

$\sigma_{l5}+\alpha_{ES}\sigma_{pc2}$

N_0

N_{cr}

N_u

加载瞬间

(b)

图 10-17　先后张法预应力构件应力状态比较

（a）先张法；（b）后张法

2. 先、后张法预应力构件应力计算公式的比较

对比表 10-5 和表 10-6 中先、后张法预应力混凝土构件应力计算公式和应力变化情况，可以得到以下结论：

（1）钢筋应力

先、后张法中的非预应力钢筋应力计算公式在形式上是相同的，这是因为两种预应力施工方法中非预应力钢筋与混凝土的结合起点是相同的，都是以混凝土应力为零为起点的。但应注意，后张法中的预应力钢筋应力计算公式要比先张法中少一项 $\alpha_{Ep}\sigma_{pc}$，即后张法的预应力钢筋拉应力要比先张法高出 $\alpha_{Ep}\sigma_{pc}$，这是因为先张法的弹性压缩是在预应力钢筋锚固以后完成的，会导致应力的降低，而后张法的弹性压缩是在预应力钢筋张拉过程中发生的，在测力表中已反映并通过提高张拉力予以及时的弥补，所以并不会影响预应力钢筋的预应力。

(2) 混凝土预压应力

先、后张法预应力混凝土轴心受拉构件在不同阶段的混凝土预压应力计算公式在形式上基本相似，在使用阶段应力计算都采用换算截面 A_0。但要注意，在施工阶段应力计算先张法采用换算截面 A_0，而后张法则采用净截面面积 A_n。这是因为先张法中预应力钢筋与混凝土形成共同工作是在施工阶段混凝土应力为零的时刻开始的，而后张法中预应力钢筋与混凝土共同工作是在预应力钢筋锚固以后，即正常使用阶段才开始的，所以后张法构件在施工阶段计算应力时只能采用净截面面积 A_n，只有到了使用阶段才采用换算截面。混凝土的有效预压应力计算时，可以将一个轴心压力 N_P 作用于构件截面上，然后按材料力学公式计算。在具体计算某一特定时刻应力时，应把相应时刻的预应力钢筋和非预应力钢筋扣除预应力损失后的应力（如完成第二批损失后，预应力钢筋拉应力取 $(\sigma_{con} - \sigma_l)$，非预应力钢筋压应力取 σ_{l5}）乘以各自的截面面积，并反向求得相应轴心压力 N_P，再由材料力学公式求得某一特定时刻混凝土应力。计算时先张法构件采用换算截面，而后张构件为净截面。这种通过预应力合力反向作用于截面的应力分析方法可以推广到受弯构件，只要把 N_P 看为偏心力即可。

(3) 非预应力钢筋的应力

先、后张法预应力混凝土轴心受拉构件在不同阶段的非预应钢筋应力计算公式在形式上是相同的，但要注意，在相同条件下先张法的混凝土预压应力要低于后张法，所以先张法构件中非预应力筋的应力也要低于后张法。

(4) 与普通钢筋混凝土构件受力比较

从图 10-17 先、后张法构件与普通钢筋混凝土构件比较可以知道，预应力构件开裂荷载明显提高，但两者的破坏极限荷载是相等的。预应力钢筋的应力在张拉时达到张拉应力控制值，以后因损失有所降低，但在外部荷载作用下又将逐渐提高，达到预应力钢筋极限强度时构件发生破坏，因此预应力钢筋的应力在施工、使用和破坏整个过程中都处于较高水平，这同普通钢筋混凝土构件的钢筋应力在正常使用阶段处于较低水平是有明显区别的。

【例题 10-2】 试对【例题 10-1】预应力混凝土轴心受拉构件各阶段的受力情况进行分析。

(1) 施工阶段

1) 穿预应力钢筋

$$\sigma_p = \sigma_{pc} = \sigma_s = 0$$

2) 张拉预应力钢筋至控制应力 σ_{con}

$$\sigma_p = \sigma_{con} - \sigma_{l2} = 702 - 23.6 = 678.4 \text{N/mm}^2$$

$$\sigma_{pc} = \frac{(\sigma_{con} - \sigma_{l2}) A_p}{A_n} = \frac{(702 - 23.6) \times 509}{43403} = 8.0 \text{N/mm}^2$$

$$\sigma_s = \alpha_E \sigma_{pc} = 6.15 \times 8.0 = 49.2 \text{N/mm}^2$$

3) 完成第一批预应力损失

$$\sigma_{pI} = \sigma_{con} - \sigma_{lI} = 702 - 40.3 = 661.7 \text{N/mm}^2$$

$$\sigma_{pcI} = \frac{(\sigma_{con} - \sigma_{lI})A_p}{A_n} = \frac{(702 - 40.3) \times 509}{43403} = 7.8 \text{N/mm}^2$$

$$\sigma_{sI} = \alpha_E \sigma_{pcI} = 6.15 \times 7.8 = 48 \text{N/mm}^2$$

4）完成第二批预应力损失

$$\sigma_p = \sigma_{con} - \sigma_{lII} = 702 - 152.5 = 549.1 \text{N/mm}^2$$

$$\sigma_{pcII} = \frac{(\sigma_{con} - \sigma_{lII})A_p - \sigma_{l5}A_s}{A_n} = \frac{(702 - 152.5) \times 509 - 131.4 \times 452}{43403} = 5.1 \text{N/mm}^2$$

$$\sigma_s = \alpha_E \sigma_{pcII} + \sigma_{l5} = 6.15 \times 5.1 + 131.4 = 162.8 \text{N/mm}^2$$

（2）施工阶段

1）加载至截面"消压"

$$\sigma_{p0} = \sigma_{con} - \sigma_l = 702 - 162.8 = 539.2 \text{N/mm}^2$$

$$\sigma_{pc0} = 0$$

$$\sigma_{s0} = \sigma_{l5}$$

截面"消压"时的荷载 $N_0 = \sigma_{pcII}A_0 = 5.1 \times 46533 = 237.3 \text{kN}$

2）加载至即将开裂

$$\sigma_{pcr} = \sigma_{con} - \sigma_l + \alpha_E \sigma_{pcII} = 702 - 192.8 + 6.15 \times 5.1 = 540.6 \text{N/mm}^2$$

$$\sigma_{ccr} = f_{tk} = 2.39 \text{N/mm}^2$$

$$\sigma_{scr} = \alpha_E f_{tk} - \sigma_{l5} = 6.15 \times 2.39 - 131.4 = -116.7 \text{N/mm}^2$$

截面开裂荷载 $N_{cr} = (\sigma_{pcII} + f_{tk})A_0 = (5.1 + 2.39) \times 46533 = 348.5 \text{kN}$

3）加载至破坏

$$\sigma_{pu} = f_{py} = 900 \text{N/mm}^2$$

$$\sigma_{cu} = 0$$

$$\sigma_{su} = f_y = 360 \text{N/mm}^2$$

构件破坏荷载 $N_u = f_{py}A_p + f_y A_s = 900 \times 509 + 360 \times 452 = 620.8 \text{kN}$

10.3 预应力混凝土受弯构件的受力分析

同预应力混凝土轴心受拉构件一样，预应力混凝土受弯构件的受力分析同样也分为施工阶段和使用阶段。鉴于工程中大多数预应力混凝土梁是采用后张法工艺的，并考虑到前面轴心受拉构件已分析了先张法的情况，为了对比下面以后张法预应力混凝土受弯构件为例进行受力分析。

1. 预应力钢筋的布置

预应力混凝土受弯构件中预应力钢筋 A_p 一般布置在受拉区，也即靠近梁底部。当预应力钢筋 A_p 配置过多时，由偏心预压力在梁顶部产生的拉应力可能会超过梁自重引起的压应力，导致梁上部开裂。另外，在制作、吊装、运输阶段，在自重作用下梁也有可能部分范围承受负弯矩，即上侧受拉、下侧受压，故在实际工程中一般除了在使用荷载作用下梁的受拉区布置预应力钢筋 A_p 和非预应力钢筋 A_s，还应在受压区配置非预应力钢筋 A'_s，并视需要放置一定数量的预应力钢筋 A'_y。图 10-18 为后张法预应力混凝土工字形截面梁的配筋示意图。

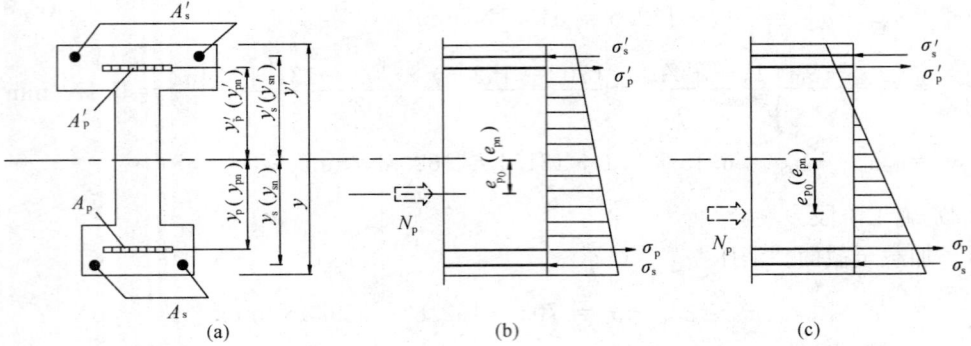

图 10-18　预应力混凝土受弯构件施工阶段计算图式

2. 施工阶段

（1）在预应力作用下的混凝土法向应力一般计算公式

预应力混凝土受弯构件的应力分析，原则上与预应力混凝土轴心受拉构件时并没有什么差别。配筋合适的预应力混凝土受弯构件与普通钢筋混凝土适筋梁一样其工作也可分为整体工作、带裂缝工作和破坏等三个工作阶段。从施工角度看，从张拉钢筋开始到构件破坏为止，预应力混凝土受弯构件同样也划分为施工和使用两大阶段，每个阶段又由若干受力过程组成。在梁未开裂之前的整体工作阶段的混凝土和钢筋的应力只要采用换算截面，通过材料力学公式就可以计算。由前述知道，可以把预应力钢筋总拉力视为作用在换算截面（对于后张法为净截面）上的压力，并采用材料力学公式计算混凝土、非预应力钢筋和预应力钢筋中产生的预应力。但应注意，与预应力混凝土轴心受拉构件预应力钢筋的总拉力位于形心轴不同，预应力混凝土受弯构件中预应力钢筋的总拉力不在形心轴，而是偏向于梁截面形心轴的下半部分，故预应力效应应该视为作用在换算截面（对于后张法为净截面）上的偏心压力。在梁开裂以后，直至破坏阶段，其应力分析则采用要考虑钢筋混凝土固有特点的专门方法。

在轴心受拉构件中，混凝土截面上由预应力引起的预压应力呈均匀分布。但在预应力混凝土受弯构件中，由于 A_P、A'_P 的数量和位置不同，在混凝土截面土产生的预压应力图一般呈梯形或三角形（图 10-18a，b），也即预应力作用是一个偏心压力的作用。因此，在求应力时除了要求出预应力钢筋的合力，还要同时计算合力至截面形心的偏心距。现假设计算时刻所对应的预应力钢筋的预应力损失为 σ_{li}、σ'_{li}，其中混凝土收缩徐变损失记为 σ_{l5i}、σ'_{l5i}，这样由预应力钢筋 A_P、A'_P 和非预应力钢筋 A_s、A'_s 产生的合力 N_{pi}

$$N_{pi} = (\sigma_{con} - \sigma_{li})A_p + (\sigma'_{con} - \sigma'_{li})A'_p - \sigma_{l5i}A_s - \sigma'_{l5i}A'_s \tag{10-36}$$

合力 N_{pi} 至换算截面形心的偏心距 e_{pn} 为

$$e_{pn} = \frac{(\sigma_{con} - \sigma_{li})A_p y_{pn} + (\sigma'_{con} - \sigma'_{li})A'_p y'_{pn} - \sigma_{l5i}A_s y_n - \sigma'_{l5i}A'_s y'_{sn}}{N_{pi}} \tag{10-37}$$

截面上任意一点的混凝土法向应力 σ_{pci} 用概括符号表示为

$$\sigma_{pci} = \frac{N_{pi}}{A_n} \pm \frac{N_{pi}e_{pn}}{I_n}y_n \tag{10-38}$$

式中　　y_{pn}、y'_{pn}、y_{sn}、y'_{sn} ——分别为净截面重心至 A_P、A'_P、A_s、A'_s 重心的距离；

　　　　A_n，I_n ——分别为净截面的截面面积和惯性矩；

　　　　y_n ——净截面重心至所计算点的距离。

上式中 σ_{pci} 的计算值正号表示压应力，负号为拉应力。

【注释】　当施加预应力的结构为超静定结构时会产生次内力，引起附加应力 σ_{p2}，即截面上任意一点的混凝土法向应力 σ_{pci} 应修改为 $\sigma_{pci} = \frac{N_{pi}}{A_n} \pm \frac{N_{pi}e_{pn}}{I_n}y_n + \sigma_{p2}$。

（2）张拉钢筋阶段的应力计算

在张拉钢筋过程中只产生摩擦损失 σ_{l2}，σ'_{l2}，其余预应力损失均为零，即该计算时刻的 $\sigma_{li} = \sigma_{l2}$，$\sigma'_{li} = \sigma'_{l2}$，$\sigma_{l5} = 0$，$\sigma'_{l5} = 0$。此时，预应力钢筋 A_P 应力为 $\sigma_{con} - \sigma_{l2}$，预应力钢筋 A'_p 应力为 $\sigma'_{con} - \sigma'_{l2}$。假定由预应力产生的合力为 N_p，相应的偏心距为 e_{pn}。并且令混凝土应力为 σ_{pc}，预拉区预应力钢筋 A_P 和非应力预应力钢筋 A_s 应力分别为 σ_p 和 σ_s，预压区预应力钢筋 A'_p 和非应力预应力钢筋 A'_s 应力分别为 σ'_p 和 σ'_s，将其代入式（10-36）、（10-37）、（10-38）可得：

$$N_p = (\sigma_{con} - \sigma_{l2})A_p + (\sigma'_{con} - \sigma'_{l2})A'_p \tag{10-39}$$

$$e_{pn} = \frac{(\sigma_{cor} - \sigma_{l2})A_p y_{pn} + (\sigma'_{con} - \sigma'_{l2})A'_p y'_m}{N_p} \tag{10-40}$$

$$\sigma_{pc} = \frac{N_p}{A_n} \pm \frac{N_p e_{pn}}{I_n}y_n \tag{10-41}$$

$$\sigma_p = \sigma_{con} - \sigma_{l2} \tag{10-42}$$

$$\sigma'_p = \sigma'_{con} - \sigma'_{l2} \tag{10-43}$$

$$\sigma_s = \alpha_E \sigma_{pc,s} \tag{10-44}$$

$$\sigma'_s = \alpha_E \sigma'_{pc,s} \tag{10-45}$$

式中，$\sigma_{pc,s}$、$\sigma'_{pc,s}$ 分别为由公式计算得到的 A_s 和 A'_s 重心位置处的混凝土法向应力。

（3）完成第一批预应力损失

假定该时刻由预应力产生的合力为 N_{pI}，相应的偏心距为 e_{pnI}。并且令混凝土应力为 σ_{pcI}，预拉区预应力钢筋 A_P 和非应力预应力钢筋 A_s 应力分别为 σ_{pI} 和 σ_{sI}，预压区预应力钢筋 A'_p 和非应力预应力钢筋 A'_s 应力分别为 σ'_{pI} 和 σ'_{sI}。当锚固预应力筋，完成第一批预应力损失时，此时 $\sigma_{li} = \sigma_{lI}$，$\sigma'_{li} = \sigma'_{lI}$，$\sigma_{l5i} = \sigma'_{l5i} = 0$。将此代入式（10-36）、（10-37）、（10-38）得

$$N_{pI} = (\sigma_{con} - \sigma_{lI})A_p + (\sigma'_{con} - \sigma'_{lI})A'_p \tag{10-46}$$

$$e_{pnI} = \frac{(\sigma_{con} - \sigma_{lI})A_p y_{pn} + (\sigma'_{con} - \sigma'_{lI})A'_p y'_{pn}}{N_{pI}} \tag{10-47}$$

$$\sigma_{pcI} = \frac{N_{pI}}{A_n} \pm \frac{N_{pI}e_{pnI}}{I_n}y_n \tag{10-48}$$

$$\sigma_{pI} = \sigma_{con} - \sigma_{l1} \tag{10-49}$$

$$\sigma'_{pI} = \sigma'_{con} - \sigma'_{l1} \tag{10-50}$$

$$\sigma_{sI} = \alpha_E \sigma_{pcI,s} \tag{10-51}$$

$$\sigma'_{sI} = \alpha_E \sigma_{pcI,s'} \tag{10-52}$$

式中，$\sigma_{pcI,s}$、$\sigma_{pcI,s'}$ 分别为由公式计算得到的 A_s 和 A'_s 重心位置处的混凝土法向应力。

（4）完成第二批预应力损失

假定该时刻由预应力产生的合力为 N_{pII}，相应的偏心距为 e_{pnII}。并且令混凝土应力为 σ_{pcII}，预拉区预应力钢筋 A_p 和非应力预应力钢筋 A_s 应力分别为 σ_{pII} 和 σ_{sII}，预压区预应力钢筋 A'_p 和非应力预应力钢筋 A'_s 应力分别为 σ'_{pII} 和 σ'_{sII}。在第二批预应力损失产生后，也即完成所有的预应力损失，此时有：$\sigma_{li} = \sigma_l$，$\sigma'_{li} = \sigma'_l$，$\sigma_{l5i} = \sigma_{l5}$，$\sigma'_{l5i} = \sigma'_{l5}$，将其代入前面公式（10-36）、（10-37）、（10-38）得到：

$$N_{pII} = (\sigma_{con} - \sigma_{li})A_p + (\sigma'_{con} - \sigma'_{li})A'_p - \sigma_{l5}A_s - \sigma'_{l5}A'_s \tag{10-53}$$

$$e_{pnII} = \frac{(\sigma_{con} - \sigma_l)A_p y_{pn} + (\sigma'_{con} - \sigma'_l)A'_p y'_m - \sigma_{l5}A_s y_{sn} - \sigma'_{l5}A'_s y'_{sn}}{N_{pII}} \tag{10-54}$$

$$\sigma_{pcII} = \frac{N_{pII}}{A_n} \pm \frac{N_{pII}e_{pnII}}{I_n}y_n \tag{10-55}$$

$$\sigma_{pII} = \sigma_{con} - \sigma_l \tag{10-56}$$

$$\sigma'_{pII} = \sigma'_{con} - \sigma'_l \tag{10-57}$$

$$\sigma_{sII} = \alpha_E \sigma_{pcII,s} + \sigma_{l5} \tag{10-58}$$

$$\sigma'_{sII} = \alpha_E \sigma_{pcII,s'} + \sigma'_{l5} \tag{10-59}$$

式中，$\sigma_{pcII,s}$，$\sigma_{pcII,s'}$ 分别为由公式计算得到的 A_s 和 A'_s 重心位置处的混凝土法向应力。

3. 使用阶段

（1）加载至截面预压区边缘混凝土应力为零

此状态也称为"消压"状态。与轴心受拉构件一样，在完成所有预应力损失后，由式（10-55）求得的截面预压区边缘混凝土应力称为有效预压应力，记为 σ_{pcII}。在外载作用弯矩 M 下梁由"预压"至"消压"过程中的截面混凝土应力增量 σ_c 可用换算截面按下面材料力学公式计算：

$$\sigma_c = \frac{M}{I_0}y_0 = \frac{M}{W_0} \tag{10-60}$$

式中　I_0——梁换算截面的惯性矩；

　　　y_0——梁换算截面的重心至计算混凝土应力处位置的距离；

　　　W_0——梁换算截面下边缘的弹性抵抗矩。

当外弯矩 M 在截面下边缘产生的混凝土拉应力 σ_{c0} 在数值上恰好等于 σ_{pcII}，截面达到"消压"状态，此时的弯矩称为消压弯矩 M_0。由 $\sigma_{c0} - \sigma_{pcII} = 0$ 得到 $\frac{M_0}{W_0} - \sigma_{pcII} = 0$，故 $M_0 =$

$\sigma_{pcII}W_0$。在"消压"状态预应力钢筋 A_p 和 A'_p 中相应的应力为:

$$\sigma_{p0} = \sigma_{pII} + \alpha_{EP}\sigma_{pcII} = \sigma_{con} - \sigma_l + \alpha_{EP}\sigma_{pcII} \tag{10-61}$$

$$\sigma'_{p0} = \sigma'_{pII} + \alpha_{EP}\sigma'_{pcII} = \sigma'_{con} - \sigma'_l + \alpha_{EP}\sigma'_{pcII} \tag{10-62}$$

【注释】 梁的消压是指截面预应力钢筋位置处混凝土,不同于轴拉构件是全截面消压。因此,上面公式中严格意义上要采用在预应力钢筋 A_p 位置处的混凝土有效预压应力值,考虑到与边缘处最大的有效预压应力值 σ_{pcII} 相差不大,故为简便计算可近似地认为两者相等。

(2)加载至截面即将开裂

在"消压"状态基础上再进一步加载,截面预压区边缘混凝土拉应力 σ_c 会不断增加,当达到混凝土抗拉强度标准值 f_{tk} 时,由于截面上应力分布不均匀,存在梯度,所以并不会像轴心受拉构件一样马上开裂,而是可以继续加载,受拉区进入非弹性阶段,拉应力呈如图 10-19(b)所示的曲线分布。只有当边缘混凝土拉应变达到混凝土极限拉应变时,截面才开裂。如果把"开裂"极限状态对应的曲线应力图形按承受弯矩相等的原则折算成如图 10-19(c)所示底部拉应力为 γf_{tk} 的等效三角形应力图,则由"消压"至"开裂"状态的混凝土应力

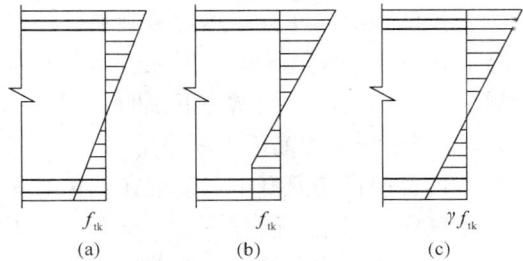

图 10-19 确定开裂弯矩时应力分布

增量为 γf_{tk},即 $\sigma_c - \sigma_{pcII} = \gamma f_{tk}$。由此得到开裂弯矩的计算公式为:

$$\frac{M_{cr}}{W_0} - \sigma_{pcII} = \gamma f_{tk} \tag{10-63}$$

$$M_{cr} = (\sigma_{pcII} + \gamma f_{tk})W_0 \tag{10-64}$$

式中 γ 为——受拉区混凝土塑性系数,$\gamma = \left(0.7 + \dfrac{120}{h}\right)\gamma_0$,$\gamma_0$ 见附表 4-5。

该阶段预应力钢筋 A_p 中的应变增量也可近似地取截面边缘处混凝土拉应变增量,但应注意到在接近开裂时混凝土变形模量 E'_c 约等于 $0.5E_c$,即实际模量比应为 $2\alpha_{EP}$,于是预应力钢筋 A_p 中的应力增量应为 $2\alpha_{EP}f_{tk}$。由此得到

$$\sigma_{pcr} = \sigma_{p0} + 2\alpha_{EP}f_{tk} = \sigma_{con} - \sigma_l + \alpha_{EP}\sigma_{pcII} + 2\alpha_{EP}f_{tk} \tag{10-65}$$

【思考与提示】 与预应力轴心受拉构件不同,预应力受弯构件由弯矩产生的截面应力分布不可能与由预压偏心力引起的截面预压应力完全抵消,无法实现全截面消压。为了方便计算使用阶段和破坏阶段的截面应力,也可引入"假想全截面消压状态"概念,它相当于钢筋混凝土构件的起始受力状态。由前面分析知道,施加预应力后截面上的预压应力可以视为在偏心压力作用下的结果,见图 10-18。现假定对截面反向施加偏心距为 e_0 的拉力 N_0,使截面上的混凝土预压应力全部抵消。此时的拉力 N_0 应该与截面上预应力钢筋拉力的合力平衡,即

$$N_0 = \sigma_{p0}A_p + \sigma'_{p0}A'_p \tag{10-66}$$

$$e_0 = \frac{\sigma_{p0}A_p y_p - \sigma'_{p0}A'_p y'_p}{N_0} \tag{10-67}$$

式中，σ_{p0}，σ'_{p0} 分别为预拉区预应力钢筋 A_P 和非应力预应力钢筋 A_s 的应力，由施工阶段完成预应力损失后的 σ_{pII} 和 σ'_{pII} 加上抵消拉应力增量得到，即

先张法构件
$$\sigma_{p0} = (\sigma_{con} - \sigma_l - \alpha_{Ep}\sigma_{pc}) + \alpha_{Ep}\sigma_{pc} = (\sigma_{con} - \sigma_l) \tag{10-68}$$

$$\sigma'_{p0} = (\sigma'_{con} - \sigma'_l - \alpha_{Ep}\sigma'_{pc}) + \alpha_{Ep}\sigma'_{pc} = (\sigma'_{con} - \sigma'_l) \tag{10-69}$$

后张法构件
$$\sigma_{p0} = (\sigma_{con} - \sigma_l) + \alpha_{Ep}\sigma_{pc} \tag{10-70}$$

$$\sigma'_{p0} = (\sigma'_{con} - \sigma'_l) + \alpha_{Ep}\sigma'_{pc} \tag{10-71}$$

式中，σ_{Pc}、σ'_{pc} 分别为 A_s 和 A'_s 重心位置处的混凝土法向应力。

(3) 加载至破坏

继续加载，裂缝会不断加大，若预应力钢筋和非预应力钢筋配置不是过多，在破坏时表现为受拉区钢筋先屈服，然后混凝土压坏的"适筋梁"破坏特征。因而，其计算方法可基本参照普通钢筋混凝土梁，但在受压区预应力筋应力 σ'_p 和界限破坏相对受压区高度 ξ 的计算有一些不同，下面做一下说明。

1) 受压区预应力筋应力 σ'_p

由前述普通钢筋混凝土双筋梁在破坏时受压区钢筋应力一般不可能达到屈服强度，现在配置了预应力钢筋，因预拉应力存在，其压应力值更小，甚至为拉应力。以"假想全截面消压状态"为基准，并假定在破坏时的应变分布服从平截面分布，可以得到 σ'_p 计算公式为

$$\sigma'_p = -f'_{py} + \sigma'_{p0} \tag{10-72}$$

上式计算值正值表明为拉应力，负值为压应力。公式中的第一项表示预压区边缘在外载作用下由"消压"时的零应力至"破坏"时极限压应变过程在 A'_p 中产生的压应力 $-f'_{py}$。与前述普通钢筋的受压设计强度一样，$f'_{py} \leqslant 400\mathrm{MPa}$。公式中的第二项为前面所述的预压区预应力筋重心处消压时的预应力筋中的拉应力 σ'_{p0}。

2) 界限破坏时 ξ_b

同样以"假想全截面消压状态"为基准，并同普通钢筋混凝土梁一样，假定在界限破坏时的应变分布服从平截面分布，可得到 ξ_b 计算公式：

对有屈服点预应力钢筋（软钢）
$$\xi_b = \frac{x_b}{h_0} = \frac{\beta_1}{1 + \dfrac{f_{py} - \sigma_{p0}}{\varepsilon_{cu}E_s}} \tag{10-73}$$

对无屈服点预应力钢筋（硬钢）
$$\xi_b = \frac{x_b}{h_0} = \frac{\beta_1}{1 + \dfrac{f_{py} - \sigma_{p0}}{E_s\varepsilon_{cu}} + \dfrac{0.002}{\varepsilon_{cu}}} \tag{10-74}$$

应该注意，上式的 ξ_b 不仅与钢筋和混凝土有关，还与预应力值 σ'_{p0} 有联系，这一点是与普通钢筋混凝土梁是有区别的。

表10-7给出了预应力混凝土受弯构件各阶段的应力分析，先张法受弯构件与后张法受弯构件的应力状态及公式基本相近，其区别与轴心受拉构件相同，在此不再赘述。

表 10-7

预应力混凝土梁的受力分析

受力阶段		简图	预应力筋 A_p 的应力 σ_p		混凝土应力 σ_c（截面下边缘）		外荷弯矩 M（先张、后张）
			先张	后张	先张	后张	
施工阶段	完成第一批损失（预压）		$\sigma_{pI} = \sigma_{con} - \sigma_{lI}$ $- \alpha_{Ep}\sigma_{pcI}$	$\sigma_{pI} = \sigma_{con} - \sigma_{lI}$	$\sigma_{pcI} = \dfrac{N_{pI}}{A_0} + \dfrac{N_{pI}e_{p0I}}{I_0}y_0$	$\sigma_{pcI} = \dfrac{N_{pI}}{A_n} + \dfrac{N_{pI}e_{pnI}}{I_n}y_n$	0
	完成第二批损失		$\sigma_{pII} = \sigma_{con} - \sigma_{lII}$ $- \alpha_{Ep}\sigma_{pcII}$	$\sigma_{pII} = \sigma_{con} - \sigma_{lII}$	$\sigma_{pcII} = \dfrac{N_{pII}}{A_0} + \dfrac{N_{pII}e_{p0II}}{I_0}y_0$	$\sigma_{pcII} = \dfrac{N_{pII}}{A_n} + \dfrac{N_{pII}e_{pnII}}{I_n}y_n$	0
使用阶段	第 I 阶段 加载至 $\sigma_c = 0$		$\sigma_{p0} = \sigma_{con} - \sigma_l$	$\sigma_{p0} = \sigma_{con} - \sigma_l$ $+ \alpha_{Ep}\sigma_{pcII}$	0	0	$M_0 = \sigma_{pcII}W_0$
	第 I 阶段末 加载至裂缝即将出现		$\sigma_{pcr} = \sigma_{con} - \sigma_l$ $+ 2\alpha_{Ep}f_{tk}$	$\sigma_{pcr} = \sigma_{con} - \sigma_l$ $+ \alpha_{Ep}\sigma_{pcII}$ $+ 2\alpha_{Ep}f_{tk}$	f_{tk}	f_{tk}	$M_{cr} = (\sigma_{pcII} + \gamma f_{tk})W_0$
	第 III 阶段末 加载至破坏		$\sigma_{pu} = f_{py}$	$\sigma_{pu} = f_{py}$	—	—	见第 10 章 第 4 节

10.4 预应力构件的截面设计和验算

10.4.1 截面形状与跨高比

预应力混凝土轴心受拉构件的截面形式常为正方形或矩形，预应力混凝土梁截面宜采用 T 形、I 字形和箱形等形式，且沿构件纵轴可以变化，如跨中为 I 字形，而在支座附近为矩形，以承受较大的剪力，并能有足够的地方布置锚具和提高其局部承压能力。由于预应力能明显提高构件的刚度和抗裂度等使用性能，故其截面高度可以比非预应力构件做得小一些，腹板的厚度也可以比非预应力构件的薄一些。预应力混凝土梁的高度通常为普通钢筋混凝土梁高的 70% 左右，其经验跨高比如表 10-8 所示。预应力构件截面尺寸的确定，除考虑结构荷载、建筑净高等条件外，还应考虑预应力束及锚具的布置及张拉施工操作距离的影响因素。

预应力混凝土梁的高跨比参考值　　　　　　　　表 10-8

分 类	简支梁	连续梁	井字梁	悬臂梁	框架梁
跨高比	12～20	15～25	20～25	6～8	15～22

10.4.2 预应力纵向钢筋的线形

预应力纵向钢筋的线形是指先张构件中预应力纵向钢筋中心线，或后张构件中预应力

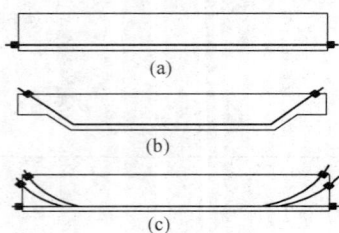

图 10-20　预应力筋的线形

孔道（或无粘结预应力束）的中心线。线形分为直线、折线和曲线三种。当跨度和荷载不大时，预应力纵筋一般可采用简单的直线形式（图 10-20a），当跨度和荷载较大时，为防止由于施加预应力而产生预拉区的裂缝和减少支座附近区段的主拉应力，在靠近支座部分，宜将一部分预应力钢筋弯起。在先张法构件中，弯起的预应力钢筋可做成折线形式（图 10-20b），在后张法构件中，弯起的预应力钢筋常为曲线形式（图 10-20c）。曲线预应力钢丝束、钢绞线的曲率半径不宜小于 4m。对折线配筋的梁，在折线预应力钢筋弯折处的曲率半径可适当减小。

10.4.3 预应力钢筋数量的估算

在预应力钢筋混凝土构件设计时除了确定截面尺寸外，还需预先估算预应力钢筋的数量。预应力钢筋的数量可以按正截面抗裂控制要求求得的有效预压力 N_p 进行估算。

对于预应力轴心受拉构件，在使用荷载 N_k 作用下混凝土的拉应力 σ_{ct} 应满足下式：

$$\sigma_{ct} = \frac{N_k - N_p}{A} \leqslant [\sigma_{ct}] \tag{10-75}$$

或

$$N_p \geqslant N_k - [\sigma_{ct}] A$$

对于预应力受弯构件，在使用荷载 M_k 作用下混凝土的拉应力 σ_{ct} 应满足下式：

$$\sigma_{ct} = \frac{M_k}{W} - \left(\frac{N_p}{A} + \frac{N_p e_p}{W} \right) \leqslant [\sigma_{ct}] \tag{10-76}$$

或
$$N_p \geqslant \frac{\dfrac{M_k}{W} - [\sigma_{ct}]}{\dfrac{1}{A} + \dfrac{e_p}{W}}$$

式中 A、W 分别为毛截面的截面面积和截面抵抗矩；e_p 预应力钢筋至截面重心轴的最大距离；$[\sigma_{ct}]$ 混凝土名义允许拉应力，如表 10-9 所示。

名义允许拉应力 $[\sigma_{ct}]$ 表 10-9

裂缝控制要求	$[\sigma_{ct}]$
严格要求不出现裂缝	0
一般要求不出现裂缝	γf_{tk}
允许裂缝宽度 0.2mm	$1.5 \gamma f_{tk}$

注：对于轴心受拉构件 γ 取 1。

由上述有效预压力 N_p 可以按下式计算预应力钢筋面积 A_p

$$A_p = \frac{N_p}{\sigma_{con} - \sigma_l} \tag{10-77}$$

式中，σ_l 为预应力总损失估算值，对先张法取 $0.2\sigma_{con}$，后张法取 $0.15\sigma_{con}$。

10.4.4 承载力极限状态规范计算公式

1. 建筑工程规范规定

使用阶段正截面承载力计算是以前述构件破坏时的受力状态为计算依据。

（1）轴心受拉构件

以图 10-16 为破坏时的受力状态，全部外载轴力设计值由预应力钢筋和非预应力钢筋承受，即此时承载能力设计表达式为

$$\gamma_0 N \leqslant N_u, N_u = f_y A_s + f_{py} A_p \tag{10-78}$$

式中　N ——轴向拉力设计值；

　　　γ_0 ——结构重要性系数；

f_y、f_{py} ——非预应力钢筋、预应力钢筋的抗拉强度设计值；

A_s、A_p ——非预应力钢筋、预应力钢筋的抗拉强度设计值。

（2）受弯构件

包括使用阶段的正截面承载能力计算、斜截面承载能力计算等内容。

1）正截面承载能力计算

①矩形截面

其计算同普通钢筋混凝土受弯构件相同，由图 10-21 示计算图的平衡方程得到

$$\Sigma X = 0, \alpha_1 f_c bx = f_y A_s + f_{py} A_p - f'_y A'_s + (\sigma'_{p0} - f'_{py}) A'_p$$

$$M \leqslant M_u, M_u = \alpha_1 f_c bx \left(h_0 - \frac{x}{2}\right) + f'_y A'_s (h_0 - a'_s) - (\sigma'_{p0} - f'_{py}) A'_p (h_0 - a'_p)$$

$$\tag{10-79}$$

上式中的 x 要满足以下条件：

$$x \leqslant \xi_b h_0, x \geqslant 2a' \tag{10-80}$$

303

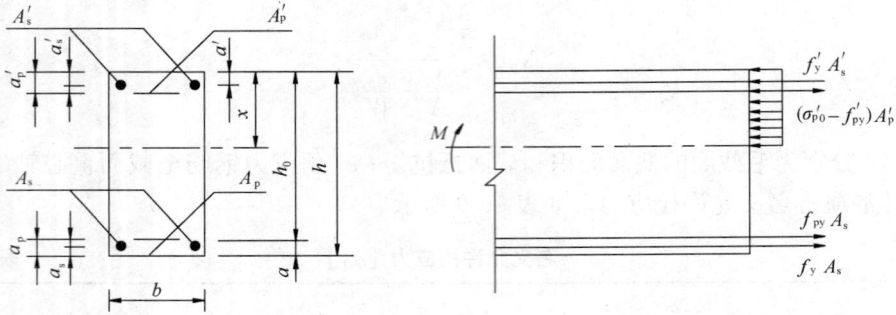

图 10-21 矩形截面计算简图

如果 $x < 2a'$，则按下述计算

$$M \leqslant f_{py}A_p(h - a_p - a'_s) + f_yA_s(h - a_s - a'_s) + (\sigma'_{p0} - f'_{py})A'_p(a'_p - a'_s) \quad (10\text{-}81)$$

另外，上式中的 M_u 要满足以下条件：$M_u \geqslant M_{cr}$

②翼缘位于受压区的 T 形和 I 形截面（图 10-22），其正截面受弯承载能力计算公式为：

当满足下列条件时，属于第一类 T 截面，即按宽度为 b'_f 的矩形截面计算。

$$f_yA_s + f_{py}A_p \leqslant \alpha_1 f_c b'_f h'_f + f'_yA'_s - (\sigma'_{p0} - f'_{py})A'_p \quad (10\text{-}82)$$

如上述条件不满足，则为第二类 T 截面，其计算公式为

$$\Sigma X = 0, \quad \alpha_1 f_c [bx + (b'_f - b)h'_f] - f_yA_s - f_{py}A_p + f'_yA'_s - (\sigma'_{p0} - f'_{py})A'_p = 0$$

$$M \leqslant M_u, \quad M_u = \alpha_1 f_c bx\left(h_0 - \frac{x}{2}\right) + \alpha_1 f_c (b'_f - b)h'_f\left(h_0 - \frac{h'_f}{2}\right)$$

$$+ f'_yA'_s(h_0 - a'_s) - (\sigma'_{p0} - f'_{py})A'_p(h_0 - a'_p) \quad (10\text{-}83)$$

式中 h'_f——T 形和 I 形截面受压区的翼缘高度；

       b'_f——T 形和 I 形截面受压区的翼缘宽度；

适用条件与矩形截面相同。

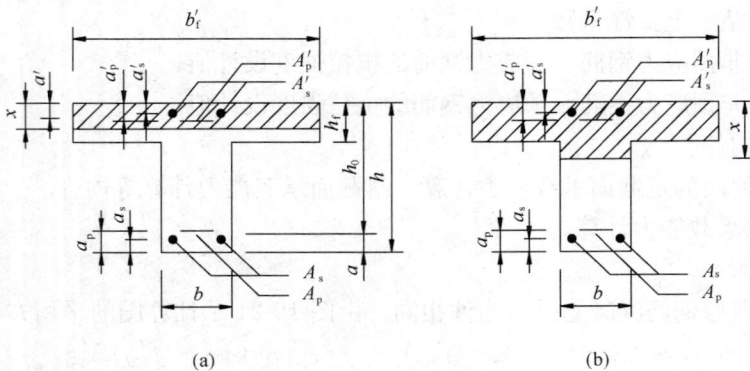

(a)   (b)

图 10-22 T 形截面计算简图

2）斜截面抗剪承载能力计算

试验表明，预应力的存在可以抑制或阻止裂缝的开展，从而直接增大了混凝土压剪区的面积，降低了剪切应力和正向压应力。同时斜裂缝宽度的减小又有利于骨料交合作用和

钢筋销栓作用的发挥,这些都有利于斜截面的承载能力。如果是曲线预应力钢筋,其钢筋的预应力合力在竖向分量将直接抵消部分剪力,提高斜截面抗剪强度。所以,施加预应力对提高斜截面抗剪承载能力是有利的。规范采用的公式为:

当仅配置箍筋时,矩形、T形和I形截面受弯构件的斜截面受剪承载能力计算公式为:

$$V \leqslant \alpha_{cv} f_t b h_0 + f_{yv} \frac{A_{sv}}{s} h_0 + 0.05 N_{p0} \tag{10-84}$$

式中 V ——计算位置处斜截面上的最大剪力设计值;

N_{p0} ——计算位置处正截面混凝土法向预应力为零时预应力钢筋和非预应力钢筋的合力,即

$$N_{p0} = c_{p0} A_p + \sigma'_{p0} A'_p - \sigma_{l5} A_s - \sigma'_{l5} A'_s \tag{10-85}$$

当 $N_{p0} > 0.3 f_c A_0$ 时,取 $N_{p0} = 0.3 f_c A_0$。

当同时配有箍筋、非预应力弯起钢筋 A_{sb} 和预应力弯起钢筋 A_{pb} 时,其斜截面抗剪承载力应按下列公式计算:

$$V \leqslant \alpha_{cv} f_t b h_0 + f_{yv} \frac{A_{sv}}{s} h_0 + 0.05 N_{p0} + 0.8 f_y A_{sb} \sin \alpha_s + 0.8 f_{py} A_{pb} \sin \alpha_p \tag{10-86}$$

式中 V ——在配置弯起钢筋处的剪设计值;

A_{sb}、A_{pb} ——同一弯起平面内的非预应力弯起钢筋、预应力弯起钢筋的截面面积;

α_s、α_p ——斜截面上非预应力弯起钢筋、预应力弯起钢筋的切线与构件纵向轴线的夹角。

类似于普通钢筋混凝土梁,对矩形、T形和I字形截面的预应力混凝土梁,当符合下列条件时:

$$V \leqslant 0.7 f_t b h_0 + 0.05 N_{p0} \tag{10-87}$$

以及集中荷载作用下的矩形、T形和I字形截面简支梁,当符合下列条件时:

$$V \leqslant \frac{1.75}{\lambda + 1} f_t b h_0 + 0.05 N_{p0} \tag{10-88}$$

都可不进行斜截面的抗剪承载力计算,仅需按构造要求配置箍筋。

3)斜截面抗弯承载能力计算

预应力混凝土梁斜截面抗弯承载能力计算公式为:

$$M \leqslant (f_y A_s + f_{py} A_p) z + \Sigma f_y A_{sb} z_{sb} + \Sigma f_{py} A_{pb} z_{pb} + \Sigma f_{yv} A_{sv} z_{sv} \tag{10-89}$$

此时,斜截面的水平投影长度 c 可按下列条件确定:

$$V = \Sigma f_z A_{sb} \sin \alpha_s + \Sigma f_{py} A_{pb} \sin \alpha_p + \Sigma f_{yv} A_{sv} \tag{10-90}$$

式中 V ——斜截面受压区末端的剪力设计值;

z ——纵向受拉普通钢筋和预应力筋的合力点至受压区合力点的距离,可近似地取 $0.9 h_0$;

z_{sb},z_{pb} ——分别为同一弯起平面内的弯起普通钢筋、弯起预应力筋的合力点至斜截面受压区合力点的距离;

z_{sv} ——同一斜截面上箍筋的合力点至斜截面受压区合力点的距离。

【提示】 在计算先张法预应力混凝土构件端部锚固区斜截面承载力时,要考虑自锚区预应力的减小,即公式中的 f_{py} 应按下列规定确定:锚固区内的纵向预应力筋抗拉强度设

计值在锚固起点处应取为零，在锚固终点处应取为 f_{py}，在两点之间可按线性内插法确定。与普通钢筋混凝土梁一样，当配置的纵向钢筋和箍筋符合规范规定的构造要求时，即可不进行构件斜截面受弯承载力的计算。

2. 公路桥隧设计规范规定

在桥梁工程中一般采用预应力混凝土受弯构件，持久状态计算包括正截面受弯承载能力计算和斜截面受剪承载能力计算，采用的作用效应为基本组合。

(1) 正截面承载能力计算

1) 矩形截面

$$\Sigma X = 0, f_{cd}bx = f_{sd}A_s + f_{pd}A_p - f'_{sd}A'_s + (\sigma'_{p0} - f'_{pd})a'_p$$

$$\gamma_0 M_d \leqslant M_u, M_u = f_{cd}bx\left(h_0 - \frac{x}{2}\right) + f'_{sd}A'_s(h_0 - a'_s) - (\sigma'_{p0} - f'_{pd})A'_p(h_0 - a'_p)$$

$$(10-91)$$

公式的适用条件

$$x \leqslant \xi_b h_0$$

当受压区配有纵向普通钢筋和预应力钢筋，且预应力钢筋受压，即 $(\sigma'_{p0} - f'_{pd}) > 0$ 时，应满足：$x \geqslant 2a'$

当受压区只配有纵向普通钢筋或纵向普通钢筋和预应力钢筋，且预应力钢筋受拉，即 $(\sigma'_{p0} - f'_{pd}) < 0$ 时，应满足：$x \geqslant 2a'_s$

当上述公式不满足时，应按下列公式进行承载能力计算：

当受压区配有纵向普通钢筋和预应力钢筋，且压区预应力钢筋受压时

$$\gamma_0 M_d \leqslant f_{pd}A_p(h - a_p - a') + f_{sd}A_s(h - a_s - a') \qquad (10-92)$$

当受压区配有纵向普通钢筋和预应力钢筋，且压区预应力钢筋受拉时

$$\gamma_0 M_d \leqslant f_{pd}A_p(h - a_p - a'_s) + f_{sd}A_s(h - a_s - a'_s) + (\sigma'_{p0} - f'_{pd})A'_p(h'_p - a'_s)$$

$$(10-93)$$

2) 翼缘位于受压区的 T 形和 I 形截面，其正截面受弯承载能力计算公式为：

当满足下列条件时，属于第一类 T 截面，即按宽度为 b'_f 的矩形截面计算：

$$f_{sd}A_s + f_{pd}A_p \leqslant f_{cd}b'_f h'_f + f'_{sd}A'_s - (\sigma'_{p0} - f'_{pd})A'_p \qquad (10-94)$$

如上述条件不满足，则为第二类 T 截面，其计算公式为

$$\Sigma X = 0, f_{cd}[bx + (b'_f - b)h'_f] - f_{sd}A_s - f_{pd}A_p + f'_{sd}A'_s - (\sigma'_{p0} - f'_{pd})A'_p = 0$$

$$\gamma_0 M \leqslant M_u, M_u = f_{cd}bx\left(h_0 - \frac{x}{2}\right) + f_{cd}(b'_f - b)h'_f\left(h_0 - \frac{h'_f}{2}\right)$$
$$+ f'_{sd}A'_s(h_0 - a'_s) - (\sigma'_{p0} - f'_{pd})A'_p(h_0 - a'_p)$$

$$(10-95)$$

式中　h'_f——T 形和 I 形截面受压区的翼缘高度；

　　　b'_f——T 形和 I 形截面受压区的翼缘宽度；

适用条件与矩形截面相同。

(2) 斜截面抗剪承载能力计算

《公路桥梁设计规范》采用的预应力受弯构件斜截面抗剪承载能力公式为：

$$\gamma_0 V_d \leqslant V_{cs} + V_{sb} + V_{pb} \qquad (10-96)$$

$$V_{cs} = \alpha_1 \alpha_2 \alpha_3 0.45 \times 10^{-3} bh_0 \sqrt{(2 + 0.6P)\sqrt{f_{cu,k}}\rho_{sv}f_{sv}} \qquad (10-97)$$

$$V_{sb} = 0.75 \times 10^{-3} f_{sd} \Sigma A_{sb} \sin\theta_s \qquad (10\text{-}98)$$

$$V_{pb} = 0.75 \times 10^{-3} f_{pd} \Sigma A_{pb} \sin\theta_p \qquad (10\text{-}99)$$

式中 V_d ——斜截面受压端上有作用效应产生的最大剪力组合设计值（kN）；

V_{cs} ——斜截面内混凝土和箍筋共同的抗剪承载能力设计值（kN）；

V_{sb} ——与斜截面相交的普通弯起钢筋抗剪承载能力设计值（kN）；

V_{pb} ——与斜截面相交的预应力弯起钢筋抗剪承载能力设计值（kN）；

α_2 ——预应力提高系数，预应力混凝土受弯构件 $\alpha_2 = 1.25$，但当由钢筋合力引起的截面弯矩与外弯矩方向相同时，或允许出现裂缝的预应力混凝土受弯构件 $\alpha_2 = 1.0$

A_{pb} ——斜截面内在同一弯起平面的预应力弯起钢筋的截面面积（mm^2）；

θ_s、θ_p ——预应力弯起钢筋（在斜截面受压端正截面处）的切线与水平线的夹角。

（3）斜截面抗弯承载能力计算

预应力混凝土梁斜截面抗弯承载能力计算公式为：

$$\gamma_0 M_d \leqslant f_{sd} A_s z_s + f_{pd} A_p z_p + \Sigma f_{pd} A_{pb} z_{pb} + \Sigma f_{vd,v} A_{sv} z_{sv} \qquad (10\text{-}100)$$

斜截面受压区高度由所有力的水平投影之和为零条件求得：

$$f_{cd} A_c = f_{sd} A_s + f_{pd} A_p + \Sigma f_{pd} A_{pb} \cos\theta_p \qquad (10\text{-}101)$$

式中 M_d ——斜截面受压区顶端正截面处的最大弯矩组合设计值；

A_s、A_p ——纵向受拉普通钢筋和预应力钢筋的截面面积；

z_s、z_p ——纵向受拉普通钢筋合力点和纵向预应力钢筋合力点至受压区混凝土合力点的距离；

A_{pb} ——与斜截面相交的同一弯起平面内预应力弯起钢筋的截面面积；

z_{pb} ——与斜截面相交的同一弯起平面内预应力弯起钢筋的合力对受压区混凝土合力点的力臂；

A_{sv} ——与斜截面相交的配置在同一截面的箍筋总截面面积；

z_{sv} ——截面箍筋合力对受压区混凝土合力点的力臂；

A_c ——混凝土受压区面积，对矩形截面取 $A_c = bx$；对于 T 形截面，取 $A_c = bx + (b'_f - b)h'_f$；

θ_p ——与斜截面相交的预应力弯起钢筋与纵轴线的夹角。

10.4.5 正常使用状态性能的验算

与钢筋混凝土构件一样，预应力混凝土构件的裂缝控制等级也分为三级。即：对严格要求不出现裂缝的轴心受拉构件，按荷载标准组合计算时，构件受拉边缘混凝土不应产生拉应力；对一般要求不出现裂缝的轴心受拉构件，按荷载标准组合计算时，构件受拉边缘混凝土拉应力不应大于混凝土抗拉强度的标准值；对允许出现裂缝的轴心受拉构件，按荷载标准组合并考虑长期作用影响计算时，构件的最大裂缝宽度不应超过相应的规定限制值。对于受弯构件，除了上述正截面抗裂控制验算外，还要进行防止斜截面开裂的控制验算。此项验算规范主要是通过规定截面上混凝土最大主拉应力和主压应力应小于相应限制值来进行的。对于公路桥梁在使用阶段不但要进行裂缝控制验算，还需对混凝土压应力和预应力钢筋拉应力进行验算。

1. 建筑工程设计规范规定

（1）正截面裂缝控制验算

1）一级—严格要求不出现裂缝的构件

$$\sigma_{ck} - \sigma_{pcII} \leqslant 0 \tag{10-102}$$

2）二级—一般要求不出现裂缝的构件

$$\sigma_{ck} - \sigma_{pcII} \leqslant f_{tk} \tag{10-103}$$

式中　σ_{ck}——在荷载标准组合 N_k 或 M_k 作用下抗裂验算边缘的混凝土法向应力，按下述计算

轴拉构件：
$$\sigma_{ck} = \frac{N_k}{A_0} \tag{10-104}$$

受弯构件：
$$\sigma_{ck} = \frac{M_k}{W_0} \tag{10-105}$$

式中　A_0——换算截面的面积；

　　　W_0——换算截面下边缘的弹性抵抗矩；

　　　σ_{pcII}——在抗裂验算边缘的有效预压应力；

　　　f_{tk}——混凝土轴心抗拉强度标准值，按附表 3-1 取用。

3）三级—允许出现裂缝的构件

按荷载标准组合并考虑长期作用影响计算的最大裂缝宽度，应符合以下规定：

$$w_{max} = \alpha_{cr} \psi \frac{\sigma_{sk}}{E_s} \left(1.9C_s + 0.08 \frac{d_{eq}}{\rho_{te}} \right) \leqslant w_{lim} \tag{10-106}$$

对环境类别为二 a 类的预应力混凝土构件，在荷载准永久组合下受拉边缘应力，应符合以下规定

$$\sigma_{cq} - \sigma_{pcII} \leqslant f_{tk} \tag{10-107}$$

式中　α_{cr}——构件受力特征系数，轴心受拉构件取 $\alpha_{cr} = 2.2$，受弯构件取 $\alpha_{cr} = 1.5$；

　　　W_{lim}——《混凝土结构设计规范》规定的裂缝宽度限制值，见附表 4-2；

　　　ψ——裂缝间纵向受拉钢筋应变不均匀系数，按下式计算：

$$\psi = 1.1 - \frac{0.65 f_{tk}}{\rho_{te} \sigma_{sk}} \tag{10-108}$$

当 $\psi < 0.2$ 时，取 $\psi = 0.2$，当 $\psi > 1.0$，取 $\psi = 1.0$，对直接承受重复荷载的构件，取 $\psi = 1.0$；

　　　ρ_{te}——以有效受拉混凝土截面面积计算的纵向受拉钢筋配筋率，按下式计算：

轴拉构件：
$$\rho_{te} = \frac{A_p + A_s}{bh} \tag{10-109}$$

受弯构件：
$$\rho_{te} = \frac{A_p + A_s}{0.5bh + (b_f - b)h_f} \tag{10-110}$$

　　　σ_{sk}——按荷载效应的标准组合计算的预应力混凝土构件纵向钢筋的等效应力，按下式计算：

轴拉构件：
$$\sigma_{sk} = \frac{N_k - N_{p0}}{A_p + A_s} \tag{10-111}$$

受弯构件：
$$\sigma_{sk} = \frac{M_k \pm M_2 - N_{p0}(z - e_p)}{(A_p + A_s)z} \tag{10-112}$$

式中　N_{p0}——计算截面上混凝土法向预应力等于零的预加力。

　　　　z——全部纵向受拉钢筋合力点至受压区合力点的距离，按下式计算：

$$z = \left[0.87 - 0.12\left(1 - \gamma'_{\mathrm{f}}\right)\left(\frac{h_0}{e}\right)^2\right]h_0 \tag{10-113}$$

$$e = e_{\mathrm{p}} + \frac{M_{\mathrm{k}}}{N_{p0}} \tag{10-114}$$

　　　　e_{p}——混凝土法向预应力为零时全部纵向预应力和非预应力钢筋合力 N_{p0} 的作用点至受拉区纵向预应力和非预应力钢筋合力点的距离；

　　　　γ'_{f}——受压翼缘截面面积与腹板有效截面面积的比值。

其余符号意义同前。

【例 10-3】 试对【例 10-2】的建筑工程预应力轴心受拉构件按一般要求不出现裂缝（裂缝控制等级为二级）进行验算。构件的环境类别为二 a 类，按荷载标准组合计算的轴心拉力值 $N_{\mathrm{k}} = 454\mathrm{kN}$，在荷载效应标准组合下的混凝土法向应力

$$\sigma_{\mathrm{ck}} = \frac{N_{\mathrm{k}}}{A_0} = \frac{304000}{46533} = 6.53\mathrm{N/mm}^2$$

则　　　　$\sigma_{\mathrm{ck}} - \sigma_{\mathrm{pcII}} = 6.53 - 5.1 = 1.43\mathrm{N/mm}^2 < f_{\mathrm{tk}} = 2.39\mathrm{N/mm}^2$

故满足裂缝控制等级二级的要求。

（2）受弯构件斜截面抗裂验算

受弯构件斜截面抗裂度验算，实际上是对截面上各点的主拉应力 σ_{tp} 和主压应力 σ_{cp} 进行验算。《规范》规定，预应力混凝土受弯构件斜截面抗裂验算应按下列规定进行：

1）计算主拉应力 σ_{tp} 和主压应力 σ_{cp}

在斜裂缝出现以前，构件基本上处于弹性工作阶段，其截面应力可按材料力学公式计算，即混凝土的主拉应力 σ_{tp} 和主压应力 σ_{cp} 计算公式为

$$\left.\begin{array}{l}\sigma_{\mathrm{tp}}\\\sigma_{\mathrm{cp}}\end{array}\right\} = \frac{\sigma_{\mathrm{x}} + \sigma_{\mathrm{y}}}{2} \pm \sqrt{\left(\frac{\sigma_{\mathrm{x}} - \sigma_{\mathrm{y}}}{2}\right)^2 + \tau^2} \tag{10-115}$$

式中　σ_{x}——由预应力和弯矩值 M_{k} 在计算纤维处由预应力产生的混凝土法向应力，按下式计算：

$$\sigma = \sigma_{\mathrm{pc}} + \frac{M_{\mathrm{k}} y_0}{I_0} \tag{10-116}$$

其中　σ_{pc}——扣除全部预应力损失后，在计算纤维处由预应力产生的混凝土法向应力；

　　　　y_0——换算截面重心至所计算纤维处的距离；

　　　　σ_{y}——由集中荷载标准值 F_{k} 产生的混凝土竖向压应力，在集中荷载标准值作用点两侧各 $0.6h$ 的范围内按图 10-24 的分布规律取值；

　　　　τ——由剪力值 V_{k} 和预应力弯起钢筋的预应力在计算纤维处产生的混凝土剪应力，按下式计算：

$$\tau = \frac{(V_{\mathrm{k}} - \Sigma\sigma_{\mathrm{pc}}A_{\mathrm{pb}}\sin\alpha_{\mathrm{p}})S_0}{I_0 b} \tag{10-117}$$

当有集中力标准值 F_{k} 作用时，F_{k} 作用点两侧各 $0.6h$ 范围内的 τ_{F} 按图 10-23 的分布规律取值，当计算截面作用有扭矩时，尚应考虑扭矩引起的剪应力；

　　　　其中　V_{k}——按荷载效应标准组合计算的剪力值，对后张法预应力混凝土超静定结

构构件，在计算剪应力时，尚应计入预加力引起的次剪力；

S_0 ——计算纤维以上部分的换算截面对构件换算截面重心的面积矩；其余符号意义同前。

【注释】 应该指出，按式（10-124）、式（10-125）计算时，公式中，σ_x、σ_y、σ_{pc} 和 $\frac{M_k y_0}{I_0}$ 的符号规定为：当为拉应力时，以正号代入；当为压应力时，以负号代入。显见，由集中荷载 F_k 产生的压应力为 σ_y，对斜截面抗裂验算起有利影响。

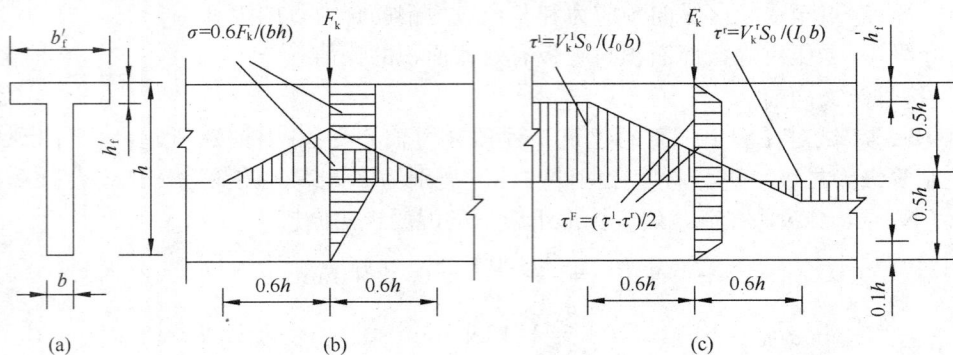

图 10-23　预应力混凝土吊车梁集中力作用点附近应力分布图
（a）截面；（b）竖向压应力 σ_y 分布；（c）剪应力 τ 分布

2）斜截面抗裂验算公式

《混凝土结构设计规范》规定，预应力混凝土受弯构件斜截面抗裂验算应按下列规定进行：

①混凝土主拉应力

对严格要求不出现裂缝的构件，有

$$\sigma_{tp} \leqslant 0.85 f_{tk} \tag{10-118}$$

对一般要求不出现裂缝的构件，有

$$\sigma_{tp} \leqslant 0.95 f_{tk} \tag{10-119}$$

②混凝土主压应力

对严格要求和一般要求不出现裂缝的构件，均应符合下列规定：

$$\sigma_{cp} \leqslant 0.6 f_{ck} \tag{10-120}$$

式中　f_{ck} ——混凝土轴心抗压强度标准值；

0.95、0.85——考虑张拉时的不准确性和构件质量变异影响的经验系数；

0.6——经验系数，主要防止梁腹板在预应力和外荷载作用下压坏，并考虑到主压应力过大会导致斜截面抗裂能力降低影响。

3）斜截面抗裂验算位置

斜截面抗裂验算的位置，原则上应选择最大主应力可能出现的部位：

①沿受弯构件跨度方向，一般位于最大剪力处、截面高度及宽度变化处；

②沿构件计算截面高度，一般位于换算截面重心处、翼缘与腹板交换处。

（3）受弯构件的变形验算

与普通钢筋混凝土梁变形不同，预应力受弯构件的变形由两部分组成：一部分是由荷

载产生的挠度 f_1，另一部分是由预应力产生的反拱 f_2。预应力受弯构件在正常使用极限状态下的挠度，应按以下公式验算：

$$f_1 - f_2 \leqslant f_{\lim} \tag{10-121}$$

式中　f_1——预应力混凝土受弯构件按荷载效应标准组合并考虑荷载长期作用影响的挠度；

　　　f_2——预应力混凝土受弯构件在使用阶段的预应力反拱值；

　　　$f_{\lim}$——《混凝土结构设计规范》规定的挠度限值，按附表 4-1 取。

预应力混凝土受弯构件在使用阶段的挠度，可根据下面材料力学方法计算。

$$f_1(f_2) = S \frac{Ml^2}{B}$$

1) 荷载作用下构件的挠度 f_1

预应力混凝土受弯构件按荷载效应标准组合并考虑荷载长期作用影响的挠度计算公式为

$$f_1 = S \frac{M_k l^2}{B} \tag{10-122}$$

式中　B 为在荷载效应的标准组合作用下并考虑荷载长期作用影响的受弯构件的刚度，按式（9-52）计算但取 $\theta = 2$，即

$$B = \frac{M_k}{M_q + M_k} \cdot B_s \tag{10-123}$$

式中 B_s 为短期刚度，B_s 视下面具体情况采用。

① 要求不出现裂缝的构件

$$B_s = 0.85 E_c I_0 \tag{10-124}$$

式中系数 0.85 是考虑受弯构件的受拉区在使用阶段已有一定的非弹性变形而引入的刚度折减系数。

② 允许出现裂缝的构件

$$B_s = \frac{0.85 E_c I_0}{\kappa_{cr} + (1 - \kappa_{cr})\omega} \tag{10-125}$$

$$\kappa_{cr} = \frac{M_{cr}}{M_k} \tag{10-126}$$

$$\omega = \left(1.0 + \frac{0.21}{\alpha_E \rho}\right)(1 + 0.45\gamma_f) - 0.7 \tag{10-127a}$$

$$M_{cr} = (\sigma_{pc} + \gamma f_{tk})W_0 \tag{10-127b}$$

$$\gamma_f = \frac{(b_f - b)h_f}{bh_0} \tag{10-128}$$

式中　α_E——钢筋弹性模量与混凝土弹性模量的比值，$\alpha_E = E_s / E_c$；

　　　ρ——纵向受拉钢筋配筋率，$\rho = \dfrac{A_p + A_s}{bh_0}$；

　　　I_0——换算截面惯性矩；

　　　γ_f——受拉翼缘截面面积与腹板有效截面面积的比值；

　　　κ_{cr}——预应力混凝土受弯构件正截面的开裂弯矩 M_{cr} 与弯矩 M_k 的比值，当 $\kappa_{cr} > 1.0$ 时，取 $\kappa_{cr} = 1.0$；

σ_{pc} ——扣除全部预应力损失后，由预加力在抗裂验算边缘产生的混凝土预压应力；

γ ——混凝土构件的截面抵抗矩塑性影响系数，其值为

$$\gamma = \left(0.7 + \frac{120}{h}\right)\gamma_m \tag{10-129}$$

γ_m ——混凝土构件的截面抵抗矩塑性影响系数基本值，可查附表 4-5 取用；

h ——截面高度 (mm)，当 $h < 400$ 时，取 $h = 400$，当 $h > 1600$ 时，取 $h = 1600$，对圆形、环形截面，取 $h = 2r$，此处，r 为圆形截面半径或环形截面的外环半径。

对预压时预拉区出裂缝的构件，B_s 值尚应减少 10%。

2）预应力产生的反拱 f_2

预应力受弯构件在偏心挤压力作用下产生的反拱 f_2 可按下式计算

$$f_2 = S\frac{M_p l^2}{B} \tag{10-130}$$

对于直线预应力配筋梁，可以看两端作用有弯矩 $M = N_p e_{p0}$ 的简支梁来计算。设跨长为 l，截面刚度 B 取 $E_c I_0$ 计算，则预应力产生的反拱为

$$f_2 = \frac{N_p e_{p0} l^2}{8B} \tag{10-131}$$

式中 N_p、e_{p0} 按下列规定取值：在短期荷载作用下，预应力产生的反拱仅由构件件施加预应力引起，则 N_p、e_{p0} 均按扣除第一批预应力损失后的情况计算。由于在长期荷载作用下的反拱值是由使用阶段预应力长期作用产生的，长期预压混凝土会产生徐变变形。徐变对预应力混凝土受弯构件的反拱具有双重影响，一方面徐变引起预应力损失而减小反拱；另一方面徐变变形加大于负曲率而增大反拱。一般情况下，后一项作用是主要的，以致尽管预应力有所减小，但反拱仍不断增大。为简单起见，在计算使用阶段的反拱值时，将求得反拱值 f_2 乘以增大系数 2.0 采用。

2. 公路桥隧设计规范规定

（1）正截面裂缝控制验算

1）预应力混凝土受弯构件正截面抗裂验算

构件正截面混凝土的计算拉应力应满足以下要求：

① 全预应力混凝土构件，在作用短期效应组合下

预制构件 $\qquad\qquad\qquad\qquad \sigma_{st} - 0.85\sigma_{pc} \leqslant 0 \tag{10-132}$

分段浇筑或砂浆接缝的纵向分块构件

$$\sigma_{st} - 0.80\sigma_{pc} \leqslant 0 \tag{10-133}$$

② A 类预应力混凝土构件，在作用短期效应组合下

$$\sigma_{st} - \sigma_{pc} \leqslant 0.7f_{tk} \tag{10-134}$$

在作用长期效应组合下

$$\sigma_{lt} - \sigma_{pc} \leqslant 0 \tag{10-135}$$

式中 σ_{pc} ——扣除全部预应力损失后预压力在抗裂验算边缘混凝土的法向拉应力；

σ_{st}、σ_{lt} ——分别为在作用短期组合 M_s、长期组合 M_l 在抗裂验算边缘产生的混凝土法向应力，按下述计算：

$$\sigma_{st} = \frac{M_s}{W_0} \tag{10-136}$$

$$\sigma_{lt} = \frac{M_l}{W_0} \tag{10-137}$$

2）裂缝宽度验算

对允许出现裂缝的 B 类预应力混凝土受弯构件需要验算最大裂缝宽度，最大裂缝宽度验算公式同普通钢筋混凝土受弯构件，即

$$w_{max} = C_1 C_2 C_3 \frac{\sigma_{ss}}{E_s} \left(\frac{30+d}{0.28+10\rho} \right) \leqslant [w_{max}] \tag{10-138}$$

$$\rho = \frac{A_s \pm A_p}{bh_0 + (b_f - b)h_f} \tag{10-139}$$

式中　$[w_{max}]$ ——预应力混凝土构件最大裂缝宽度限制值见附录 5.4；

$\quad\quad$ σ_{ss} ——由作用短期效应组合引起的预应力混凝土梁开裂截面钢筋应力，按下式计算

$$\sigma_{ss} = \frac{M_s \pm M_{p2} - N_{p0} (z - e_p)}{(A_p + A_s) z} \tag{10-140}$$

$$e = e_p + \frac{M_k \pm M_{p2}}{N_{p0}} \tag{10-141}$$

其中　N_{p0} ——计算截面上混凝土法向预应力等于零的预加力；

$\quad\quad$ z ——全部纵向受拉钢筋合力点至受压区合力点的距离，按前式计算；

$\quad\quad$ e_p ——混凝土法向预应力为零时全部纵向预应力和非预应力钢筋合力 N_{p0} 的作用点至受拉区纵向预应力和非预应力钢筋合力点的距离；

$\quad\quad$ M_{p2} ——由预加力 N_p 在后张法预应力混凝土连续梁等超静定结构中产生的次弯矩。

（2）斜截面抗裂验算

《公路桥梁设计规范》规定，预应力混凝土受弯构件斜截面抗裂只对混凝土的主拉应力进行验算，具体规定如下：

1）全预应力混凝土构件，在作用短期效应组合下

预制构件 $\quad\quad\quad\quad\quad\quad\quad\quad$ $\sigma_{tp} \leqslant 0.6 f_{tk}$ $\quad\quad\quad\quad\quad\quad\quad\quad\quad$ (10-142)

现场浇筑（包括预制拼装）构件 $\quad$ $\sigma_{tp} \leqslant 0.4 f_{tk}$ $\quad\quad\quad\quad\quad\quad\quad\quad\quad$ (10-143)

2）A 类和 B 类预应力混凝土构件，在作用短期效应组合下

预制构件 $\quad\quad\quad\quad\quad\quad\quad\quad$ $\sigma_{tp} \leqslant 0.7 f_{tk}$ $\quad\quad\quad\quad\quad\quad\quad\quad\quad$ (10-144)

现场浇筑（包括预制拼装）构件 $\quad$ $\sigma_{tp} \leqslant 0.5 f_{tk}$ $\quad\quad\quad\quad\quad\quad\quad\quad\quad$ (10-145)

式中　σ_{tp} ——由作用短期效应组合和预加力产生的混凝土主拉应力，按下式计算：

$$\sigma_{tp} = \frac{\sigma_{cx} + \sigma_{cy}}{2} \pm \sqrt{\left(\frac{\sigma_{cx} - \sigma_{cy}}{2} \right)^2 + \tau^2} \tag{10-146}$$

$$\sigma_{cx} = \sigma_{pc} + \frac{M_s y_0}{I_0} \tag{10-147}$$

$$\sigma_{cy} = 0.6 \frac{n\sigma'_{pe} A_{pv}}{bs_v} \tag{10-148}$$

$$\tau = \frac{V_s S_0}{I_0 b} - \frac{(\sum \sigma''_{pe} A_{pb} \sin \theta_p) S_n}{I_n b} \tag{10-149}$$

式中　σ_{cx} ——由预应力和按作用短期效应组合计算弯矩值 M_s 在计算纤维处由预应力产

生的混凝土法向应力；

σ_{pc} ——扣除全部预应力损失后，在计算纤维处由预应力产生的混凝土法向应力，参照公式（10-55）计算；

σ_{cy} ——由竖向预应力钢筋预加力产生的混凝土竖向压应力；

τ ——由按作用短期效应组合计算剪力值 V_s 和预应力弯起钢筋的预应力在计算纤维处产生的混凝土剪应力；

n ——在同一截面上竖向预应力钢筋的肢数；

σ'_{pe}、σ''_{pe} ——竖向预应力筋、纵向预应力筋在扣除全部预应力损失后的有效预应力；

A_{pv} ——单肢预应力钢筋的截面面积；

s_v ——竖向预应力钢筋的间距；

b ——构件腹板的宽度；

A_{pb} ——计算截面上同一弯起平面内预应力弯起钢筋的截面面积；

S_0、S_n ——计算主应力点以上（或以下）部分换算截面面积对换算截面重心轴、净截面面积对净截面重心轴的面积矩；

θ_p ——计算截面上预应力弯起钢筋的切线与构件纵轴线的夹角。

（3）受弯构件的变形验算

预应力受弯构件在正常使用极限状态下的挠度，应按以下公式验算：

$$f_1 - f_2 \leqslant f_{lim} \tag{10-150}$$

式中 f_1 ——公路桥梁预应力混凝土受弯构件按荷载效应短期组合并考虑荷载长期作用影响的挠度；

f_2 ——公路预应力混凝土受弯构件在使用阶段的预应力反拱值，计算同建筑工程，但预压力取扣除全部预应力损失以后的值；

f_{lim} ——《公路桥隧设计规范》规定的挠度限值，按附录 5.5 取。

桥梁工程预应力混凝土受弯构件在使用阶段的挠度，可根据前面材料力学方法计算公式（10-122），式中刚度为长期刚度 B_l，等于短期刚度 B_s 除以 η_θ。预应力混凝土未开裂构件短期抗弯刚度 B_s 计算采用如下规定：

1）全预应力混凝土和 A 类预应力混凝土构件

$$B_s = B_0 = 0.95 E_c I_0 \tag{10-151}$$

式中 I_0 ——预应力混凝土构件全截面换算截面惯性矩。

2）允许开裂的 B 类预应力混凝土构件

《公路桥涵设计规范》在国内外研究资料的基础上，根据数理统计的经验方法给出的预应力混凝土受弯构件短期抗弯刚度计算公式为

$$B_s = \frac{B_0}{\left(\dfrac{M_{cr}}{M_s}\right) + \left(1 - \left(\dfrac{M_{cr}}{M_s}\right)\right) \dfrac{B_0}{B_{cr}}} \tag{10-152}$$

式中 B_{cr} ——预应力混凝土构件开裂截面抗弯刚度，$B_{cr} = E_c I_{cr}$；

I_{cr} ——预应力混凝土构件开裂截面换算截面惯性矩；

M_{cr} ——开裂弯矩，$M_{cr} = (\sigma_{pe} + \gamma f_{tk}) W_0$；

σ_{pe} ——扣除全部预应力损失后，由预加力在抗裂验算边缘产生的混凝土预加

应力。

公路桥梁在使用阶段主要承受具有不断重复作用、动力特点的车辆荷载，容易造成结构的疲劳破坏。为了防止疲劳破坏，需要控制材料的应力水平，避免产生较高的工作应力。预应力混凝土受弯构件正截面混凝土的压应力和预应力钢筋的拉应力，应符合下列规定：

① 受压区混凝土的最大压应力

未开裂构件
$$\sigma_{kc} + \sigma_{pt} \leqslant 0.5 f_{tk} \tag{10-153}$$

允许开裂构件
$$\sigma_{cc} \leqslant 0.5 f_{tk} \tag{10-154}$$

②受拉区预应力钢筋的最大拉应力

A. 钢绞线、钢丝

未开裂构件
$$\sigma_{pe} + \sigma_{p} \leqslant 0.65 f_{pk} \tag{10-155}$$

允许开裂构件
$$\sigma_{p0} + \sigma_{p} \leqslant 0.65 f_{pk} \tag{10-156}$$

B. 精螺纹钢筋

未开裂构件
$$\sigma_{pe} + \sigma_{p} \leqslant 0.8 f_{pk} \tag{10-157}$$

允许开裂构件
$$\sigma_{p0} + \sigma_{p} \leqslant 0.8 f_{pk} \tag{10-158}$$

式中　σ_{pe}——全预应力和 A 类预应力混凝土受弯构件，扣除全部预应力损失后受拉区预应力钢筋的有效预应力；

　　　σ_{pt}——由预加力产生的混凝土法向拉应力。

③ 混凝土的主压、拉应力

预应力受弯构件由作用标准值和预加力产生的混凝土主压应力 σ_{cp} 和主拉应力 σ_{tp} 采用公式（10-146）计算，但式中的 M、V 应分别以标准值 M_k、V_k 代替。

主压应力
$$\sigma_{cp} \leqslant 0.8 f_{ck} \tag{10-159}$$

根据计算的主拉应力，按下列规定设置箍筋：

在 $\sigma_{tp} \leqslant 0.5 f_{tk}$ 的区段，箍筋可按改造要求设置；

在 $\sigma_{tp} > 0.5 f_{tk}$ 的区段，箍筋的间距 S_v 按下式计算：

$$S_v = \frac{f_{sk} A_{sv}}{\sigma_{tp} b} \tag{10-160}$$

式中　f_{sk}——箍筋的抗拉强度标准值；

　　　A_{sv}——同一截面内箍筋的总截面面积；

　　　b——矩形截面宽度、T 形或 I 形截面的腹板宽度。

10.4.6　施工阶段承载力验算

实际工程表明，张拉时锚具下的混凝土局部压应力过大，会使受压区混凝土进入非线性徐变，严重的甚至在构件表面产生沿钢筋方向的纵向裂缝。所以必须对端部锚固区的局部受压承载能力进行计算。另外，混凝土受弯构件，特别是预制构件在制作（即张拉或放松预应力钢筋）、运输、堆放和吊装等施工阶段的受力状态，往往和使用阶段不同，会在构件截面上边缘产生拉应力，形成所谓的预拉区，如图 10-24 所示。为了保证预应力构件的质量，一般要求在施工阶段不允许出现拉应力，即使对部分预应力混凝土构件，预拉区的拉应力也不能过大。因此，《混凝土结构设计规范》规定，在设计时，除必须进行使用阶段的承载力等各项计算外，还应进行施工阶段的承载力验算。

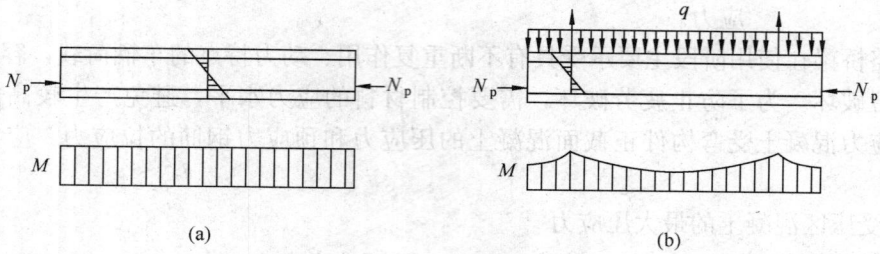

图 10-24 制作和运输阶段受力图式

(a) 制作阶段；(b) 运输阶段

1. 建筑工程设计规范公式

(1) 对预拉区不允许出现裂缝的构件

实际工程中要求预拉区不允许出现裂缝的构件有：

1) 经受重复荷载、需作疲劳验算的吊车梁；

2) 使用荷载下受拉区允许出现裂缝的构件，为了避免上下裂缝贯通，预拉区不宜再有裂缝；

3) 预拉区有较大翼缘的构件，由于翼缘部分混凝土的抗裂弯矩所占比例较大，一旦截面开裂，钢筋应力增量增大，导致裂缝宽度较大。

对制作、运作、吊装等施工阶段允许出现拉应力的构件，或预压时全截面受压的构件，在预加应力、自重和施工荷载作用下（必要时应考虑动力系数），截面边缘的混凝土法向应力应符合下列条件：

$$\sigma_{ct} \leqslant f'_{tk} \tag{10-161}$$

$$\sigma_{cc} \leqslant 0.8 f'_{ck} \tag{10-162}$$

简支构件的端部区段截面预拉区边缘纤维的混凝土拉应力允许大于 f'_{tk}，但不应大于 $1.2 f'_{tk}$。

截面边缘的混凝土法向应力可按下列公式计算：

$$\left.\begin{array}{c} \sigma_{cc} \\ \sigma_{ct} \end{array}\right\} = \sigma_{pc} + \frac{N_k}{A_0} \pm \frac{M_k}{W_0} \tag{10-163}$$

式中　σ_{pc}——张拉钢筋结束时截面边缘上混凝土法向有效预压应力，当 σ_{pc} 为压应力时，取正值；当 σ_{pc} 为拉应力时，取负值；

σ_{cc}、σ_{ct}——相应施工阶段计算截面边缘纤维的混凝土压应力、拉应力；

f'_{tk}、f'_{ck}——与各施工阶段混凝土立方体抗压强度 f'_{cu} 相应的抗拉强度标准值、抗压强度标准值；

N_k、M_k——构件自重及施工荷载效应的标准组合在计算截面产生的轴向力值、弯矩值。当考虑动力效应影响时，应乘以动力系数 1.5；

A_0、W_0——换算截面面积和弹性抵抗矩。

(2) 施工阶段预拉区允许出现拉应力的构件

预拉区纵向钢筋的配筋率 $(A'_s + A'_p)/A$ 不宜小于 0.15%，对后张法构件不应计入 A'_p，其中 A 为构件截面面积。预拉区纵向普通钢筋的直径不宜大于 14mm，并应沿构件预拉区的外边缘均匀配置。

316

2. 公路桥梁工程设计规范规定

预应力混凝土受弯构件，在预应力和构件自重等施工荷载作用下截面边缘混凝土的法向应力应符合下列规定：

(1) 压应力 $\sigma'_{cc} \leqslant 0.7 f'_{ck}$ (10-164)

(2) 拉应力

1) 当 $\sigma'_{cc} \leqslant 0.7 f'_{tk}$ 时，预拉区应配置其配筋率不小于 0.2% 的纵向钢筋；

2) 当 $\sigma'_{cc} = 1.15 f'_{tk}$ 时，预拉区应配置其配筋率不小于 0.4% 的纵向钢筋；

3) 当 $0.70 f'_{tk} < \sigma'_{cc} < 1.15 f'_{tk}$ 时，预拉区应配置纵向钢筋配筋率按以上两者直线内插取用，σ'_{cc} 拉应力不应过 $1.15 f'_{ts}$。

上述配筋率为 $\dfrac{A'_s + A'_p}{A}$，先张法构件计入 A'_p，后张法构件不计入 A'_p，A'_p 为预拉区预应力钢筋截面面积；A'_s 为预拉区普通钢筋截面面积；A 为构件截面面积。

式中 f'_{ck}、f'_{ct} ——与施工阶段混凝土立方体抗压强度 f'_{cu} 对应的轴心抗压强度、轴心抗拉强度标准值，见附表 3-14；

           σ'_{cc}、σ'_{cs} ——按短暂状况计算时截面预压区、预拉区边缘混凝土的压应力、拉应力，按下式公式计算：

先张法构件： σ'_{cc}、$\sigma'_{cs} = \dfrac{N_{p0}}{A_0} \pm \dfrac{N_{p0} e_p}{I_0} y_0 \mp \dfrac{M'_k}{I_0} y_0$ (10-165)

后张法构件： σ'_{cc}、$\sigma'_{cs} = \dfrac{N_p}{A_n} \pm \dfrac{N_p e_{pn}}{I_n} y_n \mp \dfrac{M_{p2}}{I_n} y_n \mp \dfrac{M'_k}{I_0} y_0$ (10-166)

式中 N_{p0}、N_p ——分别为先张法、后张法构件预应力钢筋在扣除相应阶段预应力损失以后的预压力；

           M'_k ——自重产生的弯矩；

           M_{p2} ——预压刀 N_{pe} 在后张超静定结构产生的次弯矩。

10.4.7 端部锚固区的局部受压承载能力计算

前面已经指出后张法构件的预压力是通过锚具传递给构件的，由于预压力比较大，锚具下的垫板面积小，所以此时在锚具下的混凝土将产生较大的局部压应力。当混凝土强度或变形能力不足时，端部锚固区会产生裂缝，甚至发生局部破坏。

1. 端部应力分析

锚具下的局部应力状态非常复杂，根据弹性力学圣维南原理，锚具下的局部压应力要通过一定距离后才能扩散到整个截面，形成均匀的压应力。图 10-25 为按弹性力学分析得到的局部应力图形的示意图，图中由端部局部受压过渡到整截面均匀受压所需的长度范围称为预应力构件的锚固区。试验研究表明，锚固区的长度约等于构件的截面高度 h_0。

由弹性力学分析得到，在锚固区范围内构件将承受沿 x 方向（纵向）的正应力 σ_x、沿 y 方向（横向）的正应力 σ_y 和剪切应力 τ_{xy}，如图 10-26 所示。在锚固区范围，绝大部分的 σ_x 为压应力，且在纵轴线上值比较大，在 O 点为最大值 $\sigma_{x,max}$。σ_y 沿纵轴线上也呈压区和拉区两部分，且在 H 点处达到拉应力最大值 $\sigma_{y,max}$。为了保证在张拉时锚固区混凝土不出现裂缝和不产生过大的变形，同时满足局部受压承载能力的要求，规范规定对局部受压区截面尺寸和承载能力分别进行验算。

2. 局部受压区截面尺寸的验算

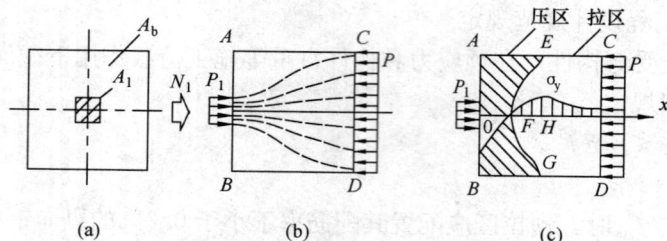

图 10-25 局部受压应力分布（平面应力问题）

（a）局压位置；（b）局部压应力分部；（c）σ_y 图

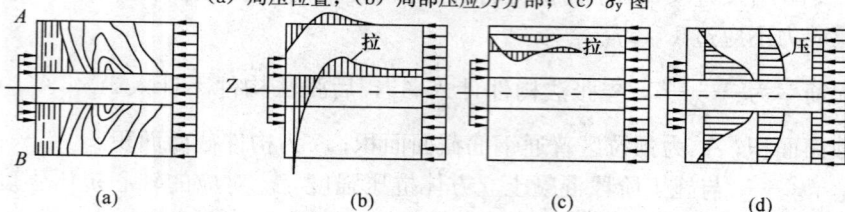

图 10-26 局部受压应力分析（轴对称问题）

（1）建筑工程设计规范规定

对配置间接钢筋的混凝土结构构件，其局部受压区的截面尺寸应符合下列要求：

$$F_l \leqslant 1.35\beta_c\beta_l f_c A_{\mathrm{ln}} \tag{10-167}$$

$$\beta_l = \sqrt{\frac{A_b}{A_l}} \tag{10-168}$$

式中　F_l——局部受压面上的压力设计值；对有粘结预应力混凝土构件中的锚头局部受压区，$F_l = 1.2\sigma_{\mathrm{con}}A_p$；

f_c——放张时混凝土轴心受压强度设计值，可根据相应的混凝土立方体强度 f'_{cu}，由附录推算得到；

β_c——混凝土强度影响系数，混凝土强度等级为 C50 以下，取 $\beta_c = 1.0$；混凝土强度等级为 C80 取 $\beta_c = 0.8$，中间按直线插入取值；

β_l——混凝土局部受压时的强度提高系数；

A_l——混凝土的局部受压面积，有垫板时可考虑预压力沿垫板的刚性扩散角 45°扩散后传至混凝土的受压面积，如图 10-27 所示。

A_{ln}——混凝土的局部受压净面积，即在混凝土的局部受压面积 A_l 中扣除孔道、凹槽部分后的面积；

A_b——混凝土的局部受压计算底面积，根据 A_b 应与 A_l 同心、对称的原则确定，常用的情况如图 10-27 所示。

当式（10-167）不满足时，应加大端部锚固区的截面尺寸、调整锚具位置或提高混凝土强度等级等措施予以解决。

（2）公路桥梁工程设计规范规定

对配置间接钢筋的混凝土结构构件，其局部受压区的截面尺寸应符合下列要求：

$$\gamma_0 F_{ld} \leqslant 1.3\eta_s\beta_l f_{\mathrm{cd}} A_{\mathrm{ln}} \tag{10-169}$$

$$\beta = \sqrt{\frac{A_b}{A_l}} \tag{10-170}$$

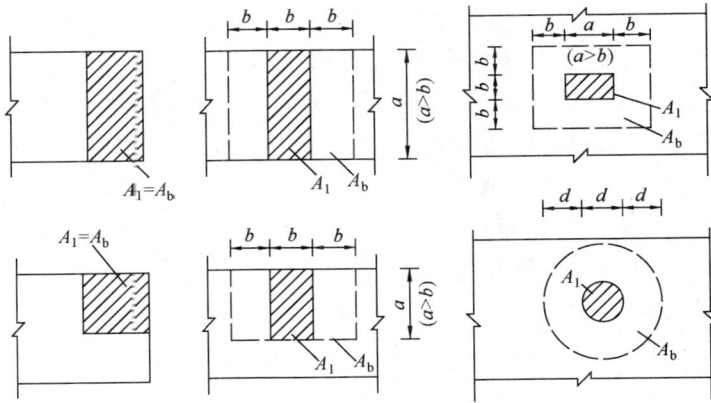

图 10-27　局部受压计算底面积 A_b 的确定

式中　F_{ld}——局部受压面上的压力设计值；对后张法构件中的锚头局部受压区，$F_l = 1.2\sigma_{con}A_p$；

f_{cd}——放张时混凝土轴心受压强度设计值，可根据相应的混凝土立方体强度 f'_{cu}，由附录 3-15 推算得到；

β——混凝土局部受压时的强度提高系数；

η_s——混凝土局部承压修正系数，混凝土强度等级为 C50 以下，取 $\eta_s = 1.0$；混凝土强度等级为 C50~C80 取 $\eta_s = 1.0 \sim 0.76$，中间按直线插入取值。

其余符号同建筑工程设计规范公式。

3. 局部受压承载能力计算

（1）建筑工程设计规范规定

为了提高锚固区的局部受压强度，可以在构件端部锚固区配置如图 10-28 所示的横向间接钢筋（横向焊接钢筋网或螺旋式钢筋）。当配置方格网式或螺旋式间接钢筋，且其核心面积 $A_{cor} \geqslant A_l$ 时，见图 10-28，局部受压承载力应按下列公式计算

$$F_l \leqslant 0.9(\beta_c\beta_l f_c + 2\alpha\rho_v\beta_{cor}f_{yv})A_{ln} \quad (10\text{-}171)$$

$$\beta_{cor} = \sqrt{A_{cor}/A_l} \quad (10\text{-}172)$$

式中　β_{cor}——配置间接钢筋的局部受压承载能力提高系数，当 $A_{cor} \leqslant 1.25A_l$ 时，$\beta_{cor} = 1.25$；

α——间接钢筋对混凝土约束的折减系数，当混凝土强度等级不超过 C50 时，取 $\alpha = 1.0$；当混凝土强度等级为 C80 时， 取 $\alpha =$

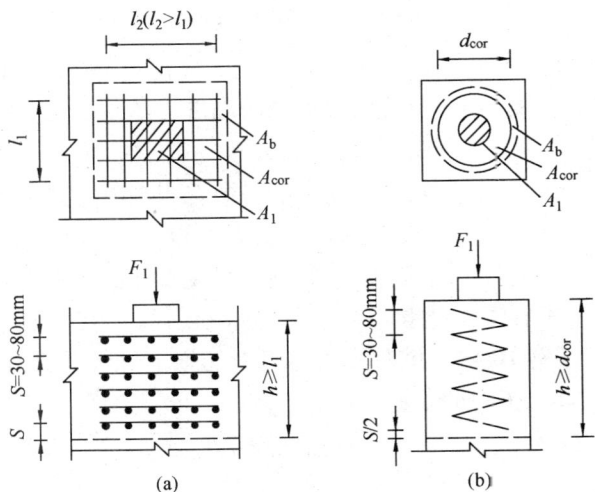

图 10-28　局部受压配筋

（a）方格网配筋；（b）螺旋式配筋

319

0.85；当混凝土强度等级在 C50 与 C80 之间时，按线性内插法确定；

f_{yv} ——间接钢筋的抗拉强度设计值，见附表 3-9；

A_{cor} ——配置方格网或螺旋式间接钢筋内表面范围内的混凝土核心截面面积（不扣除孔道面积），A_{cor} 计算应按与 A_l 同心对称的原则取值，并满足 $A_{cor} > A_l$。当 $A_{cor} > A_b$ 时，取 $A_{cor} = A_b$；

ρ_v ——间接钢筋的体积配筋率（核心面积 A_{cor} 范围内的单位混凝土体积所含间接钢筋的体积），且要求 $\rho_v \geqslant 0.5\%$。

当配置方格钢筋网片时

$$\rho_v = \frac{n_1 A_{s1} l_1 + n_2 A_{s2} l_2}{A_{cor} S} \tag{10-173}$$

当配置螺旋式间接钢筋时

$$\rho_v = \frac{4 A_{sv1}}{d_{cor} S} \tag{10-174}$$

式中 n_1、A_{s1} ——方格网沿 l_1 方向的钢筋根数、单根钢筋的截面面积；

n_2、A_{s2} ——方格网沿 l_2 方向的钢筋根数、单根钢筋的截面面积；

A_{sv1} ——单根螺旋式间接钢筋截面面积；

d_{cor} ——螺旋式间接钢筋内表面范围内的混凝土截面直径；

S ——方格网或螺旋式间接钢筋的间距，宜取 30～80mm。

上述间接钢筋应配置在图所示的高度 h 范围内，方格式钢筋网片不应少于 4 片，螺旋式间接钢筋不应少于 4 圈。

按公式（10-171）验算时如果不满足，对方格配筋网片情况，应采取增加钢筋根数，加大钢筋直径，或减小网片间距的措施；对于配置螺旋式钢筋的情况，则应增大钢筋直径，减小螺距。

（2）公路桥梁设计规范规定

后张法预应力构件端部局部受压承载力应按下列公式计算

$$\gamma_0 F_{ld} \leqslant 0.9(\eta_v \beta_l f_{cd} + k \rho_v \beta_{cor} f_{sd}) A_{ln} \tag{10-175}$$

$$\beta_{cor} = \sqrt{A_{cor}/A_l}$$

式中 β_{cor} ——配置间接钢筋的局部受压承载能力提高系数，当 $A_{cor} > A_l$ 时，应取 $A_{cor} = A_l$；

k ——间接钢筋影响系数，当混凝土强度等级不超过 C50 时，取 2.0，当混凝土强度等级为 C8 时，取 0.85，其间按线性内插法确定。

f_{sd} ——间接钢筋的抗拉强度设计值，见附表 3-19。

其余符号同建筑工程设计规范公式。

【例 10-4】 试对【例 10-1】的施工阶段承载力进行验算。

1. 施工阶段应力验算

$$\sigma_{cc} = \frac{\sigma_{con} A_p}{A_n} = \frac{702 \times 509}{43403} = 8.23 \text{N/mm}^2$$

而 $f'_{ck} = f_{ck} = 26.8 \text{N/mm}^2$ ，则

$$\sigma_{cc} < 0.8 f'_{ck} = 0.8 \times 26.8 = 21.44 \text{N/mm}^2$$

满足式（10-162）要求。

2. 端部锚固局部受压验算

（1）局部受压区截面尺寸验算

计算混凝土局部受压面积 A_l 时，理论上应取假定预应力沿锚具垫圈边缘在构件端部预埋件中按 45°刚性扩散后的面积计算，即如图 10-10（b）中两虚线图所示。为简化计算近似取阴影所示矩形面积计算，即

$$A_l = 250 \times 136 = 34\,000\text{mm}^2$$

根据同心、对称的原则得到局部受压计算底面积为

$$A_b = 250 \times (136 + 2 \times 62) = 65\,000\text{mm}^2$$

则混凝土局部受压强度提高系数 β_l 为

$$\beta_l = \sqrt{\frac{A_b}{A_l}} = \sqrt{\frac{65\,000}{34\,000}} = 1.38 \,,\, \beta_c = 1.0$$

局部压力设计值为

$$F_l = 1.2\sigma_{\text{con}}A_p = 1.2 \times 702 \times 509 = 428782\text{N}$$

混凝土局部承压面积为

$$A_{\text{ln}} = A_l - 2 \times \pi \times \frac{50^2}{4} = 30\,073\text{mm}^2$$

由式（10-167）得

$$1.35\beta_c\beta_l f_c A_{\text{ln}} = 1.35 \times 1.0 \times 1.38 \times 19.1 \times 30\,073$$
$$= 1\,070\,096 \text{ N} > F_l = 428782 \text{ N}$$

满足。

（2）局部受压承载力验算

如图 10-10（b）、（d）所示，设置 5 片钢筋网片，间距 $S = 50\text{mm}$ ，钢筋直径 $d = 6\text{mm}$ ，$A_{s1} = A_{s2} = 28.3\text{mm}^2$ ，$f_{yv} = 360\text{N/mm}^2$ ，则

$$A_{\text{cor}} = 200 \times 200 = 40\,000\text{mm}^2 < A_b = 65\,000\text{mm}^2$$

$$\beta_{\text{cor}} = \sqrt{\frac{A_{\text{cor}}}{A_l}} = \sqrt{\frac{40\,000}{34\,000}} = 1.08$$

$$\rho_v = \frac{2\pi A_{s1}L_1}{A_{\text{cor}}S} = \frac{2 \times 4 \times 28.3 \times 220}{40\,000 \times 50} = 0.025$$

按式（10-171），有

$$0.9(\beta_c\beta_l + 2\alpha\rho_v\beta_{\text{cor}} f_{yv})A_{\text{ln}} = 0.9(1.0 \times 1.38 \times 19.1 + 2$$
$$\times 1.0 \times 0.025 \times 1.08 \times 360) \times 30\,073$$
$$= 1\,239\,555 \text{ N} > F_l = 428782 \text{ N，满足要求。}$$

10.5 预应力混凝土构件的构造要求

预应力混凝土构件的构造要求，除了满足普通钢筋混凝土构件的有关规定外，还包括与施加预应力相关的内容，下面就此作一些说明。

1. 非预应力纵向钢筋的布置

为了防止施工阶段因混凝土收缩、温差及预加力过程中引起预拉区裂缝以及防止构件在制作、堆放、运输、吊装时出现裂缝或减小裂缝宽度，在预应力构件中，除配置预应力筋外，还应适当布置一定数量的非预应力纵向钢筋。对于后张构件的预拉区和预压区，宜设置纵向普通构造钢筋；在预应力筋弯折处，应加密箍筋或沿弯折处内侧布置普通钢筋，对弯折处混凝土予以加强；对于预应力筋在构件端部全部弯起的梁或直线配筋的先张构件，当构件端部与下部支承结构焊接时，因混凝土收缩、徐变和温度等在构件端部可能产生裂缝，因此为了防止开裂也应设置足够的纵向构造钢筋。

2. 箍筋要求

预应力混凝土梁截面高度 $h > 800$mm 时箍筋直径不宜小于 8mm，截面高度 $h \leqslant 800$mm；

时箍筋直径不宜小于 6mm，箍筋间距不大于 250mm。在 T 形截面梁的翼缘中，应设闭合式箍筋。

3. 先张法构件的构造要求

（1）先张预应力混凝土构件宜采用有螺纹的预应力筋，以保证钢筋与混凝土之间有可靠的粘结力。当采用光面钢丝作预应力钢筋时，应采取适当措施，保证钢丝在混凝土中可靠地锚固，防止钢丝与混凝土粘结力不足而造成钢丝滑动。

（2）先张法预应力钢筋的净间距应根据浇筑混凝土、施加预应力及钢筋锚固等要求确定。预应力钢筋之间的净间距不应小于其公称直径的 2.5 倍和混凝土粗骨料的 1.25 倍，且应符合下列规定：对热处理钢筋及钢丝，不应小于 15mm；三股钢绞线，不应小于 20mm；七股钢绞线，不应小于 25mm。当混凝土振捣密实性具有可靠保证时，净间距可放宽为最大粗骨料粒径的 1.0 倍。

（3）先张法预应力混凝土构件端部宜采取下列加强措施：

1）单根配置的预应力钢筋，其端部宜设置长度不小于 150mm 且不小于 4 圈的螺旋筋；当有可靠经验时，亦可利用支座垫板上的插筋代替螺旋筋，插筋数量不应小于 4 根，其长度不宜小于 120mm；

2）分散布置的多根预应力钢筋，在构件端部 10d（d 为预应力钢筋的公称直径）且不小于 100mm 范围内应设置 3～5 片与预应力钢筋垂直的钢筋网；

3）采用预应力钢丝配筋的薄板，在板端 100mm 范围内适当加密横向钢筋网；

4）槽形板类构件，应在构件端部 100mm 范围内沿构件板面设置附加横向钢筋，其数量不应少于 2 根；

5）对预应力钢筋在构件端部全部弯起的受弯构件或直线配筋的先张法构件，当构件端部与下部支承结构焊接时，应考虑混凝土收缩、徐变及温度变化所产生的不利影响，宜在构件端部可能产生裂缝的部位设置足够的非预应力纵向构造钢筋。

4. 后张法构件的构造要求

（1）预制构件中孔道之间的水平净距不宜小于 1 倍孔道直径，粗骨料粒径的 1.25 倍，和 50mm 中的较大值，必要时可并排布置多孔道；孔道至构件边缘的净间距不宜小于 30mm，且不宜小于孔道直径的 50%；

（2）现浇混凝土梁中预留孔道在竖直方向的净间距不应小于孔道外径，水平方向的净间距不应小于 1.5 倍孔道外径，且不应小于粗骨料粒径的 1.25 倍；使用插入式震动器捣实混凝土时，水平净距不宜小于 80mm；

（3）从孔道外壁至构件边缘的净间距，梁底不宜小于 50mm，梁侧不宜小于 40mm；裂缝控制等级为三级的梁，梁底、梁侧分别不宜小于 60mm 和 50mm；

（4）预留孔道的内径应比预应力束外径及需穿过孔道的连接器外径大 10～20mm，且孔道的截面积宜为穿入预应力束载面积的 3.0～4.0 倍；

（5）当有可靠经验并能保证混凝土浇筑质量时，预留孔道可水平并列贴紧布置，但并排的数量不应超过 2 束；

（6）梁端预应力筋孔道的间距应根据锚具尺寸，千斤顶尺寸，预应力筋布置及局部承压等因素确定。相邻锚具的中心距离 ≥ 锚具下的承压钢板尺寸＋20mm；锚具中心至构件边缘距离 ≥ 锚具下承压钢板边缘 40mm；

（7）凡制作时需要预先起拱的构件，预留孔道宜随构件同时起拱。

后张预应力混凝土构件中，曲线预应力束的曲率半径 r_p 宜按下列公式确定

$$r_p \geqslant \frac{P}{0.35 f_c d_p} \tag{10-176}$$

式中　P——预应力束的合力设计值，对有粘结预应力混凝土构件取 1.2 倍张拉控制力，对无粘结预应力混凝土构件取 1.1 倍张拉控制力；

　　　　r_p——预应力束的曲率半径（m）；

　　　　d_p——预应力束孔道的外径；

　　　　f_c——混凝土轴心抗压强度设计值；当验算张拉阶段曲率半径时，可取与施工阶段混凝土立方体抗压强度 f'_{cu} 对应的抗压强度设计值 f'_c，按本规范表以线性内插法确定。

注意，孔道外径为 50～70mm 时 r_p 不宜小于 4m，孔道外径为 75～95mm 时 r_p 不宜小于 5m。曲线预应力钢筋的端头，应有与之相切的直线段，直线段长度不应小于 300mm。

对于折线配筋的构件，预应力束弯折处的曲率半径可适当减小，并宜采用圆弧过渡。当曲率半径 r_p 不满足上述要求时，可在预应力束弯折处内侧设置钢筋网片或螺旋筋。后张预应力混凝土构件的曲线预应力钢筋的曲率半径，对孔径 50～70mm 不宜小于 4m，对孔径 75～95mm 不宜小于 5m。折线孔道的弯折处，宜采用圆弧过渡，其曲率半径可适当减小。曲线预应力钢筋的端头，应有与之相切的直线段，直线段长度不应小于 300mm。

（8）后张预应力钢筋孔道两端应设排气孔。后张预应力构件的灌浆孔设置位置：单跨梁宜设置在跨中处，多跨连续梁宜设置在中支座处。灌浆孔间距对抽拔管不宜大于 12m，对波纹管不宜大于 30m。曲线孔道高差大于 0.5m 时，应在孔道的每个峰顶处设置泌水管，泌水管伸出梁面高度不宜小于 0.5m。泌水管也可兼作灌浆管使用。

（9）对后张预应力混凝土构件的端部锚固区，应按下列规定配置间接钢筋：

1）应按本规范规定进行局部受压承载力计算，并配置间接钢筋，其体积配筋率不应小于 0.5%；

2）在局部受压间接钢筋配置区以外，在构件端部长度 l 不小于 3e（e 为截面重心线上部或下部预应力筋的合力点至邻近边缘的距离）但不大于 1.2h（h 为构件端部截面高

度）、高度为 2e 的附加配筋区范围内，应均匀配置附加箍筋或网片，其体积配筋率不应小于 0.5%；

3）锚具后面的间接钢筋可采用钢筋网片，附加箍筋或螺旋筋。钢筋直径不小于 Φ10。钢筋网片尺寸不宜小于承压钢板尺寸，至少 4 片；螺旋筋的直径不宜小于承压钢板的边长，至少 4 圈。

（10）在后张法预应力混凝土构件端部宜按下列规定布置钢筋：

1）宜将一部分预应力钢筋在靠近支座处弯起，弯起的预应力钢筋宜沿构件端部均匀布置；

2）当构件端部预应力钢筋需集中布置在截面下部或集中布置在上部和下部时，应在构件端部 0.2h（h 为构件端部截面高度）范围内设置附加竖向焊接钢筋网、封闭式箍筋及其他形式的构造钢筋；

3）附加竖向钢筋宜采用带肋钢筋，其截面面积应符合下列要求：

当 $e \leqslant 0.1h$ 时

$$A_{sv} \geqslant 0.3 \frac{N_p}{f_y} \tag{10-177}$$

当 $0.1h < e \leqslant 0.2h$ 时

$$A_{sv} \geqslant 0.15 \frac{N_p}{f_y} \tag{10-178}$$

当 $e > 0.2h$ 时，可根据实际情况适当配置构造钢筋。

式中 N_p——作用在构件端部截面重心线上部或下部预应力钢筋的合力，可按本规范有关规定进行计算，但应乘以预应力分项系数 1.2，此时仅考虑混凝土预压前的预应力损失值；

e——截面重心线上部或下部预应力钢筋的合力点至截面邻近边缘的距离；

f_y——附加竖向钢筋的抗拉强度设计值。

当端部界面上部和下部均有预应力钢筋时，附加竖向钢筋的总截面面积应按上部和下部的预应力合力分别计算的数值叠加后采用。

4）在配筋稠密的梁柱节点处，如该节点原配筋能起到钢筋网片或螺旋箍筋的等效作用，则可少配或不配钢筋网片或螺旋筋，有利于该节点处混凝土浇捣密实。

5）当构件在端部有局部凹进时，应增设折线构造钢筋（图 10-29）或其他有效的构造钢筋。

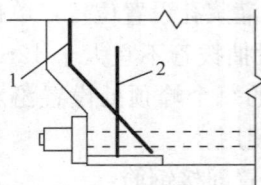

图 10-29 端部凹进
处构造配筋
1—折线构造钢筋；
2—竖向构造钢筋

（11）构件端部尺寸应考虑锚具的布置、张拉设备尺寸和局部受压的要求。

在预应力钢筋锚具及张拉设备支承处，应设置预埋承压钢垫板，承压钢垫板应满足混凝土局部承压面积的要求。承压钢板厚度一般取 14～30mm，其平面尺寸应不小于以锚具外边缘按 45°扩散到承压钢板底面的尺寸，承压钢板后应按规范 7.3.8 条及 7.3.9 条规定设置间接钢筋和附加构造钢筋。对外露金属锚具应采取可靠的防锈措施。

（12）采用梁端部加宽锚固或梁端局部加腋的形式应在梁加宽长度范围或加腋处钢筋预应力水平弯折范围内加配防崩钢筋。

【提示】 上述仅给出建筑工程预应力混凝土结构的主要构造要求，关于公路桥隧工程预应力混凝土结构的构造要求，读者可参考相关规范要求。

本 章 小 结

1. 预应力混凝土主要优点是改善了构件的抗裂性能，正常使用阶段可以做到混凝土不受拉或不开裂（裂缝控制等级为一级或二级），因而适用于有防水、抗渗要求的特殊环境以及大跨度、重荷载的结构。

2. 在建筑结构及一般工程结构中，通常是通过张拉预应力钢筋给混凝土施加预应力的。根据施工时张拉预应力钢筋与浇灌构件混凝土两者的先后次序不同，分为先张法和后张法两种。两者传递预应力方式不同：先张法依靠预应力钢筋与混凝土之间的粘结力传递预应力，在构件端部有一预应力传递长度；后张法依靠锚具传递预应力，端部处于局部受压的应力状态。

3. 预应力钢筋的预应力损失分为 6 项，应了解产生各项预应力损失的原因，掌握损计算方法以及减小各项损失的措施。由于损失的发生是有先后的，为了求出特定时刻的混凝土预应力，应进行预应力损失的分阶段组合，规范对最终预应力损失组合值有最低规定。

4. 对预应力混凝土轴心受拉构件受力全过程截面应力状态的分析可以得到一些普遍性结论：如①施工阶段，先张法（或后张法）构件截面混凝土预应力的计算可比拟为，将一个预加力 N_p 作用在构件换算截面 A_0（或净截面 A_n）上，然后按照材料力学计算公式计算；②正常使用阶段，由荷载效应的标准组合或准永久组合产生的截面混凝土法向应力，也可先按材料力学公式计算，且无论先、后张法构件，均采用构件的换算截面 A_0；③使用阶段，先张法和后张法构件特定时刻（如消压状态或即将开裂状态）的计算公式形式相同，即无论先、后张法构件，均采用构件的换算截面 A_0；④计算预应力钢筋和非预应力钢筋应力时，只要知道该钢筋与混凝土粘结在一起协调变形的起点应力状态，就可以方便地写出其后任一时刻的钢筋应力（扣除损失，再考虑混凝土弹性伸缩引起的钢筋应力变化），而不依赖于任何中间过程。

5. 对预应力混凝土轴心受拉和受弯构件，使用阶段两种极限状态的具体计算内容的理解，应对照相应的普通钢筋混凝土构件，注意预应力构件计算的特殊性，施加预应力对计算的影响。对于施工阶段（制作、运输、安装），须考虑此阶段构件内已存在预应力，为防止混凝土被压坏或产生影响使用的裂缝等，应进行有关的计算。

6. 建筑工程和桥隧工程预应力构件分析方法是相同的，很多计算公式也是相近的，其差异与普通混凝土构件类似，除了在抗剪承载能力形式上有明显不同外，其余仅反映在系数和取值具体规定的差别。

思 考 题

10.1 为什么要对构件施加预应力？举一生活实例简单说明预应力的思想。

10.2 与普通钢筋混凝土相比，预应力混凝土构件有何优缺点？

10.3 什么叫先张法？什么叫后张法？两者各有何特点？

10.4 预应力混凝土构件对材料有何要求？

10.5 什么叫张拉控制应力？为什么要对钢筋的张拉应力进行控制？

10.6 什么叫预应力损失？有哪些因素引起预应力损失？各种预应力损失如何计算？

10.7 减少预应力损失的有效措施有哪些？

10.8 什么叫锚固长度？什么叫传递长度？讨论它们的意义何在？

10.9 为什么要对后张法预应力混凝土受弯构件的受压区有时也配有预应力钢筋？当构件破坏时，其应力 σ'_p 的公式是怎样确定的？σ'_p 的存在对构件的抗裂能力和承载力有何影响？

10.10 对预应力混凝土轴心受拉构件，先张法与后张法各阶段的应力分析有何异同？

10.11 预应力混凝土受弯构件的受力状态及各阶段应力的计算公式与轴心受拉构件相比有何异同？

10.12 预应力混凝土受弯构件正截面抗裂验算有哪些要求？当不满足时应采用哪些比较有效的措施？

10.13 建筑工程设计规范的预应力设计公式与桥梁工程设计规范相比相同点有哪些？不同点主要反映在哪些方面？

10.14 在先张法构件和后张法构件中是如何保证预应力在结构中有效传递的？

习　题

10.1 18m 跨度预应力混凝土屋架下弦，截面尺寸 150mm×200mm，后张法施工，一端张拉并超张拉。孔道直径 50mm，充压橡皮管抽芯成型，OVM 锚具，桁架端部构造见图 10-30。预应力钢筋为 1×7 标准型低松弛钢绞线，公称直径 $d = 12.7$（即 $\phi^s 12.7$），非预应力钢筋为 $4\phi 12$ 的 HRB400 级热轧钢筋。混凝土为 C40。裂缝控制等级为二级。一类使用环境。永久荷载标准值产生的轴向拉力 $N_{Gk} = 280\text{kN}$，可变荷载标准值产生的轴向拉力 $N_{Qk} = 150\text{kN}$，可变荷载的组合值系数为 $\phi_c = 0.7$，可变荷载的准永久值系数 $\phi_q = 0.8$。混凝土达 90% 设计强度时张拉预应力钢筋。

要求进行屋架下弦使用阶段承载力计算、裂缝控制验算以及施工阶段验算。

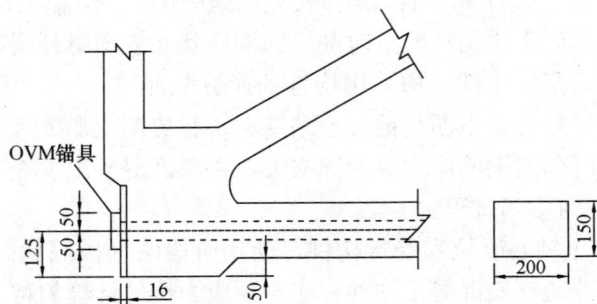

图 10-30　习题 10.1 图

10.2 12m 的预应力混凝土 I 形截面梁，截面尺寸如图 10-31 所示。采用先张法台座生产，不考虑锚具产生变形损失，蒸汽养护，温差 $\Delta t = 20℃$，采用超张拉。设钢筋松弛损失在放张前已完成 50%。预应力钢筋采用 $\phi^s 5$ 刻痕钢丝，张拉控制应力 $\sigma_{con} = \sigma'_{con} = 0.75 f_{ptk}$，箍筋用 HPB235 级热轧钢筋。混凝土为 C40，放张时 $f'_{cu} = 35\text{N/mm}^2$。试计算梁的各项预应力损失。

10.3 某后张法预应力混凝土简支梁，其跨中截面尺寸如图 10-32 所示。已知：混凝土采用 C50，预应力钢筋采用 $7\phi^s 5$ 的高强度钢绞线，其中 $f_{pk} = 1860\text{MPa}$，跨中截面的弯矩值为 $M = 7836.5\text{kN·m}$，验算其正截面强度。

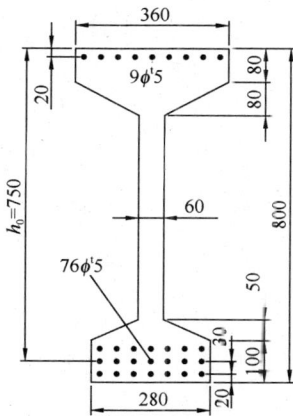

图 10-31　习题 10.2 图

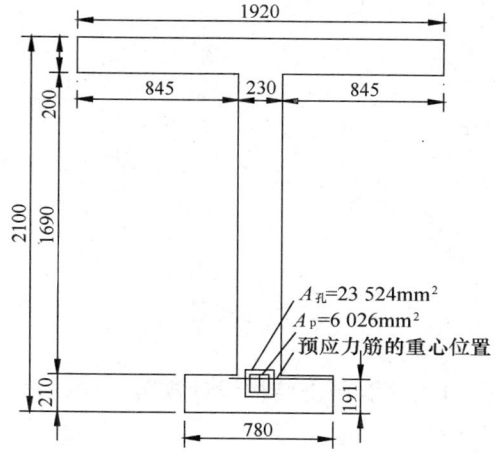

$A_{孔}$=23 524mm²
A_p=6 026mm²
预应力筋的重心位置

图 10-32　习题 10.3 图

附 录

附录1 主 要 符 号

附录 1.1   《混凝土结构设计规范》的符号

1. 材料性能

E_c—— 混凝土弹性模量；

E_c^f——混凝土疲劳变形模量；

E_s——钢筋弹性模量；

C20—— 表示立方体强度标准值为 $20N/mm^2$ 的混凝土强度等级；

f'_{cu}——边长为 150mm 的施工阶段混凝土立方体抗压强度；

$f_{cu,k}$—— 边长为 150mm 的混凝土立方体抗压强度标准值；

f_{ck}、f_c——混凝土轴心抗拉强度标准值、设计值；

f_{tk}、f_t——混凝土轴心抗拉强度标准值、设计值；

f'_{ck}、f'_{tk}——施工阶段的混凝土轴心抗压、轴心抗拉强度标准值；

f_{yk}、f_{pyk}——普通钢筋、预应力筋屈服强度标准值；

f_y、f'_y——普通钢筋的抗拉、抗压强度设计值；

f_{py}、f'_{py}——预应力钢筋的抗拉、抗压强度设计值；

δ_{gt}—— 钢筋最大力下的总伸长率，也称均匀伸长率。

2. 作用和作用效应

N——轴向力设计值；

N_k、N_c——按荷载标准组合、准永久组合计算的轴向力值；

N_p——后张法构件预应力筋及普通钢筋的合力；

N_{po}——预应力构件混凝土法向预应力等于零时的预加力；

N_{u0}——构件的截面轴心受压或轴心受拉承载力设计值；

N_{ux}、N_{uy}—— 轴向力作用于 x 轴、y 轴的偏心受压或偏心受拉承载力设计值；

M——弯矩设计值；

M_k、M_q——按荷载标准组合、准永久组合计算的弯矩值；

M_u—— 构件的正截面受弯承载力设计值；

M_{cr}——受弯构件的正截面开裂弯矩值；

T——扭矩设计值；

V——剪力设计值；

V_{cs}——构件斜截面上混凝土和箍筋的受剪承载力设计值；

F_1——局部荷载设计值或集中反力设计值；

σ_{ck}、σ_{cq}——按荷载标准组合、准永久组合下抗裂验算边缘的混凝土法向应力；

σ_{pc}——由预加力产生的混凝土法向应力；

σ_{tp}、σ_{cp}——混凝土中的主拉应力、主压应力；

$\sigma_{c,max}^{f}$、$\sigma_{c,min}^{f}$——疲劳验算时受拉区或受压区边缘纤维混凝土的最大应力、最小应力；

σ_{s}、σ_{p}——正截面承载力计算中纵向普通钢筋、预应力筋的应力；

σ_{sk}——按荷载标准组合计算的纵向受拉钢筋应力或等效应力；

σ_{con}——预应力钢筋张拉控制应力；

σ_{po}——预应力钢筋合力点处混凝土法向应力等于零时的预应力钢筋应力；

σ_{pe}——预应力钢筋的有效预应力；

σ_{l}、σ_{l}'——受拉区、受压区预应力钢筋在相应阶段的预应力损失值；

τ——混凝土的剪应力；

w_{max}——按荷载准永久组合或标准组合并考虑长期作用影响计算的最大裂缝宽度。

3. 几何参数

a、a'——纵向受拉钢筋合力点、纵向受压钢筋合力点至截面近边的距离；

a_{s}、a_{s}'——纵向非预应力受拉钢筋合力点、纵向非预应力受压钢筋合力点至截面近边的距离；

a_{p}、a_{p}'——受拉区纵向预应力钢筋合力点、受压区纵向预应力钢筋合力点至截面近边的距离；

b——矩形截面宽度，T形、I形截面的腹板宽度；

b_{f}、b_{f}'——T形或I形截面受拉区、受压区的翼缘宽度；

d——钢筋的公称直径或圆形截面的直径；

c——混凝土保护层厚度；

e、e'——轴向力作用点至纵向受拉钢筋合力点、纵向受压钢筋合力点的距离；

e_{0}——轴向力对截面重心的偏心距；

σ_{a}——附加偏心距；

σ_{i}——初始偏心距；

h——截面高度；

h_{0}——截面有效高度；

h_{f}、h_{f}'——T形或I形截面受拉区、受压区的翼缘高度；

i——截面的回转半径；

r_{c}——曲率半径；

l_{a}——纵向受拉钢筋的锚固长度；

l_{0}——计算跨度或计算长度；

s——沿构件轴线方向上横向钢筋的间距、螺旋筋的间距或箍筋的间距；

x——混凝土受压区高度；

y_{0}、y_{n}——换算截面重心、净截面重心至所计算纤维的距离；

z——纵向受拉钢筋合力至混凝土受压区合力点之间的距离；

A——构件截面面积；

A_{0}——构件换算截面面积；

A_n—— 构件净截面面积；

A_s、A'_s——受拉区、受压区纵向普通钢筋的截面面积；

A_p、A'_p——受拉区、受压区纵向预应力筋的截面面积；

A_{sv1}、A'_{st1}——在受剪、受扭计算中单肢箍筋的截面面积；

A_{st1}——受扭计算中取用的全部受扭纵向非预应力钢筋的截面面积；

A_{sv}、A'_{sh}——同一截面内各肢竖向、水平箍筋或分布钢筋的全部截面面积；

A_{sb}、A'_{pb}——同一弯起平面内非预应力、预应力弯起钢筋的截面面积；

A_l——混凝土局部受压面积；

A_{cor}——箍筋、螺旋筋或钢筋网所围的混凝土核心截面面积；

B——受弯构件的截面刚度；

W—— 截面受拉边缘的弹性抵抗矩；

W_0——换算截面受拉边缘的弹性抵抗矩；

W_n——净截面受拉边缘的弹性抵抗矩；

W_t——截面受扭塑性抵抗矩；

I——截面惯性矩；

I_0——换算截面惯性矩；

I_n——净截面惯性矩。

4. 计算系数及其他

a_1——受压区混凝土矩形应力图的应力值与混凝土轴心抗压强度设计值的比值；

α_E——钢筋弹性模量与混凝土弹性模量的比值；

β_c——混凝土强度影响系数；

β_l——矩形应力图受压区高度与中和轴高度（中和轴到受压区边缘的距离）的比值；

β_l——局部受压时的混凝土强度提高系数；

γ——混凝土构件的截面抵抗矩塑性影响系数；

η——偏心受压构件考虑二阶效应影响的轴向力偏心距增大系数；

λ——计算截面的剪跨比；

μ——摩擦系数；

ρ—— 纵向受力钢筋的配筋率；

ρ_{sv}、ρ_{sh}——竖向箍筋、水平箍筋或竖向分布钢筋、水平分布钢筋的配筋率；

ρ_v——间接钢筋或箍筋的体积配筋率；

φ——轴心受压构件的稳定系数；

θ——考虑荷载长期作用对挠度增大的影响系数；

ψ——裂缝间纵向受拉钢筋应变不均匀系数。

附录 1.2　《公路钢筋混凝土及预应力混凝土桥涵设计规范》的符号

1. 材料性能有关符号

C30——表示立方体强度标准值为 30MPa 的混凝土强度等级；

f_{cu}——边长为 150mm 的混凝土立方体抗压强度；

f'_{cu}——边长为 150mm 的施工阶段混凝土立方体抗压强度；

$f_{cu,k}$——边长为150mm的混凝土立方体抗压强度标准值；

f_{ck}、f_{cd}——混凝土轴心抗压设计强度标准值、设计值；

f_{tk}、f_{td}——混凝土轴心抗拉设计强度标准值、设计值；

f'_{ck}、f'_{tk}——短暂状况施工阶段的混凝土轴心抗压、抗拉强度标准值；

f_{sk}、f_{sd}——普通钢筋抗拉强度标准值、设计值；

f_{pk}、f_{pd}——预应力钢筋抗拉强度标准值、设计值；

f'_{sd}、f'_{pd}——普通钢筋、预应力钢筋抗压强度设计值；

E_c——混凝土弹性模量；

G_c——混凝土切变模量；

E_s、E_p——普通钢筋、预应力钢筋的弹性模量。

2. 作用和作用效应有关符号

M_d——弯矩组合设计值；

M_s、M_1——按作用短期效应组合、长期效应组合计算的弯矩值；

M_k——弯矩组合标准值；

M_{cr}——受弯构件正截面的开裂弯矩值；

M_{1Gd}——组合式受弯构件第一阶段结构自重产生的弯矩设计值；

M_{2Gd}——组合式受弯构件第二阶段结构自重产生的弯矩设计值；

M_{1Qd}——组合式受弯构件第一阶段结构自重外的荷载产生的弯矩设计值；

M_{2Qd}——组合式受弯构件第二阶段结构自重外的可变作用产生的弯矩设计值；

M_e——连续梁中间支座处考虑支座宽度影响，对弯矩折减后的负弯矩值；

N_d——轴向力组合设计值；

N_p——后张法构件预应力钢筋和普通钢筋的合力；

N_{p0}——构件混凝土法向应力等于零时预应力钢筋和普通钢筋的合力；

V_d——剪力组合设计值；

V_{cs}——构件斜截面内混凝土和箍筋共同的抗剪承载力设计值；

V_{sd}——与构件斜截面相交的普通弯起钢筋抗剪承载力设计值；

V_{pd}——与构件斜截面相交的预应力弯起钢筋抗剪承载力设计值；

σ_s、σ_p——正截面承载力计算中纵向普通钢筋、预应力钢筋的应力或应力增量

σ_{po}、σ'_{po}——截面受拉区、受压区纵向预应力钢筋合力点处混凝土法向应力等于零时预应力钢筋的应力；

σ_{pc}——由预加力产生的混凝土法向预压应力；

σ_{pe}、σ'_{pe}——截面受拉区、受压区纵向预应力钢筋的有效预应力；

σ_{st}、σ_{lt}——在作用（或荷载）短期效应组合、长期效应组合下，构件抗裂边缘混凝土的法向拉应力；

σ_{tp}、σ_{cp}——构件混凝土中的主拉应力、主压应力；

σ_{ss}——由作用（或荷载）短期效应组合产生的开裂截面纵向受拉钢筋的应力；

σ_{con}、σ'_{con}——构件受拉区、受压区预应力钢筋张拉控制应力；

σ_l、σ'_l——构件受拉区、受压区预应力钢筋相应阶段的预应力损失；

τ——构件混凝土的剪应力；

σ_{pt}——由预加力产生的混凝土法向拉应力；

σ_{kc}、σ_{kt}——由作用（或荷载）标准值产生的混凝土的法向压应力、法向拉应力；

σ_{cc}——构件开裂截面按使用阶段计算的混凝土法向压应力；

W_{fk}——计算的受弯构件特征裂缝宽度。

3. 几何参数有关符号：

a、a'——构件受拉区、受压区普通钢筋和预应力钢筋合力点至截面近边的距离；

a_s、a_p——构件受拉区普通钢筋合力点、预应力钢筋合力点至受拉区边缘的距离；

a'_s、a'_p——构件受压区普通钢筋合力点、预应力钢筋合力点至受压区边缘的距离；

b——矩形截面的宽度，T形或I形截面的腹板宽度；

b_f，b'_f——T形或I形截面受拉区、受压区的翼缘宽度；

h_f，h'_f——T形或I形截面受拉区、受压区的翼缘厚度；

d——钢筋直径或圆形板式橡胶支座的直径；

d_{cor}——构件截面的核心直径；

c——混凝土保护层厚度；

r——圆形截面半径；

e_0——轴向力对截面重心的偏心距；

e、e'——轴向力作用点至纵向受拉区钢筋合力点、受压区纵向钢筋合力点的距离；

e_s、e_p——轴向力作用点至受拉区纵向普通钢筋合力点、预应力钢筋合力点的距离；

e'_s、e'_p——轴向力作用点至受压区纵向普通钢筋合力点、预应力钢筋合力点的距离；

e_{p0}、e_{pn}——预应力钢筋与普通钢筋的合力对换算截面、净截面重心轴的偏心距；

l_0——受压构件的计算长度；

l——受弯构件的计算跨径或受压构件节点间的长度；

l_a——纵向受拉钢筋的锚固长度；

l_n——受弯构件的计算净跨径；

l_{rt}——预应力钢筋的预应力传递长度；

s_v——箍筋或竖向预应力钢筋的间距；

x——混凝土受压区高度；

y_0、y_n——构件换算截面重心、净截面重心至所截面计算纤维处的距离；

z——内力臂，即纵向受拉钢筋合力至混凝土受压区合力点之间的距离；

A——构件毛截面面积；

A_0、A_n——构件换算截面面积、净截面面积；

A_s、A'_s——构件受拉区、受压区纵向普通钢筋的截面面积；

A_p、A'_p——构件受拉区、受压区纵向预应力钢筋的截面面积；

A_{sb}、A'_{pb}——同一弯起平面内普通弯起钢筋、预应力弯起钢筋的截面面积；

A_{sv}——同一截面内箍筋各肢的总截面面积；

A_{cor}——钢筋网、螺旋筋或箍筋范围以内的混凝土核心面积；

A_l、A_{ln}——混凝土局部受压面积、局部受压净面积；

A_{cr}——开裂截面换算截面面积；

W——毛截面受拉边缘的弹性抵抗矩；

W_0、W_n——换算截面、净截面受拉边缘的弹性抵抗矩；

s_0、s_n——换算截面、净截面计算纤维以上（或以下）部分面积对截面重心轴的面积矩；

I——截面惯性矩；

I_0、I_n——换算截面、净截面的惯性矩；

I_{cr}——开裂截面换算截面惯性矩；

B——开裂构件等效截面的抗弯刚度；

B_0——全截面换算截面的抗弯刚度；

B_{cr}——开裂截面换算截面的抗弯刚度。

4. 计算系数及其他有关符号

r_0——桥梁结构的重要性系数；

φ——轴心受压构件稳定系数；

η——偏心受压构件轴向力偏心矩增大系数；

β_a——箱形截面抗扭承载力计算时有效壁厚折减系数；

β_t——剪扭构件混凝土抗扭承载力降低系数；

β_{cor}——配置间接钢筋时局部承压承载力提高系数；

γ——受拉区混凝土塑性影响系数；

η_θ——构件挠度长期增长系数；

α_{E_s}、α_{E_p}——普通钢筋弹性模量、预应力钢筋弹性模量与混凝土弹性模量的比值；

ρ_{sv}——箍筋配筋率；

ρ——纵向受拉钢筋配筋率。

附录 2　钢筋的公称直径、公称截面面积及理论重量

钢筋的计算截面面积及理论重量表　　　　　　　　　　　附表 2-1

公称直径（mm）	不同根数钢筋的计算截面积（mm²）									单根钢筋理论重量（kg/m）
	1	2	3	4	5	6	7	8	9	
6	28.3	57	85	113	142	170	198	226	255	0.222
6.5	33.2	66	100	133	166	199	232	265	299	0.260
8	50.3	101	151	201	252	302	352	402	453	0.395
8.2	52.8	106	158	211	264	317	370	423	475	0.432
10	78.5	157	236	314	393	471	550	628	707	0.617
12	113.1	226	339	452	565	678	791	904	1017	0.888
14	153.9	308	461	615	769	923	1077	1231	1385	1.21
16	201.1	402	603	804	1005	1206	1407	1608	1809	1.58
18	254.5	509	763	1017	1272	1527	1781	2036	2290	2.00
20	314.2	628	942	1256	1570	1884	2199	2513	2827	2.47
22	380.1	760	1140	1520	1900	2281	2661	3041	3421	2.98
25	490.9	982	1473	1965	2454	2945	3436	3927	4418	3.85

公称直径 (mm)	不同根数钢筋的计算截面积(mm²)									单根钢筋理论重量 (kg/m)
	1	2	3	4	5	6	7	8	9	
28	615.8	1232	1847	2463	3079	3695	4310	4926	5542	4.83
32	804.2	1609	2413	3217	4021	4826	5630	6434	7238	6.31
36	1017.9	2036	3054	4072	5089	6107	7125	8143	9161	7.99
40	1256.6	2513	3770	5027	6283	7540	8796	10053	11310	9.87
50	1964	3928	5892	7856	9820	11784	13748	1571	17676	15.42

注：表中直径 $d=8.2$mm 的计算截面面积及理论重量仅适用于有纵肋的热处理钢筋。

钢绞线的公称直径、公称截面面积及理论重量　　附表 2-2

种类	公称直径（mm）	公称截面面积（mm²）	理论重量（kg/m）
1×3 (三股)	8.6	37.7	0.296
	10.8	58.9	0.462
	12.9	84.8	0.666
1×7 (七股) 标准型	9.5	54.8	0.430
	12.7	98.7	0.775
	15.2	140	1.101
	17.8	191	1.500
	21.6	285	2.237

钢丝的公称直径、公称截面面积及理论重量　　附表 2-3

公称直径（mm）	公称截面积（mm²）	理论重量（kg/m）
5.0	19.63	0.154
7.0	38.48	0.302
9.0	63.62	0.499

每米板宽内的钢筋截面面积表　单位（mm²）　　附表 2-4

钢筋间距 (mm)	当钢筋直径（mm）为下列数值时的钢筋截面面积（mm²）													
	3	4	5	6	6/8	8	8/10	10	10/12	12	12/14	14	14/16	16
70	101	179	281	494	561	719	920	1121	1369	1616	1908	2199	2536	2872
75	94.3	167	262	377	524	671	859	1047	1277	1508	1780	2053	2367	2681
80	88.4	157	245	354	491	629	805	981	1198	1414	1669	1924	2218	2513
85	83.2	148	231	333	462	592	758	924	1127	1331	1571	1811	2088	2365
90	78.5	140	218	314	437	559	716	872	1064	1257	1484	1710	1972	2234
95	74.5	132	207	298	414	529	678	826	1008	1190	1405	1620	1868	2116
100	79.5	126	196	283	393	503	644	785	958	1131	1335	1539	1775	2011
110	64.2	114	178	257	357	457	585	714	871	1028	1214	1399	1614	1828
120	58.9	105	163	236	327	419	537	654	798	942	1112	1283	1489	1676
125	56.5	100	157	226	314	402	515	628	766	905	1068	1232	1420	1608

钢筋间距 (mm)	当钢筋直径（mm）为下列数值时的钢筋截面面积（mm²）													
	3	4	5	6	6/8	8	8/10	10	10/12	12	12/14	14	14/16	16
130	54.5	96.6	151	218	302	387	495	604	737	870	1027	1184	1366	1547
140	50.5	89.7	140	202	281	359	40	561	684	808	954	1100	1268	1436
150	47.1	83.8	131	189	262	335	429	523	639	754	890	1026	1183	1340
160	44.1	78.5	123	177	246	314	403	491	599	707	834	962	1110	1257
170	41.5	73.9	115	166	231	296	379	462	564	665	786	906	1044	1183
180	39.2	69.8	109	157	218	279	358	436	532	628	742	855	958	1117
190	37.2	66.1	103	149	207	265	339	413	504	595	702	810	934	1058
200	35.3	62.8	98.2	141	196	251	322	393	479	565	668	770	888	1005
220	32.1	57.1	89.3	129	178	228	292	357	436	514	607	700	807	914
240	29.4	52.4	81.9	118	164	209	268	327	399	471	556	641	740	838
250	28.3	50.2	78.5	113	157	201	258	314	383	452	534	616	740	804
260	27.2	48.3	75.5	109	151	193	248	302	368	435	514	592	682	337
280	25.2	44.9	70.1	101	140	180	230	281	342	404	477	550	643	718
300	23.6	41.9	65.5	94	131	168	215	262	320	377	445	513	592	670
320	22.1	39.2	61.4	88	123	157	201	245	299	353	417	481	554	628

注：表中钢筋直径中的 6/8，8/10 等是指两种直径的钢筋间隔放置。

附录3 材料力学性能指标

附录3.1 《混凝土结构设计规范》GB 50010—2010 的有关规定

混凝土强度标准值 单位：N/mm²   附表 3-1

强度种类	混凝土强度等级													
	C15	C20	C25	C30	C35	C40	C45	C50	C55	C60	C65	C70	C75	C80
f_{ck}	10.0	13.4	16.7	20.1	23.4	26.8	29.6	32.4	35.5	38.5	41.5	44.5	47.4	50.2
f_{tk}	1.27	1.54	1.78	2.01	2.20	2.39	2.51	2.64	2.74	2.85	2.93	2.99	3.05	3.11

混凝土强度设计值 单位：N/mm²   附表 3-2

强度种类	混凝土强度等级													
	C15	C20	C25	C30	C35	C40	C45	C50	C55	C60	C65	C70	C75	C80
f_c	7.2	9.6	11.9	14.3	16.7	19.1	21.1	23.1	25.3	7.5	29.7	31.8	33.8	35.9
f_t	0.91	1.10	1.27	1.43	1.576	1.71	1.80	1.89	1.96	2.04	2.09	2.14	2.18	2.22

混凝土弹性模量 单位：×10⁴ N/mm²   附表 3-3

混凝土强度等级	混凝土强度等级													
	C15	C20	C25	C30	C35	C40	C45	C50	C55	C60	C65	C70	C75	C80
E_c	2.20	2.55	2.80	3.00	3.15	3.25	3.35	3.45	3.55	3.60	3.65	3.70	3.75	3.80

注：1. 当有可靠试验依据时，弹性模量可根据实测数据确定；
　　2. 当混凝土中掺有大量矿物掺合料时，弹性模量可按规定龄期根据实测数据确定。

混凝土疲劳变形模量　单位：$\times 10^4\,\text{N/mm}^2$

混凝土强度等级	混凝土强度等级										
	C30	C35	C40	C45	C50	C55	C60	C65	C70	C75	C80
E_c^f	1.30	1.40	1.50	1.55	1.60	1.65	1.70	1.75	1.80	1.85	1.90

混凝土受压疲劳强度修正系数 γ_p　附录 3-5

ρ_c^f	$0 \leqslant \rho_c^f < 0.1$	$0.1 \leqslant \rho_c^f < 0.2$	$0.2 \leqslant \rho_c^f < 0.3$	$0.3 \leqslant \rho_c^f < 0.4$	$0.4 \leqslant \rho_c^f < 0.5$	$\rho_c^f \geqslant 0.5$
γ_p	0.68	0.74	0.80	0.86	0.93	1.0

混凝土受拉疲劳强度修正系数 ν_P　附录 3-6

ρ_c^f	$0 \leqslant \rho_c^f < 0.1$	$0.1 \leqslant \rho_c^f < 0.2$	$0.2 \leqslant \rho_c^f < 0.3$	$0.3 \leqslant \rho_c^f < 0.4$	$0.4 \leqslant \rho_c^f < 0.5$
γ_p	0.63	0.66	0.69	0.72	0.74
ρ_c^f	$0.5 \leqslant \rho_c^f < 0.6$	$0.6 \leqslant \rho_c^f < 0.7$	$0.7 \leqslant \rho_c^f < 0.8$	$\rho_c^f \geqslant 0.8$	—
γ_p	0.76	0.80	0.90	1.00	—

普通钢筋强度标准值　单位：N/mm^2　附表 3-7

牌号	符号	公称直径 d（mm）	屈服强度标准值 f_{yk}	极限强度标准值 f_{stk}
HPB300	A	6～22	300	420
HRB335	B	6～50	335	455
HRBF335	B^F			
HRB400	C	6～50	400	540
HRBF400	C^F			
HFBR400	C^R			
HRB500	D	6～50	500	630
HRBF500	D^F			

预应力钢筋强度标准值　单位：N/mm^2　附表 3-8

种类		符号	公称直径 d（mm）	屈服强度标准值 f_{pyk}	极限强度标准值 f_{ptk}
中强度预应力钢丝	光面螺旋肋	A^{PM} A^{HM}	5，7，9	620	800
				780	970
				980	1270
预应力螺纹钢筋	螺纹	A^T	18，25，32，40，50	785	980
				930	1080
				1080	1230
消除应力钢丝	光面螺旋肋	A^P A^M	5	—	1570
				—	1860
			7	—	1570
				—	1470
			9		1570

种类		符号	公称直径 d（mm）	屈服强度标准值 f_{pyk}	极限强度标准值 f_{ptk}
钢绞线	1×3（三股）	A^S	8.6，10.8，12.9	—	1570
				—	1860
				—	1960
	1×7（七股）		9.5，12.7，15.2，17.8	—	1720
				—	1860
				—	1960
			21.6	—	1860

注：极限强度标准值 1960MPa 的钢绞线作后张预应力配筋时，应有可靠的工程经验。

普通钢筋强度设计值　单位：N/mm² 　　　　附表 3-9

牌号	f_y	f'_y
HPB300	270	270
HRB335、HRBF335	300	300
HRB400、HRBF400、RRB400	360	360
RRB500、HRBF500	435	410

注：用作受剪、受扭、受冲切承载力计算的箍筋，抗拉强度设计值 f_{yv} 表中的 f_y 的数值取用，但其数值不应大于 360N/mm²。

预应力钢筋强度设计值　单位：×10⁵ N/mm² 　　　附表 3-10

种　类	极限强度标准值 f_{ptk}	抗拉强度设计值 f_{py}	抗拉强度设计值 f'_{py}
中强度预应力钢丝	800	510	410
	970	650	
	1270	810	
消除应力钢丝	1470	1040	410
	1570	1110	
	1860	1320	
钢绞线	1570	1110	390
	1720	1220	
	1860	1320	
	1960	1390	
预应力螺纹钢筋	980	650	410
	1080	770	
	1230	900	

注：当预应力筋的强度标准值不符合 1.8 的规定是，其强度设计值应进行相应的比例换算。

钢筋的弹性模量　单位：×10⁵ N/mm² 　　　附表 3-11

牌号或种类	弹性模量
HPB300	2.10
HRB335、HRB400、RRB500 钢筋 HRBF335、HRBF400、HRBF500 钢筋 RRB400 钢筋 预应力螺纹钢筋	2.00
消除应力钢丝、中强度预应力钢丝	2.05
钢绞线	1.95

注：必要时可采用实测的弹性模量。

普通钢筋疲劳应力幅限制　单位：N/mm² 　　　　　附表 3-12

疲劳应力比值 ρ_s^t	疲劳应力幅限值 Δf_y^t	
	HRB335	HRB400
0	175	175
0.1	162	162
0.2	154	156
0.3	144	149
0.4	131	137
0.5	115	123
0.6	97	106
0.7	77	85
0.8	54	60
0.9	28	31

注：当纵向受拉钢筋采用闪光接触对焊连接时，气接头处的钢筋疲劳应力幅限值应按表中数值乘以系数 0.80 取用。

预应力钢筋疲劳应力幅限值　单位 N/mm² 　　　　　附表 3-13

疲劳应力比值 ρ_p^t	钢绞线 $f_{ptk}=1570$	消除应力钢丝 $f_{ptk}=1570$
0.7	144	240
0.8	118	168
0.9	70	88

注：1. 当 ρ_{sv}^t 不小于 0.9 时，可不作预应力筋疲劳验算。

2. 当有充分依据时，可对表中规定的疲劳应力幅限值作适当调整。

附录 3.2　《公路钢筋混凝土及预应力混凝土桥涵设计规范》JTGD 62—2004 的有关规定

混凝土强度标准值　单位：MPa 　　　　　附表 3-14

强度种类 / 强度等级	轴心抗压 f_{ck}	轴心抗压 f_{tk}	强度种类 / 强度等级	轴心抗压 f_{ck}	轴心抗压 f_{tk}
C20	13.4	1.54	C55	35.5	2.74
C25	16.7	1.75	C60	38.5	2.85
C30	20.1	2.01	C65	41.5	2.93
C35	23.4	2.20	C70	44.5	3.00
C40	26.8	3.40	C75	47.4	3.05
C45	29.5	2.51	C80	50.2	3.10
C50	32.4	2.65			

混凝土强度设计值　单位：MPa 　　　　　附表 3-15

强度种类 / 强度等级	轴心抗压 f_{ck}	轴心抗压 f_{tk}	强度种类 / 强度等级	轴心抗压 f_{cd}	轴心抗压 f_{td}
C20	9.2	1.06	C55	24.4	1.89
C25	11.5	1.23	C60	26.5	1.96
C30	13.8	1.39	C65	28.5	2.02
C35	16.1	1.52	C70	30.5	2.07
C40	18.4	1.65	C75	32.4	2.10
C45	20.5	1.74	C80	34.6	2.14
C50	22.4	1.83			

注：计算现浇钢筋混凝土轴心受压和受拉构件时，如截面的长边或者直径小于 300mm，表中数值应乘以系数 0.8；当构件质量（混凝土成形、截面和抽象尺寸等）确有保证时，可不受此限制。

混凝土的弹性模量　单位：MPa

附表 3-16

混凝土强度等级	E_c	混凝土强度等级	E_c
C20	2.55×10^4	C55	3.55×10^4
C25	2.80×10^4	C60	3.60×10^4
C30	3.00×10^4	C65	3.65×10^4
C35	3.15×10^4	C70	3.70×10^4
C40	3.25×10^4	C75	3.75×10^4
C45	3.35×10^4	C80	3.80×10^4
C50	3.45×10^4		

注：1. 高强混凝土的弹性模量，对重要工程宜根据实测并按实测平均值的 0.95 倍采用；

2. 对高强混凝土，当采用引气剂及较高砂率的泵送混凝土且无实测数据时，表中 E_c 值应乘折减系数 0.90～0.95。

普通钢筋抗拉强度标准值　单位：MPa　　　　附表 3-17

钢筋种类	符号	f_{sk}	钢筋种类	符号	f_{sk}
R235（Q235）$d=8\sim10$	A	235	HRB400 $d=6\sim50$	C	400
HRB335 $d=6\sim50$	B	335	KL400 $d=8\sim40$	C^R	400

注：表中 d 是指国家标准中的钢筋公称直径。

预应力钢筋抗拉强度标准值　单位：MPa　　　　附表 3-18

钢筋种类			符号	f_{pk}
钢绞线	1×2（两股）	$D=8.0,10.0$ $d=12.0$	ϕ^s	1470，1570，1720，1860
	1×3（三股）	$D=8.6,10.8$ $d=12.9$		1470，1570，1720，1860
	1×7（七股）	$D=9.5$，11.1，12.7 $d=15.2$		1720，1860
消除应力钢丝	光圆钢丝	$d=4,5,6$	ϕ^P	1470，1570，1670，1770
	螺旋肋钢丝	$d=7,8,9$	ϕ^H	1470，1570
	刻痕钢丝	$d=5.7$	ϕ^I	1470，1570
精扎螺纹钢筋		$a=40,18,25,32$	JL	540，785，930

注：表中 d 是指国家标准和企业标准中的钢绞线、钢丝和精扎螺纹钢筋的公称直径。

普通钢筋抗拉、抗压强度设计值　单位：MPa　　　　附表 3-19

钢筋种类	f_{sd}	f'_{sd}
R235（Q235）$d=8\sim20$	195	195
HRB335 $d=6\sim50$	280	280
HRB400 $d=6\sim50$	330	330
KL400 $d=8\sim40$	330	330

注：1. 钢筋混凝土轴心受拉和小偏心受拉构件的钢筋抗拉强度设计值大于 280MPa 时，仍按 280MPa 取用；其他构件的钢筋抗拉强度设计值大于 330MPa 时，仍按 330MPa 取用；

2. 构件中配有不同种类的钢筋时，每种钢筋应采用各自的强度设计值。

预应力钢筋的抗拉、抗压强度设计值 单位：MPa 附表 3-20

钢筋种类		f_{pd}	f'_{pd}
钢绞线 1×2（两股） 1×3（三股） 1×7（七股）	$f_{pk}=1470$	1000	390
	$f_{pk}=1570$	1070	
	$f_{pk}=1720$	1170	
	$f_{pk}=1860$	1260	
消除应力钢丝 螺旋钢丝	$f_{pk}=1470$	1000	410
	$f_{pk}=1570$	1070	
	$f_{pk}=1670$	1140	
	$f_{pk}=1770$	1200	
刻痕钢丝	$f_{pk}=1470$	1000	410
	$f_{pk}=1570$	1070	
精扎螺纹钢筋	$f_{pk}=540$	450	400
	$f_{pk}=785$	650	
	$f_{pk}=930$	770	

钢筋的弹性模量 单位：MPa 附录 3-21

钢筋种类	E_s 或 E_p
R235（Q235）	$2.1×10^5$
HRB335、GRB400、KL400、精轧螺纹钢筋	$2.0×10^5$
消除应力钢丝、螺旋肋钢丝、刻痕钢丝	$2.05×10^5$
钢绞线	$1.95×10^5$

附录 4 《混凝土结构设计规范》
GB 50010—2010 的有关规定

受弯构件的挠度限值 附表 4-1

构件类型		挠度限值
吊车梁	手动吊车	$l_0/500$
	电动吊车	$l_0/600$
屋盖、楼盖及楼梯构件	当 $l_0<7$m 时	$l_0/200$（$l_0/250$）
	当 $7≤l_0≤9$m 时	$l_0/250$（$l_0/300$）
	当 $l>9$m 时	$l_0/300$（$l_0/400$）

注：1. 表中 l_0 为构件的计算跨径；计算悬臂构件的挠度限值，其计算跨径 l_0 按实际悬臂长度的 2 倍取用；

2. 表中括号内的数值适用于使用上对挠度有较高要求的构件；

3. 如果构件制作时预先起拱，且使用上也允许，则在验算挠度时，可将计算所得的挠度值减去起拱值，对预应力混凝土构件，尚可减去预应力所产生反拱值；

4. 构件制作时的起拱值和预加力所产生的反拱值，不宜超过构件的相应荷载组合作用下的计算挠度值。

结构构件的裂缝控制等级及最大裂缝宽度的限值（mm）　　附表 4-2

环境类别	钢筋混凝土构件		预应力混凝土结构	
	裂缝控制等级	$w_{\lim}$	裂缝控制等级	$w_{\lim}$
一	三级	0.30（0.40）	三级	0.20
二 a		0.2		0.10
二 b			二级	—
三 a、三 b			一级	—

注：1. 对处于年平均相对湿度小于 60% 地区一类环境下的受弯构件，其最大裂缝宽度限值可采用括号内的数值。

2. 在一类环境下，对钢筋混凝土屋架、托架及需作疲劳验算的吊车梁，其最大裂缝宽度限值应取为 0.20mm；对钢筋混凝土屋面梁和托梁，其最大裂缝宽度限值应取为 0.30mm。

3. 在一类环境下，对预应力混凝土屋架、托架及双向板体系，应按二级裂缝控制等级进行验算；对一类环境下的预应力混凝土屋面梁、托梁、单向板，按表中二 a 级环境的要求进行验算；在一类和二 a 类环境下需作疲劳验算的预应力混凝土吊车梁，应按裂缝控制等级不低于二级的构件进行验算。

4. 表中规定的预应力混凝土构件的裂缝控制等级和最大裂缝宽度值仅适用于正截面的验算；预应力混凝土构件的斜截面而裂缝控制验算应符合本书的有关规定。

5. 对于烟、筒仓和处于液体压力下的结构，其裂缝控制要求应符合专门标准的有关规定。

6. 对于四、五类环境下的结构构件，其裂缝控制要求应符合专门标准的有关规定。

7. 表中的最大裂缝宽度限值为用于验算荷载作用引起的最大裂缝宽度。

纵向受力钢筋的最小配筋百分率 ρ_{min}　　附表 4-3

受 力 类 型		最小配筋百分率
受压构件	全部纵向钢筋 强度等级 500N/mm²	0.50
	全部纵向钢筋 强度等级 400N/mm²	0.55
	全部纵向钢筋 强度等级 300N/mm²、335N/mm²	0.60
	一侧纵向钢筋	0.20
受弯构件、偏心受拉、轴心受拉构件一侧的受拉钢筋		0.2 和 $45f_t/f_y$ 中的较大者

注：1. 受压构件全部纵向钢筋最小配筋百分率，当采用 C60 及以上强度等级的混凝土时，应按表中规定增加 0.10；

2. 板类受弯构件（不包括悬臂板）的受拉钢筋，当采用强度等级 400N/mm²、500N/mm² 的钢筋时，其最小配筋百分率应允许采用 0.15 和 $45f_t/f_y$ 中的较大值；

3. 偏心受拉构件中的受压钢筋，应按受压构件一侧纵向钢筋考虑；

4. 受压构件的全部纵向钢筋和一侧纵向钢筋的配筋率以及轴心受拉构件和小偏心受拉构件一侧受拉钢筋的配筋率均应按构件的全截面面积计算多；

5. 受弯构件、大偏心受拉构件一侧受拉钢筋的配筋率应按全截面面积扣除受压翼缘面积 $(b_f'-b)/h_f'$ 后的截面面积计算；

6. 当钢筋沿构件截面周边布置时，一侧纵向钢筋系指沿受力方向两个对边中一边布置的纵向钢筋。

<h2 style="text-align:center">钢筋混凝土矩形和 T 形界面受弯构件正截面抗弯能力计算表   附表 4-4</h2>

ξ	γ_s	α_s	ξ	γ_s	α_s
0.01	0.995	0.010	0.32	0.840	0.269
0.02	0.990	0.020	0.33	0.835	0.275
0.03	0.985	0.030	0.34	0.830	0.282
0.04	0.980	0.039	0.35	0.825	0.289
0.05	0.975	0.048	0.36	0.820	0.295
0.06	0.970	0.053	0.37	0.815	0.301
0.07	0.965	0.067	0.38	0.810	0.309
0.08	0.960	0.077	0.39	0.805	0.314
0.09	0.955	0.085	0.40	0.800	0.320
0.10	0.950	0.095	0.41	0.795	0.326
0.11	0.945	0.104	0.42	0.790	0.332
0.12	0.940	0.113	0.43	0.785	0.337
0.13	0.935	0.121	0.44	0.780	0.343
0.14	0.930	0.130	0.45	0.775	0.349
0.15	0.925	0.139	0.46	0.770	0.354
0.16	0.920	0.147	0.47	0.765	0.359
0.17	0.915	0.155	0.48	0.760	0.365
0.18	0.910	0.164	0.49	0.755	0.370
0.19	0.905	0.172	0.50	0.750	0.375
0.20	0.900	0.180	0.51	0.745	0.380
0.21	0.895	0.188	0.518	0.741	0.384
0.22	0.890	0.196	0.52	0.740	0.385
0.23	0.885	0.203	0.53	0.735	0.390
0.24	0.880	0.211	0.54	0.730	0.394
0.25	0.875	0.219	0.55	0.725	0.400
0.26	0.870	0.226	0.56	0.720	0.404
0.27	0.865	0.234	0.57	0.715	0.403
0.28	0.860	0.241	0.58	0.710	0.412
0.29	0.855	0.243	0.59	0.705	0.416
0.30	0.850	0.255	0.60	0.700	0.420
0.31	0.845	0.262	0.614	0.693	0.426

注：1. 表中 $M=\alpha_s\alpha_1 f_c bh_2^0$

$\xi=\dfrac{x}{h_0}=\dfrac{f_y A_s}{\alpha_1 f_c bh_0}$，$A_s=\dfrac{M}{f_y\gamma_s h_0}$ 或 $A_s=\xi\dfrac{\alpha_1 f_c}{f_y}bh_0$

    2. 表中 $\xi=0.518$ 以下的数值不适合 HRB400 级钢筋；$\xi=0.55$ 以下的数值不合适 HRB335 级钢筋。

<h3 style="text-align:center">截面抵抗矩塑性影响系数基本值 γ_m 附表 4-5</h3>

项次	1	2	3		4		5
截面形状	矩形截面	翼缘位于受压区的 T 形截面	对称 I 形截面或箱形截面		翼缘位于受拉区的倒 T 形截面		圆形和环形截面
			$b_f/b\leqslant2$、h_f/h 为任意值	$b_f/b>2$、$h_f/h<0.2$	$b_f/b\leqslant2$、h_f/h 为任意值	$b_f/b>2$、$h_f/h<0.2$	
γ_m	1.55	1.50	1.45	1.35	1.50	1.40	$1.6-0.24r_1/r$

注：1. 对 $b'_f>b_f$ 的 I 形截面，可按项次 2 与项次 3 之间的数值采用；对 $b'_f<b_f$ 的 I 形截面，可按项次 3 与项次 4 之间的数值采用；

    2. 对于箱形截面，b 系指各肋宽度的总和；

    3. r_1 为环形截面的内环半径，对圆形截面取 r_1 为零。

附录5 《公路钢筋混凝土及预应力混凝土桥涵设计规范》 JTGD 62—2004 有关规定

附5.1 构件纵向弯曲计算长度 l_0。

构件纵向弯曲计算长度 l_0 附表5-1

杆件	杆件及两端固定情况	计算长度 l_0
直杆	两端固定	$0.5l$
	一端固定，一端不移动铰	$0.7l$
	两端为不移动铰	$1.0l$
	一端固定，一端自由	$2.0l$

附5.2 T形截面梁的翼缘有效宽度 b_f'，应按下列规定采用：

1. 内梁的翼缘有效宽度取下列三者中的最小值：

1) 对于简支梁，取计算跨径的 1/3。对于连续梁，各中间跨正弯矩区段，取该计算跨径的 0.2 倍；边跨正弯矩区段，取该跨计算跨径的 0.27 倍；各中间支点负弯矩区段，取该支点相邻两计算跨径之和的 0.07 倍；

2) 相邻两梁的平均间距；

3) $(b+2b_h+12h_f')$ 此处，b 为梁腹板宽度，b_h 为承托长度为受压区翼缘悬出板的厚度。当 $h_h<b_h<1/3$ 时，上式 b_h 应以 $3h_h$ 代替，此处 h_h 为承托根部厚度。

2. 外梁翼缘的有效宽度取相邻内梁翼缘有效宽度的一半，加上腹板宽度的 1/2，再加上外侧悬臂板平均厚度的 6 倍或外侧悬臂板实际宽度两者中的较小者。

对超静定结构进行作用（或荷载）效应分析时，T形截面梁的翼缘宽度可取实际全宽。

附5.3 钢筋混凝土构件和 B 类预应力混凝土构件，其计算的最大裂缝宽度不应超过下列规定的限值：

1. 钢筋混凝土构件

1) Ⅰ类和Ⅱ类环境 0.20mm

2) Ⅲ类和Ⅳ类环境 0.15mm

2. 采用精轧螺纹钢筋的预应力混凝土构件

1) Ⅰ类和Ⅱ类环境 0.20mm

2) Ⅲ类和Ⅳ类环境 0.15mm

3. 采用钢丝或钢绞线的预应力混凝土构件

1) Ⅰ类和Ⅱ类环境 0.10mm

2) Ⅲ类和Ⅳ类环境不得进行带裂缝的 B 类构件设计。

附5.4 钢筋混凝土和预应力混凝土受弯构件的长期挠度值，在消除结构自重产生的长期挠度后梁式桥主梁的最大挠度不应超过计算跨径的 1/600；梁式桥主梁的悬臂端不应超过悬臂长度的 1/300。

参 考 文 献

[1]　东南大学，天津大学，同济大学．混凝土结构设计原理（第五版）．北京：中国建筑工业出版社，2012.

[2]　东南大学，天津大学，同济大学．混凝土结构与砌体结构设计（第五版）．北京：中国建筑工业出版社，2012.

[3]　王振东．混凝土与砌体结构．哈尔滨：哈尔滨工业大学出版社，2002.

[4]　顾祥林．混凝土结构基本原理（第二版）．上海：同济大学出版社，2010.

[5]　林宗凡．建筑结构原理及设计．北京：高等教育出版社，2005.

[6]　建筑结构荷载规范 GB 50009—2012．北京：中国建筑工业出版社，2012.

[7]　混凝土结构设计规范 GB 50010—2010．北京：中国建筑工业出版社，2011.

[8]　工程结构可靠性设计统一标准 GB 50153—2008．北京：中国建筑工业出版社，2008.

[9]　袁锦根、余志武等．混凝土结构设计基本原理．北京：中国铁道出版社，2012.

[10]　余志武、袁锦根等．混凝土结构与砌体结构设计．北京：中国铁道出版社，2003.

[11]　刘立新等．混凝土结构原理（第 2 版）．武汉：武汉理工大学出版社，2012.

[12]　公路钢筋混凝土及预应力混凝土桥涵设计规范 JTG D62—2004．北京：人民交通出版社，2004.

[13]　Jianmin ZHOU, Shuo CHEN, Yang CHEN. Calculation methods of the crack width and deformation for concrete beans with high-strength steel bars. Frontiers of Structural and Civil Engineering [J], Springer, 2013, 7 (3)：316-323.

[14]　周建民，秦鹏飞等．正常使用极限状态下受弯构件跨高比计算方法的研究．结构工程师 [J]，2013，29 (2)：8-14.

[15]　Вайков В Н. Железобетонные Конструкции Москво [M]. Строиздат 1985：20-80.